NewLiberalArtsSelection

中西 寛
石田 淳
田所昌幸

国際政治学

International Politics:
Theories and Perspectives

YUHIKAKU

有斐閣

はしがき　INTERNATIONAL POLITICS

　「国際政治学」や「国際関係論」（以下，国際政治学と総称）を表題に掲げた教科書は最近では少なくない。しかし，世界的に見ても国際政治学の教科書には標準的な構成といったものはなく，それぞれの著者が独自の執筆方針で書くことが通例である。本書もその例にもれないが，執筆にあたって三人の筆者が心掛けたのは，総花的であるよりも深く掘り下げた内容とすることであった。このことは，日本で研究を行っている国際政治学者としての筆者たちの問題意識を反映している。

　日本の国際政治学は世界のさまざまな研究の知的系譜を反映し，多彩である。そのことには理由があるし，日本の国際政治学の特色であるとも考えられる。しかし，ともすればさまざまな立場が混在し，全体としての日本の国際政治学のあり方をとらえにくくするという問題も生じる。本書は，国際政治学について，純粋の歴史的方法である外交史や国際政治史，そして特定の地域に関する研究を本旨とする地域研究を含めてはいないが，さまざまな方法論に目配りしつつ，しかもできるかぎり首尾一貫性をもたせることを目標としている。

　筆者三人は本書を執筆するに際して，案を練り，分担を決め，原稿を持ち寄り，議論を繰り返してきた。その過程は知的刺激に満ちたものであった。筆者たちを含めて国際政治学者は，自分の専門分野や方法について日々研究し，そのテーマを核として教育を行っていることが通例だと思う。逆に，国際政治学の全体をどのように組み立てるかについて他の研究者と議論し，考える機会は意外と少ない。本書を執筆する過程で筆者たちは，お互いが専門としない研究テーマやアプローチについてかなり深く知ることができたし，その結果として，三人の問題意識がかなり重なり合うことも発見した。

　一致したのは，世界の国際政治学の研究を参照しながらも，日本の国際政治学の問題意識を反映した教科書を書きたい，という意欲である。筆者三人は，ある程度共通したバックグラウンドを持ちながら，それぞれ固有の関心事項ないしアプローチを有している。三人とも，大学紛争後の昭和50年代に日本の法学部で法学や政治学を学び，大学院に進んで国際政治学を専攻したという点

ではほぼ共通の世代に属し，知的経験も重なり合っている。その後，中西はアメリカで国際関係史を学び，国際政治を歴史的観点からとらえることを重視してきた。石田はアメリカの大学院で国際関係論を学び，社会科学としての国際政治学を基本的な研究手法としてきた。田所はイギリスで国際政治経済学を学び，理論的枠組みをふまえながら国際政治の諸側面について実証的分析を行ってきた。したがって，筆者三人はみな，アメリカやイギリスで研究した経験を持っており，現在も海外の研究に刺激を受けて，研究者とも交流している。現在の世界の国際政治学をリードしているのはアメリカであり，その他にイギリスをはじめとするヨーロッパに独創的な研究があるという見方でも一致している。

　しかし，海外との交流を通じて意識するのは，日本が抱える国際政治上の課題を表現し，分析するには，米欧で発達した国際政治学を単純にあてはめるだけでは物足りないという感覚である。日本の地理的・歴史的環境が欧米と異なるだけでなく，日本には国際政治に対する一定のとらえ方がある。だからといって，「日本流の国際政治学」を創るべきだ，といった単純な話ではない。日本で国際政治を学ぶ学生には，自分たちの問題が普遍的な枠組みの中で理解できることを示すと同時に，世界に対しては日本の問題意識を明らかにすることで，より多様かつ普遍的な国際政治学の構築へとつながる道を示したい。そういった思いを筆者たちは共有し，各人の得意分野を生かしながら，全体としてできるだけ首尾一貫した国際政治学の教科書を作ってみようと試みた。

　本書が，近年の国際政治学の教科書としては比較的少ない章立て（本論7章構成）としたのも，そうした意識からである。国際政治学の対象や方法の多様化にともない，国際政治学の教科書は分厚く，しかも多様なテーマを並列させる形式が多くなっている。これは日本に限らず，世界的な傾向でもある。もちろんこうした形式は，ますます拡大し，深まっている国際政治学の研究状況を反映しているので，決して悪いことではない。ただ筆者たちは，扱うテーマは可能なかぎり幅広く扱いながら，それぞれのテーマが連関性を失わないように試みた。これはなかなか難しく，全体としてこの試みが成功しているか否かは読者のみなさんの批判を仰がなければいけないが，ともかくやり甲斐のあるチャレンジだったと思う。

このように書くといささか立派すぎるかもしれない。何よりも私たちは，本書を執筆する過程での議論を楽しんだ。国際政治を学ぶことは，楽ではない時もある。読み切れないほどの資料や文献があることもあれば，肝心な情報が全く存在しないこともあるし，言葉や文化がよくわからない地域のことや，過去に全く先例がないように見える事態について調べ，分析し，解説する必要が生じることもある。しかし国際政治を学ぶことは，これまで知らなかった事柄に気づかせてくれると同時に，環境や時代を大きく異にする社会の間にも共通する要素があることも教えてくれる。

　本書が完成するまでには随分長い時間がかかり，その過程では多くの研究者から助言や支援を受けた。特に，河野勝，古城佳子，竹野太三，藤本茂の各氏には草稿の段階で教えをいただいたことに感謝したい。ただし，遅筆ながらも饒舌な私たちが，納得のいくまで重ねた議論に最後までおつきあいくださった有斐閣書籍編集第二部の青海泰司さん，岩田拓也さんには，お世話になり通しであった。あらためて心より感謝したい。

　　2013年2月28日

中西　寛
石田　淳
田所　昌幸

著者紹介 INTERNATIONAL POLITICS

中西　寛（なかにし　ひろし）　〔序章，第2章，第5章1-3，第7章3担当〕

1962年，大阪府に生まれる。

1985年，京都大学法学部卒業。1987年，京都大学大学院法学研究科修士課程修了。1988-90年，シカゴ大学歴史学部博士課程留学。京都大学大学院法学研究科助教授を経て，

現　在，京都大学大学院法学研究科教授。

著作に，『国際政治とは何か――地球社会における人間と秩序』（中公新書，2003年，読売・吉野作造賞受賞），「国際政治理論――近代以後の歴史的展開」日本政治学会編／田中明彦・中西寛・飯田敬輔責任編集『日本の国際政治学1――学としての国際政治』（有斐閣，2009年），「体制変革期における日本と中国　1927～1960年」小林道彦・中西寛編『歴史の桎梏を越えて――20世紀日中関係への新視点』（千倉書房，2010年）など。

石田　淳（いしだ　あつし）　〔第3章，第4章，第5章4，第7章1担当〕

1962年，東京都に生まれる。

1985年，東京大学法学部卒業。1987年，東京大学大学院法学政治学研究科修士課程修了。1995年，シカゴ大学政治学部博士課程修了。東京都立大学法学部教授，東京大学社会科学研究所助教授などを経て，

現　在，東京大学大学院総合文化研究科教授，Ph. D.（Political Science）。

著作に，「コンストラクティヴィズムの存在論とその分析射程」日本国際政治学会編『国際政治』（第124号，2000年），「内政干渉の国際政治学――冷戦終結と内戦」藤原帰一・李鍾元・古城佳子・石田淳編『国際政治講座4――国際秩序の変動』（東京大学出版会，2004年），「人権と人道の時代における強制外交――権力政治の逆説」日本国際政治学会編／大芝亮・古城佳子・石田淳責任編集『日本の国際政治学2――国境なき国際政治』（有斐閣，2009年）など。

田所昌幸（たどころ　まさゆき）　〔第1章，第6章，第7章2担当〕

1956年，大阪府に生まれる。

1979年，京都大学法学部卒業。1981年，京都大学大学院法学研究科修士課程修了。1981-83年，ロンドン・スクール・オブ・エコノミクス留学。京都大学法学部助手，ジョンズ・ホプキンズ大学客員研究員，ピッツバーグ大学客員教授，姫路獨協大学法学部教授，防衛大学校社会科学教室教授などを経て，

現　在，慶應義塾大学法学部教授，博士（法学）。
著作に，『国連財政――予算から見た国連の実像』（有斐閣，1996 年），『「アメリカ」を超えたドル――金融グローバリゼーションと通貨外交』（中公叢書，2001 年，サントリー学芸賞受賞），『国際政治経済学』（名古屋大学出版会，2008 年）など。

目次 INTERNATIONAL POLITICS

はしがき　i

序章　分析枠組みとしての国際政治学　1

拡大する国際政治の場(2)　　国際政治の固有の性質(4)　　多様な方法の場としての国際政治学(5)　　本書の構成(8)

第1章　国際政治学の見取り図　11

1　国際政治の悲劇性とリアリズム　12
メロス島の対話(12)　　リアリズムの論理(14)　　国際政治の悲劇性(18)　　権力政治の抑制(20)

2　リアリズムへの挑戦　24
もう一つの伝統(24)　　リベラリズムの論理(25)

3　三つの分析レベル　29
人，国家，世界(29)　　個人レベル（第一イメージ）(30)　　国家レベルの分析（第二イメージ）(32)　　国際システム・レベル（第三イメージ）(34)

4　国際政治から世界政治へ？　37
国家と国際政治の来歴(37)　　世界社会論(41)　　人間の学として(44)

第2章　国際政治の歴史的視角　51

1　主権国家体制以前の「世界秩序」　54
世界秩序の諸類型(54)　　古代――諸国家と帝国(54)　　中世的秩序(57)

2　近代ヨーロッパ主権国家体制と国際政治理解　61
近代ヨーロッパ主権国家体制の誕生(61)　　ウェストファリア体制(63)　　外交，国際法，国家理性(65)　　勢力均衡(67)　　非ヨーロッパ世界との関係(70)　　ヨーロッパ主権国家体制の転機(71)　　国民国家への再編(74)　　ビスマルクの同盟体制(75)　　ヨーロッパ外の世界との関係(76)

3　世界大戦と主権国家体制のグローバル化　78

　　　　移行期としての世紀転換期(78)　　第一次世界大戦とその影響(79)
　　　　戦間期の国際政治(83)　　世界大恐慌から第二次世界大戦へ(84)　　リ
　　　　アリズムの登場(85)　　第二次世界大戦中の戦後構想(88)
　　4　冷戦期の国際政治　93
　　　　冷戦の起源と固定化（1945-55年）(93)　　緊張と緩和のサイクルと国
　　　　際政治の変容（1955-79年）(99)　　冷戦の終結（1979-89年）(106)
　　5　冷戦終結後の国際政治　　108

第3章　対外政策の選択　　　　　　　　　　　　　　　　　　　117

　　1　外交　●同意確保の政治過程　　118
　　　　政治の3類型(118)　　対外行動の分析レベル(121)　　外交を通じた意
　　　　図の伝達と同意の確保(123)
　　2　国内政治と対外政策　　125
　　　　交渉の前提(125)　　政策決定のパラダイム(126)　　国内体制と国際紛
　　　　争(129)　　国内体制と国際交渉(132)
　　3　国家間の戦略的相互依存　　134
　　　　共通の政府と共通の利益(134)　　短期的利益と長期的不利益(138)
　　4　認識と行動　　141
　　　　外交の破綻と戦争の勃発(141)　　意図の誤認の連鎖(142)　　抑止の論
　　　　理(144)　　意図の言明とその説得力(148)
　　5　威嚇と約束　　151
　　　　権力政治の逆説(151)　　強要の論理(153)　　安心供与の論理(156)
　　　　安心供与外交における駆け引きの構図(161)　　非核兵器国に対する安
　　　　心供与(162)　　基地提供国に対する安心供与(163)　　現状の正統性
　　　　――外交から国際秩序へ(165)

第4章　国際秩序　　　　　　　　　　　　　　　　　　　　　　169

　　1　領域主権国家体制　●国内類推論の系譜　　171
　　　　領域の排他的統治の相互承認(171)　　集団安全保障体制――公権力の
　　　　機能代替(177)　　平和の逆説――脅威認識の共有とその帰結(179)
　　　　覇権秩序――公権力の代行(183)　　立憲秩序――公権力の正統性(187)
　　　　解釈の不一致と規範の衝突／調整(190)
　　2　秩序の設計と生成　●市場類推論の系譜　　193
　　　　国際問題とは何か(193)　　市場の失敗と集合行為の不合理(196)　　合
　　　　意の分権的執行――覇権安定論(197)　　アナーキーの下における協力
　　　　――国際レジーム論(202)　　合意の分権的定立(204)　　レジーム論か

らコンストラクティヴィズムへ(206)　カスケード型の行動連鎖(208)

  3 国際秩序の変動と国内秩序の変動 ●共振論の挑戦　211

  統治領域の再編と個人・国家関係の組み換え(211)　排他的領域統治の範囲画定という国際問題(214)　国際問題の国内問題化——新生国家の成立(217)　強者の安心供与(222)　国内問題の国際問題化(225)　国際秩序における対称と非対称——二つのリベラリズムの相克(227)

第5章　安全保障　231

  1 戦争から安全保障へ　232
  人類と戦争(232)　戦争に関する研究(236)　安全保障の諸アプローチ(240)

  2 軍事的安全保障　252
  戦略論の展開(252)　核戦略の登場(254)　ゲリラ戦と通常兵力(257)　軍事力の統制(259)

  3 安全保障の諸問題　265
  現代の軍事的傾向(265)　グローバルな安全保障(270)　経済と安全保障(280)

  4 国際の平和と国内の平和　285
  冷戦終結の含意(285)　権利をめぐる内戦と利権をめぐる内戦(290)　包摂型の和平と国際社会の関与(295)　非国家主体と越境武力紛争(297)

第6章　国際政治経済　301

  1 歴史と思想　303
  主権国家の成長と重商主義(303)　自由主義とパクス・ブリタニカの展開(307)　自由主義への挑戦(311)　パクス・アメリカーナとその展開(313)　市場自由主義とグローバリゼーション(317)

  2 国際経済の制度　319
  国際経済秩序における制度(319)　GATT 体制(321)　地域主義の展開(325)　ブレトンウッズ体制(328)　変動相場と国際資本移動の活発化(333)

  3 国際政治経済の過程　337
  市場の不完全性(337)　保護主義の国内政治力学(342)　レジームの限界(344)　市場のダイナミズムとレジーム(349)

  4 グローバリゼーションとパワーシフト　353

グローバリゼーションは本当か(353)　　格差は拡大しているのか(357)
　　　開発協力(359)　　パワーシフト(365)

第7章　越境的世界　　　　　　　　　　　　　　　　　　　　　371

1　平和と正義の相克　373
　　普遍的正義の追求(373)　　途上国による正義の主張(378)　　空間的棲み分けと時間的棲み分けの秩序(380)　　弱者の保護をめぐる政治過程──保護する責任(383)　　強者の処罰をめぐる政治過程──移行期正義(384)

2　越境問題の実相　387
　　地球環境問題の国際政治(387)　　越境する言論(396)　　国境を越える人(403)

3　文明論と国際政治　●「へだて」と「つながり」　411
　　ハンチントンの問題提起(411)　　文化的アイデンティティと国際政治(415)　　文化摩擦とジェンダー(418)　　文明論の復活(422)　　文明の二つの側面(423)　　現代文明──普遍性と相対性の間(426)　　国際政治の未来(430)

引用文献　　435

事項索引　　457

人名索引　　473

◆ COLUMN

- コラム序-1 「説明の方法」と「解釈の方法」 7
- コラム 1-1 パワー概念の複雑性 16
- コラム 1-2 トゥキュディデスは「リアリスト」か 23
- コラム 2-1 マルタ騎士団という「国」 66
- コラム 2-2 勢力均衡（balance of power）概念の多義性 68
- コラム 2-3 『危機の二十年』という論争的古典 86
- コラム 2-4 日本における国際政治学研究の定着 104
- コラム 3-1 モーゲンソーの洞察 123
- コラム 3-2 革命の恐怖と戦争の恐怖 131
- コラム 3-3 シェリングの足跡 133
- コラム 3-4 イラクに対して繰り返された強要の言説 153
- コラム 3-5 力の論理と法の論理の交錯——その皮肉 155
- コラム 3-6 「良い」兵器論の論理と病理 159
- コラム 3-7 日本国憲法と新安保条約 164
- コラム 4-1 国 連 憲 章 178
- コラム 4-2 政治的現状を固定する法秩序 184
- コラム 4-3 政治学の共有知——体制移行論と覇権サイクル論の合流 189
- コラム 4-4 外交論なき国際政治理論の誕生——ウォルツの市場類推論 203
- コラム 4-5 アメリカの南北戦争に見る「州内統治基準の連邦問題化」 214
- コラム 4-6 社会規範が主体を作るという発想 215
- コラム 4-7 植民地独立付与宣言 219
- コラム 4-8 国家形成と政治体制 220
- コラム 4-9 同意確保という難題 228
- コラム 5-1 核兵器の開発と使用の記録 235
- コラム 5-2 戦争原因論と歴史認識問題 239
- コラム 5-3 「安全保障」の代表的定義 241
- コラム 5-4 チェコスロヴァキアとフィンランドの選択 242
- コラム 5-5 新旧の日米安全保障条約 246
- コラム 5-6 安全保障研究とシンクタンク 256
- コラム 5-7 逆説と不合理の国際政治学 287
- コラム 5-8 政体の人的・領域的範囲という古典的問題 291
- コラム 6-1 国際収支の集計概念 330
- コラム 6-2 比較優位論 338

コラム 6-3　GATT 第 19 条と第 35 条　347
コラム 6-4　開発援助をめぐる論争　362
コラム 7-1　紛争の平和的解決と戦争の違法化　375
コラム 7-2　戦争を一掃するために　377
コラム 7-3　解放戦争の言説　385
コラム 7-4　ハンチントンと日本文明論　414
コラム 7-5　文化の変化に関するモンテスキューの洞察　420

◆ FIGURE

図 1-1　古代のギリシャとエーゲ海　14
図 2-1　中国と周辺関係　56
図 2-2　盛唐時代の東アジア（670 年ごろ）　58
図 2-3　海域世界のネットワーク構造　59
図 2-4　17 世紀のイスラーム　60
図 2-5　ウェストファリア条約締結時の神聖ローマ帝国　64
図 2-6　七年戦争後の世界（1763 年）　73
図 2-7　アフリカの分割（1914 年）　80
図 2-8　第一次世界大戦後のヨーロッパと中東（1919 年の合意）　81
図 2-9　第二次世界大戦（ヨーロッパ戦線）　88
図 2-10　第二次世界大戦（太平洋戦線）　89
図 2-11　国連の主要機関　90
図 2-12　冷戦世界の構造　95
図 2-13　イスラエルとアラブの 4 次の戦争　96
図 2-14　朝鮮戦争（1950-53 年）　98
図 2-15　国連加盟国の地域別変遷　101
図 2-16　アフリカの内戦と国家間紛争　110
図 2-17　EU 加盟国の拡大と各国の生活レベル　111
図 3-1　外交の諸類型　124
図 3-2　抑止型の強制外交　145
図 3-3　抑止――当該国が友好タイプの場合　147
図 3-4　抑止――当該国が対決タイプの場合　147
図 3-5　強要型の強制外交　154
図 3-6　安心供与外交　157
図 4-1　国際社会における資格基準と行動基準　174

図 4-2　国内類推論の類型　175
図 4-3　領域統治の相互承認体制の理念と限界　194
図 4-4　財の性質（4 類型）　198
図 4-5　弱者の予防戦争と強者の安心供与　223
図 5-1　核兵器の火球の比較　255
図 5-2　防衛予算上位 10 カ国（2011 年）　266
図 5-3　日本周辺の兵力推移の概要　266
図 5-4　アジア太平洋地域における主な兵力の状況（概数）　267
図 5-5　日本近海などにおける最近の中国の活動　268
図 5-6　核保有国　271
図 5-7　軍縮関連条約・レジーム　273
図 5-8　軍事紛争の種類（1946-2011 年）　277
図 5-9　紛争への国際社会の関与のあり方　279
図 5-10　展開中の PKO（2012 年 8 月 31 日現在）　280
図 5-11　ソ連邦の解体とコーカサス地方における武力紛争　293
図 6-1　1 人当たりの所得の超長期的趨勢　309
図 6-2　世界の FTA 件数の推移（年代別グラフ）　326
図　　国際収支表　330
図 6-3　アメリカの対外債務と経常収支（対 GDP 比）　335
図 6-4　公的準備の構成の推移（長期）　336
図 1　日本における生産（消費）可能性フロンティア　339
図 2　中国における生産（消費）可能性フロンティア　340
図 6-5　世界の貿易（対 GDP 比）　354
図 6-6　日本・アメリカ・イギリスの貿易依存率の趨勢（〈輸出＋輸入〉/2×GNP）　355
図 6-7　国際資本移動の規模の趨勢（経常収支の対 GDP 比の年平均値，%）　356
図 6-8　世界における所得の不平等の推移　358
図 6-9　DAC 諸国の ODA 規模（2009 年ドル換算，および対 GNI 比）　360
図 6-10　DAC 諸国における ODA 実績の国民 1 人当たり負担額（2007 年）　361
図 6-11　グローバル開発センターによる開発貢献度指標（Commitment to Development Index 2012）　364
図 6-12　地域別の GDP のシェア（2030 年）　366

図 7-1　世界のエネルギー起源 CO_2 排出量（2009年）　388
図 7-2　世界の CO_2 排出状況（2009年）　390
図 7-3　歴史的 CO_2 排出量（1850-2005年）　391
図 7-4　2007年　CO_2/GDP（為替レートベース）　392
図 7-5　各国の GDP 購買力平価当たり CO_2 排出量（2006年）　392
図 7-6　「地球温暖化は，一般的に誇張されているか，正しいか，それとも過小評価されているか」という問いに，「一般的に誇張されている」と答えたアメリカ人の割合（%）　394
図 7-7　国際移民の受け入れ地域別総数　408
図 7-8　さまざまな文明から成る世界（1990年以降）　413
図 7-9　「国際的な子の奪取の民事上の側面に関する条約（ハーグ条約）」締約国（2012年12月現在）　419

◆ TABLE

表 1-1　国際政治学の諸理論　40
表 2-1　ソローキンの戦争指標　70
表 2-2　ヨーロッパ主権国家体制（近代前半と後半の対比）　72
表 3-1　権力の3類型　121
表 3-2　三つの戦争イメージ　122
表 3-3　キューバ・ミサイル危機の経緯　126
表 3-4　囚人のディレンマ　136
表 3-5　繰り返しゲームにおけるトリガー戦略　140
表 3-6　朝鮮戦争と湾岸戦争　143
表 3-7　抑止における選好についての仮定　146
表 3-8　相手国の認識と当該国の利得　149
表 3-9　強要における選好についての仮定　154
表 3-10　安心供与における選好についての仮定　158
表 4-1　国内政治体制と勢力均衡　176
表 4-2　冷戦期における安保理による脅威認定　180
表 4-3　冷戦後における安保理による脅威認定　181
表 4-4　関係国の数と公共財の総量　200
表 4-5　恋人たちの諍いゲーム　205
表 4-6　リベラリズムの2類型　213
表 4-7　統治領域再編の基準　217

表 4-8　選好についての仮定　223
表 4-9　統治領域の国際的再編の枠組みと二つのリベラリズム　228
表 5-1　米ソ（ロ）2 国間条約（2012 年 3 月 31 日現在）　248
表 5-2　主権国家数の推移　278
表 5-3　経済制裁の事例　284
表 5-4　ソ連邦解体とコーカサスにおける領域の法的地位をめぐる紛争　292
表 5-5　破綻国家指数　294
表　　　2010 年の日本の国際収支　331
表　　　リカード・モデルの数値例　338
表 6-1　日本の GATT 加盟の際の第 35 条援用　348
表 6-2　米財務省証券の保有国の内訳（2010 年 9 月末現在）　367
表 7-1　温暖化の原因は？　394
表 7-2　1990 年と 2005 年における移民受け入れ上位 20 カ国もしくは地域　409
表 7-3　世界のキリスト教人口の変化（1910 年と 2010 年）　428

本書のコピー、スキャン、デジタル化等の無断複製は著作権法上での例外を除き禁じられています。本書を代行業者等の第三者に依頼してスキャンやデジタル化することは、たとえ個人や家庭内での利用でも著作権法違反です。

本書について INTERNATIONAL POLITICS

- **本書の構成**　本書は，序章と，第1章〜第7章の七つの章（CHAPTER）とで構成している。
- **SUMMARY**　その章で学ぶ事柄を，各章の扉の下部にサマリーとしてまとめた。
- **KEYWORD**　それぞれの章に登場する特に重要な用語と人名を，各章第1節の前に一覧にして掲げた（キーワード）。本文中ではその用語を最もよく説明している個所で青字（ゴシック体）にして示し，索引ではその用語とキーワードとしての登場頁を，同様に青字（ゴシック体）にして示した。
- **FIGURE**　本文内容の理解に役立つ図を，適宜挿入した。
- **TABLE**　本文内容の理解に役立つ表を，適宜挿入した。
- **COLUMN**　本文の内容と関係のある事例やものの見方などを取り上げる40のコラムを，関連する個所に挿入した。
- **BOOK GUIDE**　それぞれの章の内容についてさらに読み進みたい人のために，各章末に文献案内を設けた。文献の表記の仕方については「引用文献」の凡例を参照。
- **POINT**　それぞれの章の内容についての理解度を確かめられるように，各章末に「確認しておこう」を設けた。
- **引用文献**　執筆に際し，直接引用したり参考にしたりした文献を，巻末に一覧にして掲げた。日本語文献と外国語文献に分け，それぞれ著作者の姓名順（邦訳文献を含む日本語文献は五十音順，外国語文献はアルファベット順）に，単独著作〜共同著作の順に示した。邦訳文献の著作者名の表記は，その訳書に従った。外国語文献については，邦訳書がある場合は可能なかぎり邦訳書を掲げた。

　本文中では，著作者の姓（日本語文献は翻訳文献を含め日本語で，外国語文献は外国語で）と刊行年（翻訳文献で，原著と訳書で刊行年が異なる場合には訳書刊行年も。一部文庫本なども同様），必要に応じその後に引用頁数を，（　）に入れて記した。ただしトゥキュディデス『歴史』のみは，引用頁数に代えて巻と章を記した。

　《例》（田中 1997, 186）　※　末尾の「186」は，引用頁が186頁であることを示す。
　　　　　田中明彦，1997『安全保障——戦後50年の模索』読売新聞社。
　　　　（メイヨール 2000／邦訳 2009）
　　　　　メイヨール，ジェームズ，2000／田所昌幸訳『世界政治——進歩と限界』勁草書房，2009。

- **事項索引**　重要な用語が検索できるよう，巻末に事項索引を設けた。
- **人名索引**　歴史的人物や代表的研究者など登場人物を検索できるよう，巻末に人名索引を設けた。カタカナ表記の人名については，原綴りを（　）に入れて示した。

序章 分析枠組みとしての国際政治学

ベン・アリ大統領に抗議してデモを行うチュニジアの民衆（2011年1月14日，チュニス。©EPA＝時事）

INTRODUCTION

拡大する国際政治の場

　2010年12月，チュニジアの道端で果物を売っていた一人の青年が警官の強引な取り締まりに遭い，抗議して焼身自殺した。この出来事がソーシャル・メディアを通じて広く人々の知るところとなり，23年間続いた独裁政権が倒されるジャスミン革命のきっかけとなった。さらにその余波は中東全域へと広がり，瞬く間に「アラブの春」へとつながった。

　このように，世界には絶え間なく，さまざまな出来事が起こっている。衝撃的な事件や，流血を伴う事態も少なくない。読者の多くも，その世代や生活の場に応じて，忘れえない国際政治上の出来事を持っているのではないか。時には，そうした出来事について共通の記憶が人々のアイデンティティとして共有されることもある。第二次世界大戦に従軍した人々，石油危機を経験した人々，湾岸戦争を経験した世代，2001年の9.11テロ事件に衝撃を受けた世代……。今後も巨大な記憶を後に残す出来事は国際政治の場で続くであろう。

　国際政治の舞台で起こる出来事の衝撃を共有するばかりでなく，国際政治はより日常的なレベルでわれわれの生活と不可分に結び付くようになっている。周知のように，今日の世界は経済的交流や情報でつながっている。2007年に起きたアメリカでの不動産バブル崩壊は，翌年には大きな金融危機へと発展し，急速に世界経済全体を不況に陥れ，失業や貧困を増加させて各国政治を大きく揺り動かした。また，インターネットは目覚ましいスピードで世界的に普及しているが，それによって人々は日常的に世界中の人と交信できる便益を享受する一方で，世界のどこかのだれかが起こすサイバー犯罪に巻き込まれるリスクも抱えることになった。

　これらの現象は，予測不可能な経路を通じて，異なる地域の人々の生活に大きな影響を及ぼし，しばしば社会全体を左右する公的・政治的な問題となる。今日では，さまざまなネットワークを通じて，世界のどこかで起きた出来事が国際的な関心事項にも，世界に共通した問題にもなりうる。意識するとしないとにかかわらず，世界のどこに暮らしていても，自分の暮らす国や社会の外側にある国際社会の影響を免れることはできない。このように国際的に生じるさまざまな問題に対処するには，国際的な解決を図ることが必要となる。そうした問題とその解決策を探る営みが今日の国際政治を形づくっている，と言える。

　したがって，今日では国際政治の対象範囲は広がり続けている。以前は国際

政治の対象範囲は限られていた。単純化して言えば，20世紀に入るころまでは国際政治の課題とは主に主権国家の政府同士の関係のことで，外交や戦争，時に貿易にまつわる紛争といった程度であり，それももっぱら政治家や官僚，専門家によって処理されていた。しかし，20世紀に入るころから国境を越える関係はさまざまなレベルで密になり，一般の人々も無関係ではいられなくなってきた。戦争は，政府や軍隊だけでなく社会全体を巻き込む大問題と考えられるようになった。

　狭い意味での政治関係だけでなく，ある国の経済状況や社会情勢，文化的な現象すらも国境を越えて影響を与え，政治的意味を持つことが多くなってきた。かつては純粋に国内の問題と思われてきたさまざまな意思決定，たとえば政治指導者を選んだり経済政策を選択したりするといった事柄も国外に影響を及ぼすし，国外のそうした決定の影響が自国に及ぶことも意識せねばならない。したがって今日，国内と国外は実に複雑多岐な経路でつながっていて，国外における出来事，国外に影響を及ぼすような出来事はとりあえず国際政治を動かす可能性を持っていると言っても過言ではない。

　しかしそれでは，人類の活動のおよそすべてが国際政治の対象範囲ということになりはしないか。実際，それはある程度まで正しい。国際政治にとって何が重要な事件で何が重要でない事件かという区分を設定することは，ある意味で不可能となっている。

　だからこそ，国際政治を理解するためには，世界の出来事に関する情報以上のものを必要とする。メディアによる報道やインターネットなどでの交信によって，国外の事件や政治についての情報が映像を含めてリアルタイムに流れることは，今日では当たり前になっている。日々，A国での大統領の交代，B国での天災，C国とD国の間での紛争，といった情報がのべつ幕なしに伝わってくる。そうした情報に接することは，国際政治を知る上でもちろん不要とは言えない。

　しかし，そうした大量の情報の中には，真に意味のある情報もあれば，ノイズにすぎない情報もある。重要なのはそうした情報を取捨選択し，分析し，理解する力である。受信機は，感度がよいだけではすぐれた能力があるとは言えない。必要な情報をピックアップし，不要なノイズを取り除いてこそ受信機としての役割を果たせる。A国で大統領が交代したのはなぜか，B国での天災は

どのような影響をその国や世界に及ぼすのか，C国とD国の紛争がなぜ起こったのか。このように情報をより大きな文脈の中に置いて，評価し，判断できてはじめて国際政治を知るということができる。およそあらゆる事柄が国際政治に影響を及ぼしうる時代だからこそ，そうした情報を整理し，理解する枠組みをしっかりと持つことが重要なのである。

つまり，日々伝えられる新たな情報を理解する上では，時間と場所が特定された個別情報が必要な一方で，そうした情報に対して，「この出来事はなぜ起こったか」「この出来事はどういう意味を持つのか」を一般化して説明できるものの見方，難しく言えば分析のための枠組みが必要なのである。特に研究分野としての国際政治学において重視されるのは，国際政治に関する情報や知識を一般化して個々の出来事の理解を助け，考えを深める分析方法である。国際政治学の教科書である本書が読者に伝えたいと意図しているのは，こうした分析方法なのである。

国際政治の固有の性質

とはいえ，国際政治学の分析枠組みや研究方法に，すべての研究者が合意する方法が確立されているわけではない。その理由は単純ではないが，国際政治学の扱う対象が，通常の社会よりも大きく，かつ複雑であり，多様性が大きいという点が重要であろう。

先に述べたように，今日の国際政治は，さまざまな出来事が国境を越えて相互に影響し合うようになった。それは国際政治の一つの現実である。とはいえ，世界は完全に一体になったわけではない。地理的に区切られた国境や，主権によって区分される政治的境界，生活様式の異なる集団間の差異など，さまざまな境界が依然として存在する。そうした「異質性」ないし「他者性」の存在も，国際政治のもう一つの現実なのである。

人類は長い時間をかけて，政治や社会についてさまざまな考察を積み重ねてきた。しかしその圧倒的な部分は，今日の国際政治の対象範囲と比べると，限られた範囲を対象としたものである。政治学や法律学，経済学，社会学といった社会科学の諸分野は，ある人間集団の内部について詳しく調べてきた。現代の代表的な人間集団は「国民」だが，より一般的な単位として「社会」を考えてみても，程度の差はあれ，安定した秩序を持った集団の内部での人々の相互作用を分析の対象とすることが大半である。それに対して国際政治の場合，集

団とその外部の関係が対象となり，そこに安定した秩序が存在しない場合が少なくないので，既存の社会分析の手法をそのまま用いるわけにはいかないことが多い。国際政治学では，従来の社会分析や社会科学の手法を学びつつ独自の方法を模索してきたが，特に近年では国際政治の対象範囲の拡大にともない，国際政治学の分析方法も多様化しているのが現状である。

　ただ，本書では学説や論点を並列的に紹介していくのではなく，できるだけ首尾一貫した説明を進め，分析を深めるように心掛けた。多くの分析手法や概念に対して表面的な知識を増やすよりも，国際政治学について考えることを通じて深く理解することが大事だと考えるからである。

多様な方法の場としての国際政治学

　多少抽象的な話になるが，ここで「理解する」とか「わかる」とかということについて考えておきたい。

　人が「わかる」という場合，大別して二つの方法，いわば「わかり方」があると言われる。その二つをここでは，「説明の方法」と「解釈の方法」と呼んでおこう。前者の「説明の方法」とは，ある出来事を一般的な法則から説明するというやり方である。後者の「解釈の方法」とは，ある出来事について価値的な評価を与える方法である（社会および政治の分析方法の概説として，Moses & Knutsen 2007）。

　説明の方法の典型的なものは，自然科学である。ある特定の出来事を，一般的な法則に関連づけて理解に導く。たとえば，リンゴが落ちる現象も，上空に投げたボールが落ちてくるのも，古典力学の世界では，ニュートンが定式化した万有引力の法則を参照することで説明される。リンゴが落ちるのは，地球の万有引力が他の物質の引力よりも大きいからである。逆に，地球から十分に遠い他の星は地表に落ちてこない。こうして個々の現象を一般的法則に当てはめて説明することで，物質が落ちるのはなぜか，そもそも落ちるとはどういうことかが説明される。逆に，ニュートン力学でうまく説明できない現象が認知された時に，新しい一般的法則，たとえばアインシュタインの相対性理論や量子力学が求められることになる。いずれにせよ，個別的な事象を一般的法則に組み込むことが「説明の方法」による理解，ということになる。

　社会現象についても，こうした自然科学をモデルとした方法で説明しようという強い動機がある。近代社会に自然科学がもたらした多くの発見やその応用

による成果を考えれば，当然であろう。それだけでなく，こうした説明方法は，客観的でだれが見ても同じように真偽が判定できる。自然科学の法則が正しいというのは，同じ条件下ならば，いつ，どこでも，だれにとっても，同じように当てはまるということである。社会についても同じような，いつ，どこでも，だれにとっても適用可能な法則を見つけ出すことができれば，その法則をめぐって論争や対立が起きることはありえないはずだし，応用範囲もきわめて大きなものとなる。

　ただ，自然と社会が違うのは，自然の場合，類似している現象を見出したり実験をしたりすることが比較的容易なのに対し，社会の場合はそうではないことが多いということである。昨日木からリンゴが落ちたのと，今日木からリンゴが落ちたのとを，とりあえずは同じ事象と考えることができるし，木を揺らせてリンゴを落としてみることもできる。しかし，昨日株価が下がったのと，今日株価が下がったのとを同じ現象と言えるかどうかは，簡単には判定できない。試しにある条件を作って株価を下げてみる，といったことも難しい。そもそもリンゴは自然界に存在しており，その定義をめぐって論争になることは通常起こらないが，株価は人間が作った概念なので，その定義を決めるところから始めなければならない。要するに，社会現象をとらえる場合，それを観察する人の主観的判断の問題を免れるのは難しい。

　そこで，社会現象を理解するもう一つの手法として，ある出来事に意味づけを与えるという解釈的方法に着目する必要が生じる。それは何か事件が起こったとき，だれがいつ何をしたか，どうしてこうした事件が起こったか，といった叙述を積み重ねていって，その出来事の原因と結果を示すという手法である。特に人間に関することが問われる時，自然科学的な説明は必ずしも十分ではない。たとえば飛行機が墜落した時，なぜ墜落したかという問いに対しては，リンゴと同じように万有引力で落ちたという説明はもちろん可能だが，多くの人はそうした説明では満足しないだろう。その飛行機が落ちたのは，不可抗力の自然現象のせいだったのか，だれかのミスによるのか，あるいはだれかの故意の破壊行為だったのか，を聞きたいと思うだろう。そこには，この飛行機の墜落が重要であるという暗黙の意義づけが前提となっている。言い換えれば，多数の社会事象の中で，ある特定の事象の固有性・例外性に意味を見出すのが「解釈の方法」である。この方法の代表的な適用が歴史的なとらえ方である。

> **COLUMN** 序-1　「説明の方法」と「解釈の方法」
>
> 　本文でふれている，「説明の方法」（科学理論的アプローチ）と「解釈の方法」（歴史記述的アプローチ）の対比について，ノーベル物理学賞を受賞した湯川秀樹と，文化人類学などで多面的な業績を残した梅棹忠夫が行った，以下のような対談がある。一流の自然科学者と人類学者の対話として含蓄に富む内容ではないだろうか。
>
> 　　湯川　　自然界の法則的な把握ないし理解は物理学で代表されます。その対極には，歴史的な把握の仕方があると思います。生物学では，進化論的な見方やら，いろいろありますね。……
> 　　私は歴史一元論は成り立たないと思います。しかしだからといって法則一元論が成り立つわけではないと思う。両方一緒にしたものができなきゃならんだろう。
> 　　……
> 　　梅棹　　実は，私は，大切なのは「納得」ということだと思うのです。たしかに，法則的科学は，納得の手段としてはかなり有効な手段です。法則を通って個別の問題を解くというのは，納得に到達するための，かなり上等の手段ではあります。しかしそれだけが納得の手段ではない。それ以外にも，納得という状態をつくり出す方法はあり得るということです。しかも事象の繰り返しの可能性が減ってくればくるほど，非法則的納得の方法を探さなければならん。（湯川・梅棹 1967／2012, 32, 42 より抜粋）

　科学性を志向する「説明の方法」と歴史性を志向する「解釈の方法」とは，ある意味では両極端である。前者は，個々の事象を離れた一般的な説明，できればニュートン力学やアインシュタインの相対性理論に匹敵するような法則に真理があると考え，その発見に努める。後者は，個々の事象の個別性・特殊性にこそ真理があると考え，その原因や影響についてできるかぎりのデータを集めて分析する。二つの方法のベクトルは正反対を向いている。

　しかし，国際政治を「わかる」ためには，二つの方法のいずれかだけに偏するよりも，双方の価値を認め，また両者を組み合わせる方が生産的だと私たちは考える。物質やエネルギーといった概念が客観的に扱える自然科学と違って，社会科学では対象となる概念からして純粋に客観的ではありえない。特に国際

政治については，たとえば「国家」「戦争」「平和」といった基本的な概念がすでに一定の主観的価値判断を含んでいる。また，大きな戦争が起こればそれまでの前提や価値観が大きく変化することもあるので，個々の出来事の重要性は国内社会の場合と比べるとはるかに大きい。それに，国際政治の実際では，情報が秘密にされていることや，統計が不十分な場合もあるから，客観的データが不足する場合もある。

　純粋な解釈的方法も，国際政治を扱う上では不十分である。歴史分析を行う上でも，「国家」「戦争」「平和」といった概念なしで済ませることはまず不可能だが，こうした概念に対するきちんとした理論的理解がないと正確な歴史記述は行えない。それに国際政治の事象は多くの事柄が関係した中で起こるから，原因や影響についても何を重視すべきか，選択の範囲はきわめて広くなる。その中で何を取捨選択するかについては，過去に起こった類似の事例を参照することが有力な手掛かりとなる。国際政治に起こる事象は完全に同一ではないにせよ，似た形態の事象が起こることは少なくなく，ある程度の一般化・抽象化が特定の出来事に対する解釈をより客観的にするだろう。

　国際政治は，社会や時代を超えて繰り返される事象の集積とも，特定の社会や時代に規定される一回限りの事象の連鎖とも見ることができる。したがって国際政治をよりよく理解するためには，「説明の方法」と「解釈の方法」のそれぞれの意図を理解し，適切な分析手法を選択することが大事であるし，また異なる方法論に基づく研究に対しても積極的にそのよい面を理解するように努めることが重要である。

本書の構成

　次に，本書の構成を紹介しておこう。
　第1章では，国際政治をとらえる最も基本的な枠組みについて説明する。国際政治に関する古典中の古典である古代ギリシャのトゥキュディデスによる著作を参照しながら，国家に焦点を合わせたリアリズム，国家と社会の関係に着目するリベラリズムという二つの代表的な分析枠組みを説明し，次に，国家の行動を分析する際によく用いられる個人，国家，国家システムという三つの分析レベルを紹介する。最後に，国家を中心とした国際政治の分析枠組みを相対化ないし批判するアプローチを取り上げる。
　第2章では，国際政治を歴史的視角からとらえる。歴史的に存在したさまざまな国際秩序の多様性を概観した上で，近代ヨーロッパで主権国家体制が生ま

れ，定着し，変容する過程を見る。次に，20世紀に入って，主権国家体制が世界化すると同時に，主権国家間の戦争のコストが高まり，戦争と平和の問題を中心として国際政治学が制度化されていく過程を記述する。さらに，第二次世界大戦後には米ソを頂点とした冷戦体制が世界を支配する時代が続く中で，国際政治学が急速にその対象範囲を広げる姿を示す。最後に，冷戦終結後の国際政治の流れと国際政治学の議論を概観する。

第3章では，対外政策に焦点を合わせて，ゲーム理論を用いながら分析を行う。第1章でも紹介した分析レベルの分類を用いて外交の性質を整理した上で，第二レベル（国内政治と対外政策），第三レベル（国家間の戦略的相互依存）についてそれぞれ掘り下げる。さらに，相手の同意を確保する心理的メカニズムに分析を掘り下げ，強制外交や安心供与外交の成否について理論的視角を提示する。

第4章では，国際秩序に関する理論的な分析を行う。国際秩序の問題について，国際政治学では国内社会や市場との類推で説明されることが多い。第1節では，国内類推論の系譜として，勢力均衡，集団安全保障体制，覇権秩序，立憲秩序の論理を整理する。第2節では，市場類推論の系譜について，独立した諸アクターが協力を実現する分権的協力問題を中心に整理し，市場の失敗，覇権安定論，国際レジーム論，コンストラクティヴィズム，カスケード論といった理論的フレームワークを紹介する。さらに第3節では，一般的な国際秩序論の枠を超えて，国際秩序と国内秩序が相互作用しつつ変動する過程を共振論として提示し，その分析枠組みを示す。

第5章では，安全保障の問題を扱う。政治集団間の武力闘争は人類史に普遍的な問題であり，国際政治の中でも最も関心の高いテーマの一つである。第1節では，人類と戦争との長いかかわりの中で戦争研究から安全保障へと考察が広がっていく過程を描写する。第2節では，安全保障の問題関心の中で今日でも中核的位置を占める軍事的安全保障の問題について，軍事力をいかに用いるかという戦略論の観点と，軍事力をいかに制御するかという正戦論や政軍関係の視点から整理する。第3節では，安全保障の具体的問題として，現代の軍事的安全保障の課題や大量破壊兵器の拡散，テロリズム，平和構築といったグローバルな安全保障問題，経済と安全保障の関係を扱う。第4節では，冷戦終結以後に関心の高まった内戦の問題についての理論的考察を示す。

第6章では，国際政治経済の問題を扱う。第1節では，政治と経済がどのよ

うにかかわってきたかについて，長期的な歴史をふまえ，その相互作用をとらえる思想の成り立ちを俯瞰する。第2節では，第二次世界大戦後の国際経済制度について，自由貿易体制およびブレトンウッズ体制を中心に紹介する。戦後世界経済の主軸は自由主義的な市場経済であったが，それを機能させるためには一定の制度的枠組みが必要であったのである。第3節では，国際経済において政治的調整が必要となる過程を取り上げる。特に，市場の調整機能の限界から生じる保護主義と通貨危機の問題を分析する。第4節では，国際政治経済の今日的課題として，経済的グローバリゼーションや新興国の台頭について検討する。

第7章では，国際政治の伝統的枠組みに収まらない越境的世界の問題を扱う。第1節では，国家から成る秩序において普遍的正義の実現の可能性を問い，人道的介入や体制移行期における正義の実現といった問題を扱う。第2節では，越境性がとりわけ強く意識される諸問題として，地球環境問題，情報交流の問題，人の移動の問題を取り上げる。第3節では，国家とは異なる価値の集合体としての文明や文化の問題を扱い，ハンチントンの「文明の衝突」論，文化的アイデンティティの問題，現代文明の普遍性と多様性といった観点を紹介する。

本書は，初めから全体を通して読む必要は必ずしもなく，興味のある部分から読んでもらってかまわない。ただ，徐々にそれ以外の部分にも目を通して全体の構造を徐々に理解してもらうのがよいと思う。最初は国際政治の問題が実に多様であり，国際政治を見るためのさまざまな視角が存在することにとまどうかもしれない。しかし，本書を通じて，そうした多様性にはそれなりの理由があり，自分にとって気に入ったアプローチを見つけると同時に，他のさまざまな観点にも理解を持つことに国際政治学の妙味を感じてもらえれば，本書に込めた私たちの姿勢は通じていることになる。国際政治をよりよく「わかる」ことにつながっていくからである。

第 1 章 国際政治学の見取り図

トゥキュディデス (©Bridgeman Art Library/PANA)

KEYWORD

FIGURE

TABLE

COLUMN

BOOK GUIDE

POINT

CHAPTER 1

SUMMARY

国際政治学の対象とする範囲は広範で，それを分析する理論的立場も，強い合意を得ている単一のものはない。この章では，まず国際政治学の主要なアプローチを概観しながら，学問全体の見取り図を提示したい。最初にリアリズムとリベラリズムという二つの標準的な国際政治観を検討する。続いて，個人，国家，国際システムの三つの分析レベルについて説明する。最後に，リアリズムやリベラリズムの基本的前提を問い直す諸理論を概観する。その第一の型は，国家中心主義を問い直し，社会経済の基本構造から世界を説明しようとする構造論的アプローチであり，もう一つは意識や意味の世界を重視して実証主義に挑戦しようとする解釈論的アプローチである。

> **KEYWORD**
>
> トゥキュディデス　　リアリズム　　リアリスト　　ハンス・モーゲンソー　　パワー（Power）　　権力政治（パワー・ポリティクス）　　トマス・ホッブズ　　自然権　　社会契約　　安全保障のディレンマ　　無政府状態　　ジャン＝ジャック・ルソー　　国力　　国益　　E. H. カー　　深慮（prudence）　　勢力均衡（balance of power）　　イマニュエル・カント　　マイケル・ドイル　　外交　　リベラリズム　　ウィルソン主義　　相互依存論　　民主的平和論　　社会化　　方法論的個人主義（methodological individualism）　　全体論（holism）　　ケネス・ウォルツ　　戦争原因論　　アドルフ・ヒトラー　　ヨシフ・スターリン　　毛沢東　　指導者論　　歴史問題　　エージェント・ストラクチャー問題　　ミハイル・ゴルバチョフ　　主権国家　　民族（nation）　　国家（state）　　国民国家　　領域国家　　チャールズ・ティリー　　英国学派（English School）　　中心　　周辺　　世界社会論　　革命主義（revolutionism）　　保護する責任　　実証主義　　ポスト構造主義哲学　　ミシェル・フーコー　　ジャック・デリダ　　批判理論（クリティカル・セオリー）　　コンストラクティヴィズム（構成主義）

SECTION 1　国際政治の悲劇性とリアリズム

メロス島の対話

「正義は力の等しい者の間でこそ裁きができるのであって，強者は自らの力を行使し，弱者はそれに譲る，それが人の世の習いというものだ」（トゥキュディデス　前5C／V 89）

　古代ギリシャの歴史家**トゥキュディデス**は，圧倒的な勢力をもって包囲するアテナイ（アテネ）の使者が，メロスの代表にこのように降伏を迫ったと記している。古代ギリシャでは多数のポリスが，相互に関係を保ちつつ共存していた。そして紀元前5世紀，アテナイとラケダイモン（スパルタ）の対立は，ギリシャ中のポリスを巻き込む大きな戦争へ発展した。この両者の間で何とか中立を保っていたメロスは，圧倒的な力を背景に降伏を迫るアテナイ側に対して，正義の論理ではなく利益の論理で懸命に説得を試みた。

　「利益とは，諸君が双方共通の便益を損なわないこと」にあるのではないか。

いずれアテナイが窮地に陥ったときに報復を招かないよう，今は中立国メロスから恨みを買わないことがアテナイにとっても利益ではないか——。これに対してアテナイは，「友誼が弱さの証拠として，憎悪が力の証拠として被支配者の目に映る，それこそが重大なのだ」と応じ，ここで弱腰と思われないことがアテナイの利益だと反論した。

またメロス側は，「今どちらの同盟にも加わっていない国は，吾々の例を見て，いつか自分たちの国にも諸君が攻め寄せて来ると思うだろうから，そうなれば諸君はそれらの国をすべて敵に回さざるをえないのではないか」と反論した。メロスの中立を侵害すれば他の中立国も敵に回すことになり，アテナイにとっても不利益ではないかというのである。だがアテナイ側は，中立国を粉砕することの方がアテナイの利益になると言い返す。中立国はとかくアテナイの支配の過酷さに憤りを抱いて，無謀な戦いを始めがちだからである。

アテナイの奴隷になることでメロスにどんな利益があるというのかと問い掛けるメロスに，アテナイ側は「諸君は最悪の運命に陥る前に，服従できることになるし，吾々は諸君を滅亡させずに，富を増やせるというわけだ」と応じた。

メロス側は，戦争となればアテナイとて予期できない敗北を喫する危険があり，ここは平和的解決が合理的だと食い下がる。だがアテナイ側は，「希望とは危機の中の慰め」であって，メロスが希望的観測にすがるのは愚かだと一蹴した。

最後にメロス側は，これは不正に対する戦いにあって，神の配慮はわれわれの側に厚いだろう。また，ラケダイモンはここでアテナイの膨張を抑えなければ他国の信頼を失うため，メロス支援に駆け付けるだろうと食い下がる。だがアテナイは，「支配する力を持っている所では必ず支配を実行する」のは自然の摂理である。それゆえ強国アテナイが他を支配するのは自然だと言い放ち，続けてラケダイモンの援軍についても，「軍事力において敵方をはるかに上回っているときにしか，援軍を送らないもの」だから，ラケダイモンはメロスを助けには来まいと反論した。このようなやりとりを経て，降伏か戦争かのぎりぎりの判断を迫られたメロスは，降伏を拒んで戦うことを選んだが，結局は圧倒的に優勢なアテナイ側に敗れる。そして男は全員処刑され，女子どもは奴隷にされたと，トゥキュディデスは淡々と記している。（トゥキュディデスV 85-113）

FIGURE 1-1 ● 古代のギリシャとエーゲ海

［出典］ トゥキュディデス 前5世紀／邦訳 2003，図5をもとに筆者作成。

> リアリズムの論理

　以上に示したメロス島の対話は，リアリズムの国際政治観の極限の姿を表したものとしてとらえられてきた。リアリズムといっても一枚岩(いちまいいわ)のまとまった政治学理論ではなく，一定の世界観を示すものにすぎず，時に矛盾さえするような，さまざまな要素を含んでいる。また，アテナイの使者が語る「力がすべて」という論理は，リアリズムというより，リアリズムが堕落したシニシズム（冷笑）にすぎないと

考えるべきだろう。だが，リアリズムの世界観の基礎に，人間が道義的にも知的にも本質的に限界のある存在だ，という悲観的な見方があることは事実である。メロス島の対話の冒頭，アテナイの使者が述べたように，力の現実を前にして「正義」は大した意味を持たない。そもそも政治の世界で語られる道義とは，むしろ利益を覆い隠すための自己正当化であることが多い。道義や規範から行動が導き出されるより，自分の利益に都合のいい道義や規範が作り上げられるにすぎないのではないか。そしてその利益は力によってのみ得られる。

このようにリアリストは，正義や平和を声高に語る人々を空想主義者として批判し，それが非現実的なばかりでなく，しばしば偽善的なことさえあると鋭く指摘する。人は本質的に他者の利益より自分の利益を優先する利己的な存在であるという，どうしようもない現実を直視することこそ重要なのではないか——。リアリズムはこのように説く。そしてこの不愉快ではあるが動かし難い現実が，政治の世界を支配する法則の根拠となっている。リアリズムの立場に依拠する代表的国際政治学者ハンス・モーゲンソーは，「政治の法則は，人間性のなかにその根源をもつ。そしてこの人間性は，中国，インドおよびギリシアの古典哲学がこれら政治の法則を発見しようと努めて以来ずっと変化していない」と論ずる（モーゲンソー 1948／邦訳 1998, 3）。

利己的な人間から成る政治の世界は，すべて力を求める競争がその本質にならざるをえない。人間が「他者を支配しようとする傾向は，家族にはじまって友愛団体，職業団体，地方の政治組織体から国家に至るまで，人間を結びつけるあらゆる関係のなかにみられる要素」なのである（モーゲンソー 1948, 37）。もちろん人の行動がすべて政治的なものだというわけではない。人と自然との関係は政治ではないし，競争だけではなく他者との利害や意志が一致している場合には協力関係も生まれる。だが，自身の安全や物的な利益の確保にせよ，名誉や正義の実現にせよ，人が他者の行動を左右することによって自らの意志を実現するには，どうしても力（パワー）を欠かすことができない。それゆえ，具体的にはさまざまな形をとりつつも，結局のところ力を求めて争い続けるのが政治の世界の法則だ。これがリアリズムの最も純粋なメッセージである。それゆえ，こうした立場からすると，アテナイの使者が語った「支配する力を持っている所では必ず支配を実行する」のは，人間の本質から生ずる，人と人との関係を貫く不変の法則と理解される。国際政治が権力政治（パワー・ポリティ

> **COLUMN** *1-1* パワー概念の複雑性
>
> 　パワー（power）は政治学，とりわけリアリストの国際政治論の最も基本的な概念の一つだが，その内容は多様でさまざまな複雑な問題を孕んでいる。一般にはパワーという言葉で意味するのは，ある主体が他の主体に影響を与える可能性のことを指している。おおざっぱに言えば，自分の好むように相手に行動をさせるか，あるいは行動を思い止まらせるかする能力のことである。たとえばマックス・ウェーバーのように相手の意志に反して自分の意志を強制することをもってパワーと呼ぶとする立場もあるが，相手の意志に影響を与え，自発的に服従を引き出す，今日ソフトパワーと呼ばれる能力もパワーの重要な側面であるから，このウェーバーの定義はいささか狭すぎるであろう。
>
> 　パワーが把握しにくい一つの理由は，相手が自分にとって望ましい行動をとったとしても，それが自分の行使したパワーによるものかどうかを完全には確かめようがないことである。また，パワーは実体としてそこに存在するものではなく，それを行使することによってある種の結果が生ずる可能性をいうから，パワーそれ自身を観察したり計測したりすることは不可能である。それにもかかわらず，パワーが大きいとか小さいとかということが頻繁に語られるが，そこで言われているのは普通パワーの資源（resources）のことである。E. H. カーはこれを，「軍事力」「経済力」に加えて「意見を支配する力」の三つに分類しているが，このように概念化してもパワーを量的に把握するのは至難の業で

クス）と呼ばれてきたのは，こうした洞察に基づいている。

　それでは，本質的に利己的な人間同士の関係に秩序をもたらすにはどうすればよいのか。17世紀イギリスの思想家**トマス・ホッブズ**は，国家も社会もない状態では，人と人が際限なく戦い合う自然状態が出現すると考えた。イギリスの内戦を目の当たりにしたホッブズは，聖書の教えではなく現実の冷徹な分析を通じて，この世の秩序と権力の問題に考えをめぐらした。そこでホッブズがとった方法は，社会も国家もない人間が置かれた仮想的な状態（自然状態）を検討してみることであった。どのような人間にとっても，まず守るべき最も基本的な権利は自己の身体の安全確保（**自然権**）である。だが，万人にとって最も基本的と考えられるこの権利を自然状態の下で追求しようとすると，己の力しか頼るものがない。そうなると他者への恐怖に駆られ，自身を守るために先

> ある。とりわけ三番目のものは，他者の意識に働き掛けるために有効な資源であるため，その資源を量的に把握することはおろか，兵力やGDP（国内総生産）などで通常は測定される軍事力や経済力とは異なり，資源そのものを特定することですら難しい。
>
> 　パワーを資源とその行使に分けて概念化するのは，資源をパワーに転換する過程について語るためである。資源があってもそれを利用しなかったり，また利用の仕方が拙劣だったりすると，パワーの有効な行使はできない。しかも，パワーの行使は，モノを相手にするのとは違って，相手の反発を引き起こせば効果が減殺されたり，場合によっては逆効果になったりすることすらある。
>
> 　このように，パワーにはさまざまなとらえにくい要素が含まれているため，その訳語も文脈によってさまざまなものがあてられている。たとえば，国際政治の文脈ではパワーは国力だが，power politics は権力政治，separation of powers は権力分立，balance of power は勢力均衡，power transition は（覇権の移動という意味で）勢力交代，distribution of power は勢力分布，great power は大国あるいは列強，war power は戦争権限と訳される。パワーに「服従せらるる能力」という定義を与え，強制よりむしろ服従に注目して独自のパワー論を展開した社会学者である高田保馬も，これに勢力という言葉をあてて，制度化され組織化された支配的地位を指す権力と区別している。

を争って他者を殺さざるをえなくなる。その結果生ずるのは，人々が際限なき殺戮（さつりく）に明け暮れる「各人の各人に対する戦争」にほかならない。こうした事態を避けるには，人は社会契約を結んで自分の自然権を強力な国家（リヴァイアサン）に譲り渡し，それによって各人の身体の安全を確保するしか方法はない。ホッブズはこう論じたのである（ホッブズ 1651／邦訳 1992, 210）。

　日ごろ，私たちが見知らぬ人々に混じって道を歩いていても身の危険を感ずることは少ない。たしかに，このことのすべてが警察のおかげではないかもしれない。だが，もし国家に警察という暴力機構がなければ，人々はそれぞれナイフやピストルなどの自前の暴力的手段を持って身を守ろうとせざるをえなくなるだろう。しかし，みながナイフやピストルを持って歩くようになれば，結局路上は以前よりかえって危険になってしまう。自分の力で自分の身を守ろう

とすればするほど，他者の対抗的行動を招き，結局は自分も含めてみなが以前より危険な状態に陥ってしまう。これが，安全保障のディレンマ（第3章第4節参照）としてよく知られる現象である。

実際，国家の権力が確立されていなかったり，場合によっては国家そのものが破綻したりすることは，21世紀の世界でも稀とは言えない。そのような場所では，人々は絶え間なく暴力に脅かされていて，生存のための闘争状態こそが常態にほかならないのである。

このような国内社会の秩序論から類推して国際社会を見てみると，独立した国家から成る国際社会は，リヴァイアサンの存在しない無政府状態（アナーキー）に陥った国のようなものである。今日の世界には，アメリカ合衆国のような超大国や中華人民共和国のような10億人以上の人口と帝国としての歴史を持つ国から，ツバルのような島嶼国やモナコのような都市国家まで，国際連合（国連）に加盟し国連憲章に従って相互に主権（第2章第2節参照）を承認している国が，およそ200ある。国ごとにその力は大小さまざまにせよ，主権とはそれぞれが最高権力であることを意味するから，国際的には平等であり，他国から独立し干渉されないことが原則である。

他方，それは同時に，たとえ自国の権利が他国に侵害されても保護してくれる上位の権威はなく，自国の安全は最終的には自力で守るしかないことをも意味する。そして各国が自力で自らの安全を守ろうとすれば，国家同士の関係が本質的に競争的になり，時にそれが武力紛争に発展することも不思議ではない。先に述べた悲観的な人間観と並んで，国際政治の無政府的な構造から生まれる恐怖が国家を否応なく対立へと駆り立てるとするこうした考え方も，リアリズムの有力な伝統である。

国際政治の悲劇性　もっとも，国家と国家の関係を，国内における個人と個人との関係から類推することは，不適当かもしれない。国家は個人よりも強力な存在なので，他国への依存は小さく，恐怖に駆られて行動する度合いも小さいからである。実際，ホッブズも国家間の無政府状態が個人間の自然状態ほど暴力的だとは考えていなかった。それゆえ，国際的な無政府状態を克服するために，諸国家相互の契約で国際的なリヴァイアサン，つまりは世界国家を設けるべきであるとは論じていない。しかも，もし世界国家を作れば，それこそが巨大な権力を独占する危険な存在になるか

もしれない。

　また，自然状態が際限なき殺戮にいたるとするホッブズの見方にも疑問はあろう。たとえば，経済学の描く市場の姿は，それぞれの経済主体がめいめい自己利益を追求すると，結果的に分業が成立して巨大な生産力が実現される分散自立型の秩序である。さまざまな言語や習慣，社会的規範が成立したり，そもそも文明が生まれたりしたのも，人と人が相互に関係を取り結ぶ能力，言い換えれば社交性や共感する能力を持つからではないだろうか。リヴァイアサンに強制されることがなくとも，何らかの自然な秩序が創生される可能性は考えられるのではないか。ジャン=ジャック・ルソーは，「人間は本来の性質から平和を好み，臆病であり，ほんのわずかな危険に出会った場合でも，最初の反応は逃げ出すことだ」とし（ルソー 1756-58／邦訳 1978, 372），自然状態が暴力的なものだとするホッブズの考えに真っ向から反対した。

　実際，もし国家を持たない人々が際限なき殺戮に明け暮れていたとするのなら，人類は文明や国家を生み出す前に相互の殺戮によって絶滅していたはずである。だが，人々は協力し合って一定の社会的秩序を形成し，それによってさまざまな政治共同体を作り上げてきたのではなかったか。

　しかしルソーによれば，だからこそ国際社会はいっそう悲劇的なディレンマの下にあるというのである。すなわち，「個人と個人との場合には，われわれは社会状態のなかで法律にしたがって生きているのだが，人民と人民との場合には，各人民は自然権を味わい楽しんでいる。この現象のためにじっさいにはわれわれの状況は，こうした区別を知らずに過ごしたときよりもずっと悪化しているのだ」（ルソー 1756-58, 374）。一国内では，人々は平和と秩序を得るために法に服する義務を持っている。だが国家間関係では，市民として義務を忠実に果たそうとすればするほど，暴力の行使がいっそう組織的かつ激烈にならざるをえない。国家はそもそも人々の安全を守るために人々の契約によって作られたはずなので，よき市民としての義務を良心的に果たそうとする人ほど，戦場では祖国のために傭兵や奴隷よりもずっと果敢に戦う兵士となりやすい。戦争状態は人間にとって全く自然ではなく，むしろ「人々が恒久平和を確保するためにとったさまざまな配慮から生まれた」（ルソー 1756-58, 383）。

　ルソーは，こうした混合状態に置かれた人間社会の悲劇性を鋭く指摘した。つまり，国際政治の悲劇性の本質は，自然状態と社会状態が混合した構造に求

められると言うのである。

　20世紀前半に世界が経験した2度の世界大戦は，まさにルソーの懸念が現実になったものであったとは言えないだろうか。これらの大戦では，政治的にも文化的にも国民と強い絆を持つようになった強力な国家が，大量の物資や人員を動員して，敵の軍隊のみならずその生産施設や非戦闘員を攻撃目標とし，徹底的に破壊し合った。国内ではよき市民，よき家族として平和な社会生活や家庭生活を営む人々が，勇猛な兵士となり，わが身の危険を冒して他国の人々の大量殺戮に従事した。そういった人々の大多数は特に好戦的であったわけでもなければ，暴力に憑かれた精神病理に蝕まれていたわけでもない。むしろ危険な戦場で，良心的な市民として，家族や同胞のために一つしかない自分の命を懸けるという究極の自己犠牲に殉じた，とも見ることができるだろう。

　このように，よき市民がよき市民であればあるほど激しく戦わねばならない不条理は，国際政治のどうしようもない現実なのだろうか。人類に仕掛けられた悲劇的な罠から，なんとか抜け出す方法はないのだろうか。古来さまざまな論者がこの問題に取り組んできた。

権力政治の抑制

　この課題へのリアリストの解答は，国際関係の悲劇性を根本的に治癒することはできないが，少なくともそれを極端に暴力的にならないよう制御するチャンスはある，というものである。そのためリアリストも，国際政治を必ずしも果てしない闘争の世界ととらえているわけではなく，無政府的な国際政治でも比較的穏健な国際関係は構築可能だとする論者が少なくない。

　たしかにリアリズムは国際政治における対立と競争を強調し，その世界観は厳しい。人間が利己的で国際社会が無政府的である限り，自分の身は自分で守るしかない。そのため，他者の意志に反してでも自分の意志を押し通す能力こそが，国際関係を左右する最重要な要素たらざるをえないからである。もし戦争状態が常態なら，そこでの生存競争に生き残るために最も重要な要素は，国力（パワー）にほかならない。国力は経済における金のようなもので，それは国益を達成する手段であると同時に国益そのものだ，とモーゲンソーは論じた。

　また，利己的な人間が無政府的な場で取り結ぶ関係では，道徳や正義はあてにならない。もし道徳や正義にかまけようものなら，厳しい弱肉強食の国際政治ではいずれ淘汰されてしまうからである。したがって国家と国家の対立は，

正統と異端,正義と不正の関係ではなく,国益と国益の衝突であり,それに最終的な決着をつけるのは戦争,つまりは国力による競争である。そのためリアリストは,理想主義的で道徳主義的な国際政治観に警鐘を鳴らし続けてきた。第二次世界大戦直前にイギリスの国際政治学者 E. H. カーは,第一次世界大戦の惨禍によって欧米で支配的な知的潮流となった国際連盟を中心とする国際協調主義の美辞麗句が,権力政治の現実から懸け離れていると痛烈に批判した（カー 1939／邦訳 2011）。また,長らくヨーロッパの権力政治にかかわる必要のなかったアメリカでは「法制主義」「道徳主義」の伝統が強かったが（ケナン 1951／邦訳 2000),上記のモーゲンソーをはじめとする一群の国際政治学者は,冷戦によって一挙に世界政治の表舞台に立ったアメリカが権力政治の現実に目覚めるよう訴えた。

　このように理念や規範よりも力の重要性をリアリストは強調するのだが,リアリストが力の行使につねに積極的な「タカ派」と同義というわけではない点には注意が必要である。力が強者を傲慢にし,それによって不要に敵を作るだけでなく,結局は自国を消耗させ自国の墓穴を掘る,いわば自家中毒を招くことも,リアリズムの説く重要な教訓である。本章冒頭に掲げたメロス島の対話でトゥキュディデスが訴えようとしたのも,力がすべてという世界観ではなく,力に傲るアテナイが陥った病理だったのかもしれない。打ち続く戦いを経て,アテナイの世界観は,むき出しの力を露骨に行使すればすべてが片づくという,粗野でシニカルなものへと堕落してしまった。トゥキュディデスは,その後アテナイが無謀なシケリア（シチリア）遠征を始め,それによって自らの墓穴を掘ったことを,メロスの悲運と同じく淡々と記している。

　アメリカはソヴィエト連邦に力で対抗することを避けられないとして対ソ封じ込め政策を提唱したジョージ・ケナンは,自分の提唱したリアリズムがあまりにも軍事的な意味に解釈されたことに不満を隠さなかった（ケナン 1967）。またモーゲンソーも,国益に資さないという理由で,ベトナムへの介入には一貫して反対し続けた。力は国家の生存になくてはならないが,それは危険な劇薬でもある。それゆえ力は慎重かつ効率的に行使しなければ,厳しい闘争で生き残ることは覚束ない。たとえ力に優る国家でも,国益に結び付かない目的のために力を浪費すれば,結局は国際政治の競争から脱落するだろう。厳しい競争状態に不断に晒されている諸国家は,国内体制やイデオロギー,文化の如何

を問わず，生き残るためには深慮 (prudence) に基づいて，激情に駆られることなく合理的に振る舞うことを強いられるのである。

リアリストは，このような力の危険性に逆説的な楽観を見出してきた。というのも，諸国が深慮をもって合理的に国益を計算できれば，権力政治の結果として相互を牽制し合う均衡状態が生まれることを期待できるからである。力の行使は，他国から警戒され対抗的な行動を招くなどの反作用を確実に招く。たとえば，一国の力が増大し他国を圧迫することが予想されれば，その国への対抗的同盟が形成され，結果として力の集中は抑止されるという力学が働く。このような対抗的な行動が不断に繰り返されれば，実際に暴力は行使されずに諸国家が相互に抑制し合う状態が生まれることが期待される。これが勢力均衡 (balance of power) として知られるメカニズムである。

18-19 世紀のヨーロッパでは，勢力均衡は意識されるようになり，自然なメカニズムというより半ば主権国家が共存するための秩序原理として主要国に理解されるようになった（バターフィールド 1966／邦訳 2010）。そのため，慎重で抜け目ない対外政策や同盟の柔軟な組み替えによって，一つの大国が際限なく膨張して支配的地位を占めるのを防止できた。たしかに諸国は油断できない競争状態の中で相互に牽制し合っているので，イマニュエル・カントの説いたような恒久平和状態（カント 1795／邦訳 1985）にあるわけではない。だが，カソリックとプロテスタントが相容れない正義を主張して激しい暴力が行使された，宗教戦争の世紀とは区別されるべきであろう。

もちろん勢力均衡は平和を保証するわけではない。そもそも均衡させるべきパワーを正確に測定することはできないから，何が均衡状態なのかを正確に把握することすら現実には不可能である。実際，勢力均衡という言葉の具体的な内容には，実に多様な意味が与えられてきた。それゆえ「均衡」の名の下に，自国に有利な力関係を求めて勢力拡張競争が起こることもしばしばであった（高坂 1993／2010; Haas 1953; Hinsley 1963, 167-185）。また均衡状態を実現できても力はつねに変化するから，均衡は容易に破壊され，大規模な紛争にいたるかもしれない。トゥキュディデスはペロポネソス戦争の原因について，「アテナイ人が強大となってラケダイモン人に恐怖を与え，戦争へと強制した」と述べている（トゥキュディデス 前5C／I 23）。アテナイの強大化を前に，このままでは独立が脅かされると考えたラケダイモンは焦りを感じ，力関係が悪化して手

COLUMN 1-2 トゥキュディデスは「リアリスト」か

　トゥキュディデスの『歴史』（あるいは『戦史』）は，時代を超えて変わることのない国際政治のリアリズムを表現したものとして，多くの学者が好んで言及してきた。古くはホッブズが，自身で『歴史』の英訳を手がけたことからもうかがえるように，強い影響をトゥキュディデスから受けているし，現代アメリカの国際政治学者マイケル・ドイルもトゥキュディデスをリアリストの先駆者ととらえている。たしかに『歴史』には，人間の権力欲や露骨な利益の追求，恐怖や裏切りや猜疑が冷厳に描かれている。そして何よりも，ここで描かれているのは戦争であり，今日の国際政治学者が安全保障のディレンマや勢力均衡政策と呼ぶものが描かれている。

　だが，トゥキュディデスが語ろうとしているのがメロス島の対話に代表される，パワーがすべてという狭義のリアリズムだと解釈するのは誤りであろう。たとえばメロス島の対話が交わされる以前，アテナイの同盟国だったミュティレネが離反して失敗し，降伏した際に，アテナイの民会でその処遇について激論が戦わされた。ミュティレネ市民を全員処刑すべしという提案が，戦勝による激情に駆られた市民の支持をいったんは得たものの，結局それが政治的に賢明ではないとする良識的な主張が支持を集めて，決定が覆されたことが記されている。

　また本章本文で引用した，戦争の真の理由はラケダイモンがアテナイの力の増大に恐怖を感じたためであるとする記述も，リアリズムの権力移行にともなう戦争原因説の古典的実例としてよく引き合いに出される。しかし，トゥキュディデス自身が詳細に記しているラケダイモンの民会での白熱の議論からは，そういった解釈をうかがわせるやりとりは見当たらず，むしろ当日開戦を訴えたステネライダス（ラケダイモンの監督官）の主張からは，アテナイの不正に対する怒りや，同盟国が蹂躙されているのを座視できないという，同盟国への信義や自国の名誉といった動機が読み取れる。その意味では，むしろリベラリズムやコンストラクティヴィズムを思わせるものがある。トゥキュディデスから得られる洞察は，必ずしもリアリズムに沿ったものだけではない。

　はっきりしているのは，トゥキュディデスは21世紀の国際政治理論家ではなく，紀元前5世紀のギリシャの歴史家であることである。彼が意図しているのは，原因と結果の関係をなるべく単純で確定的な形で定式化しようとする現代の科学的「説明」ではなく，微妙でニュアンスの豊かな歴史を語ることであり，そのメッセージは多義的で逆説に富んでいる。

遅れになる前に戦争に打って出たと言うのである。

　リアリズムの国際政治観は，国際社会が無政府的で，安全を保証してくれる権力がない以上，国家のパワーが中心的な重要性を持つと考える。本質的に利己的な人間から成る国家は，つねに戦争の可能性に備えなければ生存が覚束ないからである。だが，パワーの支配する世界でも，国家が合理的に行動すれば相互抑止のメカニズム，つまり勢力均衡や主権，外交といった最低限の制度によって穏健化できるかもしれない。近代ヨーロッパの主権国家間関係は，たしかに競争的ではあっても，むき出しの力による極度の暴力闘争が際限なく続く世界ではなく，無政府的でありながら一つの秩序を構成していた。伝統的なリアリズムには，このようなヨーロッパ国際社会の経験が織り込まれているのである。

SECTION 2　リアリズムへの挑戦

もう一つの伝統

　懐疑と深慮に根ざすリアリズムの世界観に対して，啓蒙と進歩に根ざした世界観も西洋思想史の重要な伝統である。これは合理主義，理想主義，進歩主義，啓蒙主義などさまざまな名前で呼ばれてきたが，ここではひとまずリベラリズムと呼んでおこう。リアリズムとリベラリズムとの論争は，さまざまな形をとりながら，今日にいたるまで国際政治をめぐる論争の底流をなしてきた。リベラリズムの思想史的背景には，人間は合理的で自らの理性によって進歩する存在だから，世界も理性によって改善できるはずだという信念がある。この立場からすれば，リアリズムは人間理性に対してあまりに低い評価しか与えておらず，進歩の可能性を否定し，現状維持の思想に堕しているということになる。たしかに一人一人の人間を観察するとさまざまな不合理があり，ある時点では世界は退行するかもしれない。だが，人類は「一人一人はすべて死んでも類は不死の理性的存在部類として，自分の素質を完全に展開させるにいたる」（カント 1784／邦訳 2000, 7）。こうした人間理性による進歩という啓蒙主義的発想は，19世紀イギリスの自由貿易主義や，民主主義と世論を神聖視するアメリカのウィルソン主義に継承されたが，その国際政治観に大きな影響を及ぼしたのは，第一次世界

大戦（1914-18年）の悲惨な戦争経験が与えた知的衝撃であった。この大戦によってヨーロッパが大きな災禍を経験したことで、勢力均衡論に依存するヨーロッパの伝統的国際政治観は大きく信頼性を失墜したのである。

第一次世界大戦は、セルビアとオーストリアの局地的な紛争が発端であった。だが、セルビアにはロシアという、またオーストリアにはドイツという後ろ盾があった。そしてロシアとフランスの間にも協商関係があったことから、挟み撃ちを恐れたドイツは先手を打ってロシアとフランスを攻撃した。そしてフランスと協商関係にあったイギリスは、大陸がドイツに支配されることを懸念してこの対立に加わり、結局はヨーロッパ全体を巻き込む空前の大戦争になってしまった。

国家間関係を平和的に調整するはずの外交は、民主的な制御の及ばない密室での取引によって多くの秘密条約を生み、それはかえって諸国の猜疑を強めたのではないか。勢力均衡は諸国を相互に抑制するはずなのに、結局は小さな紛争を世界戦争へと拡大してしまったではないか。また、戦争は始まってしまえば制御などできるものではなく、とりわけ科学技術の発展によって戦争が極端に破壊的なものとなり、途方もない殺戮行為が起こる。だとすれば、双方が軍事的ににらみ合っている結果、便宜的に武力の行使がひかえられている状態にとどまらず、信頼と安心感に支えられた協力関係に基づく永続的な平和を樹立することこそ、文明の生き残りのための急務なのではないか。

第一次世界大戦後のヨーロッパで、国際政治学が独立した学問分野として登場してきたのには、こうした時代精神が背景にあった。そのため、国際社会の病理を合理的な手段で治療したいという意欲が強かった。リベラリズムはリアリズム以上に多様な内容を含むが、その土台には、啓蒙によって世界は進歩し、進歩によって愚かしい闘争に代わって合理的な協調を国際政治の常態にすることができる、という考えがある。21世紀を生きる私たちにとって、こうした見方は至極当然とも思えるだろうが、多くの宗教が原罪と来世における魂の救済を説いてきたことを考えれば、人類の進歩の彼方に現世における人間の救済を実現しようとする啓蒙思想は、西洋近代における革命的な発想転換だったのである。

リベラリズムの論理

このような共通の土台は指摘できるものの、国際政治学の一学派としてのリベラリズムも一枚

岩の学派を構成しているとは言えない。ただし，独立した国家間関係を本質的に競争的なものと理解するリアリズムに対して，国家間の利益が調和することを強調し，状況に対応した抑止ではなく，永続的な協力に国際秩序の原理を求める点で区別できる。そして，戦争は諸国家の利益が対立する以上，国際社会における避けられない現実だとするリアリズムに対して，それは錯誤や後進性などに起因し，理性的な手段で克服できる病理や不合理だと理解する。したがってリベラリズムは，無政府的な国際社会でも平和的な秩序の達成は可能であると論じ，その議論の代表的なタイプには以下のようなものがある。

　第一は，功利主義的な平和論であり，より具体的には相互依存による平和論である。再びカントによると，「商業精神は，戦争とは両立できないが，おそかれ早かれあらゆる民族を支配するようになるのは，この商業精神である。つまり国家権力の下にあるあらゆる力（手段）のなかで，金力こそはもっとも信頼できる力であろうから，そこで諸国家は，自分自身が（もとより道徳性の動機によるのではないが）高貴な平和を促進するように強いられ，また世界のどこでも戦争が勃発する恐れがあるときは，あたかもそのために恒久的な連合が結ばれているかのように，調停によって戦争を防止するように強いられている，と考えるのである」（カント 1795／邦訳 1985, 70-71）。19 世紀イギリスの自由貿易論は，諸国家の利益は本質的には対立するものではなく，調和しているので，戦争は自らを害する愚かな行為であり，それが正しく理解されれば避けられるものだと考えた。自由貿易はそれに従うすべての国の利益になるのだから，貿易上の利益を得るのに保護主義や植民地主義に走るのは，邪悪というよりも極端に不合理である。

　1970 年代からさかんに論じられるようになった相互依存論も，基本的には同じ論理に立っている。たしかに国際社会にはさまざまな対立があろう。経済問題に関しても完全に調和的な世界ではないのは，1970 年代からしばしば深刻な政治問題と化した日米貿易摩擦一つを見ても明白である。だが，このような問題の解決には，およそ軍事力は役に立たない。というのも，経済的な結び付きは相互の利益になるからこそ成立しているのであって，商売相手を戦争で殺戮するのは，病気を治すのに病人を殺すに等しい不合理である。それゆえ経済的な絆を築けば，互いに断ち切ることのできない利益の共有関係ができあがる。もしそうなれば，人間が合理的に自己利益を追求しようとする限り，協力する

以外の道はなく、よって平和がもたらされるというのである。

　第二は、民主主義による平和論である。リアリズムの観点からは、国家が国家である限り、国際政治には国内政治と截然と区別される行動原理があるとされる。すなわち、国内政治では政体や指導者によっては非暴力的で協力的な秩序の構築も可能だが、国際政治の世界では最終的に力とそれによる安全保障への関心が決定的なのは共通とされる。だが、独裁国家も民主国家も、その対外的行動ははたして同じなのだろうか。

　一般にリベラリズムの観点は、国内体制が対外行動に影響を与えることを強調する。カントは、「戦争をすべきかどうかを決定するために、国民の賛同が必要となる（……）場合に、国民は戦争のあらゆる苦難を自分自身に背負いこむ（……）のを覚悟しなければならないから、こうした割りに合わない賭け事をはじめることにきわめて慎重になるのは、あまりにも当然のことなのである」（カント 1795, 32-33）と論じ、王侯貴族や独裁者が個人的な利害や名誉のために侵略や戦争を引き起こすのに対し、立憲制度を持つ民主的な国家では権力の過剰な行使が抑制されるため、本質的にその対外行動は平和的だとされる。

　世論の力を高く評価するウィルソン主義がこれに加わると、国際世論は本質的に平和的で国家の暴虐な行動を抑制するため、世論によって政治が執り行われる民主主義国家から成る国際社会が構成されることこそが平和への鍵だとされる。また、カントは永遠平和が共和制の国々の間で達成されることを論じたし、民主主義国は相互に戦わないと論ずる民主的平和論（第3章第2節参照）や、世界を民主化することを通じて世界平和を実現すべきとするアメリカで有力な考え方も、この系譜に属する議論であると言えよう。

　第三は、制度による平和論である。リアリストも、国際法を含む制度の意義を完全に否定するわけではないが、制度によって力の現実を変えられるとは考えない。一定の力の現実の下で、国家間相互の利益になる取引を容易にするという限定的効果しか、制度には認めていない。主権国家体制下では、管轄権（国境）を画定し、主権を相互に承認してしまえば、諸国家は宗教やイデオロギーはもちろん、共通の行動や理念についても何ら合意する必要がない。それ以上の協力も可能ではあるが、それはあくまで各国家が国益に照らして自発的に合意したものに限られるのである。

　他方、リベラリズムは、国際法や国際機関にはるかに大きな期待をしている。

典型的には，国際連盟や国際連合に代表される自由民主主義的な制度を国際社会にも応用すれば，暴力に訴えなくても諸国家は意見の相違を解決できるはずだ，という考え方をとるのである。実際，国際法は一般に考えられているよりもよく守られていると言えるかもしれない。無政府的な環境にあっても，諸国家は合理的な国際規範に服する理性を持った存在のはずである。また人類の理性は進歩するので，理性的な議論と世論の力によって諸国家は合理的な協力関係に導かれるであろう。しかも国家は国際世論の反発を恐れるから，その点からも国際法をはじめとする合理的な国際規範を遵守するはずである。

第二次世界大戦(1939-45年)の勃発によって国際連盟の無力が白日の下に晒されると，こうした考え方はあまりにもユートピア的とみなされるようになった。だが，国際的な制度は功利的な観点から有効だ，とする見方は今日でも有力である。というのも，たとえ制度の構築を力で強制するような世界政府がなくとも，諸国家が他国の行動についての情報を得やすいため，他国の行動を予測するのが容易になるからである（コヘイン 1984／邦訳 1998）。だとすれば，世界政府がなくとも，制度の拘束力は無視できないはずである。実際，日本では自動車が左側を通行し，赤信号で停車するのは，警察の取り締まりを恐れているからではなく，車で右側を走ったり，赤信号で交差点に入ったりすれば，他の自動車と衝突する危険を冒すことになって不合理だからであろう。制度の有効性を担保するのが権力だけではなく人々の合理的な判断ならば，市場経済と同様，国際社会でも世界政府がなくとも制度は有効に維持されるであろう。そしてそれによって平和も達成されるのではないか。制度による平和論はこう論じる。

最後に，国際関係を社会学的発想からとらえた議論がある。国境を横断した諸国民の自由な交流が密接になれば，国家と国家の関係もより社会化する。そして，功利的な国際ルールも内面化して強力な規範へと発展し，その結果，国際政治も平和的になる。こうした社会学的発想もリベラリズムの有力な要素である。リチャード・コブデンをはじめとする自由貿易論者たちも，通商，文化，教育など社会と社会の直接的な交流は，国境を越えた人々の連帯を形成し，国家の排外的な性質を改めるだろうと期待していた。また，第二次世界大戦直後に国際留学制度を作ったアメリカのジェームズ・フルブライト上院議員は，若者が外国で学べば，外国人も同じ人間だとわかり，むやみに敵視することもな

くなるだろうという期待を語った（フルブライト 1991／2002）。欧州統合によって，ドイツとフランスが経済的利害で結び付くだけでなく，ヨーロッパ人だという意識をもって結び付けば，戦いを繰り返した両国の関係も一国内の地方自治体の関係に近いものになりはしないか。グローバリゼーションによって国家を支える社会や経済が国境を越えて結び付けば，国家ごとに団結して外国との戦争につねに備えるというリアリズムの描く競争的な世界も，本質的に変化するはずではないか。リベラリズムはこうした展望を提示してきた。

3 三つの分析レベル

人，国家，世界　70億人の人々が住む地球で200もの主権国家が織り成す現代国際政治は，極度に雑多な事象で溢れている。そこで，多種多様な事象を簡素な形に整理しなければ，人間の限られた能力ではとうていまとまった認識は得られない。とすれば私たちは，国際政治上の多種多様な現象のどこに注目して議論を組み立てればよいのだろうか。まず，社会現象は，社会の最小単位である個人から出発して，家族，地域共同体，国家，そして人類全体を含むグローバルな世界という順番で規模が大きくなる層（レベル）を成している，と見ることができる。そして社会科学理論は，大まかにいえば下の層から上の層を説明するアプローチと，逆に上から下を説明しようとするアプローチとに二分できる。言い換えれば，小さな単位に注目してそれを積み上げることで全体を説明する方法論的個人主義 (methodological individualism) と，全体の構造から出発してそれが小さな単位のあり様をどのように決めるかを見ようとする全体論 (holism) のアプローチである。国際政治も人間社会における現象であるから，その最小単位は個人と見ることができるが，たとえば戦争といった現象を理解するのに国家の存在は無視できない。したがって国際政治においては，個人と，それが構成するグローバルな世界の間にある国家という強力な単位の存在を無視できない。個人レベル，国家レベル，そして国際システム・レベルの三つが，分析レベルとして広く受け入れられているのは，そのためである。代表的な例として，ケネス・ウォルツによる戦争原因論の分析がある（第3章第1節参照）。ウォルツは戦争原

因論を個人レベル，国家レベル，そして国際システム・レベルの三つに分類しているが，これは国際政治分析全般にも応用できるであろう（Waltz 1959）。

> 個人レベル
> （第一イメージ）

「戦争は人の心の中で生れるものであるから，人の心の中に平和のとりでを築かなければならない」。ユネスコ憲章はこのように説いている（前文）。これは一人一人の人間性のあり方が国際政治上の現象を決定するという見方であり，平和を愛好する国民や指導者を持つ国は平和を，好戦的な国民や指導者を持つ国は戦争をもたらす，ということになる。トゥキュディデスはペロポネソス戦争（前431-前404年）開始にあたって，アテナイ市民が自国の国力に自信過剰になり，アテナイの指導者ペリクレスもアテナイの覇権を力づくでも守らねばならないと考え，ラケダイモンとの戦争の行方も楽観していたことを指摘している。ペリクレスがもっと慎重な指導者なら，あるいは事態は異なった展開を見せたかもしれない。

当時のアテナイは，繁栄し他国の追随を許さない地位にあった。国力が充実し自信に満ちていたことから，他国の懸念を真剣に受け止めず，必要以上に傲慢だったことも事実であろう。アテナイの使者は，開戦の可否を決定するラケダイモンの民会で，「弱者が強者によって征服されるのは常に決まっていることである。……何かを実力で獲得する機会に恵まれていながら，正義論を持ち出して，不当に獲得するのを遠慮するなどということは，未だかつて一度も例がない」と語った（トゥキュディデス 前5C／I 76）。開戦を回避するのであれば，ラケダイモンを安心させるメッセージを発するべきであっただろうが，われわれは強者だから他者を征服して当然だと露骨に語れば，かえってアテナイへの脅威認識を強めたであろう。もし，別の人間がより穏健なメッセージをラケダイモンに発していれば，ラケダイモンの民会の決定も異なっていた可能性がある。

今日の国際政治学は指導者個人についてあまり語らなくなっているが，指導者や社会全体の心理や性向が，一国の行動に何の違いも与えないと考えるのは非現実的である。パリ講和会議（1919年）において戦勝国側は，第一次世界大戦の原因はドイツ皇帝をはじめとする指導者らの好戦的姿勢に原因があったと断定した。また第二次世界大戦の原因を，ドイツ人の権威主義的性格やアドルフ・ヒトラーの狂気に帰する見方は現在でも有力である。ヒトラーやヨシフ・

スターリン，毛沢東とは別人が同じ政治的地位にいたとしても，ナチス・ドイツやソ連，中国の行動，そしてその後の歴史が異なることはなかったとはおよそ考えにくい。指導者論は，今日の社会科学では忘れられがちだが，政治学の古典的テーマだったことを想起する価値はあろう。

　私たちが国家や国際政治という巨大な対象について語っていても，行き着くところそれを動かしているのは一人一人の人間であり，その行動の動機についての分析を欠かすことはできない。トゥキュディデスによれば，アテナイ人が，自らギリシャで支配権を維持しようとした動機は，「名誉心と恐怖と利益」であると語った（トゥキュディデスⅠ 76）。恐怖は安全を求めるリアリズムの世界観に，利益は経済的利益の共有が協力の可能性を開くとするリベラリズムの世界観に対応している。だが，ここで名誉心と呼ばれるものについて現代の政治分析が正面から取り上げることは稀だが，名誉心が近代以前の貴族社会で重視されていたことはまちがいない（Lebow 2008, 90）。圧倒的に優勢なアテナイに絶望的な抵抗を試みたメロスの市民も，同盟国の求めに応じてアテナイに参戦を決意したラケダイモンの市民も，名誉心に突き動かされていたかもしれない。また，名誉心の否定的表現である屈辱感が依然として現代の国際政治を左右する要素になっているのは，日本と中国・大韓民国の間の外交問題にしばしば生じる，「歴史問題」を少し考えただけでも了解できるであろう。

　だが，複雑で巨大な国際政治上の現象を一個人の性格や行動に帰しただけで満足するのは，知的には怠慢である。たしかに，第二次世界大戦はドイツのポーランド攻撃（1939 年）によって始まったのであり，当時ヒトラーがドイツの独裁者だったことは事実である。しかし，たとえヒトラーが邪悪で狂気の指導者であったとしても，では，なぜそうした人物がドイツの指導者になったのかを考えなくてはならないだろう。また，独裁的で暴力的な指導者がすべて戦争を起こすとも限らない。スターリンによる大粛清や毛沢東による文化大革命は，共にすさまじく暴力的なものだったが，この二人の独裁者が統治した時代のソ連や中国は，平和的とまでは言えないにせよ，大規模な膨張戦争を仕掛けたとも言い難い。さらに，スペインのフランコ総統はおよそ穏健かつ平和的な指導者とは言えないだろうが，第二次世界大戦にあたっては中立を守り続け，参戦を慎重に回避した。他方，第一次世界大戦はヨーロッパ史上空前の大惨事だったが，戦争勃発時のヨーロッパの指導者を見渡しても，ヒトラーに相当するよ

うな「好戦的」な人物がいたようには見えない。必ずしも「極悪」な独裁者が戦争を起こすわけではないし，「平和的」な指導者が戦争を起こさないわけではないことを歴史は教えている。

また，人間の好戦性によって戦争を説明しようとすると，なぜある特定の時点で戦争が起こったのかを説明することは難しい。近代以後の日本は第二次世界大戦を境に全く武力行使をしなくなったが，それは同大戦を機に「好戦的」な日本人が「平和的」になったからだという説明に説得力はあるだろうか。さらに，「好戦的」なヒトラーが1936年や1937年ではなくて，1939年に戦争を始めたのはどうしてなのかについては，個人レベルの分析ではうまく解答しえない。国際政治上の出来事は，個人の性質から直接的に生ずるのではなく，さまざまな環境や多くの人々の間の複雑な相互作用の結果として生起する。そのため，個人の心理や意図とは全く違った結果をもたらすことは稀ではない。「防御的」な意図からとられた行動が結局は戦争につながる，という逆説も実はありふれたものである。

国家レベルの分析（第二イメージ）

特定の重要な局面で個人の役割が重要だとしても，その個人が（独裁国家を含め）国家の行動を思うままに左右していることは稀である。国家は多数の人々から成る巨大な制度であり，国家の性格や属性がその対外行動を決め，ひいては国際政治のあり様も決めているのではないだろうか。

たとえば，アテナイとラケダイモンは異なった政治制度を持っていた。ラケダイモンは保守的な寡頭制国家で，同盟国を「寡頭制の下でラケダイモン人に有利になるように行動させようとし」（トゥキュディデス　前5C／I 19），また国内の農奴たちの反乱に悩まされていた。他方，アテナイはダイナミックな通商国家で，国内では民主的な政治制度を持ち，他国の内紛でもしばしば民主派を支援しながら同盟国のネットワークを拡大していた。保守的なラケダイモンには，アテナイのダイナミックな発展が自国の政治体制にとって危険だと映ったかもしれない。今日のアメリカの常識では民主国家の方が平和的だとされそうだが，アテナイとの開戦をラケダイモンに迫ったコリントスの使者によれば，アテナイの対外政策は非常に拡張主義的であり，アテナイは危険な国なのである。

彼ら〔アテナイ〕は革新的であり，計画するのも，決定したことを実行するのも，敏速であるが，諸君は現存のものを保持し，新しいことは全く企てず，行動では不可欠のことをさえ果たそうとしない。更に彼らは実力より以上に大胆であり，判断より以上に冒険的であり，また危険に直面しても楽観的である。……また彼らは何かを企てながら，それを為し遂げなかった場合には，自分のものを奪われたと考える。そして追い求めて獲得したとしても，未来に入手すべきものと比較して，実行して得たものは僅少だと考える。（トゥキュディデスⅠ 70）

　国家レベルの説明は，外交政策論として今日の国際政治研究でも有力な部分を占めている。国際政治の重要な現象は，国家の行動の集積によって形成されるのだから，それらの国々の特性に注目して国際政治を理解しようとするのは自然な考え方である。たとえば先にもふれた，民主国家同士は戦争をしないという民主的平和論は，こうした理解の典型であろう。たしかに国家の属性の分析は，次に述べるシステム・レベルの分析よりも多くの情報を必要とするが，限られた数の，比較的似通った性質を持つ国家間の相互作用を語ることは不可能ではないし，実際，外交史家はそういう作業を行ってきた。

　では，国家の行動を突き動かしているものは何か。それを国益と呼ぶことはできるだろうが，その国益の内容を特定するには，各国が置かれた個別の状況が問われねばならない。また，国益を国益と認識し，それに従って行動を起こすのはあくまで各国であり，国益認識はそれぞれの国家の性質に依存するであろう。さらに国力の具体的内容は，各国の置かれた個別の条件によって千差万別である。国力の行使には，国家の外交・軍事を含む行政機構が効果的に機能しなくてはならないし，その運用を決定するリーダーシップも必要となる。

　こうしたさまざまな側面を視野に入れつつ，それぞれの国家の諸条件に注目して国家の対外行動を説明しようとし，その対外行動の集積として国際政治を理解しようとするのが，このレベルの分析である。だが，ここでも問題が起こる。たしかに国力や国家のアイデンティティは対外行動に影響を及ぼすだろうが，一国の対外行動は当然他国の反応を招くものである。つまり，国際政治の現実とは多数の国家の相互作用が織り成すものであり，一国の対外行動だけから成り立つものではない。

　かつて啓蒙思想は，王侯貴族の野心や名誉欲が戦争の原因であり，戦禍の被害者である人民は戦争を許容するはずはないと考えた。そこで，平和のためには国家が人民の意志を反映する共和制をとればよいと教えた。また 19 世紀の

ナショナリストは，それぞれの民族は国家を持てば満足するだろうと考え，そうなれば国境は安定し国際政治も平和的になるはずだとした。さらに，自由な国際交易と産業化は諸国を経済的な絆で固く結び付けるので，戦争は時代遅れの制度になると考える議論も，現在まで形を変えつつ繰り返し主張されてきた。だが，絶対王政が消え去って国民国家が世界中を覆うようになった 20 世紀は，二つの世界大戦によって代表される戦争の世紀となった。しかもそれは，産業国家がその生産力を巨大な破壊に総動員した総力戦であった。ウラジミール・レーニンの帝国主義論は，戦争とは資本主義国が市場の争奪をめぐって起こす帝国主義戦争であり，社会主義国は相互に戦争することはないと教えたが，第二次世界大戦後，中国とソ連，中国とベトナム社会主義共和国は互いに激しく対立し，実際に戦火を交えた。

　つまり国家が絶対王政，立憲国家，国民国家，民主主義国家，社会主義国家，通商国家，産業国家と変わっても，戦争と平和をめぐる国際政治のあり様は多くの論者が期待したようには変わらず，むしろその一貫性の方が印象的である。だからこそ，奴隷が生産を担い，女性がいっさい政治から排除されていた古代ギリシャのポリスの関係を綴ったトゥキュディデスの著作からも，国家の行動について依然として私たちが学ぶところは大きいのである。

国際システム・レベル（第三イメージ）

　上に述べた通り，個別の国家の属性が変化しても国際関係のあり方が直ちには変化しないとすれば，第三のレベル，すなわち多数の国家が無政府的な環境下に集まって形成される国際システム・レベルの条件から，それぞれの国家の行動を理解できるのではないか。ペロポネソス戦争の直接の原因は，エピダムノスにおける民主派と寡頭派の間の内紛という，どちらかと言えば些細な出来事であった。この内紛に介入したケルキュラとコリントスが対立し，それぞれがアテナイとラケダイモンを自分の味方につけようとしたのである。アテナイは，ケルキュラに加担すれば，コリントスのみならずその背後にあるラケダイモンとも戦争になるかもしれない，という危険を十分に理解していた。

　だが，「ギリシア人の間にある語るに足る海軍は，諸君〔アテナイ〕のものと吾々〔ケルキュラ〕のものとコリントス人のものとの三つだけであるから，もしも諸君がこのうちの二つが合体するのを座視し，コリントス人が機先を制し

て吾々を手に入れてしまえば、諸君はケルキュラとペロポンネソス〔ラケダイモンのこと——引用者注〕とを同時に敵として海戦をおこなうことになる。だが、吾々を受け容れておけば、諸君は彼らとの決戦に際して、自国の海軍に吾々の艦隊を加えて戦うことができるのである」(トゥキュディデスⅠ36)というケルキュラ側の巧みな勧誘に抗することができず、防御目的に限定しつつもケルキュラ支援に動いた。同盟を強化すれば同盟国の紛争に巻き込まれるが、同盟を緩めればその離反を招いて不利な状況に陥ることがこの例からわかるが、これは現代の国際政治学者が「同盟のディレンマ」と呼ぶ現象である。

　ラケダイモン側では、アテナイがすでに平和条約を破っていることを強調するコリントスの使者が、「平和を最も長く享受するのは、武力によって正義を実行するだけでなく、もしも被害を受ければ座視しないという決意を表明している人々であることを諸君は思ってもみない」とし、ここで同盟国を失望させればその離反を招いてラケダイモンの安泰が脅かされかねないと訴えた。「友人でもあり近親者でもある人たちを、その最も憎むべき仇敵に手渡したりせず、また吾々残りの者を意気消沈させて、他の同盟へと走らせないために」(トゥキュディデスⅠ71)、ラケダイモンは今立たねばならないというのである。結局、ラケダイモンの民会はコリントスの求めた通り、開戦の決定を下した。第1節でも述べたように、「アテナイ人が強大となってラケダイモン人に恐怖を与え、戦争へと強制した」(トゥキュディデスⅠ23)ことがラケダイモンにとっての真の開戦理由だ、とトゥキュディデスは分析する。

　このような諸国家の行動の連鎖によって、エピダムノスの内紛は、全ギリシャを二分する対立に発展してしまった。アテナイがケルキュラを、ラケダイモンがコリントスを支援したのは、両国とも好戦的で戦争を望んでいたためではなかった。むしろ両国とも戦争の危険を承知しつつも、ここで立ち上がらなければ、いずれ自国の独立が脅かされるという恐れに駆られたためであった。そしてその背景には、自分の身は自分で守らねばならず、各国は現在だけではなく将来の脅威にもつねに備えねばならないという、国際システムの構造的な条件があった。だからこそ国際政治では、だれもが欲しない戦争が起こるという悲劇が繰り返されるのである。だとすれば、国家の行動はその国家の性質を見ても説明できない。むしろ、多数の国家が相互に関係し合って形成する国際システムの構造が、個別の国家の行動をどのように決めているかを見なくてはな

らないのではないか。

　しかし，こうした国際システムに着目した議論にもやはり問題はつきまとう。そもそも，システムとは何なのかという点はその代表であろう。これは社会科学全般でエージェント・ストラクチャー問題として知られるものである。たしかに，個別の国家が，独力では左右しえない所与の国際システムの構造的条件に拘束されているのは事実かもしれない。だが，もともとシステムを作り上げているのは結局は個別の国家である。それゆえシステムそのものも，それを形成している単位あるいはエージェントがなくては存立しえない。元来，構造とは自然に存在するものではなく，それ自身を観測することはできないゆえ，その存在はフィクションにすぎないのではないか。

　部分が全体を決めるのか，それとも全体が個を決めるのか。あたかも鶏と卵どちらが先かの問いに近いが，実は一見するほど大きな謎ではないのかもしれない。たしかに，システムはエージェントの集積によって形成される。そしてその集積が一定程度を超えると，システムの状態は個別のエージェントの行動だけでは変化させられないほど安定した与件となり，エージェントを制約するようになる。そうなったときには，システムのあり様を構造と呼んでも差し支えないであろう。

　他方で国際システムの構造については，無数の，比較的均質な個人から成る社会とは異なり，それを構成する有力な国家の数は比較的少なく，それらがシステム全体に影響を及ぼす能力を持っている。そのため，有力国がシステムから受ける構造的制約は比較的小さい。第二次世界大戦後の国際社会の基本的な構造を決めたのは，米ソ両国の2極体制であった。たしかに，たとえばスイスやモナコが何をしたところでシステムの構造は変化しないだろうが，米ソそれぞれの行動は，構造そのものを変化させてしまったと言えよう。もしも2極がアメリカとソ連ではなくドイツと日本とで形成されていたなら，非常に異なった世界が出現していたであろう。また実際には，米ソ2極体制の終焉は，ソ連側の一連の行動によって引き起こされたものであった。

　つまり，国際システムの制約がたとえ強力であっても，各国や指導者に全く選択の余地がないというのは例外的である。しかも国際システムという林は，木の本数は比較的少なく，とりわけ林全体のあり様を決める大木の数は少ない。もし1本の巨木のあり様が林全体のあり様を左右するのならば，個別の巨木に

ついて語らねば，林全体について語ることはできない。

　冷戦の終結（1989年）という明らかに重要な国際システム・レベルの変動は，たしかにソ連経済の不振による米ソの力関係の変化が基本的な条件となったのかもしれないが，1980年代末にあのような形で変動が起こったことを説明するには，ソ連という国家でミハイル・ゴルバチョフという指導者が現れ，ペレストロイカ（立て直し）という改革政策を開始したことにふれないわけにはいかないであろう。すなわち，国際システム・レベルの分析は欠かせないとはいえ，個人レベルや国家レベルの分析をなしに済ませることはできそうもないのである。

4 国際政治から世界政治へ？

国家と国際政治の来歴

　これまで述べてきた通り，国際政治を競争的に見るか協調的に見るかという点で，リアリズムとリベラリズムの国際政治観は対照的である。にもかかわらず，国家と国家の相互作用や関係のあり方が関心の中心である点では，両者とも変わるところはない。国際政治を分析する上で個人，国家，国際システムの三つのレベルに着目するのも，国家という主体に，企業や政党など他の主体とは異なる大きな意義が与えられているからにほかならない。

　だが国際政治と国内政治のレベルを区別するのは，分析上の方便であり，現実には国際政治と国内政治はさまざまな形で密接に共振する。たとえばトゥキュディデスは，ペロポネソス戦争が始まると，それぞれのポリスの内紛が国際的な紛争と共振するあり様を記している。

> 到る所で紛争があり，民衆派の指導者はアテナイ軍を，寡頭派はラケダイモン軍を招き寄せようとしていた。平和の時代には両派とも外国勢力の干渉を招く口実も用意もなかったであろうが，両大国が戦争に入ってからは，同盟も結ばれたので，いずれの側にとっても国内の政敵を弾圧し，同時に自派の利益を増大するために，何か革命を求める者にとっては同盟軍を導入することが極めて容易になったのである。かくして内乱を通じて多くの苛酷な事件が，もろもろのポリスを襲った。かかる事件は，人間の本性が同一である限り起こるものであり，また将来も起こるであろうが，それぞれの情況の変化に応じて，その程度が更に激しかったり，穏やかであっ

たり，その外形は多様であったりする。(トュキュディデス 前5C／Ⅲ 82)

また，パワーと闘争というリアリズムの論理を極限まで突き詰めれば，人は国家を形成することも不可能になるであろう。現に世界を見ても，国家による実効支配が十分でない地域は多く，極端な場合は国家破綻が生じ，国内で無政府状態が生じることも稀ではない。逆に，リベラリズムの論理を徹底させれば，世界が異なった国家に分かれているのは不合理とされる。一人一人の個人から成る人類共同体を構想するのが個人尊重の論理の行き着くところであり，搾取や戦争といった世界の諸問題に対する究極的解決のためには，何らかの世界統合論へ向かうはずである。また，国際政治問題の本質が，そもそも国内では社会状態，国際的には自然状態という混同状態そのものにあるのなら，その構造を根本的に変革し，諸個人から成る人類共同体を創造すれば，市民としての義務と人間としての倫理に引き裂かれた国際政治の悲劇性を，本質的に克服できるはずではないか。

このように，個人と人類社会との間に，国家といういわば中二階的な存在が介在することによって国際政治に固有の領域が成立するが，それはつねに上下に引き裂かれる力学に晒されているのである。国家破綻によって大規模な人道的災禍が引き起こされた結果，外部からの人道的介入の問題が語られると，リベラリズムは人権の普遍性を訴える干渉のリベラリズムと他国の独立を尊重し非暴力的な問題解決を説く不干渉のリベラリズムのディレンマによって（第4章第3節参照），他方でリアリズムも権力の真空を埋めようとする干渉のリアリズムと深慮に基づく冷静な国益追求を説く不干渉のリアリズムのディレンマによって，知的混乱をきたすのもそのためであろう。

その国家という組織も歴史的に形成されてきたものであるから，国際政治そのものも歴史の産物であることは言うまでもない。そこで，国家の存在をあらためて問い直すことで世界政治を基本的にとらえ直そう，とする試みがさまざまに見られるようになった。その方向性の一つは，人がどのように関係を取り結び，政治的組織を作り上げるのかを，社会経済的な条件から理解しようとする試みである。

古来，人間はさまざまな集団を作って生活してきた。社会の最小の集団である家族から，血縁関係に基づく氏族，宗教によって人々が結び付いた神権国家，さらには都市国家やローマ帝国，モンゴル帝国，中華帝国のような巨大帝国と，

規模も性格も多様な集団が政治の枠組みとなってきた。その中で，今日の世界でわれわれが半ば当然のこととして前提としている主権国家（第2章第2節，第4章第1節参照）が出現したのは，せいぜいここ数百年ほどの現象にすぎない。主権国家発祥の地ヨーロッパでも，中世にはキリスト教世界の普遍性を象徴するローマ法王，いくつかの帝国，その一方で商人が支配する都市国家やその連合のような主体も，複雑な階層的関係を形成しながら併存していた。まして，原則的には一つの民族（nation）が一つの国家（state）を形成する国民国家にいたっては，19世紀以来のナショナリズムの産物である。

　その中で，今日のような領域国家（第4章第1節参照）が優勢になったのは，その時に技術的な条件や社会経済的な条件下で，そういった国家が最も効率よく人的・物的資源を利用できたからだとする説明が有力である。チャールズ・ティリーは「国家が戦争を起こし，戦争が国家を形成した（States made wars and wars made states）」とし，ヨーロッパにおける領域国家の誕生は，結局のところそれが暴力を組織する上で最も効率がよかったためであると論じている。火薬と大砲・鉄砲の発達によって，小規模の封建国家や都市国家を守っていた騎馬兵力や城壁が意味を失い，生き残るにはより大きな領土を持って広域的な防衛をする必要が生まれた。一方では豊かな都市を支配して高価な常備軍を養うためには十分な広さの領土が必要だが，他方でかつての帝国のような広大な領土の防衛は費用がかさむ。そのため，豊かな都市国家よりも広域を支配するが，自律性が高い地域を緩やかに統合した広大な帝国よりはコンパクトな中規模の領域国家が，領土を一元的に統治し領域内市場を統一することで効果的に徴税ができるとともに，当時の軍事技術では最も防衛上の効率のよい最適規模の政治単位になったのである。これがヨーロッパの主要国の起源だとティリーは言う。簡単に言えば，当時の社会経済的条件下で，そういった国家は他の政治主体よりも強力な兵力を備えられ，暴力を伴う競争で有利だったのである（Tilly 1990; 村上 1992 上，77-78）。

　こうした微妙なバランスの上に誕生したヨーロッパの主権国家は，ヨーロッパ史に特殊な社会経済的条件で形成されたものであり，人類史的に見ればむしろ例外であった。同じヨーロッパでも，かつてのローマ帝国は今日のヨーロッパのほとんど全域を長期にわたって支配したし，今日まで東アジアで優勢だったのは圧倒的に大きな領域を支配してきた中華帝国という巨大な官僚制国家で

TABLE 1-1 ● 国際政治学の諸理論

リアリズム	リベラリズム	近代主権国家システムの相対化	
		歴史社会学，世界システム論など	英国学派，コンストラクティヴィズム，ポスト構造主義など
①人間は本質的に利己的でそれは不変 ②国際政治は究極的にパワー追求の闘争の場 ③いかなる国家も安全保障が最重要の国益 ④深慮による国際政治の穏健化に期待	①人間は本質的に合理的で進歩する ②国際政治でも協調的な問題解決が可能 ③国家の対外目標は国家のアイデンティティに強く関係 ④通商，制度，規範を重視	①社会経済的な構造が世界政治のあり様を決める ②国家と国際関係も歴史的条件の産物 ③構造変動による主権国家システム変革の可能性を追求	①意識の作用が世界を生成・再生産する原動力である ②実証主義批判と世界政治の再解釈の追求 ③規範や世界観の変化による世界政治の変化の可能性に注目

あった。また短期間とはいえモンゴルは騎馬兵力を駆使してユーラシア大陸のほとんどを支配した。逆にアフリカなど，ヨーロッパの影響に晒されるまで国家形成が十分に進まず，小規模な氏族集団が優勢だった地域も世界的には少なくない。また軍事力を持ってつねに競争し合う関係では，覇者による統一が起こるという力学が作用するはずで，事実，日本をはじめ多くの地域では，軍事力を持って割拠する封建諸侯の競争状態は有力な勢力による統一にいたった。だが，ローマ帝国崩壊後のヨーロッパでは，さまざまな有力国が覇権を争ったにもかかわらずヨーロッパ全体を統一するにはいたらず，比較的中規模の領域国家が競争的関係を保ちながら併存し続けた（第2章第1節参照）。

こうした社会経済的な説明とともに，主権国家システムの起源を理解する上で領域国家が併存することが適切な政治のあり方だとする，ヨーロッパ特有の規範や秩序観を重視する者もある。たとえば，英国学派（English School）と呼ばれる一群の研究者がこれにあたる。16-17世紀のヨーロッパでは，カソリックとプロテスタントが神の代理人の座を争い，凄惨な宗教戦争が行われた。この宗教戦争を収拾するためにとられた方法が，国家が領域ごとに異なった宗教を信仰しつつ棲み分けること，言い換えれば主権を相互に承認することであっ

た。単一の宗教的真理に合意できない以上，多数の宗教的信念が許容されねばならない。そのため，異なった領土では異なった宗教的正義が存在することを互いに認知することで，諸国家の共存が図られたのである（メイヨール 2000／邦訳 2009）。

　これは，ヨーロッパが無政府的な秩序という政治制度を採用したと見ることができる。たしかに国際政治は，国内社会とは質的に異なった無政府的な国際的空間で展開する。しかしそれは，何の了解も規範もないホッブズ的な自然状態では必ずしもなく，諸国家が一定の規範や制度を共有していれば「無政府的な社会（anarchical society）」が成立しうる（ブル 1977／邦訳 2000）。主権とは，そういった国際社会を構成する重要な制度の一つなのである。

　主権はまた，国際社会を構成するメンバーが相互に正統性を承認し合うしくみと見ることもできる。主権国家になることは，国際社会というクラブに正式メンバーとして入会したことを意味し，それにともなう権利を主張できることになる。メンバーとしての地位は他のメンバーの認知にかかっているので，クラブのさまざまなルールに従わなくてはならない。もちろんルールのすべてが確実に守られたわけではなかったが，18-19 世紀のヨーロッパでの戦争の多くは，主権国家の共存を前提として限定的な目的のために限定的な暴力が行使されたものであり，ホッブズ的な自然状態が想定する際限のない暴力状態ではなかった。

　もっとも，同時にこれは，クラブのメンバーではなかったヨーロッパ外の文明に属する政治主体を野蛮とみなす態度にもつながった。非ヨーロッパ世界の，たとえばアメリカやオーストラリアの先住民族には容赦なく暴力がふるわれたし，日本やトルコなどに対しては，文明国ではないという名目の下に不平等条約が相互の関係の枠組みとなった。

世界社会論　近代化や産業化が展開すると，ヨーロッパは世界の他地域に比して圧倒的に有力になった。そしてヨーロッパ近代に起源を持つ主権国家併存というシステムも，帝国主義とともに世界中に広がることになった。現在の地球上でほぼすべての陸地は（南極のような例外的な場所を除けば），主権国家で覆い尽くされた。だが，国家も特定の社会経済的な条件下で生まれた歴史の産物なのだから，その条件が変われば国家中心の世界の姿も変化するかもしれない。私たちの究極的な関心は，国

4　国際政治から世界政治へ？　　41

家という歴史的構築物の消長よりも一人一人の人間の運命にあるのだから，問うべき問題は国家と国家の間で作用する力学ではなく，国家そのものを成立させ，突き動かしているより深いレベルの力学ではないか。こうした視点からすると，世界は人類全体から構成される一つの世界社会であり，国家はその中の力学の反映の一つにすぎないと見ることができよう。

　マルクス主義は，国家中心の見方に対する根本的な批判として代表的なものである。その見解によれば，世界の最も本質的な社会集団は階級であり，国家はあくまで特定の階級が支配するための手段にすぎない。そして，世界を支配している最も基本的な力学は階級闘争であり，国家間の紛争も実は階級闘争の表れにすぎない。一見したところ国家間の政治的対立の結果と見える戦争も，実は世界社会の構造を支配する資本主義的な生産様式が生み出す階級的な搾取の結果であり，国家間の対立や戦争も，搾取をめぐる階級闘争の一つの表現にすぎない，とされる（第2章第2節参照）。

　このような見方は，さまざまな議論にインスピレーションを与えてきた。世界システム論として知られる一連の議論によると，世界は豊かな部分たる〈中心〉と，搾取されそれによって構造的な貧困を押し付けられる〈周辺〉，そして両者の中間にある〈準周辺〉という階層に分かれている。〈中心〉は豊かな資本を享受して大量生産や大量消費を行い，そこでは支配階級が国家を通じて統治を行う。〈周辺〉の経済は中心の市場に従属する形で一次産品の生産に特化し，工業化のレベルは低く貧しい。しかも政治は，事実上〈中心〉の手先にすぎない現地エリートによって支配されている。〈準周辺〉は両者の間の，いわば〈周辺〉地域の団結を妨げる緩衝材であり，一定程度の工業化と経済発展を見せるとともに，〈中心〉へと階梯を上る可能性を秘めている。しかし，多少の移動はあっても，世界システムが資本主義的である限り階層的であり続け，豊かな〈中心〉が貧しい〈周辺〉を搾取し続ける構造は変わらない，とされる。

　こういった世界観によれば，定義上，階級のない世界を実現すれば搾取も国家もなくなり，国家間の戦争も廃絶されることになる。しかし，現実には国家が存在するのだから，世界社会論は分析的理論にとどまらず，本来あるべき世界社会を実現しようとする規範論なり運動論なりと結び付く傾向がある。これは，独立した諸国家から成る国際政治のあり様を根底から覆す立場であることから，イギリスの国際政治学者マーティン・ワイトは革命主義（revolutionism）

と呼んでいる（ワイト 1991／邦訳 2007）。

　こうした国家中心の枠組みに代わる世界社会を構想したのは，マルクス主義が初めてではない。古典的な例では，16, 17 世紀のヨーロッパでキリスト教世界の統一と異端の排除を唱えたカソリックとプロテスタント双方の宗教的革命主義がある。今日でも国境を越えたイスラームの連帯を説く声は，国際社会を揺るがす事件を引き起こしている。宗教とりわけ一神教は，現世の秩序だけではなく，人々の死後の救済も保証する唯一の真理を自認する強力な超越論的理念を内容とする。したがってその世界観に従えば，国家への帰属はせいぜい二義的な重要性しか持つことがない。

　啓蒙期以降は，神に代わって理性と進歩の観念が，国家を超えるさまざまな価値の根拠となった。フランス革命後にヨーロッパ秩序を一世代にわたって動揺させたジャコバニズム（ロベスピエール派の思想）は，自由・平等・博愛の原則を普遍的に前面に掲げた世俗的な革命主義の運動であった。20 世紀国際政治の一大勢力だったマルクス主義もまた，その公式のイデオロギーでは国家の中心性を明確に否定し，「労働者に祖国はない」と説いた。国際共産主義運動は，原理的には主権の不可侵性よりも革命の正義を優先するはずだから，他国への革命の輸出は国境を越えた階級闘争の正当な支援にほかならない。

　革命の理想が実現するまでの間は，運動は既成の国家を前提とした国際秩序に対する権力闘争の形をとるため，こうした世界社会論は，現実にはリアリズムの描く世界観と類似したものになりがちである。レーニンや毛沢東のような共産主義革命家が，クラウゼヴィッツや孫子（孫武）といったリアリズムの戦略家を高く評価したのは偶然ではない。加えて，民主主義の拡大のためなら武力行使も厭わないとするアメリカのネオコン（新保守主義者）の立場を，力でしか国際社会は動かないとする極端なリアリズムの権力政治観と実践的には区別するのは難しい。

　こうした闘争的な運動論を持つ，いわばハードな革命主義の一方で，むしろ今日よく語られるのは，国家間関係よりも世界の市民社会の連帯に注目し，リベラルな価値観によって世界を統治しようとするソフトな革命主義である。その背景には，国境を横断するさまざまな経済的・社会的・人的コミュニケーションが密接化した現代，国境の内と外の関係を峻別して考える国家中心的なものの見方は時代遅れになったのではないかという疑念がある。インターネッ

トに代表される国境を横断するコミュニケーション手段の爆発的な発展によって，人と人との結び付きは必ずしも国境によって妨げられなくなった。多国籍企業のみならず，国際NGO（非政府組織）も国境を越えて活動し，国際金融市場の影響は国境を無視して世界の人々の生活を直接的に激変させる。弾道ミサイルの前には国境の防衛を目的にした軍隊は大して役立たず，地球環境問題の影響にいたっては，国境のどちら側にいようが大した相違はない。「宇宙船地球号」という比喩も，今日では現実味を増している。

　人権については，すでにその普遍性がさまざまな国際会議や国際条約で高らかに語られている。それゆえ，人権のためであれば，国境を越えた介入はむしろ「保護する責任」（第7章第1節参照）の一部を成しているという考え方も説得力を帯びてくる。また，人権や人道さらには生態系など普遍的価値のためには主権は無視されるべきだ，と主張する人も少なくない。NGOや国際機関を強化して，国家を迂回しつつ世界市民社会化を進めようという言説もよく見られる。さらに，インターネット上に成立する仮想空間では，もはや国家の存在は意識されることはなく，すでに仮想の世界市民社会が成立しているとする議論もある。これらの言説は，普遍的な原理に基づいて世界を刷新しようという意欲を内包している。その意味で世界社会論は，暴力を伴わなくとも革命主義的なものとみなしてよいだろう。

人間の学として

　すでに見たように，主権国家システムの生成と展開は，ヨーロッパ近代の特殊な社会経済的な条件によって誕生したと言えよう。他方で，別角度から，このシステムは特定の秩序理念（理解）によって維持されてきたものだと強調する立場もある。すなわち，国家は客観的に存在する物理的な実体というよりは，人々の意識の作用によって作り上げられた人間社会の制度であり，国家中心のものの見方こそがそういった世界を再生産しているのではないかという議論である。

　近代以降，世界を理解する上で正当な方法は，合理主義に基づく実証主義であった。それはデカルト主義とも呼ばれ，人間の意識の世界たる主観と，それとは独立して存在する外部の世界たる客観との二分法である。主観は観察によって事実を客観的に認識し，それによって得た認識を証拠として議論を組み立てるのが実証主義的な知のあり方である。しかし，人間の意識は社会科学が対象とする人間世界の一部を構成しており，そもそも社会科学の知識そのものが

人間社会の一部である。そこで語られる法則なり予測なりは，自己実現的か自己破壊的になる可能性が宿命的につきまとう。

　しかも，人は意味を求める動物である。戦争で肉親を失った人に兵器の工学的メカニズムを説明しても，人がなぜ死んでいったかという問い掛けに答えたことにはならない。その死は正義のための貴い犠牲なのか，それとも不条理な運命に翻弄された人間の悲劇の姿なのかといった意義づけに，人は無関心ではいられまい。意味は意識の世界の出来事であり，直接には観察できないので実証的検討には限界があるが，それを検討の埒外に追いやって，はたして私たちは理解と言うに足る何かを得ることができるのだろうか。主観と客観を峻別し，人間の意識の世界を無視して人間世界を見ると，「いわば主観抜きの人間，つまり人間とはいえない人間しか認識の対象にならない」。それだと，「学問は人間の生の総体については何らの指針もあたえないものとなってしまう」（村上 1987, 20）。

　20世紀の主要な思想は，このようなデカルト批判が基調となっており，たとえばポスト構造主義哲学は，人間が自立的で理性的主体であり自然を整合的に認識する，という常識的世界観を徹底的に揺さぶろうとする。そして理性的に世界を理解するやり方そのものに，権力や利害が関係していることを暴露しようとする。たとえばミシェル・フーコーは「権力が知識を生産する」とし，知識はすでにそこにある客観的現実を表現しているのではなく，知識そのものが権力と秩序を紡ぎ出す力を秘めていることを語っている。つまり，現実を実証的に理解すればするほど，それによって既存の秩序を正当化し現状を再生産する保守的な権力装置になるというのである。またジャック・デリダは，脱構築やダブルリーディングといった方法で，世界には唯一客観的な真実の姿があるのではなく，現実とはテキストの如くどのようにも「読める」ことを示そうとする。そして，批判理論（クリティカル・セオリー）の立場は，知識は価値中立的ではありえず，「理論はつねにだれかのための何らかの目的のためのものである」（コックス 1981／邦訳 1995）として実証主義的立場を否定し，人間を抑圧している世界政治や世界経済の構造から解放する，という啓蒙主義的な人間中心主義的価値観を自らの理論の目標に位置づけている。

　これらの急進的な理論的立場を突き詰めると，結局ある知識の価値を決めるのは政治的立場であり，学問的な妥当性は問題にされないということになろう。

また，あらゆる知識が特定の政治的立場の反映でしかないのなら，これらの理論も含めてあらゆる知識に優劣はないという極度の相対主義にいたるだろう。さらに，知識の価値は主観的な好みやそれを主張する者の権力や利益の問題でしかないとすると，これらの理論自身が政治権力やアカデミズムの特権に奉仕するための手段となりうる危険を内包していることにもなろう。

　もっとも，このような急進的な立場に立たなくても，意識や意味の世界の重要性は，伝統的な歴史学や人文学の立場からつとに指摘されてきた。リアリストが国家の行動を導くとする「国益」も，客観的に存在する物質的現実ではなく，人々の意識の世界に存在するものである。国家にとって中核的な利益のはずの「生存」が何を意味するのかでさえ，つねに客観的に確定できるわけではない。本章の冒頭で紹介した，住民がすべて殺されたり奴隷にされたりしたメロスのような場合ならば，国家が「死滅」したことは明白だが，国民が生きながらえたとしても，政体や重要な文化的伝統が失われれば，それは国家の「死滅」を意味しているのかもしれない。では，ある国がある国であり続けるために，どうしても守らないといけないものは何か。それは，究極的には国家のアイデンティティとは何かという問題に帰着するであろう。

　そのアイデンティティの形成で，社会化と呼ばれる学習の役割を強調するのが，近年，北米の国際政治学で有力になっているコンストラクティヴィズム（構成主義）学派である。日本人が日本人であるのは，日本という社会に生まれ育ったことによって，言語や習慣をはじめ「日本的なもの」を身に付けた結果である。いや，人間が人間であることすら，生物学的な条件からだけでは不十分かもしれない。たとえば，野生児と呼ばれる子どもが人間社会から隔離され，動物に育てられた事例が知られているが，それらの野生児は，言語を解さないことはもちろん，人間的な情緒も発達せず，逆に動物同様の自然環境で生存するための習慣を身につけている。人は，他者との関係を通じて自分のアイデンティティを形成していくのである。

　国家，主権，パワー，無政府性といった，国際社会を構成するきわめて基本的なはずの規範や観念も，実は人々によって共有された了解事項であり，複数の人の意識の相互作用の結果として形成される間主観的な性質を持っている，とコンストラクティヴィズムは論ずる（Wendt 1992）。だとすれば，無政府的な環境で独立国家が合理的に自己利益を追求するとされる国際政治の基本的前

提も，大きく流動化する可能性を秘めているはずである。国際関係でも，国家は相互作用を通じて社会化されるのではないか。他国からの期待に応えることで評価を得たり，他国から非難を受けることで自国の行動を修正したりということは，国際政治では経験的によく知られている現象である。これらの行動を通じて国家は他国の国益観や価値観を学び，適切な行動とは何かを日々学習し，自国の規範を形成し，それを他国と相互に共有していく。奴隷制度は長く多くの地域で存在していたが，反奴隷の規範は今では確立しており大多数の国で内面化されているので，もはやその規範に反する行動をとるのは難しい。それをふまえれば，主権や無政府性という「現実」も，実は所与の物理的条件なのではなく，人々の日々の行動や解釈や言明を通じて形成され変化しうると言えるだろう。

逆に何らかの理由で社会化のプロセスが逆転し，それまで積み重ねてきた間主観的な了解事項である慣習が崩壊すると，最低限の信頼も失われ，むき出しの欲望や権力意識が露出することになる。言語は人間の慣習の代表的なものであるが，トゥキュディデスは，打ち続く戦争によって人心が荒廃し，一ポリス内でも党派的争いが激化して言語すらもその意味を失っていく状態を，次のように述べている。

> 平和な時代や順境にあっては，ポリスも個人も自己の意志に反して強制されることがないので，良好な精神を保持するものであるが，他方，戦争は生活必需品の順調な供給を奪って，暴力的な教師として多くの人々の感情を当面の事態に同化する……。そして言葉の通常の意味を自分たちの行動に対応させて，勝手に正当化して変更してしまった。例えば，「無謀な大胆」は「仲間を愛する勇気」と見なされ，「先見の明ある躊躇」は「体裁の良い卑怯」であり，また「慎重」は「臆病の口実」であり，「万事に賢明」は「万事に無為」であるとされた。また「衝動的な短気」が男子たる者の属性に加えられ，「用心して計画する」のは「逃避の良き口実」とされた。更には，激怒する人間は常に信頼され，彼に反対する者は疑惑をかけられた。……各ポリスにおける指導者たちは，いずれの側でも体裁の良い名称を用い，「大衆の政治的同権」，他方は「穏健な貴族制」という語を選んで，言葉では公共のために尽力すると言いながら，実際には国家を彼らの賞品にして，あらゆる方法で相互に勝ち残ろうと競争し，最も恐るべきことを敢行することになったのである。……市民のうちの中間派の人々は，闘争に不参加だとか，生き残ることに対する嫉妬のために，両派から攻撃されて落命した。

このようにギリシア世界には内乱が原因で，あらゆる形態の悪業が蔓延した。そ

して高潔の主要素をなす素直さは，嘲笑されて姿を消し，代わって相互不信による思想的対立が広く行き渡った。なぜなら，和解へと導く確たる言葉も，畏怖すべき誓約も存在しなかったので，優勢な立場にある者は誰でも，安全は絶望的だと見込んで，相手を信頼できなかったため，むしろ被害を未然に防ぐべく警戒していたからである。（トュキュディデス 前5C／Ⅲ 82-83）

　北米を中心に，国際政治学を実証科学として純化しようとする試みが大々的に行われてきたにもかかわらず，歴史や思想研究に代表される解釈学的な方法を国際政治学からどうしても排除できそうもないのは，国際政治の「理解」が観察可能な現象の因果関係の解明にとどまらないからである。人間の意識の世界の出来事も国際政治の欠くことのできないリアリティの一部を構成する以上，意味の織り成す空間として世界を解釈する営みを排除することはできない。「行動パターンにだけ注目し，行為者が自分自身と相互の行動に対して与える意味を考慮しない者は，人間を追うのではなく，人間の影を追う専門家となるであろう」（ホフマン 1974／邦訳 1977, 7）。国際政治学は人間の学たらざるをえず，歴史や思想の古典が21世紀に生きる私たちに依然として多くを教えるのは，そのためである。

BOOK GUIDE　●文献案内

中江兆民，1887／桑原武夫・島田虔次訳・校注『三酔人経綸問答』岩波文庫，1965。
　●力も金もない明治日本はどうやって厳しい国際政治の現実で生き延びればよいのか。リアリズムとリベラリズムの原型を見事に示し，それぞれの「過慮」を戒める著者の知性は透徹している。

トゥキュディデス，前5世紀／藤縄謙三（1）・城江良和（2）訳『歴史』1・2，京都大学出版会，2000・2003。（邦訳は，他に久保正彰訳『戦史』上・中・下，岩波文庫，1966・1967などがある）
　●あまりにも有名だが，現実には読まれることの少ない古典。難解な専門用語が用いられることはないが，深い洞察を2500年後の今日を生きるわれわれにも与える。さわりだけでも一読を勧める。

E. H. カー，1939／原彬久訳『危機の二十年――理想と現実』岩波文庫，2011。（邦訳の底本は第2版1981年刷）
　●学問としての国際政治研究および国際政治におけるリアリズムの古典的名著。第二次世界大戦直前に書かれた本書で，著者は第一次世界大戦後のリベラルな平和論を空想的と鋭く批判する。

ジョセフ・S. ナイ，ジュニア＝デイヴィッド・A. ウェルチ，1993／田中明彦・村田晃嗣訳『国際紛争――理論と歴史〔原書第9版〕』有斐閣，2013。（邦訳

の底本は 2012 年刊行の第 9 版）
- 北米の大学を中心に広く使われているすぐれた教科書。現在邦語で読める国際政治学の教科書としては，最も標準的で体系的な入門書である。訳文も優れていて読みやすい。

マーティン・ワイト，1991／佐藤誠・安藤次男・龍澤邦彦・大中真・佐藤千鶴子訳『国際理論——三つの伝統』日本経済評論社，2007。
- 英国学派の国際政治論として包括的な文献。国際政治理論の原型を，革命主義，合理主義，現実主義の三つに分類し，国際政治の諸問題についてそれぞれの立場を検討する。

ジェームズ・メイヨール，2000／田所昌幸訳『世界政治——進歩と限界』勁草書房，2009。
- 冷戦後の世界でも異質な国家の共存を可能にする諸制度が存在意義を失っていないと著者は論ずる。落ち着いた文章の中から『危機の二十年』を思わせる鋭い警告が読み取れる。

ケネス・ウォルツ，1959／渡邉昭夫・岡垣知子訳『人間・国家・戦争——国際政治の 3 つのイメージ』勁草書房，2013。
- 本章でも用いた三つの分析レベルを用いて，さまざまな戦争原因論の系譜を検討した，若き日の著者による古典的名著。

Chapter 1 ● 確認しておこう　　　　　　　　　　　　　POINT

❶ 国際政治と国内政治は本質的に異なるのだろうか。もしそうなら，それはどのように違うのだろうか。

❷ 戦争が愚劣で平和が尊いということには容易に合意できるのにもかかわらず，戦争が繰り返し起こってきたのはなぜなのだろうか。いくつかの代表的な議論をあげて，その説得力を吟味してみよう。

❸ 主権国家のない世界政治はどのようなものになるか。国家なき世界のイメージをいくつか想像し，その功罪を考えてみよう。

第2章 国際政治の歴史的視角

ゴヤ画「1808年5月3日,プリンシペ・ピオの丘での銃殺」
(©Bridgeman Art Library/PANA)

CHAPTER 2

国際政治においては,事実の確定そのものが困難であったり,原因や影響が複雑に入り組んだりすることも多く,精緻な歴史的分析は重要である。第2章では,国際政治の歴史を概観しながら,国際政治に対する考察がどのように変化してきたかについてもふれる。第1節では,主権国家体制以外の,多様な世界秩序のあり方を概観する。第2節では,近代ヨーロッパで主権国家体制が定着していく過程を記述する。第3節では,20世紀の前半に二度の世界大戦を経てヨーロッパ主権国家体制がグローバルな主権国家体制へと移行した過程を扱う。第4節では,20世紀後半の冷戦の開始から終焉までの時代の国際政治史と国際政治学の展開を通観する。

- KEYWORD
- FIGURE
- TABLE
- COLUMN
- BOOK GUIDE
- POINT

SUMMARY

KEYWORD

主権国家体制　世界システム　帝国　覇権　『実利論』　春秋戦国時代　儒家思想　法家思想　『孫子』　パクス・ロマーナ　朝貢体制　『史記』　イブン＝ハルドゥーン　海禁　十字軍　主権　マキャヴェリ　ホッブズ　ウェストファリア体制　外交制度　国際法　フランシスコ・デ・ヴィトリア　ヒューゴー・グロティウス　エマリッチ・ドゥ・ヴァッテル　国家理性　勢力均衡（バランス・オブ・パワー）　ラス・カサス　ヨーロッパの協調　ウィーン体制　会議体制　ルソー　カント　『永遠平和のために』　国民国家（nation-state）　ヘーゲル　レオポルド・フォン・ランケ　ジェレミー・ベンサム　サン＝シモン　機能主義　マルクス主義　モンロー宣言　地政学　ハーグ平和会議　文明標準　第一次世界大戦　ウッドロー・ウィルソン　レーニン　新外交　ヴェルサイユ条約　ロカルノ条約　ワシントン会議　委任統治制度　不戦条約　コミンテルン　ヨシフ・スターリン　蒋介石　世界大恐慌　満州事変　アドルフ・ヒトラー　ブロック経済　宥和政策　フランクリン・D.ローズヴェルト　ウィンストン・チャーチル　大西洋憲章　連合国共同宣言　ダンバートン・オークス会議　ヤルタ会談　国際連合　ブレトンウッズ機関　トルーマン・ドクトリン　マーシャル・プラン　ジョージ・F.ケナン　封じ込め　冷戦　毛沢東　朝鮮戦争　バンドン会議　H.モーゲンソー　ベルリンの壁　キューバ・ミサイル危機　デタント　ヘンリー・A.キッシンジャー　欧州共同体（EC）　シャルル・ド・ゴール　ウィリー・ブラント　欧州安保協力会議　南北問題　ODA　リチャード・M.ニクソン　米中和解　第一次石油危機　危機管理　対外政策分析（FPA）　新機能主義　地域研究　ロバート・コヘイン　ジョセフ・ナイ　イマニュエル・ウォーラーステイン　スタンレー・ホフマン　英国学派（English School）　ヘドリー・ブル　レイモン・アロン　ヨハン・ガルトゥング　アヤトラ・ホメイニー　ロナルド・レーガン　鄧小平　ミハイル・ゴルバチョフ　ロバート・ギルピン　ジョン・ギャディス　ポール・ケネディ　新世界秩序　欧州連合（EU）　ネルソン・マンデラ　文明の衝突　単極構造　アキ・コミュノテール　グローバル・ガヴァナンス　コンストラクティヴィズム　国家資本主義

　本章では，国際政治学を理解する上で基礎となる国際政治の歴史的背景を説明する。

　第1章では，国際政治学にはさまざまなとらえ方，枠組みがあることを紹介した。こうした枠組みをめぐる研究を理論に関する考察と呼ぶとすれば，国際

政治をよりよく理解するためには，そうした理論的研究だけでなく，国際政治の事実を知らねばならない。国際政治の出来事は，さまざまな要因が積み重なり，しかも非公開の政治的決定がかかわることが少なくない。それゆえ，何がどのようにして起こったかを丁寧に追求する歴史的研究が重要な役割を果たすことになる。とりわけ日本の国際政治学界では，歴史的研究が占めてきた比重は大きい（コラム 2-4 参照）。

　ただ，しっかりした検証に基づく歴史研究は，単なる事実の記述ではない。さまざまな証拠や手掛かりを整理し，再構成するためには，研究者は何らかの枠組みを前提とせざるをえない。特に国際政治について叙述するには，国家や国際政治の構造といった諸概念について何らかの了解なしには不可能である。たとえリアリズムやリベラリズムといった枠組みを明示していなくとも，それなりに首尾一貫した叙述の中にそうした枠組みは埋め込まれている。第 1 章で引用したトゥキュディデスの『歴史』も，古代ギリシャの戦争の経過を叙述しているように見えながら，そこにトゥキュディデスの国際政治をとらえる枠組みが読み取れるからこそ，国際政治学の古典として読み継がれてきたのである。国際政治学の歴史的研究と理論的研究は相反するわけではなく，相互に補完し，刺激し合う関係にある（エルマン=エルマン編 2001／邦訳 2003）。

　紙幅の関係から，詳細な歴史的叙述は専門的な教科書や概説書（岡 1955／2009；有賀 2010；入江 2000；君塚 2010；佐々木雄太 2011；川島・服部編 2007 など）に委ねることにして，ここでは国際政治の歴史的な流れを紹介しながら，ある時代の文脈から国際政治学の理論的な分析がどのように生まれてきたかについてもふれる。国際政治を分析する新たな枠組みが生まれ，理論的研究が大きく変化するきっかけとなるのは，純粋に学術的な世界の中での発展というよりも，国際政治上の具体的な課題に取り組み，また出来事を振り返り，理解しようとする努力に由来することが多い。状況と特定の時代の国際政治の実相と，それを解明しようとする知的な取り組みのつながりを示すことで，国際政治学の理解につなげたい。

SECTION 1 主権国家体制以前の「世界秩序」

世界秩序の諸類型

比較的最近まで，国際政治史は，近代ヨーロッパに主権国家が成立してから後の主権国家間の相互関係を主たる対象としてきた。しかし近年，国際政治学の分析対象は近代**主権国家体制**以外に広がりつつある。これは現代の国際政治が，単に近代主権国家体制の延長線上ではとらえきれなくなったという問題意識を反映しているのかもしれない。実際，異なる政治共同体の間の関係を秩序づけるパターンは多様であり，主権国家体制はその中の一つのパターンにしかすぎないと言える。主権国家体制は法的に対等な国家間の関係で秩序が構成されるという意味で典型的な「国際秩序」ではあるが，それとは異なる「世界秩序」（ここでの「世界」は，複数の政治共同体がある程度の頻度において影響し合う場を指している）のパターンが存在するのである。

　国際政治学者の田中明彦は，「**世界システム**」として，単一の政治共同体が支配する「世界帝国」型と複数の政治共同体が共存・競合する型とに分けて，後者をさらに，類似した状態の共同体が併存する「針葉樹林」型と多様で異質な共同体が共存する「熱帯雨林」型とに分類した（田中 1989）。イギリスのワトソンは，「複数独立国家」が併存している状態と，「**帝国**」がすべての政治共同体の内部までも統治している状態とを両極として，ある国が他国の対外行動に制約を課す程度に応じて，**覇権**(はけん)体制（hegemony）から**宗主権**(そうしゅけん)体制（suzerainty），支配体制（dominion）へと，内政への関与度が高まると整理している（Watson 1992）。これらの分類を用いながら，主権国家体制以前の世界秩序を概観しておこう。

古代──諸国家と帝国

人類が世界のほぼ全域で生活するようになり，いくつかの地域で定住農耕をし始めたのは，今から約1万年前と考えられている。そして今から数千年前にユーラシア大陸の温帯域，すなわち西アジア（メソポタミア，エジプトから地中海東部），インド（インダス川およびガンジス川流域），中国で，統治組織を持つ集団としての国家が形成された。これら古代文明では，比較的孤立した国家がまず成立し，やが

て複数の国家が関係をもち，時に競合する時代を経て，古代帝国へと統一されていくというパターンをたどった。

　西アジア地域では，紀元前14世紀のエジプトのファラオであるアメンホテプ4世が，ヒッタイトやアッシリアといったメソポタミア地域の支配者たちと同盟や通商に関して交わした外交文書が「アマルナ文書」として見つかっており，世界最古の外交文書とされている。これらの諸国は，それぞれが帝国であったと同時に一定の相互関係ももっており，この地域が複数の国家から成る世界システムを構成していたことがわかる（Bozeman 1960／1994, 27-28）。

　インドでは，紀元前500年ごろまでにバラモン教，仏教やカースト（身分）制度を持った古代文明が形成された後，複数の国が競い合う状況となった。そこから強力な王朝による事実上の統一へと移行した時期に国王を助けた政治家，カウティリヤによって書かれたと伝えられる政治指南書『実利論』（紀元前4世紀ごろ）が残されている（Watson 1992, chapter 7）。古代中国でも夏，殷(か)(いん)，周といった古代王朝が続いた後，紀元前8世紀から紀元前3世紀まで，複数の国が覇を競う春秋戦国時代が訪れた。この時代は，中国文明に後世まで強い影響を及ぼす古典文献が多数著された時代であった。その中には，道徳的な社会秩序を説く孔子や孟子の儒家思想や，権力による統治を説く法家思想，この時代に原型が編集されたと推定されている『孫子』（紀元前5世紀ごろ）など戦略論の古典とされる著作が生まれた（Watson 1992, chapter 8）。

　西方では，エーゲ海沿岸のギリシャで紀元前1000年ごろから複数の都市国家が生まれ，独立国家でありながら宗教や儀式（オリンピックなど）を共有する文明を形成していた。紀元前5世紀にはペルシャ帝国と戦争して独立を維持したが，その後ギリシャ内での内戦（ペロポネソス戦争）が起こった（第1章第1・3節参照）。前者についてのヘロドトスの歴史書や，第1章で紹介した後者についてのトゥキュディデスの記述は古典として尊重され，多くの洞察を今日にも与えている（Bozeman 1960／1994, chapter 2）。

　このように，古代の西アジア，インド，中国，ギリシャでは一時期，「針葉樹林」型の世界システムが成立していたといえよう。しかし，複数の独立国家が存在して濃密な交渉を持ち，また競争する時代はやがて終焉する。むしろ強大な帝国が周辺諸民族を従えている状態や，そうした帝国が衰退して主に遊牧民による攻撃を受けたりする時代が長く続く。こうした時代には，多民族を統

1 主権国家体制以前の「世界秩序」　55

| FIGURE | 2-1 ● 中国と周辺関係 |

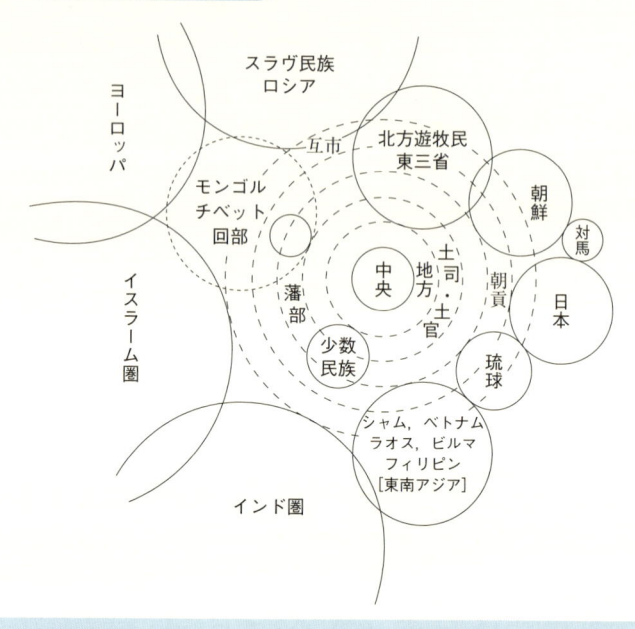

スラヴ民族
ロシア
ヨーロッパ
互市
北方遊牧民
東三省
モンゴル
チベット
回部
朝鮮
対馬
イスラーム圏
藩部
中央
土司・土官
地方
朝貢
日本
少数民族
琉球
シャム, ベトナム
ラオス, ビルマ
フィリピン
[東南アジア]
インド圏

> 中国の皇帝権力から見た周辺社会の秩序は，皇帝を頂点とした階層性をなしていた。周辺民族は皇帝に恭順を示し皇帝から承認を受けるとされる朝貢関係や，政治関係なしに経済交流を行う互市といった関係があったとされる。ただし，こうした関係は時代的にも地域的にも多様であり（図は17世紀から19世紀の清朝期をふまえたもの），近代主権国家体制に相当するような国際秩序として「朝貢体制」のようなものがあったと考えるのは早計である。

［出典］浜下 1997, 10。

治する文明装置としての法体系（ローマ帝国におけるローマ法やインドのダルマ）や，普遍的な宗教（キリスト教，仏教，ヒンドゥー教，儒教）が発達し，統治を安定させた。

　地中海からヨーロッパにおいては，ギリシャの都市国家がマケドニアのアレクサンダー大王の帝国に支配された時期を経て，紀元前後からイタリアの都市国家ローマが，ギリシャ地方を含めこの地域全体を支配する帝国を築いた。ローマ帝国は，皇帝が君臨して周辺諸民族を分割支配（divide and rule）し，領域

内で盛んに道路や建築物の構築を行って帝国の一体性を支えるとともに，民族を超えた万民法 (*jus gentium*) による統治を実現した。この状態はパクス・ロマーナ (*pax romana*, ローマによる平和) と呼ばれ，帝国的秩序の典型とみなすことができる (Watson 1992, chapter 9)。

　古代中国でも，紀元前221年に皇帝を支配者とする最初の統一的な帝国，秦が誕生した。その後，王朝の興亡を繰り返しながらも，皇帝が帝国を統治する体制が1911年に清朝が倒れるまで続いた。法家や仏教が重んじられた時代もあったものの，帝国支配のほとんどの時期には儒家思想が統治イデオロギーとして重用され，帝国の支配は儒教道徳によって正統化された。皇帝は世界の道徳的中心とみなされ，帝国内のみならず周辺諸民族も中国皇帝の徳に対して恭順の意を示すために朝貢の礼をとるという，徳治主義の形式をとって帝国統治がなされた。この形態は朝貢体制と呼ばれる (浜下 1989; 1997)。また，紀元前1世紀ごろ司馬遷によって書かれた『史記』に始まって，前代の王朝の興亡を記すことで，あるべき政治の規範を示すとともに現王朝の正統性を根拠づける歴史書（正史）の伝統が形成され，中国から見た周辺異民族に関する記述が残されている。インドでも，紀元前4世紀にマウリヤ朝が全土を統一した帝国を形成し，仏教を重視する支配を行った。

中世的秩序

　やがて帝国体制は世界的に後退し，宗教的共同体の中で多数かつ多様な集団が共存する「熱帯雨林」型の秩序が優位する時代となる。地中海・ヨーロッパ地域では，統治力の衰えたローマ帝国が4世紀にキリスト教を国教として宗教色を強め，ほどなく帝国は東西に分裂し，ヨーロッパ部を支配していた西ローマ帝国はゲルマン人の侵入を受けて5世紀に崩壊した。東地中海と中東を支配する東ローマ帝国はビザンティウム（現在のイスタンブル）を首都とするビザンツ帝国として15世紀まで存続したが，その支配力は早期に弱体化した。

　7世紀にアラビア半島でムハンマドによって興されたイスラーム教は，アフリカ大陸北部から中央アジア，インドにかけて急速に普及し，8世紀以降，ムハンマドの後継者を指導者とするカリフ（ハリーファ）制イスラーム帝国が成立した。イスラーム世界では，唯一神アッラーに帰依するイスラーム教徒が支配する「イスラームの家」と，異教徒が支配し，イスラームの布教の対象とみなされる「戦争の家」とが区別された。「戦争の家」では，布教に努力するこ

FIGURE 2-2 ● 盛唐時代の東アジア（670年ごろ）

> 唐時代の東アジアはイスラーム世界を通じてヨーロッパと結び付き，ユーラシア大陸レベルでの交流が存在していた。

［出典］　礪波護・武田幸男『隋唐帝国と古代朝鮮』（世界の歴史6）中央公論社，1997年，186-187頁。

とが「ジハード」としてイスラーム教徒に求められた。西洋キリスト教社会における「右手に剣，左手にコーラン」というイスラーム社会の好戦的なイメージは，今日では否定されている。「ジハード」が時に軍事的手段を許容したことは確かだが，「イスラームの家」の内部では異教徒，とりわけユダヤ教徒やキリスト教徒は，税を払えばイスラーム法の許す範囲での自治が許されるという，帝国的な異教徒支配原理が存在した。

しかし，イスラーム世界の政治的一体性は10世紀には失われた。統治原理として世俗的王権を認めるスルタン（地域によってシャー，ハーン，アミールなどとも呼ばれた）制が採用され，西はイベリア半島，西アフリカから東はインド，中央アジア，東南アジアにまで広がるイスラーム圏の中で複数のスルタンが支配する王朝（ダウラ）が共存した。また，本来「イスラームの家」と「戦争の家」の間に妥協はありえないとされていたが，次第に両者の間の暫定的契約が制度化され，相互にアマン（安全保障）を認めるスルフ（平和）状態を容認する

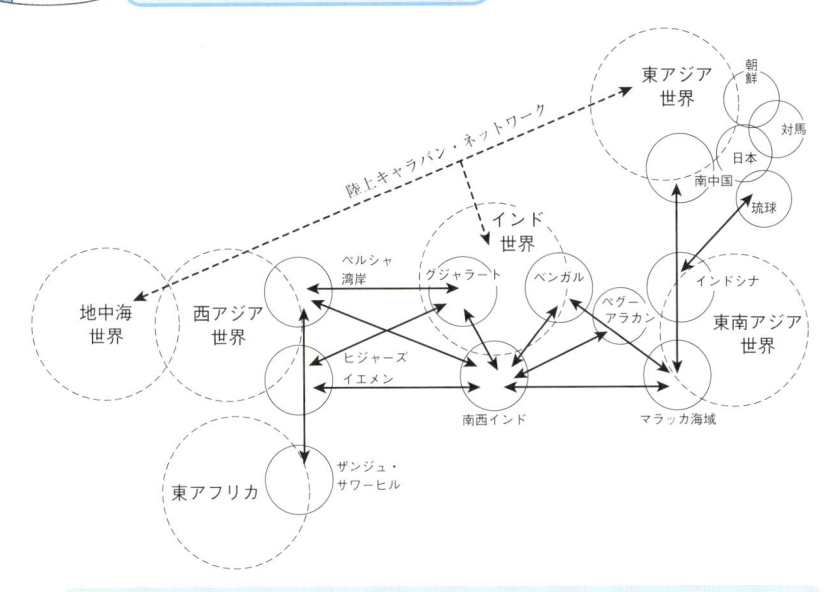

| FIGURE | 2-3 ● 海域世界のネットワーク構造 |

陸上キャラバン・ネットワーク

東アジア世界（朝鮮・対馬・日本・南中国・琉球）
インド世界（ペルシャ湾岸・グジャラート・ベンガル・ペグー＝アラカン・ヒジャーズ・イエメン・南西インド）
西アジア世界
地中海世界
東南アジア世界（インドシナ・マラッカ海域）
東アフリカ（ザンジュ・サワーヒル）

> 近代以前の地中海から東アジアにかけては、イスラーム世界、インド世界、東・東南アジア世界が重なり合い、盛んな海洋交易を通じて結び付くネットワーク世界を構成していた。

[出典] 溝口雄三・浜下武志・平石直昭・宮嶋博史 編『アジアから考える 2 地域システム』東京大学出版会，1999 年，29 頁。

イスラーム流の国際法の考え方が受け入れられた（鈴木 1989；小杉 2011）。ただし，イスラーム圏の宗教共同体としての一体性は全く失われたわけではなく，14 世紀にはモロッコ出身のイブン＝バットゥータがイスラーム圏を広く旅して旅行記を書き，また，チュニス（現在のチュニジア）出身のイブン＝ハルドゥーンが諸文明の盛衰を描き，人類史上初めての本格的な歴史哲学書ともされる『歴史序説』を著した（家島 2003；森本 2011）。

東アジアでは，中国周辺の諸国が中国から文化的影響を受けながらも次第に自立し，中国の王朝と朝貢形式をとりながらも実質的には利益を獲得したり，朝貢は行わず交易のみを行う互市を行ったりして，地域的な経済交流が活発化

FIGURE 2-4 ● 17世紀のイスラーム

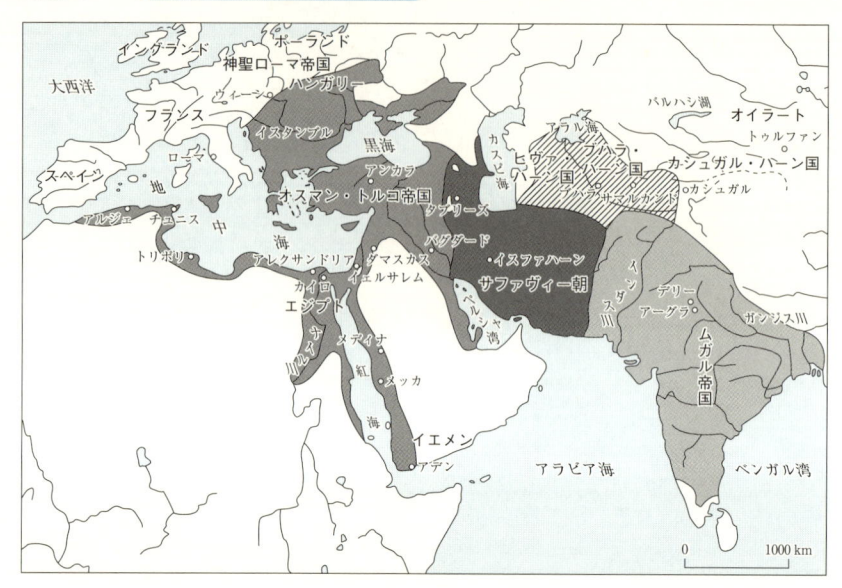

［出典］　永田雄三・羽田正『成熟のイスラーム社会』（世界の歴史 15）中央公論社，1998 年，12-13 頁。

した。内陸部の遊牧民族が中国に進出し，13 世紀に中央アジア全域を席巻したモンゴル帝国は，中国全土，朝鮮半島まで制圧し，さらに日本，安南（現在のベトナム）までも支配しようしたが果たせなかった。また，この時期には東アジアからインド洋を結ぶ海上交通が盛んとなり，15 世紀の中国・明時代にはイスラーム教徒と推定される鄭和が，明への朝貢を求めるために数度の遠洋航海に出た。その前後には，倭寇と呼ばれる海賊（倭は日本人を指したが，特に後期になるとさまざまな民族が入り交じっていたらしい）が貿易や掠奪行為を行うなど，海洋秩序は混沌としていた。歴代王朝は朝貢体制の建前は維持しながらも，こうした情勢に柔軟に対応せざるをえず，儒教的理念と現実の交流関係には懸隔があった（岩井 2009）。

　16 世紀から 17 世紀にかけては，ヨーロッパ人の登場，日本の豊臣秀吉政権による朝鮮出兵と朝鮮・明連合軍との戦争，明朝の滅亡と北方の満州族による

清朝の建国といった国際的大変動が起こった。清朝は内にモンゴル，チベットなど複数民族を抱える体制をとり，東アジア各国は「海禁」と呼ばれる対外貿易の国家統制を施行し，倭寇を鎮圧して交易を統制した。日本の江戸幕府による「鎖国」も海禁政策の一種とみなすことができる（荒野 1988）。

　ヨーロッパではゲルマン諸民族が定着すると，キリスト教会秩序の頂点に立つローマ教皇と，教皇によって戴冠される神聖ローマ皇帝の権威が併存する一方で，実際の支配においては地域的な権力が割拠する状況となった。農業を基盤とする自給自足経済下で領邦君主，騎士階級，教会，都市などさまざまな集団が自立した社会集団として行動する，「熱帯雨林」型の中世社会が出現した。中世ヨーロッパは近接するイスラーム社会とは8世紀以来競合関係にあり，11世紀から13世紀にかけてパレスチナのキリスト教聖地回復を掲げた十字軍の派兵が行われたが目的は果たせず，むしろヨーロッパ，イスラーム，モンゴルなど諸勢力の狭間に立ったビザンツ帝国の弱体化を進める結果となり，同帝国は1453年，オスマン朝トルコ帝国（オスマン・トルコ）によって征服された。他方，イスラーム勢力に支配されたイベリア半島ではキリスト教支配の復活をめざす「レコンキスタ（国土回復運動）」が1492年に完成した。その過程ではヨーロッパとイスラームの間で盛んな経済的・知的交流も行われており，古代ギリシャの知的遺産やアジアの知識文物がヨーロッパにもたらされ，近代につながるヨーロッパのカロリング・ルネサンスに大きな刺激を与えた（坂部 1997／2012）。

2 近代ヨーロッパ主権国家体制と国際政治理解

近代ヨーロッパ主権国家体制の誕生

　東方でのオスマン帝国の登場とイベリア半島でのキリスト教勢力の回復は地中海地域における力のバランスを変化させ，ヨーロッパ政治の構造を変化させるきっかけとなった。15世紀から16世紀にかけて，イベリア半島のポルトガル，スペインの君主が地中海での交易ルートを失ったイタリアの船乗りを支援して，アジアへの新航路を開拓した。彼らは大西洋を横断してアメリカ大陸に到達し，またアフリカ大陸を周回してインド，東アジアに向かう

新航路を開拓した。やがてアメリカ大陸がそれまでヨーロッパで知られていなかった新大陸であることがわかり，ヨーロッパ人はその富に引き付けられた。また，新航路にはオランダ，フランス，イギリスなども参入し，君主に後押しされて大洋をまたぐ冒険的な商人がもたらした貿易による経済力の増大，ヨーロッパに伝えられた火薬を用いた火器による軍事戦術の変化，貴族が担い手であった騎兵の重要性の低下，ローマ教皇の権威を疑問視する新教運動の登場といった諸要因が背景となり，中世秩序の混乱は暴力性を強め，新たな政治秩序が求められるようになった。

この要請に応えて，新たな政治秩序の担い手となったのは領邦君主たちであった。彼らは自らの支配領域内で貴族や都市を服従させ，武力を管理し，徴税機構を整備するとともに，教皇や皇帝の権威からの独立も図った。この過程を近代の形成としてとらえることができる。その大きな特徴は，物理的な力や伝統的権威だけでなく，論理による支配の正統化が定着したことであった。理論的にこの企てを支えたのが，従来の政治秩序とは異なる国家（state）観念や**主権**（sovereignty）の理論であった。それまでの統治組織としての国家は支配者の所有物とみなされてきたが，新たな国家は，個々の支配者を超越した，一定の領域と人民とを備えた恒常的な政治体であるとみなされるようになった。また，主権は被治者の保護を最終的な根拠として正統化され，主権者はその支配領域内において法を制定・執行する権力と，対外的に軍事力を行使する権限を持つものと定義された。こうして明確に線引きされた国境線と統治の権力主体である主権者，統治の対象となる国民を持つ主権国家がヨーロッパに登場し，急速に新しい政治秩序として定着していった（第1章第4節・第4章第1節参照）。

主権国家の特徴は，それがヨーロッパ政治の実践の中から生まれてきたものであると同時に，思想家，著述家らの議論から概念的に構築されたものでもあった点である。それゆえに主権国家は，模倣や輸出が可能な「モデル」としての性質を持ち，今日にいたるまで世界に普及し続けてきた。その主要な発明者として，**マキャヴェリ**と**ホッブズ**をあげておくべきだろう。マキャヴェリは16世紀前半のイタリアの都市国家の一つ，フィレンツェで働く外交官であった。神聖ローマ帝国やフランスの圧迫を受ける状況の中で，彼は，都市国家がもはや小さく，弱すぎる存在であることを強く意識していた。それゆえ『君主論』その他の著作において，対外的に強力で，かつ国内的に安定した統治が営まれ

る場としての国家を構想し、そうした国家を存続・強化する政治権力の必要性は、個人や社会に課せられる道徳的義務とは異なる権力操作能力（ヴィルトゥ）を要求することを説いたのである。

　マキャヴェリより約1世紀後のイギリス人ホッブズにとっての最大の課題は、当時のイギリスを襲っていた宗教や王権をめぐる内戦状況を克服することであった。ホッブズは、主権概念を精緻化することでこの課題に答えようとした。主権概念そのものはフランスの法学者ジャン・ボダンによって定式化されていたが、ホッブズはそれに政治的意味づけを与えた。『リヴァイアサン』などの著作で彼は、「自然状態（state of nature）」という仮想的な状態から出発し、主権の必要性を論証する。

　自然状態とは、政府も法もなく、完全に自由な個人がそれぞれ自らの欲望を追求できる状態なのだが、ホッブズによればそれは戦争状態、つまり「人は人に対する狼」（『市民論』）となる相互不信の極致にいたるという。なぜなら、各人は他者の内面の意図を知ることはできず、他者が攻撃してくる不安に怯え、それゆえ自らが先に他者を攻撃し始めるからである。結果的に、自然状態では人々は自らの安全を求めて「各人の各人に対する戦争」に陥る。そこでは、「勤労のための余地はない。なぜなら、勤労の果実が確実ではないからであって、したがって土地の耕作はない。航海も、海路で輸入されうる諸財貨の使用もなく、便利な建築もなく、移動の道具およびおおくの力を必要とするものを動かす道具もなく、地表についての知識もなく、時間の計算もなく、学芸もなく文字もなく社会もなく、そしてもっともわるいことに、継続的な恐怖と暴力による死の危険があり、それで人間の生活は、孤独でまずしく、つらく残忍でみじかい」（ホッブズ 1651／邦訳 1992, 210-211）。

　この状態を脱するには、人々は自然状態で享受する権利を主権者に委ね、主権者の絶対的な支配に服さねばならない、とホッブズは考えた。こうすることによってはじめて人々は主権者によって安全を保障され、他者への恐怖から免かれて、自らの能力を経済活動や知的活動に向かわせることができるからである。それゆえ、主権は至高かつ唯一不可分な存在でなくてはならないのである。

> ウェストファリア体制

ホッブズの議論に対しては、当時から極端すぎるという批判があった。しかし、当時のヨーロッパがいかに内戦に苦しんでいたかを考えると、ホッブズの議論の背景も理解

2　近代ヨーロッパ主権国家体制と国際政治理解　63

| FIGURE | 2-5 ● ウェストファリア条約締結時の神聖ローマ帝国 |

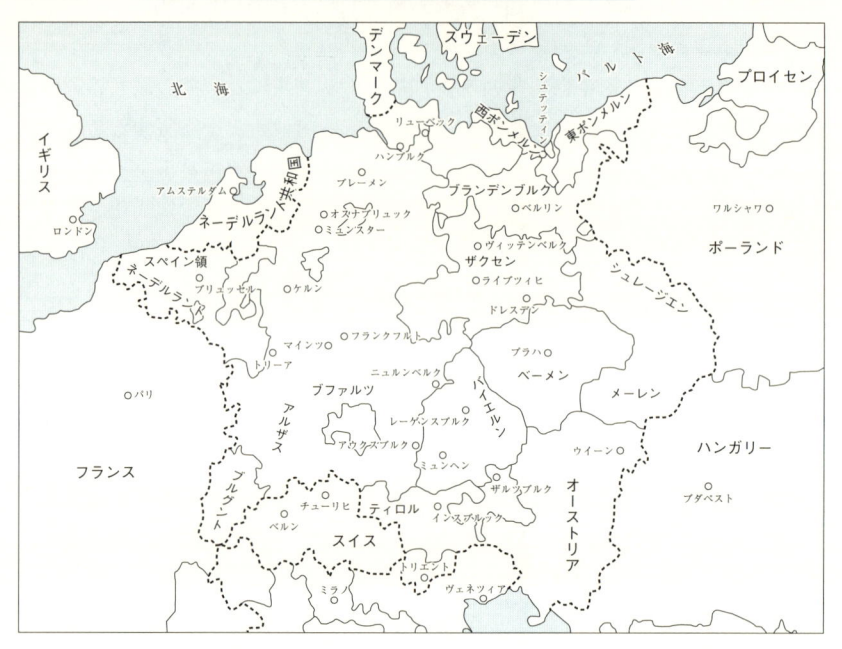

[出典] 成瀬治・山田欣吾・木村靖二 編『ドイツ史1 先史～1648年』(世界歴史大系) 山川出版社, 1997年, 495頁.

できる。たとえば、フランスでは1572年のサン・バルテルミーの日に数千人の新教徒（ユグノー）が虐殺されたと言われるし、ドイツ地域で戦われ、新旧両教派間で戦われた最後にして最大の宗教戦争であった三十年戦争（1618-48年）では、ドイツ人口の3分の1が失われたとも言われる。

　主権国家の地位が定着し、主権国家から成る国際秩序の存在が認められるようになったのは、三十年戦争を終えるために1648年に締結されたウェストファリア条約であるとされ、それゆえ主権国家体制は**ウェストファリア体制**とも呼ばれてきた（高澤1997）。ただし、ウェストファリア条約の成立を画期的な転換点と見る見方は、今日では疑問視されるようになっている。この条約では、講和の主要な担い手として主権国家の地位を認め、神聖ローマ帝国も同格に扱われた。しかし、この条約が宗教的理由からミュンスターとオスナブリュック

という二つの都市で結ばれざるをえなかったことが示すように、この条約がそれ以前の状態と決定的に異なる変化をもたらしたものではない。ウェストファリア条約をヨーロッパ主権国家体制の出発点としてとらえる見方は、19世紀初頭のドイツから広まったものであると考えられる。ウェストファリア体制という言葉も、16世紀から17世紀に生まれてきた、主権国家から成るヨーロッパ国際秩序の総体を表現したものと理解するのが妥当だろう（Keene 2002；明石 2009）。

17世紀後半から18世紀にかけて主権国家が国内体制を確立していくと、国家間の権力闘争が直ちに戦争にいたらないような制度的装置も整えられていくことになった。戦争は主権者にとって一定の犠牲を伴うものであったから、事態を平和的に解決できるならその方が望ましいと考える傾向が存在したのである（ブル 1977／邦訳 2000）。

外交，国際法，国家理性

そのための制度的装置として、まず外交制度が整えられた。外交（diplomacy）の一般的定義としては、「独立国の政府間の公的関係（時には従属的地域との関係や政府と国際機関との関係も含みうる）を営むにあたって知性と技術を適用すること、より単純には、平和的手段による国家間関係の実施」というアーネスト・サトウのものが有名である（Roberts ed. 2009）。こうした定義からすれば、外交は近代ヨーロッパ以前においても行われていたと見ることができる（ニコルソン 1939／邦訳 1968）。

しかし、国家間の外交関係を制度化し、高度に緊密な関係を構築した点に近代ヨーロッパの固有の特徴があった。他国を代表する外交官を恒常的に相互に受け入れ、外交官に一定の特権を認めるというしくみは、マキャヴェリのころのイタリア都市国家で始められ、比較的急速にヨーロッパ主権国家間に広まった。外交使節は本国と任地国の主権者間の意思疎通を仲介するほかに、任地国の情勢を観察し、本国に伝える役割や、本国を代表して任地国の式典に参加するなど儀礼的役割を担った。初期には外交官は任地国の宮廷の一員となり、任地国で俸給を受け、あまつさえ政治的陰謀に参加するなど制度的に未熟だったが、次第に外交官の役割が整備され、19世紀のナポレオン戦争後の国際会議であるウィーン会議（1814-15年）のころにはほぼ完成された（Hamilton & Langhorne 1995／2011；高坂 1978a／2012；細谷 2007）。

> **COLUMN** *2-1* マルタ騎士団という「国」
>
> 　近代ヨーロッパに主権国家が成立し，今日では世界中に主権国家体制が広まったというのが教科書的な知識である。そのこと自体は正しい。しかし世の中には例外もある。たとえばマルタ騎士団という「国」を，読者はご存じだろうか。厳密には主権国家ではないし，現在は地中海のマルタ島とも関係ないどころか，領土すら持っていない。しかし，100カ国近い国と外交関係をもち（日本はもっていないが），正式に通用するパスポートも発行し，国連にオブザーバーとして加盟したから，限りなく主権国家に近い存在と言えよう。
>
> 　この「国」の正式名称は，「ロードスおよびマルタにおけるエルサレムの聖ヨハネ病院独立騎士修道会」と言い，ローマ市内のビルを本部として1万人余りの「国民」を有する。その歴史は長く，複雑である。起源は11世紀で，病気となったエルサレム巡礼者の保護を目的にローマ教皇から認められた。その後，地中海のロードス島，マルタ島へと移ったが，1798年マルタ島がナポレオンに占領された際にイタリアに移り，世界各地で医療活動などを行って今日にいたっている。活動実体はNPO（非営利団体）に近いようだが，歴史的背

　外交制度とともにヨーロッパの主権国家体制を支えたのは，国際法である。主権者はだれにも従属しない存在ではあるが，にもかかわらず一定の法規範には服するべきだという見解は，主権国家の誕生期から存在した。ローマ法の伝統は，人智を超越した理性の法や神の法として主権者も従うべき規範がある，という自然法思想へと継承されていた。初期の国際法が万民法と同じ *jus gentium* という名称で呼ばれたことにも，この経緯が反映されている。

　また，外交を行う上で主権者同士が結んだ契約は，単に主権者個人間ではなく国家間の契約として扱った方が互いに便利であり，そうした契約が主権者間で積み重ねられたものを全体として首尾一貫した法制度とみなすべきだ，という慣習法の考え方も，国際法の根拠と考えられた。15世紀から18世紀にかけて，ヨーロッパ各地でフランシスコ・デ・ヴィトリア，ヒューゴー・グロティウス，リチャード・ズーチ，サミュエル・フォン・プーフェンドルフ，クリスティアン・ヴォルフ，エマリッチ・ドゥ・ヴァッテルなどの学者が国際法を体系化していった（ニュスボーム 1947／邦訳 1997）。

　外交制度や国際法は主権国家の対外行動に一定の枠をはめ，国家間の平和的

景から上に述べたように国家に近い扱いを受けているようである。
　マルタ騎士団が国際政治を左右する存在だとは思えない。しかし，中世の生き残りのような国が国連オブザーバーとなることには何かしら意味があるのだろう。少なくともこの国の存在は，「例外のないルールはない」という当然のことを思い出させる。「今日の世界は主権国家から成り立っている」という命題は正しいが，それは自然科学の命題とは違う。自然科学の命題なら，一つの例外で反証され，真か偽かのいずれかしかない。しかし社会分析においては，マルタ騎士団のような存在について「今日の世界は，マルタ騎士団のような微妙な事例はあるが……」とあえて正確かもしれないが複雑な表現をとるよりも，単純に，「世界は主権国家から成り立っている」と考えて，多少の例外も存在する，というように心に留めておく方が効率的なのではないか。こうした事例はマルタ騎士団に限らず，歴史を学ぶとさまざまな局面で出遭うものであるし，そうした知識は国際政治を理解する上で必要というわけではないが，全く無駄ではないだろう。

調整をはかるしくみであったが，これらが機能しえた背景には，主権国家がそれらを自らの利益となる制度とみなした点にあった。ここに近代主権国家体制の特徴がある。主権国家は永続的であり，主権者は抽象的ではあっても国家や国民の利益を図るべきだと考えられたので，主権者は自らの気の向くままに行動してはならず，国家の維持繁栄の目的に沿って行動すべきだとみなされたのである。こうした考え方は，国家理性論や国家利害説と呼ばれた（マイネッケ 1924／邦訳 1976）。18 世紀初頭のフランスの外交官フランソワ・カリエールが著作『外交談判法』において，「立派な交渉家は，彼の交渉を，決して，偽りの約束や約束を破ることの上においてはならない」と説いているのは，主権国家間の関係が安定するにつれて，目先の利益のために他国に安易に戦争を仕掛けたり，詐術で騙したりすることは国家の長期的な利益にも反するとみなされるようになったことを示している（カリエール 1716／邦訳 1978）。

勢力均衡　　主権国家は法的には対等であったが，国力の差は存在し，18 世紀中期にはイギリス，フランス，オーストリア（ハプスブルク），プロイセン，ロシアがヨーロッパ全体に影

> **COLUMN** *2-2* 勢力均衡（balance of power）概念の多義性

　勢力均衡は国際政治学において最もよく使われる用語の一つであり，特にリアリズムにおいては主要な理論命題として扱われてきた。しかし，近代ヨーロッパ主権国家体制での実際を調べると，この言葉の意味するところは自明ではない（Wright ed. 1975）。

　一般的に，ある国家に対して他国が自力で，あるいは他国と同盟して力を増そうとすることは歴史上しばしば行われることであり，古代ギリシャや古代中国の戦国時代，ルネサンス期のイタリア都市国家でも記録されている。しかし，勢力均衡が広く共有された概念となったのは，近代ヨーロッパ主権国家体制においてであった。17世紀末にはすでに，ある国家が強大になりすぎそうな時には他国が同盟を組み，その強大化を防ぐべきである，という議論が一般的に行われていた（Anderson 1993, chapter 4）。そして18世紀を通して，各国が競争的な権力ゲームを営みながらも，一国の過剰な強大化が回避された状態が維持される，という意味での勢力均衡がヨーロッパの安定のための重要な基礎とみなされるようになった。

　しかし，勢力均衡が自然に生じる状態なのか，意図的な政策の結果なのかは曖昧であった。イギリスのデイヴィッド・ヒュームは，巨大な君主国の害悪を説いて，勢力均衡は自然な原理であると強調したが，そこにはイギリスがフランスへの対抗に熱を入れすぎることへの批判が込められていた。これに対して国際法学者のヴァッテルは，「主権者がつねに全体に関心を抱いている事実や，常駐使節の習慣や継続的な交渉がヨーロッパをある種の共和国としているのであり，その構成員は，相互に独立しながらも共通の利益によって結び付けられ，

響を与える大国としてほぼ固定した。これらの大国の間で，各国が国家理性を追求しながら，全体として国際秩序が破綻しないメカニズムとして **勢力均衡（バランス・オブ・パワー，balance of power）** という概念が重視された。この言葉は，スペイン継承戦争（1701-14年）終結に向けてのユトレヒト条約（1713年）の序文において言及されたのが公文書での最初の使用だが，この時期までにはヨーロッパの中で慣用化していたと考えられる。後世の研究によって，この言葉が意味していた内容は一通りではなく，多義的であったことがわかっている（コラム2-2参照）。しかし，ヨーロッパにおいてある国家が帝国や覇権国となることは，ヨーロッパ全体のためには危険であり，それゆえそうした国が生ま

秩序の維持と独立の保持のために協力するのである。これが，あのよく知られた，勢力均衡の原則，すなわち，いずれの国も他国に対して完全な支配圏や圧倒性を有さないような取り計らいを生じさせた状況である」と述べて，勢力均衡は各国の細心の注意の結果であるとしている（Wright ed. 1975, 71-72）。

　勢力均衡が意味する内容が曖昧であることは，18世紀ドイツのヨハン・H. G. フォン・ユスティのような同時代の分析家にも気づかれていた（Kaeber 1906／1971）。20世紀の研究者は精密な分析によってこの点を明らかにしている。勢力均衡の具体的意味を検討したアーンスト・ハースは八つ，マーティン・ワイトは九つの異なる用法を指摘した（Haas 1953；バターフィールド＝ワイト編 1966／邦訳 2010）。

　こうした多義性が問題とならなかったのは，近代ヨーロッパ，とりわけ18世紀のヨーロッパにはほぼ均等な国力の大国が存在し，その文明観を共有していたことが大きい。それでも18世紀末にポーランドが大国に分割されて消滅した時には，勢力均衡を称賛していたエドマンド・バークですら非難し，19世紀に入ると，自由主義者は勢力均衡を保守主義の象徴として批判した。事実，産業化時代に入ると各国の国力は変化しやすく，かつ計測しにくくなって勢力均衡は不安定化した。冷戦期に勢力均衡が重視された理由の一つには，二つの超大国が大量の核兵器を事実上独占し，その存在が勢力関係を擬似的に推測させた面がある。一般に，主権国家体制の分析や政策指針として勢力均衡は一定の有用性を持つが，厳密な分析概念としては限界を持っていると言えよう。

れないように各国が協力することは各国の自己利益でもあり，全体の利益でもある，という信念はおおむね共有されていた。こうした考えは，17世紀から19世紀にかけてヨーロッパで外交に携わる人々の間では広く信じられたメカニズムないし規範であった（高坂 1978a／2012）。

　これらのしくみにもかかわらず，主権国家体制において戦争は起こった。特に17, 18世紀にはかなりの数の戦争が戦われた。勢力均衡を守るために戦われた戦争もあったが数は多くなく，豊かな領土，通商による利益，君主の継承をめぐっての戦争が多かった。ただし，多くの戦争は，城をめぐる攻防が主で，軍隊同士の会戦はあるにしても1年に4, 5カ月間だけであったから，戦争がも

| TABLE | 2-1 ● ソローキンの戦争指標 |

世　紀	12	13	14	15	16	17	18	19	20
烈　度	18	24	60	100	180	500	370	120	3080

［出典］　Wright 1942／1965, 237.

たらす破壊は比較的小さかった（表2-1参照）。軍事史家マイケル・ハワードによれば，この時期には戦争という狼は「プードル」になったのである（Holsti 1991；ハワード 1976／邦訳 2010）。

　それでも，繰り返される戦争は主権国家体制に対する急進的な批判をもたらした。こうした批判の有力な系譜は，主権者たちを普遍的な政治的権威の下に従わせるべきだという議論であった。17世紀前半のフランスのエメリック・クルーセやマクシミリアン・ド・シュリー，18世紀初頭のサン゠ピエールなどが，主権国家の代表が合議によって紛争を平和的に解決する提案を行った。しかし，こうした計画には，フランスをヨーロッパ全体の支配者とする意図を持っていると解釈されるものもあったし，主権者が自発的に自らの権力を他者に委ねることは考えられなかったから，政治上はほとんど無視された（Hinsley 1963；Anderson 1993, chapter 5）。

　非ヨーロッパ世界との関係　　もう一つ注意しておくべきは，ヨーロッパの主権国家はヨーロッパ外で積極的に活動し，その行動の態様はヨーロッパにおけるそれとは異なっていたことである。ヨーロッパ主権国家体制は，いわばヨーロッパ内のシステムとヨーロッパ外のシステムの二重構造になっていた（斉藤1989；Keene 2002）。ヨーロッパ外ではヨーロッパ内での国際法は適用されず，他国を半主権国として扱ったり，他国の主権下にある土地・財物についてヨーロッパ人が設立した会社が私的所有権の絶対性を唱えて戦争に訴えたりした。ヨーロッパ諸国は，非ヨーロッパ世界に対しては「文明国」として一体的に行動し，その論理を押し付けることをためらわなかったのである。

　それでも近代の初期には，ヨーロッパと非ヨーロッパの区分はまだ緩やかなものであった。16世紀中期，スペイン人のアメリカ大陸征服の道徳的正統性が本国スペインで論争となった時，先住民の野蛮性を理由として文明のための

征服を肯定するセプルベタに対して，武力による征服の正統性を否定し，先住民の権利を認めてスペイン国王による保護を説いたラス・カサスや，武力による征服を否定しつつ，交易と伝道による先住民の文明化については認めるカトリック法学者ヴィトリアの主張も存在した（松森 2009）。また，16 世紀初頭にはフランスがオスマン・トルコと同盟を結び，オスマン・トルコが異教徒への恩恵付与としてヨーロッパ人に領内の居住を認めるキャピチュレーション（居住特権）を設定した。しかし時代が下るにつれて，ヨーロッパを文明世界とみなし，主権国家としての体制をとらない非文明地域に対する優越性を前提として，半開や野蛮といった階層性を設定し，主権国家体制とは異なる論理で規律される植民行政として扱うことが一般化していくのである（Abernethy 2000）。

ヨーロッパ主権国家体制の転機

18 世後半から 19 世紀初頭にかけて，ヨーロッパ主権国家体制には大きな転機が訪れた。18 世紀中期の七年戦争（1756-63 年）からアメリカ独立革命戦争（1775-83 年）とフランス革命戦争（1789-99 年）を経て，ナポレオン戦争（1800-1815 年）にいたる過程で，ヨーロッパ主権国家体制の基本的条件が変容し，19 世紀から 20 世紀にかけて主権国家体制は次第に変化していく（表 2-2 参照）。

七年戦争は，それまでヨーロッパの二大国としてライバル関係にあったオーストリア（ハプスブルク家）とフランス（ブルボン家）が同盟を結び，イギリスとプロイセンの同盟と戦ったことで，「外交革命」と呼ばれる転機となった（君塚 2010）。これは単なる同盟関係の変更ではなく，この戦争は，イギリスとフランスがアメリカ大陸およびインドで繰り広げていた植民地獲得競争とも重なり，ヨーロッパ内の戦争とヨーロッパ外での戦争が結び付いた大戦争となった点でも特異であった。また，この戦争にはロシアが参戦し，それまでは関連性の薄かった西欧とロシア・東欧の一体性が強まったことも大きな変化であった。この変化によって，ロシア，オーストリア，プロイセンが，衰えたポーランドやオスマン・トルコを分割し，ついにはポーランドの主権消滅へといたらせる動きに結び付いたのであり，この事実は勢力均衡を称揚していた人々にも衝撃を与えた（コラム 2-2 参照）。

七年戦争ではイギリス，プロイセン側が勝利したが，勝者も敗者もかつてない負担を負った。イギリスはその負担を転嫁するために北米植民地に課税を行

TABLE 2-2 ● ヨーロッパ主権国家体制（近代前半と後半の対比）		
	17世紀後半～18世紀	18世紀末～20世紀初
主権国家の体制	王朝国家	立憲・国民国家
国力の基盤	領土，人口，財政	生産力，資源，技術，組織
外交の担い手	貴族，商人	政府（職業外交官）
国際法	自然法，慣習法	実定法
戦争形態	頻繁だが限定された戦争	国民戦争
軍隊	職業軍	国民軍
大国の数	変動	安定（5大国）
主導的原理	国家理性，勢力均衡	勢力均衡，ヨーロッパ協調
非ヨーロッパ世界との関係	アメリカ植民地建設と大陸間貿易	アジア・アフリカでの植民地帝国の構築

おうとして，結局，植民地の独立戦争を招いた。フランスなどが植民地側を支援したこともあって，イギリスは1783年のパリ条約で北米植民地の独立を認めざるをえない立場に追い込まれた。新たに誕生したアメリカ合衆国は，国王を持たない共和政体をとると同時に，ヨーロッパ外において国際法上の主権国家としての位置づけを認められた最初の例となった。

　フランスでも七年戦争以降の財政難から国王は議会を召集し，それがきっかけとなって革命が起こった（1789年）。革命が急進化すると，危険を感じたヨーロッパ諸国が干渉して戦争となったが，革命を守ることを旗印としたフランス国民軍は，敵対するヨーロッパ諸国の職業軍隊を圧倒した。数年間の後，フランス軍も疲弊して敗色が濃くなった時，コルシカ島出身の将軍ナポレオン・ボナパルトが政権を握り，ヨーロッパ諸国を軍事的に圧倒した。すでに名目的存在となっていた神聖ローマ帝国を消滅させ，ナポレオンは自ら皇帝を名乗り（1804年），ヨーロッパ主権国家体制はフランス帝国によって終焉の危機に瀕した。しかし，ナポレオンに屈しなかったイギリスとその支援を受けたロシアの反抗に対してナポレオンは敗北し，反旗を翻した諸国との決戦にも敗れて追放され，フランスも王政に復帰した。ウィーン会議（1814-15年）ではヨーロッパの国境は原則としてフランス革命前の状態に戻ることとなり，イギリス，プロ

FIGURE 2-6 ● 七年戦争後の世界（1763年）

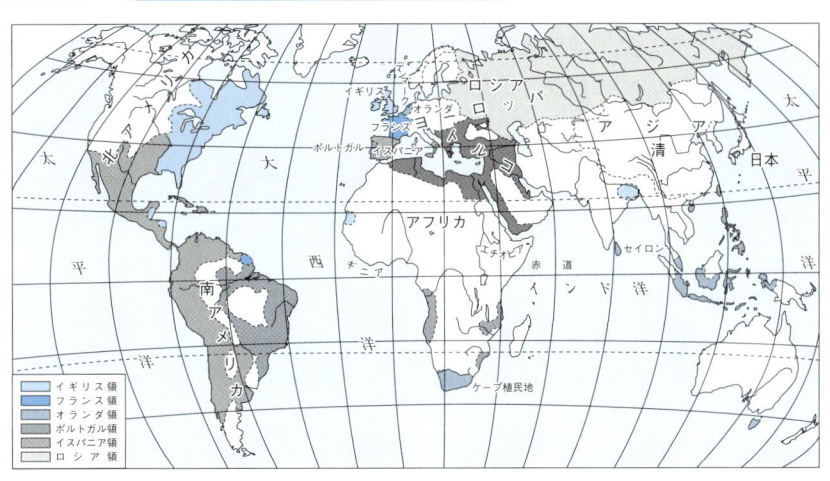

イギリス領
フランス領
オランダ領
ポルトガル領
イスパニア領
ロシア領

［出典］　亀井高孝・三上次男・林健太郎・堀米庸三 編『世界史年表・地図〔第15版〕』吉川弘文館，2009年，世界史地図36④。

イセン，オーストリア，ロシア，フランスを大国として扱うヨーロッパの勢力均衡はひとまず回復されて，各国が「ヨーロッパの協調（Concert of Europe）」の理念を共有するウィーン体制が確立された（高坂 1978a／2012）。ウィーン体制の中核は，大国が会議を開催して協力し，ヨーロッパ全体の秩序を管理する会議体制であり，この時代に近代ヨーロッパ主権国家間の外交制度は完成されたと考えられる。ナポレオン戦争前に主要国は外交を統括する官僚組織を備え，ウィーン会議では席次などの外交儀礼も整備され，オーストリアのクレメンス・フォン・メッテルニヒやイギリスのカースルレイ，フランスのタレーランといった優秀な外交家が活動した。

しかし，ヨーロッパ全土が戦乱と革命で混乱したこの時代に，ヨーロッパの著述家は国際政治の問題に真剣に取り組み，主権国家体制の根本的な変革による改善を模索する議論が登場した。それは，今日のリベラリズムの国際政治論の系譜につながる流れと言える。

モンテスキュー，ヒューム，とりわけアダム・スミスは専制体制や重商主義を批判し，共和政や自由な通商が無益な戦争を減らし，平和的傾向を強めると

2 近代ヨーロッパ主権国家体制と国際政治理解　73

主張した。国際政治に関する洞察をさらに深めたのは，二人の啓蒙主義的哲学者，ルソーとカントであった。

まずルソーは，文明の発達は主権国家という統一された政治体を作り出すと同時に，主権国家間の無政府状態を生み出したと考えた。そして，国内において社会契約が成立する一方，国際的には政府が存在しない「混合状態」は本質的に戦争を回避できない悲劇的状態であるとみなした（第1章第1節参照）。ただしルソーは，社会契約によって人々が連帯して国家を作り出す意義を高く評価しており，混合状態を解消する術を提示することはできなかった（Hoffmann & Fidler eds. 1991）。

対してカントは，啓蒙主義者やルソーの議論を受けて，文明の進歩が人間性を発達させ，交流の拡大も普遍的価値の共有可能性を高めると考えた。そこで彼は『永遠平和のために』（1795年）などの著作において，国家が自由な人民の意思を反映する共和制をとり，諸国家の法が自由な国家の連合に基礎を置き，世界市民法が普遍的な友好についての諸条件に限られるような状態が望ましく，かつ最終的に実現可能であり，戦争を含む歴史的展開を経て人類が恒久的な平和体制を実現することに期待した（Hinsley 1963；カント 1795／邦訳 1985）。

> 国民国家への再編

アメリカ，フランスでの革命とナポレオン戦争は，民衆による自由の獲得という思想をヨーロッパに広めた。そればかりでなく，アメリカの革命軍やフランスの革命軍とナポレオン軍が示したのは，国民が愛国心を共有し，高い士気を持って活動する国家の強さであった。国民を満足させず，軍事的にも弱体な君主体制は正統性を弱め，ヨーロッパ各地で革命が頻発することになった。5大国の中でも革命処理をめぐって亀裂が生じ，会議体制は徐々に求心力を失った。19世紀半ばにはヨーロッパ主要国で選挙権拡大運動や革命が起こって国民の参政権が拡大し，各国体制はナショナリズムに基づく国民国家（nation-state）へと再編されていった。

ナショナリズムは多義的な概念だが，その中核にあるのは，一国の住民が「国民」としての共通意識を持ち，また，固有の共通意識を抱く人々が主権国家を構成すべきだという理念ないし運動と言えよう。ナショナリズムが広まるにつれ，戦争は民族解放や歴史的に自国の一部とみなす領土の「回復」や，国家の栄光のための支配領域の拡大をめざす性格を強めることとなった。結果と

して19世紀には主権国家間の戦争は，数は少ないものの，より激しく，規模の大きなものとなった。ナショナリズムの高まりの中で，「ヨーロッパの協調」は次第に語られなくなり，ヨーロッパの国際政治の緊張の度合いが高まった。

> ビスマルクの同盟体制

この変化を典型的に示したのは，ドイツが統一国家へといたる経緯であった。三十年戦争以来，ドイツ地方には統一国家は存在せず，数百の小さな主権国家が存在しており，18世紀からはオーストリアとプロイセンの二大国が拮抗する関係となっていた。19世紀に強まったドイツ・ナショナリズムを背景にプロイセンが国力を伸ばし，1848年の自由主義的な革命が挫折した後，保守的な首相ビスマルクは，自由主義運動のエネルギーを吸収するために，イデオロギーにかかわらず権力操作に徹するレアルポリティーク（Realpolitik）の政策をとった。ビスマルクの指導の下，近代的な軍事組織を築いたプロイセンは数次の戦争を経て，1871年にオーストリアを排除してドイツ帝国の統一を実現した。ナポレオン戦争を経験した将校が，ナショナリズムに支えられた大軍を指揮する組織改革を実現し，さらに産業革命の成果を活かすことで他国を圧する軍事力を構築しえたのである。

こうしたドイツの統一は，思想的にも支えられた。国民国家を倫理的主体とみなし，国民国家間の闘争が世界精神の統一を実現するととらえるヘーゲルや，ヘーゲルの哲学的思考を批判しながらも，国民国家間の個々の相互作用の過程の中に各国の「道徳的エネルギー」の発露を見出そうとして，実証的な外交史学を確立したレオポルド・フォン・ランケといった人々が思想界をリードした。

主権国家体制が国民国家間の競争としての性質を強めるにつれ，その運営については従来以上の巧みさが求められるようになった。ドイツ統一後のビスマルクは帝国宰相としてヨーロッパの平和とドイツの安全が深く結び付いていると認識し，周辺諸国と同盟・協商関係を結んで勢力均衡を図るとともに，植民地獲得競争に参加せず，会議外交を主催してヨーロッパの平和維持に努めた。しかし，プロイセンに敗れて領土を奪われたフランスの対独報復政策を変えることはできず，バルカン半島で共に勢力を伸ばそうとするロシアとオーストリアを均衡させながらドイツに引き付けておく政策は次第に困難さを増していった（飯田 2010）。

他方で，自由主義思想や産業革命の浸透は，国境を越える相互依存関係を深

める効果ももたらした。国境を越える民間レベルの交通・通信の発達によって相互の貿易が拡大し，国際法も実務的な多国間の条約，協定が増大することになった。また，1863年には後の赤十字国際委員会のもととなる組織，1865年には万国電信連合が設立されるなど，国際機関も設立されるようになった。

　こうした状況を反映して，19世紀にはリベラリズムの国際政治論が発達した。イギリスの自由主義者ジェレミー・ベンサムが「国際（inter-national）」という言葉を発明し，国家（state）間の関係に対して国民（nation）間の関係を強調することで，軍備の縮小，植民地の放棄と自由貿易の推進が真の利益に導き，力ではなく「世論の審判」によって国家間の紛争を解決できると訴えた。自由貿易主義者コブデンも，自由貿易によって諸国民の相互利益が増進されるから，植民地の獲得や戦争は不要であると主張し，勢力均衡論を否定した。

　フランスでは，社会的分業や連帯のもたらす影響が強調された。サン=シモンは，19世紀初頭に著した「ヨーロッパ社会の再構成」において，ヨーロッパ最高の知識人から成る評議会と，産業人から成る運営組織によって，ヨーロッパの連邦的統一が可能になると主張し，後に機能主義（functionalism）と呼ばれる系譜の基本的主張を提示した（パーキンソン1977／邦訳1991）。

　しかし同時に，資本主義がもたらす競争や格差の不平等性を批判する社会主義思想も発達した。とりわけカール・マルクスが唱えた急進的なマルクス主義は労働者による革命を訴えた。『共産党宣言』（1848年）などの著作で展開された主張は，社会の本質的な主体は国家ではなく，経済的に定義される階級であり，世界規模の階級間の闘争こそが歴史の進歩の担い手であって，労働者階級による資本家階級の打倒が平等な社会を実現するというものであった（第1章第4節参照）。19世紀ヨーロッパで労働者による革命は実現しなかったが，マルクス主義その他の社会主義運動は労働者に広まって，国際的ネットワークを持った運動組織を生み出した。

ヨーロッパ外の世界との関係

　ヨーロッパ外の世界に目を転ずると，19世紀を通じて西半球を中心にヨーロッパ人の入植地において主権国家体制が徐々に拡散していった。西半球では，アメリカ合衆国に続いて，ヨーロッパ諸国の植民地状態から独立を獲得する主権国家が続いた。しかし，これらの諸国はヨーロッパの勢力均衡には加わらなかった。アメリカ合衆国は勢力均衡を旧世界の悪弊と見て距離を

おき，1823年，ヨーロッパでの革命をめぐる紛争がアメリカ大陸に波及しそうになるとヨーロッパとアメリカ（西半球）の区分を主張して，アメリカ大陸への干渉に反対した（モンロー宣言）。この宣言はヨーロッパ大陸勢力がアメリカ大陸で影響力を伸ばすことを嫌ったイギリスの海軍力によって支えられ，中南米諸国の相次ぐ独立を可能にした。アメリカ諸国は通商や文化の面でヨーロッパと強い結び付きを保ちながら開拓に集中し，アメリカ大陸で独自の国際関係を構築せず，基本的にはヨーロッパ主権国家体制の周辺に位置していた。また，イギリス帝国内の白人植民地（カナダ，オーストラリア，ニュージーランドなど）も19世紀の後半には自治を獲得して自治領（dominion）となり，外交においてもイギリス本国に対して影響力を持ち始めた（Abernethy 2000, chapter 4; Bull & Watson eds. 1984, chapter 9）。

対して，アジア・アフリカにおいては，ヨーロッパ諸国は，自らの文明的優越を当然の前提として接し，不平等条約に基づく条約体制や，植民地へと再編していった。文明（civilization）という言葉は，18世紀に啓蒙思想とともに使われるようになっていたが，19世紀にはヨーロッパが最も進歩した文明であって，アジア・アフリカは未開ないし野蛮な地域であり，対等な存在ではないとして扱われたのである（第7章第3節参照）。たとえば，国際法学者ジェームズ・ロリマーは，西洋が属する文明人類とアジアなどの野蛮人類，さらに国家すら存在しないアフリカのような未開人類という階層区分を明確化し，真の国際法は文明人類の世界においてのみ適用されると主張した。彼ほどあからさまではないにせよ，19世紀の国際法や外交の実際は，文明，半開，未開といった階層的世界観を共有していた（Keene 2002）。

ヨーロッパ諸国は「文明的」ルールを非ヨーロッパ世界に対して押し付けることをためらわず，19世紀中期以降中国，トルコ，日本，タイなどと，いわゆる不平等条約を結び，さらには国際法違反などを理由に現地政権の解体や植民地への編入を進めた。たとえば，インドでは16世紀以来ムガル帝国がその中心部を支配して，長年にわたってイギリス東インド会社が蚕食していた。しかし，19世紀に入ると東インド会社の独占や腐敗に批判が強まり，会社は廃止された。さらにムガル帝国も解体して1877年にはヴィクトリア女王がインド皇帝として戴冠し，インド全域がイギリスの植民地となった。また，それまで感染症の危険など環境が厳しくヨーロッパ人が入り込めなかったアフリカ

内陸部にも，19世紀末には医療や武器の発達によってヨーロッパ人が入り込み，植民地化が進められ，ヨーロッパ人による支配は世界のほぼ全域にいたった（Abernethy 2000, chapter 5）。

3 世界大戦と主権国家体制のグローバル化

移行期としての世紀転換期　ヨーロッパによる支配の世界化は，逆にヨーロッパ主権国家体制を特徴づけてきたヨーロッパの内と外の区分を解体させていく契機となった。1890年代から第一次世界大戦が始まる1914年までは，そうした変化が徐々に生まれてくる時期であった。

ヨーロッパ諸国の植民地帝国化は，それまでのように勢力均衡をヨーロッパ内にとどめることをきわめて困難にした。ドイツで1890年にビスマルクを引退させて自ら政治を執った皇帝ヴィルヘルム2世は，植民地競争に参加しないそれまでの自制を捨てて積極的に海外植民地の獲得に乗り出し，海軍増強を進める「世界政策」を開始した。この行動はイギリスのドイツへの警戒心を強め，イギリスはそれまで植民地競争でライバルだったフランス，ロシアと結んで対独包囲網を構築し，新興のアメリカ，日本とも関係を強化した。アメリカは1898年に米西戦争でスペインに勝利して，キューバ，フィリピンなどの植民地を獲得し，中南米諸国にも再三介入するなど，帝国主義時代の国際政治に積極的に参加し始めた。1850年代に欧米諸国との間で不平等条約を結んだ日本は，この時期までに急速に近代化を進め，日清戦争（1894-95年），日露戦争（1904-05年）に相次いで勝利し，イギリスと同盟を結んで（日英同盟，1902年），台湾，朝鮮を植民地とした。結果として日本は不平等条約の撤廃に成功し，国際法上，非西洋国として初めて文明国として位置づけられる存在となった（Gong 1984; Suzuki 2009）。

こうした国際政治の世界化にともない，地球規模の国際政治をとらえようという試みも生まれ始めた。イギリスのハルフォード・マッキンダーやアメリカのアルフレッド・マハン，スウェーデンのチェーレンなどによる，地理的に重要な拠点を確保することを重視する地政学（geopolitics）が流行した。しかし，実際には戦略的に重要か否かの判断は難しく，植民地獲得競争に拍車をかける

こととなった。

　同時に、この時代には国境を越える交流活動はきわめて活発化し、主権国家間の紛争は平和的・合理的に解決できるという主張も強まっていた。たとえばイギリスのノーマン・エンジェルは『大いなる幻想』(1910年)で、戦費などの負担を考えれば戦争はもはや合理的でなくなったと説いた。外交においても、国家間紛争を司法的解決に委ねる仲裁裁判条約締結の気運が強まって、ハーグ平和会議(1899年、1907年)において常設仲裁裁判所の設置が合意された。この会議ではそのほかに、残虐な兵器とされたダムダム弾の使用禁止や、捕虜の人道的扱い規則などを定めたハーグ陸戦規約も合意され、戦争そのものは禁止されないものの、国際法によってその暴力性を制限することが試みられた。

　西洋と非西洋の関係も変わりつつあった。日本が文明国として扱われることは、それまで西洋キリスト教国と同一視されていた文明概念を客観的な「文明標準」によって定義し直す必要が生まれたことを意味していた(Gong 1984)。ドイツのマックス・ウェーバーの宗教の比較研究やオズワルド・シュペングラーの『西洋の没落』、あるいはイギリスのジョン・ホブソンの帝国主義論のように、西洋文明を相対化し、西洋の植民地支配の有効性を批判する論者が登場し始めた。

第一次世界大戦とその影響

　1914年に始まった第一次世界大戦(1914-18年)の原因については膨大な研究がなされており、政治、軍事、経済社会、思想文化にわたって多面的な原因が指摘され、現在でも決着はついていない(ジョル1984／邦訳2007)。しかし、長年ヨーロッパの紛争地域であったバルカン半島をめぐって、ドイツの自己抑制により維持されてきたヨーロッパ内の勢力均衡が崩れ、ドイツ、オーストリア゠ハンガリー帝国の同盟とロシアとの対立が戦争にまでいたったことと、英独の世界規模での対抗関係が戦争回避を失敗させたことが基本的な要因となった。結果的にこの戦争は、16,17世紀以来のヨーロッパ主権国家体制での戦争概念を変化させるものとなった。

　第一に、この戦争によってヨーロッパ地域内での勢力均衡が完結せず、国際政治の舞台は地球規模へと移行することになった。第一次世界大戦の主な戦場はヨーロッパおよび大西洋だったものの、オスマン・トルコ、日本、英領インド、アメリカ、中国などが参戦し、その影響は世界規模に波及した。

FIGURE 2-7 ● アフリカの分割（1914年）

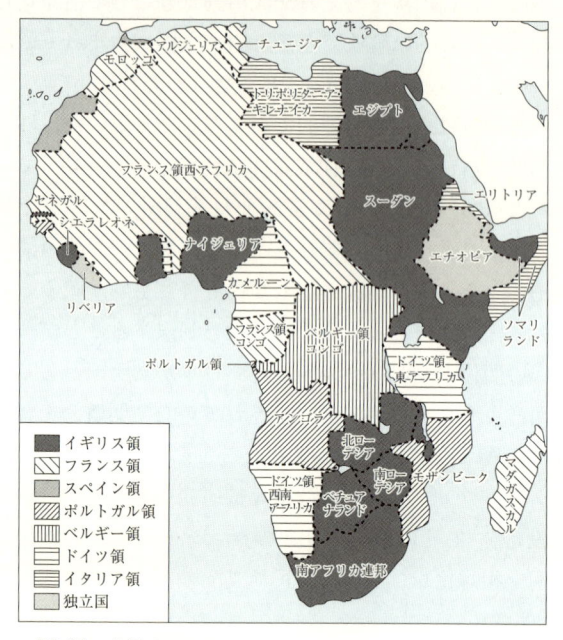

凡例:
- イギリス領
- フランス領
- スペイン領
- ポルトガル領
- ベルギー領
- ドイツ領
- イタリア領
- 独立国

［出典］有賀 2010, 104。

　第二に，この戦争は，戦場で軍事的に決着がつけられず，交戦国の戦争継続の意思と能力が続く限り戦争が終わらない総力戦となった。物資や兵員の供給能力だけでなく，自らの戦争目的の正当性を互いに宣伝する広報能力も，戦争の帰趨を左右する重要な要素となった。

　第三に，戦争の終結も変則的であり，ロシア，ドイツ，オーストリアで国内に革命が起こって休戦が実現するなど，戦争終結が国内体制の変革と一体となっていた。戦後も，ロシアの社会主義政権との干渉戦争や，朝鮮半島，インド，中国などでの民衆運動，トルコの革命などが続き，戦争と国内体制の結び付きが密接なものであることが明らかになった。

　こうした状況の中で，従来の主権国家体制を根本的に変革するような戦後秩序を構築することへの期待が高まった。この局面で大きな影響力を持ったのは，アメリカの大統領ウッドロー・ウィルソンとロシア社会主義政権（1922年末から

FIGURE 2-8 第一次世界大戦後のヨーロッパと中東（1919年の合意）

［出典］ ローレン＝クレイグ＝ジョージ 1983／邦訳 2009, 79。

ソ連邦）の指導者レーニンであった（メイア 1964／邦訳 1983）。彼らはそれまでの伝統的な政府間の外交（旧外交）に対して，指導者自らが世論にアピールし，内政と外交を連携して扱う「新外交」のスタイルを提示したのである。

　政治学の大学教授から米大統領に転身したウィルソンは，第一次世界大戦の開戦当初はヨーロッパの権力政治に関与しないという伝統的なアメリカ外交の姿勢を維持しようとして「厳正中立」を唱えた。しかし，すでに世界最大の経済大国となっていたアメリカの通商利益は，中立によって戦争の影響を回避することを困難にしていた。数次の和平仲介の試みが失敗した後，1917年にウィルソンは英仏の側に立っての参戦を決意したが，英仏の同盟国としてではなく協調国としての立場を強調し，勢力均衡に象徴される伝統的な主権国家体制

3 世界大戦と主権国家体制のグローバル化　81

を根本的に変革して，リベラリズム的な構想に基づく国際秩序へと転換することを目的に掲げ，交戦国双方の世論を動かして休戦への動きを加速した。

　戦後のパリ講和会議（1919年）を主導しようとウィルソンは自ら乗り込んだが，その結果は期待を大きく裏切るものとなった（マクミラン 2002／邦訳 2007）。彼が新たな国際秩序の中核に据えた国際連盟こそ創設が認められたものの，英仏や日本，イタリアなど他の戦勝国の帝国主義的行動を十分に制御できず，ドイツに対する ヴェルサイユ条約 も懲罰的な講和という印象を強く与えた。また，民族が独立の権利を持つという民族自決原則に対してウィルソンは戦中に支持を表明したが，戦後，多数の民族独立要求が生じることになり，その利害関係が錯綜（さくそう）したことも講和会議を紛糾させた。ウィルソン自身のリベラリズム観は19世紀の進歩主義の影響が強く，植民地の独立や人種平等といった主張にはウィルソン自身もそれほど同情的ではなかった。結果的には，米国議会の反対によってアメリカは国際連盟に加盟することができず，ウィルソンのリベラリズム的国際秩序の創設にかけた期待は実現しなかった。

　他方，ロシアのマルクス主義者レーニンは，革命を先導する組織として共産党に「前衛」としての位置づけを与えるとともに，資本主義国が植民地を必要とする帝国主義国へと転化し，植民地争奪戦に陥るという帝国主義論を前提として，帝国主義国間の戦争に乗じて共産革命の機会を見出す，という革命戦術を構想していた。1917年3月にロシアで帝政が倒れた後，臨時政府の中で共産党は主導権を握り，11月には権力を奪取して社会主義政権の成立を宣言し（ロシア10月革命），戦争の即時終結や農民への土地の分配，民族自決を掲げて国内の支持を集めた。しかし，連合国の反対を無視して進めたドイツとの講和（ブレスト・リトフスク条約）では大きな譲歩を強いられ，また革命前の債務や条約を継承しなかったことで連合国から軍事干渉を受け，大戦後に独立したポーランドとも戦争になった。レーニンらはロシア革命が波及してヨーロッパで社会主義革命が続くことを期待したが実現せず，国家の壁の厚さを痛感することになった。結局，干渉勢力こそ排除したものの，ソ連は「社会主義者の祖国」と自己規定して，世界革命を唱導するものの，主権国家として諸外国と外交関係を結び，国内体制の安定を図らざるをえなかった（サーヴィス 2011／邦訳 2012）。

戦間期の国際政治

ウィルソンの自由主義的な，またレーニンのマルクス主義的な国際秩序の構想が挫折した後，一時期，第一次世界大戦前の主権国家体制に復帰することで国際秩序の再建が実現するかに思われた。ヨーロッパでは1925年にはロカルノ条約が結ばれて英仏独伊といった諸国が現状維持について合意し，アメリカはヨーロッパの安定を投資など経済面で支え，ドイツが翌年，国際連盟に加盟する道を開いた。東アジアでは1911年に清朝が倒れて分裂状態となり（辛亥革命），第一次世界大戦を利用して大陸権益の拡張を図る日本と米英との摩擦が強まっていた。しかし，1921-22年のワシントン会議で，日米英仏伊間の海軍軍縮，関係9カ国による中国の主権尊重，太平洋における日米英仏の協調といった内容が合意され，状況はいったん安定した。

しかしこの状況は，帝国主義的な主権国家体制という第一次世界大戦前の状況への完全な復帰ではなかった。敗戦国から分離された中東，アフリカ，太平洋の植民地は，国際連盟の下で新たに設けられた委任統治制度に従って戦勝国の統治下に置かれた。委任統治は事実上の植民地とも見られたが，名目的であっても国際機関の監督下に置くことで植民地を国際的関心の対象と認めるものであり，帝国主義政策の後退の徴候でもあった。事実，中東では戦間期にイギリス委任統治領から現在のヨルダン，イラクが独立した（Louis 1984, 201-203）。

また，戦争に道義的正当性が問われるようになったことも，新たな傾向であった。1000万人近い軍民の死者を出した第一次世界大戦の結果，各国は国内世論を無視しては外交を行い難くなり，各国世論は巨大な被害をもたらす戦争の回避を強く望むようになった。1928年，仏米両国が提唱して不戦条約が締結され，各国は国策の手段としての戦争放棄に合意した（ただし，自衛権は留保されていると，多くの国が解釈した）。紛争の平和的解決手段や違反への制裁の規定をもたないこの条約の実効性には疑問も存在したが，戦争反対世論を背景とした時，こうした条約に反対することはできなかった（篠原 2003）。

主権国家体制の変化を求める活動の中に，米英世界を中心とした国際政治学の研究分野としての認知も含めて考えることができるであろう。特にウィルソン外交の挫折は，平和を確保するための研究の必要を強く意識させる動機ともなったのである。「国際政治」の名を冠した講座はアメリカで第一次世界大戦前に教えられ始めていたが，戦争と平和の問題を意識した講座としては，ウェ

ールズの名望家デイヴィスによって1919年にウェールズ大学アベリストウィス校に寄付された講座（後に，国際連盟の創設者を記念してウッドロー・ウィルソン講座と名づけられた）が最初であった．多くの研究者が，国際連盟や国際法による主権の制限によって主権国家間の紛争を平和的に解決し，大戦争を回避する構想を提起した（ロング＝ウィルソン編 1995／邦訳 2002）．

ソ連も，各国と外交関係を設定する一方で，共産主義インターナショナル（コミンテルン）を設立して他国の共産党への支援と支持を制度化し，国際的なネットワークによる工作・情報活動を行った．レーニンの死後，ソ連指導者となったヨシフ・スターリンは，強固な全体主義体制を敷き，露骨にソ連体制維持のために各国共産党を利用するようになった．このように政党などを通じて他国の内政に関与する手段が利用可能となったことも，戦間期の国際政治の特徴であった（サーヴィス 2011／邦訳 2012）．

世界大恐慌から
第二次世界大戦へ

国際政治の変化は，中国を中心とした東アジア地域において顕在化した．中国では，孫文とその後継者 蔣介石 によって指導される国民党が1928年には一応の全国統一を実現したが，ソ連の影響を受ける共産党勢力と満州（現在の中国東北部）などの日本が持つ権益の処理が，統一完成の障害となっていた．国民党主導の中国安定化を優先する米英と日本の間にも摩擦が生じた．

日本では1920年代に普通選挙制度が導入され，複数政党制が定着したが，第一次世界大戦以降の不景気や社会主義勢力の伸張，米英との中国問題，貿易や移民などをめぐる摩擦が積み重なり，1929年のアメリカの株価暴落に端を発した世界大恐慌以降，政党勢力は弱体化し，軍部の影響力が拡大した．日本は大陸における勢力圏の強化を優先して米英や中国国民党と離反し，1931年には一部軍人による謀略から満州での軍事行動を開始した（満州事変）．日本政府も満州での軍事行動を追認して翌年満州国を建国し，1933年には国際連盟からの脱退，1934年にはワシントン海軍軍縮条約破棄を表明した．

1929年の世界大恐慌はヨーロッパに対するアメリカの経済的関与も縮小させ，1931年にはヨーロッパ各国で金融秩序が崩壊した．ドイツではヴェルサイユ条約批判の声が高まり，1933年にはアドルフ・ヒトラー率いる極右のナチ党が政権を獲得し，1922年にイタリアで政権を獲得していたベニート・ムッ

ソリーニ率いるファシスト党と共に独裁体制をとった。1933年に日本に続いて国際連盟脱退を表明したドイツは，ヴェルサイユ条約やロカルノ条約で禁止された再軍備やラインラント進駐を進め，イタリアもエチオピアを侵略して，両国はスペイン内戦にも介入するなど軍事力を背景として既存秩序の破壊を追求する姿勢を明らかにした。

1930年代半ばまでには，第一次世界大戦後に構築された国際秩序は大きく損なわれていた。日本，ドイツ，イタリアの行動に対して主要国は軍事的対決を恐れ，国際連盟は有効な対応を行えなかった。1929年以降，国際経済秩序も瓦解し，主要国が植民地や影響力を持つ地域を囲い込んで，関税障壁や為替管理を行うブロック経済化が進行した。政治秩序についても主要国は大きく世界観を異にしており，自由主義を掲げる米英仏，一党独裁や軍国主義を基調とする日独伊，社会主義のソ連などの体制イデオロギーに色分けされた。イギリス・ブロックは本国と自治領を対等化する英連邦（コモンウェルス）に再編され，アメリカも中南米諸国との善隣政策を打ち出し，帝国主義政策を修正しつつあったのに対し，日独伊やソ連では国内およびブロック内で統制や粛清が行われ，指導国の政治支配が強化されていった。主要国の間で秩序を共有する意識が弱まったことで，1930年代後半には各国が盛んに同盟ないし協力関係の転換を行い，なりふり構わず自国の国家安全保障を追求した。

リアリズムの登場

こうした状況は，国際政治のとらえ方にも如実に反映された。1930年代に入って国際政治の緊張が高まる過程で，一時期は国際法や国際機関の改善による主権国家体制の平和的組織化（第4章第1節参照）が主たる関心となった。その代表的な著作として，先にふれたウィルソン講座教授アルフレッド・ジマーンの『国際連盟と法の支配』（1936年）をあげることができる（Zimmern 1936／1969）。しかし，国際政治の実際は，主権国家を主体とする権力的・外交的闘争を中心に据えることを不可避とした。同じ講座の後任 E. H. カーが第二次世界大戦開始の直前に公刊した『危機の二十年』（1939年）は，この変化を明確に示していた（カー 1939／邦訳 2011）。カーは，国際法や国際機関によって国際政治の改善を期待することはリベラリズムのユートピア思考にすぎないと批判して，国家間の権力関係を国際政治分析の中心に据えることを提唱し，このアプローチをリアリズムと名づけた。国際政治を権力の観点から分析する視点はカーの独創ではな

> COLUMN　2-3　『危機の二十年』という論争的古典

　多くの学問分野で古典というべき書物がある。たとえば政治学におけるマキャヴェリの『君主論』や経済学におけるアダム・スミスの『国富論』がそれに当たろう。国際政治学の古典的著作を1冊挙げるとするなら，E. H. カーの『危機の二十年』はその最有力候補だろう。

　しかしそれはかなり特殊な「古典」である。そもそも筆者であるカー自身が，副題に「国際関係研究序説」と名づけたにもかかわらず（最近の邦訳では異なる副題を使っている），後には国際関係という学問分野に懐疑的となった。第二次世界大戦後，カーは「国際関係学は何でもつっこめる物入れ袋のようなもの」であり，「この分野を何かしっかりした自足的な分野にしようとする」さまざまな試みは，「『大失敗』とならざるをえない」と考えていたからだという (Cox in Carr 2001, xii-xiii)。

　とはいえ同書は，第二次世界大戦の開戦期に初版が出た時にはイギリスで大きな論争を招いたし，第二次世界大戦後に第2版が出た時にはアメリカで，少なくともモーゲンソーの『諸国民の政治』が出るまでは，国際政治学の教科書として盛んに読まれた。1970年代から冷戦終結後にかけて，ロバート・ギルピン，ロバート・コックス，アンドリュー・リンクレーターなどの指導的国際政治学者が同書を再評価している。他方で，同書によってそれまでの国際政治

かったが，従来の国際政治学のアプローチをユートピア主義と分類し，自らのリアリズムと対比した点でこの著作は大きな注目を集めた。

　しかしカーは，国家間の権力関係を国際政治の現実ととらえながらも，無制限の権力闘争は現代では悲劇的結果をもたらすとして，道徳による抑制を説いた。事実，カーの著作には，イデオロギー的対立を脇に置いて，「持てる国」が「持たざる国」の要求を満足させ，また大国による小国支配を容認することで戦争を回避する「宥和政策」を推奨する部分が含まれていた（第二次世界大戦後の第2版からは削除された）。しかし，こうした道徳による抑制のためには国家間で道徳観が共有されていることが前提となるはずだが，イデオロギーの異なる大国間で権力闘争がどのように抑制されうるのかについては明確でなかった。

　この間にも，世界は第二次世界大戦へと進みつつあった。1937年には日中間で戦争が始まった。蒋介石は共産党と抗日で合意しており，各国からの支援

学の議論が理想主義と一括りにされてしまったことや，前半では自由主義に対して現実主義を主張しつつ，後半では権力と道義の相互作用による平和的変更を訴えているが，カーの枠組みでは結局，力関係に沿った秩序にならざるをえないのではないか，それゆえ（特に初版では）ドイツへの宥和政策を認めることになったのではないか，という批判を受けてきた。

　こうした批判も含めて同書の古典としての価値は，文章がきわめて流麗で明晰であるにもかかわらず，全体としては曖昧さの残る点にあるのではないだろうか。それは同書がさまざまな点で中間的性格——一般向けと学術向け，理論的分析と政策提言，他の社会科学分野との不即不離な関係を有している点ともつながるだろう。それがゆえに，同書は国際政治の知的関心を持つ多数の人に何らかの示唆と同時に何らかの不満や批判も抱かせるという意味で，論争的古典と呼べるのではないか。今世紀の間に同書に代わるような国際政治学の古典は登場するだろうか。（同書に関する著作は挙げきれないが，マイケル・コックスによる序文や文献案内，初版と第2版の相違などの紹介もある E. H. Carr, *The Twenty Years' Crisis 1919-1939*, Palgrave, 2001 が最も便利である。日本語では，日本でのカーに関する研究状況も紹介した，西村 2012 がある）

を受けて中国軍は強化されていた。予想外の苦戦を強いられた日本は，激しい掃討戦を行った。1938年にはドイツがオーストリアを併合し，同年9月には宥和政策をとった英仏がミュンヘン会談でチェコスロヴァキアのズデーテン地方のドイツへの割譲を認めた。しかしヒトラーは満足せず，翌年にはチェコスロヴァキアを解体して占領した。その後，イデオロギー上の敵とみなしてきたソ連と秘密裏に不可侵条約を締結し，9月には独ソがポーランドに侵攻したため，英仏はドイツに宣戦し，第二次世界大戦が開始された。

　対中戦争で行き詰まっていた日本は，この年の陸軍とソ連軍のモンゴルでの衝突（ノモンハン事件）で大きな犠牲を出し，また独ソの合意に衝撃を受けて，従来の対ソ戦重視戦略を改めた。1940年には米英を牽制しつつ南方に進出し，日独伊三国同盟を結んで，中国への支援を停止させようとした。しかし，北部仏印への進出，三国同盟は逆にアメリカの対日警戒心を刺激して，対日経済制

FIGURE 2-9 ● 第二次世界大戦（ヨーロッパ戦線）

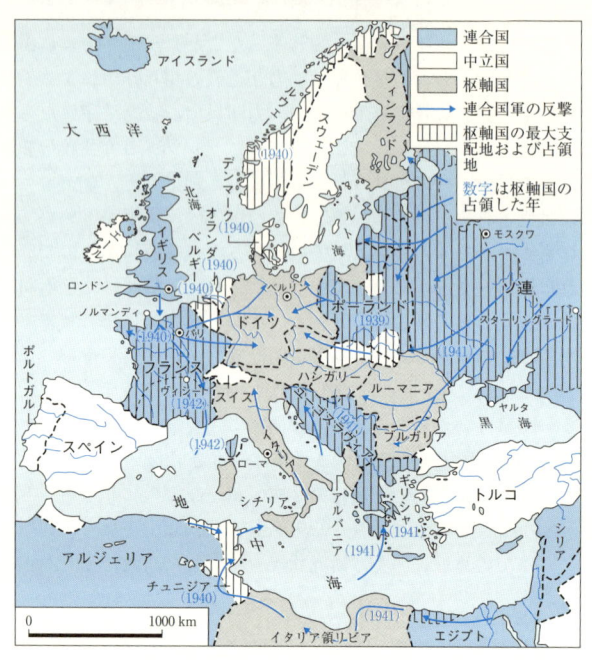

［出典］木下康彦・木村靖二・吉田寅編『詳説 世界史研究〔改訂版〕』山川出版社，2008年，499頁。

裁へと向かわせた。これを機にアメリカは本格的に対独交戦国への経済支援を進め，1941年6月にドイツが対ソ戦を開始すると，ソ連にも支援を供与した。同年末，日米の外交交渉が行き詰まって日本は対米英蘭戦を開始し，主要大国はすべて交戦状態に入った。

> 第二次世界大戦中の戦後構想

第二次世界大戦は，第一次世界大戦を大きく上回る約6000万人の軍民の死者を出した。特に都市爆撃やゲリラ戦，ナチスによるユダヤ人大量虐殺（ホロコースト）など，民間人の被害が大きかった。ただし，軍事面では1942年には日独伊枢軸国は守勢に回り始め，米英ソの関心は早い段階から戦後構想へと移っていった。

FIGURE 2-10 ● 第二次世界大戦（太平洋戦線）

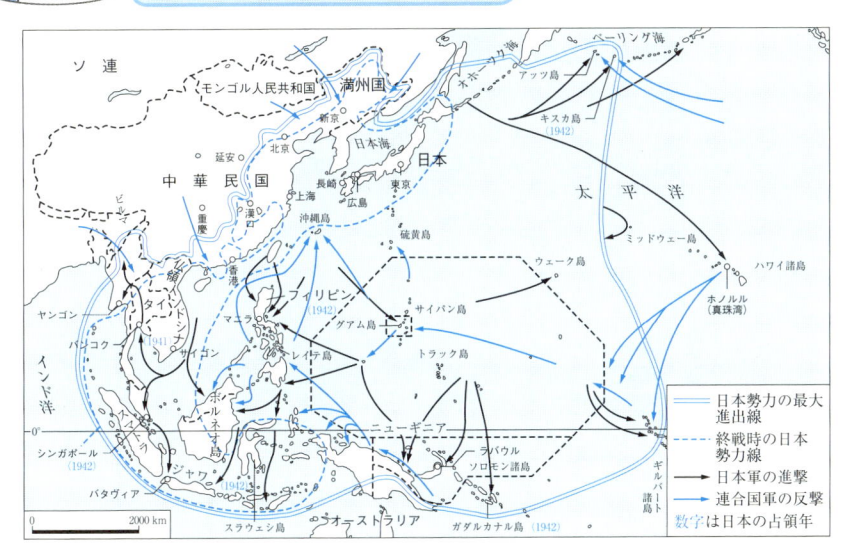

［出典］ 木下康彦・木村靖二・吉田寅編『詳説 世界史研究〔改訂版〕』山川出版社，2008年，502頁。

　フランクリン・D. ローズヴェルト米大統領とウィンストン・チャーチル英首相は1941年8月に大西洋憲章を発出し，領土不拡大，政体選択の自由，通商の自由および資源の開放，一般安全保障制度の確立といったリベラリズム的な戦後秩序の構築を目標として掲げた。アメリカの参戦直後の1942年1月1日に，アメリカ，イギリス，ソ連，中国を中心に大西洋憲章を戦争目的として共有する連合国共同宣言を発したのも，第一次世界大戦では戦後秩序構想が準備されないまま終戦を迎えたことを反省し，戦時中から戦後秩序構築を進めようという意図を反映していた。とりわけローズヴェルト米大統領が重視したのは，ウィーン体制のように，大国が大西洋憲章に示された価値観を共有して協調し，世界の安全保障を一体として保障する集団安全保障体制と，ブロック経済を打破してリベラリズム的な国際経済制度を構築することであった。

　前者は，1944年8月にはダンバートン・オークス会議で戦後国際機構の草案を討議し，翌年2月のヤルタ会談での米英ソ首脳間での合意を経て，サンフラ

FIGURE 2-11 ● 国連の主要機関

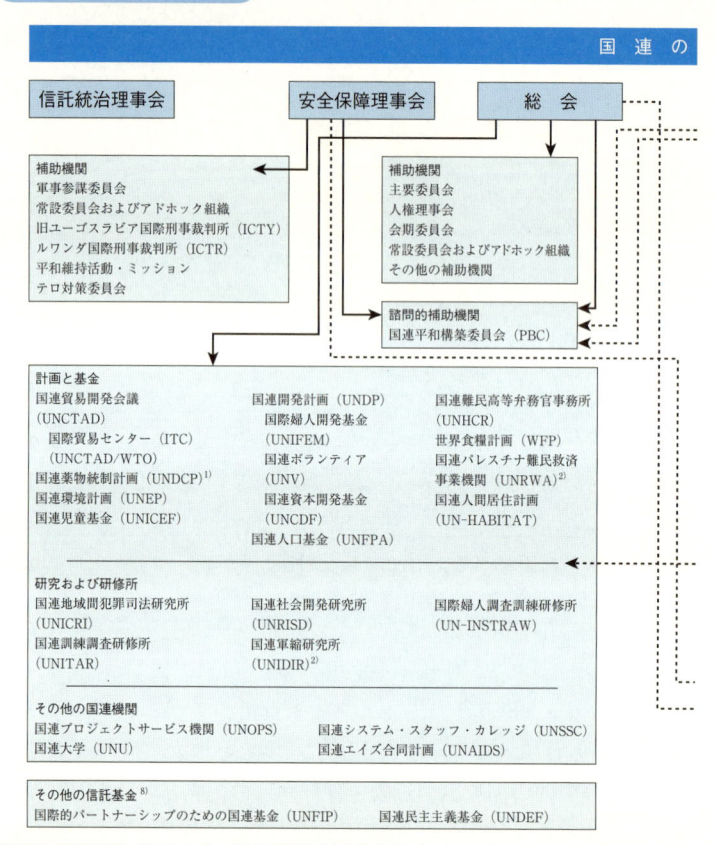

国連の

| 信託統治理事会 | 安全保障理事会 | 総　会 |

補助機関
軍事参謀委員会
常設委員会およびアドホック組織
旧ユーゴスラビア国際刑事裁判所（ICTY）
ルワンダ国際刑事裁判所（ICTR）
平和維持活動・ミッション
テロ対策委員会

補助機関
主要委員会
人権理事会
会期委員会
常設委員会およびアドホック組織
その他の補助機関

諮問的補助機関
国連平和構築委員会（PBC）

計画と基金
国連貿易開発会議（UNCTAD）
　国際貿易センター（ITC）（UNCTAD/WTO）
国連薬物統制計画（UNDCP）[1]
国連環境計画（UNEP）
国連児童基金（UNICEF）

国連開発計画（UNDP）
国際婦人開発基金（UNIFEM）
国連ボランティア（UNV）
国連資本開発基金（UNCDF）
国連人口基金（UNFPA）

国連難民高等弁務官事務所（UNHCR）
世界食糧計画（WFP）
国連パレスチナ難民救済事業機関（UNRWA）[2]
国連人間居住計画（UN-HABITAT）

研究および研修所
国連地域間犯罪司法研究所（UNICRI）
国連訓練調査研修所（UNITAR）

国連社会開発研究所（UNRISD）
国連軍縮研究所（UNIDIR）[2]

国際婦人調査訓練研修所（UN-INSTRAW）

その他の国連機関
国連プロジェクトサービス機関（UNOPS）
国連大学（UNU）

国連システム・スタッフ・カレッジ（UNSSC）
国連エイズ合同計画（UNAIDS）

その他の信託基金[8]
国際的パートナーシップのための国連基金（UNFIP）　国連民主主義基金（UNDEF）

［注］　1　国連薬物統制計画（UNDCP）は国連薬物犯罪事務所（UNODC）の一部である。
　　　2　UNRWA および UNIDIR は総会に対してのみ報告する。
　　　3　国連倫理事務所（The United Nations Ethics Office），国連オンブズマン事務所（the United Nations Ombudsman's Office），情報技術担当チーフオフィサー（the Chief Information Technology Officer）は，事務総長に直接報告する。
　　　4　特別な場合，フィールド支援局事務次長は平和維持活動担当事務次長に直接報告する。
　　　5　国際原子力機関（IAEA）は，安全保障理事会と総会に報告する。
　　　6　CTBTO 準備委員会と OPCW は総会に報告する。
　　　7　専門機関は，政府間レベルでは，ECOSOC を通して，また事務局間レベルでは，主要

主　要　機　関

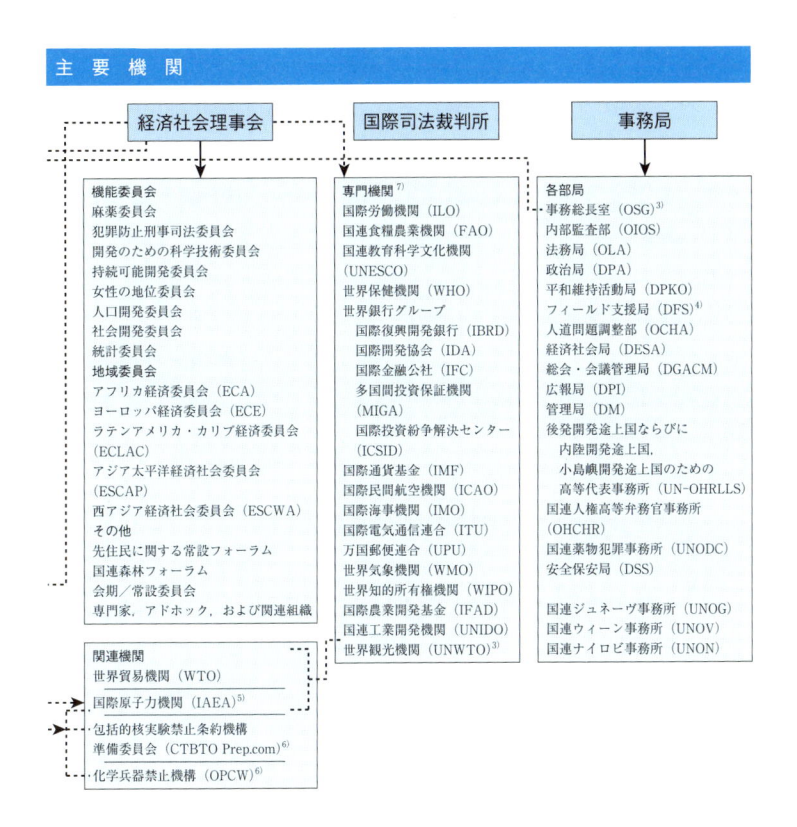

経済社会理事会

機能委員会
麻薬委員会
犯罪防止刑事司法委員会
開発のための科学技術委員会
持続可能開発委員会
女性の地位委員会
人口開発委員会
社会開発委員会
統計委員会

地域委員会
アフリカ経済委員会（ECA）
ヨーロッパ経済委員会（ECE）
ラテンアメリカ・カリブ経済委員会（ECLAC）
アジア太平洋経済社会委員会（ESCAP）
西アジア経済社会委員会（ESCWA）
その他
先住民に関する常設フォーラム
国連森林フォーラム
会期／常設委員会
専門家，アドホック，および関連組織

関連機関
世界貿易機関（WTO）
国際原子力機関（IAEA）5)
包括的核実験禁止条約機構
　準備委員会（CTBTO Prep.com）6)
化学兵器禁止機構（OPCW）6)

国際司法裁判所

専門機関7)
国際労働機関（ILO）
国連食糧農業機関（FAO）
国連教育科学文化機関（UNESCO）
世界保健機関（WHO）
世界銀行グループ
　国際復興開発銀行（IBRD）
　国際開発協会（IDA）
　国際金融公社（IFC）
　多国間投資保証機関（MIGA）
　国際投資紛争解決センター（ICSID）
国際通貨基金（IMF）
国際民間航空機関（ICAO）
国際海事機関（IMO）
国際電気通信連合（ITU）
万国郵便連合（UPU）
世界気象機関（WMO）
世界知的所有権機関（WIPO）
国際農業開発基金（IFAD）
国連工業開発機関（UNIDO）
世界観光機関（UNWTO）3)

事務局

各部局
事務総長室（OSG）3)
内部監査部（OIOS）
法務局（OLA）
政治局（DPA）
平和維持活動局（DPKO）
フィールド支援局（DFS）4)
人道問題調整部（OCHA）
経済社会局（DESA）
総会・会議管理局（DGACM）
広報局（DPI）
管理局（DM）
後発開発途上国ならびに
　内陸開発途上国，
　小島嶼開発途上国のための
　高等代表事務所（UN-OHRLLS）
国連人権高等弁務官事務所（OHCHR）
国連薬物犯罪事務所（UNODC）
安全保安局（DSS）

国連ジュネーヴ事務所（UNOG）
国連ウィーン事務所（UNOV）
国連ナイロビ事務所（UNON）

　　執行理事会（Chief Executives Board for coordination＝CEB）を通して，国連や専門機関とともに活動する自治機関である。
　8　国際的パートナーシップのための国連基金（UNFIP）は副事務総長の主導の下にある信託基金である。国連民主主義基金（UNDEF）諮問理事会は事務総長の承認のため，資金計画案の勧告をする。
　9　主要機関からの実線（―――）は直接の報告関係を示す．点線（……）は，補助機関の関係にないことを示す。

［出典］　国際連合広報センター編『国際連合の基礎知識』（2005年）48-49頁。

ンシスコでの連合国会議で修正されて実現した（加藤 2000）。国際連盟に代わる新たな国際機関が，連合国（United Nations）が原加盟国となって発足した（日本では敵国である連合国という名称を避け，戦後国際機構については国際連合〈United Nations〉と呼ぶようになった）。米英仏ソ中の5大国が常任理事国となる安全保障理事会が安全保障について主要な権限を持つことが定められ，全加盟国が参加する総会の安全保障上の権限は限定され，国際連盟の場合と比べて大国主導の性格がきわめて強いものとなった。

　しかし，国連創設の過程において，すでに国連では大国間の協調とリベラリズム的な国際機関を両立させる矛盾が浮上していた。安全保障理事会で少数派となることを恐れたソ連は，安保理での決定に関して各常任理事国の拒否権を強く要求し，東欧や東アジアでも戦後の安全保障や対日参戦を理由に要求を突き付け，ソ連の国連参加を期待するアメリカは譲歩を余儀なくされた。他方，サンフランシスコ会議では，拒否権によって安保理が決定できず，集団安全保障が機能しない場合に各国，とりわけ中小国の安全保障がいかに守られるかという問題が提起され，それまで明文化されていなかった自衛権について，自国のみならず他国の自衛も支援できるという集団的自衛権（第3章第5節参照）の概念を盛り込んだ条項が追加された。国連に求められる役割は，ウィーン体制のヨーロッパ協調で見られたような大国間の協調なのか，それともリベラリズムの価値観に基づく国際秩序の構築なのかという問題は，その後も問われ続けることになった。

　安全保障以外にローズヴェルトが重視していた国連の重要な機能は，国際信託統治制度であった。彼は，植民地や委任統治領が宗主国，受託国の支配地となり，国際紛争の要因となってきたと考えて，こうした地域が主権国家として独立するまでの間，国際的管理下に置くことを考えていたのである。しかし，イギリスなどヨーロッパ諸国と協議を進める過程で，信託統治の対象は従来の委任統治地域へと縮小され，またアメリカも，受託国が安全保障を目的として利用ができる戦略的信託統治の導入を要求し（太平洋諸島がその対象とされた），信託統治制度の役割は限定的なものとなった（加藤 2000, 41-44, 108-112）。

　第二次世界大戦中の戦後構想の大きな特徴は，国際経済秩序の構築が重視されたことである。これについては，米英が主導して草案が作成された。米財務省のハリー・ホワイトとイギリスの著名な経済学者ジョン・メイナード・ケイ

ンズを代表として両国が交渉し,国際通貨体制を管理する国際機関案で合意した。1944年7月,アメリカのブレトン・ウッズに連合国44カ国が集まって,国際通貨安定と復興資金の提供を任務とする国際機関を創設する協定が結ばれた。この協定から1946年,国際通貨基金(IMF),国際復興開発銀行(IBRD,世界銀行とも呼ばれる)が設立されたため,これらの機関はブレトンウッズ機関と総称される。貿易については1947年,関税及び貿易に関する一般協定(GATT)が結ばれ,自由貿易の促進役を果たすことになった(第6章第2節参照)。

しかし,米英主導の国際経済制度に対しては留保も存在した。国連憲章を討議したサンフランシスコ会議では,中小国の提案で経済社会理事会の権限が拡大され,経済社会理事会を通じて国際労働機関(ILO)のような政府間組織が国連と一定の関係を持つ専門機関として位置づけられ,また非政府組織(NGO)も一定の条件下で国連と関係を持つことが認められた。

1945年5月にドイツ,8月に日本が相次いで降伏して第二次世界大戦が終結し,10月24日には51カ国を原加盟国として国連が発足した。国際連盟と異なり,米ソなど連合国側の主要大国はすべて原加盟国となった。また,国際秩序は完全に世界化し,西洋と非西洋を文明,非文明として区分する考え方も正統性を失い,「文明」という言葉そのものが国連憲章には用いられなかった。しかし,連合国が文明を掲げて枢軸国と戦ったように,国際政治が追求すべき価値の表現としての文明概念は,曖昧な,しかし不可欠な要素として国際政治において使われ続けることになった(第7章第3節参照)。

4 冷戦期の国際政治

冷戦の起源と固定化(1945-55年)

第二次世界大戦末期にはすでに,米英など西側諸国とソ連の対立が生じ始めていた。ソ連は大国間関係においては自国の安全保障要求を前面に出し,また国連などのリベラリズム的な国際機関に対しては,共産主義国家としてイデオロギー的な反対を示した。こうした問題は,「政体選択の自由」を謳った大西洋憲章に基づく自由な選挙による政府の樹立を求める米英と,安

全保障の観点からソ連が占領したポーランドにおいて親ソ的な政権を求めるソ連の要求との相克として，すでにヤルタ会談の際に表れていた。その後，戦後もソ連軍が武装解除せずイランなどに駐留をはかったこと，アメリカが開発・使用した核兵器の国際管理，ドイツ占領問題とヨーロッパの戦後復興，日本およびその旧植民地の処理，ヨーロッパ植民地における独立闘争や中国内戦といった諸問題をめぐって，対立は深まっていった。

　当初，西側は国連の枠組みでソ連の行動を修正することに期待したが，ソ連は拒否権を行使するなど抵抗を続けたため，1947年には国連における大国協調の努力は放棄され，ソ連との構造的な対立を前提に，国際政治の主導権を握ることを目標とするにいたった。3月の議会演説でハリー・トルーマン米大統領は，世界は自由主義的な生活様式と全体主義的な生活様式の二者択一を迫られていると述べた上で，「自由な諸国民を援助することが合衆国の政策でなければならない」と述べ（トルーマン・ドクトリン），6月にはヨーロッパに対して大規模な経済援助を行う計画を提示し（マーシャル・プラン），共産主義に対する体制競争を全面化した。

　ただしこの方針は，ソ連共産圏の体制転換を直接的な目標とするものではなく，ロシア専門の外交官ジョージ・F.ケナンが表現したように，「ソ連邦の膨脹傾向に対する長期の，辛抱強い，しかも確固として注意深い封じ込め」として企図されたものであった（ケナン 1951／邦訳 2000, 177）。これ以降，アメリカが主導する西側陣営と，ソ連が主導する東側陣営との対立が固定化した状態は，「冷戦」と表現されるようになった（冷戦の概観については，佐々木卓也 2011；ガディス 2005／邦訳 2007）。

　冷戦の進展は，世界の主要地域を東西陣営へと線引きすることにつながった。西半球，西欧，日本が西側の，ソ連・東欧が東側の中核地域となったが，境界領域では分断国家や線引きにともなう緊張が生じた。朝鮮半島は南北に，ドイツは東西に分割されて，それぞれの陣営から承認された国家が互いに正統性を主張した。東ドイツ内で飛び地となった西ベルリンをめぐって，1948年に東西間で緊張が生じた（第一次ベルリン危機）。中国では1945年には国民党と共産党の内戦が再開されていた。スターリンは毛沢東率いる中国共産党に期待していなかったが，共産党は当初の劣勢を挽回して国民党を打破し，1949年には中国本土において中華人民共和国の成立を宣言した。国民党政権は台湾で存続

FIGURE 2-12 ● 冷戦世界の構造

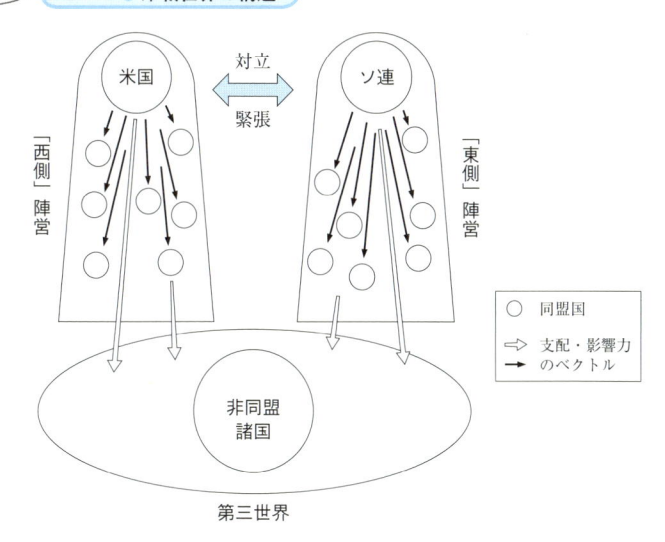

米国 ⇔対立/緊張⇔ ソ連

［西側］陣営　　　［東側］陣営

非同盟諸国

第三世界

○ 同盟国
⇨ 支配・影響力
→ のベクトル

冷戦は高度に緊張した形ではあったが，一種の国際秩序でもあった。東西両陣営において米ソを頂点とした同盟網があり，加えて第三世界において両陣営による影響力の拡大競争が行われた。

［出典］　佐々木雄太 2011, 169。

し，台湾海峡は東西間の分離線となって緊張状態が続いた。

　他方で，東南アジア，南アジア，中東では，東西間の体制選択よりも脱植民地化の方が重要な要因であった。中東ではアラブ諸国が委任統治から独立したが，イギリスの委任統治領であったパレスチナではユダヤ人とアラブ人の対立が激化し，イギリスは同地の将来を国連に委ねた。国連では 1947 年 11 月，ユダヤ，アラブそれぞれの国家から成る連邦国家として同地を独立させる決議（総会決議 181）が採択されたが，この決議を受け入れたユダヤ側のイスラエルと，反対したアラブ側との間で，1948 年には内戦が戦争へと発展した（第一次中東戦争）。その後もパレスチナ地域ではイスラエルとアラブ諸国の間で 3 度の戦争が繰り返され（1956 年，67 年，73 年），パレスチナ紛争は今日まで解決されていない（図 2-13 参照）。南アジアでも，イギリスはインドの独立を 1947 年に

4 冷戦期の国際政治　　95

FIGURE 2-13 ● イスラエルとアラブの4次の戦争

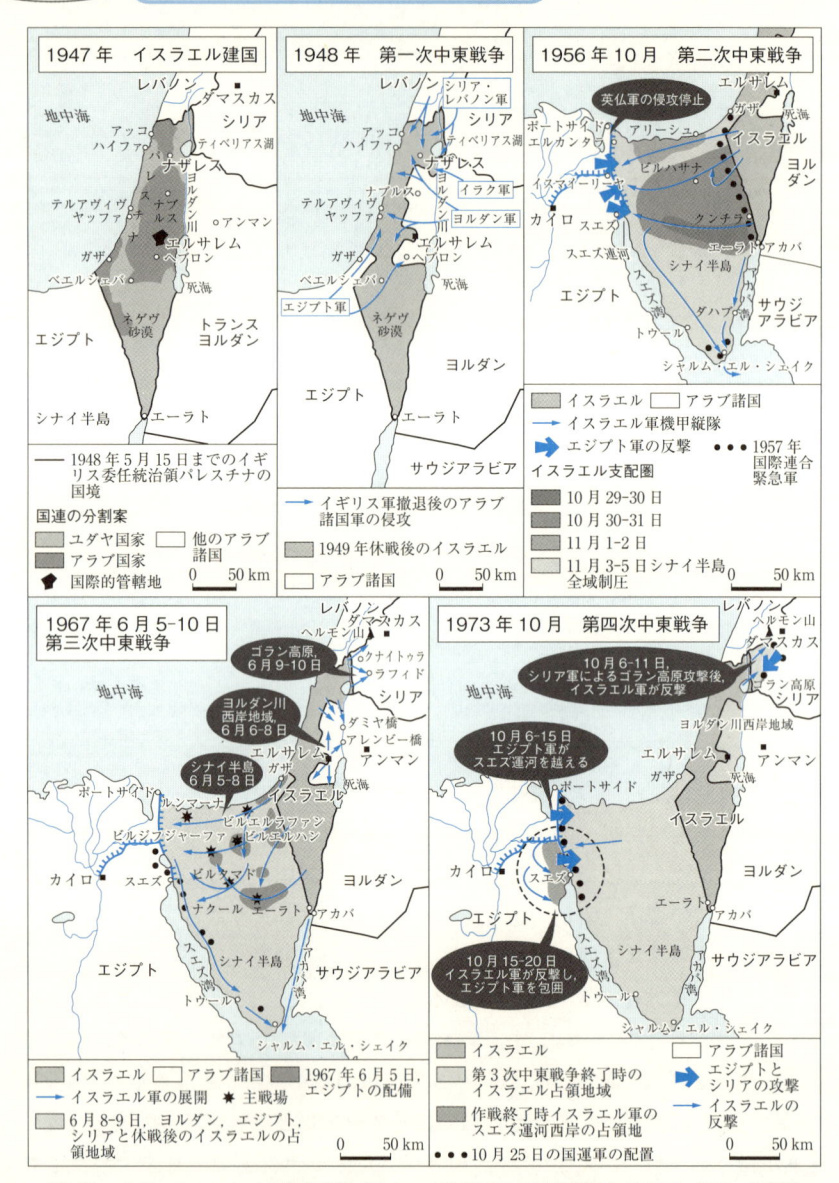

[出典] イヴ・ラコスト／大塚宏子訳『ラルース地図で見る国際関係』原書房，2011，351頁。

96　第2章　国際政治の歴史的視角

認めたが，その過程でイスラーム系人口が多数を占める地域はヒンドゥー系のインドから分離してパキスタンを建国し，カシミール地方の領有権などをめぐって戦争が繰り返されることになった（1947-49 年，65-66 年，71 年）。

　朝鮮半島や東南アジアでは，東西対立と植民地紛争が混在する形になった。日本の降伏とともに日本の政治支配から切り離されることになった朝鮮半島は南北に分割されて米ソに占領され，1948 年には南側が大韓民国（韓国），北側が朝鮮民主主義人民共和国（北朝鮮）として独立したが，1950 年 6 月，北朝鮮が韓国に軍事侵攻して戦争となった（朝鮮戦争）。この時，ソ連が国連への中華人民共和国代表の出席を求めて抗議の欠席をしていたことを利用して，西側陣営は安保理で決議を採択し，北朝鮮に対する国連軍の出動を決めた。米軍と韓国軍が主体となった国連軍は反攻に成功し，朝鮮半島統一にまで迫ったが，1950 年末には中国が介入し，戦争は中国本土を巻き込み，さらに世界戦争へと拡大するか否かの岐路に立たされた（第 3 章第 4 節参照）。西側は戦争を半島内に限定し，北緯 38 度を休戦ラインとして停戦に持ち込むことを決め，1953 年には休戦が実現した（図 2-14 参照）。

　朝鮮戦争は，アメリカが一時期核兵器使用を検討するなど，第三次世界大戦の危機を孕んだものであった。ソ連は 1949 年に核兵器を開発していたが，有効な運搬手段を持たなかったため，西側が核使用を自制したのはソ連の核報復を恐れてではなかった。西側は朝鮮戦争がヨーロッパを巻き込む大戦争になることを回避したかったし，アメリカは，第二次世界大戦での対日使用に続いて核兵器を東アジアで使うことへの国際的非難を懸念したのである。朝鮮戦争は，完全な勝敗を決せずに紛争を停止させる「限定戦争」の先例となった。

　朝鮮戦争を経て，冷戦は一定の軍事的緊張を孕みつつも，体制を異にする東西両陣営がにらみ合う構造として，1955 年ごろには一応の安定を見た。西側では，アメリカを中心とする同盟網が構築されるとともに，アメリカがその経済力・技術力を陣営の強化に活かした。東側では，ソ連が東欧諸国の内政を管理した。西側内部ではアメリカが覇権的位置を占めたのに対して，東側ではソ連がより強い支配国ないし帝国のようにふるまったと言えよう。

　その一方で，植民地における独立闘争の管理が東西両陣営の課題となった。1954 年，ジュネーヴで朝鮮半島の和平やインドシナでの独立闘争の処理をめぐる国際会議が開催されたが，合意なく終わり，これらの地域は冷戦下の不安

FIGURE 2-14 ● 朝鮮戦争（1950-53年）

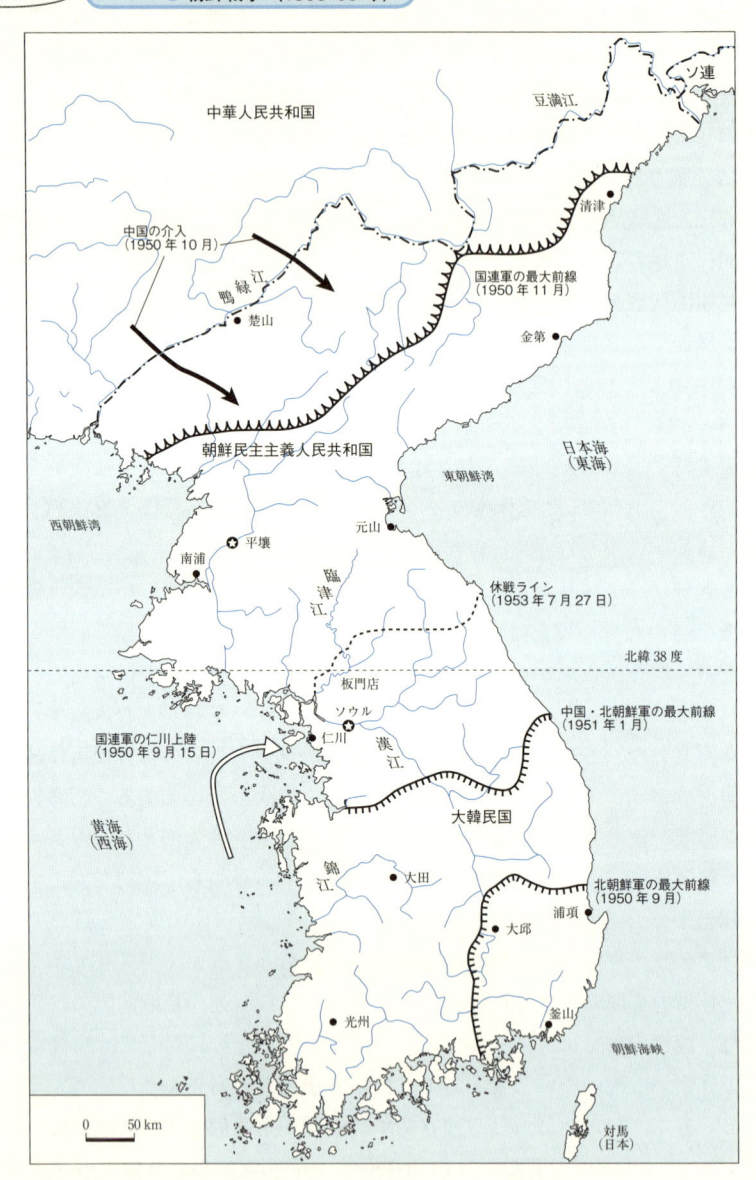

［出典］David Reynolds, *One World Divisible*, W. W. Norton, 2000, p. 48.

定要因として残された。1955年には29のアジア・アフリカ諸国がインドネシアのバンドンに集まってバンドン会議が開催された。会議は，インドのジャワハラル・ネルー首相や中国の周恩来首相が主導して，国連憲章尊重，内政不干渉，領土保全，大国による圧力への反対といった内容を含むバンドン10原則が合意された（佐々木雄太 2011, 188-192）。これは植民地状態を脱して主権国家としての独立を獲得した非西洋諸国が，独立，内政不干渉，大国の優越の拒否といった西洋由来の主権の原理的性質を主張することになったことの表明であった。

この時期の西側，特にアメリカでは国際政治学が急速に普及することになった。その中心的な担い手となったのは，H. モーゲンソーに代表されるヨーロッパ，特にドイツ圏からの亡命学者であった。彼らの多くは，近代ヨーロッパ主権国家体制の歴史的経験を背景に，主権国家間の権力政治として国際政治を説明するリアリズムの立場をとった。ただし，第一次世界大戦以降，ヨーロッパ主権国家体制が解体する経験も記憶しており，権力闘争を全面化せず，一定の制限をもたらすことも重視し，その手段として道徳，国際法，国際機関，国際経済交流などに期待をかけた。しかし，権力政治とその抑制の関係についての決定的な解答に到達することはできなかった（マイネッケ 1924／邦訳 1976；モーゲンソー 1948／邦訳 1998）。

緊張と緩和のサイクルと国際政治の変容(1955-79年)

1950年代以降，米ソが超大国として対峙しつつ君臨する構造が定着し，緊張とその緩和が繰り返されたが，その構造の枠内で，また水面下で，徐々に国際政治秩序は変化していった。

米ソ対立の構造はとりわけ軍事面で顕著であった。1957年，ソ連が人工衛星スプートニクの打ち上げに成功し，米ソが核兵器を自国領土から相手国に直接打ち込む手段を持つことになった。この構造は，東西間での小規模な紛争が容易に世界規模の核戦争に拡大しうる構造をもたらした。台湾海峡での中国の軍事行動（1954年，58年）や，1961年のベルリン危機（東ドイツが「ベルリンの壁」を建設して収束），1962年のソ連によるキューバ社会主義政権への核兵器供与をめぐるキューバ・ミサイル危機などが繰り返され，米ソは次第に偶発的な核戦争を防止する点で共通利益を見出すようになった。両国は核兵器の拡散防止で次第に協力し，1968年には核不拡散条約（NPT）を共同提案して，合法的

な核保有国の数を，その時までに核保有を宣言していた米ソ英仏中の5国に限定しようとした。ただし，フランスと中国は米ソが主導する体制に反対し，NPTには冷戦終結後まで参加しなかった。

　核での協調を含めて，東西間での緊張を緩和する政策はデタント（détente）と呼ばれた。しかしデタントが，冷戦の現状を固定して安定を図るのか，東西間の相違を減らし，最終的には冷戦を終結させることを目標とするのか，についてはっきりした見通しは存在しなかった。リアリズムを主張する国際政治学者で，1960年代末から1970年代前半にかけて米政府のデタント政策を担当したヘンリー・A.キッシンジャーは，国際政治からイデオロギー的要素を排し，大国間の関係を安定させることを目標として提示した。しかしこうした方針は，米国内でも同盟国からも，西側陣営が重視してきた人権などの価値の問題を軽視するものとして非難された。さらに，軍備管理による安定は，技術革新によって後退せざるをえない性質のものであり，現状の固定化はそもそも困難であった。たとえば，1972年に米ソは戦略核兵器の数を制限し，両国の対ミサイル防衛能力を制限する条約（第一次戦略兵器制限協定〈SALT-1〉，ABM〈弾道弾迎撃ミサイル〉制限条約）を結んで，暫定的な核の均衡を実現しようとしたが，その後の技術的進展で核の均衡はより実現困難となり，1970年代後半にはデタント政策は急速に後退した。

　冷戦下において生じた重要な変化の一つは，欧州統合であった。西欧諸国が冷戦体制下で西側として利益を共有し，マーシャル・プランの下で経済交流も深まると，伝統的な仏独（この場合は西ドイツ）の対立を解消し，ヨーロッパの一体性を高めるために，国際機関に主権の一部を委譲する政策が実行されることになった。1952年には仏独伊およびベネルクス三国が欧州石炭鉄鋼共同体（ECSC）を発足させ，1957年にはローマ条約を締結した。翌年，欧州原子力共同体（EURATOM），欧州経済共同体（EEC）が発足し，1967年にはこれらが欧州共同体（EC）にまとめられた。ヨーロッパ大陸の統合から距離を置いていたイギリスも，植民地の縮小にともなって統合参加の方針に変更し，1973年には他国と共にECに加盟して，欧州統合は東欧以外のヨーロッパ全域へと拡大していった。ただし，安全保障面では西欧の軍事組織はアメリカとの同盟機構である北大西洋条約機構（NATO）を中軸としており，ECの軍事的役割は小さかった。それでも，経済および技術的分野において西欧諸国は制度的な主権

FIGURE 2-15 ● 国連加盟国の地域別変遷

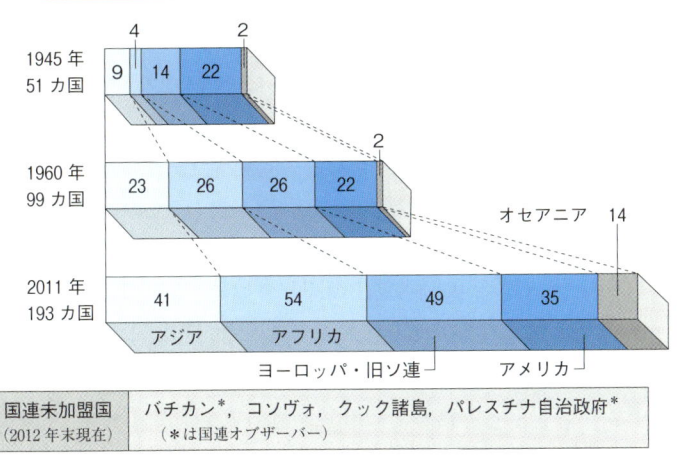

	アジア	ヨーロッパ・旧ソ連		アメリカ	オセアニア
1945年 51カ国	9	14	22	4	2
1960年 99カ国	23	26	26	22	2
2011年 193カ国	41	54	49	35	14

国連未加盟国 (2012年末現在)	バチカン*, コソヴォ, クック諸島, パレスチナ自治政府* (*は国連オブザーバー)

[出典] 外務省および国際連合広報センターのホームページから筆者作成。

制限を受け入れたのである (欧州統合史については，遠藤編 2008)。欧州統合を進める一方で，1960年代以降，フランスのシャルル・ド・ゴール大統領や西ドイツのウィリー・ブラント首相が主導して西欧諸国もデタント政策を実行し，ソ連および東欧諸国との対話と交流を強める方針をとった。1975年にヘルシンキで開催された欧州安保協力会議 (CSCE) はそうした外交の成果であり，この時期以降，東欧に西側からの情報流入が進むことになった (百瀬・植田編 1992；吉川 1994)。

もう一つの重要な変化は，脱植民地化の進展であった。1950年代から1970年代にかけて，一部は宗主国との独立闘争を経て，他は宗主国が現地政府に主権を委譲する形で，アジア・アフリカのほとんどの植民地が主権国家として独立を達成した。これらの新興独立国が国連に加盟することによって，国連加盟国の数は急速に増大し，東西両陣営の先進国に対して，旧植民地地域の新興独立国が国連総会の多数を占めるようになった。

1960年はアフリカで多数の国が独立し，「アフリカの年」と呼ばれた。この年，インド，パキスタンを視察したオリバー・フランクス元英国駐米大使が，南北間の国際的な富の格差の問題を国際政治上の課題として提起した (南北問

題）。東西両陣営はこの問題を冷戦下の影響力競争と結び付け，西側は発展途上国への経済援助を政府開発援助（ODA）として制度化し，東側は民族解放や西側資本主義への非難といったイデオロギー的な支援を行った。それにとどまらず，安定していない地域に両陣営がしばしば介入し，時にそれは戦争へと発展した。

　アメリカは，共産主義系のベトナム民主共和国（北ベトナム）に対抗して，反共を掲げるベトナム共和国（南ベトナム）を支援し，1960年代には大規模な軍事介入を行ったが南ベトナムの不安定化を食い止めることはできなかった。1973年には北ベトナムと和平協定に調印して撤退し，1975年には北ベトナムがベトナム全域を統一した。他方，共産主義国であると同時に新興独立国のリーダーを自認していた中国に対しては，中ソ関係の悪化を利用して1972年にリチャード・M.ニクソン大統領が訪中して対話チャネルを開き（米中和解），アジア太平洋の国際政治環境を安定させた。ソ連はアフリカ，中米地域の内戦に介入し，中東でもアラブ諸国に接近したが大きな成果は得られず，むしろ西側の警戒心を強めてデタントの終焉を促した（ウェスタッド 2005／邦訳 2010）。

　こうした東西陣営の支援ないし介入にもかかわらず，多くの南側諸国の経済発展は進まず，1964年には開発途上国77カ国が「グループ77」を結成し，途上国の経済発展を促すよう国際貿易秩序の改革を要求した。しかし，その後も先進国と途上国の経済格差は拡大し，1970年代には国際経済秩序の大幅な変更を求める要求が強まった。1973年，中東戦争に際してアラブ産油国は，石油をイスラエルを孤立化させる政治的圧力の手段として用い，さらに石油輸出国機構（OPEC）は結束して石油価格を急騰させ（第一次石油危機），これによって産油国の輸入に頼っていた多くの西側諸国は経済的打撃を受けた。さらに1974年には国連資源特別総会で「新国際経済秩序樹立に関する宣言」が採択され，途上国が資源を政治的手段として用い，経済秩序の変革を迫った。しかし，産油国は大量のドル受け取りを先進国に投資し，また途上国の中から経済発展に成功する中進国が登場するなど，途上国の一体性は低下し，その要求もやや穏健化することになった（第6章第1節も参照）。

　冷戦が制度化され，またデタント，南北問題が浮上した1960年代から1970年代にかけては，アメリカで国際政治学の研究が拡大した時代であった。とりわけ，モーゲンソーに代表されるリアリズムが哲学的思考や恣意的な判断によ

るところが大きいという批判が強まり，自然科学をモデルにした客観的な科学として国際政治学の再定式化を行うことに努力が傾注された。主権国家間関係へのシステム論の導入を行ったモートン・カプランの研究や，ゲーム理論や心理学を応用した戦略理論の研究，たとえばトマス・シェリングによる交渉理論の研究が進められた（シェリングについては第3章第2節，コラム3-3参照）。

また，データ解析によって社会現象の規則性を見出そうという「行動論革命」の影響の下に，第二次世界大戦前後に膨大な戦争に関するデータを集めたクインシー・ライトの研究を受けたデイヴィッド・シンガーらによって，「戦争相関因子（Correlates of War）」のデータベース構築が進められた。さらに，アレキサンダー・ジョージらによる危機管理に関する事例研究や，カール・ドイチュによるコミュニケーション密度に着目した実証分析も試みられた。

それ以外に，リアリズムは国家が単一の主体として合理的に行動する前提に立っていることを批判して，国内の政策決定過程を分析する対外政策分析（FPA）が盛んとなり，キューバ危機における政策決定を理論的・実証的に分析したグレアム・アリソンの『決定の本質』(1971年)のような研究が出た。この時期には，ベトナム戦争への反対運動や学生の対抗文化（カウンター・カルチャー）の影響を受けて，軍縮や紛争解決にも科学的分析を応用しようとしたアナトール・ラパポート，ケネス・ボールディングなどの紛争研究や，冷戦の起源をアメリカの帝国主義的膨張傾向に見出す歴史研究も現れた（Olson & Groom 1991）。

その他にも，ヨーロッパ統合に刺激を受けたアーンスト・ハースらによる新機能主義（neo-functionalism）の議論や，アメリカがアジア，アフリカ地域に関与を深めるにつれて，これら地域について分野横断的に研究する地域研究が拡大し，国際政治学の関連領域となった。先進国間あるいは南北間で経済問題が政治的争点になるにつれて，国際政治経済への注目も高まり，1970年代にはロバート・コヘインとジョセフ・ナイの『パワーと相互依存』(1977年)のような研究や，途上国の貧困の原因は西側先進国との市場関係にあるととらえるマルクス主義的な従属理論や，その観点を長期的歴史分析に応用したイマニュエル・ウォーラーステインの「世界システム」論などが提起された（コヘイン゠ナイ 1977／邦訳 2012；ウォーラーステイン 1974／邦訳 2006）。

1977年にハーヴァード大学のスタンレー・ホフマンが国際政治学を「アメリ

COLUMN **2-4 日本における国際政治学研究の定着**

　日本は古来から中国，朝鮮半島などと通交していたが，対外政策や国際政治の体系的な分析は近代西洋世界との接触によって始まった。19世紀の開国以降，西洋諸国の国力に圧倒されることなく対外関係を調整するという実際的必要もあって，「万国公法」と呼ばれたヨーロッパ国際法が研究された。明治維新後，ヨーロッパ政治思想が急速に紹介される過程で，対外政策論が民間で論じられるようになった。福沢諭吉の『文明論之概略』（1875年）は，西洋世界を文明，日本などを半開，その他を野蛮とする同時代の西洋世界観に立脚して西洋文明を積極的に導入し，日本が近代国家としての独立維持を実現すべきことを説いた。1880年代には矢野龍渓『経国美談』，徳富蘇峰『将来之日本』，中江兆民『三酔人経綸問答』といった著作が相次ぎ，西洋政治思想を参照しつつ日本外交を論じた。その議論の水準は，今日から見てもかなり高度である。

　19世紀末，日本が西洋的な近代国家としての立場を確立した時期から，対外関係に関する学術的研究が制度化された。1897（明治30）年に国際法学会が設立される一方で，外交史学も若干の大学で講義され始めた。さらに，第一次世界大戦後の欧米での国際政治学の広まりにともない，国際法学の信夫淳平，政治外交史の神川彦松が対外政策，国際政治を論じた。政治を社会現象としてとらえる政治学の導入も大正期になって開始され，政治学者の蠟山政道は国際機関の政治行政的分析を中心に国際政治論を展開した（川田1996）。

　この時期の日本の国際政治学が欧米世界に目を向けていたのに対し，日本が植民地帝国として拡張する過程で，植民地を中心とするアジア地域に関する調査研究が進められた。明治末に台湾統治に関連して新渡戸稲造が始めた植民政策学や，白鳥庫吉，内藤湖南らによって始められた「東洋史学」などがその出発点である。昭和期にかけては，満鉄調査部のように大規模な調査研究機関も設立された。東京大学で植民政策を担当した矢内原忠雄の植民地研究は，マルクス主義帝国主義論も取り入れた幅広いものであった（岸本編2006；川田1996）。

　1930年代には日本のアジア支配の拡大にともない，国家を越えたアジア共

カの社会科学」と呼んだように，他国での国際政治学研究はアメリカほど活発ではなかった（Crawford & Jarvis eds. 2001）。その中でヨーロッパでは独自性を持った研究がなされていた。イギリスでは実証的・社会科学的分析を追求するよりも，ヨーロッパ主権国家体制を中心とする歴史的分析を通じて，国際政治

同体，広域圏の形成を主張する議論が盛んとなった。また，国際環境が緊迫の度を加えたのを反映し，歴史哲学的視座からの世界政治論が試みられた。特に京都大学の哲学教授であった西田幾多郎とその弟子たちは「京都学派」と呼ばれ，弟子たちによって太平洋戦争中に出版された対談集『世界史的立場と日本』（1943年）は，注目を集めた（酒井 2007；猪口 2007）。

日本の敗戦後，戦前日本の知的後進性が戦争をもたらしたと反省・批判する立場から，「進歩派」知識人が大きな影響を持った。その代表的論者の一人である丸山眞男は，国内の民主化とともに，対外政策においては冷戦からの中立と平和主義の路線をとることを主張し，再軍備や日米安保体制に反対した。これに対して 1960 年代以降，欧米のリアリズムの議論を参照しつつ日米安保や一定程度の軍事力の保持は日本の国益に適うと主張した高坂正堯，永井陽之助らが「現実主義者」として登場し，これに反対する坂本義和，関寛治らは日本外交論をそれぞれ理想主義，現実主義という観点で論じた。

学界では，神川彦松，田中直吉，細谷千博らの外交史研究者が中心となって，史料批判に依拠した歴史学の手法に欧米の国際政治理論を加えて，太平洋戦争の原因を実証的に分析する研究が進められ，彼らが中心となって国際法学や政治学から独立した学会として，日本国際政治学会が 1956（昭和 31）年に設立された。学会名を決める際には，外交史（ないし国際政治史）では狭すぎるとして国際政治学が選ばれた（大畑 1986）。学会には，戦前の植民政策論の流れを受けて，政治・経済などを総合した研究を重視する国際関係学の研究者も合流した（川田 1996）。これと並行して，中国，東南アジアを中心にしたアジア政経学会も 1953 年に設立され，日本においては国際政治学と地域研究は重複しながら定着した。その後も，欧米の国際政治学の刺激を受ける理論的研究，歴史史料を重視する国際政治史研究，世界各国の地域政治を研究する地域研究に加え，ジェンダー，環境など新たな課題にも取り組む研究者も増加するなど，「国際政治学」ないし「国際関係論」という枠の中に多様な分野や方法が共生しているのが，日本の国際政治学の特徴となっている。

の構造的特徴をつかみとろうという一群の研究者がおり，後に英国学派（English School）と呼ばれるようになった。ヘドリー・ブルの『国際社会論』（1977 年）という著作が，このグループのこの時期を代表する作品である。主権国家を構成単位とする関係性が，中央政府を欠きながらも一定の社会秩序としての

性質を持つ「国際社会」を構成している点を強調することが，この学派の一つの特徴となった（ブル 1977／邦訳 2000）。

イギリス以外では，フランスで社会学者レイモン・アロンが，大著『平和と戦争』（1966 年）などで国際システムを国家間の外交戦略行動の場としてとらえながらも，国家間関係の営まれる場の社会的性質の多様性に着目する独特の分析を示した。また，ノルウェーのヨハン・ガルトゥングが，軍事紛争の回避だけでなく経済社会的問題を含めて平和を議論する「積極的平和」論を提唱した（ガルトゥング 1969・71・84・90／邦訳 1991）。このように，個性的かつ独創的な研究者は登場したが孤立した存在であり，全体としてアメリカ以外での国際政治学の存在は大きくなかった（日本の国際政治学の定着過程については，コラム 2-4 参照）。

冷戦の終結（1979-89 年）

1979 年 1 月から 2 月にかけて，イランではパフレヴィー国王（シャー）に対する革命が勃発し，国王はアメリカに亡命して，フランスに亡命していたシーア派の法学者アヤトラ・ホメイニーが帰国して指導者となった（イラン革命）。パフレヴィー時代のイランはアメリカの中東における中核的同盟国として多大な支援を受け，急速な近代化を進める強固な独裁国家と見られていた。その体制が短期間にイスラーム主義者によって転覆されたことは，国際政治が東西冷戦の論理以外で動き始めた重要な徴候であり，冷戦の終結を予感させるものであった。パフレヴィーの追放で打撃を受けたアメリカは，イスラーム革命政権と敵対関係に陥った。イランの隣国アフガニスタンでも内戦状況が続き，ソ連が肩入れする共産勢力に対してイスラーム主義者の反乱が起こった。この年の末，高齢化したソ連指導者は十分な検討を経ることなく，アフガニスタンへの軍事介入を決定した（ウェスタッド 2005／邦訳 2010）。

ソ連のアフガニスタン侵攻は世界を驚かせ，デタントを完全に終焉させた。すでにソ連の軍備拡大傾向に疑念をつのらせていた西側諸国は，この事件をきっかけにソ連に強硬な圧力をかけることにし，「新冷戦」という表現も使われた。1981 年にはアメリカで極右と見られていたロナルド・レーガンが大統領に就任し，ソ連との対決姿勢をいっそう明確にして，アフガニスタンをはじめとする世界各地の共産勢力がからんだ紛争への支援を行った。他方，ヨーロッパは，ソ連への圧力政策に同調しながらも，東欧の地下反体制運動を支援し，東

側とのコミュニケーションを継続する姿勢を維持した。

　レーガン政権は，大幅な軍備増強と減税を行った結果，巨額の財政赤字を抱えるようになったが，同時に金融や交通部門で規制緩和を進めつつ，高金利によって海外から資本を集め，巨大な消費市場となって経済的活力を取り戻した。また，外交面ではアメリカの道徳的価値を前面に出し，レーガン大統領自身が核の相互抑止を不道徳とみなして宇宙技術も含めたミサイル防衛網の構築政策（戦略防衛構想〈SDI〉）を打ち出した。その間，西ドイツと日本が大幅な経常黒字を出した。西ドイツはヨーロッパの経済統合を推進して徐々にアメリカから距離を置き，日本も米欧との激しい貿易摩擦を経験して，次第にアジア太平洋地域に経済活動の軸足を移そうとし始めた。この過程で，1978年から鄧小平（とうしょうへい）の下で改革開放政策を開始し，共産党体制を守りつつも資本主義経済に門戸を開放した中国が，重要な位置を占めるようになった。中国は日米から経済的・軍事的支援を受けつつ，ソ連との関係も次第に改善して対外関係を良好とし，経済成長に専心して四つの近代化（農業，工業，国防，科学技術）を進める環境を作り出した。

　アフガニスタン介入に対してイスラーム世界と西側は強い抵抗を示して反ソ勢力を支援し，ソ連は泥沼のゲリラ戦を経験することになった。ソ連計画経済の停滞はすでに明らかであり，アフガニスタン戦争の負担はソ連に重くのしかかった。1985年，若い指導者ミハイル・ゴルバチョフが共産党書記長に就任し，計画経済の緩和や情報公開（グラスノスチ）を含む大胆な改革政策を打ち出した。ゴルバチョフは，対外政策でも従来のソ連とは大きく異なる協調路線をとり，レーガンとの首脳会談で核戦力の削減に同意し，アフガニスタンからの撤退も決定した。東欧諸国に対してもソ連に倣った改革を求め，保守的な東欧指導者たちの権力基盤を弱体化させた。

　1989年5月，レーガンを継いだジョージ・ブッシュ大統領は封じ込め政策の終了を宣言し，ゴルバチョフの改革を支持する姿勢を表明した。すでにポーランドやハンガリーでは自由化から脱共産化へと事態が進行しつつあった。ハンガリーとオーストリアの国境が開放され，東ドイツ国民がハンガリーを通じて西側に移動し始めると，東ドイツ政府は国民のハンガリーへの出国を禁止した。これに反発した東ドイツ国民は規制を無視して大挙して移動を始め，11月9日，東ドイツ政府はベルリンの壁の開放を認めた。ソ連はこの東欧での変

革過程に介入せず，東欧諸国の共産党政権は次々と権力を失い，短期間に脱共産化が実現した。12月，米ソ首脳はマルタで会談し，冷戦の終結が語られた。

　新冷戦と新自由主義経済改革の影響を受けて1980年代の国際政治学は，市場重視の経済学をモデルないし応用した理論的論争が大きな比重を占めた。ウォルツは『国際政治の理論』（1979年）において，国家を経済主体になぞらえたリアリズムのモデルを提示し，国際システムの無政府構造が各国に勢力均衡政策を追求させると主張した。ウォルツの理論的枠組みは，ネオリアリズムあるいは構造的リアリズムと呼ばれるようになった。ロバート・ギルピンは国際政治経済秩序の歴史的変遷に着目し，他国に優越した力を持つ覇権国が存在する時，国際秩序は安定するという覇権安定論を主張した。対してコヘインは『覇権後の国際政治経済学』（1984年）で，覇権国の力が相対的に低下してもいったん形成されたレジーム（第4章第2節参照）を複数国共同で維持する合理性があると論じ，同書はリベラル制度論ないしネオリベラリズムの代表的著作となった（ウォルツ 1979／邦訳 2010；Gilpin 1981；コヘイン 1984／邦訳 1998）。

　歴史家も，ジョン・ギャディスは冷戦を「長い平和」ととらえてその安定性を指摘する論文を書いたし，ポール・ケネディは『大国の興亡』（1987年）で過去の覇権国が過剰拡張によって衰退したことを指摘し，アメリカの衰退に警告を発した（ギャディス 1987／邦訳 2002；ケネディ 1987／邦訳 1993）。これらの著作は，新冷戦下で対峙する米ソ関係やアメリカと日欧との経済関係への関心を強く反映しており，幅広い関心を呼んだ。しかし，当時の国際政治研究においては，冷戦の終結やその後に起こる国際政治の問題を予感させる議論は行われなかった。

SECTION 5　冷戦終結後の国際政治

　東欧の脱共産化と冷戦の終結がなった直後は，西側の自由主義（民主体制，市場経済，人権規範）が勝利したと考えられた。特に，1990年8月にイラクのサダム・フセイン政権がクウェートに侵攻したのに対し，国連安保理が対応して，翌年1月，武力行使容認決議を根拠として派遣されたアメリカを主力とする多国籍軍がイラクを攻撃し（湾岸戦争），2カ月余りでイラクがクウェートか

ら撤退して和を請うたことは（第3章第4節参照），冷戦で機能停止していた国連の再生とアメリカの軍事力の圧倒性を印象づけ，「新世界秩序」の到来が語られた。J. ナイはアメリカの他国を惹き付ける力の優越を説いて衰退論に反論し，フランシス・フクヤマは，冷戦の終結がイデオロギー闘争としての人類史の終わりを意味するという「歴史の終わり」を唱えた（ナイ 1990；フクヤマ 1989；1992／邦訳 2005）。

もちろん，冷戦の終結によって最も大きな変化を経験したのはヨーロッパであった。1990年には，西ドイツが東ドイツを吸収する形でドイツ統一が実現した。ヨーロッパ内にはドイツ統一がかつてのドイツ帝国の再来になるのではないかという懸念も存在したが，ドイツが NATO にとどまり，欧州統合の枠内でドイツ統一が実現され，1993年には欧州連合（EU）が成立したことでこの不安は和らげられた。

新世界秩序への希望を抱かせたのは，冷戦終結後のヨーロッパ情勢だけではなかった。1990年代前半には冷戦終結の余波を受けて，世界を長く悩ませてきた多くの紛争が解決へと向かった。南アフリカでは，デクラーク政権が長年にわたって国際的非難の対象となってきたアパルトヘイト政策の廃止に向けて動き出し，1990年にはアフリカ民族会議（ANC）などの反体制組織を合法化し，獄中にあったネルソン・マンデラらの政治犯を釈放した。さらに翌年2月，アパルトヘイト政策の廃止を宣言し，1994年には全人種参加の総選挙が行われ，マンデラが大統領に選出された。そのほかにも，1991年12月には韓国と北朝鮮が南北基本合意書を締結し，両国は国連に同時加盟した。ニカラグア，エルサルバドル，カンボジア，ソマリア，アンゴラなどでも内戦が収束した。とりわけ，イスラエルのイツハク・ラビン首相とパレスチナ解放機構（PLO）の指導者ヤセル・アラファトがノルウェー政府の仲介によって和平と段階的な問題解決で合意した（オスロ合意）ことは，画期的な成果とみなされた。また，1992年に NPT を批准していなかった中国，フランスが批准を行ったことも，核不拡散体制の強化にとって重要なステップとみなされた。

しかし，「新世界秩序」の楽観はソ連・東欧圏での不安定によってほどなく崩れ始めた。1991年夏，ゴルバチョフに対する保守派のクーデタが企てられたが，ボリス・エリツィンの抵抗で失敗した。これを機にソ連邦の分解は加速し，1991年末には消滅した。ユーゴスラヴィアでも脱共産化と連邦の消滅が

FIGURE 2-16 ●アフリカの内戦と国家間紛争

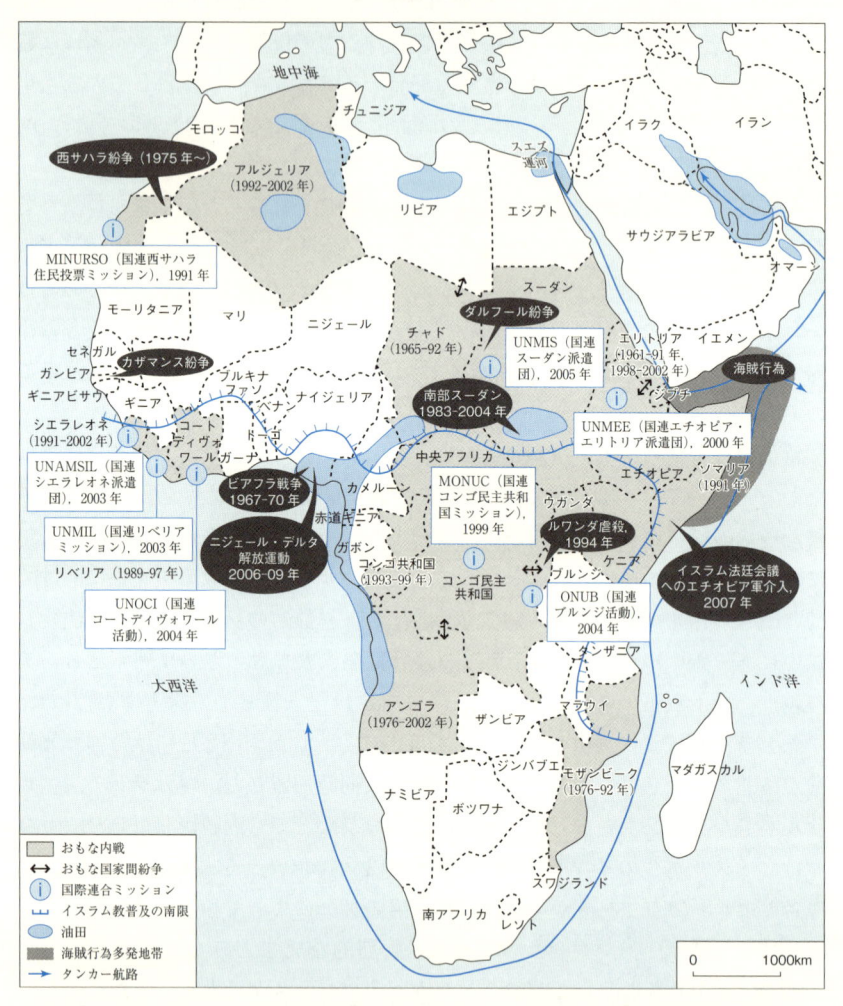

［出典］ イヴ・ラコスト／大塚宏子訳『ラルース地図で見る国際関係』原書房，2011，250頁．

同時進行し，1991年には内戦が始まった。冷戦終結時の楽観は影を潜め，民族紛争の頻発が予想され，政治学者のハンチントンが「文明の衝突」論を提起して，大きな論争を呼んだ（ハンティントン 1993）（第7章第3節参照）。

FIGURE 2-17 ● EU加盟国の拡大と各国の生活レベル

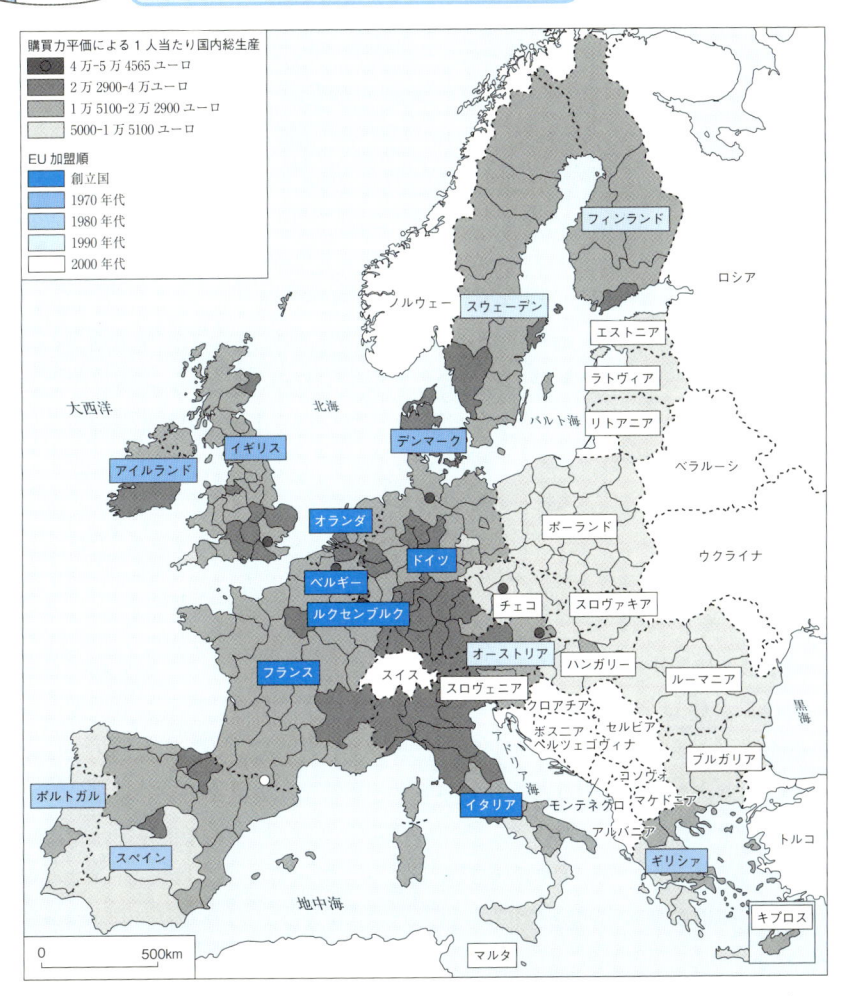

購買力平価による1人当たり国内総生産
- 4万-5万4565ユーロ
- 2万2900-4万ユーロ
- 1万5100-2万2900ユーロ
- 5000-1万5100ユーロ

EU加盟順
- 創立国
- 1970年代
- 1980年代
- 1990年代
- 2000年代

［出典］　イヴ・ラコスト／大塚宏子訳『ラルース地図で見る国際関係』原書房，2011，100頁。

　世界の他の地域でも，冷戦終結直後の楽観は後退していった。核計画を進める北朝鮮に対してアメリカは疑念を抱き，1993年から核査察を求めて強い圧力をかけたが北朝鮮は抵抗を示し，1994年春にはアメリカは軍事力の行使を

5　冷戦終結後の国際政治　　111

検討するまでになった。対立はジミー・カーター元米大統領の訪朝をきっかけに回避され，米朝枠組み合意が締結されて危機は回避されたものの，強固な独裁体制をとる北朝鮮が国際的孤立の中で頑強な抵抗力を示したことは驚きであった。また，1994年にはルワンダで部族間の対立が大規模な虐殺へといたり，短期間の間に数十万の犠牲者が出た。翌1995年にはイスラエルのラビン首相がイスラエルの右派に暗殺されるなど，オスロ合意による中東和平も頓挫してしまった。

　こうした民族紛争に対応する担い手として，一時は国連に期待が寄せられた。1992年に国連事務総長に就任したブトロス・ブトロス=ガーリも，『平和への課題』報告を公表して，国連を改革して平和執行部隊を創設し，地域紛争に対して強制的な干渉も行える能力を持つことを提唱した。しかし，アメリカが兵力を提供したソマリアでの国連平和維持活動（PKO）UNOSOM IIによる，現地勢力に平和強制を行う試みが失敗した結果，アメリカは国連強化に懐疑的となり，ブトロス=ガリ事務総長の提言は実現しなかった。この後も内戦や地域紛争，虐殺といった事態に対する国際社会による介入の正統性が「人道的介入」の問題として国際政治の課題として議論されるようになった（ウォルツァー 1977／邦訳 2008；最上 2001）（第5章第3節，第7章第1節参照）。

　再生した国連を中核とする国際秩序の構想が挫折したと考えられた後，1990年代後半から21世紀初頭にかけては，アメリカが国際政治において大きな存在感を示した時期であった。アメリカ企業が通信技術革命の中心的な担い手となり，インターネットの普及を促してアメリカ経済の好調を支え，軍事的にも世界の軍事支出の約半分を占める唯一の超大国として圧倒的な優位を示した。冷戦期にアメリカが築いた同盟網は維持され，ヨーロッパではNATOは東ヨーロッパ諸国の加入を認めて東方に拡大し，東アジアにおいても同盟機能を拡大した。

　こうしたアメリカの強大な国力への自信を反映して，アメリカは国際機関から離れても自国の利益を追求するという単独主義の傾向が強まった。2001年の9.11テロ事件に対してジョージ・W.ブッシュ政権は，国連集団安全保障，自衛権に基づいて「テロとの戦い」を追求する方針を示した。2001年11月には，アフガニスタンに拠点を持つテロ組織アル・カーイダと彼らをかくまったイスラーム主義政権タリバンに対する軍事攻撃を開始し（アフガニスタン戦争），

タリバン政権打倒後には，イラクのサダム・フセイン政権が大量破壊兵器を隠匿しているという疑惑をあげて，その打倒を追求した。この過程で，大量破壊兵器がテロなどで使われる危険を除去するには先制的な軍事力行使も自衛権に含まれるという，「ブッシュ・ドクトリン」と呼ばれる方針を明らかにした。その後，ヨーロッパの同盟国のフランス，ドイツなどの反対にもかかわらず，イギリスなどアメリカを支持する諸国との「有志連合」に基づいて2003年にイラクへの軍事攻撃を敢行した（イラク戦争）。この時期には，国際政治学でも単極構造（unipolarity）や帝国の国際秩序が盛んに研究された（Kapstein & Mastanduno eds. 1999；アイケンベリー 2006／邦訳 2012；ネグリ＝ハート 2000／邦訳 2003；藤原 2002；山本 2006）。

ヨーロッパでは，EUは市場統合に続いて1999年から（全加盟国ではないが）共通通貨ユーロを導入し，ヨーロッパ中央銀行（ECB）も設立するなど，通貨金融統合を進めた。ただし，課税など財政の基本的権限は各国に残され，EUは多数の言語と膨大な法体系（アキ・コミュノテール）を共有する「独特の政体」と呼ばれるようになり，2000年代に入って東ヨーロッパ諸国にも加盟する国の範囲を広げた（遠藤編 2008）。しかし，2005年にはEUの政治統合を強化するはずの「欧州憲法」の批准に失敗した上に，2008年のリーマン・ショックをきっかけとして金融面では強く統合した一方で，財政面では各国主権が維持されている状態の脆弱性が顕在化し，ユーロ圏の統合は大きく揺さぶられることになった。

1990年代以降，国際政治経済分野では，グローバリゼーションの影響に関心が注がれた。中心的な問題意識は，主権国家以外の主体として国際機関，非国家主体などが参画して国際政治の諸問題の解決に取り組むという，グローバル・ガヴァナンスの可能性であった（第6章第4節参照）。

グローバリゼーションを的確に制御するために国際機関の充実が図られ，GATTは1995年，世界貿易機関（WTO）へと発展的に再編成された。また，グローバル・ガヴァナンスの重要な政策領域として地球環境問題が浮上した。中でも1980年代から，人類の産業活動にともなう二酸化炭素（CO_2）など温室効果ガス（GHG）の増大によって地球気温が上昇しているという見解が強まり，1992年の国連環境開発会議（リオ・サミット）では気候変動枠組み条約が採択され，「持続可能な開発」を掲げつつ，地球気温の安定化のため温室効果ガス

排出量の削減に協力する方針が謳われた。環境問題では NGO が政府間交渉に対して強い影響を及ぼすとともに，気候変動問題については自然科学者の専門的知見が不可欠なことから，1988 年に専門家が官僚と共に政府を代表して報告書を作成する気候変動に関する政府間パネル（IPCC）が設置され，新たなグローバル・ガヴァナンスのあり方を示すこととなった（第 7 章第 2 節参照）。

また，国際秩序論の分野ではグローバリゼーションが進む先進社会を中心に主体が多様化し，国際政治が主権国家中心のシステムから新中世システムへ移行しつつあるという主張や，テロや内戦などの，国家による軍事的暴力以外の脅威に対する関心も生まれた（渡辺・土山編 2001；山本吉宣 2008；Cooper 2003；田中 1996／2003；加藤 2002）。

他方，冷戦の終結が突然，しかもソ連・東欧の共産圏の脱共産化が進む形でほぼ平和的に実現したことは，国際政治学にももちろん衝撃を与えた。こうした過程を予測させる議論はほとんど存在しなかったからである。国家の合理性を前提としたネオリアリズムやリベラル制度論はこうした国際政治の大幅な変化を説明し切れない，という批判が強まり，それに応える形で，国家のアイデンティティ認識や規範意識の性質に着目するコンストラクティヴィズム（constructivism）の議論がアメリカを中心に注目されるようになった（Onuf 1989; Wendt 1999）。また，国際政治学における歴史的アプローチの意義があらためて見直され，アメリカの学界でイギリス学派に対する認知度も高まるなど，冷戦終結以降の国際政治学は多様性を増した（エルマン＝エルマン編 2001／邦訳 2003；Acharya & Buzan eds. 2010）。現在では，リアリズム，リベラリズム以外に多様なアプローチの存在が認知されているのが国際政治学の現状である（それらの紹介は，たとえば Burchill et al. 1996／2009。また第 1 章第 4 節も参照）。

2000 年代の最初の 10 年の後半になると，アメリカの単独主義的行動，とりわけ軍事行動の負担の大きさが明らかとなってきた。さらに，アメリカ発の金融危機が生じ，2008 年のリーマン・ショック以降，国際経済は 1930 年代以来の世界的危機を迎えたという認識が広がった。アメリカを中心と見る単極構造論が影をひそめる一方で，中国，インド，ブラジル，ロシアといった人口，資源に恵まれた大国の台頭や，市場経済体制に対する国家資本主義（state capitalism）の攻勢が指摘されるようになった（ザカリア 2008）。2008 年，G. W. ブッシュ米大統領の呼び掛けで始まった G20 首脳会合は，それまでの西側先進国

にロシアが加わった G8 に対して，中国，インドなど多数の非西洋諸国が参加しており，多極時代の国際協調枠組みとして期待された。しかし新興国の発言力の増大は，国際政治をめぐる利害および価値の対立を表面化させ，国際政治の停滞をもたらす結果も伴っていた。また，インターネットを利用した大規模なリークであるウィキリークスの活動や，ソーシャルネットワーク・サービスの急速な普及が政治活動のあり方に大きな変化をもたらしており，各国政府とも社会諸集団の発言力を十分に統制できなくなっているという点では，国際的な無極状態（No polarity ないし G0）というとらえ方も示されている。2000 年を挟んでの前後 20 年間の主要旋律がアメリカの単極構造に支えられたグローバリゼーションだったとするなら，2010 年代に入って国際政治は多極性と無極性が同時進行する新たな段階に入りつつあると言えよう（第 5 章第 3 節，第 6 章第 4 節参照）。

BOOK GUIDE　●文献案内

ハロルド・ニコルソン，1939／斎藤眞・深谷満雄訳『外交』（UP 選書）東京大学出版会，1968。（邦訳の底本は 1963 年刊行の第 3 版）

細谷雄一，2007『外交——多文明時代の対話と交渉』有斐閣 Insight。
　●近代主権国家体制の特徴の一つである外交制度について解説した古典的名著（前者）と，現代までの外交制度の変容を概観した好著（後者）。

ヘンリー・A. キッシンジャー，1994／岡崎久彦監訳『外交』上・下，日本経済新聞社，1996。
　●近代ヨーロッパの初頭から冷戦終結までの国際政治の展開を，リアリズムの観点から叙述した大著。

君塚直隆，2010『近代ヨーロッパ国際政治史』有斐閣コンパクト。
　●近代の初頭から第一次世界大戦までのヨーロッパ国際政治史を概観した，簡潔ながら内容豊富な教科書。

高坂正堯，1978『古典外交の成熟と崩壊』中公クラシックス，2012。
　● 19 世紀ヨーロッパの国際政治を，ウィーン体制の形成期に頂点に達した「古典外交」が徐々に崩壊していく過程としてとらえた名著。

エリック・ホブズボーム，1994／河合秀和訳『20 世紀の歴史——極端な時代』上・下，三省堂，1996。
　●第一次世界大戦からソ連邦の解体までの「短い 20 世紀」を通観した，イギリスの歴史家による著作。

ジョン・ルイス・ガディス，2005／河合秀和・鈴木健人訳『冷戦——その歴史と問題点』彩流社，2007。

O. A. ウェスタッド，2005／佐々木雄太監訳『グローバル冷戦史——第三世界への介入と現代世界の形成』名古屋大学出版会，2010。（邦訳の底本は 2007

年刊）
- ●ギャディスはアメリカを代表する冷戦史家であり，冷戦の開始から終結までを米ソ対立を中心に描く。ウェスタッドはイギリスの外交史家で，冷戦期に東西両陣営が第三世界にどのように関与したかを中心に叙述する。

Adam Watson, 1992, *The Evolution of International Society: A Comparative Historical Analysis*, Routledge.
- ●古代以来のさまざまな文明世界において，複数の政治共同体がどのような秩序を構成してきたかを比較紹介している，英国学派の碩学の著。

Chapter 2 ● 確認しておこう　　　　　　　　　　　　　　POINT

❶ 近代ヨーロッパで形成された主権国家体制は，歴史上存在したそれ以外の世界秩序と比べてどのような特徴を持っているだろうか。

❷ 国際政治はどのように地球規模のものになったと言えるだろうか。ヨーロッパ人によるアメリカ大陸の発見と植民地化，産業化と帝国主義，現代のグローバリゼーションは，国際政治にどのような変化を与えてきただろうか。

❸ 20世紀の前半に二度の世界大戦が起こり，当時の主要国のほとんどすべてが戦争に参加したのに対し，冷戦期には主要国間の大規模な戦争は起きなかったのはなぜだろうか。また，どの程度まで冷戦は国際秩序であったとみなすことができるだろうか。

❹ 国際政治の実際から生まれる問題意識は，国際政治学の発展にどのような影響を及ぼしてきただろうか。また，国際政治学は他の社会科学分野と比べて，どのような特色を持っているだろうか。

第 3 章 対外政策の選択

キューバの中距離ミサイル基地（1962年10月23日．©AFP＝時事）

CHAPTER 3

国家は外交を通じてその意図を伝達し，関係国の同意確保を図る。第3章では，国家間において意図の伝達を阻む要因は何かを考える。第1節では，意図の伝達手段に着目して外交を強制と安心供与に分類する。第2節では，国内における関係諸集団の同意確保の過程がどのように対外政策を左右するかを概観する。第3節では，国家間の合意を執行する権限を持つ機関を欠く国際場裏において，関係諸国が共通の利益を実現するのはなぜ困難なのかを考察する。第4節では，当該国の意図について，相手国の認識次第で当該国に利益が生まれる場合にはその伝達が困難になることを明らかにする。そして第5節では，威嚇と約束のトレードオフを歴史的事例に言及しつつ解説する。

KEYWORD
FIGURE
TABLE
COLUMN
BOOK GUIDE
POINT

SUMMARY

> **KEYWORD**
>
> 同意　価値配分　強制　誘導　説得　トゥキュディデス　拒否権　集団安全保障体制　権力　ロバート・ダール　E. H. カー　H. モーゲンソー　戦争原因論　K. ウォルツ　戦争イメージ　分析レベル　J. フィアロン　意図　威嚇　約束　認識　安心供与　抑止　強要　T. シェリング　現状　キューバ・ミサイル危機　グレアム・T. アリソン　合理的行為者　組織過程　政府内政治　標準作業手順　民主国家間の平和論（DP論）　2極安定　2極構造　テッド・ガー　D. シンガー　規範論　国内規範　国際規範　制度論　国際平和の国内条件　民主主義の逆説　国内観衆費用　意図の言明　行動の自由の逆説　ロバート・パットナム　二層ゲーム　ケネス・シェプスリ　バリー・ワインガスト　勝利集合　軍備競争　軍備縮小　軍備管理　非協力ゲーム理論　ゲーム状況　アナーキー状況　戦略的相互依存　均衡　戦略型のゲーム　プレイヤー　戦略　利得　選好順序　不完全情報　合理的選択　共有知識　ナッシュ均衡　最適応答戦略　囚人のディレンマ　外部効果　費用分担　ただ乗り　ロバート・アクセルロッド　ラパポート　応報戦略　トリガー戦略　未来の影　繰り返し囚人のディレンマ　現状維持勢力　現状変更勢力　誤認　安全保障のディレンマ　分断国家　外交の破綻　朝鮮戦争　湾岸戦争　防衛線　戦争勃発後の抑止　展開型のゲーム　ゲーム・ツリー　対決タイプ　友好タイプ　部分ゲーム完全均衡　仕掛線　拡大抑止　コストを要する意思表示　シグナル　安保理決議687　安保理決議678　大量破壊兵器　安心供与なき強要　体制転換　威嚇と約束のトレードオフ　スクリーニング　消極的な安全の保証　核の傘　積極的な安全の保証　非核三原則　55年体制　日本国憲法第9条　集団的自衛　物と人との協力　巻き込まれる不安　事前協議

SECTION 1　外　交

同意確保の政治過程

政治の3類型

　政治とは，関係者の同意に基づく価値配分である。政治をこのように定義するならば，政治は，兄妹間でケーキをどのように切り分けるかという他愛もない問題から，どれだけの領域的範囲を領土として，新生国家の独立を承認するかという国際社会の

問題にいたるまで，実に多様な範囲を対象とすると言える。

　ここでいう同意は広い意味における同意であって，純粋に自発的なものに限られない。兄妹で仲良くケーキを等分する場合もあれば，ケーキを独占する妹に兄が何も言えない場合もあるだろう。一般的に，関係者の同意を確保する方法は三つに分類できる。すなわち，武力・実力などの威嚇を背景に同意を確保する強制，利益供与などの約束の見返りに同意を確保する誘導，そして共通の理念・規範に訴えて同意を確保する説得である。ただし，武力・実力を実際に行使することは，政治と非政治との境界線上にある。なぜならば，武力・実力の行使を通じて価値を配分することは，同意によらない行為である以上は政治の破綻としての側面を持つ一方，武力・実力の行使が，直接の対象としていない価値配分について関係者の同意を確保する目的で行われる限りは，依然として政治的意味を持つからである。兄妹が実力でケーキを奪い合うのはそのままでは政治ではないが，その決着がケーキ以外の価値配分に影響を及ぼすなら，それは十分に政治であると言える，ということである。

　国家間関係において強制，誘導，説得はどのような形をとるのだろうか。具体的な文脈の中で考えてみよう。1990年8月2日，クウェートに侵攻したイラクに対して，国際連合安全保障理事会は決議660（1990年8月2日）を採択して，クウェートからの完全・即時・無条件の撤退を求めた。しかしながら，イラクがこれを履行しないため，安保理はさらに決議678（1990年11月29日）を採択して，上述の決議660（とそれ以降の関連安保理決議）の履行をあらためて要求するとともに，翌年（1991年）の1月15日までにイラクがそれを履行しない場合には，国連加盟国が，当該決議を実施するために，そして国際の平和と安全を回復するために「必要なあらゆる手段（all necessary means）」を講ずることを容認するにいたった。

　決議文にある「必要なあらゆる手段」という文言は，軍事力を暗喩する。すなわち，決議678を通じて安保理は，武力による威嚇を背景に特定の価値配分（クウェートからの撤退）に対するイラクの同意を迫った。つまり，イラクに対して強制を試みたと言えるだろう。トゥキュディデスがペロポネソス戦争におけるメロス島の対話を題材に描いた権力政観は，第1章第1節で紹介した通り，「強者は自らの力を行使し，弱者はそれに譲る，それが人の世の習いというものだ」（トゥキュディデス 前5C／V 89）というものだったが，この政治観

は，ここで言う強制型の政治にほかならない（なお，トゥキュディデスの政治観の多面性については Lebow 2001 参照）。

> ○インターネットで国連文書を検索する
> 国連のホームページでは国連公用語のいずれかを選択して文書を閲覧できる。たとえば，安保理決議 678 (S/RES/678) を UNBISnet (United Nations Bibliographic Information System) で検索するには，http://unbisnet.un.org/ で，Bibliographic Records の New Browse List Search をクリックして，UN Document symbol（国連文書記号）に "S/RES/678" と指定すればよい。

　決議 678 をめぐる政治は，イラクに対する強制に限られるものではなかった。そもそも決議を通じて対象国を強制するには，その前提として決議案に対する安保理構成国の同意（国連憲章第 27 条が定める表決手続きによれば，常任理事国 5 カ国，非常任理事国 10 カ国のうち，拒否権を持つ常任理事国を含む少なくとも 9 理事国の同意）を確保することによって決議の成立を図らなければならない。アメリカ合衆国は，この決議案への理事国の同意を確保するために，コロンビア，コートディボワール，エチオピア，コンゴ民主共和国に対して経済援助を約束したと報じられた（Weston 1991, 523）。援助という利益の供与の見返りに同意を促した，つまり誘導を試みたのである。

　加えて，決議案の表決にあたって各国代表が，安保理においてそれぞれの賛否の判断を正当化するべく決議案について発言をしている（決議案について，15 理事国のうちカナダ，コロンビア，コンゴ民主共和国，コートディボワール，エチオピア，フィンランド，フランス，マレーシア，ルーマニア，ソ連，イギリス，アメリカは賛成，キューバとイエメンは反対，中国は棄権した）。1990 年 11 月の時点で安保理の議長国であったアメリカは，表決に先立って，イラクの行動は「侵略」に該当するとした上で，それは国家間において許容されるものではないと非難するとともに，「国際社会（international community）」の意思として安保理が求めた《クウェートからの撤退》をイラクが実行しない以上，武力行使も含む形で，その実現に必要なあらゆる措置を加盟国が講ずることを安保理は容認すべきである，と主張した。その際に，1990 年のイラクのクウェート侵攻を 1936 年のイタリアのエチオピア侵攻にたとえながら，侵攻に対応できなかった国際連盟の失敗を国際連合は繰り返すことがあってはならないと述べた。要するに，集団安全保障体制（第 4 章第 1 節参照）が順調に作動することが，国際社会にとっての共通の価値にあたると訴えて，決議案に対する安保理構成国の同意を説いた。つまり説得を試みたのである。

TABLE 3-1 ● 権力の3類型

政治（同意確保）の類型	強　　制	誘　　導	説　　得
カーの権力類型	軍事力	経済力	宣伝力
モーゲンソーの権力類型	軍事帝国主義	経済帝国主義	文化帝国主義

○安保理における各国の発言を読む
　たとえば，安保理決議 678 表決前後の安保理における各国の発言については，国連文書 S/PV. 2963 を参照。

　関係者の同意に基づく価値配分こそが政治であると述べたが，関係者の同意を引き出す側からすれば，政治とは価値配分にかかわる関係者の意思決定のコントロールにほかならない。この観点に立つと，政治の類型論は権力の類型論にあたる。

　ここで，あらためて権力とは何か。ロバート・ダールによれば，権力（power）とは，相手に《本来ならば実行したくないことを実行させる》，あるいは《本来ならば実行したいことを自制させる》使役的な能力を指す（Dahl 1957, 202-203）。権力とは，このような意味において《相手の意思決定をコントロールする能力》としてとらえることができる（パワー概念については，第1章第1節参照）。

　たとえば，政治における権力を E. H. カーは，「軍事力（military power）」「経済力（economic power）」「宣伝力（power over opinion）」（カー 1939／邦訳 2011, 第8章）の三つに分類した。また H. モーゲンソーは，現状の変更を実現する政策（彼の用語法では帝国主義）を「軍事帝国主義」「経済帝国主義」「文化帝国主義」（モーゲンソー 1948／邦訳 1998, 62-67）の三つに分類した（表3-1参照）。個々の権力類型の呼称は論者によって異なるものの，類型化の発想は酷似していることを，ここで確認しておきたい。

対外行動の分析レベル　戦争の終結時点において，講和を通じて関係諸国が特定の価値配分を実現する場面を考えよう。この価値配分がいかなるものであれ，戦争を通じた特定の価値配分（たとえば，関係2国がパイを等分するような価値配分）は，戦争に訴えることなく交渉を通じて実現した同一の価値配分と比較するならば，戦争に要する人的犠牲（死傷者）

TABLE 3-2 ● 三つの戦争イメージ

戦争イメージ	診断（戦争原因）	処方箋 （平和・安全保障構想）
第一イメージ	人間性の欠陥	啓蒙
第二イメージ	国家体制の欠陥	体制の変更
第三イメージ	国際システムの欠陥	自助努力

や財政的費用（徴税）を関係国が甘受・負担しなければならないため，戦争の敗者にとってのみならず，勝者にとってすらも好ましいものではない。この意味において戦争による価値配分は，関係国にとって「共通の不利益」なのである（Fearon 1995, 383）。とりわけ戦争の不合理が際立つのは，戦争終結時の価値配分が戦争勃発時の価値配分と大差なく，甚大な戦禍をこうむったあげくに開戦時の現状が確認されるにすぎないような場合（たとえば，戦争の前後で軍事境界線がほとんど動かなかった朝鮮戦争）であろう。

この不合理にもかかわらず，なぜ戦争は起こるのだろうか。この問いほど，戦争と平和の学たる国際政治学を動機づけてきた問いはない。戦争原因論は，論者の間で多様である。K. ウォルツは，多様な戦争原因論の背景に，三つの戦争イメージ（表3-2参照）を見出した（Waltz 1959）。彼は医学のアナロジー（類推）を用いて，戦争イメージごとに，その原因の診断書と予防の処方箋を分類したのである（第1章第3節参照）。

このように，ウォルツの主たる関心は戦争原因論であったが，考察の対象は国際政治現象一般の発生にまで広げることができる。一般化にあたり上記の三つの戦争イメージを応用して，一国の対外政策の選択を規定する要因も，人間の属性，国家の属性，そして国家間関係の属性の三つに整理する。三要因のうち，どの要因に着目するかに応じて，対外政策の分析レベル（levels of analysis）も三つに分類できる。

次節以下では，《結果的に特定の国際政治現象の発生につながる対外政策を，関係国の政府はそもそもなぜ選択するのか》という問いを立て，ゲームの理論を応用しながら考察を進める。第2節と第3節では，三つの分析レベルのうち，対外政策論の主流を構成してきた第二レベルと第三レベルに立脚して，対外政

> **COLUMN** 3-1 モーゲンソーの洞察
>
> 「威嚇や約束の説得力（persuasiveness）」という概念は，モーゲンソーが 1954 年に刊行した *Politics among Nations*, 2nd ed. (Alfred Knopf) の p. 315 に登場したものである。アメリカの国際政治学では，シェリング（Schelling 1966, 35-91）が「コミットメントの技術（art of commitment）」という形で威嚇型の「コミットメントの信頼性（credibility）」を論じ，その後とりわけ J. フィアロン（Fearon 1995, 391）が「コミットメント問題（commitment problems）」という形で約束型のコミットメントの信頼性について論じて以降，ゲーム理論の用語法が一気に浸透した（Powell 2002; Slantchev 2011）。モーゲンソーの「威嚇や約束の説得力」という概念も，近年ではもっぱら「コミットメントの信頼性」という概念に取って代わられた感があるが，呼称の変化を学問の進歩と混同してはならない（経済学においては O. ウィリアムソン〈Williamson 1985, 163-189〉などがコミットメントの信頼性論を展開した）。

策の選択を説明する。政府は特定の対外行動を選択するにあたって，国内において，どのような価値配分についてどのように関係諸勢力（議員，有権者，利益集団など）の同意を確保するのだろうか。そして，国家間において，どのような価値配分についてどのように関係諸外国（利害が対立する国家，利害を共有する国家など）の同意を確保するのだろうか。言い換えれば，対外行動の国内起源および国際起源こそが本章の焦点となる。第 2 節では，国内における関係諸集団の同意確保の過程がどのように対外政策を左右するかを概観する。第 3 節では，国家間の合意を執行する権限を持つ機関が存在しない国際場裏において，関係諸国が共通の利益を実現する上で直面する困難を考察する。

外交を通じた意図の伝達と同意の確保

外交の本質は，意図（intentions）を伝達することによって関係国の同意を確保することにある（外交の一般的定義については第 2 章第 2 節参照）。モーゲンソーは，外交の成否を分けるのは威嚇（threats）と約束（promises）の説得力であるとした（モーゲンソー 1948／邦訳 1998, 354。威嚇と約束という影響力行使の技術については，Singer 1963, 426-427）。というのも，特定の威嚇や約束が確実に実行されることになるだろうという相手国側の認識こそが，相手国に当

FIGURE 3-1 ● 外交の諸類型

```
                    ┌─ 強制外交 ─┬─ 抑 止
外 交 ──┤           └─ 強 要
                    └─ 安心供与外交
```

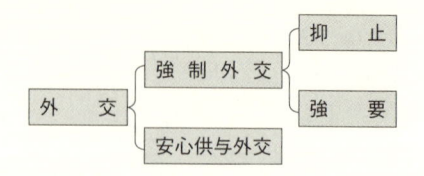

該国の国益に資する行動を選択させることになるからである。

　威嚇と約束といった《手段》の観点から分類すると，図 3-1 に分類した通り，外交は，威嚇を手段とする強制（coercion）と，約束を手段とする安心供与（reassurance）の二つに大別できるだろう（石田 2010a, 363-364）。

　強制外交（本章第 4・5 節参照）とは，武力・実力による威嚇を利用して，相手国に，《本来ならば実行したいことを自制させる》，あるいは《本来ならば実行したくないことを実行させる》外交である。この強制を《目的》の観点から細分化すると，当該国にとって好ましくない行動を相手国に自制させることを目的とする抑止（deterrence）と，当該国にとって好ましい行動を相手国に実行させることを目的とする強要（compellence）（Schelling 1966, 69-78）に二分できる（ここで「強要」という訳語を当てた compellence は，T. シェリングの造語であり，compel〈強要する〉という動詞を名詞化したものである）。強制外交は，抑止にせよ，強要にせよ，相手国に最悪事態をもたらす行動を断行するという威嚇によって，当該国に最善事態をもたらす行動の選択を相手国に迫ることを目的とするものである。

　安心供与外交（本章第 5 節参照）は，これとは対照的に，相手国に最悪事態をもたらす行動を自制するという約束によって（すなわち，相手国の不安を払拭することによって），当該国に最悪事態をもたらす行動の選択を相手国に再考させ，それを回避することを目的とするものである。

　本章の第 4 節と第 5 節では，強制外交と安心供与外交を通じた同意確保のメカニズムに焦点を絞って分析する。この分析は，心理や認識を扱うという意味では個人の属性を対象とする第一レベルの分析と見ることもできるかもしれない。第 4 節は，当該国の意図については相手国の認識次第で当該国に利益が生まれる場合には，当該国は相手国の認識を操作しようとするからこそ，国家間

の意図の伝達は困難をきわめ，外交は破綻しかねないことを明らかにする。最後に第5節は，威嚇と約束のトレードオフ（二律背反関係）という外交の難題を，歴史的な事例に言及しつつ解説する。

2 国内政治と対外政策

交渉の前提 　関係者の同意に基づいて価値配分をするには，その前提として，そもそも関係者（主体）とはだれ（何）か，関係者間の争点とは何か，個々の争点に関する現状（status quo）とは何か，ということが明らかでなければならない。

　たとえば，1962年のキューバ・ミサイル危機は，アメリカが自国の裏庭とみなしていたカリブ海のキューバに，ソ連が核ミサイル基地を建設したことによって勃発した（表3-3参照）。それが決着をみたのは，アメリカがソ連に隣接するトルコからミサイルを撤去し，キューバに対して侵攻しないと確約することと引き換えに，ソ連がキューバにおけるミサイルの配備を断念することに同意したからである。

　では，このミサイル危機の当事者は米ソ2カ国に限定されるのか，それともキューバも含まれるのか。争点は，キューバにおけるミサイル配備の可否なのか，それともキューバにおけるカストロ体制の存続の可否なのか。また，現状とは，「ソ連のミサイル基地なきカリブ海」（アメリカの理解）なのか，それとも「カストロ政権によるキューバ統治」（ソ連・キューバの理解）なのか。要するに，ミサイル危機は，ソ連によるミサイル配備をアメリカが抑止することに失敗した後に，その撤去を強要する過程で生じたと解釈するべきなのか，それともアメリカによるカストロ政権の体制転覆をソ連が抑止しようとする過程で生じたと解釈するべきなのか（Lebow 1998, 41）。関係国は，たとえ現状維持を基本線として危機を打開することに同意できたとしても，そもそも維持するべき現状とは何かについて容易に合意できるものではない。

　すなわち，政治の構図（その関係主体，争点，現状）の認識それ自体が，政治性を帯びかねない。この点を自覚せずに，特定の主観的認識に基づきながらも科学的な客観的分析を展開できていると思い込むのは，ナイーブにすぎるだろ

TABLE 3-3 ● キューバ・ミサイル危機の経緯

日付 (いずれも 1962 年)	事　項
10 月 14 日	アメリカの U-2 偵察機がキューバへのソ連ミサイル配備を確認。
10 月 22 日	アメリカの J. F. ケネディ大統領は，TV 演説においてキューバ海上封鎖を命令，ミサイル撤去をソ連に要求。
10 月 26 日	ソ連の N. フルシチョフ首相は，ミサイル撤去は，アメリカによるキューバ不侵攻の約束次第であることを通告。
10 月 27 日	フルシチョフはソ連によるキューバからのミサイルの撤去と引き換えに，アメリカによるトルコからのミサイルの撤去を要求。
10 月 28 日	フルシチョフはキューバからのミサイル撤去を公表。

う。

　このように国際政治においては，ともすれば関係者の同意に基づく価値配分の前提自体がはなはだ論争的であり，解釈の余地はきわめて大きい (Jervis 1978, 185)。この意味で，国際政治は「羅生門」(『今昔物語』に題材を得た黒澤明監督の 1950 年の映画作品。殺人事件の解釈をめぐって，当事者の証言はことごとく食い違う。このように真相は藪の中にある状況こそ，まさに「羅生門」の世界である）の世界とも言える。これとは対照的に法制度化の進んだ国内政治，たとえば選挙を通じた価値配分，あるいは議会における立法を通じた価値配分においては，だれが関係者か，何が関係者間の争点か，そして何が個々の争点に関する現状かについて，論者の間で解釈がそれほど分かれるものではないだろう。

　この点をあらかじめ確認した上で，国際政治学がこれまで対外政策の起源についてどのように考察してきたのかを振り返ってみよう。

政策決定のパラダイム

　グレアム・T. アリソンは，政策決定論の古典『決定の本質』の中で三つの政策決定モデルを提示して，個々のモデルの論理をキューバ危機におけるアメリカの対外政策決定のデータによって例証した（アリソン 1971／邦訳 1977; Allison 1969）。

　アリソンによれば，三つのモデルとは，合理的行為者 (rational actor) モデル，組織過程 (organizational process) モデル，そして政府内政治 (governmental politics) モデルの三つである。

第一の合理的行為者モデルは，政府の行動を選択（choice）ととらえる。国家（たとえば，アメリカ）なり，それを対外的に代表する政権（たとえば，J. F. ケネディ政権）なりは，一枚岩の意思決定主体である，と仮定される。そしてその主体は，とりうる行動の選択肢を網羅的に列挙した上で，それに伴う費用とそれがもたらす便益を計算する能力を備え，自身にとって最大の純益をもたらす選択肢を選択する，とされるのである。

　第二の組織過程モデルは，政府の行動を組織内の所与の標準作業手順（standard operating procedure: SOP）に基づく機械的な過程の産物（output）ととらえる。SOPとは，組織の構成員に対して，特定の場面において所定の行動をとることを求める行動の指針（マニュアル）であり，これを欠いては，巨大組織に属する多数の構成員の行動は相互に調整できるものではない。

　第三の政府内政治モデルは，政府の行動を，その形成に関与する関係閣僚が行う駆け引きの結果（resultant）ととらえる。官僚組織は予算，ポスト（人員），権限（自律性）の拡大などを通じて組織の存続と成長を確保することを省益（特定省庁の利益）と見て，ひたすらその個別利益の実現に邁進するとされる。個々の閣僚の政策的立場（where one stands）は，その組織的帰属（where one sits）によって決まるのである。

　いずれの分析レンズを通じて事例を眺めるかによって，特定事例についても多様な解釈が生まれる。たとえば，ソ連によるキューバへのミサイル配備に対して，アメリカはなぜ，ミサイル積載が疑われるソ連艦船の寄港を阻止するために海上封鎖（quarantine）を実施する，という形で対応したのか。それぞれの政策決定モデルは，この対応にどのような解釈を与えることができるだろうか。

　第一の合理的行為者モデルによれば，アメリカにとっての行動の選択肢は以下の六つであった。すなわち，静観，外交交渉，ソ連・キューバ離間工作，海上封鎖，限定的空爆，侵攻の六つである。アメリカは，これらの選択肢を比較衡量して海上封鎖を選んだ。なぜならば，海上封鎖という選択肢は，米ソ間の戦争を直ちに引き起こしかねないほどの強硬策ではない，という条件を充たす（この条件を充たすのは，静観，外交交渉，ソ連・キューバ離間工作，海上封鎖）とともに，ソ連のミサイル配備はとうてい容認できないというアメリカの政治的決意を伝えるに十分なほど断固たるものである，という条件を充たす（この条件

を充たすのは，海上封鎖，限定的空爆，侵攻）がゆえに最善だったからである（なお，キューバ危機におけるアメリカの政治的行動の選択肢とその法的根拠に関しては，シェイエス〈Chayes 1974〉の古典的論考が参考になる）。

　第二の組織過程モデルによれば，まずミサイル配備への対応が遅れ，次に基地限定爆撃が選択肢から外され，そしてついにはソ連艦船が海上封鎖線に到達するまでの《交渉に残された時間》が限られたものになることによって危機が一段と深刻化していくのも，すべて関係官僚組織の SOP によるものであった。すなわち，ミサイル配備への対応が遅れたのは，諜報活動（この文脈においては，一連の情報〈ソ連艦船の航行状況についての情報，難民からの情報，現地の諜報部員からの情報，U-2 偵察機からの偵察情報など〉の収集・分析）が担当組織の SOP に基づいて慎重に行われていたからである。また，限定的空爆（いわゆる外科手術的爆撃）が選択肢から外されたのは，発見されたミサイルが固定型ではなく移動型であると推定された以上，それに対する爆撃は広域爆撃とする空軍の SOP によるものであった。そして交渉に残された時間が限定されることになったのは，沿岸から一定距離離れた地点に封鎖線を設けるとする海軍の SOP によるものであった。

　第三の政府内政治モデルによれば，アメリカの対応は関係閣僚の駆け引きの結果であった。たとえば，国防長官のロバート・マクナマラは空爆に反対の立場をとったが，統合参謀本部は軍事的解決を唱えたのである。

　一国のリーダーの意思決定と行動選択の自由は，第二モデルが浮き彫りにする組織上の必要と，第三モデルが描き出す組織の利益とによって拘束を受ける。しかしながら，だからと言って対外政策は漸進的にしか変化せず，国際政治の世界ではショック（たとえば冷戦期における米中和解）と呼びうるような新機軸が打ち出されることはないとも言えないだろう。実際，リアリストは，そもそも閣僚の任命権限を握っているのは大統領個人であり，それゆえに政権内部の不一致もある程度は解消されると反駁する（Krasner 1972, 164, 166）。

　他方リベラルは，個々の省庁が固有の省益を実現するためには，第三モデルが描くように関係省庁の同意が必要になるばかりか，特定関係国政府の同意も必要になる場面があることに注意を促す。たとえば，海外において軍事行動を展開する大国の海軍や空軍は，その軍事行動を効率的に遂行するためには軍用機の領空通過や軍用艦船の寄港に対して，その同盟国である小国の同意を確保

しなければならない。それゆえに，大国とその同盟国の間の歴然たる力の非対称にもかかわらず，同盟国側に交渉上の優位性（いわゆる「小国の巨大な影響力」）があることは，しばしば指摘されてきた（Keohane 1971, 164-167）。このように政治的駆け引きは必ずしも一国の政府内にとどまるものではなく，特定争点について国境をまたぐ形で，利益を共有する集団の同盟（transnational coalition of interests）が形成されるとも言える。

国内体制と国際紛争

アリソンの政策決定論の中でも，とりわけ組織過程モデルと政府内政治モデルが，《1国の対外政策を当該国家の国内要因によって説明する》モデルであるとすれば，《2国間の相互作用の結果を関係2国の国内要因の組み合わせによって説明する》モデルが民主国家間の平和（democratic peace）論（以下，DP論）である（Doyle 1986；ラセット 1993／邦訳 1996）。DP論は，国内政治体制の民主化，国家間の経済的相互依存の進展，そして国際社会の組織化によって国家間戦争の頻度が低下する，と主張するリベラルの安全保障論の流れに属する理論の代表格にあたると言えるだろう。

冷戦終結期に問われたのは，世界の平和にとって冷戦終結が何を意味するか，ということであった。当時，冷戦終結後の将来展望は悲観的なそれと楽観的なそれに分かれた。悲観論の典型は，いわゆる2極安定（bipolar stability）論である。（Waltz 1964, 882-889）それによれば，そもそも冷戦とは地球規模における米ソ両超大国の軍事対立であった。二つの大国が存在して，国際政治構造が2極（両極）的であれば，多極的である場合との比較において，戦力とそれを行使する政治的決意などに関する（大国間の）情報の不確実性が解消されるがゆえに，2大国間に抑止（本章第4節参照）が十全に働いて（大国間の）戦争は回避される。というのも，情報の不確実性は関係国の数の微増によって激増する，という性格を持つからである。この意味で，冷戦期の2極構造は大国間の戦争勃発のリスクを軽減する効果を持ったが，冷戦の終結とともに2極構造が消滅してしまえば，情報の不確実性が一挙に深刻化して戦争勃発のリスクが増大するだろう。このように，冷戦の終結によってかえって平和の条件は損なわれるだろう，としたのである。

これとは対照的に楽観論を提供したのが，ここに取り上げるDP論である。それによれば，そもそも冷戦とは，経済における財の配分（市場経済か計画経済

か）と，政治における意思決定（複数政党制か共産党1党体制か）にかかわる《体制の選択》をめぐる東西両陣営間の競争であった。したがって冷戦の終結は，ソ連・東欧における政治経済体制の自由化を意味するものであり，（旧西側の意味での）「民主」体制をとる国家の数の増大につながるだろう。経験的に，民主国家は互いに戦争をしないという傾向を持つ（これが以下に説明するDP論の基本命題である）のだから，冷戦の終結は民主化の進展を通じて世界の平和に寄与するだろう，としたのである。

　国内政治体制は国際紛争にどのような影響を与えるのだろうか。結論から言えば，DP論は静態的に2国間関係を分析するものである。その命題は，第一に民主国家は互いに戦争をしない，そればかりか，第二に民主国家の間では深刻な紛争すら生じにくい，という二つの仮説に集約できる。

　このような仮説を検証するために，DP論は，民主体制と戦争という二つの概念に，次のような経験的定義を与えている。まず，国内体制（国内レジーム）については，政治参加の程度，有権者による行政府の直接・間接のコントロールのあり方など，いくつかの制度的特色に着目して政治体制を分類したテッド・ガーらの体制指標を用いて，この指標が高い数値をとる体制を民主体制とした。次に「戦争」については，D. シンガーらの計量戦争研究の定義にならい，それを大規模な国家間武力紛争（年間戦死者1000人以上）に限定した。

　このように二つの概念をそれぞれ操作化した上で，両概念間の関係を以下の通りにとらえた。観察の単位は《年ごとの2国の組み合わせ（dyad-year）》である。これは，一対の国家の組み合わせを年ごとに区別したものである。ある年におけるA国とB国との関係を例にあげるならば，同年において，この組み合わせが，「民主国家の組み合わせ（共に民主国家である組み合わせ）」か，「それ以外の組み合わせ」かを区別するとともに，その年に両国の間で「戦争が発生した組み合わせ」か，「戦争が発生しなかった組み合わせ」かを区別する。このような形でナポレオン戦争後のほぼ2世紀にわたる国内体制と戦争のデータセットを作成した上で，はたしてDP論の命題が経験的に成立するかどうか，すなわち，「民主国家の組み合わせ」は，「戦争が発生しなかった組み合わせ」であるという傾向が現実に観察されるかどうか，を統計的に検証したのである。

　DP論は，民主国家は相手国の政治体制にかかわらず「平和愛好的（peace-loving）」（国連憲章第4条の文言）である，と主張するものではない。その核心は，

> **COLUMN** *3-2* 革命の恐怖と戦争の恐怖
>
> 　革命政権の脅威をどのように認識し，それに対する対応（選択肢としては，①静観，②反革命〈原状回復〉型の巻き返し〈rollback〉，③現状維持型の封じ込め〈containment〉）をどのように正当化するかという問題については，フランス革命期のイギリスにおける論争が，冷戦期のアメリカの対ソ連政策を検討する文脈において繰り返し想起されることになった（モーゲンソー 1951／邦訳 1954, 72-77; 高坂 1978a／2012, 177; 坂本 1955・58, 14）。第 4 章第 1 節において説明するように，血統によって王位が継承される君主政体にとって，それを否定する共和政体の出現は脅威であった。それゆえ，フランス革命に直面したヨーロッパの君主たちは，フランスにおける王政復古に共通の利益を見出したのである（岡 1955／2009, 35-36）。とはいえ，異質な政治体制の間に同盟が成立しないわけではない。1893 年，露仏同盟の締結にあたって，ロシア艦隊がフランスを訪問した際には，ツァー（ロシア皇帝）を称賛するロシア国歌と革命を賛美するフランス国歌が共に演奏され，同時代人を驚かせた（岡 1955／2009, 156）。

民主国家は互いに戦争をしない傾向がある，という命題にあった。では，どのような因果メカニズムがこの統計的パターンを生み出しているのだろうか。言い換えれば，単独では必ずしも平和志向とは言い難い民主国家が，なぜ互いに戦争をしないのだろうか。

　二つの説明が有力であるとされた。規範論によれば，民主国家が互いに戦争をしないのは，民主国家の内部において関係者が共有する国内規範，すなわち，利害対立は裁判，交渉などを通じて解決すべきであるという規範が，民主国家の組み合わせにおいては関係国が共有する規範，すなわち利害対立は国家間の交渉を通じて解決すべきであるという国際規範となるからである。これに対して制度論によれば，民主国家が互いに戦争しないのは，民主国家の指導者は開戦にあたって制度化された制約条件（アメリカ大統領の場合を例にとると，議会に宣戦布告権限を握られ，軍事支出についてもその同意を必要とするばかりか，戦争の結果については選挙を通じていずれ有権者に責任を問われることなどが，この制約条件に該当する）に拘束されるからである。

民主国家が互いに戦争をしないとしても，非民主国家に対しては必ずしも平和的とは言い切れない。第二イメージ的な戦争原因の理解，とりわけ特定の国内政治体制が「永遠平和」の基盤になるという確信は，ともすれば戦争を手段として国際平和の国内条件を達成しようとする倒錯を生み出しかねない。たとえば，1917 年にアメリカのウィルソン大統領は，彼の対ドイツ宣戦教書の中で「世界を民主国家にとって平和なものとする」ことを戦争目的に掲げた。民主化による平和の実現という崇高な戦争目的を掲げることで，戦争に伴う国民の犠牲を正当化したとも言い換えられる。この点について繰り返して指摘されてきたのが，永遠平和のための不断の戦争（perpetual war for perpetual peace）（Waltz 1959, 113; Hoffmann 1963, 322; Divine 2000, 41）という，国際政治における民主主義の逆説である。

民主体制の平和志向性に関連して，政治体制の移行により，兵力の動員方法および戦場での作戦行動に変化が生じて，戦争の様相も変貌をとげたことも指摘しておきたい。すなわち，絶対王政期のヨーロッパ諸国では，貴族層出身の将校は傭兵制によって確保した兵力の死傷を避けるために決戦を嫌ったが，革命期のフランスでは，出自のいかんにかかわらず任用された将校は，徴兵制（1798 年採用）によって確保した士気の高い兵士を用いて，敵軍に正面作戦を挑む作戦行動をとるにいたったのである（岡 1955／2009, 39-41）。

国内体制と国際交渉

政策決定者といえども，国内のさまざまな政治的制約から自由に政策を選択できるわけではない。歴史的には，条約の締結に議会の同意を要求する憲法を持つアメリカが国際政治の舞台に登場して以降（「大統領は，上院の助言と承認を得て，条約を締結する権限を有する」とした条文については，1788 年に発効したアメリカ合衆国の連邦憲法第 2 条第 2 項 2 参照），条約の批准はその署名の確認にすぎないとする考え方が次第に否定されていった（田畑 1956／2008, 283）。実際に，アメリカの上院は 1920 年に国際連盟規約を含むヴェルサイユ条約の批准を拒否した。国内の政治体制の民主化にともない，国際合意の交渉者が，いわば国内の批准権者の代理人（エージェント）として交渉にあたるという構図が出現したのである（ニコルソン 1939／邦訳 1968, 78-83）。

では，直面する国内制約が強い交渉者ほど，国際交渉の相手の要求に対して譲歩する弱い交渉者となるのだろうか。この点についてシェリングは，交渉の

> **COLUMN** *3-3* シェリングの足跡
>
> トーマス・シェリングが 1960 年に『紛争の戦略』において素描したわずか数行の直観（シェリング 1960／邦訳 2008, 28）は，80 年代の二層ゲーム論（Putnam 1988, 440）と 90 年代の国内観衆費用論（Fearon 1994, 587）に着想を与えた。個々の国家の国内体制は，国家間の戦略的相互作用にどのような影響を与えるのか——この問題の分析には，今日においてもシェリングの足跡が鮮明に残されている。(写真は，2005 年 10 月 10 日撮影。©EPA＝時事)
>
> シェリング

場において，譲歩をして相手の要求を受け入れることができないほど，つまり，交渉者の手が縛られていて行動選択の裁量の余地が小さいほど，交渉者の交渉力は大きくなるという，一見逆説的な仮説を提示した（石田 2010b, 156-157）。

　シェリングは，以下のような国内要因が国際交渉の帰結を左右するだろうと推論したのである。たとえば，立法府の同意の下に外国政府と交渉する行政府は，その立法府が方針を変更することなどおよそありえない場合に，相手国政府に対して決然たる交渉姿勢をとることができるだろう。また，係争点に関して国内において事前に声明を発表し，交渉のテーブルにおける対外譲歩を難しくするような国内世論を喚起できるならば，交渉において有利な地位につくことができるだろう。さらに，民主主義国の政府は，国際交渉の道具として国内世論による制約（のちに国内観衆費用として概念化される制約）を利用して，交渉のテーブルにおいて譲歩をしないという意図の言明（commitment）に説得力（credibility）を確保することができるだろう（シェリング 1960／邦訳 2008, 28-29; Fearon 1994）。

　このシェリングが説いた行動の自由の逆説を，《国際合意の交渉者》の裁量に対する《国内の批准権者》による制約という観点から応用したのが，ロバート・パットナムの二層ゲーム（two-level games）論（Putnam 1988, 440）である。それは，1980 年代末からアメリカの政治学界の注目を集め，事例分析にも応

2 国内政治と対外政策

用されることになった。

　パットナムは、ケネス・シェプスリとバリー・ワインガストのアメリカ議会研究における勝利集合（win-sets）概念を国際交渉の分析に導入した（Shepsle & Weingast 1987, 90）。勝利集合とは、「（議会の）表決において、国内批准に必要な多数を得ることができるような国際合意の集合」である。その上で、①勝利集合が小さければ小さいほど、妥協の余地が小さくなって交渉が座礁するリスクが大きくなる（Putnam 1988, 438）一方で、②勝利集合が小さい政府ほど、相手国から交渉上の譲歩を引き出しやすくなる（Putnam 1988, 440）という、まさにシェリング的な推論を提示したのである。

SECTION 3　国家間の戦略的相互依存

共通の政府と共通の利益

　冷戦期における米ソ間の核軍備競争に典型的に見られたように、対立する国家間に熾烈な軍備競争（arms race）がしばしば発生してきたことはまちがいない。その反面、軍備競争は、それを抑制しようとする軍備縮小（disarmament）あるいは軍備管理（arms control）（前者は文字通り軍備の量的削減、後者は軍備の脅威を低減するためにとられる量的削減以外の制約的諸措置）の努力も同時に生み出してきた。この意味では、軍備競争と軍縮努力という相反する政治ベクトルの交錯が見られたのである。

　主権国家間には、合意を定立、執行、解釈・適用する《共通の政府》としての世界政府はない。《共通の政府》なしに、言い換えればアナーキー（無政府状態）の下で、はたして国家間の《共通の利益》を実現することができるのだろうか。

　本節では第三の分析レベルに立脚して、この問題を分析する。現実には各国の政治体制や政治制度は多様だが、これを捨象して、《対外政策の選択を通じて国益を追求する一枚岩の国家が競い合う状況》を想定する、という思考実験を行う。ここでは、特定国の観点に立って世界を見るのではなく、想像力を駆使して関係諸国の観点に立って世界を見ることにしよう（Boulding 1959, 130）。

　国家間関係も基本的に個人間関係と同質であるととらえて、非協力ゲーム理

論（non-cooperative game theory）（その基礎については岡田 2008；佐藤 2008。応用については石黒 2010 を参照）の分析手法を応用しよう。なぜ，非協力ゲーム理論なのだろうか。各国がその国益を実現できるかどうかは，自国の行動選択のみならず，関係諸国の行動（すなわち戦略）選択にも依存する。このため，各国は結果の実現において「戦略的に互いに依存し合う」という意味でゲーム状況に置かれる。さらに，主権国家の上位に世界政府が存在しないために，国家間の合意は必ずしも履行されるとは限らないという意味で，各国はアナーキー状況（Milner 1991, 70）に置かれる。このような状況（ゲーム状況かつアナーキー状況）における各国の行動選択を分析するには，拘束力のある合意の存在を仮定することなく，戦略的相互依存状況下のプレイヤーの戦略選択を分析する非協力ゲーム理論が相応しい。

　ゲーム理論では，戦略環境をゲームとしてとらえ，ゲームの均衡（equilibrium）を求める形でゲームを解く。戦略環境を，この節では戦略型のゲームとして描いてみよう（次節においては，展開型のゲームについて説明する）。戦略型のゲームにおいて，戦略環境は以下の三つの要素，すなわち，ゲームのプレイヤー（players）はだれか，各プレイヤーはどのような戦略（strategies）を持つか，（戦略選択の組み合わせによって生じる）各アウトカム（戦略選択の結果として生じる事態という意味での帰結）において各プレイヤーにはどのような利得（payoff）が生まれるか，によって特定される。

　表 3-4 のようなゲームを想定しよう。このゲームのプレイヤーは，A と B の 2 国である。A と B は，それぞれ二つの戦略，「軍縮」と「軍拡」を持つ。A と B の 2 国の戦略選択の組み合わせによって，四つのアウトカムが生じる。すなわち，A と B とが共に軍縮を選択することによって生じる「相互軍縮」（表 3-4 の左上），A と B とが共に軍拡を選択することによって生じる「相互軍拡」（右下），A が軍拡を選択し，B が軍縮を選択することによって生じる「A の軍事的優位」（左下），逆に A が軍縮を選択し，B が軍拡を選択することによって生じる「A の軍事的劣位」（右上）である。

　この四つのアウトカムについては，A の選好順序という観点から，「A の軍事的優位」「相互軍縮」「相互軍拡」「A の軍事的劣位」の順に並べることができるとする（各国は，仮定上，軍事的優位を志向するものの，あくまでも相互軍拡以上に相互軍縮が好ましいと評価している）。より好ましいアウトカムが生じた際に

TABLE 3-4 ● 囚人のディレンマ

		B	
		軍縮	軍拡
A	軍縮	(3, 3)	(1, 4)
	軍拡	(4, 1)	(2, 2)

［注］（ ）内左はAの，右はBの利得。

　Aは，軍縮を選択するBに対しても軍拡を選択するBに対しても，軍拡を選択することによって，より大きな利得を得る。Bについても同様である。したがって，A，Bいずれにとっても，双方が軍縮を選択することによって得られる利得（3）が，双方が軍拡を選択することによって得られる利得（2）を上回るにもかかわらず，それぞれ軍拡を選択する。その結果，両者の間に軍備競争が発生するのである。

はより大きな利得があると考えて，選好順序を利得の大小によって表現するならば，それぞれのアウトカムにおいて，Aに4, 3, 2, 1という利得が生まれると読み替えることができる。Bの利得についても同様である。各アウトカムにおけるプレイヤーの利得は，表の中に（Aの利得，Bの利得）の順に表示する。

　各プレイヤーは，戦略を選択する際に，相手のプレイヤーの戦略選択について情報を持つことなく（すなわち，ゲーム理論の用語では不完全情報〈岡田 2008, 118〉の仮定の下で），自己の利得の最大化という目的を達成するために合理的な手段として戦略を選択する（言い換えれば，合理的選択を行う）。ただし，ゲームのプレイヤーは，表3-4に整理された情報を互いに共有していることを自覚している，と仮定する（ゲーム理論の用語では，ゲームの構造〈戦略環境を特定するプレイヤー，戦略，利得〉はプレイヤーの共有知識〈岡田 2008, 163〉であると仮定する）。

　このゲームを，そのナッシュ均衡（Nash equilibrium）（岡田 2008, 60）を求める形で解こう。ナッシュ均衡とは，《いずれのプレイヤーも，一方的に戦略を変更することによって利得を改善できない戦略の組み合わせ》である。言い換えれば，予想される相手の戦略に対して自己の利得を最大化する最適応答戦略の組み合わせである。したがってナッシュ均衡においては，個々のプレイヤーが実行する戦略と，その相手のプレイヤーが想定する戦略とが合致することになる。

このゲームはいわゆる囚人のディレンマ（prisoner's dilemma）・ゲームとして知られるものである。各プレイヤーが直面する戦略的なディレンマとは，はたしてどのようなものだろうか。
　一見して明らかなように，Aにとってのみならず，Bにとってもまた「相互軍縮」は「相互軍拡」よりも好ましい。では，利得の最大化をめざすAとBは，その合理的な戦略選択の結果として相互軍縮を実現できるのだろうか。Aによる「軍縮」とBによる「軍縮」の組み合わせは，いずれのプレイヤーも一方的に戦略を変更することによって利得を改善できる（すなわち，軍事的優位の方が相互軍縮よりも大きな利得をもたらす）ために，ナッシュ均衡とはならない。これとは対照的に「軍拡」と「軍拡」の組み合わせは，いずれのプレイヤーも一方的に戦略を変更することによって利得を改善できないために，ナッシュ均衡となる。したがって，AとBとの間で《共通の利益》を実現するために「軍縮」に合意したところで，軍縮合意の履行を確保する《共通の政府》が存在しない限り，その約束は説得力を欠き，《共通の利益》が実現されることはない。こうして，軍縮努力が繰り返されると同時に，軍備競争が生み出されるのである。
　この戦略状況においては，たとえ各プレイヤーが共通の利益を実現するために軍縮合意を遵守する意図を事前に言明するとしても，一方的に合意から逸脱する個別的誘因が各主体を突き動かす（軍縮合意を履行する相手に対して，軍縮合意を履行するよりも履行しないことによって利得を増大できる）がゆえに，相手が軍縮するならば自らも軍縮する，という約束型の意図の言明には説得力・信頼性が生まれないので，共通の利益は実現をみない。それゆえ，《共通の利益》の実現は合意を執行する《共通の政府》を必要とするのである（ただし，この命題については，本節後半において論ずるように，前提となる仮定が異なれば〈別の角度から眺めれば〉それに応じて修正が必要になる）。
　このように国家間において共通の利益が実現されないのは，関係国が非合理的だからではない。そもそも囚人のディレンマ・ゲームにおいては，関係国は合理的に意思決定を行う主体として仮定されている。共通の利益の実現を阻むのは，関係国の非合理性ではなく，関係国間において信頼できる約束ができないからである。
　ところでなぜ，表3-4によって表現された戦略環境は「囚人のディレンマ」

と呼ばれるのだろうか。『はじめて出会う政治学〔第3版〕』は，以下のような形で「囚人のディレンマ」状況を描いている（北山・久米・真渕 2009, 195）。

> あなたは相棒と共謀して銀行強盗を行ったが，逃走途中，2人別々に，武器不法所持で捕まってしまった。この状況で，2人とも黙秘を続ければ，武器不法所持の罪で2人とも2年の刑をうける。ところが，1人だけが自発的に銀行強盗の証言をすれば，証言しなかった方の被疑者には不利になり，証言した本人は減刑されるという。あなたが真実を話して相棒が黙秘を続けると，あなたは半年の刑ですむが，相棒は10年の刑に処せられる。逆に，あなたは黙秘をしたのに，相棒が真実を話せば，あなたが10年，相棒は半年の刑ですむ。2人ともが真実を話してしまうと，2人とも5年の刑になる。さて，あなたは黙秘すべきか，真実を話すべきか。

互いに黙秘を貫くことが共通の利益であるにもかかわらず，互いに黙秘するという合意の遵守を二人に強制する共通のボスでも存在しない限り，二人の被疑者（囚人）はいずれも自発的に自白せざるをえない。これに対して，銀行強盗の刑期は5年，武器不法所持の刑期は2年であるから，一人が単独で銀行強盗を行って武器不法所持で逮捕されたとすれば，当該被疑者には犯行を自白する誘因は一切生まれない。

ここで読者の注意を喚起しておきたいのは，被疑者が一人と二人では意思決定の環境が全く異なるということである。上記の刑期設定が作り出す戦略環境は，軍備競争とは異なり，取り調べ側が二人の囚人を自白に追い込むために仕組んだ人為的な囚人のディレンマだと見るべきだろう。

国家間関係においては，一国の行動は，時に，何らかの対価の支払いによって媒介されることなく，直接，他国の安全，厚生などに正・負の影響（この影響を，経済学では市場取引の外部という意味において**外部効果**と概念化する）をもたらす。ここで見たように，一国の軍備はその敵対国の安全を脅かすのも事実であるが，逆にその同盟国の安全に寄与するのも事実である。それゆえに，国家間の囚人のディレンマは，軍備競争の文脈においてのみならず，同盟内の防衛**費用分担**（burden sharing）の文脈においても生じうるのである（Olson & Zeckhauser 1966）。なぜなら，後者の場合には，各国にはその同盟国の防衛努力に**ただ乗り**（free-ride）する誘因が働くからである（第4章第2節参照）。

短期的利益と長期的不利益　国家間の合意を執行する共通の政府が存在しない中で，国益の最大化を図る国家が，表3-4の囚人のディレンマ状況に直面するのが一回限りのことであれば，個々の国家に

とっては軍拡こそが合理的選択となろう。では，囚人のディレンマ状況に国家が繰り返し直面するとしても，やはりそのたびごとに軍拡を繰り返し選択することが関係国にとっては合理的な選択になるのだろうか。その場合には，中央政府によって強制されなくても，自発的に軍縮を選択して「共通の利益」を実現するよう互いに協力する誘因は生まれないのだろうか。

ロバート・アクセルロッドによると，繰り返し囚人のディレンマのコンピューター・シミュレーション選手権を開催してみたところ，優勝したのは数学者ラパポートの応報（tit-for-tat）戦略であった（アクセルロッド 1984／邦訳 1998，第 2 章）。応報戦略とは，第一ステージでは「軍縮」を選択し，第二ステージ以降は直前のステージにおける相手の行動を選択する，というものである。つまり，軍縮には軍縮，軍拡には軍拡をもって応じるという戦略である。

たしかに，A と B が共に応報戦略をとるならば，第一ステージにおいて両国はいずれも軍縮を選択する。第一ステージにおいて互いに軍縮を選択する結果，応報戦略をとる両国は第二ステージにおいてもいずれも軍縮を選択することになる。第三ステージ以降も同様である。この結果，応報戦略をとるプレイヤーの間では，各ステージにおいて両国の間で相互軍縮が維持されることになる。

同様に，囚人のディレンマ・ゲームが無限に繰り返される場合，いわゆるトリガー戦略をとるプレイヤーの間でも協力が維持される。このトリガー戦略とは，合意された行動から相手が逸脱してこちらの信頼を裏切るや否や，それを引き金（トリガー）に，ただ一度の背信に対してゲームが続く限り処罰を加え続けると予告（威嚇）することによって，合意からの逸脱を相手に思い止まらせる抑止的な行動計画である（抑止については本章第 4 節参照）。

この戦略環境においては，第一ステージでは「軍縮」を選択し，第二ステージ以降は，それ以前の各ステージにおいて両国が軍縮を選択していれば軍縮を選択し，さもなければ軍拡を選択する，という戦略にあたる。このようなトリガー戦略をとるプレイヤーの間では，協力が維持されるだけではなく，一定の条件の下においては，トリガー戦略をとる相手に対してはトリガー戦略をとることが合理的である（すなわち，トリガー戦略の組み合わせがナッシュ均衡となる）。なぜだろうか。

表 3-5 は，各ステージにおける B の選択，A の選択，そして A の利得を整

TABLE 3-5 ● 繰り返しゲームにおけるトリガー戦略

トリガー戦略をとるBに対してAもトリガー戦略をとった場合

	1	2	3	4	……
Bの選択	軍縮	軍縮	軍縮	軍縮	
Aの選択	軍縮	軍縮	軍縮	軍縮	
Aの利得	3	3	3	3	

トリガー戦略をとるBに対してAがトリガー戦略から逸脱した場合

	1	2	3	4	……
Bの選択	軍縮	軍拡	軍拡	軍拡	
Aの選択	軍拡	軍拡	軍拡	軍拡	
Aの利得	4	2	2	2	

← 短期的利益 → ← 長期的不利益 →

理したものである。トリガー戦略をとるBに対してAもトリガー戦略をとるならば，すでに説明した通り，両国は各ステージにおいて相互軍縮を実現し，Aは利得3を得る。もし，トリガー戦略をとるBに対してAがトリガー戦略から逸脱して利得最大化を図るならば，第一ステージにおいてAは軍事的優位（利得は4）を実現できるが，第二ステージ以降は，各ステージにおいて軍拡を選択するBに対してAは，せいぜい軍拡を選択することによって相互軍拡（利得は2）を実現することしかできない。このように，トリガー戦略から逸脱して相手の信頼を裏切れば，確かに軍事的優位という短期的利益（第一ステージの利得4）を得られるが，相手の処罰行動（この戦略環境ではBの軍拡）を招くために，結局，短期的利益は長期的不利益（第二ステージ以降の利得2）によって帳消しにされてしまうのである。したがって，目先の利得しか考慮しない刹那(せつな)的なプレイヤーならいざしらず，将来の利得の現時点における価値，すなわち**未来の影**（shadow of the future）（Oye, ed. 1986, 13）が十分に大きいプレイヤーにとっては，トリガー戦略をとる相手に対してはトリガー戦略をとることが合理的である。

繰り返し囚人のディレンマ（repeated prisoner's dilemma）・ゲームの分析は，アナーキーの下でも強制によることなく自発的に国家間の協力を維持できるか，

という理論的問題に分析的解答を与えるものである。すなわち，国際社会のアナーキー構造は，必ずしも国際協力を阻むものではなく，たとえば国境を越える経済取引が繰り返されるような場合には，共通の政府はなくとも国家間に協力は生まれ，共通の利益が実現するのである。

4 認識と行動

外交の破綻と戦争の勃発　現状に満足する「持てるもの (the haves)」と，現状に満足しない「持たざるもの (the have-nots)」とが厳しく対立した戦間期（第一次世界大戦と第二次世界大戦の間の時期）を生きた国際政治学者モーゲンソーは，国際政治の本質を現状維持勢力と現状変更勢力との権力闘争に見た。モーゲンソー流のリアリズムは，以下の3点を政治の現実として強調するものとして整理できる。すなわち，

① 政治的現状についての評価（あるいは立場）は，往々にして関係者の間で異なる
② 現状の帰趨を左右するのは，現状に満足する現状維持勢力と，現状に不満を持つ現状変更勢力との勢力分布である
③ 現状についての個別主体の評価（とそれに基づく行動の意図）は，関係主体がこれを必ずしも正確に認識するものではない

の三つである（モーゲンソー 1948／邦訳 1998, 37, 68）。現状についての評価の対立として多くのリアリストが思い浮かべるのは，第一次世界大戦の戦勝国（特にイギリス，フランス）と敗戦国（ドイツ）のヴェルサイユ体制観であろう。

こうしたリアリズムの発想は，②に明らかな通り，国際政治における強制の現実を直視する一方で，③からうかがえるように，特定国の意図に関する《実際》と周囲の《認識》との間にはギャップがあり，そのため意図の誤認 (misperception) が生じることを自覚するがゆえに，強制外交が所期の目的を達成できずに戦争の序曲ともなる現実の悲劇性にも敏感であった。このため政策論争においては，リアリズムはタカ派にもハト派にも知的な拠り所を与えるものになった。

とりわけ冷戦の文脈において，互いに相手の膨張志向を疑う東西両陣営が，

相手に対する恐怖から軍備増強という対抗策をとると、一方の恐怖からとられた行動が他方の恐怖に根拠を与える、という形で相互不信が増幅することを指摘した（モーゲンソー 1948, 73）。現状維持を意図する行動も、現状変更を意図する行動と誤認されるがゆえに、相手国の不安を搔き立てることなく、当該国の不安を拭えない。いわゆる安全保障のディレンマ（security dilemma）（土山 2004, 110; Herz 1950, 157; Jervis 1978, 169）である。

現状に対する評価が関係国の間で背反する場合には、互いの意図は一段と読みにくくなる。たとえば、アジアにおける分断国家である中国と台湾との関係について考えてみよう。1979 年、中華人民共和国政府が中国の唯一の合法政府であることを承認したアメリカは、台湾関係法（1979 年）に基づいて、台湾に防衛的性格の武器を供与することにした。というのも、防衛的な兵器を提供する限り、中台間の安全保障のディレンマが深刻化することはないと考えたからである（Jervis 1978, 199-210）。たしかに、分断国家にとっての安全保障上の課題が武力による現状変更の阻止に限られるのであれば、これでもよいかもしれない。しかしながら、「中国による現状変更（併合）」を阻止するための軍備は、同時に「台湾による現状変更（独立）」を可能にするものであろう。そうであるとすれば、防衛的性格の兵器の供与が両岸関係に安定をもたらすとは、簡単に言い切れるものではない（Christensen 2011, 240）。

総じて、相手国の行動次第では反撃も辞さないという威嚇や、当該国からは先制を自制するという約束も、その意図が正確に相手国に伝わらなければ、伝わっていれば回避できるはずの戦争を惹き起こしかねない（Jervis 1976, 58-67, 78, 84, 96-97; 石田 2010b, 363）。強制外交にせよ、安心供与外交にせよ、外交の破綻は戦争を惹起する。戦争原因論という観点から整理し直せば、強制外交論は、侵略国が被侵略国の反撃の意図を過小評価することに戦争の原因があるととらえるのに対して、安心供与外交論は、相手国の攻撃の意図を過大評価する（ゆえに不安を拭えない）ことに戦争の原因があるととらえるのである（Jervis 1976, 86; Stein 1992）。ではなぜ、外交論と戦争原因論とはこのように表裏一体を成すのだろうか。

意図の誤認の連鎖

二つの事例を取り上げるとしよう。1950 年の朝鮮戦争と 1991 年の湾岸戦争である。この二つの事例には共通点がある。表 3-6 に整理した通り、いずれの事例においても、

| TABLE | 3-6 ● 朝鮮戦争と湾岸戦争 |

決議	日 付	内 容
83	1950年6月27日	韓国に対する北朝鮮軍の武力攻撃は，平和の破壊（breach of peace）を構成すると認定して，北朝鮮当局に対して北緯38度までの撤退を要請したものの，同当局がそれを遵守しないので，加盟国に対して，武力攻撃を撃退し当該地域における国際の平和と安全を回復するために必要な支援を韓国に提供するように勧告する。
660	1990年8月2日	イラクによるクウェートの侵略につき国際の平和と安全の破壊（breach of international peace and security）が存在すると認定して，イラクのクウェート侵略を非難するとともに，イラク軍の即時無条件撤退を要請する。
678	1990年11月29日	イラクが安保理決議660以降の関連諸決議を遵守しないので，加盟国が関連諸決議を実施するとともに，当該地域における国際の平和と安全を回復するために必要なすべての手段をとることを容認する。

　国際連合の安全保障理事会は「国際の平和及び安全」を回復するために加盟国が行動することを求めている（朝鮮戦争の場合には安保理決議83，湾岸戦争の場合には安保理決議678）。
　それのみならず，いずれの場合も国家間に意図の誤認の連鎖を観察できる。
　まず朝鮮戦争の場合，1950年1月，アメリカのディーン・アチソン国務長官はナショナル・プレス・クラブ演説において，中国革命後の東アジアにおけるアメリカの（不退去）防衛線（defense perimeter）を，アリューシャン列島，日本列島，沖縄諸島，フィリピン諸島をつなぐ線として設定した。韓国に対する攻撃に対して，アメリカは反撃する意思を持っていたことが事後に判明したものの，その反撃の意図を事前に明確にすることはなかった。このために6月25日に北朝鮮軍の侵攻という形で朝鮮戦争が勃発したと解釈するのが，アメリカによる抑止の失敗を強調する朝鮮戦争起源論であると言える。
　抑止政策がとられるのは，何も開戦以前に限られるものではない。以上の事例が戦争勃発以前の抑止にあたるとすれば，以下の事例は戦争勃発後の抑止（intra-war deterrence）にあたる。戦争の局面に入ったからといって，意図の伝達を通じて関係国の同意を確保する外交の局面が自動的に終了するわけではない。国際政治については，平時は外交の局面，戦時は戦争の局面というように，

4 認識と行動　143

戦争の勃発によって截然と区切って考えることはできないのである。

　朝鮮戦争勃発直後，劣勢に立たされたアメリカは，9月の仁川上陸作戦によって韓国領の回復という目的を達成すると，「北進統一」方針を打ち出す。これに対して中国は，中国軍の参戦を警告して反撃を威嚇した。それにもかかわらず国連軍が平壌占領後，鴨緑江付近にまで北上したために，現実に「抗美援朝」の義勇軍派遣という形で反撃の威嚇を実行に移すことになった（第2章第4節参照）。この意味では，国連軍の北上は中国による抑止の失敗の所産でもある。

　湾岸戦争の場合には（Stein 1992; 石田 2010b, 378-379），意図の誤認の連鎖は一段と錯綜したものとなる。まず，イラクは武力による威嚇を背景に，クウェートに対して原油輸出政策などの変更を要求したものの，クウェートにその要求を受諾させることに失敗した（第2章第4節参照）。この意味では，1990年8月2日のクウェート侵攻は，イラクによるクウェートに対する強要の失敗の所産でもある。

　同時に，イラクによるクウェート侵攻は，アメリカの反撃の意図がイラクに明確に伝わらなかったことの結果でもある。それゆえそれは，アメリカによるイラクに対しての抑止の失敗の結果とも言える。

　続いて，イラクの侵攻を恐れるサウジアラビアの不安をイラクは払拭することができなかったために，サウジアラビアは米軍を受け容れることになった。それゆえサウジアラビアにおける米軍の配備は，イラクによるサウジアラビアに対する安心供与の失敗の結果とも見ることができるだろう。

　そして最後に，安保理決議678は，武力による威嚇を背景に，イラクによるクウェート侵攻以降の関連決議の履行を迫るものであったのはすでに述べた通りだが，これに対してイラクが譲歩しなかったために，アメリカなどの多国籍軍はイラクに対する武力の行使に踏み切った。この意味において1991年1月17日の湾岸戦争の勃発は，アメリカによるイラクに対する強要の失敗の結果でもある。

　これらの抑止の失敗，強要の失敗，そして安心供与の失敗の背後には，共通して意図の誤認という問題が存在する。

抑止の論理

ではなぜ，このような意図の誤認が生じたのだろうか。そこでまず，抑止の失敗を理論的に分

FIGURE 3-2 ● 抑止型の強制外交

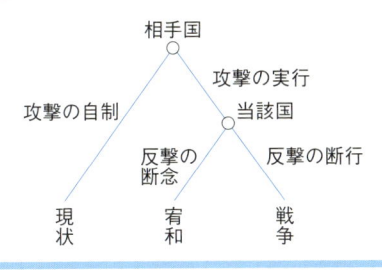

```
              相手国
              ○
      攻撃の自制   ＼攻撃の実行
                 当該国
                 ○
          反撃の    ＼反撃の断行
          断念
   現      宥       戦
   状      和       争
```

析してみよう（石田 2010b, 366-374, 379-384）。一般に抑止とは，《反撃の威嚇によって攻撃を自制させる政策》である（この文脈において確認しておくならば，防衛とは，反撃の実行によって攻撃を排除する政策である）。この場合，攻撃に対する反撃の威嚇とは，相手国にとっての最悪事態（＝戦争）につながる行動（＝反撃の断行）も辞さないという威嚇にほかならない。この威嚇によって，当該国にとって最善の事態（＝現状）につながる行動（＝攻撃の自制）を相手国に選択させる政策こそが，抑止政策である。現状の価値配分に対する脅威の不在として安全保障概念をとらえるならば（Wolfers 1952, 484, 485, 492），抑止とは武力による威嚇を用いた強制型の安全保障政策として整理できるだろう。

戦略環境を，展開型のゲームとして特定してみよう。展開型のゲームにおいては，戦略環境の全体は，点（プレイヤーが行動を選択する手番）と枝（プレイヤーの行動の選択肢）から成るゲーム・ツリーとしてとらえられる（プレイヤーの利得はその末端で実現する）。プレイヤーの行動の連鎖は，「経路」と呼ばれる。

図3-2に示したように，この展開型のゲームは，相手国が「攻撃の自制」か「攻撃の実行」かを選択する手番から始まる。前者を選択すれば，ゲームは終了し，「現状」というアウトカムが実現する。これに対して後者を選択すれば，当該国には「反撃の断念」か「反撃の断行」か，を選択する手番が回ってくる。前者の場合には「宥和」，後者の場合には「戦争」というアウトカムが実現する。

三つのアウトカムに関するプレイヤーの選好については，以下の通り仮定する（表3-7）。相手国については，「宥和」＞「現状」＞「戦争」（すなわち，「宥和」が最善，「現状」が次善，そして「戦争」が最悪である）と仮定する（$p \succ q$と表記した場合，pはqよりも好ましいことを意味する）。というのも，「現状」を最善と

4 認識と行動

TABLE 3-7 ● 抑止における選好についての仮定

国家（タイプ）	最　善	次　善	最　悪
相　手　国	宥和	現状	戦争
当該国（対決タイプ）	現状	戦争	宥和
当該国（友好タイプ）	現状	宥和	戦争

［注］　いずれの国家にとっても「現状」＞「戦争」。

　評価する相手国には抑止は不必要であり、逆に「現状」を最悪と評価する相手国には抑止は不可能であるため、抑止政策が必要かつ可能であるためには、相手国にとって「現状」は次善でなければならないからである。また、抑止政策は、「反撃の断行」の威嚇によって「攻撃の自制」を促す政策である以上、「現状」＞「戦争」と仮定する（ここで、選好に関する仮定について説明を補っておこう。もちろん「現状」を最悪と評価する相手国も想定しうるが、そのような国家を抑止できないことは一見して自明であるため、制限された紙幅を有効に利用する上でも、ここでは抑止不能な国家の抑止可能性についてまであえて分析を加えていない）。

　これに対して、当該国にとっては「現状」＞「宥和」は自明であり、なおかつ「戦争」も辞さないという威嚇によって「現状」を維持する政策をとるからには「現状」＞「戦争」のはずである。したがって、「現状」が最善であると仮定する。残りの二つのアウトカムについては、戦争によって確保できる価値に比べて戦争に伴う費用が低いために「戦争」＞「宥和」である場合と、逆に「宥和」＞「戦争」である場合とを想定できる。そこで、「現状」＞「戦争」＞「宥和」という選好を持つタイプを対決タイプ、「現状」＞「宥和」＞「戦争」という選好を持つタイプを友好タイプと呼んで区別したい。

　相手国と当該国の利得については、図3-3および図3-4に示した通りである。以下に示す通り、これほどまでに互いの意図について関係国が把握していたとしても、和戦の決定における意図の読み合いは困難を極める。思考実験上の仮定は、この点を解き明かすために準備したものであって、現実の描写（ましてや分析者の単なる思い込み）ではないことに、あらためて読者の注意を喚起しておく。

　ここでは、当該国と相手国とは、互いの意図（選好）に関する情報を共有し

FIGURE *3-3* ● 抑止──当該国が友好タイプの場合

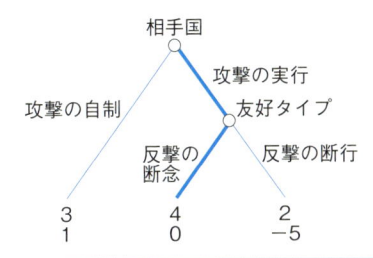

```
         相手国
        ○
  攻撃の自制 / \ 攻撃の実行
       /   ○ 友好タイプ
      /  反撃の／＼反撃の断行
      /   断念 /   \
     3       4     2
     1       0    -5
```

　（友好タイプの）当該国に手番が回れば，当該国にとって反撃を断行することによって得る利得（−5）を，断念することによって得る利得（0）が上回るため，当該国にとっては反撃を断念するのが合理的選択である。当該国のこのような選択を予想するなら，相手国にとって，攻撃を自制することによって得る利得（3）を，実行することによって得る利得（4）が上回るので，最初の手番において攻撃を実行するのが合理的選択である。

3-4 ● 抑止──当該国が対決タイプの場合

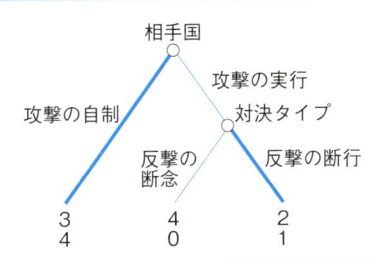

```
         相手国
        ○
  攻撃の自制 / \ 攻撃の実行
       /   ○ 対決タイプ
      /  反撃の／＼反撃の断行
      /   断念 /   \
     3       4     2
     4       0     1
```

　（対決タイプの）当該国に手番が回れば，当該国にとって反撃を断念することによって得る利得（0）を，断行することによって得る利得（1）が上回るため，当該国にとっては反撃を断行するのが合理的選択である。当該国のこのような選択を予想するなら，相手国にとって，攻撃を実行することによって得る利得（2）を，自制することによって得る利得（3）が上回るので，最初の手番において攻撃を断念するのが合理的選択である。

ている，という仮定をおこう（利得については，上段の数字が先手である相手国の利得，下段の数字が後手である当該国の利得である）。両国は「戦略的に相互に依存している」ために，相手国の戦略選択は当該国の選好に依存することになる。

4 認識と行動　　147

このゲームを，部分ゲーム完全均衡（subgame perfect Nash equilibrium）を求める形で解こう。部分ゲーム完全均衡とは，すべての行動選択の機会において，プレイヤーが最適に行動を選択するナッシュ均衡である。

相手国と友好タイプの当該国との間のゲーム（図 3-3）の部分ゲーム完全均衡（前者による「実行」と後者による「断念」の組み合わせ）においては，アウトカムは「宥和」であり，抑止は成功しない（実はこの両者の間には，相手国による「自制」と友好タイプの当該国による「断行」というナッシュ均衡も存在するものの，この場合には，後者は，本来ならば実行する意思のない行動を実行すると事前に予告することになるため，後者の反撃を断行するという《威嚇型の意図の言明》には説得力はなく，部分ゲーム完全均衡とはならない。したがって，ナッシュ均衡を求める形でこのゲームを解いては，合理的なプレイヤーの間では実現しそうにない戦略の組み合わせを排除できない。それゆえに，ここでは部分ゲーム完全均衡を求める形でゲームを解くのである）。

これに対して，相手国と対決タイプの当該国との間のゲーム（図 3-4）の部分ゲーム完全均衡（前者による「自制」と後者による「断行」の組み合わせ）においては，現状が実現して抑止が成功することになる。というのも，この場合には，後者の反撃を断行するという威嚇型の意図の言明に説得力があるからである。

このように，相手国が当該国のタイプ（意図）を正確に認識する限り，戦争は発生しない。戦争が発生するのは，相手国が対決タイプの当該国を友好タイプと誤認する場合に限られる。では，なぜこのような誤認が生じるのだろうか。

意図の言明とその説得力

現実には，相手国は当該国の意図を観察できない（言い換えれば，当該国のタイプに関する正確な情報を持たない）。誤認が生じるのは，このような状況の下において，相手国が持つ当該国の意図についての認識を操作する誘因が当該国に生まれるからである。というのも，最終的に当該国の利得は，表 3-8 に整理したようにゲームのアウトカムに依存する。そして，そのアウトカムは当該国と相手国の行動選択によって決まり，このうち相手国の行動選択は相手国が持つ当該国の意図についての認識に左右される（相手国はその認識を前提として合理的選択を行う）からである。

対決タイプのみならず，友好タイプもまた，対決タイプと相手国に認識させることによって，現状という最善のアウトカムを実現できる（表 3-8 に明らかな

| TABLE 3-8 ● 相手国の認識と当該国の利得 |

当該国の現実	相手国の認識	相手国の行動選択	当該国の行動選択	アウトカム	当該国の利得
友好	友好	攻撃の実行	反撃の断念	宥和	0
友好	対決	攻撃の自制	反撃の断念	現状	1
対決	友好	攻撃の実行	反撃の断行	戦争	1
対決	対決	攻撃の自制	反撃の断行	現状	4

通り,対決タイプは友好タイプと誤認されれば利得1,対決タイプと正確に認識されれば利得4を得る。友好タイプは友好タイプと正確に認識されれば利得0,対決タイプと誤認されれば利得1を得る)。すなわち,相手国の認識を操作することによって交渉が有利に進み,当該国に利益が生まれる。それゆえ,いずれのタイプも反撃を断行すると威嚇する誘因を持つことになるので,相手国は当該国の言葉によってそのタイプを識別することはできないのである。

このように,相手国の認識次第で当該国に利益が生まれる状況においては,意図の伝達は困難を極める。裏返せば,相手の認識を操作しても利益が生まれないような状況は,意図の伝達を容易にするのである(この点については第4章第2節における政策協調論を参照)。

表3-7が示すように,相手国にとっても対決タイプの当該国にとっても「現状」は「戦争」より好ましい。では,なぜ戦争という不合理(関係国にとっての共通の不利益)を,事前の外交を通じて回避できないのだろうか(Fearon 1995, 383-384)。仮に,交渉のテーブルについている当該国が対決タイプであるとしよう。その対決タイプからすれば,反撃を断行するという意図を相手国に伝達して現状の維持を図りたい。しかしながら,それと対峙する相手国とすれば,反撃の断行を言明する当該国がいずれのタイプであるのかは判断できない。というのも,友好タイプにも交渉の機会を利用して,(当該国は対決タイプであると)相手国を誤認に導く誘因があることは明らかだからである。それゆえ外交を通じて関係国の間で意図が正確に伝達されないために,戦争が勃発することになる。外交の破綻と戦争の勃発とが密接不可分な関係にある理由は,ここにある。

たしかに科学技術の発達によって，相手の軍備は観察できても，その意図は観察できるものではない。言ってみれば，どれほどハイテクを駆使した衛星写真にも相手の意図が写ることはないのである。

では，どうすれば反撃の威嚇に説得力が生まれるのだろうか。第一の解法は，仕掛線（tripwire）論である。反撃の威嚇として《言明された意図》の説得力・信頼性が疑われるのは，とりわけ拡大抑止（extended deterrence）の場面であろう。言い換えれば，反撃の威嚇によって，当該国それ自体に対する攻撃ではなく，当該国の同盟国に対する攻撃を相手国に自制させようとする場面であろう。仕掛線論とは，当該国にとっての宥和の利得を引き下げることによって「退路を断ち」（Schelling 1966, 43），反撃を断念するという行動の選択肢が実質的意味を失い，相手国の攻撃が当該国の反撃を確実に誘発するように仕組むというものであった。

> トルーマン政権が，議会に対して米軍の（西欧における）平時駐留を容認するように要請した際には，以下のような議論が明示的になされた。すなわち，米軍兵力は優位に立つソ連軍に対する防衛力として配備されるのではなく，西欧への攻撃に対しては自動的にアメリカが関与することについてソ連に確信させる抑止装置として配備されるのである。（Schelling 1966, 47）（傍点は引用者）

シェリングは，当該国（上記の文脈ではアメリカ）の兵力の平時駐留（戦争終結時の動員解除を前提とした有事における一時的な動員・駐留ではなく，平時における恒常的な駐留）は，武力による境界の変更と体制変更の強要を相手国（ソ連）に自制させる抑止効果を持つと考えた。なぜなら，その兵力を実際に行使して相手を撃退することはできない（すなわち，防衛力としては意味を持たない）ものの，相手国の攻撃があったにもかかわらず反撃を断念して駐留兵力を見殺しにするならば，当該国（正確には政府）は確実に深刻な政治的コスト（議会による非難や有権者の支持喪失）を背負い込むことになるからである。このコストゆえに，当該国にとっては「戦争」＞「宥和」となる。シェリングによれば，平時かつ常時の駐留は，当該国にとって背水の陣であることが相手国からも見て取れるので，威嚇の意図の言明が説得力を持ち，反撃の意図が相手国に正確に伝達される。これは，宥和に伴うコストゆえに前言の撤回が行動の選択肢としての実質的な意味を失い，そのため当該国の行動の選択肢が狭くなった方が，当該国はかえって好ましい事態を実現できる，というシェリング流の逆説（行動の自

由の逆説)にほかならない。

　アメリカが同盟国に差し出す人質として駐留米軍をとらえるなら，同盟国に対する共同防衛の約束に説得力を持たせる装置は，同時に相手国に対する反撃の威嚇に説得力を持たせる装置ともなる。この発想を，ノーベル経済学賞受賞者ならではの才気と見るか，冷戦期の残虐なまでに論理的な戦略家の狂気と見るかは当然評価の分かれるところだが，ここではその論理を正確に理解しておきたい。

　第二の解法は，コストを要する意思表示（costly signaling）である。当該国は自国が対決タイプであると相手国に認識させることによって好ましいアウトカム（＝「現状」）を実現できるがゆえに，相手国にそのように認識させるためにあえて高いコストをいとわずに行動する誘因を持つ。表 3-8 に明らかなように，ここでは対決タイプが相手国に対決タイプであると正確に認識させることによって実現できる純益（表 3-8 の場合，利得 4 と利得 1 の差の純益 3）が，友好タイプが相手国に対決タイプであると誤認させることによって実現できる純益（利得 1 と利得 0 の差の純益 1）よりも大きい。それゆえ対決タイプは，友好タイプには支払う誘因がないほどのコスト（たとえば 2）を自発的に負担することを通じて，自己のタイプについての情報を相手国に正確に伝達することができる。要するに，異なるタイプが異なる行動を選択する誘因を持つ（対決タイプはコストを要する意思表示を行い，友好タイプはそれを行わない）ので，意思表示の行動の有無を観察すれば，相手国は当該国のタイプを確実に推論できることになる。

　こうして対決タイプによる反撃の威嚇が説得力を持ち，相手国は攻撃の自制に追い込まれる。その結果として抑止が成功するのである。たとえば，軍備の増強，兵力の動員，同盟条約の締結などがコストを要する意思表示にあたるとされる（Fearon 1995, 396）。なお，関係国の認識に影響を与えることを意図してとられる行動を，シグナルという。

SECTION 5　威嚇と約束

権力政治の逆説　1999 年の NATO によるユーゴスラヴィア空爆，2001 年の 9.11 テロ事件後のアフガニスタン戦

争，そして 2003 年のイラク戦争が物語るのは，何よりも強制外交の限界であろう（石田 2009）。アメリカ，イギリスなどは，武力行使に先立ってユーゴスラヴィアのスロボダン・ミロシェヴィッチ政権，アフガニスタンのタリバン政権，そしてイラクのサダム・フセイン政権に対して，武力の行使も辞さないとしつつ関連安保理決議の履行を迫っていた。

> ○武力による威嚇の実例
> 威嚇1　対ユーゴスラヴィア（1999 年 2 月 3 日）　国連文書 S/1999/107
> 威嚇2　対アフガニスタン（2001 年 9 月 20 日）　G. W. ブッシュ大統領演説
> http://georgewbush-whitehouse.archives.gov/news/releases/2001/09/20010920-8.html
> 威嚇3　対イラク（2003 年 3 月 17 日）　G. W. ブッシュ大統領演説
> http://georgewbush-whitehouse.archives.gov/news/releases/2003/03/20030317-7.html

たとえば，ユーゴスラヴィアのミロシェヴィッチ政権に対して，NATO のハビエル・ソラナ事務総長は，1999 年 1 月 30 日，以下のような最後通告を突き付け，コソヴォからの撤退，住民投票の実施，そして検証のための NATO 軍の展開の容認（実質的には安保理決議 1199〈1998 年 9 月 23 日〉などの履行）などを求めた。

> 　　NATO には以下の目的を達成するために行動する用意があり，いかなる選択肢であれ，これを除外するものではない。その目的とは，コソヴォ紛争の両当事者が国際社会の要請を最大限に尊重し，すべての関連安保理決議……を遵守することを確実なものにすることである。……〔暴力に終止符が打たれ，コソヴォ問題の暫定的な政治解決のための交渉が完結し，人道的破局を回避するための手段が講じられることがなければ〕NATO 事務総長はユーゴスラヴィア連邦共和国領内における標的に対し空爆を決定する権限を持つものである，と北大西洋理事会は合意した。（傍点は引用者）

また，9.11 テロ事件後には，アフガニスタン政府に対してアメリカの G. W. ブッシュ政権は，武力行使も辞さないとしながら，1998 年のケニア，タンザニアの米国大使館テロ事件後にアメリカにおいて起訴されていたオサマ・ビンラーディンらの引き渡し，テロ訓練施設の閉鎖，そして検証のための査察の受け入れ（実質的には安保理決議 1267〈1999 年 10 月 15 日〉などの履行）などを求めた。さらに，イラク政府に対してブッシュ政権は，同じく武力行使も辞さないとしながら，大量破壊兵器計画の放棄に加え，検証のための査察に対する協力（実

> **COLUMN** 3-4 イラクに対して繰り返された強要の言説
>
> 　下記のそれぞれの言説のレトリックが酷似していることに，注意してほしい。
> 国連事務総長コフィ・アナン（1998年2月）
> 　「外交は多くのことを達成できるとは言え，それが武力を背景としたもの（diplomacy backed up with force）ならば一段と多くのことを達成できる」
> 米国大統領ビル・クリントン（1998年12月）
> 　「サダムの大量破壊兵器計画の進行を阻止する……には，説得力のある武力による威嚇（credible threat to use force）と，必要ならば実際の武力の行使以上に確実な方法はない」
> 英国外相ジャック・ストロー（2003年3月）
> 　「過去12年にも亘って安保理に背いてきた「ならずもの政権（rogue regime）」の大量破壊兵器の軍備縮小/武装解除を平和裏に実現するには，「説得力のある武力による威嚇を背景に外交を行う（back our diplomacy with the credible threat of force）」という形で両者を組み合わせる以外にない」
> 英国首相トニー・ブレア（2003年3月）
> 　「サダム・フセインのような相手との間に平和を実現するには，武力を背景とした外交（diplomacy backed by force）以外にない」

質的には安保理決議1441〈2002年11月8日〉などの履行）などを求めたのである。

　このように，アメリカ，イギリスなどは圧倒的な力の非対称を背景に強制を試みた。それのみならず1998年から2003年にかけて，こうした強制外交に関しては，「外交は武力と組み合わせることによって効力を増す」とする趣旨の発言が，当時の国連のコフィ・アナン事務総長，ビル・クリントン米大統領，ジャック・ストロー英外相，トニー・ブレア英首相らによって，自明のことのように繰り返されていた。にもかかわらず，相手国の政府は譲歩を拒み，戦争が発生したのである。

強要の論理　なぜ，圧倒的な力の非対称を背景とした強要が破綻したのだろうか。何が，このような権力政治の逆説を生み出したのだろうか。

　本章第4節においてすでに説明した抑止の戦略環境は，抑止のモデルとして

5　威嚇と約束　153

FIGURE 3-5 ● 強要型の強制外交

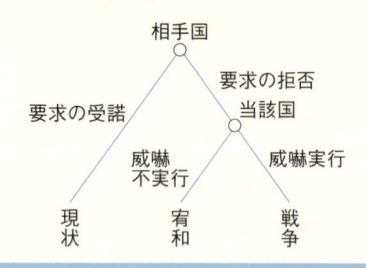

```
                    相手国
                   ○
          要求の受諾 / \ 要求の拒否
                 /   当該国
                /    ○
               /   威嚇 / \ 威嚇実行
              /   不実行/   \
             現       宥      戦
             状       和      争
```

TABLE 3-9 ● 強要における選好についての仮定

国　　家	最　善	次　善	最　悪
相　手　国	宥和	現状	戦争
当該国（対決タイプ）	現状	戦争	宥和
当該国（友好タイプ）	現状	宥和	戦争

　だけではなく，強要のモデルとしても読み直すことができる。図3-5に示した通り，ゲームは，要求を受諾しなければ武力の行使も辞さないという威嚇を背景に，当該国から一定の要求（相手国が当該国の同意を得ることなく一方的に変更した原状を回復すること，たとえば占領地からの撤退，「テロ」支援の停止，軍備の削減など）を突き付けられた相手国が，「要求の受諾」か「要求の拒否」か，を選択する手番から始まると考える。前者を選択するとゲームは終了し，「現状」というアウトカムが生じる。これに対して後者を選択すると当該国に手番が回り，「威嚇の不実行」か「威嚇の実行」か，を選択する。前者の場合には「宥和」（一方的な現状の変更を黙認するという意味において宥和），後者の場合には「戦争」というアウトカムが生じる。

　この構図において強要とは，当該国が武力行使も辞さないという威嚇によって相手国に要求への同意を迫る政策にほかならない。はたして，強要を通じて相手国から同意を引き出せるのだろうか。

　ここで，三つのアウトカムに関するプレイヤーの選好については，表3-9のように仮定しよう（その理由については，表3-7「抑止における選好についての仮定」

> **COLUMN** 3-5 力の論理と法の論理の交錯――その皮肉

　アメリカ政府は，武力行使（2003年のイラク戦争）の法的根拠として安保理決議をあげた。すなわち，湾岸戦争後の安保理決議687（1991年4月3日）が特定した湾岸戦争の停戦条件――大量破壊兵器計画の放棄と検証のための査察への協力――をイラクが遵守しないために，湾岸戦争前の安保理決議678（1990年11月29日）を通じて安保理が国連加盟国に容認した武力行使権限が蘇った，としたのである。イラクには，査察への協力を拒むことで，抑止効果のある大量破壊兵器を依然として保有し続けているという認識を相手国（米・英など）や関係国（イランなど）に与え，イラクに対する武力行使を抑止しようとする政治的誘因が生まれるが，それは逆に相手国に対して武力行使の法的根拠を与えてしまう（したがって武力行使の国際政治的なコストを下げる）ことになり，武力行使を抑止するどころか，かえって誘発することになったとも言える。

　この事例においては，既存の安保理決議が武力行使を容認するものであるかについて，安保理の中で解釈の一致はなかったにもかかわらず，米・英などはその独自の解釈に基づいて武力行使に踏み切った。武力行使に慎重な理事国からすれば，これを機に武力行使のリスクを伴う決議の採択には以前に増して慎重にならざるをえない。このような政治的誘因が働く結果として，集団安全保障体制が十全に機能しなくなることが懸念された（Krisch 1999, 94; Byers 2002, 40）。

に関する説明を参照）。

　すでに抑止モデルの文脈において説明した通り，相手国が当該国のタイプを正確に認識する限り，戦争が発生することはない（部分ゲーム完全均衡において，友好タイプとの間では「宥和」，対決タイプとの間では「現状」というアウトカムが生じる）。戦争が発生するのは，相手国が当該国を友好タイプと誤認する一方で，当該国が現実には対決タイプの場合である。

　当該国の意図に関して相手国に誤認が生じると強要は破綻し，戦争が勃発する。すなわち，当該国は威嚇を実行しないだろうという相手国の予測に反して，当該国が威嚇を実行に移す場合がこれにあたる。たとえば，イラク戦争のように，アメリカが武力による威嚇を加えながらイラクに大量破壊兵器（weapons

5 威嚇と約束

of mass destruction: WMD）計画の放棄を強要する場面を考えてみよう（大量破壊兵器については第5章第3節参照）。

「イラクは大量破壊兵器を保有している（確率が十分に大きい）」とアメリカ（や隣国イラン）に認識させることができれば，アメリカはリスクの大きい戦争に突入することを思い止まるに違いない，という推測がイラク側に成り立つ。このような意味で抑止効果を持つ大量破壊兵器こそが，体制の生き残りのためには不可欠であるとサダム・フセインが判断するならば，大量破壊兵器を現実に処分しようとも，サダムにはそれをあたかも依然として保有し続けているかのような言動をとる誘因が生まれる。結果的には，アメリカの武力行使を抑止するためにサダムは査察への協力を拒んだが，それがかえってアメリカの武力行使を正当化する根拠を提供することになったのは，何とも皮肉なことである。

当該国は威嚇を断行しないだろうと相手国が推論する典型的な状況は，威嚇の断行には膨大な政治的・財政的な費用を要するだろうと当該国は予想しているに違いない，と相手国が認識する場合である。2003年のイラク戦争の費用については，その評価をめぐってアメリカ国内において大きな論争を呼んだ（Stiglitz & Bilmes 2008）。このことから，イラクの側で，アメリカはこの戦費ゆえに威嚇の断行を躊躇するだろうと推論したとしても無理はない。戦争になればアメリカ側に生じる費用（政治的なそれも含む）について，アメリカとイラクとの間で認識が異なれば，交渉による解決は望めるものではない（Lake 2010, 31-34）。

強要が破綻するもう一つの理由は，安心供与なき強要の限界である。要求を突き付けられる相手国からすれば，要求を拒否すれば武力の行使も辞さないという当該国の威嚇にたとえ説得力があったとしても，「一定の要求を受諾しさえすれば，それ以上の譲歩は迫らない」という当該国の約束にも十分な説得力がなければ，要求を受諾する誘因は生まれない。

安心供与の論理

そもそも安心供与とは何か（Kydd 2000; 石田 2010b, 374-378）。図3-6に示した通り，ゲームは，要求を受諾すればそれ以上の譲歩を強いることはないという約束を背景に，当該国から一定の要求（相手国が当該国の同意を得ることなく一方的に変更した原状を回復すること）を突き付けられた相手国が，「要求の受諾」か「要求の拒否」か，を選択する手番から始まると考える。強要型の強制外交とは異なり，前者

FIGURE 3-6 ● 安心供与外交

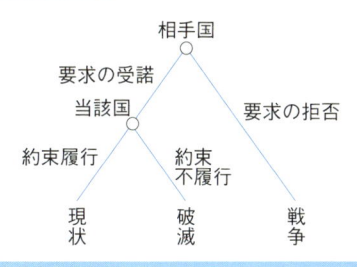

```
              相手国
         要求の受諾 / \ 要求の拒否
          当該国
     約束履行 / \ 約束不履行
       現状   破滅   戦争
```

を選択しても「現状」というアウトカムに落ち着くとは限らない。前者を選択すると当該国に手番が回り，「約束の履行」か「約束の不履行」か，を選択する。前者の場合には「現状」（政策の原状回帰），後者の場合には「（相手国の）破滅」（たとえば**体制転換**〈regime change〉）というアウトカムが生じる。これに対して相手国が「要求の拒否」を選択すると「戦争」というアウトカムが生じる。

　この構図において安心供与外交とは，当該国がこれ以上の譲歩を強いることはないと約束することを通じて，相手国の不安を払拭することによって要求への同意を確保し，当該国には歓迎できない戦争を回避するという政策である。相手国の不安を払拭することは，結局のところ当該国の不安をも払拭することになる。というのも，安心供与外交の構図において，相手国の不安（すなわち，当該国が「約束不履行」を選択することによって破滅という最悪事態が生じるのではないかという不安）は当該国に不安（すなわち，相手国が「要求の拒否」を選択することによって戦争という最悪事態が生じるのではないかという不安）をもたらすだけであり，むしろ当該国に安心をもたらすのは相手国の安心だからである。この意味では，相手国の不安の払拭は，当該国にとってはあくまでも手段であって目的ではない。強制外交が相手国の不都合も辞さないという意図を言明して当該国の都合を実現する外交であるのに対して，安心供与外交は，相手国の不都合を回避するという意図を言明して当該国の不都合を回避するという外交なのである。はたして，要求に対する相手国の同意を確保できるのだろうか。

　三つのアウトカムに関するプレイヤーの選好については，以下のように仮定

TABLE 3-10 ● 安心供与における選好についての仮定

国　　家	最　善	次　善	最　悪
相　手　国	現状	戦争	破滅
当該国（対決タイプ）	破滅	現状	戦争
当該国（友好タイプ）	現状	破滅	戦争

［注］いずれの国家にとっても「現状」＞「戦争」。

する（表3-10参照）。相手国については，「現状」＞「戦争」＞「破滅」と仮定する。というのも，「戦争」を最善と評価する相手国には安心供与は不可能であり，逆に「戦争」を最悪と評価する相手国には安心供与は不必要であるため，安心供与政策が必要かつ可能となるのは，相手国にとって「戦争」が次善の場合に限られる。また，安心供与政策は，「約束履行」の意図を言明することによって「要求の受諾」を促す政策である以上，「現状」＞「戦争」と仮定する。

これに対して当該国については，約束を履行する誘因を持つタイプを「友好タイプ」，約束を履行する誘因を持たないタイプを「対決タイプ」と呼んで区別したい。このゲームにおける対決タイプとは，相手国が要求を受諾しても，さらなる譲歩を迫るタイプである。たとえば相手国が大量破壊兵器計画の放棄（すなわち政策変更）という要求を受け容れたところで，その相手国に体制転換をも迫るタイプである。

この場合，相手国と友好タイプの当該国との間では，当該国のタイプについての情報を相手国も共有していれば，すなわち当該国の意図を相手国が把握していれば，部分ゲーム完全均衡において「戦争」は勃発しない（部分ゲーム完全均衡は，前者による「要求の受諾」と後者による「約束履行」の組み合わせとなるので，均衡におけるアウトカムは「現状」〈両国にとって最善のアウトカム〉である）。しかしながら，現実には，相手国は当該国の意図を観察できない。ここでは，友好タイプのみならず，対決タイプもまた，友好タイプと相手国に認識させることによって，戦争という最悪のアウトカムを回避できる。それゆえ，いずれのタイプも約束履行の意図を言明する誘因を持つことになるので，相手国は当該国の言葉によってそのタイプを識別することはできない。したがって，相手国が友好タイプの当該国を対決タイプと誤認する結果，相手国と友好タイプの当

> **COLUMN** *3-6* 「良い」兵器論の論理と病理
>
> 　相手国の不安を掻き立てることなく，当該国の不安を払拭することはできないのか。言い換えれば，安全保障のディレンマを深刻化させないような軍備はあるのか。この問題は，冷戦期の安全保障論における中核的な論点の一つとなった（シェリング 1960／邦訳 2008, 242; Jervis 1978, 206-207）。リアリストは，潜水艦発射弾道ミサイルのように，当時の軍事技術をもってすれば必ずしも命中精度は高くないために，「報復のための兵器を確実に破壊することはできないものの，非戦闘員には十分な損傷を与えることのできる兵器」こそがそれに該当する，という議論を展開した。というのは，そのような性格を具備した兵器は，先制攻撃を自制するという約束の信頼性を損なうことなく，攻撃に対しては反撃するという威嚇に信頼性をもたらすと考えたからである。相手国の兵器（先制攻撃に対する反撃に使用される「第二撃」兵器）を破壊することなく，人間（都市の住民）だけを殺傷する兵器こそが，安全保障のディレンマを深刻化させないという意味において「良い兵器（good weapon）」だ，とする倒錯に論理があるとすればこれである（Tucker 1960, 140）。

該国との間においてさえ戦争が勃発しうるのである。

　このように，関係国の意図を観察できない国家間関係において，不安を払拭するのは容易なことではない。国際政治における強制という現実のみならず，この容易に払拭し難い不安というもう一つの現実にも着目したのが，モーゲンソー流のリアリズムであった（本章第 4 節参照）。

　安全保障のディレンマ論の論理は，すでに説明した通り，現状の維持を意図する行動も，現状の変更を意図する行動として誤認されるがゆえに，相手国の不安を掻き立てることなくして当該国の不安は拭えないというものであった（本章第 4 節参照）。この議論をさらに突き詰めると，制限された現状変更を意図する行動も，制限されない現状変更を意図する行動として誤認され，相手国に不安を与えずにはおかないために，威嚇を背景とする現状の変更（強要）は現状の維持（抑止）以上に困難だという議論に行き着く（Jervis 1976, 79, 112; Schelling 1966, 74-75）。**威嚇と約束のトレードオフ**は，関係国の同意を確保する技術としての政治が直面する，難題中の難題なのである（Luard 1967, 185-

186; Deutsch 1968, 128; Baldwin 1971, 25; Snyder 1971, 82; 石田 2009, 231; 石田 2010b, 387-388)。

「平和を欲すれば，戦争に備えよ」とは，抑止論の直截簡明な提言であり，一つの古典的な英知かもしれない。とはいえ一方で，ホッブズを引き合いに出すまでもなく，だれもが絶対の安全という目標を追求する中ではだれも安全を実現できない，というのももう一つの古典的英知ではなかったか。

狼と羊から成る仮想世界の中で，強制外交（抑止と強要）と安心供与外交に関する上記の議論を整理しておこう（坂本 1966, 76）。狼にはどのように対応すべきか。狼のみならず羊もまた，相手の狼には，対峙しているのは狼であると認識させることによって狼を抑止する誘因を持つ。強制外交の課題とは，羊とは誤認されたくない狼が，その威嚇の意図の言明に説得力を確保することにある。

これに対して羊にはどのように対応すべきか。羊のみならず狼もまた，相手の羊には，対峙しているのは羊であると認識させることによって羊の不安を払拭する誘因を持つ。安心供与外交の課題とは，狼とは誤認されたくない羊が，その約束の意図の言明に説得力を確保することにある。

ここで以下の2点を強調しておきたい。第一に，政策提言については，強制外交論者が，相手国に十分に不安を抱かせることなしに当該国の安心はないとするタカ派であるのとは対極的に，安心供与論者は，相手国の不安を十分に払拭することなしに当該国の安心はないとするハト派ではあるものの，両者共に議論の核心は《意図の言明の説得力》にある。この意味では，競合する処方箋を提示する両者は診断書を共有していると言える。

第二に，相手国が当該国の意図（すなわち，当該国のタイプ）について情報を持たないだけではなく，当該国が相手国の意図（すなわち，相手国は当該国が威嚇を実行しないと判断すれば要求を拒否するのか〈言い換えれば，強制外交において想定されている相手国なのか〉，それとも当該国が約束を履行しないと判断すると要求を拒否するのか〈言い換えれば，安心供与外交において想定されている相手国なのか〉）について情報を持たないならば，事態はいっそう複雑化する。たとえば，《当該国が威嚇を実行しないと判断すれば要求を拒否する》タイプの相手国に直面していると想定して，当該国が威嚇の説得力を増すような行動を選択したところ，想定とは異なり，現実には《当該国が約束を履行しないと判断すれば要求

を拒否する》タイプの相手国に直面していたとすれば，約束の説得力が失われるために，相手国は要求を拒否することになる。このような威嚇型の意図の言明と約束型の意図の言明との間には，トレードオフの関係が存在するのである。

安心供与外交における駆け引きの構図

関係国の不安の払拭を図らなければならない典型的な場面として，交渉を通じて軍備の縮小に対する相手国の同意を確保する場面を考えてみよう。

本章第2節で取り上げた冷戦期のキューバ・ミサイル危機も，安心供与の構図において考察することができる。1962年10月26日，ソ連のN. フルシチョフ首相はアメリカのJ. F. ケネディ大統領宛の書簡（Chang & Kornluh, eds. 1992, 195-198）において次のような取引を提案している。

> もし〔アメリカ〕合衆国大統領と合衆国政府が，合衆国は，自らキューバに対して攻撃を仕掛けることはないし，〔反革命派のキューバ系移民による〕攻撃についてもそれを抑制する，と確約（assurances）するならば……軍備の問題は消滅するだろう。というのも，脅威がなければ，軍備は重荷に過ぎなくなるからである。（傍点は引用者）

すなわち，ソ連はキューバからのミサイルの撤去に応じるにあたって，キューバ不侵攻の確約を求めたのである（ただしフルシチョフは，翌日にはソ連によるキューバからのミサイルの撤去とアメリカによるトルコからのミサイルの撤去の交換も持ち掛けているので，駆け引きの構図は単純なものではない。また，厳密を期すならば，この事例は当該国が相手国に意図を表明する事例というよりも，相手国が当該国の意図に探りを入れる〈つまり，スクリーニングを行う〉事例と解釈すべきかもしれない）。

安心供与の構図は，冷戦後の朝鮮半島における核危機においても観察できる。すなわち，米朝間で繰り返し試みられた駆け引きの図式は，北朝鮮に核放棄を求めるアメリカが，核放棄後の北朝鮮の安全を保証することを約束するというものであった。第一次核危機については，米朝枠組み合意（1994年10月21日）においてアメリカは，核兵器の使用あるいは核兵器による威嚇を自制するという確約を行い，第二次核危機については，第四回6者会談共同声明（2005年9月19日）においてアメリカは，核兵器あるいは通常兵器による北朝鮮への攻撃・侵攻の意図を持たないという確約を行ったのである。

非核兵器国に対する安心供与

核不拡散条約（Non-proliferation Treaty, NPT）は、その第9条第3項において、「この条約の適用上、「核兵器国」とは、千九百六十七年一月一日前に核兵器その他の核爆発装置を製造しかつ爆発させた国をいう」と定義して政治的現状を法的に固定した上で、核兵器国の不拡散義務（第1条）と非核兵器国の不拡散義務（第2条）を別個に定めている。この意味で非対称的なNPT体制の下で核兵器国は、（例外は明記しつつも）核不拡散条約の締約国である非核兵器国に対し、核兵器の使用を自制するとして消極的な安全の保証（negative security assurance）を与えるのと引き換えに、非核兵器国による不拡散への同意確保を図ったのである。

たとえば、1978年の国連軍縮特別総会の場においてアメリカは、次のように消極的安全の保証を宣言した。

> 合衆国はNPT締約国……であるいかなる非核兵器国に対しても核兵器を使用しないことを確認する。ただし、〔アメリカ〕合衆国、その領土あるいは軍隊、そしてその同盟国に対して、核兵器国と同盟関係にある非核兵器国が攻撃を行う場合、あるいは核兵器国と提携してそのような攻撃を実行・継続する場合はこの限りではない。("Statement of Secretary of State Vance: U. S. Assurance on Non-Use of Nuclear Weapons, June 12, 1978," *Department of State Bulletin*, vol. 78, no. 2017, August 1978, 52.)

このように、非核兵器国に対する核攻撃の自制を約束することが消極的な安全の保証であるのに対して、同盟国である非核兵器国に対する核攻撃に対して核の反撃を約束する、すなわち、核の傘を提供することは、積極的な安全の保証（positive security assurance）として概念化することができるだろう。では、消極的なものであれ、積極的なものであれ、核兵器国が非核兵器国の安全を確約することの狙いは、非核兵器国から独自核開発の自制への同意を確保することにあると整理できるのだろうか（Levite 2003, 77）。この問題は、はなはだ論争的である。

一国の核軍備政策とその同盟政策は、単なる安全保障上の選択肢にとどまるものではない。よく知られるように日本の場合、非核三原則を掲げて核兵器開発を自制するとともに、アメリカの核の傘に頼ってきた。

> 日本は……アメリカの核抑止力、これをたよりにいたします。しかし、日本自身〔は〕核兵器を製造せず、核を持たないし、持ち込みも許さない、こういう立場で

ございます……。(1968年1月30日の衆議院本会議における，当時の内閣総理大臣・佐藤栄作の答弁)（傍点は引用者）

> ○インターネットで国会答弁を検索する
> 「国会会議録検索システム」(http://kokkai.ndl.go.jp)において，発言者，キーワード，日付などを特定することによって簡単に検索することができる。

《非核三原則》と《核の傘》とは，一方が成立すれば他方は成立しないという意味において代替関係にあって両立するものではない（したがって，核の傘依存政策は非核三原則と矛盾する）という立場に立って政府の方針に批判的であったのが，55年体制下の野党・社会党の姿勢であったことは言うまでもない。これとは対照的に，この問題について細川護熙元首相（首相在任期間は1993-94年）は，1998年の『フォーリン・アフェアーズ』誌上で，

> 日本がNPTを脱退し，独自の核抑止力を開発するという事態を回避することを望むならば，日本との同盟を維持し，核の傘を提供し続けることこそが〔アメリカ〕合衆国の利益というものである。(Hosokawa 1998, 5)

という見解を示した。このような見解からすれば，《非核三原則》と《核の傘》は一方が成立しなければ他方も成立しない（したがって，核の傘依存政策は非核三原則と矛盾しないどころか，その前提ですらある）という意味において補完関係にある，ということだろう。

基地提供国に対する安心供与

日本の安全保障政策の範囲については，日本国憲法第9条の制約があることは言うまでもない。この点に関連して，「自国と密接な関係にある外国に対する武力攻撃を，自国が直接攻撃されていないにもかかわらず，実力をもって阻止する権利」としての集団的自衛 (collective self-defense) 権（第2章第3節参照）の行使について，内閣法制局は，

> 国際法的に日本が個別的自衛権のみならず，集団的自衛権を持つということは……明らかだろうと……考えます。しかし，……他国防衛のために他国に出ていってそれを防衛する，そういう意味における集団的自衛権〔は〕，……日本の憲法の認めるところではなかろう，かように考えております。(1960年4月28日の衆議院日米安全保障条約等特別委員会における当時の内閣法制局長官・林修三の答弁)（傍点は引用者）

とする解釈を示した。それゆえに日米同盟については，西村熊雄元外務省条約

5 威嚇と約束 163

> **COLUMN** *3-7* 日本国憲法と新安保条約　（引用文中の傍点は引用者）
>
> ○日本国憲法
> 　第9条①　日本国民は，正義と秩序を基調とする国際平和を誠実に希求し，国権の発動たる戦争と，武力による威嚇又は武力の行使は，国際紛争を解決する手段としては，永久にこれを放棄する。
> 　　　　②　前項の目的を達するため，陸海空軍その他の戦力は，これを保持しない。国の交戦権は，これを認めない。
>
> ○新安保条約（日本国とアメリカ合衆国との間の相互協力及び安全保障条約）
> 　第5条　各締約国は，日本国の施政の下にある領域における，いずれか一方に対する武力攻撃が，自国の平和及び安全を危うくするものであることを認め，自国の憲法上の規定及び手続に従つて共通の危険に対処するように行動することを宣言する。……
> 　第6条　日本国の安全に寄与し，並びに極東における国際の平和及び安全の維持に寄与するため，アメリカ合衆国は，その陸軍，空軍及び海軍が日本国において施設及び区域を使用することを許される。……

　局長の言葉を借りるならば，基本的に日本が基地を提供し，アメリカは軍隊を提供して日本の防衛を図る，**物と人との協力**（西村 1959／1999）という形が維持されてきたのである。このように非対称的な性格を持つ同盟は，1960年の日米安保条約の改定の際に議論されたように，防衛地域（新安保条約第5条）と使用地域（同6条）との不一致という問題を孕むものであった。

　この文脈において日本には，共同防衛のために基地を提供したものの，在日米軍の軍事行動によって日本の意に反して日本が戦争に巻き込まれるのではないか，という不安が生じた。この点に関連して，まさに日本側の**巻き込まれる不安**を払拭することに**事前協議**（prior consultation）制度の存在意義がある，と説明されてきた。すなわち，「合衆国軍隊の日本国への配置における重要な変更，同軍隊の装備における重要な変更並びに日本国から行なわれる戦闘作戦行動（……）のための基地としての日本国内の施設及び区域の使用は，日本国政府との事前の協議の主題とする」（〔新安保〕条約第六条の実施に関する交換公文）ことになっているのだから，その協議が提起されない限りは巻き込まれること

を恐れる根拠はないという論理である。たしかに1960年1月20日における岸信介首相とD. アイゼンハワー大統領の共同声明において，アメリカ側は，

> 総理大臣は，大統領と新条約の下における事前協議の問題を討議した。大統領は，総理大臣に対し，同条約の下における事前協議にかかる事項について米国政府は日本政府の意思に反して行動する意図のないことを保証した（assured …… that the United States government has no intention of acting in a manner contrary to the wishes of the Japanese government）。(傍点は引用者)

という形で安心供与を図ったのである（田中1997, 188; 朝鮮半島有事における事前協議については，坂元2000, 258-259; 波多野2010, 138-139）。

現状の正統性——外交から国際秩序へ

現状の価値配分に対する脅威を削減するには何が必要なのだろうか。当該国に配分された価値を侵害する国家があれば，それに対して断固反撃するという威嚇の説得力なのだろうか。それとも，当該国は関係国に配分された価値を侵害することはないという約束の説得力なのだろうか。軍備の増強，基地の拡充，防衛関連の法整備。こういった一国の行動も，対外政策という観点から見るならば，その成否は，それが当該国の意図についての関係国の認識にどのような影響を与えるかによることは，本章の説明から明らかであろう。

本章では，関係国間の価値配分について，外交という観点から関係国の意図の認識に着目して考察を加えた。次章では観点を国際秩序に移す。

価値配分の手続きを特定する規則とそれを支える規範原則について，関係諸国，関係諸集団がそれに同意し，それを正統であるとみなし，いずれの主体も暴力に訴えてそれを根本的に変更する誘因を持たないならば，価値配分の現状に対する脅威はもはや存在しない。価値配分の現状維持として安全保障をとらえると（Wolfers 1952, 484, 485, 492），個々の個別国家に，この意味における安全が確保されている国際社会には秩序が成立していて，価値配分のあり方について関係国の間に広く同意が存在する，と理解することができるだろう。では，どうすれば個別国家の安全と，国家から成る社会における秩序とを両立することができるのか。これが国際秩序にかかわる第一の問題である。

第二の問題は，現状の価値配分について関係国がこれを正統とみなさない場合に生じる。そのような場合に，はたして（全面的に）暴力によらずに，関係国の同意に基づいて現状の価値配分を変更できるのだろうか。これが国際秩序

にかかわる第二の問題である。

このような問題を中心に，第 4 章において国際秩序について多面的な考察を加えよう。

| BOOK GUIDE　●文献案内 |

グレアム・T. アリソン，1971／宮里政玄訳『決定の本質——キューバ・ミサイル危機の分析』中央公論社，1977。
- 複数の省庁を横断する役職者会議において，個々の役職者の立場はまさに彼らが代表する省益によって拘束される。したがって，このような会議を経て採択された政策は，競合する個別利益の妥協の産物以外の何物でもない。このような「アリソンの不思議な世界」（クラズナーの表現）は，1970 年代のアメリカの国際政治学者たちの間に論争を呼んだ。

トーマス・C. シェリング，1960／河野勝監訳『紛争の戦略——ゲーム理論のエッセンス』勁草書房，2008。（邦訳の底本は 1980 年刊行）
- リアリズムは，国際政治学の初学者をも，それに惹かれる読者と反発する読者とに二分せずにはおかない。リアリズムの才気に心酔するも，あるいはその狂気を嫌悪するも，まずは影響力において他の追随を許さないシェリングの論理に正面から取り組んでからにしよう。

James D. Fearon, 1995, "Rationalist Explanations for War," *International Organization* vol. 49, no. 3.
- はたして国際政治学における金字塔か，それともミクロ経済学の定番の借用か。そもそも政治学者は，経済学者から直接的に，あるいは経済学を学んだ政治学者から間接的にコミットメントの概念を学ぶまで，それが意味することを考えたことすらなかったのか。フィアロンが繰り広げる論理は，フィアロンや，さらに遡ってシェリング以前の国際政治学者たちによってどのように語られてきたのかを，あらためて考えてみよう。

岡義武，1955『国際政治史』岩波現代文庫，2009。

田畑茂二郎，1956『国際法〔第 2 版〕』岩波全書セレクション，2008。
- 前者は，国内体制の変動を軸に国際政治史の展開を叙述する。後者は，国際法思想の歴史的性格，すなわちその社会的基盤を解き明かす。外交の民主的統制について岡は，内政の統制との比較においてはなはだ不完全ながらも，アメリカでは 18 世紀末に条約の締結に議会の同意を必要とする体制が成立したとし（岡 1955／2009, 161-164），田畑は，同じくアメリカの統治構造を念頭に置きつつ，政治体制の民主化にともなって条約の批准の持つ法的性質に変化が生じ，批准は署名の確認にすぎないとする考え方が次第に否定されていったとする（田畑 1956／2008, 282）。では，国内の政治体制の民主化によって，国際合意の交渉者が国内の批准権者の代理人として交渉にあたる構図が出現した結果，はたして交渉の帰趨（関係国間の同意に基づく価値配分）はどうなるのだろうか。

Chapter 3 ● 確認しておこう　　　　　　　　　　POINT

❶　表明された意図——いわゆるコミットメント——には，強制外交論の文脈における威嚇型のコミットメントと，安心供与外交論の文脈における約束型のコミットメントとがある。それぞれの具体例をあげてみよう。

❷　国際法では平時と戦時とを峻別して考えるが，平時と戦時との間に断絶ではなく連続を見るのが（特にリアリスト学派）国際政治学の立場であろう。意図の伝達を通じた同意確保の政治過程として外交をとらえるならば，外交の破綻と戦争の勃発とはどのように連動すると言えるだろうか。具体的に考えてみよう。

❸　力の論理と法の論理とはどのように交錯するのだろうか。イラク戦争（2003年）の文脈において，圧倒的な力の非対称を背景に大量破壊兵器計画の放棄を迫られたイラクが，査察への協力を拒んだ政治の論理と，査察の拒否が米・英などの対イラク武力行使の法的根拠となった法の論理とを振り返ってみよう。

第 4 章 国際秩序

パリ講和会議（1919年）——中央に座るのは，左からウィルソン，クレマンソー，ロイド＝ジョージ（Sir William Orpen 画．©The Bridgeman Art Library/PANA）

CHAPTER 4

国際秩序とは，国際社会の構成員の間で，資格基準と行動基準について同意が成立している状態を指す。第1節では，公権力の不在を秩序問題と考える国内類推論を概観する。ここには，集団安全保障体制論，覇権秩序論，そして立憲秩序論が含まれる。第2節では，分権体制の下では国家間の共通の利益が必ずしも実現しないことを秩序問題と考える市場類推論を概観し，その代替・補完メカニズム（覇権安定論と国際レジーム論）を考察する。そして第3節では，領域国家が個人の権利を保障するものである限り，国家と個人との結び付きを組み換える《統治領域の国際的再編》が秩序問題となることを，共振論の枠組みを用いて説明する。

- KEYWORD
- FIGURE
- TABLE
- COLUMN
- BOOK GUIDE
- POINT

SUMMARY

KEYWORD

主権国家体制　国家の構成要件　教皇　皇帝　普遍的権威　家産王位継承　治者　被治者　ウェストファリア条約　領域国家　政治秩序　政体　正統な構成員資格　適切な行動の範囲　国際社会　国内類推　勢力均衡　権力分立　国際の平和及び安全　安全保障理事会　平和に対する脅威　平和の破壊　侵略行為　自衛権　集団安全保障体制　領土保全　政治的独立　拒否権　脅威認識　脅威認定　消極的平和観　旧ユーゴスラヴィア国際刑事裁判所　ルワンダ国際刑事裁判所　平和の逆説　多国間制度　単独行動　戦争の違法化　法律家的・道徳家的アプローチ　現状維持勢力　現状変更勢力　核不拡散条約　平和的変更　英国学派　正義にかなう変更　知識社会学　立憲秩序　強者の強要　強者の安心供与　勢力交代　体制移行　包括和平　権力分掌　主権の相互承認　規範　法の支配　人道的干渉　ジェノサイド　戦争犯罪　民族浄化　人道に対する罪　保護する責任　外部効果　負担分担　国家破綻　国家領域　非国家領域　地球規模の共有地　先占　公海自由の原則　領海　公海　国連海洋法条約　集合行為　第三者による執行　ただ乗り　マンカー・オルソン　市場の失敗　ネオリベラル制度論者　市場類推　覇権安定論　覇権国　公共財　知的財産権　知識　国際レジーム　関税及び貿易に関する一般協定（GATT）　最恵国待遇原則　内国民待遇原則　K. ウォルツ　R. コヘイン　ロナルド・コース　コースの定理　取引費用　政策協調　標準設定　恋人たちの諍い　ジョン・ラギー　間主観ラショナリズム　合理的選択論　国家実行　法的確信　国際慣習法　大量破壊兵器　非国家主体　カスケード　対人地雷禁止条約　オタワ・プロセス　ネットワーク外部性　不干渉のリベラリズム　干渉のリベラリズム　文明国水準論　不平等条約　日米修好通商条約　コペンハーゲン基準　アーネスト・ゲルナー　ナショナリズム　民族　国民　ウティ・ポシデティス　領土保全　分離主義　失地回復主義　植民地独立付与宣言　友好関係原則宣言　アフリカ統一機構　擬似国家　国内統治基準　レンティア国家　基幹民族　国籍法　弱者の強要　弱者の予防戦争　弱者の不安　立憲政体　強者の安心供与　多数派の寛容　少数派の忠誠　強制人口移動・交換　ローザンヌ条約　少数者保護　少数者の権利保障　欧州人権条約　国際的正統性　体制の安全　人間の安全

SECTION 1　領域主権国家体制

国内類推論の系譜●

領域の排他的統治の相互承認

　18世紀のヨーロッパにおいて，領域の排他的統治を諸国家が相互に承認する主権国家体制が定着した。すなわち，主権国家体制を構成する国家については，それが備えるべき要件の理解も収斂し，領土，人民，政府，そして国際法人格をもって国家の構成要件とする共通了解が生成した。また，国家間関係については，政府の中で外交を担当する部署（典型的には外務省）が独立性を獲得し，外交にかかわる諸慣行も確立した。国家主権観念を中核に据えた近代国際法思想が形成されたのも，この時期のことである（Lyon 1973, 26；田畑 1956／2008, 60, 66）。

　近代主権国家体制は，教皇と皇帝という聖俗の普遍的権威を基盤とした中世の秩序に代わるものであった。この体制が成立するまでは，領地にしても領民にしても君主の家産とされ，君主の王位継承によってその統治領域も拡大した。たとえばハプスブルク家のカール5世は16世紀前半に「太陽の没することなき帝国」を作り上げたが，それは必ずしも新・旧両大陸にまたがる広大な領地において一元的な統治が実現したことを意味するわけではなかった。むしろ統治のあり方を異にする領域を，一人の君主が個別に相続したにすぎなかったのである。

　領域主権の確立は，一方において普遍的な宗教的正義を領域化することによって国際社会を世俗化し，統治領域の内と外に一定の平和をもたらした（押村 2008, 41-42）。正邪の判定を超域的に行う裁定者の存在の否定が，戦争を当事国間に限定する効果を持ったとも言えるだろう（山影 2012, 24）。他方において，国家を超える有権的な裁定者が存在しなければ，各国が自助（self-help）の名において行う戦争はもはや否定しようもなくなるため，この意味では超域的裁定者の存在の否定は，正戦と不正戦とを区別しない18世紀以降の無差別戦争体制を生み出す下地にもなったのである（田畑 1956／2008, 381）。

　領域主権国家体制の成立に向けて，まず，1555年のアウグスブルクの和議は，領邦諸侯を，新旧両派の中から公認宗派を選択する地位に置いた。その結

果，一定の領域において治者の宗教こそが被治者の宗教となった。とはいえ，この和議によって直ちに国内における宗教的現状（すなわち公認宗派）の維持・変更を目的とした国外からの介入と対抗介入がやむことはなかった（Owen 2010）。

さらに1648年のウェストファリア条約（三十年戦争の講和条約）は，その領邦諸侯に外交主権（たとえば同盟締結権）を与えた（領邦の主権国家化が17世紀半ばのウェストファリア条約締結を機に完成したと見るのは19世紀以降に形成された神話である，という指摘については明石2009のほかに本書第2章第2節参照）。その後，領邦諸侯は次第に常備軍や徴税機構などの国家装置を整備していく。

主権国家体制の成立は，領域内外の封建諸勢力の排除を通じて，国内における権力の集中と国家間の権力の分散が完成することを意味するものであった。主権国家体制は，マックス・ウェーバーによる国家の定義を借りて整理し直すならば，ある一定の領域内部において正統な物理的暴力行使を独占する共同体としての国家（ヴェーバー1919／邦訳1980, 9）が併存する状況，として観念できるだろう（第2章第2節参照）。

このように，相互排他的に領域統治を行う政治共同体が領域国家である。では，この領域国家内部の政治秩序はどのように理解できるのだろうか。ここでは，政体（polity）について，その構成員の間に同意・黙認が成立していることをもってそこに秩序がある，と考えよう。その同意は二つの要素から成る。すなわち，第一に，だれが《正統な構成員資格》を持つのか，そして第二に，その構成員の間の《適切な行動の範囲》とは何か，についての同意である。

第3章においては，関係者の同意に基づく価値配分として政治をとらえておいたが，政治秩序とは，価値配分の主体と方法（価値配分の手続きを特定する規則と，それを支える規範原則）について，関係者の同意が広く成立している状態であると言えるだろう。言い換えれば，秩序が安定している状態においては，価値配分の規則と規範原則について関係者がそれに同意し，その意味でそれを正統（legitimate）とみなして，少なくとも主要な主体は暴力に訴えてそれを根本的に変更する誘因を持たない。そしてそれゆえに，価値配分の現状に対する深刻な脅威は存在しない。この同意を確保するためにも，強制，誘導，説得といった政治過程が展開するのは言うまでもない。力や利益や規範は，秩序構築の政治においても交錯するのである。

領域国家内の秩序をこのように理解できるとすると，本章の本題である領域国家間の秩序はどのように理解できるだろうか（ブル 1977／邦訳 2000, 84-94）。個々の国家は，その領域的範囲，人的範囲，そして統治構造の面で実に多様であり，国際社会（society of states）はおよそ同質的とは形容し難い。しかし，その国際社会において，正統な構成員資格と適切な行動の範囲に関して諸国家が同意していると理解できる限り，そこに国際政治秩序が成立していると言えるだろう。この《資格基準》と《行動基準》は，国際社会における構成的規則（constitutive rules）と規制的規則（regulative rules）として概念化できる。前者は，特定の主体に構成員資格を認め，その位置づけに相応しい行動を可能にする規則であり，後者は，一定の構成員資格を認められた主体について，関係主体による権利侵害を禁ずる規則である（Searle 1995, 27-29）。

　資格基準と行動基準という二つの評価基準は，一応この通り別個に概念化できるものの，実際には両者は截然と分かち難く結び付いている。というのも，どのような国家を国際社会の一員として認めるかという問題は，特定の国家に対してどのような行動をとることを国際社会が認めるか，という問題と密接にかかわるからである。たとえば，国際社会の正統な構成員である国家に対しては許容されないような不適切な行動が，その資格要件を満たさない国家に対しては許容されることもあるだろう（図 4-1 参照）。

　国際秩序が成立している状態においては，一定の資格基準を満たす個々の構成員の行動が，共通の行動基準の下に正当化されるとともに，構成員間の対立が，完全にとは言えないまでも一定の範囲に収まるように調整されると言える。したがって，秩序再編の鍵は，維持すべき政治的現状について，関係諸勢力の合意を形成することにある（高坂 1978a／2012, 184）。フランス革命戦争，ナポレオン戦争後のウィーン体制は，正統主義（principle of legitimacy）の見地から，革命前夜の諸国の元首（君主）を，当時彼らが君臨していた版図の正統な治者であると承認することによって，おおむね革命以前の政治的原状を回復した。その後のヨーロッパ協調は，維持すべき現状（覇権国の出現を阻止する勢力均衡）について関係諸国間の認識の共有を基盤とするものだったが，それを可能にしたのが正統主義であったと見ることができるだろう。

　この国際秩序の形成を，国際政治学者たちは従来どのように論じてきたのだろうか。国際秩序論には，国内類推論と市場類推論という二つの系譜と，それ

FIGURE 4-1 ● 国際社会における資格基準と行動基準

どのような主体に行動基準が適用されるのか

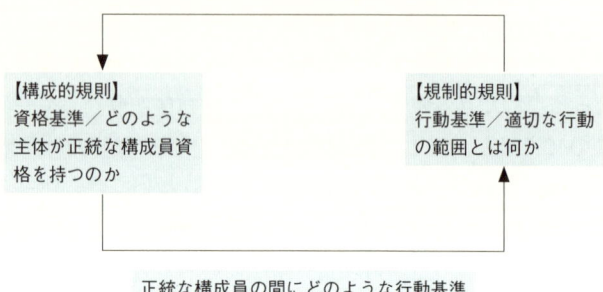

【構成的規則】
資格基準／どのような主体が正統な構成員資格を持つのか

【規制的規則】
行動基準／適切な行動の範囲とは何か

正統な構成員の間にどのような行動基準が適用されるのか

らに対する批判としての共振論の，合わせて三つの類型がある。これらの3類型を区別するのは，何を国際秩序にとっての問題ととらえるか，という問いに対して各類型が用意する答えである。すなわち，第一の国内類推論は，公権力の不在（未然の集権化）を秩序問題ととらえる。第二の市場類推論は，分権体制の限界（特に，分権体制の下では国家間の共通の利益が必ずしも実現しないこと）を秩序問題とする。これに対して第三の共振論は，分権体制の構成単位の空間的画定を秩序問題とするものである。

国内類推（domestic analogy）論型の思考様式（第2章，第5章も参照）とは，国内秩序について成り立つ命題が国際秩序についても同じように成り立つだろう，と推定して国際秩序を理解しようとする思考方法を指す。そこで本節では国際秩序のとらえ方として，まずこの国内類推論の系譜を論ずる。その上で，第2節では市場類推論の系譜，そして第3節では共振論の系譜を論ずることとしたい。

さて，国際法学における国内類推論は，国内法と同一の機能（たとえば裁判規範としての機能）を果たすことを国際法に期待するものである（大沼1991）。国際法上の違法行為を，国内法上の不法行為と並列にとらえ，個別国家の法益の侵害は損失補償の義務を生むという思考様式も国内類推にあたる（もっとも，国家間関係においては，違法行為の認定が困難であるばかりか，公権力による強制

FIGURE 4-2 ● 国内類推論の類型

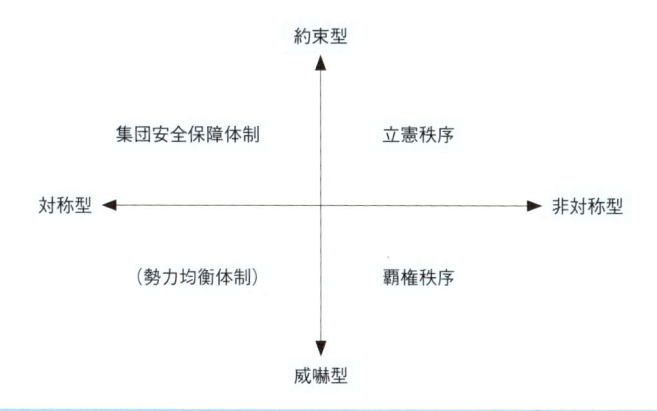

```
                    約束型
                     ↑
    集団安全保障体制   │   立憲秩序
                     │
対称型 ←──────────────┼──────────────→ 非対称型
                     │
    （勢力均衡体制）   │   覇権秩序
                     │
                     ↓
                    威嚇型
```

執行も期待できるものではないので，このような国内類推論には限界がある〈田畑 1956／2008, 321-328〉）。

　国際政治学における国内類推論は，公権力の不在を国際問題ととらえる点において一様だが，範となる国内政治像が一様ではないために自ずと多様な形をとる（スガナミ 1989／邦訳 1994）。たとえば，公権力なしには人間は「万人の万人に対する戦い（*bellum omnium contra omnes*）」の中に置かれるとするホッブズ的命題が，個人間のみならず国家間においても成り立つとする議論は，しばしば下に記すような形で展開されてきた。

　　諸国家の内部だけは，国家を建設することによって合理的に平和がもたらされるが，諸国家の上に一段と高いどんなリヴァイアサンも設けることができぬので，それら国家そのものの間に論理的な必然として万人の万人に対する戦いという本源的な自然状態が存続する。（マイネッケ 1924／邦訳 1976, 288）

　たしかに，これは国内類推論の一つの形態であろう。さりとて唯一の形態ではない。国家による侵略を，個人による殺人の類推という観点からとらえる思考様式も，広く知られるところである（ウォルツァー 1977／邦訳 2008, 146）。

　一口に国内類推論といっても，本節では二つの軸を設定して，以下のように類型化する。同意確保の手段を第一の軸として，秩序を支える規則について，約束を通じて関係国の同意を確保する場合（交渉による秩序）と，威嚇を通じて

| TABLE | 4-1 ● 国内政治体制と勢力均衡 |

潜在的覇権国の政治体制	勢力拡大の方法	関係諸国による勢力均衡の方法	事　例
君主制	王位の継承	合邦による勢力拡大の阻止	スペイン継承戦争後のユトレヒト条約（1713年）
共和制	「革命の福音」の伝播（体制の移植）	革命再発の防止	フランス革命戦争・ナポレオン戦争後の四国同盟（1815年）

関係国の同意を確保する場合（強制による秩序）とを大別する。そして，関係国の勢力分布を第二の軸として，勢力分布が対称的である場合と，非対称的である場合とを二分する（図4-2参照）。

　交渉による秩序のうち，国家間の勢力分布が相対的に非対称的である場合は立憲秩序，対称的である場合は集団安全保障体制と分類する。これに対して強制による秩序のうち，国家間の勢力分布が相対的に非対称的である場合は覇権秩序と分類する。強制による秩序のうち，国家間の勢力分布が対称的である場合は，あえて言えば勢力均衡体制だが，これは厳格な意味において国内類推論とは言い難い（勢力均衡については第1章第1節および第2章第2節参照）。

　勢力均衡体制とは，圧倒的に優越的な地位の樹立をめざす（すなわち，政治的現状を一方的に変更することをめざす）勢力の出現を，諸大国が協力して阻止する体制である。大規模な戦争後の講和条約にその典型を見ることができる。優越的地位は，歴史的には王位の継承という形をとって実現したり，「革命の福音」の伝播（体制の移植）という形をとって実現したりしたため，その阻止を図る勢力均衡体制も，自ずと多様な形をとった（表4-1参照）。君主政体は王位の継承を通じて版図を拡大することが可能であったために，一国の王位継承が国際的な重大関心事であった時代においては，たとえば，スペイン継承戦争の講和条約であるユトレヒト条約（1713年）は，ルイ14世のフランスの版図拡大に対抗した諸国が，ヨーロッパに勢力均衡を樹立しようとするものであった。また，革命期のフランスの共和制は君主政体の正統性を否定するものであったため，フランス革命戦争とそれに続くナポレオン戦争後の四国同盟（1815年）は，戦勝国たるロシア，オーストリア，プロイセン，イギリスが，フランスにおけ

る革命再発を防止するための協力を秘密裏に約束するなどして,勢力均衡を樹立しようとするものであった（岡 1955／2009, 24, 61）。

ところで,勢力均衡体制と,いわゆる権力分立（separation of powers）体制の下における立法府・行政府・司法府の間の抑制・均衡とは,並列にはとらえられないので,国内類推論として分類するのは適当ではない。というのも,権力分立体制の下では,立法府や行政府は司法府の覇権を牽制する存在として位置づけられてはいないし,司法の独立は,あくまでも立法府の権限の踰越を抑制するために保証されているからである。

本節では,このような分類をふまえて,国内類推論の諸類型をそれぞれの類型が現れた時系列的順序に従って概観する。すなわち,まず集団安全保障体制論,次に覇権秩序論,そして最後に立憲秩序論の順にとりあげることにしたい。

集団安全保障体制——公権力の機能代替

国内類推論の典型は,国際的な公権力論としての集団安全保障体制論であろう。それは以下のような思考様式である。社会の構成員が適切な行動の範囲について理解を共有できるのは,（構成員にとっての）共通の政府としての公権力が存在するからである。なぜなら,公権力こそが,適切な行動の範囲を画定し,個々の構成員の行動が互いにその範囲にとどまることを確保するものだからである。すなわち,秩序の担い手として公権力を創設することは,構成員の共通の利益（秩序侵害の防止／抑止）に資するものであり,この共通の利益を基盤として秩序が成立するのである。そしてこの命題（共通の政府があって初めて共通の利益が実現する〈第3章第3節参照〉）は,個人を構成員とする国内社会においてのみならず,国家を構成員とする国際社会においても成り立つ,とされる。

平和を実現するには,まずもって社会の成員による実力行使を禁止しなければならないが,それにはどのような制度的な枠組みが必要だろうか。国内類推論の発想に立つならば,国内では刑法が,公権力の下に正当防衛を例外として個人による実力行使を禁止しているように,国家間関係においても,自衛を例外として個別国家による武力行使（use of force）を禁止するには,国内の公権力機能を代替する国際的公権力が必要だとされる。国際の平和及び安全（international peace and security）を維持することを目的として設置された国際連合（国連憲章第1条）において,国際連合憲章は安全保障理事会に,平和に対する脅

1 領域主権国家体制　177

> **COLUMN 4-1 国連憲章**
>
> **第2条第4項** すべての加盟国は，その国際関係において，武力による威嚇又は武力の行使 (the threat or use of force) を，いかなる国の領土保全又は政治的独立に対するものも，また，国際連合の目的と両立しない他のいかなる方法によるものも慎まなければならない。
>
> **第39条【安全保障理事会の一般的権能】** 安全保障理事会は，平和に対する脅威，平和の破壊又は侵略行為の存在を決定し，並びに，国際の平和及び安全を維持し又は回復するために，勧告をし，又は第四十一条〔非軍事的措置に関する規定〕及び第四十二条〔軍事的措置に関する規定〕に従っていかなる措置をとるかを決定する。
>
> **第51条【自衛権】** この憲章のいかなる規定も，国際連合加盟国に対して武力攻撃が発生した場合には，安全保障理事会が国際の平和及び安全の維持に必要な措置をとるまでの間，個別的又は集団的自衛の固有の権利を害するものではない。……

威，平和の破壊または侵略行為の存在を認定した上で，国際の平和および安全を維持するために，あるいはそれを回復するために必要な措置について勧告・決定を行う権限を与えている（第39条）。そして，これを前提としつつ，自衛権の行使（第51条）を例外として，個別国家による独自の判断に基づく武力行使を禁止（第2条4項）している。このように，法文による安保理権限の明定（すなわち，立憲化）が進むと同時に，安保理への脅威認定および措置決定の権限の集中（集権化）も同時に進んだのである（最上 2007, 29）。

一般に，集団安全保障体制とは，《集団の一員の安全》（個別国家の安全の核心となるのは，その領土保全と政治的独立）を侵害する行為を《集団の全体の安全》を侵害する行為ととらえた上で，集団全体の安全を維持・回復するために集団的措置をとることを，個々の成員が事前に確約する体制を指す（第5章第2節参照）。「平和愛好国 (peace-loving states)」（国連憲章第4条）から成る共同体において，国際の平和および安全を脅かす国家については，国際の平和および安全を維持・回復するために本来は禁止されている武力行使さえ許容されるとした。ここに，国際社会における資格基準と行動基準との複合を見ることができ

る。この体制は、国際社会の一員である個々の国家にとっての平和と国際社会全体にとっての平和とは不可分（indivisible）である、とする思想に制度的表現を与えたものと言える（Claude 1956／1959, 258）。それゆえに、集団全体の安全を脅かす事態の発生を認定する機関とその決定の拘束力が、制度設計において要の位置を占める。このような集団安全保障体制の模索は、まさに国内類推論的な思考様式の産物であると言えるだろう。

　この集団安全保障体制の成否は、集団全体の安全を維持・回復するために集団的措置をとる、という個々の成員による事前の確約にかかっている。リアリストの多くは、このような個々の成員による意図の言明には説得力がないと考えたために、集団安全保障体制を整備し、戦争を違法化しさえすれば平和を実現できるとする発想はユートピアニズムにすぎない、と揶揄した。

　他方、第一次世界大戦の責任の所在をめぐる議論の文脈において、それは特定の国家（たとえばドイツ）にではなく共通の政府を欠く国際政治のアナーキー構造にある、と見たG. L. ディキンソンは、将来の戦争を回避するにはこのアナーキー構造の克服こそが肝心であると考えて国際連盟の創設を唱えた。ディキンソンについては、戦争原因として国際政治のアナーキー構造に着目したために、構造的リアリズムの先駆けとも評価されることがあるが、リアリストがユートピアニズムの産物と揶揄した国際連盟の創設推進派でもあったことは興味深い。

> **平和の逆説——**
> **脅威認識の共有とその帰結**

集団安全保障体制が所期の目的を達成するには、平和に対する脅威などの認定がその出発点となるが、そこには二つの限界がある。第一は、脅威を認定する側と認定される側との対立であり、第二は、脅威を認定する側の内部における対立である。

　まず第一に、集団安全保障体制の原理的な限界とも言いうるのが、脅威を認定する側と認定される側との間の対立である。とりわけ侵略行為（aggression）の認定の局面において、この対立がきわめて深刻化することは想像に難くない。集団安全保障体制は、個別国家の領土保全と政治的独立を侵す侵略を阻止するために整備された制度的取極であることは言うまでもない。しかしながら、国際的な紛争における特定の当事国の行動を侵略行為に該当すると認定することは、紛争解決のために安保理が利用しうる《当該国家との政治的妥協（すなわ

TABLE 4-2 ● 冷戦期における安保理による脅威認定

認　　定	事　　例	安保理決議（国連文書）	日　　付
平和の破壊	朝鮮戦争	(S/RES/83)	1950年6月27日
	フォークランド戦争	(S/RES/502)	1982年4月3日
	イラン・イラク戦争	(S/RES/598)	1987年7月20日
平和に対する脅威	第一次中東戦争	(S/RES/54)	1948年7月15日
	コンゴ動乱	(S/RES/161)	1961年2月21日
	南ローデシア情勢	(S/RES/221)	1966年4月9日
	第三次インド・パキスタン戦争	(S/RES/307)	1971年12月21日
	キプロス紛争	(S/RES/353)	1974年7月20日
	南アフリカ情勢	(S/RES/418)	1977年11月4日

ち，交渉による解決）》という一つの選択肢を放棄するにも等しい。それがゆえに，安保理としても侵略認定のカードを切ることにきわめて慎重にならざるをえない。

　そして第二の限界は，脅威を認定する側の内部対立である。ここでは，この第二の限界について詳細に見ることにしたい。そもそも国連憲章は，平和に対する脅威などを判断する基準を明記した条文をもたないために，その認定にあたって安保理の裁量の範囲は広い（森川 1994, 14-17）。したがって安保理構成国，とりわけ拒否権を有する常任理事国（five permanent members: P5）が脅威認識を共有しない限り，国連の集権化された集団安全保障体制は作動しない。それゆえに冷戦期において，米ソの2極対立が安保理の脅威認定を阻んだのも無理はない。

　たとえば，ベトナム戦争のように大規模かつ長期化した武力紛争についてすら安保理が脅威を認定しなかったことは，冷戦の文脈において脅威認定がきわめて限られたものだったことを端的に物語る。とりわけ冷戦期に脱植民地化をとげた途上国では，新生国家の体制選択をめぐる左右両派の国内対立と，米ソ間の地球規模の権力闘争とが複合する傾向にあったため，途上国の情勢について米ソ両国の認識は容易に一致するものではなかった。

TABLE　4-3　冷戦後における安保理による脅威認定

認　定	文　脈	事　例	安保理決議	日　付
平和に対する脅威	大量破壊兵器	イラク	S/RES/687	1991年4月3日
	文民の抑圧	イラク	S/RES/688	1991年4月5日
	テロリズム	リビア	S/RES/748	1992年3月31日
	内　戦	ボスニア=ヘルツェゴヴィナ	S/RES/770	1992年8月13日
	内　戦	リベリア	S/RES/788	1992年11月19日
	内　戦	ソマリア	S/RES/794	1992年12月3日
	国際人道法違反	旧ユーゴスラヴィア	S/RES/808	1993年2月22日
	内　戦	アンゴラ	S/RES/864	1993年9月15日
	正統政府の転覆	ハイチ	S/RES/940	1994年7月31日
	国際人道法違反	ルワンダ	S/RES/955	1994年11月8日

　とはいえ，表4-2に整理したように，安保理は冷戦期においてすら，いくつかの地域紛争（たとえば第一次中東戦争，第三次インド・パキスタン戦争など）について，武力紛争の勃発後に平和に対する脅威を認定した。それのみならず，人種差別政策をとる南ローデシアおよび南アフリカの情勢に関しては，それが国内問題であるにもかかわらず，脅威認定にまで踏み込んだ（南ローデシアについては1966年4月9日の安保理決議221，南アフリカについては1977年11月4日の安保理決議418参照）。

　これに対して冷戦が終結すると，安保理は従前よりは格段に幅広い文脈において「平和に対する脅威」を認定するようになった。1992年1月31日の国連安保理サミットにおける安保理議長声明（国連文書S/23500）は，この点をよく表すものだろう。同声明によれば，

　　国家間に戦争や軍事紛争が起こりさえしなければ国際の平和と安全が保証される訳ではない。今日では経済，社会，人道，そして生態系の分野において，軍事的な形をとらない多様な不安定化要素が平和と安全を脅かすようになったのである。

　平和を《戦争の不在》と定義する消極的平和観を，冷戦後の安保理はこのような形で自覚的に転換したのである。

表 4-3 に整理したように，冷戦終結後の安保理は，大量破壊兵器の拡散（安保理決議 687），テロリズム（ロッカビー事件〈1988 年 12 月 21 日，スコットランドのロッカビー上空で，パンアメリカン航空機が爆発し，270 名の犠牲者が発生したテロ事件〉の被疑者の引き渡しを求めた安保理決議をリビアが履行しないことが平和に対する脅威を構成するとした，1992 年 3 月 31 日の安保理決議 748），そして国際人道法違反の旧ユーゴスラヴィア国際刑事裁判所〈ICTY〉を設置することを決定した，1993 年 2 月 22 日の安保理決議 808，およびルワンダ国際刑事裁判所〈ICTR〉を設置することを決定した，1994 年 11 月 8 日の安保理決議 955）などの文脈にまで，平和に対する脅威を認定する範囲を拡大するにいたった（なお，表 4-3 は冷戦終結後の安保理による脅威認定を網羅するものではない）。

安保理は，国際の平和および安全を維持・回復するために行動するが，そもそも安全／安全保障（security）とは何を意味するのだろうか。ここで，政治と関連づけて安全保障を概念化しておこう。政治は関係者の同意に基づく価値配分であるとしておいたが（第 3 章第 1 節参照），個々の関係者にとっての広い意味における安全保障とは，価値配分の現状に対する脅威を縮減すること，として概念化できる（Wolfers 1952, 484, 485, 492）。この価値配分の現状についての評価が関係国の間で分かれる限り，特定主体の安全保障の追求は関係主体が当然に黙認するところではない。また，特定の国家の安全保障にせよ，国際の平和と安全にせよ，脅威認識次第で，安全保障政策の範囲も伸縮しうる。個別国家が維持しようとする価値も，必ずしも領土保全や政治的独立といった核心的価値に限定されないのと同様に，国際の平和と安全も，必ずしも戦争の不在に限定されないのである。

冷戦が終結すると，安保理の常任理事国の間で脅威認識の共有が可能になったばかりか，安保理による脅威の認定範囲も格段に広がったにもかかわらず，必ずしも平和は実現しなかった。それどころか，脅威認定が，個別国家による単独武力行使に帰結するという事態さえ生じた。すなわち，安保理が平和に対する脅威の認定に基づいて加盟国に対し特定の行動を求める決議を採択した結果，それが契機となって平和が維持・回復されるのではなく，少なくとも短期的には国際的な武力紛争が勃発するなどして平和が崩れる，という逆説的な現象（平和の逆説とも呼ぶことのできる現象）が観察されたのである。

第 3 章第 5 節「威嚇と約束」においてふれたように，1999 年におけるユー

ゴスラヴィアに対する NATO の空爆，2001 年の 9.11 テロ事件後のアフガニスタン戦争，そして 2003 年のイラク戦争といった大規模武力行使の事例は，考えてみればいずれも強制外交の破綻(はたん)が生み出したものである。すなわち，アメリカ，イギリスなどの個別国家が，安保理決議の履行（言い換えれば，それが体現する「国際社会」の意思の実現）を相手国に求めたものの，それに対する相手国家の同意を確保できなかったために，武力行使を明示的に容認する事前の安保理決議を欠いたまま（すなわち，国連の集団安全保障体制の枠の外で），独自の判断に基づいて武力行使に踏み切った事例である，とも言えるだろう。ここには明らかに，諸国家の共通の利益を基盤とする多国間制度と，大国の単独行動との緊張関係が見て取れる。あるいは，特定国（大国）の正義と国際社会の平和との矛盾を，ここに見ることもできるだろう。

覇権秩序——公権力の代行

国家間において戦争の違法化を推し進め，集団安全保障体制さえ整備すれば，平和は直ちに実現できるというものではない。モーゲンソーやケナンは，この発想を国際問題への法律家的・道徳家的アプローチ（legalistic-moralistic approach）（ケナン 1951／邦訳 2000, 114）として批判した。彼らの眼には，国連の集団安全保障体制も，安保理の常任理事国の拒否権を認めざるをえない以上，せいぜい大国間の脅威認識の一致を前提として中小国間の平和の維持を図る体制にすぎないと映ったのである（モーゲンソー 1948／邦訳 1998, 501）。

とはいえ，このモーゲンソーですら，国際法は国家を拘束するものではないとまで論じることはなかった。たしかに現状の評価をめぐって，現状に満足する現状維持勢力と現状に満足しない現状変更勢力とは鋭く対立する。しかしながら，関係国が利益や価値を共有せずとも，現状維持勢力の力の優位が秩序の安定を支えると考えたのである。すなわち，リアリストにとって秩序は，現状維持勢力と現状変更勢力との勢力分布において，前者の優位の下に安定し，優劣の逆転によって変動する。そしてこの命題は，国際秩序についても国内秩序についても成り立つとした（Gilpin 1981, 47）。以下の記述は，まさにその議論の核心にあたる。

> 革命が国内政治の背後に潜んでいるのと同じように，戦争は国際政治の背後に潜んでいる。（カー 1939／邦訳 2011, 216。傍点は引用者）

このような動態的な秩序論もまた，国内類推論型の国際秩序論と見ることも

1 領域主権国家体制　183

> **COLUMN** **4-2 政治的現状を固定する法秩序**
>
> **国連憲章第23条第1項**　中華民国，フランス，ソヴィエト社会主義共和国連邦，グレート・ブリテン及び北部アイルランド連合王国及びアメリカ合衆国は，安全保障理事会の常任理事国となる。……
>
> **核兵器不拡散条約第9条第3項**　この条約の適用上「核兵器国」とは，千九百六十七年一月一日前に核兵器その他の核爆発装置を製造しかつ爆発させた国をいう。

できるだろう。この意味では，リアリストは必ずしも国内類推論を全面的に否定したわけではなく，覇権秩序型の国内類推論に依拠しながら，集団安全保障体制論型の国内類推論を批判したとするのが正確なところではないだろうか。

　モーゲンソーはこの文脈において，現状の防衛装置としての国際法は，「たいていの場合，遵守されてきた」と論じた（モーゲンソー 1948／邦訳 1998, 292; Henkin 1968／1979, 47)。たしかに彼の指摘するように，「〔特定時点における勢力分布は〕……固められてひとつの法秩序となる」面もあることは否定し難い（モーゲンソー 1948, 447)。たとえば，国連憲章における安保理の常任理事国の定義（第23条1項）や，核不拡散条約（NPT）における核兵器国の定義（第9条第3項）は，一時点における勢力分布を法的・制度的に固定したものとも言える。すなわち，前者は第二次世界大戦の連合国（United Nations）のうち大国に，大戦後の平和と安全を維持するために創設された国連（United Nations）安保理における特権的地位を認め，後者は核開発の先発国に NPT 体制における特権的地位を認めたのである。リアリストは，国際社会における規範構造と国家間の勢力分布との関係に敏感だったのである。

　また，国際法が国家間の勢力分布の所産であるとすれば，国家間の勢力分布の変化に応じて，〔国際〕法と〔政治的〕現実（現実の勢力分布）との間に乖離が生じることは容易に想像できる（田畑 1956／2008, 348-356)。国際紛争が簡単に国際裁判によって処理されないのは，単に国際裁判は国内裁判とは異なって強制的管轄を持たないからということだけではなく，上記の乖離ゆえに，一方が国際法違反を主張すれば，他方はその国際法それ自体の妥当性を否認するか

らであろう。

　力による現状の防衛として秩序をとらえるならば、力の変動は秩序の変動をもたらす。リアリストは、法的手続きは政治的現状の維持に貢献することはあっても、現状の変更に寄与するものではない（現状の変更を促すのはあくまでも力の変動である）とした（Wolfers 1952, 491）。言い換えれば、リアリストは法秩序の限界を、それが遵守されないという現実の中にではなく、戦争なしには法的現状を変更できないという現実の中に観察したのである。たとえば国際連盟規約と不戦条約による戦争の違法化について、カーは、国際社会は平和的変更（peaceful change）の手段を備えることなく、それ以外の変更の手段としての戦争を違法化したと論じている（カー 1939／邦訳 2011, 364）。紛争の平和的解決の法制度化をおざなりにしたまま、武力行使を禁止するのは、「戦勝大国のヘゲモニーの永久化」という政治的帰結をもたらすという論理である（田岡 1964／1981。直接引用は 340 頁）。この点については、国家体系の社会性を強調する英国学派のブルも、国際秩序は平和的変更のしくみを欠き、正義にかなう変更（just change）の手段としての戦争に依存していると述べている（ブル 1977／邦訳 2000, 230）。つまり、維持すべき政治的現状についての関係諸勢力の同意は、戦争抜きには確保できないと見るペシミズムが、リアリストにはあったのである。

　戦間期のカーのリアリズムと、その一世代後のブルの国際秩序論は、戦争についてはこのように類同した理解を示したものの、両者を隔てる以下の懸隔を看過してはなるまい。

　カーは、ヴェルサイユ体制の評価をめぐり、現状維持勢力（イギリス、フランス）と現状変更勢力（ドイツ）とが厳しく対立する構図において、現状の《平和的変更》、すなわち《交渉による変更》に代わる選択肢は《戦争による変更》のほかにないことを憂慮して、現状維持勢力の譲歩を通じた平和的変更の重要性を説いた（遠藤 2003, 56）。1938 年のミュンヘン会談において、イギリスのネヴィル・チェンバレン首相は、ドイツのヒトラーに対して、ドイツ人が集住するズデーテンラントをチェコスロヴァキアからドイツに割譲することに同意したが、カーの『危機の二十年』の初版がこの宥和策を平和的変更の典型例とみなしていたことは論争を呼んだ（第 2 章第 3 節参照）。カーには、共通の利益を基盤とした共同体が現実に国境を越えて存在するとは、とうてい考えられなか

ったのである (Bull 1969, 633-634)。それゆえ，一国の個別利益を，国際社会の利益と同一視する当時のイギリスには批判的であり，知識社会学的な観点に立って，国際社会に関する知識（たとえば，集団安全保障体制や自由貿易は国際社会の共通の利益であるという命題）も，客観的に成り立つ命題どころか，実は現状維持勢力の権力の所産以外の何者でもないとしたのである（カーやモーゲンソーの平和的変更論に，国際社会を動態的に把握しようとするリアリストの視角を見る研究として，酒井 2007, 29-34）。

これに対して，脱植民地化を通じて主権国家体制が地球規模に拡大した時期の国際政治学者ブルは，諸国家は共通の利益・価値を共有しうるという前提の上に彼の国際秩序論を展開した。ブルは，国家には現状維持志向の国家と現状変更志向の国家とが存在するがゆえに，秩序と正義との間には二律背反関係があると指摘しながら，同時に，現在の秩序を破壊する行為（たとえば，植民地の民族解放闘争）も将来の秩序を支える基礎になりうると指摘している（ブル 1977／邦訳 2000, 109, 121）。また彼は，戦争にも，現在の国際秩序を脅かす側面とそれを維持する側面とがあるとして，その両義性にも敏感であった（ブル 1977, 228-229）。

ここでは覇権を，関係諸国の行動をコントロールする能力ととらえた。しかしながら，第二次世界大戦後のアメリカの覇権については，力を背景に関係国に特定の行動を自制させたり強要したりするというよりも，体制それ自体を，可能であれば間接的に，必要であれば直接的に（indirectly if possible, directly if necessary）武力を行使してでも再編する，という特性を持っていたとも言える（五十嵐 2010; Owen 2010）。というのもアメリカは，1980年代にはフィリピン，韓国，台湾などの《体制移行》を促す一方で，2000年代にはアフガスタンのタリバン政権，イラクのサダム・フセイン政権を軍事的に打倒するなど，自国への暴力的反発に対しては《体制転換》型の戦争をもって対応した（付け加えれば，それに続いて《体制移植》型の占領を行った）からである。このように，関係国間の共通の利益・価値は必ずしも所与ではなく，力の非対称の所産と考えることもできるだろう。

アメリカに限らず，大国は，その強制力を用いて，関係国内の政治的現状（特に政治体制）を国外から維持・変更することに重大な関心を持ってきた。たとえば，フランスはその革命戦争（他国における被治者の解放の名の下に遂行され

る戦争）を通じ，周辺に共和政体をとる衛星国を作り出すことによって自国の安全を確保し（1797年のカンポ・フォルミオ条約〈岡 1955／2009, 39〉），ソ連は第二次世界大戦を通じ，周辺に共産主義体制をとる衛星国を作り出すことによって自国の安全を確保したのである。

　歴史的に，このような大国による国外からの強制的な体制転換の傾向が顕著に表れるのは，同質ではなく異質な国家から国際システムが構成され，互いに両立しないイデオロギーを体現する政体が拮抗する時代のことであった。典型的には，宗教戦争期におけるカソリシズムとプロテスタンティズムの競合，フランス革命後の君主制と共和制との競合，そして冷戦期の市場・民主主義と共産主義との競合の時代などがそれにあたる（Aron 1966, 99-104; Owen 2010）。というのも，たとえばカソリシズムを公認宗派とする体制と，プロテスタンティズムを公認宗派とする体制とは，それぞれが互いの存在自体を脅威と見る関係にあったからである。このように互いの存在を脅威と見る関係は，血統によって王位が継承される君主政体と，それを承認しない共和政体との間にも，また，私有財産と自由市場および複数政党間の競争と自由選挙を保証する自由民主主義体制と，計画経済と共産党一党制を掲げる共産主義体制との間にも同様に成立した。

立憲秩序——公権力の正統性

　リアリストが目を向けたのは，現状について評価を異にする関係者の間の，非対称的な権力関係であった。これに対して，リアリスト同様に権力の非対称を意識しつつも，公権力を代行する大国の存否ではなく，その正統性の有無に着目する国内類推論を展開したのが，G. ジョン・アイケンベリーに代表される「立憲秩序」論者であろう（アイケンベリー 2006／邦訳 2012, 上 211）。

　リアリストが強者の強要という観点から秩序をとらえたのとは対照的に，立憲秩序論者は，強者の安心供与（あるいは弱者の不安払拭）が，その力の優位を，関係諸集団の忠誠に基づく正統な政治秩序に転換すると論じた（強要と安心供与については第3章第4・5節参照）。アメリカの連邦憲法（1787年起草）を擁護するために執筆された『ザ・フェデラリスト』におけるジェームズ・マディソンにならえば，政府を組織する上では，政府が被治者を制御するのみならず，政府自体が自己制御することが肝要なのである（ハミルトン＝ジェイ＝マディソン

1788／邦訳 1999, 第 51 篇）。立憲秩序論者は，権力の濫用を自制するという強者の約束に説得力を与える憲法（アイケンベリー 2006／邦訳 2012, 上 213）には，二重の機能（権力を抑制する機能と，弱者の権利を保障する限りにおいて強者の権力を正統化する機能）が備わっていると論じた。しかも，秩序構築に関するこの命題は，国内政治においても国際政治においても成り立つとしたのである。

> 国際関係における秩序形成の政治について考えるにあたって，それを国内システムにおける秩序形成の政治と共通の性格を持つ事象の一つとして考えるとよい。大規模な戦争の後の講和は，国内政治の激変（社会革命，内戦，そして民族の独立などの激変）の後の国内秩序形成と，さまざまな類似点を持っているのである。（アイケンベリー 2006, 上 209。日本語訳および傍点は引用者）

立憲秩序論は以下のように組み立てられる。立憲政体は，その政体を構成する主体のうち，どの主体にどのような権限を与え，どの主体にどのような権利を認めるのか，そしてその権限の行使と権利の保障をどのように担保するのかをあらかじめ法的に明定する。そして，このように組成された立憲政体において，権限を与えられた治者（the ruler）と権利を認められた被治者（the ruled）の間で，前者による後者の権利の保障と引き換えに，前者の統治に対する後者の同意が与えられるとした。たしかに，特定の政策争点（たとえば，徴税などの被治者の義務の範囲，選挙権などの被治者の権利の範囲）について治者と被治者との間には利害の対立はありうるものの，被治者にとって譲ることのできない価値を侵害しないと治者が約束し，その権利を将来にわたって保障する体制（立憲体制）を築く制度設計については，それによって武力紛争を回避できるために，両者の間で利害の一致が生じるのである。

国内における秩序構築の機会が，体制の転換点において，たとえば，イギリスにおける 17 世紀後半の「名誉革命体制（revolution settlement）」構築の際に訪れたように（North & Weingast 1989），国家間の秩序構築の機会は，第一次世界大戦や第二次世界大戦のように大国間の戦争後の「講和体制（postwar settlement）」構築の際に訪れる。敗戦国のみならず，戦勝国も共に拘束する諸制度（典型的には第二次世界大戦後の国際連合のほかに，IBRD，IMF，NATO などの経済・安全保障分野の国際機構）は，関係諸国に主導国への発言（voice）の機会（ハーシュマン 1970／邦訳 2005）を将来にわたって保証することによって，主導国による自制の約束に説得力を与えた。いわば，関係諸国の主導国に対する「信頼

> **COLUMN** *4-3* 政治学の共有知──体制移行論と覇権サイクル論の合流
>
> 　国際版の立憲秩序論には，比較政治学の体制移行論と国際政治学の覇権サイクル論とが合流している。一方でそれは，覇権をめぐる**勢力交代**（power transition）と国内の**体制移行**（regime transition）とを並列にとらえたという意味で，国内類推論型の国際秩序論である。国際政治学者のアイケンベリーは，比較政治学者のアダム・プシェヴォルスキの「制度的妥協」論から着想を得て，国際版の立憲秩序論を展開した（Przeworski 1988, 70; アイケンベリー 2006／邦訳 2012, 上 219）。他方で国際版の立憲秩序論は，時間の経過にともなって治者はその権力基盤を強化する（それゆえに被治者が抱く将来への不安を払拭しなければ共存はできない）とした標準的な立憲秩序論とは対照的に，時間の経過にともなって主導国の権力基盤は弱体化するとした（アイケンベリー 2006, 上 214）。この理解は，覇権サイクル論と同様である。

の制度的基盤」（Weingast 1998, 176）となったのである。ある時点における国家間の合意は，その後たやすく撤回できないように法制度化されることによって，関係国の将来に対する不安を払拭する。言ってみれば，言明された意図は，法制度化されることによって，それが確実に実行されるだろうという期待を関係国にもたらすのである（国際法の安心供与機能についてはブル 1977／邦訳 2000, 175, 特に原著 p. 142 も参照）。

　なお，国際的に権力を濫用しないという約束が説得力を持つかどうかは，主導国の国内政治体制に依存し，ことに国際的な立憲秩序構築においては民主体制が優位性を持つ，という議論はアメリカにおいて根強い（アイケンベリー 2006／邦訳 2012, 上 234; Martin 2000）。というのも，民主体制の下では政治的競争が制度化されているので，主導国の政府は国際的に言明された意図を確かに実行に移す国内的誘因を持つ，と考えられたからである。つまり，シェリングら強制外交論者が国内の民主体制は対外的な威嚇に説得力を与えるとした（第3章第4節の仕掛線論を典型とする行動の自由の逆説）のとは対照的に，アイケンベリーら立憲秩序論者は，国内の民主体制は対外的な約束に説得力を与えると評価したと整理できる。

　上に記したように立憲秩序論は基本的に非対称的なものであるが，それは以

下のように対称的に組み立てられることもある。すなわち，国内立憲秩序においては，内戦後の体制（civil war settlement）構築（いわゆる包括和平）の局面に典型的に見られるように，紛争当事者間の権力分掌（power sharing）の合意（いずれの集団も権力から排除することなく互いの権限・権利を相互に尊重する，という確約）が関係諸勢力の共存を可能にする（第5章第4節参照）。国際立憲秩序においても同様に，国際社会の成員である国家間の主権の相互承認（ブル 1977／邦訳 2000, 21）が諸国家の共存を可能にする，ととらえている（国内統治の国際規制が進展するにつれて諸国の行動基準が変化をとげることを，国際立憲秩序の構築という観点からとらえる議論として，Slaughter & Burke-White 2002, Powell 2012 参照）。

解釈の不一致と規範の衝突／調整

先にも述べたように，国際秩序の核を成すのは，国際社会の《資格基準》と《行動基準》についての構成員の同意であり，これらの同意はしばしば規範原則の形で表現される。規範とは，社会の構成員が共有する適切な行動についての期待である（Finnemore 1996, 22; Katzenstein 1996, 5）（付け加えれば，アイデンティティとは，適切な行動についての期待を共有する集団に対する帰属意識のことである）。国際社会を構成する単位としての国家は，あらためて確認するまでもなく力，利害，価値のいずれの側面においても，およそ同質的とは形容できない。この意味で国際社会は異質な主体によって構成される社会にほかならない。では，個別具体的な文脈において異質な構成員は，はたして適切な行動についての期待を共有できるものだろうか。また，共有できたところで，それで国家間の対立に終止符が打たれるのだろうか。

特定の規範原則が国際社会の構成員の間に広く浸透して，共有されるにいたるならば，国家間の対立は解消されるというものではない。具体的な文脈における当該規範の解釈は自明ではなく，国際社会における法の支配には限界がある。たとえば，先にふれた武力不行使原則を振り返ってみよう。国連憲章体制は，安保理がその決議を通じて加盟国に武力行使の権限を容認しない限り，自衛権を例外として個別国家が独自の判断に基づいて武力を行使することを禁止するという形で，この原則を制度化している。

ところが，どれほど武力不行使についての規範的合意が広く成立していようとも，実際には 2001 年のアフガニスタン戦争の際に論争になったように，武力不行使原則は自衛権を法的根拠とする個別国家による対テロ武力行使を許容

するのか，許容しないのかをめぐって，関係国の間で見解が二つに分かれたのである。また，2003年のイラク戦争の際に論争化したように，はたして湾岸戦争時の武力行使容認決議（1990年11月29日の安保理決議678）によって，2003年の時点におけるアメリカ，イギリスなどの武力行使が容認されるのか，容認されないのかについても，関係国の見解は厳しく対立した（アメリカ，イギリスなどは容認されるという立場であった）。

そもそも湾岸戦争の際，個別国家による武力行使を容認する安保理決議678を採択する局面においてイエメン政府は，イラク軍のクウェートからの撤退，すべての捕虜の即時解放，そしてクウェートの正統政府の権威回復をイラクに要求した安保理決議を支持しつつも，以下の理由から個別国家による武力行使の容認に反対していた（国連文書 S/PV. 2963）。

> われわれに示された決議案は武力の行使を排除していないが，それはあまりにも柔軟な解釈を許す曖昧な文面で，湾岸危機に関連してこれまで安保理によって採択された10の決議の実行という目的に限定されるものではない。したがって，当該地域に軍事力を展開する個別国家が，同地域における国際の平和および安全を回復するために何をなすべきかを〔独自の判断に基づいて〕決定できることになってしまうであろう。（〔　〕の補足は引用者）

日本の場合のように，国内においてすら，現行憲法第9条が禁止する武力行使の範囲について，政党間で見解の対立が容易に解消されなかったことを思えば，国際社会が不適切であると広く認める武力行使とははたして何を指すのかということをめぐって，国家間において見解の対立が生まれるのは想像に難くない（たとえば，国会における芦田修正をめぐる政府答弁については，田中1997, 148参照）。

しかも，規範の解釈が関係国の間で競合するだけではない。規範それ自体もまた，互いに競合する。国際社会が受容する共通の規範には，本章第3節において詳述するように，構成員である主権国家にとって現状維持的な性格を持つものと，現状変更的な性格を持つものとがある。前者には，主権平等，武力不行使，領土保全，内政不干渉などが含まれ，後者には自決，人権保障などが含まれる（人権保障規範については本質的に現状変更的であるとは言えないが，しばしば人権を十分に保障しない国家に政策の変更を求める文脈で強調されてきた）。では，それらの規範は相互に整合的なのだろうか。あらためて確認するまでもないが，

現状維持的な規範と現状変更的な規範とは競合し，つねに両立するものではない。

たとえば，内政不干渉の規範と人権保障の規範との齟齬は，特定国家内部における人道的破局を未然に防ぐために，ほかにとりうる手段がないならば，個別国家による必要最小限度の武力の行使は許容されるという人道的干渉（humanitarian intervention）の可否をめぐる論争を生み出した。2005年の国連首脳会合成果文書（国連文書 A/RES/60/1）は，個別国家には，それぞれ，ジェノサイド，戦争犯罪，民族浄化，人道に対する罪といった残虐行為から，文民たる住民を保護する責任があるとした。その上で，もし当該政府が住民を保護する意思または能力を持たず，なおかつ平和的手段によっては十分に事態を改善できないならば，安保理は国連憲章第7章に基づいて行動する，すなわち，強制措置について決議を採択するとしている。この保護する責任（responsibility to protect）概念は，本書第7章第1節においてあらためて言及するが，対立する内政不干渉規範と人権保障規範とを連結しようとする論理として位置づけることができるだろう（篠田 2007, 190）。

また，人民の自決規範と領土保全規範との緊張関係は，帝国の解体や連邦の解体という文脈において，どのような領域的単位の独立を国際社会が承認するかといった論争を生み出した（最上 2007, 232-234）。近年においても，NATO諸国は，コソヴォの自決を尊重して独立を承認した（2008年）のに対して，グルジアの領土保全を尊重して南オセチアやアブハジアの独立を承認することはなかった。逆にロシアは，セルビアの領土保全を尊重してコソヴォの独立を承認することはなかったのに対して，南オセチアやアブハジアの自決を尊重して独立を承認した（2008年）のである。このように，自決規範についても領土保全規範についてもNATO加盟諸国とロシアとの間に原則的な同意はあったが，規範原則の共有は必ずしも対立の発生を未然に防ぐものではなかった。それゆえ，たとえ特定の規範が国際社会の成員間に広く浸透しても，競合する規範の衝突を何らかの形で解消できなければ，社会の成員間の紛争は避けられるものではない。

規範が競合するとともに，歴史的にも変容する中で，特定の行動を正当化したり，逆に非難したりすることによって，伝統の名の下に現状が擁護されることがある。この文脈においては，現状についての関係者の同意を確保するため

に，過去についての特定の認識が事後的に形成され，伝統が創造されることもある。17世紀半ばのウェストファリア条約によって領邦の主権国家化が完成したとする神話が19世紀に成立した背景には，フランス革命という《国家主権に対する挑戦》があった。

このウェストファリア神話については，国際法学者以上に国際政治学者がそれを無批判に受け容れているとする批判は傾聴に値する（明石 2009, 7）。その一方で，主権国家体制の下での主権平等は偽善（Krasner 1999）にすぎないと考えたリアリストたちが，偽善の成立の時期にさほど強い研究関心を抱かなかったのは無理もないことであった。

2 秩序の設計と生成

市場類推論の系譜

国際問題とは何か

第1節では，公権力の不在を国際問題と見る国内類推論の系譜について検討したが，第2節では，国際体制の分権性（公権力の不在）を前提とした上で，分権体制の機能不全のメカニズムを解き明かす市場類推論の系譜について検討する。各国の排他的領域統治の範囲をめぐって国家間に対立（領土問題）が生じるのは自明だが，問題はそれにつきるものではない。国家による排他的領域統治の相互承認（山影 2012, 140）を基盤とする国際体制にとって国際問題とは何であろうか。

第一の国際問題は，そもそも排他的に領域統治を行う主体が存在しない，あるいは排他的に領域統治を行うことが期待される主体は存在しながらも，その能力あるいは意思を持たないために，この領域統治の分業体制が覆い尽くさない空白が生まれることである。それに加えて第二の国際問題は，特定国家の領域において営まれる活動が，対価の授受によって媒介されることなく直接に，他国の領域に居住する住民の厚生に対して正・負の影響を与えることである（たとえ，損失や便益を与えても，それに見合った対価の授受が行われない）。域内活動が域内において完結しないという意味において，領域統治の分業体制の前提が満たされないとも言い換えられるだろう。

この二つの国際問題を組み合わせて分類を行ったのが，図4-3である。そもそも国家による排他的領域統治の相互承認を基盤とする国際体制が想定するの

| FIGURE | 4-3 ● 領域統治の相互承認体制の理念と限界 |

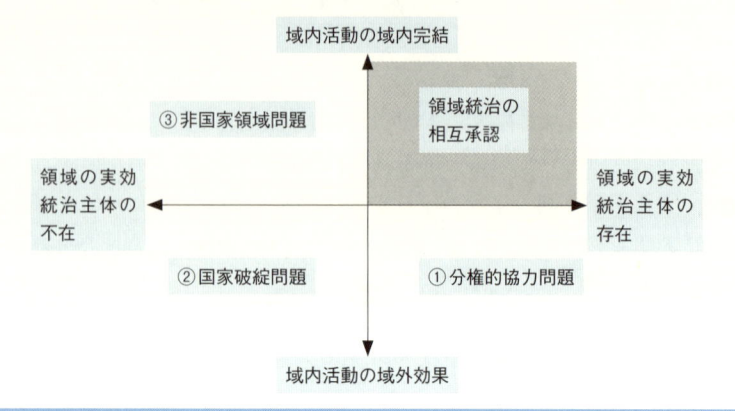

```
                    域内活動の域内完結
                            ↑
                            |
        ③非国家領域問題      |   領域統治の
                            |   相互承認
  領域の実効                 |              領域の実効
  統治主体の ←───────────────┼────────────→ 統治主体の
  不在                      |              存在
                            |
        ②国家破綻問題       |  ①分権的協力問題
                            |
                            ↓
                    域内活動の域外効果
```

は，領域の統治を行う主体が存在するとともに，外部性を伴う活動が営まれない状態である（図 4-3 のグレーの網かけ部分）。ここからの逸脱パターンは，①領域の実効統治主体は存在するものの，域内活動が域内で完結しない状態，②領域の実効統治主体が存在しないばかりか，域内活動が域内で完結しない状態，そして，③域内活動は域内で完結するものの，領域の実効統治主体が存在しない状態に分類できる。

　まず第一に，特定国家の領域において営まれる活動が，関係国間の対価の授受によって媒介されないという意味において市場機構の外部で，他国の領域に居住する住民の厚生を増大させたり減少させたりする効果を持つことがある。典型的には，一国の防衛努力がその同盟国の安全に寄与したり，一国の経済活動が隣国などの環境を汚染したりするような場合がこれにあたる。この場合には，特定国家の領域内活動が「外部効果 (externalities)」を持つと理解できるだろう。個別国家による超域的外部性を伴う活動を上から規制する権限を持つ世界政府が存在しない以上，正の外部効果を生み出す領域内活動を営む国家は関係国に自発的な「負担分担 (burden-sharing)」を求め，負の外部効果を生み出す領域内活動によって被害を受ける関係国は，当該国に活動の自発的な自制を求めるよりほかない。このように，特定国の一方的行動を，その影響を受ける関係国と当該国との間で同意に基づいてどのように促進あるいは抑制するか，

という分権的協力の問題が発生するのである。

　第二に，排他的に領域統治を行うことが期待される主体は存在しながらも，それが実効統治能力を持たないばかりか，当該領域を拠点とする活動が負の外部効果（たとえば，難民の流出，テロリストの越境活動，感染症の拡大など）を持つことがある。これは，国際問題としての国家破綻（state collapse）問題である。領域統治の国際分業体制の一翼を担いうる主体が存在しないこと自体が，深刻な国際問題となる（Helman & Ratner 1992; 遠藤 2009, 162-164）。

　第三に，技術の進歩によって人間が活動を営む空間が拡大すると，いずれかの国家が排他的統治を行う国家領域（領土，領空，領海）を超えた非国家領域をめぐる問題が生まれる。言い換えれば，非国家領域においては，それを排他的に統治する主体は存在しない。では，非国家領域における個別国家の行動は，どのように調整されるのだろうか。ここに，非国家領域が生み出す価値を，関係国の間で同意に基づいてどのように配分するか（たとえば，どのように管轄権を配分するか）という政治問題が発生する（いわゆる地球規模の共有地〈global commons〉の問題も，このような観点から分析できるだろう。共有資源のガヴァナンスについては，Ostrom 1990 参照）。

　15 世紀末の地理上の発見を契機として，ヨーロッパの外に「発見」された土地（国際法主体としての国家による排他的統治が及ばない土地）については，ヨーロッパ諸国は私法における無主物先占の法理を類推適用して，先占を法的根拠に植民地の領有を正当化した。海洋についても，新航路による通商の独占を目論んだスペインとポルトガルは，法王アレクサンデル 6 世の教書（1493 年），そしてトルデシラス条約（1494 年）を通じて，大西洋の西部，メキシコ湾，太平洋についてはスペインによる領有を，モロッコ以南の大西洋の東部，インド洋についてはポルトガルによる領有を主張した（田畑 1956／2008, 123, 230; 山影 2012, 37）。

　しかしながら，後発のオランダ，イギリスは通商路を確保するために海洋の自由を主張してこれに対抗した。18 世紀には，その公海自由の原則が一般に承認されるようになり，海洋を，沿岸国による排他的な管轄権が及ぶ領海と，それが及ばない公海とに二分することによって，関係国間の利害を調整した。なお，領海の幅員についても，沿岸国と海運国との間で利害は一致しない。3 カイリを領海の幅員とすることについて国際的な合意が形成されたのは，18 世

紀のことであった（領海の幅員は沿岸国の大砲の威力が及ぶ範囲だったとするのが，いわゆる着弾距離説である）（田畑 1956／2008, 219-224）（今日では，国連海洋法条約〈1982年採択，1994年発効〉によって，領海は基線から12カイリを超えない範囲で各国が設定するとされている）。

> 市場の失敗と
> 集合行為の不合理

国家による排他的領域統治を基礎とする国際体制にとっての国際問題は，上に整理したように，①分権的協力問題，②国家破綻問題，そして③非国家領域問題と類別できる。このような領域統治の相互承認体制からの逸脱の三類型の中で，国際政治学者，ことにリベラルの関心を集めたのは，第一類型（分権的協力問題）であった。利害が両立不能な形で競合する関係国の間では，関係国間の強弱が政治的帰結を左右するとしたリアリストの古典的命題（第3章第4節参照）とはちょうど対照的に，関係国の利害は必ずしも両立不能な形で競合しないものの，共通の利益を共有する集団ですら容易にその集団利益を実現できるものではない（あるいは，共通の利益の所在に関する集団構成員間の完璧な同意もその実現を保証しない〈オルソン 1965／邦訳 1996, 70〉）とする，集合行為（collective action）問題に関心を寄せたのである。

　国家間に共通の利益が存在するとしても，国家間には合意を執行する共通の政府は存在しない。第三者による執行（third-party enforcement）が当事国間の合意履行を確保する状況ではないのである。それゆえに，国家間に発生する集合行為問題は，国内における個人・集団間に発生するそれ以上に深刻にならざるをえないと考えられた。

　では，集合行為の不合理を緩和する条件とは何だろうか（社会学的アプローチと経済学的アプローチの対照については，Barry 1970 参照）。集合行為論の分析の焦点は，共通の利益の実現を妨げる／促す要因を特定することにある。基本的に，集団として《好ましい結果》が実現するか否かは，それに必要な行動を個々の構成員にとらせる《適切な誘因（incentive）》の有無に依存すると考えて分析が進められた。

　利益を共有する集団の構成員には，その利益の実現のために個別に費用や労力を負担せずとも，その恩恵に与ることができるため，利益を共有する他者の寄与・貢献にただ乗り（free-ride）しようとする誘因が生まれる。したがって，安価で安全な消費財を求める消費者や，平和を願う市民は，その利益や理念を

どれほど広い範囲で共有しようとも，むしろ逆に広い範囲で共有するからこそ，その集団利益を実現することに必ずしも成功しないのである（オルソン 1965／邦訳 1996, 202）。

　この集合行為論がマンカー・オルソンの研究を接点として，アメリカの国内政治学（オルソン 1965）から国際政治学（Olson & Zeckhauser 1966）に，中でも国際政治経済学に浸透したのを契機として，少なくとも 1980 年代には経済学における市場の失敗（market failure）論が一世を風靡して，国際政治学に一学派（ネオリベラル制度論者〈neoliberal institutionalists〉）を形成するにいたった。ネオリベラル制度論は，ミクロ経済学から着想を得て，関係諸主体が利益を共有しながらも，共通の政府が存在しなければ共通の利益を実現できない，という逆説的な状況の典型として市場の失敗（すなわち，価格メカニズムを通じた経済主体間の効率的な価値配分の失敗）をとらえた。国家を単位とする分権的な国際システムを，生産者・消費者を単位とする分権的な市場経済と並列にとらえて，以下に説明するように，市場類推（market analogy）とも呼ぶべき説明枠組みによって国際政治を分析したのである。市場類推論は，市場の失敗を緩和する条件の中に，国際協力の糸口を探るという論理構造を持つものであった（Snidal 1997）。

> **合意の分権的執行——覇権安定論**

1970 年代のアメリカにおいて，集合行為論者が関心を持ったのは，第二次世界大戦後の自由な国際経済体制を主導してきたアメリカの経済力が相対的に衰退することの国際的帰結とは何か，という問題であった。この問題を分析する枠組みを提供したのが，市場類推論型の覇権安定論（theory of hegemonic stability）である。

　覇権安定論とは，国際秩序の安定は覇権国（hegemon）の存在を必要とするという議論として一般化できる。しかし当時は，自由な国際経済体制の行方に大方の関心が集まっていたために，主として《自由な国際経済の運営は政治的主導力を必要とする》という政治経済学的な命題として論議された。1929 年の世界大恐慌の発生原因は，戦間期に，国内市場を保護する政策の採用を自制するとともに，最後の貸し手（lender of last resort）となることを引き受ける国家が存在しなかった（19 世紀の経済大国であったイギリスにはもはやその能力はなく，20 世紀の経済大国となったアメリカにはその意思がなかった）ことにあった，とす

FIGURE 4-4 財の性質（4類型）

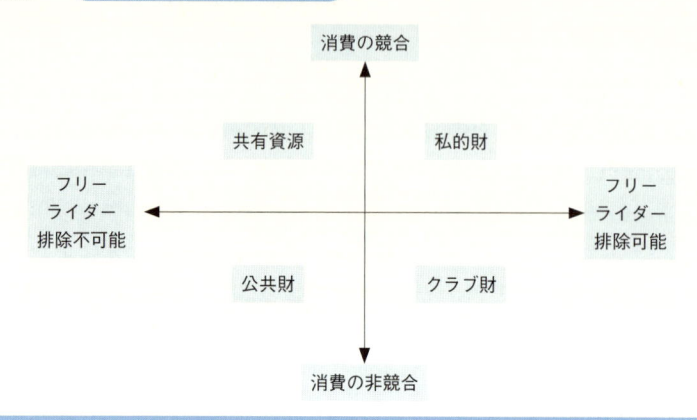

```
              消費の競合
                 ↑
       共有資源  │  私的財
                 │
  フリー        │        フリー
  ライダー ─────┼───── ライダー
  排除不可能    │      排除可能
                 │
        公共財  │  クラブ財
                 ↓
              消費の非競合
```

るチャールズ・キンドルバーガーの議論にその原型を見ることができるだろう（キンドルバーガー 1973／邦訳 2009, 331）。

その後，リベラルの覇権安定論は，覇権の盛衰と国際経済体制の開放性の変化とを，次のように明確に関連づけた。すなわち，覇権国にとっては（自由貿易体制や安定的な国際通貨体制などの）国際的な公共財（public goods）を提供することがその国益に合致するものの，世界経済において覇権国が占める比重が縮小するにつれて，覇権国にとって国際公共財を提供する誘因も減少する，としたのである（Olson 1995, 125）。

ここで国際公共財とされるのは，どのような財であろうか。他の財と比較しながら，公共財の属性を整理しておこう（図 4-4 参照）。

財は，それが二つの性質を満たすかどうかを基準として，4類型に分類できる。二つの性質とは，まず第一に，「排除可能性（excludability）」である。これは，対価を支払わずにその財を消費するただ乗りを，（厖大な費用を投入せずとも）排除できることを意味する。そして第二に，消費の「競合性（rivalry）」である。これは，その財の消費において，一人の消費者による財の消費が他の消費者の消費を減少させることを意味する。私的財は，対価を支払わずにはそれを消費できない財であるとともに，一人の消費者が消費した財を他の消費者が消費することはできない財である。公共財（たとえば，灯台）は，このような

属性を持つ私的財とは対照的に，ただ乗りを排除できない（排除するには膨大な費用を要する）財であるのみならず，消費が競合しない財でもある。このように，公共財は私的財の対極に位置づけられる。

私的財（財・サービス）については，財の性質上，対価の支払いと引き換えに，財の排他的使用権を特定の消費者に与えることができるので，市場が成り立つ。そして一定の条件の下で，財・サービスに対する需要と供給を一致させる価格メカニズムが十全に働き，政府が介入しなくても経済諸主体は共通の利益を実現できる（詳細の解説は，ミクロ経済学に譲る）。しかしながら，公共財については，その属性ゆえにこのような結果は得られない。

国内であれば，中央政府が国民に一定の負担（典型的には徴税）を強制することによって，公共財を提供できる。では，世界政府の強制力なしに，関係国は自発的に国際公共財を提供する誘因を持つだろうか。理論的には，少なくとも三つの誘因がただ乗りの誘因を緩和することによって，関係国に自発的に公共財を提供させる（この命題は，公共経済学における標準的な知見である）(Russett & Sullivan 1971)。それは，第一に，関係国にとって公共財の提供が一回限りのものではなく，長期にわたって反復される性格のものであること，第二に，関係国の数が限られていること，そして第三に，関係国間の勢力分布が非対称的で，覇権国とも言うべき大国が存在すること，である。なぜ，このような命題が成り立つのだろうか。因果関係を素描しておこう。

まず第一に，公共財の提供をめぐる関係国の関係は，囚人のディレンマ・ゲームとしてとらえられる。それゆえ，このゲームが長期にわたって反復されるならば，関係国にとって公共財の提供量を増やして，全体として提供される公共財の総量を高い水準において維持するのが合理的である。なぜなら，短期的なただ乗りの利益の追求は，協力関係の継続が生み出す長期的な利益を損うものだからである（繰り返し囚人のディレンマについては，第3章第3節参照）。

第二に，関係国の数が少ないほど，関係諸国が提供する公共財の総量は大きくなる。というのも，関係国の数が増えるほど，関係各国に働くただ乗りの誘因が大きくなるからである。なぜなら，提供される公共財から得られる効用の増大は，そのために各国が個別に負担する費用の見返りではなく，関係諸国が負担する費用の総額に対応するものだからである (Mueller 2003, 18-22)。

たとえば，以下のような仮想世界について考えてみよう。世界全体の資源の

TABLE 4-4 ● 関係国の数と公共財の総量

関係国数	資源配分	各国の私的財消費量	各国の公共財提供量	公共財総量
1	(1)	$(\frac{1}{2})$	$(\frac{1}{2})$	$\frac{1}{2}$
2	$(\frac{1}{2}, \frac{1}{2})$	$(\frac{1}{3}, \frac{1}{3})$	$(\frac{1}{6}, \frac{1}{6})$	$\frac{1}{3}$
3	$(\frac{1}{3}, \frac{1}{3}, \frac{1}{3})$	$(\frac{1}{4}, \frac{1}{4}, \frac{1}{4})$	$(\frac{1}{12}, \frac{1}{12}, \frac{1}{12})$	$\frac{1}{4}$
·	·	·	·	·
n	$(\frac{1}{n}, \frac{1}{n} \cdots \frac{1}{n})$	$(\frac{1}{n+1}, \frac{1}{n+1} \cdots \frac{1}{n+1})$	$(\frac{1}{n(n+1)}, \frac{1}{n(n+1)} \cdots \frac{1}{n(n+1)})$	$\frac{1}{n+1}$

関係国が1カ国であれば，その国は，資源（1）を私的財と公共財とに 1/2 ずつ配分し，消費する。これに対して，関係国が 2 カ国であれば，各国は資源（1/2）のうち，1/3 を私的財に配分し，1/6 を公共財として提供する結果，各国は私的財と公共財を 1/3 ずつ消費する。

総量は1とし，国家間の資源分布は均等であるとする。各国は，その資源の一部を国内において私的財として消費して，残りを国際公共財として提供する。また，各国は，その資源量にかかわらず，私的財と公共財の量が等しい時に効用が最大化するような選好の持ち主であるとしよう。このような世界においては，関係国の数（n）が増大するにつれて，公共財の総量は表 4-4 のように減少することになる。

最後に，国家間の資源配分が非対称的であるほど，公共財の総量は大きくなる。なぜならば，資源量の大きい覇権国に働くただ乗りの誘因が小さいからである。

では，このような覇権安定論は，国際貿易体制の開放性の時系列的な変化を説明する論理を提供するだろうか。そこで，覇権の指標を，当該国の国民総生産（GNP），世界の貿易総額に占める当該国の貿易の比率，世界の投資総額に占める当該国の投資の比率とし，国際貿易体制の開放性の指標を，関税率の世界的趨勢，各国の国民総生産に占める貿易の比率の世界的趨勢，貿易相手国の分布としよう。すなわち，経済活動の規模が大きく，貿易・投資における世界

的な推進主体となる国家が存在すれば，それが覇権国に該当する。そして，総体として各国の関税率が低いとともに経済活動に占める貿易の割合が高く，貿易も特定地域に限定されることなく地球規模で展開しているならば，国際貿易体制は開放的であると評価するのである。

観察される現実に照らして，このように「覇権」と国際貿易体制の「開放性」という二つの概念を操作化してみると，たしかに理論が予測するように，国際貿易体制は，ナポレオン戦争後，19世紀の後半まではイギリスの覇権の下に開放的であったが，19世紀の末には，イギリスの覇権の衰退にともなって閉鎖的となった。また，第二次世界大戦後は，1960年まではアメリカの覇権の下に開放的であった。しかしながら国際貿易体制は，20世紀に入って第一次世界大戦までは覇権国が存在しなかったにもかかわらず開放的であったのとは対照的に，戦間期には覇権国（アメリカ）が存在したにもかかわらず，閉鎖的であった。そして，1960年以降，アメリカの相対的衰退にもかかわらず，覇権安定論の悲観的な予測とは裏腹に，国際貿易体制は何とか開放性を維持し続けたと言える（Krasner 1976）。

なぜ，覇権の衰退が国際貿易体制の保護主義化につながらなかったのか，という問題についての考察は次項に譲るとして，その前に，覇権安定論に関連して2点ほど読者の注意を喚起しておきたい。

まず第一に，自由な国際経済体制と覇権との関連について，上に見たようにリベラルは，自由な国際経済体制は国際公共財であり，覇権国にはその国際公共財を自発的に提供する誘因があるとした。これに対してリアリストは，特定の利益が実現するのはそれを追求する国家がその力の優位を背景に関係国の同意を確保できるからだと論じた。それとは対照的にリベラルは，国家間にも共通の利益（その典型が国際公共財である）は存在するが，共通の利益を共有する集団の中では，ただ乗りという形で，弱者による強者の搾取（the exploitation of the great by the small）（オルソン 1965／邦訳 1996, 3, 4, 27, 31）という逆説的事態（覇権国の国際貢献への関係国によるただ乗り）が発生する，ととらえたのである。

第二に，覇権安定論は，上に見たように，国際貿易体制の開放性の時系列的な変化を必ずしも十分に説明することに成功していないが，それ以上に政治学的に看過できないのは，何をもって国際公共財と考えるか，という問題であろ

う。

たとえば，国境を越えて広がる感染症の治療薬を事例として取り上げてみよう。先進国の特許権保持者の許可なしに製造された安価なジェネリック薬が途上国において販売されては，先進国の製薬会社の特殊利益の観点からすれば，自らの知的財産権が侵害されたということになろう。しかしながら，感染症の撲滅は国際社会の共通の利益に該当する。この共通の利益を実現するには治療薬の開発と普及が不可欠だが，それは容易に克服し難いディレンマ（公共財としての科学的知識を創造する私的誘因をめぐるディレンマ）を発生させる。治療薬の開発は知識が公共財である以上，知的財産権の保護を必要とする（なぜなら，知的財産権が保護されなければ，研究開発に投資する経済的誘因は生まれないからである）。他方で，治療薬の普及は逆に知的財産権の制限を必要とするのである（Stiglitz 2008; 古城 2009）。

> アナーキーの下における
> 協力——国際レジーム論

前項で見たように，1960年代以降，アメリカの覇権が相対的に衰退したにもかかわらず，なぜ，国際貿易体制の開放性に翳りが生じなかったのだろうか。これを説明する要因として注目されたのが国際レジーム (international regimes) である。

レジームとは，

> 国際関係の特定の問題領域において，成文化されたものであろうとなかろうと，行為主体に〔互いの行動についての〕期待の共有を可能にするような一連の原理，規範，規則，および意思決定手続き (sets of implicit or explicit principles, norms, rules and decision-making procedures around which actors' expectations [about the behavior of each other] converge in a given area of international relations)

を指す (Krasner 1982, 186)。

貿易という問題領域における国際レジームの例として，1947年に採択された関税及び貿易に関する一般協定 (General Agreement on Tariffs and Trade: GATT) をあげよう（第6章第2節参照）。条約としてのGATTは，最恵国待遇原則（いずれかの締約国の産品に対して許与される特権，免除などはいかなる締約国の同種の産品に対しても無条件に許与することを義務づける原則〈GATT第1条〉），内国民待遇原則（国内市場において輸入産品に適用される待遇は，同種の国内産品に適用される待遇と同一でなければならないとする原則〈GATT第3条〉），そして輸出入にお

> **COLUMN** 4-4 外交論なき国際政治理論の誕生──ウォルツの市場類推論
>
> 　ネオリアリズムを代表するK. ウォルツは,《企業の行動》選択を左右するのは（企業の数によって規定される）《市場の構造》であるとするミクロ経済学から着想を得て,《大国の行動》選択，特に軍備増強・同盟形成といった勢力均衡行動の選択とその国際的帰結（すなわち大国間の戦争の有無）を左右するのは，関係国の属性ではなく,（大国の数によって規定される）《国際システムの構造》である，とする構造理論を提唱した。国際システムの構造と，大国間の戦争の有無を理論的に架橋するために彼が導入した仮定こそが，意図において同質的な現状維持志向の国家群であった。このように関係国は互いの意図を承知していると仮定することの当然の結果として，意図の伝達は考察の対象から外れた。こうして，外交論を持たない国際政治理論が誕生したのである。
>
> 　このようにある種の市場類推論を展開したリアリストのウォルツは，二極体制下において超大国が提供する安全の下でその同盟国（たとえば日本）は「無責任国家の自由」を謳歌できるとしたが（ウォルツ 1979／邦訳 2010, 243-244)，この議論が読者に想起させるのは，ほかでもないリベラルの「弱者による搾取」論であろう。

ける数量制限の一般的禁止（GATT 第11条）を基本原則とするものであった。

　では，レジームは関係国の行動にどのような影響を与えるのだろうか。この問いに対するR. コヘインの解答が，典型的な市場類推論であったと言える。コヘインは，国際レジームを，諸国家間の分権的交渉を通じた紛争解決（decentralized negotiated settlement）の枠組みとしてとらえた。ロナルド・コースが示したように，たとえ外部性の問題が存在しても，一定の条件の下で関係諸主体は，共通の政府による集権的な規制によらずに，分権的な交渉を通じて共通の利益を実現できる。コースの定理として知られるように，関係諸主体は，交渉に必要な「取引費用（transaction costs)」が十分に小さいならば，当事者間の交渉を通じて，効率的価値配分に同意する誘因を持つ。コヘインは，分権的な市場経済に関するこのコースの洞察が，国家間に共通の政府が存在しない分権的な国際システムにおいてこそ妥当する，と類推したのである。

　市場の失敗論は，どのような制度上の不備が合意の成立を阻む要因となりうるのかを明らかにするものである。国際レジームも世界政治における同様の制度面の不備

を是正する機能を持つと解釈してよいだろう。(Keohane 1982, 335. 傍点は引用者)

　レジームが関係国による交渉を通じた紛争解決を促すのは，原理，規範，規則，および意思決定手続きを提供することによって，合意形成の阻害要因（信頼できる情報の不備を含む取引費用の問題）を関係国が克服することを助けるからである（Keohane 1982, 354）。共通の利益が存在するとしても，その実現をめざして関係国間の個別交渉を積み重ねるとすれば，そこに必然的に交渉費用が発生するが，それを削減するものとして国際レジームを位置づけた。ただし，コヘインらが指摘するのは，関係国は分権的交渉を通じて何らかの価値配分に同意できるだろう，ということにすぎない。どのような価値配分に同意するのかという問題については，必ずしも明快な答えを提供するわけではなかった (Krasner 1991)。

合意の分権的定立　経済の国際化にともなって，規制政策の国家間協調の必要性は 19 世紀半ば以降，着実に高まってきている。交通・通信の分野においては，1865 年に設立された国際電信連合をはじめとして，ヨーロッパ諸国を主たる加盟国とした国際機構（国際行政連合と総称される）が形成されていった。

　このような組織化を通じて各国が対応しようとした問題は，政策協調 (policy coordination) 問題と言える。各国の政策の選択肢が複数存在し，かつ，国ごとに異なる政策を採用するよりは，同一の政策を採用することに関係国が利益を見出すような場面においては，ひとたび，ある選択肢を国際標準とすることに関係諸国の合意が得られれば，協調は安定的に維持される。なぜなら，その合意から一方的に逸脱することは個別国家の利益に反するため，合意を執行する共通の政府が存在しなくても，各国は合意を自発的に履行する誘因を持つからである。この意味では，このような標準設定型の政策合意は自己執行的であり，第三者による執行を必要としないと言える。現に，政策協調を必要とする状況においては国際機構が設立されて制度化が進み，国家間の安定的な協力関係が維持されると論じられてきた (Stein 1982; Snidal 1985)。

　しかし，政策合意について，関係各国が自発的に履行する誘因を持つからといって，必ずしも国家間の合意の定立が容易であるわけではない。国ごとに異なる政策を採用するよりは，同一の政策を採用することに各国が利益を見出す

TABLE 4-5 ● 恋人たちの諍いゲーム

		B	
		α	β
A	α	(2, 1)	(0, 0)
	β	(0, 0)	(1, 2)

［注］（　）内左は A の，右は B の利得を示す。

としても，どの政策を共通の（標準的な）政策として採用するかをめぐって国家間で選好が異なるならばどうであろうか。この戦略状況（恋人たちの諍い〈battle of the sexes〉ゲーム）においては，合意定立は決して容易ではない。

表 4-5 を用いてその論理を説明しよう。国家 A と国家 B は，それぞれ二つの政策の選択肢（政策 α と政策 β）を持つ。いずれの国家にとっても，いずれかの政策を共通の政策として採用する方が好ましいが，標準的な政策として採用することが望ましいのは，国家 A にとっては政策 α であり，国家 B にとっては政策 β である。すなわち，国家 A は，合意の結果としてナッシュ均衡（α, α）を実現する誘因を持つのに対して，国家 B は，合意の結果としてナッシュ均衡（β, β）を実現する誘因を持つ。複数のナッシュ均衡について，プレイヤーの間で評価が分かれているのである。

技術開発の先発国にとっては，国際機構を設立して共通の政策について国際的な合意を形成することが，必ずしもその利益に合致するというわけではない。国際機構を設立しあらためて共通の政策をめぐって関係国と交渉するよりも，むしろ一方的に自国にとって好ましい政策を選択し，後発国がその政策を採用せざるをえない状況を作り出し，結果的に政策「協調」が時差をもって（逐次的に）行われる方がその国益に適うのである。

このように国際政治におけるアナーキー構造の含意は，関係国間の利害対立の構図によって異なる。囚人のディレンマ状況においては，共通の利益の所在は明確であるために合意の定立は容易とも言えるが，合意の執行は確実には期待できない。これとは対照的に，恋人たちの諍い状況においては，合意の執行は確実だが，いずれの合意を締結するかという問題をめぐっては関係国の間に利害の衝突が生じるために，合意の定立は容易ではないのである。

2 秩序の設計と生成

> レジーム論からコンストラクティヴィズムへ

本節において紹介した（202頁）レジームの定義から明らかなように，分析者からすれば，互いの行動の予見を可能にする一連の原理，規範，規則，および意思決定手続きを，関係国が共有しているのかどうかは自明ではない。それゆえ，行為主体の行動選択を観察可能な要因によって説明することに重きを置く実証主義者は，1980年代後半以降，レジーム論を離れていった（Haggard & Simmons 1987, 494）。たとえば，1982年には上に記したレジーム概念を受容していたコヘインも，1989年には，「諸国家の交渉によって合意された明示的なルールを備えた制度」とレジーム概念を再定義し，成文化されていないために客観的に観察できない規範的な了解についてはレジームとはみなさない，とするにいたった（Keohane 1989, 17, n. 5）。

このような論調に批判的な姿勢を貫いたのは**ジョン・ラギー**である。そもそも彼は，安定した秩序の基礎を覇権国の存在に求める覇権安定論を批判して，市場類推論とは異なる立場から議論を展開していた。1970年代に入ってアメリカの覇権が相対的に衰退したとはいえ，その覇権の下に形成された国際経済体制の安定が直ちに揺らぐものではない，とした彼の議論を振り返っておこう。

ラギーによれば，第二次世界大戦後の国際経済体制の基盤として，関係国の間には，国家間において開放的な貿易・通貨体制を維持するのみならず，国内において国家が雇用維持などを目的として市場に介入することを国際的に許容する，という規範的な了解があった。この見地からすれば，1970年代において新保護主義の政策として警戒された輸入制限や輸出自主規制などにしても，多国間の経済取引の結果として，国内に生じる社会的費用を削減するためのレジーム適合的な行動（規則や手続き）にすぎない。したがって，このような新しい手段が採用されることは，必ずしも埋め込まれた自由主義の妥協（compromise of embedded liberalism）というレジームの規範的枠組み（原理や規範）それ自体の変容を意味するものではない，としたのである。

レジームからの逸脱は，たとえば特定の行動のように，何らかの客観的に観察可能な事実によって直ちに認識できるものではない。**間主観**的な（intersubjective）意味の枠組みの中で，当該主体がそれを正当化し，他の主体がそれを受容したかどうかによって，はじめて認識できることになるだろう。つまり関係主体間の相互作用は，共通の規範を媒介として行われるという意味で，社会的

な性格を持つものである（間主観性については第1章第4節参照）。

　アメリカの国際政治学においては，1980年代にはラショナリズムあるいは合理的選択論の分析手法が知的覇権を確立した。それを象徴したのは，本来ならば秩序論の一系譜にすぎない市場類推論の枠の中における路線対立が，国際政治学全体の論争（ウォルツのネオリアリズムとコヘインのネオリベラル制度論との論争）として展開したことであろう。ラショナリズムは，関係主体の属性を与件として仮定した上で，関係主体の目的適合的な手段選択の結果として，主体の行動および主体間に発生する現象を説明する方法論である。とりわけゲーム理論は，プレイヤーがゲームの構造（特に主体のアイデンティティと主体にとっての利益）についての情報を共有すると仮定する。この意味で，プレイヤーの認識やプレイヤー相互の間主観的な了解に関するラショナリストの分析関心はきわめて限られたものとなった。

　この知的潮流に反発したのが，コンストラクティヴィズムの分析手法であった（Wendt 1999）。ラショナリズムの経済学的な論理構成に対抗して，コンストラクティヴィストは，自覚的に社会学的な論理構成を採用した。政治現象は単なる物理現象ではなく，社会的に構成・構築されているとしたのである（山田・大矢根編 2006／2011, 74-88）。

　たとえば，他国に部隊が進出するという行動は，共有された規範的な意味を付与しなければ記述すらできるものではない。それははたして侵略なのか，自衛なのか，あるいは安保理によって容認された強制措置の一環なのか。それをどのようにとらえるかは，国際社会の構成員とは何か，そして構成員の間において適切な行動は何か，について社会的に共有された理解によって異なるのである。

　また，国境を越えて活動するテロリストに対する自衛権の行使であるとして，当事国がその武力行使を正当化するのに対し，相手国を含む関係諸国が，それは違法な武力行使だと非難するという応酬が可能になるのはなぜだろうか。それはそもそも，国家の間で許容される行為の範囲についての規範的了解（武力不行使原則）が存在するからである。また，このような応酬を通じて，許容される行為の範囲が国家間において確認されたり，場合によっては修正されたりするのである。

　興味深いことに，コンストラクティヴィストの規範概念は，以下のように，

レジーム概念を想起させるようなものであった。すなわち，コンストラクティヴィストは，規範を，「特定のアイデンティティを有する行為主体に相応しい適切な行動について集団が持つ期待 (collective expectations for the proper behavior of actors with a given identity)」(Katzenstein 1996, 5) あるいは「行為主体の共同体によって共有される適切な行動についての期待 (shared expectations about appropriate behavior held by a community of actors)」(Finnemore 1996, 22) と概念化している。この定義に，レジーム論とコンストラクティヴィズムの間の明らかな連続性を見ることができるだろう（本節のレジームの定義をあらためて確認してほしい）。

　ここで確認しておくが，コンストラクティヴィズムとは，単に関係主体の主観的理解を強調するものではない。それでは，個別主体の選好や情報を明示的に仮定するラショナリズムと大差ない。コンストラクティヴィズムは，関係主体間の相互作用を通じて認知や評価が社会的に共有されるとして，関係主体の間主観的理解を強調しているのである。

　最後に，コンストラクティヴィストの国際政治理解の独創性についてふれておきたい。彼らの議論の一つの要諦は，ある国家実行について，当事国がそれは国際的に許容される行為であると正当化したり，関係国がそれは国際的に許容されない行為として非難したりすることを通じて，国際的に適切と評価される行為の範囲が確認されたり，変更されたりするというものだろう。実は，この種の議論は，国際法分野における国際慣習法の理解，すなわち一貫した国家実行 (state practice) と，その国家実行に関する法的確信 (opinio juris) の2要素が国際慣習法を構成する，という議論とほとんど区別し難いものである（石田 2010a）。ラショナリズムが知的覇権を確立したアメリカにおいてはいざ知らず，法学的あるいは社会学的な知的伝統が根強く残る諸国（日本を含む）において，コンストラクティヴィズムの知的衝撃が限られたものであるのは，このような事情によるものではないだろうか。

カスケード型の行動連鎖

市場において交換される財について特定の消費者が持つ評価は，通常，他の消費者が持つ評価によって影響を受けない。しかしながら，人間の行動についてのある主体による評価は，他の主体による評価から完全に独立したものではないだろう。しばしば，一定のアイデンティティを持つ主体の間には，ある一定の規範的理解が

共有される。言ってみれば，人間行動についての評価が社会性を持つのである。

　たとえば，国際社会における特定の兵器の使用に関する評価について考えてみよう。ある兵器の使用についての評価は，その兵器の軍事的効用（たとえば標的の物理的破壊能力）によって直ちに決まるものではなく，国際社会が当該兵器をどのような範疇（はんちゅう）に属する兵器として類別するか，に依存することがある。1948 年，国連の通常兵器委員会（UN Commission for Conventional Armaments）は，原子爆弾を生物・化学兵器とともに大量破壊兵器（weapons of mass destruction）に分類した。これによって原爆は，毒ガス（1899 年の毒ガスの禁止に関するハーグ宣言において使用を禁止されていた）と同一の範疇に分類されたのである。NATO は，1954 年にはソ連の通常兵器による攻撃に対し戦術核兵器の先制使用によって反撃する軍事戦略を採用したが，この文脈においてアメリカ政府は，核兵器の使用をアメリカ国民および国際社会にとって政治的に受容できるものにするための努力を重ねることになった（アメリカ政府は 1955 年に核兵器使用の合法性を擁護する公式声明を発表した）（Tannenwald 2005, 17-26）。このようなアメリカ政府の努力は，兵器の使用に関する評価の社会性を考慮に入れなければ，およそ理解できるものではない。

　たしかに，正統な物理的暴力行使を独占する国家と比べれば，安全保障の領域において非国家主体の政治的影響力（価値配分を左右する力）には自ずと限界がある。しかしながら，特定の兵器の国際的な評価の形成という局面においては，NGO などの活動が特定の価値配分に対して関係諸国の同意を引き出す影響力は決して侮れない（なお，直接的に実証する一次資料を見出すことの難しい，このような問題については外交史研究と理論研究の協力が望まれる。田中 2009, 51-52）。

　人間の行動についての評価が持つ社会性に関連して，多国間条約案に各国が次々と同意する連鎖反応（カスケード〈cascade〉現象）についても考えてみよう（Kuran 1998. コンストラクティヴィストのカスケード論については Finnemore & Sikkink 1998）。

　紛争地域に埋設された地雷は，戦時のみならず平時も，戦闘員と非戦闘員とを区別することなく犠牲を生み出す。これは人道上深刻な問題であると同時に，紛争後の復興をも困難にするため，冷戦終結後，対人地雷問題に対する国際社会の関心が高まった。通常兵器の使用を制限する国際的枠組みとしては，それまでにも 1980 年に採択された特定通常兵器使用禁止制限条約（Convention on

Certain Conventional Weapons）があった。しかし，それは対人地雷を全面禁止（使用，貯蔵，生産，移譲の禁止）するものではなかった。そこで地雷廃絶国際キャンペーン（International Campaign to Ban Landmines: ICBL）などの NGO と，全面禁止に賛同する諸国が協力して，対人地雷禁止条約の成立に漕ぎ着け，同条約は 1999 年に発効した。この過程は，カナダ政府がオタワで開催した国際会議を起点とするものであったため，オタワ・プロセスと呼ばれる。

では，多国間合意を短期間に成立させる動学的な政治過程は，どのようなものだったのだろうか。そもそも対人地雷をめぐる規制の現状を大きく変更することに，関係諸国はなぜ同意したのか。一つの論理的な可能性は，条約案に対する関係諸国の評価（条約が実現するであろう事態に関する選好）がいっせいに変化したからである。しかしながら，合理的な関係諸国の行動選択に変化が観察されるのは，その選択を左右する選好に変化が生じたからに違いないという論理は，関係諸国の合理的選択を前提とした同語反復的な説明にすぎず，説得力はない。

個々の関係国の選好（ミクロの動機）は，長期的には変化しうるのは当然のことながら，少なくとも短期的には安定しているにもかかわらず，関係諸国の集合行為（マクロの行動）に劇的な変化が生じるのはなぜだろうか。そのメカニズムを以下に示そう（Schelling 1978; 簡単な数理モデルについては石田 2011b）。

市場において交換される財の中にも，ある消費者による当該財についての評価が他の消費者による評価に影響を受ける財がある。いわゆるネットワーク外部性（network externalities）を持つ財，すなわち，特定財の消費者が増加するほど，当該財が特定消費者にもたらす効用が増大する財（たとえば携帯電話）がそれにあたる。同じように，対人地雷条約の潜在的な締約国も，締約国の数が増加するほど，当該国も締約国となることによって得られる便益は増大する，と考えられるだろう。なぜなら，国際社会において広く共有される規範に従う国家，としての社会的評判を確立することができるからである。

もちろん，この社会的評判の便益の大小は関係国の間で多様であろう。個々の国家にとって，条約を履行することによって得られる便益が費用を上回るならば，その条約に同意する誘因が生まれる。ただし，他の国家による条約案の評価については，関係諸国の間で情報は共有されていない（選好は私的情報である）としよう。

この場合には，一定の条件の下で，個々の国家の行動を通じて関係国の間で当該条約案の評価についての情報が共有されると，国際社会の規範の所在が確認され，それがさらに関係国の行動を誘発するという連鎖反応（カスケード現象）を呼び起こしうる。たとえば，行動の費用が十分に小さければ，ほかに同意する国家が存在しなくても，この条約案を高く評価する国家が率先して同意する。この率先国（initiator）ともいうべき国家の存在が，その行動を通じて関係国に共有されると，同意する国家が他に１国でもありさえすれば同意する誘因を持つ国家が賛同する。さらに，同意する国家が２国ありさえすれば同意する誘因を持つ国家が賛同するというように，関係国の間で連鎖反応が発生しうるのである。ネットワーク外部性に着目したこの議論も，市場類推論の一種と言えるだろう。

SECTION 3　国際秩序の変動と国内秩序の変動

共振論の挑戦

統治領域の再編と個人・国家関係の組み換え

　本章においては，第１節，第２節を通じて，国際秩序論には国内類推論の系譜（第１節）と市場類推論の系譜（第２節）があることを見てきた。国際秩序を理論化する学者の立場からすれば，類推思考の軌道から逸脱さえしなければ，問題の発見から解答への到達までを約束してくれる類推論の誘惑には抗い難いものがある。もちろん，学際知のあり方として，それはそれとして問題がないとは言えないが，それ以上に深刻なのは，そのような類推論的な思考様式からは，国際秩序の変動を国内秩序の変動と関連づけて理解する視角は生まれようがないということである。

　国際秩序の変動とは，国際社会における資格基準（どのような政治的単位が国際社会の正統な構成員資格を持つのか）や行動基準（国際社会の構成員の間において適切な行動の範囲とは何か）の変更，あるいは再定義を意味する。国内類推論の系譜にしても，市場類推論の系譜にしても，国際社会を構成する国家の人的範囲（国民），領域的範囲（領土），そして治者・被治者間の権限・権利・義務の配分（統治構造）についてはそれらを所与とするものだが，所与としてしまっては，上に記した意味での国際秩序の変動がなぜ起こるのかは理解できるもの

ではない（石田 2007a）。たとえば，なぜ国内における少数者の処遇や人権の侵害が国際場裏において問題化するのかを，統治領域の国際的再編や領域国の体制移行と関連づけずに理解することは，およそ不可能であろう。そこで第 3 節においては，国内秩序の変動（国家の人的範囲，領域的範囲，そして治者・被治者間の権限・権利・義務配分の再定義）が，どのような国際秩序の変動の結果であるのか，そしてそれはどのような国際秩序の変動の原因となるのか，について考察する。

ブルは，18 世紀のヨーロッパ国際社会に大国間の平和をもたらした諸制度（勢力均衡，戦争，国際法，外交）が，20 世紀に地球規模にまで拡大した国際社会にも平和をもたらしうると考えた（ブル 1977／邦訳 2000；篠田 2007, 27）。しかし，国際社会における規範的合意が歴史的に変化をとげてきたことは明らかである。それならば，国際社会が受け容れてきた個々の規範原則について，個別にその成立・変容の歴史を通観しさえすれば，国際秩序の歴史的生成を内生的に理解できるかといえば，そうではない。なぜだろうか。

それは，本章第 1 節において論じたように，国際社会が共有する規範原則は必ずしも互いに両立せず，調整の必要が生じるために，個々の規範原則の変化は，関係する他の規範原則の変化から自由ではないからである。そればかりか，本節において考察するように，国際社会におけるある規範原則の変化は，《国内秩序を不安定化する効果》を持つので，いわばそれを相殺するために，国際社会における別の規範に変化が生まれることもあるからである。

そこで本節では，国際秩序を支える諸原則の変動に見られるこのような交錯を，国内秩序の動揺・再編の局面の分析を通じて解き明かす視座（共振論）を提供することにしたい。秩序の安定と不安定を論ずるにあたって，秩序と正義（あるいは平和と正義）との二者択一を強調してきた従来の秩序論（典型的にはブル 1977）に代わって，本節において検討する秩序論は，国内・国際の規範原則がいかに調整されてきたか，という観点から秩序の変動を論ずるものである。

そもそも主権国家体制の構成単位である領域国家は，帝国の解体（たとえば，第一次世界大戦後のロシア，ドイツ，オーストリア＝ハンガリー，トルコの解体）という形で分裂（fission）したり，統一国家の形成（たとえば，19 世紀のイタリア，ドイツの統一）という形で融合（fusion）したりしてきた（Lyon 1973, 24）。このように領域国家の統治領域が国際的に再編されることは，国際秩序のどのような

| TABLE | 4-6 ● リベラリズムの2類型 |

リベラリズムの類型	待遇の平等	例
不干渉のリベラリズム	国際社会の構成員	植民地独立付与宣言
干渉のリベラリズム	国内社会の構成員	文明国水準論 コペンハーゲン基準論

変化の帰結であるのか。そして，それは国内秩序にどのような帰結をもたらすのか。言い換えれば，領域国家の分裂や融合は，関係国のどのような同意に基づくものだったのか。また，それは新生国家内部における関係集団の同意に基づく共存関係に，どのような影響をもたらすものだったのか。

　新生国家が国際社会に参入することによって，領域統治の国際的再編が繰り返されたことは言うまでもない。第二次世界大戦後の国連加盟国数の時系列的な変化からもそれは一目瞭然である。1945年の創設時点において原加盟国は51カ国だったが，脱植民地化の進展（たとえば1960年9月に15のアフリカ諸国が同時加盟）によって1960年の秋には加盟国数は99カ国に達し，その後，冷戦終結期には159カ国（1990年時点），ソ連邦，ユーゴ連邦，チェコスロヴァキアの解体などを経て，2011年には南スーダンが193番目の加盟国となるなど，波状的に増加してきたと言える（第2章図2-15参照。http://www.un.org/en/members/index.html）。

　本節では，国際社会の現構成員と新構成員との非対称的な関係において，先発国との平等な国家間関係を求める後発国の動き（不干渉のリベラリズム）と，一定の国内統治基準の達成を後発国に求める先発国の動き（干渉のリベラリズム）とが交錯する歴史的ダイナミクスにも着目したい（Simpson 2001, 560, 570; Sørensen 2011）（表4-6）。国内統治基準の達成の成否と，国家間関係の平等・不平等性との間には，一定の国内統治基準を満たさない国家については，国際社会における正統な構成員資格を承認しないといった関係が見られた。これについては，「文明国並みの」国内統治基準を満たしてはじめて，トルコ，中国，日本などのヨーロッパ国際社会への参入を認めた，19世紀の文明国水準論にその歴史的表現を見ることができるだろう。それは，典型的には不平等条約の締結という形をとった。

3　国際秩序の変動と国内秩序の変動

> **COLUMN** *4-5* アメリカの南北戦争に見る「州内統治基準の連邦問題化」
>
> 　南北戦争（1861-65 年）後，単一の民主政体の下に南部諸州を再統合するにあたって，アメリカの連邦憲法修正 14 条（黒人奴隷に対する市民権の付与および旧体制指導者の公職追放など）などの承認が連邦復帰の条件となった（Smith 1994, 24）。このように 19 世紀後半のアメリカでは，内戦を経て，連邦を構成する州（state）における統治のあり方について，連邦レベルの基準が設定された。干渉のリベラリズムの連邦版と言える。

　この点に関連して興味深いのは，19 世紀の通商条約の中に，条約国国民の相手国内における人権保障の規定が登場したことである（田畑 1956／2008, 78-79）。具体的には，対外的な経済活動の自由を確保するために，通商条約に領事裁判，開港地における移動の自由，信仰の自由などについての規定が置かれた（たとえば，1858 年の日米修好通商条約の第 6 条，第 7 条，第 8 条など）。国家間の通商関係が拡大する中で，文明国並みの国内統治基準（政府が国際法上の義務を履行するとともに，外国人の生命・自由・財産を十分に保護する能力と意思を有すること。この基準については，Gong 1984, 24）を満たさない国家との間には，平等な通商関係が結ばれなかったのである。このように不平等な通商条約には通商利益と人権規範との交錯が観察される，とも言える。戦略拠点の確保と自国民の保護の交錯（典型例として 1882 年のイギリスによるエジプト占領）なども構図は同様である（なぜイギリスが，本格的派兵によらずしては，インドへの道の要衝に位置するエジプトにおける権益を維持できなくなったのか，という視点については，Robinson & Gallagher 1962; 高橋 1992 参照）。

　今日の EU も，加盟の国内条件（コペンハーゲン基準）として，民主主義，法の支配，人権・少数者の権利の保障，市場経済などをあげている。これも干渉のリベラリズムの例だろう。

排他的領域統治の範囲画定という国際問題　主権国家体制の構成は，領域国家の統治領域が再編されること（視点を換えれば，国境線の追加・削除・移動）によって変化する。この統治領域の再編（独立，統合，帰属変更）は，新たに分節化された領域の政治的安定

> **COLUMN** *4-6* 社会規範が主体を作るという発想
>
> ナショナリズムの運動にせよ,その主体にせよ,ナショナリズム思想の産物である。ゲルナーによるナショナリズムの定義からも明らかなように,国際社会の構成員は国際政治において所与の存在ではなく,まさに国際規範の所産であると理解するのが自然であろう。たとえば,自決主体(self of self-determination)は自決規範(norm of self-determination)が生み出したと理解できる。しかしながら,冷戦期のアメリカの国際政治学においては,冷戦対立の下に統治領域の国際的な再編が稀であったためか,このような問題への関心は希薄であり,標準的な社会学的な規範論ですら浸透することはなかった(アイデンティティ論を重視する山影進の国際関係論のテキストは,アメリカのそれと好対照を成している〈山影 2012〉)。

を揺るがすことがある。なぜだろうか。

本来,市民個人や,少数者などの集団の政治的権利は,もとより領域を基盤とする国家が保障するものである。したがって,統治領域の国際的再編は,領域(正確には領域を基盤とする政体)と個人との結び付きを組み換えることになるので,国内秩序の安定を脅かすことになる。具体的には,領域の法的地位の変更(分離独立,国内における領域的自治権の拡大,帰属変更など)や,個人の法的地位の変更(国籍,永住権,およびそれに関連する諸権利などの再定義)を争点とした秩序問題を引き起こしかねない(特に旧ソ連解体の文脈においては,塩川 2007a, 286-290;塩川 2007b, 83, 96, 101)。

アーネスト・ゲルナーは,ナショナリズムを

> 一つの政治的な単位(political unit)と一つの民族的な単位(national unit)とが〔国民として〕一致しなければならないと主張する政治的原理(〔 〕内の補足は引用者)

と定義した(ゲルナー 1983/邦訳 2000, 1)。ここで民族とは,血縁,言語,宗教,文化,生活習慣などを共有する仲間だという認識を基盤として,一つの国家あるいはそれに準ずる政治的単位を持つべきである,という意識によって結び付いている集団を指す。また,国民とは,ある国家の正統な構成員の総体を指す(塩川 2008, 4-7)(厳密には,上記の定義は必ずしもナショナリズム一般の定義ではなく,

後述するシビック・ナショナリズムと対置されるエスニック・ナショナリズム〈塩川 2008, 21〉の定義である）。

　この（エスニック）ナショナリズムの定義は，多数派のナショナリズムと少数派のナショナリズムとを対照的にとらえることを可能にする。すなわち，多数派のナショナリズムとは，一つの国家は一つの国民を持つべきであるとするもので，これに基づいて多数派は，少数派の同化や（極端な場合には）浄化を進める。これとは対照的に少数派のナショナリズムとは，一つの国民は一つの国家を持つべきであるとするもので，これに基づいて少数派は，領域的な自治や自決を求める。皮肉にも，国民国家の理念を共有しているにもかかわらず，むしろ共有しているからこそ，両派は一つの政体の枠の中で容易に共存できないのである。

　国内秩序の安定の観点から言い換えれば，統治領域の国際的再編によって，政治共同体の正統な構成員の人的範囲をめぐる対立が，新たに分節化された領域内部の住民の間に生まれることになる。だれのどのような権利を認めるのか，という政体の基本問題が表面化するのである。

　国家は国際社会の構成単位であるがゆえに，どれだけの領域を統治する政治的単位を国家と認めるかという問題（国家という政体の領域的定義）は，自ずと国際問題となる。では，国際社会の構成員である国家の領域的範囲を決定する基準とは，どのようなものだろうか。

　新生国家の独立を承認する領域的枠組みには，二つの類型があると言える（表4-7参照）。

　第一類型は，いわゆる「ウティ・ポシデティス（*uti possidetis*）」原則である。これは，独立を承認するにあたって，独立達成の時点における境界（たとえば植民地の行政区画や植民地間の境界）を国境とするというものである。その原型は，19世紀初頭のラテンアメリカのスペイン植民地の独立の際に現れ（18世紀後半の北米で13のイギリス植民地が単一のアメリカ合衆国として独立したのとは対照的に，19世紀前半の中南米ではスペイン植民地から18の新生国家が誕生した），その後，第二次世界大戦後のヨーロッパ諸国の海外植民地の独立や冷戦終結後の社会主義連邦（ソ連邦，ユーゴ連邦，チェコスロヴァキア）の解体においても応用された。ウティ・ポシデティス原則は，新生国家の領域的範囲をめぐって新生国家と隣接諸国との間に生じかねない利害対立を回避する枠組み，と言える。

TABLE 4-7 ● 統治領域再編の基準

国家承継の領域的枠組み	自己決定の主体を決定する基準	歴史的事例
ウティ・ポシデティス原則	既存の境界（植民地の行政区画／植民地間の境界／連邦構成共和国間の境界など）	○ラテンアメリカ諸国の独立 ○第二次世界大戦後のアフリカ諸国の独立 ○冷戦後の社会主義連邦の解体
自決原則	民　族	○第一次世界大戦後のヨーロッパにおける帝国解体

　これに対して第二類型は，「自決（self-determination）」原則である。これは，エスニック・ナショナリズムに基づいて，国家の構成員と民族とが合致するように国境を画定する，というものである。自決原則は，まさに統治領域の再編によって成立する新生国家による同意を重視する枠組みと言える。

　《自決の主体とはだれか（Who is the self of self-determination?）》という問題が民主政治の基本問題である（Rustow 1970, 351）とすれば，国際政治の基本問題は，《どのように自決の主体を決定するのか》という問題であろう。政治的命運を自ら決する政治的共同体の人的構成員の範囲について，自決原則は当事者が自己決定できるとするのに対して，ウティ・ポシデティス原則はそれを既存の境界が定めるとするものである。

国際問題の国内問題化——新生国家の成立

　第一次世界大戦，第二次世界大戦，そして冷戦という20世紀におけるグローバルな対立の終結は，広い意味での《帝国の崩壊》型の政治空間の国際的な再編を伴うものであった。この統治領域の国際的な再編は，国際社会におけるいかなる同意の所産であり，国内秩序にどのような緊張をもたらすものであったのかを，以下に示そう。

　第一次世界大戦後の統治領域再編の枠組みは，自決原則であった（国家承継の領域的枠組みは基本的に自決原則ではあったが，パリ講和会議は，独墺合併を禁止したり，ドイツ人居住地域であるズデーテンラントをチェコスロヴァキアに帰属させたりするなど，国境画定に関して自決原則をやや恣意的に適用するものであった）。大戦の結果，四つの帝国（ロシア，ドイツ，オーストリア＝ハンガリー，トルコ）から七

つの新生国家（エストニア，ラトヴィア，リトアニア，ポーランド，チェコスロヴァキア，ハンガリー，セルビア人・クロアチア人・スロヴェニア人王国〈のちのユーゴスラヴィア〉）が誕生し，たとえばポーランドの国民の 40% はポーランド語を話さず，チェコスロヴァキアの国民の 55% はチェコ語を話さないという状況が生じた。

　自決原則に基づく統治領域の再編は，国内秩序に何をもたらすものだったのか。ロジャース・ブルーベイカーも指摘するように，境界再編の結果，同化をもくろむ多数派，自治／自決を求める新少数派，民族同胞として少数派の奪回を狙う隣国との間には，領土保全（territorial integrity）の主張，分離主義（secessionism），失地回復主義（irredentism）という形で三者三様の思惑が交差するなど，緊張関係が生まれた（Weiner 1971, 668; Brubaker 1995, 109-110）。

　これに対して第二次世界大戦後には，ヨーロッパ諸国の海外植民地が脱植民地化を達成する過程において，自決主体として認められた人民とは人的構成員の範囲を自己決定する民族ではなく，未だ自らを統治するにいたっていない植民地住民（植民地によって空間的に画定された領域の単位の住民）であった。1960 年における国連総会決議「植民地独立付与宣言」（決議 1514〈XV〉），1970 年における国連総会決議「友好関係原則宣言」（決議 2625〈XXV〉）などを経て，独立国家（独立の時点における国際社会の構成員）の領土保全と両立するように，自決の主体となる集団（国際社会の新構成員）としての人民が，このように領域的に解釈されるようになったのである。主権国家から構成される国連の総会が，領土保全を尊重する決議を採択するのは理の当然であろう。

　このように第二次世界大戦後の統治領域の再編にあたって，このウティ・ポシデティス原則が，アフリカおよびアジアへと適用された。その結果，脱植民地化にともなう統治領域の国際的再編が，ある意味で整然と進んだのである。

　では，ウティ・ポシデティス原則が適用されたのはなぜだろうか。それは，ともすれば互いに両立しない国際社会の規範原則（領土保全と自決の 2 原則）を調整し，国際社会の現構成員と新構成員との間に利害の一致を生み出したからであろう。すなわち，ウティ・ポシデティス原則の適用は，前者にとっては，既存の境界の安定を保証するものであり，後者にとっては，首都さえ実効支配できれば国際的に承認された領土の全域を統治する権利を承認するものだったのである。1963 年に創設されたアフリカ統一機構（OAU）も，1964 年には，独

> **COLUMN** *4-7* 植民地独立付与宣言
>
> 　3　政治的，経済的，社会的または教育的な準備が不十分なことをもって，独立を遅延する口実としてはならない。
> 　5　信託統治地域，非自治地域（Non-Self-Governing Territories）その他のまだ独立を達成していない全ての地域において，これらの地域人民（the peoples of those territories）が完全な独立と自由を享有できるようにするため，いかなる条件または留保もなしに，これらの地域人民の自由に表明する意志および希望に従い，人種，信仰または皮膚の色による差別なく，全ての権力をこれらの地域人民に委譲する迅速な措置を講じなければならない。（傍点は引用者）

立達成時点において存在する境界の尊重を誓約すると決議した。裏返せば，旧植民地だけが国家として独立する資格を持つというのが，OAU の基本姿勢であった（ちなみに，旧イタリア領のエリトリアは，冷戦終結後にエチオピアから分離独立したが，その独立の主張はこの論理に準拠するものであった〈メイヨール 2000／邦訳 2009, 105-107〉）。ソマリアの併合主義や，コンゴ内戦におけるカタンガや，ナイジェリア内戦におけるビアフラの分離主義のように，アフリカにおいても国境再編の主張も皆無ではないが，それが国際的支持を広範に獲得することはなかったのは，このような理由によるものであろう。

　競合する領土保全と自決の 2 原則はこのような枠組みの中で調整されたが，それは代償を伴うものであった。アフリカにおける，いわゆる「擬似国家（quasi-states）」（Jackson 1987, 528-529）の成立がそれである。すなわち，コラム 4-7 の「植民地独立付与宣言」の文言を借りるならば，旧植民地の独立は，「政治的，経済的，社会的または教育的な準備が不十分」であっても否定されない国際社会における権利（自決権）に基づくものであった。それゆえに，「政治的，経済的，社会的または教育的な準備が不十分」であって，実効支配能力を欠いていても，法的には国家として国際社会から承認される，見掛けだけの国家が誕生したのである。

　視点を変えれば，アフリカの脱植民地化は，特定の国内統治基準の達成を国際社会への加入の条件とはしないことによって進んだ。この意味では，それは

> **COLUMN** *4-8* 国家形成と政治体制
>
> 　天然資源にめぐまれた国家においては，治者からすれば課税に対する被治者の同意なしに国家財政を維持できるために，納税と引き換えに一定の権利（たとえば課税を決定する代議士を選出する権利）を被治者に認める必要もない。ハンチントンは，産油国のように国家歳入の大半を，被治者から徴収する税以外の財源（レント）である，天然資源に依存する<u>レンティア国家</u>（rentier state）の政治的現実について，アメリカの独立革命のスローガン「代表なくして課税なし（No Taxation without Representation）」を倒置して，「課税なくして代表なし（No representation without taxation）」（ハンチントン 1991／邦訳 1995, 65）と整理した。

不干渉のリベラリズムの産物だったとも言える。

　上に述べた第二次世界大戦後における擬似国家の成立とは，国外からの外交的な承認と，それを前提とする軍事的・経済的な援助に大きく依存しながら，新生国家内部において治者が治者としての地位を維持する，歪（ゆが）んだ治者・被治者関係が形成されたことを意味する。このような国家形成の帰結として，擬似国家における体制の安定は，援助供与国による援助政策の変化に翻弄されることが，冷戦終結の前後に露呈したのである（Tilly 1985, 186）。

　そもそも冷戦は，東西両陣営間の政治・経済の体制選択をめぐるイデオロギー的対立と，地球規模の権力政治的対立とが複合するものであった。そのため，冷戦期に独立を達成した途上国における体制選択をめぐる対立は，自ずと両陣営間の影響力の拡大競争と重なり，朝鮮戦争やベトナム戦争のように，国際化された内戦を生んだ。それゆえに冷戦の終結は，冷戦対立を背景とする内戦（ラテンアメリカのエルサルバドル，東南アジアのカンボジア，南部アフリカのモザンビークなど）に終結をもたらした。その反面，冷戦の終結は，旧社会主義連邦の解体という形をとった統治領域の国際的再編の引き金ともなり，民族浄化を伴う内戦が勃発するなど，国内秩序の動揺を招いた。

　この冷戦の終結を機に，旧社会主義連邦において連邦の統合を支えていた共産党の正統性が失われ，連邦はもはやその一体性を維持できなくなった。連邦の解体は，連邦を構成していた共和国の独立を国際社会が承認するという形で

進んだ。脱植民地化を整然と進めるためのウティ・ポシデティス原則が，旧社会主義連邦の解体において適用された，と言えるだろう。

　旧ソ連邦の場合，領域は基幹民族（titular nation）（たとえば，ロシア人）名を冠する連邦構成共和国（たとえば，ロシア）に分割され，市民は民族区分に分類されていた。もちろん，特定の基幹民族名を冠する連邦構成共和国の領域的範囲と同基幹民族の居住分布とは，完全に一致するはずもなかった（たとえば，ロシアには非ロシア人も居住し，ロシア人はロシアの外部にも居住していた）。それゆえに旧ソ連の解体にともなう統治領域の国際的再編は，領域と個人との結び付きを組み換えることになった。

　その結果，とりわけ言語・国籍などの問題を中心に，民族対立が先鋭化した。たとえば，エストニアやラトヴィアにおいては，独立後の国籍取得要件を，第二次世界大戦中の旧ソ連による併合以前の国民およびその直系子孫とするかどうかをめぐって，対立が生じた。ロシア人の視点に立つなら，併合後に流入した多くのロシア人に独立後の国家における権利を認めるかどうかをめぐって，対立が生じたと言い換えることができる。

　旧ユーゴスラヴィア連邦の場合も，連邦の解体にともなう統治領域の再編は，国籍取得要件に関する不安を新生国家における少数派に抱かせるものであった。たとえば，クロアチア国籍法（1991年）は，国籍の言語要件としてクロアチア語およびラテン文字に堪能であることを要求するものであり，独立後のクロアチアにおいて少数派となったセルビア人の不安を払拭できなかった。

　このように旧ユーゴ連邦の解体は，新生国家において，だれの権利が保障され，だれの権利が否定されるのかという立憲秩序の基本問題と連動するものであった。これに対してECは，東西の再統一を達成したドイツをはじめとして，連邦を構成する共和国の独立を承認することによって，連邦政府による特定共和国の紛争に対する関与を違法な干渉として排除する道を模索した。しかし，国境の紛争抑制機能に対する過度な期待は，棲み分けによる平和の幻影（国境線を引き直しさえすれば紛争は封じ込めることができる，という甘い期待）の所産であって，それは逆に紛争を誘発することになったのである。

　統治領域の再編がもたらしたのは，必ずしも少数者の不安に限定されなかった。領域自治の権限の大きさは，たとえば旧ソ連においては，領域の法的地位（連邦構成共和国－自治共和国－自治州といった階層構造の中で当該領域が占める地位）

に依存するものだったので、統治領域の再編にもかかわらず領域的な自決・自治が承認されなかった地域では、当該領域における多数者の不満が生まれた。旧ソ連ではアゼルバイジャンのナゴルノ・カラバフ、グルジアのアブハジアおよび南オセチア、モルドヴァの沿ドニエストルなどにおいて、そして旧ユーゴ連邦ではコソヴォなどにおいて、ソ連邦やユーゴ連邦の解体を契機として、領域の法的地位をめぐり、関係諸主体の間に合意が成立せず、対立は武力紛争化するにいたった（塩川 2007b）（内戦については第5章第4節参照）。このように、領域を基盤とした政体による権利保障という前提の下では、統治領域の再編は、領域と個人との結び付きを組み換え、領域の法的地位や個人の法的地位などを政治争点化する。領土保全の主張と、それに対抗する分離・併合・帰属変更の主張が交錯する状況が発生するのである。

強者の安心供与　ここで、第3章第5節「威嚇と約束」の解説を想起しつつ、治者と被治者、あるいは多数者集団と少数者集団との共存の条件について、理論的に考えてみよう（Fearon 1998; 石田 2007a）。

両者は、個人としての政治的権利、集団としての領域的自治権、公用語、教育機会、公的機関のポストなどの争点に関して、被治者の権利をどこまで認めるかをめぐって交渉すると仮定しよう。この個別具体的な争点に関しては、両者の利害は両立し難い形で対立する。すなわち、被治者の権利が認められる範囲の拡大は、治者の権力が行使される範囲の縮小に対応するものである。

まず、たとえ時間が経過しても、両者の勢力分布は変化せず、それゆえに被治者が治者に抵抗することによって確保できる権利も変化しない場合には、両者の交渉はどのように進むだろうか。この条件の下では、被治者は、いわば弱者の強要という形で、抵抗の威嚇によって一定の権利を確保し、治者は一定の権利を被治者に保障する限りにおいて、その統治に対して被治者の同意を確保することができる。すなわち、被治者の権利の治者による保障と、治者の統治に対する被治者の同意との間に政治的取引が成立する。このように、治者と被治者の取引の結果、政体における治者・被治者への権限・権利・義務の配分が決まり、それを基盤として、両者の共存が可能になるのである。

次に、時間の経過にともない、勢力分布において被治者は一段と不利な立場に立たされ、それゆえ抵抗することによって確保できる権利が縮小する場合に

| FIGURE | 4-5 ● 弱者の予防戦争と強者の安心供与 |

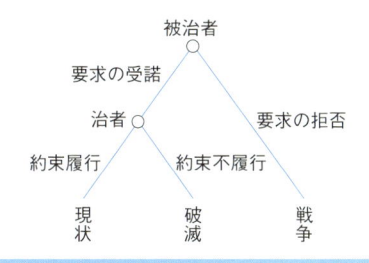

```
                    被治者
                   ○
          要求の受諾
          治者
         ○         要求の拒否
    約束履行  約束不履行
      現        破         戦
      状        滅         争
```

| TABLE | 4-8 ● 選好についての仮定 |

	最　善	次　善	最　悪
被 治 者	現状	戦争	破滅
治　　者	破滅	現状	戦争

［注］　いずれにとっても「現状」＞「戦争」。

はどうなるだろうか。この条件の下では，被治者にとっての究極的な選択は，現在の抵抗か将来の抵抗かの二者択一となるから，被治者にとっては現時点における抵抗こそが最適の選択となるのである。このように時間の経過とともに抵抗の勝算が低下するならば，**弱者の予防戦争**（preventive war）が発生し，両者の政治的取引に基づく秩序は崩れる。

統治領域の国際的な再編は，新生国家における関係諸集団（当該領域における多数者と少数者）間の勢力分布に劇的な変化をもたらす（たとえば連邦における多数派のロシア人やセルビア人が，新生国家における少数者の地位に転落するというロシア人問題やセルビア人問題型の紛争が生じる，あるいは新生国家全体の少数派を多数派とする領域を新生国家が抱え込む，コソヴォ問題型の紛争が生じる）ことによって，国内秩序が動揺する。このような形で，統治領域の国際的再編が国内秩序の変動に結び付く位相は理解できるだろう。

ここまでの説明から明らかなように，弱者の予防戦争を引き起こすのは，政治的将来についての**弱者の不安**である。新生国家における被治者の一定の権利（現状において承認されている権利）を今後も侵害することはないと治者が確約したとしても，この約束には説得力がない。それゆえに，被治者にとっても治者

にとっても，たとえ武力紛争の回避が共通の利益である（いずれにとっても「現状」が「戦争」よりも好ましい）としても，弱者の不安は弱者の予防戦争を生みかねないのである。

ここで，第3章第2節で説明したシェリングの議論（行動の自由の逆説）を確認してみよう。この対立の構図において，両者の共通の利益がなぜ実現しないのかと言えば，それはそもそも治者には約束不履行の選択肢があるからである。もし治者が約束不履行の選択肢を自ら放棄して，その行動の選択肢の幅をあえて狭めることができるならば，かえって好ましい結果を実現できるだろう。

国内秩序の動揺を回避するために必要になるのは，国際秩序の変動が国内にもたらす関係集団間の勢力分布の変化を実質的に相殺するような制度的枠組みであろう。このような制度の導入は，勢力分布において劣位に立つ被治者にとってのみならず，優位に立つ治者にとっても利益となる。なぜなら，治者にとってもその制度導入によって武力紛争を回避し，平和裏に関係者の権利・権限・義務を確定できるからである。

このように治者と被治者は，個人としての政治的権利，集団としての領域的自治権，公用語，教育機会，公的機関のポストなどの個別争点に関しては《利害の対立》を抱えているものの，共存を可能にする制度の導入については，両者の間には《利害の一致》が生まれることになる。

では，関係諸集団間の勢力分布の変化を相殺するしくみとはどのようなものだろうか。その典型例こそが，現時点における被治者の一定の権利を将来にわたって保障する立憲政体の構築であろう。立憲政体においては，約束不履行の選択肢がもはや治者にはない。そのような立憲政体の構築は，現状において被治者に認められた権利を，治者が将来において侵害するのではないかという被治者の不安を払拭する。この治者による強者の安心供与が，治者と被治者との政治的共存を可能にするのである。こうした効果を持つ立憲秩序の下ではじめて，被治者は治者の統治に同意を与える。多数派と少数派との競合関係として治者・被治者間関係を読み換えるならば，このような制度的妥協が，多数派の寛容と少数派の忠誠を同時に確立するとも言えるだろう。この結果，エスニシティにかかわりなく平等な権利を保障する政体（あるいはその憲法）に対する，国民の帰属意識すなわち，「シビック・ナショナリズム（civic nationalism）」（塩川 2008, 191）が生まれると考えられるだろう。

このように，弱者の不安を払拭しなければ，紛争の勃発は避けられない。あるいは，弱者の権利を保障する政体の形成の要求（特定領域の分離独立や帰属変更）に同意せざるをえなくなる。このような事態を回避して，個々の国家の領土保全を図るために，国際社会は関係国に対して弱者の不安を払拭する法整備を積極的に求めるなど，その内政への関与を従前に比べて拡大するだろう。この意味において，国内秩序の動揺を契機として，従前であれば関係国によって干渉として非難されかねなかった行動が当事国によって正当化されるなど，国家間関係における適切な行動の範囲に変化が生じるのである。

国内問題の国際問題化

再び，第一次世界大戦後の事例に立ち戻ろう。中東欧諸国の国内における民族的少数者問題は，当時，国際紛争に連動しかねない国際問題として認識された（Claude 1955）。自決原則を適用することについての国家間の合意が，国家の領域的範囲や国家における治者・被治者間関係が国際問題化する契機となったのである。自決原則の適用と干渉型のリベラリズム（少数者保護）の要請が対になった，とも言える。

一方で，エスニック・ナショナリズムに基づく国民国家を形成するために，エスニシティを基準とした強制人口移動・交換（forcible population transfer/exchange）が行われた。国民国家という政体の基本原則を貫徹しようとすれば，統治領域の再編は人口の移動なしには実現できるものではない。たとえば1923 年のローザンヌ条約によって，150 万人のギリシャ人がトルコから，40 万人のトルコ人がギリシャから移動した（その帰還は禁止された）。ローザンヌ条約は，国際的な合意の下に強制的人口移動を行う試みであった（Weitz 2008, 1333-1338）。

他方で，戦勝国は，いくつかの機会を通じて民族的少数者の権利の国内における保護を求めるとともに，少数者保護に関する条約上の義務の履行を国際連盟理事会が監視する体制を築いた。その機会とは，敗戦国であるオーストリア，ハンガリー，ブルガリア，トルコについては講和の機会であり，戦後に独立を達成したり領土を拡大したりしたポーランド，チェコスロヴァキア，ユーゴスラヴィア，ルーマニア，ギリシャについては承認の機会であり，そしてアルバニア，リトアニア，ラトヴィア，エストニアについては国際連盟への加盟承認の機会であった（Jackson Preece 1998, 827）。

このように，第一次世界大戦後には，自決原則に基づく新生国家の形成のみならず，少数者保護，さらには強制的人口移動が国際的な合意の下に進められた。この動きには前史があった（Weitz 2008, 1320）。露土戦争（1877-78 年）後のベルリン条約（同戦争の講和条約たるサン・ステファノ条約に代わり，1878 年に締結された多国間条約）は，バルカン半島に成立した新生国家（ブルガリア，セルビア，モンテネグロ，ルーマニア）に，国内における信教の自由および政治的権利の保障を義務づけた。

　第二次世界大戦の終結は，少なくともヨーロッパにおいては大規模な国境再編を伴うものではなかった（言うまでもなく，ヨーロッパの外に目を向ければ，1947 年に国連はパレスチナ分割決議を採択した）。それゆえ，戦間期のような形で民族的少数者問題が国際問題化することはなかった（とはいえ正確には，ソ連によるバルト三国併合，ソ連・フィンランド間の国境変更，ソ連・ポーランドおよびポーランド・ドイツ間の国境変更，そして東西ドイツの分断などの形で国境は再編された）。

　少数者の権利保障については，基本的に独立国家の領土保全と両立するように，少数者の集団に属する個人の人権の保障による解決が図られた。制度的には，自由権規約（1966 年採択）第 27 条は，「種族的，宗教的又は言語的少数民族が存在する国において，当該少数民族に属する者は……権利を否定されない」とした。また，**欧州人権条約**（1950 年署名，1953 年発効）はその第四議定書の第 3 条において，「何人も，自己の国籍国の領域から，個別的または集団的措置によって，追放されない」として，国民の追放を明示的に禁止したのである。

　冷戦終結後のヨーロッパにおいて，少数者問題に関する国際的関心が復活した。社会主義連邦の解体局面にウティ・ポシデティス原則を適用することへの国際的合意は，国内における治者・被治者間関係が再び国際問題化する契機となったのである。ここでは，ウティ・ポシデティス原則の適用と干渉型のリベラリズムとが対になった，と整理できるだろう。冷戦終結後（1991 年設立）のバダンテール委員会（the Badinter Commission）は，旧ユーゴスラヴィアを構成していた共和国の独立を EU 諸国が承認するにあたって共通の指針を検討し，承認の条件として少数者の権利保障をあげた（Crawford 1998, 100）。欧州安全保障協力機構（OSCE）も，コペンハーゲン会議文書（1990 年），パリ憲章（1990 年），民族的少数者に関するジュネーヴ報告書（1991 年），モスクワ文書（1991

年), そしてヘルシンキ文書 (1992年) などを通じて, 少数者の権利を強調した。とりわけジュネーヴ報告書以降, 少数者の権利保障は,「正統な国際的関心事項 (matters of legitimate international concern)」であるとしたのである。とはいえ, 1990年代における OSCE および欧州評議会 (Council of Europe) の基本姿勢は, あくまでも少数者の集団に属する個人の人権を保障することによって (少数者が集団として分離・帰属変更を通じて自決をめざすことを封じて) 領土保全を図る, というものであった。

OSCE や欧州評議会を含むさまざまなヨーロッパの地域機構は, 新規加盟の国内基準を設定した上で, その基準の加盟前・後の達成を求めた。その前提となったのは, 人権保障, 民主主義, 法の支配 (いわゆるコペンハーゲン基準) の移植が国内秩序に直接的に安定をもたらすのみならず, 分離独立の回避を通じて, 国際秩序に間接的に安定をもたらす, という図式的理解であった。まさに干渉型のリベラリズムの地域的な表現であり, 人権の保障という国内統治基準が新しい文明国標準となったととらえる論者も現れた (Donnelly 1998)。

国内統治の内実を問わずに独立を承認するという不干渉のリベラリズムから, 国内統治の国際的正統性を問う干渉のリベラリズムへの変化を, ここに見ることができるだろう (山田 2010, 19, 43, 220, 223)。

国際秩序における対称と非対称
――二つのリベラリズムの相克

関係国の同意に基づく統治領域の国際的再編は, 領域と個人との関係を組み換えることになるため, 治者と被治者の同意に基づく共存の枠組みに動揺をもたらしかねない。それゆえに, それを放置できない関係諸国は, 従前以上に, 国際社会の正統な構成員である国家の国内統治基準を問題化するにいたる。

たとえば, 第一次世界大戦後は, 自決原則に基づく統治領域の国際的再編が, 少数者の権利保障を求める国際社会を生み出すことになった。同様に, 冷戦後も, ウティ・ポシデティス原則に基づく領域統治の国際的再編が, 少数者の権利および人権の保障を求める国際社会を生み出した。それのみならず, そのような要求は, 国際社会において適切であると広くみなされるにいたっている (表4-9)。

以上の考察から明らかなように, 国際社会における自決, 領土保全, 不干渉, 人権保障などの規範原則について, 個々の規範原則ごとに関係国の同意がどの

> TABLE 4-9 ● 統治領域の国際的再編の枠組みと二つのリベラリズム

時期区分	統治領域の国際的再編の枠組み	新生国家に対する国際社会の姿勢	競合する規範の調整
第一次世界大戦後	自決原則	干渉のリベラリズム	〈自決〉と〈少数者の権利保障〉
第二次世界大戦後	ウティ・ポシデティス原則	不干渉のリベラリズム	〈自決〉と〈領土保全〉
冷戦後	ウティ・ポシデティス原則	干渉のリベラリズム	〈領土保全〉と〈人権保障〉

> COLUMN 4-9 同意確保という難題

　特定の価値配分について関係国の同意を確保する政治の技術には，強制・誘導・説得といった形態がある。では，力の非対称，共通の利益，現状評価（たとえば脅威認識）の共有，規範的な合意がありさえすれば，関係国の同意を確保できるものだろうか。これまで見てきたように，権力政治の逆説（第3章第5節），集合行為の不合理（第4章第2節），平和の逆説（第4章第1節），規範の解釈の不一致（第4章第1節），規範の衝突（第4章第1節）が，しばしば同意確保を困難にする。国境を越える政治はとうてい一筋縄ではいかないが，それだけに，この難題を国際政治学は避けて通れない。

ように得られてきたのかを時系列的にたどるだけでは，上記の錯綜の動因を明らかにできるものではない。それゆえに，国際秩序を支える諸原則の変動を，国内秩序の再編の局面の分析を介して関連づける視点が必要なのである。

　国家間における主権の相互尊重と，主権国家内部における被治者の権利保障とは，二律背反の関係にある。本節において概観したように，不干渉と包摂のリベラリズムと，干渉と排除のリベラリズムとは，社会の構成員に平等な待遇を主張するリベラリズムとして同根である。しかしながら，主権国家間の相互不干渉は，国家間の階層性を否定するものではあるが，「体制の安全」に対する治者の不安を国家間の相互不可侵という形で払拭するものである限り，必ずしも国家内の「人間の安全」を保障するものではなく，二つの主張は厳しく対立する（吉川 2007, 72-88）。このような規範の競合が，具体的にはどのような場

面においてなぜ生まれ，その競合に国際社会がなぜ，どのように折り合いをつけてきたのか。第3節が取り組んだのはまさにこの問いであった。

個人や集団の権利を領域国家が保障するという前提の下では，統治領域の再編は領域の法的地位や個人の法的地位をめぐる対立を生む。国家の排他的統治が及ぶ範囲の画定は，国際秩序の基本問題であるがゆえに，国際秩序の変動と国内秩序の変動とは不可分である。そして，国内秩序の動揺を放置しては，領域統治の分業体制を保全できないために，国際社会は国内統治のあり方への関与を深めざるをえない。したがって国際と国内の秩序変動を切り離しては，それぞれの秩序変動すら理解できるものではない。

また，国際秩序変動の推進主体として，NGOなどの非国家主体の活躍が着目されるようになって久しい。たしかに，国境を越える同意に基づく価値配分については，それがもっぱら国家主体によって担われているわけではないことは明らかである。それでもあえて，秩序問題を論ずるにあたって国家を分析の焦点に据えたのは，個人や集団の権利を保障するのは国家という政体だからである。

BOOK GUIDE ● 文献案内

G. ジョン・アイケンベリー，2006／細谷雄一監訳『リベラルな秩序か帝国か――アメリカと世界政治の行方』上・下，勁草書房，2012。
● 特に翻訳上巻所収の立憲秩序論（第4章）を勧めたい。比較政治学の体制移行論（民主化論）から着想を得て，大戦後の国際秩序の構築局面では，大国による安心供与がその正統性の基盤となることを理論的に論じている。

吉川元，2007『国際安全保障論――戦争と平和，そして人間の安全保障の軌跡』神戸大学研究双書刊行会。
● 安全保障観の歴史的変容を，君主の所領の争奪から，国民の国土の防衛，国家体制の存続，そして少数者の権利や人権の擁護へと変遷をとげる軌跡と見る視座を示した上で，第二次世界大戦後の安全保障をめぐる国際規範の変化と国際秩序の移行との連動を分析している。

塩川伸明，2008『民族とネイション――ナショナリズムという難問』岩波新書。
● 統治領域の再編が，領域（を基盤とする政体）と個人との結び付きを組み換える――この視座の可能性と限界を考える上で，繰り返し立ち戻りたい論考。理論では単純に割り切れない現実の諸相を確認できる。

Chapter 4 ● 確認しておこう　　POINT

❶ 国際秩序とは何だろうか。国際社会の正統な構成員とは何か，その構成員間の適切な行動の範囲とは何か，という観点から考えてみよう。

❷ 秩序論の3類型は，それぞれ何を秩序問題と考えたのだろうか。

❸ 市場類推論の系譜では，覇権国はどのような意味において「世界政府」を代替すると言えるのだろうか。また，国際レジームは，どのような意味において分権体制を補完すると言えるのだろうか。

❹ 統治領域の国際的再編によって，領域と個人との結び付き，とりわけ領域を基盤とする政体と，それによって権利を保障される個人との関係は，どのように変化をとげ，どのような帰結をもたらすのだろうか。領域の法的地位をめぐって関係者の同意が成立しない場面と，領域内の個人や集団の法的地位をめぐって関係者の同意が成立しない場面とに分けて，具体例をあげながら考えてみよう。

第 5 章 安全保障

INF 全廃条約に調印するレーガン米大統領（右）とゴルバチョフ・ソ連書記長（1987 年 12 月 8 日，ワシントン。ⒸAFP＝時事）

CHAPTER 5

戦争と平和の問題は国際政治学の創生期からの主要な関心事項であり，今日では国家間の戦争にとどまらず，広く安全保障という枠で扱われるようになっている。第 5 章では，多岐にわたる安全保障に関する分析を幅広く紹介する。第 1 節では，戦争の歴史をふまえ，戦争や安全保障に関する考え方がどのように展開してきたかについて紹介する。第 2 節では，軍事的安全保障について，戦略論の観点と，軍事力のコントロールの観点から扱う。第 3 節では，安全保障の諸問題として，現代の軍事的安全保障，グローバルな安全保障課題，経済と安全保障の関係といった問題を概観する。第 4 節では，近年研究が進んでいる内戦の発生と解決に関する理論的分析を紹介する。

- KEYWORD
- FIGURE
- TABLE
- COLUMN
- BOOK GUIDE
- POINT

SUMMARY

> **KEYWORD**
>
> 軍事革命　戦争原因論　勢力均衡論　覇権理論　権力交代論　長期サイクル論　戦略的ライバル　段階的開戦論　交渉モデル論　国内政治同盟論　プロスペクト理論　安全保障　集団安全保障　国連軍　平和のための結集決議　国家安全保障　安全保障のディレンマ　勢力均衡　便乗　防御的リアリズム　攻撃的リアリズム　責任転嫁　集団的自衛権　見捨てられ　巻き込まれ　ただ乗り　日米安保条約　北大西洋条約機構（NATO）　ロカルノ諸条約　安全保障共同体　信頼醸成措置　軍縮・軍備管理　共通の安全保障　協調的安全保障　平和維持活動（PKO）　総合安全保障　人間の安全保障　非伝統的脅威　テロリズム　戦略　戦術　『孫子』　A. ジョミニ　クラウゼヴィッツ　アルフレッド・マハン　E. ルーデンドルフ　リデル＝ハート　大戦略　G. ドゥーエ　抑止　相互確証破壊（MAD）　ゲリラ戦　「防衛計画の大綱」　精密誘導兵器　湾岸戦争　戦闘行為以外の軍事作戦（MOOTW）　平和主義　正戦論　jus ad bellum　jus in bello　不戦条約　シビリアン・コントロール　ミリタリズム　客観的統制論　主観的統制論　自衛隊法　大量破壊兵器　部分的核実験停止条約（PTBT）　核不拡散条約（NPT）　核の傘　包括的核実験禁止条約（CTBT）　生物兵器禁止条約　化学兵器禁止条約　ミサイル技術管理レジーム　拡散防止構想　9.11 テロ事件　擬似国家　平和構築　経済安全保障　経済制裁　分断国家　正統政府　連帯の逆説　ドミノ理論　歴史の教訓　未承認（非承認）国家　破綻国家　権力分掌　デイトン和平合意　権力分掌の逆説　平和構築の逆説　領土と平和の交換　標的特定殺害

SECTION 1　戦争から安全保障へ

人類と戦争　国内政治と比べて国際政治が大きく異なる点の一つは，暴力の行使やその可能性が排除されていない点である。国家のような集団の内部での政治では，紛争の解決にあたって暴力的な手段に訴えることは一般に否定される。犯罪や時には内戦のように暴力が使われることは現実にないではないが，そうした手段は通常，正当とは

認められない例外的な現象として扱われる。対して国家のような独立した政治集団の間では，暴力の行使，あるいは戦争の起こる可能性は否定できない。もちろん，戦争に対する道徳的批判は古来よりあったし，現代に近づくにつれて戦争の被害の大きさや国際法の発達により，戦争に訴える局面は少なくなっている。しかし国際政治において暴力行使や戦争が起こり，また起こりうることは今日でも現実である。したがって，国際政治の研究が戦争と平和の問題に大きな関心を払ってきたのは当然のことである。すでに第2章第3節で見たように，第一次世界大戦の衝撃が国際政治を学問的に研究する大きなきっかけとなった。

近年の人類学や心理学の研究によると，そもそも人類社会と暴力は切り離せないというのが残念ながら事実のようである。農耕が始まり国家が成立する約1万年前以前，長期の狩猟・採集時代から人類社会はきわめて暴力的だったという説が有力となっている（Keeley 1997; 田中編 1998; Pinker 2011; ガット 2006／邦訳 2012）。人間がなぜ暴力を振るうのか定説はないが，ある心理学者は，略奪，支配，報復，加虐欲，イデオロギーを理由にあげている。他方で，人間は暴力を抑制するしくみも発達させてきた。共感，自制，道徳とタブー，理性である（Pinker 2011）。

文明や国家の発達は，暴力を抑制するしくみを強めて，特に身近な暴力を抑制する方向に作用する。しかし同時に，大規模な組織やそれを支えるイデオロギーをもたらし，激しい暴力を可能にもする。特に異なる政治集団に対する暴力の行使が戦争となっていったと考えられる。農耕定住社会が形成され始めた約1万年前には，組織された戦争によって支配を拡大することが行われるようになった（チャンダ 2007／邦訳 2009, 59-60）。古代帝国では，肥沃な土地の獲得や神に捧げる生贄を求めて行われた戦争もあったらしい。戦争では武器，戦闘組織が重要となる。エジプト，中東，古代インド，古代中国では重装馬車が，古代ギリシャなど地中海地域では歩兵が一般化したが，中央アジアの遊牧民が発明した騎兵がとりわけ強く，やがて地中海地域にも浸透した。騎兵は高度な訓練を必要とするため，職業化した軍人階級の登場を促し，ローマが帝国へと移行する背景ともなった。さらにローマ帝国崩壊後には，職業的な騎士階級がヨーロッパに中世封建社会をもたらすことになった（猪口 1989, 13-23）。中国でも北方からの騎兵の侵入は古代から近代まで問題であった。しかし，中国帝国

は巨大な万里の長城を築く一方で，外交や経済的手段で異民族を手なずける手法をとり，ヨーロッパのような軍事力の大きな革新は見られなかった（ウォルドロン 1994／邦訳 2007）。

「戦争が国家をつくり，国家が戦争をつくった」(C. ティリー) という言葉は 16, 17 世紀に登場するヨーロッパ近代国家の形成についてよく当てはまる (Tilly 1990)。火薬を用いた銃，大砲，海賊対策で発達した石弓といった新技術が普及し，騎兵の役割を奪い，歩兵戦術や築城術の重要性を高めた。こうした軍事費を捻出するために中央集権的な財政構造が採用され，封建貴族は力を失い，王権が強化された。こうした変化を「軍事革命」と呼ぶ専門家もいる（パーカー 1988／邦訳 1995）。「革命」の名に値するかどうかには議論があるが，近代主権国家の登場と近代技術に支えられた軍事力の発達との間に強い相関関係があることは確かだろう。

1648 年のウェストファリア条約から 1914 年の第一次世界大戦の開戦まで，ヨーロッパでは主権国家間において数多くの戦争が起こり，戦争に敗れた国家は他国に併合されていき，主権国家の数は 500 程度から 50 程度に減少した。この間，主権国家は君主国から国民意識を共有する国民国家へと変化し，また，産業革命によって経済基盤が拡大した。この変化に並行して軍事組織も傭兵から常備軍，さらに国民軍へと変化していったし，19 世紀半ばごろから機械を用いた兵器が幅広く導入されるようになった（ハワード 1976／邦訳 2010; エリス 1975／邦訳 2008）。しかしこうした変化を経ながらも，この時期のヨーロッパの国際政治が戦争を恒常的に経験したことは否定できない。K. ホルスティはこの時期を 3 期に分け，1648-1714 年に 22，1715-1814 年に 36，1815-1914 年に 31 の戦争があったとし，また，1 期，2 期では，領土，通商，王位継承が主たる戦争の原因だったのに対し，3 期では国家・帝国の威信保持，領土，民族解放・国家創設が戦争の原因となったことを指摘している (Holsti 1991, 308)。

20 世紀に入ると，戦争の態様は大きく変わることになる。アメリカや日本のようにヨーロッパの強国にひけをとらない軍事力を持つ主権国家がヨーロッパ外にも登場し，国際政治が地球大のものとなると同時に，科学技術の発達によって戦車，航空機や潜水艦，生物・化学兵器などの新兵器が戦場に投入されるようになった。これによって戦争は，国境線近くで軍隊同士が戦うものから，その背後にある社会を巻き込んだものとなった。つまり，戦争は資源や人々を

> **COLUMN** 5-1 核兵器の開発と使用の記録
>
> 　核兵器の開発やその使用をめぐってはインターネットを通じて豊富な資料にアクセスできる。自分の目でこうした資料を見て考えてほしい。
>
> http://www.trumanlibrary.org/whistlestop/study_collections/bomb/large/index.php
> 　原爆投下に関する歴史史料を紹介したトルーマン大統領図書館のウェブサイト。
> http://www.dannen.com/szilard.html
> http://www.dannen.com/decision/
> 　原爆開発の最初のきっかけを作った科学者レオ・シラードについてと，原爆投下の決定について個人によって運営されているサイト。
> http://atomicbombmuseum.org/
> 　NPO によって企画された広島原爆に関する記録を中心としたサイト。
> http://www.exploratorium.edu/nagasaki/
> 　長崎原爆の影響。
> http://www.nuclearfiles.org/
> 　核に関する総合的な情報サイト。民間財団によって運営。

動員する総力戦となり，戦争の犠牲者も兵士だけでなく，大量の一般市民を巻き込むものとなったのである。こうして大国間の戦争がそれまでの戦争の規模を超えるものとなり，主要な大国が参加する2度の世界大戦が行われる一方で，植民地支配を受けていた民族による独立を武力によって勝ち取ろうとする動きも活発化した。民族独立勢力の多くは，近代的な正規軍を欠きながら，戦術や地の利を生かして相手を疲弊させるゲリラ戦をとって宗主国の支配意志を失わせ，多くの国が独立を果たしていった（ガット 2006／邦訳 2012; パレット編 1986／邦訳 1989, 第 27 章）。

　第二次世界大戦末期にアメリカがイギリスなどと協力して開発した原子爆弾によって，人類は史上初めて核兵器を実用化した。1945 年 8 月 6 日に広島にウラン型が，9 日に長崎にプルトニウム型が投下され，いずれも 1 発で都市に壊滅的打撃を与えた。その後，ソ連，イギリス，フランス，中国などが核兵器

を開発し，さらに各国とも水素の核融合反応を利用して原爆の数百倍の威力を持ちうる水素爆弾を開発した。核兵器の登場によって，大国間の戦争についての考え方は一変した。核兵器が使われる可能性を考えると，核保有国間での本格的な戦争は犠牲が大きくなりすぎることが予想された。さらに，核を持たない国の戦争も核保有国間の関係に影響を及ぼして核戦争にいたる可能性があるため，大国間で本格的な戦争を行うことに対する制約が強く働くようになったのである（パレット編 1986, 第25・26章）。

戦争に関する研究　第一次世界大戦以降，戦争を社会現象として観察した研究は国際政治学の中で重要な位置を占めてきた。第二次世界大戦期にまとめられた Q. ライトの『戦争研究』（1942年）は，戦争に関する膨大なデータ集積を基盤とした大作である。このライトの研究が礎（いしずえ）となって，戦争に関するさまざまなデータベースが整備され，それに基づく研究が蓄積された（研究史については，山本・田中編 1992, 第1章参照）。代表的なデータベースである「戦争相関因子研究（Correlates of War）プロジェクト」は長期間，戦争に関するデータベースを集積し，今日ではその成果はインターネットで容易に参照できる（http://www.correlatesofwar.org/）。

戦争に関する研究の中でも特に関心を集めてきたのが，戦争がなぜ起こるのか，すなわち戦争原因論である。第1章や第3章で紹介した K. ウォルツの三つのイメージ論もそもそもはさまざまな戦争原因論を個人レベル，国家体制レベル，国際システム・レベルに整理して作られたものである。ここでは，戦争原因論に関する最近の研究を概括した J. レヴィと W. トンプソンの著作（以下，LTと略す）によりながら，さまざまな戦争原因論を紹介しておこう（Levy & Thompson 2010）。

LT は戦争を「政治組織間の持続的かつ統制のとれた暴力」と定義する。この定義から，戦争には2者以上の主体がかかわることになるので，一つの主体のみの説明（国家体制レベルや個人レベル）では不十分で，国際システム・レベルの説明が必要となる。LT は国際システム・レベルを，システム全体の構造に着目する「システム・レベル」と，特定国間の関係に着目する「国家間レベル」に分類している。

システム・レベルの戦争原因論としては，国際政治の無政府性を強調するリアリズムの立場からの説明，勢力均衡論，覇権（はけん）理論がある。リアリズムの説明

とは，国際政治の無政府性から各国は権力拡張競争に走り，最終的には戦争にいたるといった考え方である。ただし，各国がこうしたリアリズムの前提に基づいて行動するとしても，つねにここで定義された戦争が起こっているわけではないから，何らかの補足的メカニズムの説明が必要である。リアリズムの議論で最も有力なのは勢力均衡論である。

　勢力均衡論による説明は，国際システムが多極的（multipolar）である時には，同盟関係が錯綜し，各国の政策判断にまちがいが生じやすいことから戦争が起こりやすいとか，逆に2極的（bipolar）である時には，双方の対立を調整することが困難で，戦争で雌雄を決することになりやすい，といったように考える。第一次世界大戦についていえば，主要国が結んだ同盟網の複雑さを強調すれば前者に，同盟網が協商国対同盟国という2極構造になったことを強調すれば，後者の説明になる。ここからもわかるように，勢力均衡という概念を具体的状況にあてはめて判断するのは難しいが，勢力均衡論は一般に覇権国の出現が戦争を促進する要因になると主張する。

　勢力均衡論とは逆に，特定の覇権国の存在が戦争を抑制すると考えるのが覇権理論の説明である。覇権理論にも複数のタイプがあるが，代表的なものとして権力交代論（power transition theory）や長期サイクル論（long-cycle theory）がある。権力交代論は，国際秩序は一国が覇権を持っている時に安定しているが，その覇権に追い付き，追い越そうとする挑戦国が現れた時には，既存の秩序を守ろうとする覇権国と，新たな秩序の構築を望む挑戦国との間で戦争が発生しやすい，というものである。たとえば2度の世界大戦は，イギリスの覇権に対してドイツが挑戦したものと解釈できる。

　長期サイクル論はG.モデルスキーなどによって提唱されたもので，近代国際システムでは覇権国が主導して世界経済を運営するが，そこには好況と不況の波が生じ，長期的には覇権国は交代を繰り返している。覇権国が衰退過程にあり，地域的な新興国と衝突する時に戦争が起こりやすい，と主張する（長期サイクル論については，猪口1989，第4章に詳しい）。

　こうしたシステム・レベルの説明は包括的だが，こうした説明は大づかみであり，特定の戦争の原因を説明するのには十分ではないと考えられるようになってきた。そのため近年では，国家間レベルに焦点を絞った分析が重視されるようになっている。LTは国家間レベルでの説明として，国際ライバル論，段

階的開戦論，交渉モデル論，経済相互依存論をあげている（経済相互依存論については，ここでは省略する）。

国際ライバル論は，戦争が特定の国同士の間で起こることが多いという統計的発見に基づいて，戦争は「**戦略的ライバル**」関係にある国同士で起こりやすいと考える説である。「戦略的ライバル」とは，歴史的に関係が深く，対外政策決定者が潜在的な敵とみなしている国同士をいう。ライバル間で交渉が繰り返されると，以前に譲った側が強気に出て，以前と同じように交渉しようとする国との間で衝突が生じることがある。また，歴史的記憶が紛争のエスカレーションに作用することもあるなど，特定国間の関係に着目するのである。

段階的開戦論（steps to war model）とは，特定国間の紛争（たとえば領土紛争）が戦争にいたる過程に着目する（Senese & Vasquez 2008）。紛争が生じた時，それを交渉で解決するか，力で解決を図る（威嚇や軍備増強，同盟など）かの選択肢があり，後者の選択が積み重ねられていくと戦争の可能性が高まると主張する。

交渉モデル論（bargaining model of war）とは，戦争を国家間交渉の失敗の帰結として理解しようとするアプローチである。T. シェリングの紛争理論に端を発する考え方であり，近年，アメリカを中心に関心を集めている。代表的論者の J. フィアロンは，国家を合理的意思決定者とみなした上で，そうした国家が紛争の平和的解決に失敗し戦争にいたる場合は，双方の国力についての情報の誤解（私的情報），相手の武力行使意思についての錯誤（コミットメント問題），争点の不分割性による平和的妥協の障害，という三つのパターンに集約できると主張した（Schelling 1966; Fearon 1995）。この分析については，合理的選択論からの戦争原因論を整理したものとしてその革新性を評価する見方と，既存の議論を整理し直したにすぎないという批判とが論争を呼んでいる（Brown et al. eds. 2000）。フィアロン自身も国内政治や政策決定者の心理的要因は捨象していることを認めているし，戦争を交渉として見る見方は戦争行為自体の影響を戦争費用に限定するなど，限界もあると言うべきであろう（第3章第1節も参照）。

LT は国家体制レベルの説明として，マルクス・レーニン主義的帝国主義論，国内政治同盟論，対外転嫁論，民主的平和論，「文明の衝突」論をあげている。ここでは**国内政治同盟論**を取り上げよう。この議論は，異なる対外的利害を持

> **COLUMN** 5-2 戦争原因論と歴史認識問題

　日本の第二次世界大戦までの過程での戦争や植民地支配の評価は，今日でもいわゆる歴史認識問題として特に近隣アジア諸国との間での外交課題となっている。この問題では，いわゆる南京事件や従軍慰安婦問題など，事実関係をめぐる争点も存在し，歴史研究者が多くの役割を担い，日本と韓国，中国との間で政府の支援の下での歴史対話やヨーロッパでの戦後和解との比較も行われてきた（黒沢＝ニッシュ編 2011）。しかし，この問題は依然として外交的・政治的に敏感な問題であり続けている。国際政治学が国際的な対話に貢献できる一つの方法として，戦争原因論（本章第1節）や正戦論（本章第2節）などをふまえて理論的・比較的視点からの研究を強化することが考えられるのではないだろうか。

　たとえば日本の対外拡張政策に一定の正当性を認めようとする主張の根底には，当時の帝国主義的国際システムの中で日本の政策は自衛のために必要な政策であり，また道義的にも当時の正戦論の基準からして肯定されうるという考え方がある。対して日本の対外拡張政策を批判する主張は，日本の拡張主義的なイデオロギーや当時の指導者の意思決定に問題を見出そうとする傾向が強く，武力行使の判断基準についても当時の国際法や国際社会で認められていた倫理的基準から見て日本の行為は非難されるべきであると主張する。

　戦争原因論が説くように，戦争の多くは国際システムレベルの説明と国家体制・個人レベルの説明の組み合わせを必要とするので，上記の二種類の議論はそもそも十分に噛み合っていない面がある。また，日本の近代史では，主権国家としての戦争とアジアの植民地化が同時に進められたという特色があり，戦後和解だけでなく，植民地統治や脱植民地化過程の分析も必要であろう。こうした形で歴史的実証分析に理論的・比較的観点を加えて視野を広げることは，国際的な共通理解を促し，歴史認識問題に対して国際政治学が行える貢献であろう。

つ集団が国内政治上の同盟を結ぶ時に，双方の対外的利害を共に満たすことで協力を行おうとし，結果的に対外的に攻撃的な政策をとってしまうことを指摘する。たとえば第一次世界大戦前のドイツでは，ロシアとの農産物競争を警戒する地主層と，イギリスとの工業品競争を警戒する資本家層が国内政治上の理由から手を結んだ結果，ドイツがロシア，イギリス双方に敵対する強硬な政策

をとるようになったと説明するのである。

　次に政策決定における個人レベルの説明では，合理的政策決定論やさまざまな心理学的分析がある。その中で，プロスペクト理論についてふれておこう。プロスペクト理論とは，人間は何かを得たいという欲望よりも，すでに持っているものを失う恐怖に強く動かされるという分析に基づいて，指導者が何かを失うと感じた時により冒険的で思い切った政策をとる，と考えるものである。たとえば第一次世界大戦では，大国としての地位を失いつつあったオーストリア＝ハンガリーや，その国との同盟を失うことを恐れたドイツが積極的にリスクをとって，第一次世界大戦の引き金を引いた，と考えるのである。

　LTは政策決定における組織レベルの説明として，第3章第1節でふれた官僚政治モデルや組織過程モデルのほかに，小集団レベルの分析を紹介している。小集団レベルの分析とは，政策決定の中枢にいる少数の人間は「集団思考（groupthink）」に陥りやすく，特に危機の時には思考が固定化してしまい，正常ならできる判断が行えなくなる傾向があることを指摘する。

　ここに紹介した諸理論は，複数の戦争の事例を分析し，戦争原因として重要な要因を選びだそうとする傾向が強い。こうした研究は，戦争に関する歴史学的な研究とは大きく異なる。歴史学的研究には，単一の戦争についてさまざまな要因を分析してその原因を明らかにしようとするものが多い。関心が異なる政治学的分析と歴史学的分析を簡単に一緒にすることは適切ではないが，双方から学ぶことはできるはずである。つまり，政治学的分析は，過度に単純な戦争原因を追求するよりも，複数の分析アプローチを組み合わせて説明する必要性を認めるべきであるし，歴史学的分析は，歴史史料から読み取れる政策決定者の意思決定だけに関心を集中せず，より構造的，背景的要因の分析にも目を向けるべきであろう。

安全保障の諸アプローチ　本章冒頭の「人類と戦争」で指摘したように，20世紀になって人類と暴力ないし戦争の関係は大きく変わることになった。その変化を反映して国際政治において広く使われるようになったのが「安全保障」という言葉である（中西 2007；防衛大学校安全保障学研究会編 1998／2009，第1章）。

　「安全保障」という日本語はsecurityやsécuritéといった西洋語からの翻訳語であり，欧米でもsecurityやsécuritéが外交の実務や国際政治学の研究で

> **COLUMN** 5-3 「安全保障」の代表的定義
>
> ウォルター・リップマン 「国家は，中核的な価値を犠牲にする危険なく戦争を回避でき，攻撃された場合には，勝利によって中核的な価値を守り得る程度において安全を保障されている」(1943年)
> アーノルド・ウォルファーズ 「安全保障とは，客観的には，自らが保有する価値に対する脅威がないことであり，主観的には，そうした価値が侵害されるという恐怖がない状態である」(1962年)
> 総合安全保障戦略報告書 「安全保障とは国民生活をさまざまな脅威から守ることである」(1980年)

一般化したのは第一次世界大戦の後である。それまで，国家の対外的安全は戦争，防衛，軍事といった言葉で語られてきたが，「安全保障」はそうした言葉に対して，より包括的な意味で用いられる言葉であった。戦争や防衛という時，その主な担い手は軍部であり，その目的は国境線での戦闘を主なものとする他国の軍部との戦争によって勝利することであったから，事態は比較的に単純であった。軍事力による「国境の不可侵性」の確保によって，領土，国民，主権を守ることができたのである。

しかし，第一次世界大戦以降，戦争の場は国境付近の戦場に限定されず，「国境の不可侵性」は戦争の前提ではなくなった。また，担い手も軍部に限られず，社会全体が戦争に関与する可能性が生まれた。また，核兵器の登場にいたって大戦争は回避すべき事態となった。それゆえ一国の安全は単純に軍事的強大さによって確保することはできず，たとえば資源の確保や動員体制，友好国の獲得といった総合的な能力も重要になったのである。また，戦争の大衆化とともに戦争目的の公表や宣伝といった政治外交手段と軍事的手段との相関性が高まった (Herz 1959)。

こうした状況を突き詰めると，だれが，どのような危険ないし脅威から，どのような手段で，だれの安全を確保するのかといった問題を問い直す必要が生じる。主権国家は領土，国民，主権を最も基本的なものとして守るべきと考えられてきたが，たとえば巨大な軍事力によって主権が危険に晒される時は，戦争によって国民の命の大きな犠牲を払って主権を守るのか，それとも相手に降

1 戦争から安全保障へ

> **COLUMN** 5-4 チェコスロヴァキアとフィンランドの選択

> 　第二次世界大戦の開戦にいたる前後，大国の脅威に晒されたチェコスロヴァキアとフィンランドの選択は対照的であった。民族問題を理由にナチス・ドイツから圧力をかけられていたチェコスロヴァキアはミュンヘン会談（1938年）で英仏からの支援も失い，1939年3月，ヒトラーによる併合要求を受け入れて主権を失った。その結果，ヨーロッパ中心部にあるにもかかわらず，大戦中のチェコスロヴァキアの人的被害は少数にとどまった。他方，フィンランドは1939年秋にソ連からの領土その他の要求に対して抵抗し，2度にわたる戦争を行ったが多数の犠牲とともに敗北し，ソ連側の条件の多くを受け入れざるをえなかった。第二次世界大戦後，チェコスロヴァキアの政治体制は事実上，ソ連の支配下に置かれる一方で，フィンランドはソ連に追従する外交路線をとったものの独立は維持し，一部の領土を取り戻すことにも成功した。
> 　チェコスロヴァキアが国民の命を守ることを優先し，フィンランドが主権を守ることを優先した，とみなすのはやや単純化が過ぎよう。しかし，国家が何を安全保障の対象として追求するかについては，その国の置かれた環境や国民の価値判断など複数の諸要因が作用することの典型的な事例と言えよう。

伏，すなわち主権を譲って国民の命を守るのか，という究極的な選択を迫られる場合もありえないことではなくなった。

　第一次世界大戦から第二次世界大戦後の時期，安全保障という言葉が定着する上で大きな論点となったのは，安全保障の主体が国家か，国家を超えた国際機関となるかという点であった。もちろん現実には主権国家は存在しているから，国家が重要な主体であることは変わらないが，あくまで国家が主体であり続けるという国家安全保障の視点と，国家間の協力が重要と考える国際安全保障（international security）という視点の間には，第1章で見たリアリズムとリベラリズムの対比に通じる考え方の相違があったのである。

(1) 集団安全保障

　2度の世界大戦の直後には国際安全保障という考え方が強い政治的魅力を持った。国際連盟や国際連合（国連）のような，原則としてすべての主権国家が参加する普遍的国際機関に国際安全保障を提供する組織として強い期待が寄せられた。これは集団安全保障（collective security）という考え方で整理され，国

際連盟や国連憲章においてその実現を図ることが試みられた。

　集団安全保障とは，国際機関に参加するすべての主権国家が，①互いに侵略を慎み，紛争を平和的に解決すること，②この約束に違反して侵略，攻撃を行った国に対しては他の参加国すべてが侵略国に対して制裁を加えること，をあらかじめ約束するような体制を言う。こうした考え方は，国際政治において戦争はすべての国に共通の脅威であり，すべての国が国際法を遵守し，違反国には世界全体が制裁を加えることで法の支配を貫徹しようという発想があった（第4章第1節も参照）。

　しかし，この考え方が最初に試みられた国際連盟の経験は，集団安全保障の難しさを示した。ある行為が侵略かどうかについては全会一致の判断が必要とされたし，軍事制裁への参加は各国の判断に委ねられた。連盟のメカニズムは小国間の紛争処理には機能したものの，特に1930年代の日本，ドイツ，イタリア，ソ連のように侵略国が強大である時，国際社会の意見は分裂し，集団安全保障は機能しなかった。

　この反省から，国連では安全保障理事会（安保理）を設置し，そこに安全保障に関する権限を集中させた（国連憲章第24・25条）。安保理には第二次世界大戦に参戦した主要大国であるアメリカ，ソ連，イギリス，フランス，中国（1971年までは中華民国，以降は中華人民共和国）が常任理事国として入り，安保理を主導することとして，国連加盟国から兵力を提供して国連軍を創設し，安保理の指揮下に置くこととした（国連憲章第43-47条）。しかし，このしくみも実際にはうまく機能しなかった。意見が対立する場合に備えて，常任理事国には拒否権が認められ，5大国のうち1国でも反対すれば安保理では決定ができないことになった。また各国とも国連に兵力を醸出することには消極的で，憲章に規定された国連軍も実現しなかった。

　結局，半世紀を超える歴史の中で集団安全保障が本格的に機能したのはソ連が欠席していた朝鮮戦争時のみであり，しかも侵略国とされた北朝鮮やそれを支援した中国に対して国連軍は勝利できず，休戦に終わった。この時，安保理の権限を部分的に国連総会に移して拒否権のない多数決で集団安全保障を実行しようという試みもなされた（1950年の「平和のための結集決議」）が，結局この試みも放棄された。国連は，大国間協調を基礎として集団安全保障を実現しようとしたと言えるが，主権国家が軍事力の担い手であり，また，国際政治の意

思決定の主体である以上，集団安全保障を現実に機能させることは難しいと言えるのである。

(2) 国家安全保障

国際連盟や国連において制度化された集団安全保障の実効性が疑わしいと考えられたことから，1930年代から第二次世界大戦後にかけては，国家単位での安全保障を基本とする**国家安全保障**（national security）が重視されるようになった。ただしこれは，第二次世界大戦前の戦争や防衛といった考え方に完全に戻ってしまったわけではない。この言葉が最初に使われるようになったアメリカでは，国境防衛を越えてユーラシア大陸の国際政治構造がアメリカの安全保障について死活的な影響があることが主張されていたからである（Lippmann 1943; Spykman 1942）。また，国家安全保障の追求には包括的・総合的な戦略を要し，外交・軍事・経済・情報などの政策手段を動員する必要が認知された。1947年にはアメリカで国家安全保障法が制定され（Leffler 1992; Hogan 1998），外交，国防，情報などを総合して政策を企画立案する国家安全保障会議（National Security Council: NSC）が設置された。

しかし，ほどなく安全保障についての考察には，一国を越えた相互的な観点も導入された。このことは，**安全保障のディレンマ**（security dilemma）というとらえ方に示されている。この概念は，「ホッブズ的恐怖」とも呼ばれ，ホッブズの自然状態のように，他国の本当の意図がわからないがゆえに脅威感を持ち，それに対応して（たとえば軍備を増強するなどして）安全保障を強化しようとすれば，それが他国にとっては脅威に映り，互いに恐怖を高め合うといった現象を指す（Butterfield 1949; Herz 1950）。こうした観点が意識されるようになったことは，国家安全保障といっても他国との相互的な視点なしに安全保障は考えられないと認めているのである。

この安全保障のディレンマ状況を前提として，国家は自国の安全保障を高めるためにいくつかの選択肢を持つ。強国に対抗して相対的に弱い国同士で同盟を結んだり，自らの力で追い付く努力をしたりして，強国が国際政治を支配してしまわない状態を実現するという近代ヨーロッパのような**勢力均衡**を実現するという方策が考えられる。逆に，強国と同盟する**便乗**（bandwagon）政策をとる可能性もあるが，この場合，強国の圧力に抗することは難しくなる。

こうした立場を，国家は自国の安全保障の確保をめざすという**防御的リアリ**

ズムと呼び,これに対して,国家は本質的に自国の国力の強化を図り続けるという攻撃的リアリズムの立場もある(ミアシャイマー2001／邦訳2007)。すべての国が強国になれるわけではないが,強国と対する国は責任転嫁(buck passing)政策をとり,強国と敵対関係になることを回避しようとする,とされる。しかし,こうした権力闘争が最終的には関係国が望まない戦争へと陥ってしまう可能性は否定できない。

　このようにさまざまな政策が考えられるものの,国家安全保障に関する共通の課題は,現代文明の条件の下での国力測定の難しさをどのように克服するかである。巨大な破壊力を持ち,防御困難でありながら実際の使用には強い制約がかかる核兵器をどのように扱うのか,奇襲や持久戦といった戦術の影響はどう測るのか,経済力や国民の士気といった要素をどのように計算に入れるのかといった問題は,産業革命以前の近代ヨーロッパにはなかった要素である。また,現代では内政が外交に与える影響も考慮に入れなければならず,客観的な国力の要素だけで国家間の関係が決まるわけではない。そもそも近代ヨーロッパの勢力均衡は戦争も調整メカニズムの一つとして位置づけていたが,今日では戦争の回避自体が重要な目的となっている。こうした点を考えると,勢力均衡に代表される国家単位の安全保障論も十分ではないと言えるだろう。

(3) 中間的なアプローチ

　このように,安全保障の担い手として国際機関と国家のいずれか一方のみに基づいて考えるアプローチには限界があることが認識されるようになった。そのため,安全保障の実行の中から,両者の弱点を補い,安全保障を強化するさまざまなアプローチ,考え方が試みられた。

　(a) **集団的防衛**　国連憲章第51条は「個別的又は集団的自衛の固有の権利」を規定している。憲章の起草段階では,自衛権について明示的に記述するのは,集団安全保障体制を弱めかねないとして反対も強かった。しかし,安保理常任理事国に拒否権が認められたことで,集団安全保障が機能しなくなる状況を懸念した諸国の要求で,最終段階で国家の自衛権が明文で確認された。それまで,国家が自国を防衛する権利としての自衛権は認められてきたが,憲章第51条によって初めて,集団的自衛権という概念が生み出されたのである。これは同盟を結ぶ権利を法的に認めたに近い(森2009)。

　安全保障手段としての同盟や集団的防衛の効用は,それが比較的実行しやす

> **COLUMN** 5-5 新旧の日米安全保障条約

日本国とアメリカ合衆国との間の安全保障条約（1951年署名）
　第一条　平和条約及びこの条約の効力発生と同時に，アメリカ合衆国の陸軍，空軍及び海軍を日本国内及びその附近に配備する権利を，日本国は，許与し，アメリカ合衆国は，これを受諾する。この軍隊は，極東における国際の平和と安全の維持に寄与し，並びに，一又は二以上の外部の国による教唆又は干渉によつて引き起された日本国における大規模の内乱及び騒じようを鎮圧するため日本国政府の明示の要請に応じて与えられる援助を含めて，外部からの武力攻撃に対する日本国の安全に寄与するために使用することができる。

日本国とアメリカ合衆国との間の相互協力及び安全保障条約（1960年署名）
　第五条　各締約国は，日本国の施政の下にある領域における，いずれか一方に対する武力攻撃が，自国の平和及び安全を危うくするものであることを認め，自国の憲法上の規定及び手続に従つて共通の危険に対処するように行動することを宣言する。……

岸首相からハーター国務長官宛交換公文（1960年1月19日）
　合衆国軍隊の日本国への配置における重要な変更，同軍隊の装備における重要な変更並びに日本国から行なわれる戦闘作戦行動（前記の条約第五条の規定に基づいて行なわれるものを除く。）のための基地としての日本国内の施設及び区域の使用は，日本国政府との事前の協議の主題とする。……

いことにある。同盟は戦時に自国の軍事力の不足を補うだけでなく，開戦前においても相手国の軍事的予測の不確実性を増大させる点で抑止力を強める作用をもちうるし，軍事のみならず外交においても友好関係の基礎となる。他方で，同盟にリスクが伴うことも確かである。同盟はいざというときに同盟国が約束通りに助力してくれない「見捨てられ（abandonment）」のリスクと，同盟国によって自らが望まない紛争に引き込まれる「巻き込まれ（entrapment）」のリスクを持つ。これは同盟のディレンマと呼ばれる。それに，同盟によって得られる安全保障を一種の公共財と考えると，同盟国に負担をできるだけ引き受けさせて自らの負担を回避しようという「ただ乗り（free ride）」問題が生じやすい。
　日本は1951年，占領からの独立に向けてアメリカと安全保障条約（旧安保条

約）を結んだが，交渉の末，1960 年に現行の安保条約（日米安保条約）へと改定した。旧安保条約では，在日米軍は「日本国の安全に寄与するために使用することができる」と規定され，アメリカの日本防衛義務が明記されていないことから，日本にとって「見捨てられ」のリスクが高いと考えられた一方で，米軍の使用について日本の発言権は規定されておらず，「巻き込まれ」のリスクも高いと考えられた。また「防衛分担金」の制度によって，米軍駐留経費は日本側の負担とされており，日本側の負担は過重であるとみなされていた。

現行条約では，「見捨てられ」のリスクに対しては第 5 条でアメリカの防衛義務を確認し，「巻き込まれ」のリスクに対しては付属の交換公文によって事前協議制度を導入し，在日米軍の装備の重大な変更や在日基地を利用した戦闘作戦に関与できる枠組みを作った（田中 1997; 中西 2004）。また米軍駐留経費についても，それまで日本側が負担していた防衛分担金の制度を廃止した。しかしこれらの取極によっても，同盟に伴うリスクや負担の問題をめぐって，依然として摩擦が存在する。同盟による安全保障の場合，こうした問題を完全に解消することは難しい。

また，集団的防衛は同盟と全く同じではないことにも注意すべきである。第一に，目的が自衛に限られているから，明らかに侵略を目的とした同盟は正統性をもたない。第二に，集団的自衛権は，自国の独力での防衛が困難な中小国が必要に応じて強国の支援を受けるために創設された概念（国連憲章制定時には，中南米諸国がアメリカの支援を求めた）であって，主権が自国による独立保持を前提としていた時代に比べて，主権と軍事的独立を切り離し，国際秩序の中で主権の維持を図ることが前提となっている。集団的自衛権が拡大解釈される可能性は否定できないが，集団的自衛関係が国際安全保障を部分的にでも実現する性質もまた否定できないのである。

冷戦下では安保理が拒否権によって機能せず，集団安全保障も機能する見込みがなかったから，東西両陣営共，米ソを中心とする集団的防衛体制として北大西洋条約機構（NATO）や日米，米韓などの 2 国間安保体制，ワルシャワ条約機構や中ソ相互防衛援助条約などを結んだ。集団的防衛関係の多くは単なる軍事同盟ではなく，当事国間の体制の親近性や超国家的な軍事的統合の要素も含んでおり，近代ヨーロッパの勢力均衡下での同盟に比べて持続的性質を持っている。事実，冷戦終結後も西側の集団的防衛体制は維持されただけでなく，

TABLE 5-1 米ソ（ロ）2国間条約（2012年3月31日現在）

条約名	署名	発効
弾道弾迎撃ミサイル（ABM）制限条約 （対弾道ミサイルシステムの制限に関するアメリカとソ連との間の条約）	1972年5月26日 （モスクワ）	1972年10月3日 失効 2002年6月13日
SALT-Ⅰ協定 （戦略攻撃兵器の制限に関する一定の措置についてのアメリカとソ連の間の暫定協定）	1972年5月26日 （モスクワ）	1972年10月3日 失効 1977年10月3日
対弾道ミサイル条約議定書 （対弾道ミサイルシステムの制限に関するアメリカとソ連の間の条約の議定書）	1974年7月3日 （モスクワ）	1976年5月24日 失効 2002年6月13日
地下核実験制限条約 （地下核兵器実験の制限に関するアメリカとソ連の間の条約）	1974年7月3日 （モスクワ）	1990年12月10日
平和目的核爆発条約 （平和目的の地下核爆発に関するアメリカとソ連の間の条約）	1976年5月28日 （モスクワ）	1990年12月10日
SALT-Ⅱ条約 （戦略攻撃兵器の制限に関するアメリカとソ連の間の条約）	1979年6月18日 （ウィーン）	未発効
中距離核戦力（INF）全廃条約 （中距離および準中距離ミサイルの廃棄に関するアメリカとソ連の間の条約）	1987年12月8日 （ワシントン）	1988年6月1日
START-Ⅰ条約 （戦略攻撃兵器の削減および制限に関するアメリカとソ連の間の条約）	1991年7月31日 （モスクワ）	1994年12月5日 失効 2009年12月5日
START-Ⅰ条約議定書 （戦略攻撃兵器の削減および制限に関するアメリカとソ連の間の条約の議定書）	1992年5月23日 （リスボン）当事国 （ベラルーシ，カザフスタン，ロシア，ウクライナ，アメリカ）	1994年12月5日 失効 2009年12月5日
START-Ⅱ条約 （戦略攻撃兵器の一層の削減および制限に関するアメリカとロシアの間の条約）	1993年1月3日 （モスクワ）	未発効
START-Ⅱ条約議定書 （戦略攻撃兵器の一層の削減および制限に関するアメリカとロシアの間の条約の議定書）	1997年9月26日 （ニューヨーク）	未発効
SORT条約（モスクワ条約） （戦略攻撃力削減に関する条約）	2002年5月4日 （モスクワ）	2003年6月1日 失効 2011年2月5日
新START条約 （戦略攻撃兵器の一層の削減および制限に向けた措置に関するアメリカとロシアの間の条約）	2010年4月8日 （プラハ）	2011年2月5日

［出典］黒澤編 1996／2012, 269。

NATO は冷戦終結時の 16 カ国から 28 カ国（2012 年末時点）へと拡大するなど，機能を拡大する傾向にある。

(b)**地域的集団安全保障**　集団安全保障は，国際システム全体に普遍的でなければ効果がないと考えられたが，実際には，地域ごとに国際関係の密度が異なる。自国の利害に関係の薄い地球の裏側の武力紛争に関与することは困難でも，地域的に近接し，また利害関係が深い諸国の間で集団安全保障関係を設定することは，より実効性を持ちうる。たとえば第一次世界大戦後のヨーロッパで成立したロカルノ諸条約（1925 年）は，仏独ベルギーが国境の相互不可侵を約束した上で，英伊がそれを保障することによって西ヨーロッパの全体的な安全保障環境を安定させた（植田 1989）。第二次世界大戦後に南北アメリカ大陸諸国で結ばれたリオ条約も，域内での集団安全保障としての性格を持っていた。また，集団的防衛体制も，明示的ではなくても事実上加盟国間の戦争を抑制し，地域的集団安全保障機能を果たしていると考えられる。

　地域的集団安全保障関係にある国同士や，密接に協調する国同士で相互交流が高度になると，安全保障のディレンマを感じなくなる場合もありうる。こうした状況を K. ドイチュは，安全保障共同体（security community）と呼んだ（Deutsch et al. 1957）。たとえばヨーロッパは欧州共同体（EC）から欧州連合（EU）への長い歩みの中で，少なくともその主要国の間では紛争を考えることのできない安全保障共同体となったと考えられる。

(c)**共通の安全保障**　安全保障のディレンマの大きな原因は，各国の軍備が他国に与える脅威感にある。自国も他国も疑心暗鬼になっていることが問題だとすれば，自国の軍備を防御的なものとしたり，軍備に関する情報を伝達したりして，他国との信頼関係を強め（信頼醸成措置），あるいは双方の軍備を縮小する（軍縮・軍備管理）ことで相互に安全保障のディレンマをできるだけ回避しようとする選択肢がある。こうしたアプローチは，安全保障が当事国にとって共通の価値だという前提の上に立っており，1980 年代のヨーロッパで共通の安全保障（common security）という名称で東西陣営間でめざされた方法に代表される。

　具体的には，1975 年に合意されたヘルシンキ議定書に基づいて，軍事演習の事前通告，オブザーバーの派遣などの信頼醸成措置を実施し，情報公開促進などの協力も進められた。また，米ソ間の第一次戦略兵器制限協定（SALT-I

協定，1972年）や，中距離核戦力（INF）全廃条約（1987年），戦略兵器削減条約（START-Ⅰ条約，1991年）などが軍備管理の代表的な事例である。

　信頼醸成措置や軍縮・軍備管理政策は確かに双方の警戒心を弱め，安全保障感を高める効果を持ちうる場合がある。しかし，そもそもこれらの方策は当事者間に最低限度の信頼関係がなければ始まらない。さらに，双方が合意を遵守しているかについての検証の信頼性が疑わしい場合や，軍事技術の発達にともなって合意の対象外の兵力が重要になる場合などは，相互不信が強まるきっかけとなることもある。たとえば米ソ（ロ）間では第二次戦略兵器制限条約（SALT-Ⅱ条約，1979年）も第二次戦略核兵器削減条約（START-Ⅱ条約，1993年）も，いったん合意されたものの，両国関係の悪化にともなって，いずれも批准・発効しなかった。

　(d)**協調的安全保障**　　国際政治における安全保障上の課題は，国家間関係に限られるわけではない。各国にとって共通の脅威となる事項が存在する時には，それらについて各国が協調してそれに対処することは，共通の脅威を取り除き，また各国間の相互信頼を高めるという二重の意味で安全感を高める効果を持つ。こうしたアプローチを近年では，協調的安全保障（cooperative security）と呼ぶ。

　協調的安全保障は，たとえば19世紀のウィーン体制の下で，大国がヨーロッパでの革命に共同して対応しようとした「ヨーロッパの協調」に一つの先例を見ることができる。今日では，大量破壊兵器や特定の通常兵器の不拡散や軍備管理に関する協力や，越境的な犯罪や国際テロへの国際的協力も，協調的安全保障の枠組みで考えることができる。

　また，冷戦時代に国連で発達した平和維持活動（PKO）は，集団安全保障のしくみを協調的安全保障に応用したものと考えられる。国際連合憲章に規定されたような集団安全保障は機能しなかったが，大国間の利害からある程度離れた地域紛争については，その拡大を抑えることが大国間での戦争を回避する上で有効だという認識が共有された。こうした考え方は戦後初期から見られたが，1956年，第二次中東戦争の際に国連事務総長ダグ・ハマーショルドのイニシアティブによって国連緊急軍（UNEF）が派遣され，PKOとして認知されるようになった。これは，エジプトに攻め込んだ英仏イスラエル軍が撤退した後の休戦ラインを監視するための，中小国（カナダなど）から供出された小部隊で，紛争当事国の同意に基づいて，軽武装でありながら国連の権威を象徴する存在

として戦争の再開を防止し，和平への取り組みを促すしくみである。こうした活動には国連憲章の根拠がないため，ソ連は反対してその分の費用負担を拒否した時代もあったが，拒否権を使ってまで妨害しようとはしなかった。その後このしくみは定着し，特に冷戦後には，休戦としての平和を維持するだけでなく，和平を仲介したり（平和創造），紛争後の和解促進，政府樹立，経済復興も支援したりする（平和構築）など，幅広い平和活動に従事するようになっている（Bellamy & Williams 2004／2010）。

(4) 新しい安全保障

1970年代ごろまでは，安全保障の主要な課題は軍事問題であり，国家および国家を構成国とする国際機関が中心であった。しかしこのころから，安全保障の対象分野が広がり始め，冷戦が終焉して以降はさらなる広がりを見せた。たとえば，石油危機などをきっかけに経済安全保障（economic security）といった言葉によって，エネルギーや食糧といった資源の安定した供給の確保が安全保障という観点からとらえられ始めた。石油危機は日本にも大きな衝撃を与え，1970年代末には，「国民生活をさまざまな脅威から守ること」を目的とした総合安全保障（comprehensive security）概念が日本で生み出され，その後，アジアを中心にこの言葉は国際的に使われるようになった。さらに冷戦終結後には，従来，国家間の問題としてとらえてきた安全保障の意味は根本的に変わったとして，これまでの「伝統的安全保障」に対して「新しい安全保障」を重視しなければならないという問題意識が強まった。たとえば自然環境の人的活動による悪化を脅威とみなす環境安全保障（environmental security）といった概念や，今日では安全保障の焦点は国家ではなく，個人の人権や生活に向けられるべきだと考える人間の安全保障（human security）といった表現が使われるようになった（防衛大学校安全保障学研究会編 1998／2009, 第1章; 赤根谷・落合編 2001／2007）。

また冷戦後には，安全保障上の脅威としても，組織化された軍事力以外の源泉に関心が向けられるようになった。これは非伝統的脅威とか，新しい脅威とかいった範疇で呼ばれるものである。たとえば海賊や麻薬取引，人身売買などの越境的犯罪は，伝統的には安全保障よりも治安問題として扱われてきたが，グローバリゼーションにともないその活動が国際化・活発化したことによって，安全保障上の関心事項とみなす傾向が強まった。

さらに、テロリズムも基本的には非国家主体によって行われる活動だが、冷戦終結期からその暴力的破壊に対する社会の関心が高まった。特に 2001 年 9 月 11 日のいわゆる 9.11 テロ事件では、イスラーム系過激派組織アル・カーイダによって計画された、複数の航空機の乗っ取りと突撃によるテロがアメリカ中枢部で約 3000 人の死者を出す被害をもたらし、国際的なテロリズムは非伝統的脅威の代表的存在とみなされるようになった。

SECTION 2　軍事的安全保障

戦略論の展開

本章第 1 節で見たように、戦争が古来から人類社会にほぼ普遍的に見られる現象である以上、軍事力をいかに行使して戦争を勝利に導くかについての関心も古来から広く抱かれてきた。安全保障という考え方が登場した背景には、軍事力による国境の保全だけで国民や国家の安全が実現できないという認識があったことは確かである。しかしその裏側には、軍事力の破壊性が巨大化したことがあったのであり、軍事力の使用だけでなく、その維持、管理がいっそう複雑かつ重要な課題となったため、軍事力は安全保障の中核的問題であり続けている。軍事力をある特定の目的達成のために用いることを、戦略（strategy）と呼ぶ。特定の会戦や戦闘に勝利するための軍事力の使い方としての、戦術（tactics）と区別する場合もある。20 世紀以降において、軍事力は単に勝利をめざすだけでなく、いかに戦争を回避するかも考察の対象となったが、それも含めた戦略論が重要となったのである。

戦略論の古典として特に有名なのは、中国の春秋戦国時代から伝えられる『孫子』である。「兵とは国の大事」という言葉から始まるこの著作は、軍事力によって戦争に勝利することが決して容易ではなく、複雑な要因に左右されることを強調する。そして「百戦百勝は善の善なる者に非ざるなり、戦わずして人の兵を屈するのは善の善なる者なり」、つまり、実際に軍事力を行使して勝利するよりも、軍事力を行使することなく相手を屈服させることが望ましいと説いて、安易に戦争を実行することを戒めた上で、兵の用い方やスパイの活用などを説いている（孫武 前 5C ごろ／邦訳 2011）。

ヨーロッパ主権国家体制においても戦争が頻繁に行われたため，戦争に関する著作，戦術指南書がさかんに書かれた。特にナポレオン戦争（1800-15年）は大きな刺激となった。ナポレオン麾下（きか）で戦ったフランス軍人 A. ジョミニは，古代からナポレオンまで勝利のためには一定の原則があるという立場から『戦争概論』を著した（ジョミニ 1838／邦訳 2001）。ジョミニの議論は，この時代までに蓄積されたヨーロッパの戦術論の集大成であったとも言える。

　対照的に，ナポレオンと戦ったプロイセンの軍人クラウゼヴィッツの『戦争論』（1832-34年）は，戦争の哲学的洞察をふまえた戦略論を展開した。完成前にクラウゼヴィッツは死去してしまったが，この著作の特徴は，戦争の政治的性格を分析の焦点とした点にあると考えられる。彼は戦争を「他の手段をもってする政治」であると理解し，戦争は外交などと同様，あくまで政治目的実現のための手段であることを強調した。ただし戦争は，自国の軍事力で他国の軍事力を打破し，無力化することで自らの意志を強要する点で平和的な他の手段とは本質的に異なっている。軍事力の行使にともなう暴力性ゆえに，戦争は政治的手段としての範囲を越えてエスカレートする危険性や予想不可能なリスク（クラウゼヴィッツは「摩擦」や「戦争の霧」と呼んでいる）を孕（はら）んでいる。

　こうした分析から，彼は理念的に純粋な戦争モデルとしての「絶対戦争」と，現実のさまざまな制約下で戦われる「現実の戦争」を区別し，後者においては戦争が政治の手段であるだけでなく，あらゆる局面で政治の反映であり，戦争の究極的な勝敗は物理的な破壊の程度ではなく，戦争継続意思によって決まることを指摘した。クラウゼヴィッツの戦略論は，軍隊同士の決戦によって戦争の勝敗が決まるという古典的な戦争観に立ってはいたが，戦争が国家間の政治的意思の対決の表現であるというモデルを提示した点で，今日にいたる戦略論の基礎を築いたと言える（クラウゼヴィッツ 1832-34／邦訳 1968）。

　産業革命による技術革新が軍事力に応用され，機械化された兵器が普及した19世紀後半以降，新たな戦略論が次々と登場した。19世紀末にアメリカの海軍軍人アルフレッド・マハンは，イギリス海軍史の研究に基づいて海上の支配権を意味する「シー・パワー」の重要性を唱え，海軍による海上交通路の支配がイギリス帝国の国力の源泉であったと指摘して，各国の海軍増強策に刺激を与えた。また，第一次世界大戦で指揮をとったドイツの E. ルーデンドルフは「総力戦」論を唱え，平時から国民と軍が一体化し，大規模な動員と強力な戦

争指導体制を築く必要性を訴えた。あるいは，イギリス軍で第一次世界大戦に従軍したリデル=ハートは，もはや軍隊同士の正面衝突では戦争の決着をつけることは犠牲が大きすぎると考え，決戦を回避して敵の戦争継続意思を失わせる「間接アプローチ戦略」を提唱し，国家は軍事・外交・経済などを総合した大戦略を持たねばならないと主張した。さらに，イタリアのG.ドゥーエたちは，第一次世界大戦で戦争に用いられ始めた航空機の積極的な利用を推奨し，敵国の都市産業施設と住民を爆撃することで効果的に継戦能力と国民の士気を喪失させることが狙えると主張したのである（石津・永末・塚本編 2010, 第3・4章）。

こうした考え方は第二次世界大戦において各国の戦略に反映された。日本軍の真珠湾攻撃やドイツ軍のフランス攻略戦のように，資源に乏しい日独が奇襲によって相手の士気を失わせることを狙ったのに対して，英米は敵都市を大規模に空爆することで継戦能力と意思を失わせようとする戦略爆撃戦略をとった。しかし，結果的には戦争は容易に終わらず，むしろ多数の民間人を含む巨大な犠牲をもたらすものとなった。

核戦略の登場

第二次世界大戦末期にはアメリカがイギリスなどと協力して巨費を投じ，科学技術の粋を集めて核兵器を実用化した。1945年に広島，長崎に投下された原子爆弾は1発で通常火薬で約15〜20キロトン相当のエネルギーを放出したと推定され，加えて放射線も発して両都市を壊滅させた。それぞれ約14万人，約7万人がその年に死亡したと推定されている（和田・原水爆禁止日本国民会議編 2011）。核兵器はその後も開発が続けられ，水爆兵器にいたっては数十メガトンの兵器も実験された（1961年にソ連が実験した50メガトンの「ツァーリボンバ」が，史上最大の破壊力を持った核兵器とされる）。

1発で都市を破壊できる核兵器が実用化されたことは，戦略の意味を根本的に変化させた。この時まで，戦略論の中核は暴力手段である軍事力を行使して勝利し，相手に自分の意思を押し付けることにあった。しかし，核兵器の全面的な使用は相手国の政治体制や環境を根本的に破壊し，敵国の政府全体を破壊してしまうため，降伏といった概念すら意味を失いかねないと考えられた。その場合，核兵器の使用は，自国や第三国にも直接間接に悪影響が及びうるものとなった。核兵器の登場によって，主要国の戦略は他の主要国の軍事力の行使を抑止し，全面戦争を回避することに主眼が置かれるようになったのである。

| FIGURE | 5-1 ● 核兵器の火球の比較 |

長崎（18 kt）型原子爆弾で半径100 m だったのに対し，史上最大の水爆ツァーリボンバでは半径2.3 km になる。

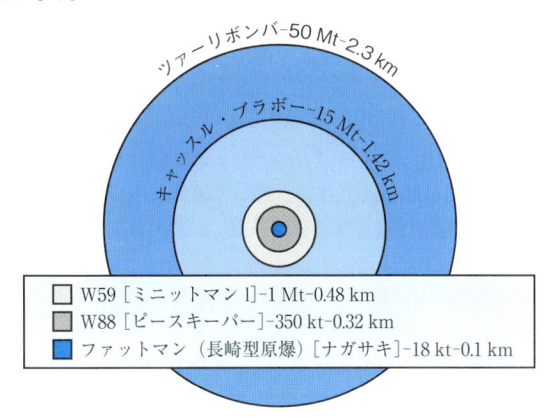

ツァーリボンバ-50 Mt-2.3 km
キャッスル・ブラボー-15 Mt-1.42 km

- ■ W59 [ミニットマン I]-1 Mt-0.48 km
- ■ W88 [ピースキーパー]-350 kt-0.32 km
- ■ ファットマン（長崎型原爆）[ナガサキ]-18 kt-0.1 km

［出典］ http://wweapons.blogspot.jp/2011/05/tsar-bomba-king-of-bombs-nuclear-weapon.html

　また，核兵器はその使用の意義の重大性のために軍部の自由な裁量に委ねることができず，通常兵器よりもその管理において文民の影響力が確保されることとなった。その意味で核兵器の登場は，戦争や国際政治の性質を大きく変えたことはまちがいない。しかし，核時代となっても国家間の対立は交渉によって解決できるとは限らず，特に冷戦時代の東西両陣営間の価値観は基本的に対立していた。それゆえ，特に米ソ両国は大量の核兵器を保有して，全面的な核戦争を回避しながら，いかに相手から譲歩を勝ち取るかを追求する抑止戦略の研究に大きなエネルギーを注ぐようになった。

　しかし抑止とは，相手がある行動をとった場合には，当方が報復する意思と能力を持っていると相手に信じさせ，相手がその行動を控えるという一連の駆け引きを意味する。相手の心理がわからない以上，こうした状態を実現することは推論によるほかない。1950年代から60年代にかけて，アメリカを中心にB. ブロディ，A. ウォールステッター，T. シェリングといった多数の文民戦略家が登場して抑止戦略を議論したが，抑止の成否は最終的に相手の心理次第であり，それが完全に制御できない以上，完全な抑止戦略はありえないという結

> **COLUMN** 5-6 安全保障研究とシンクタンク

　20世紀の安全保障の研究には,「シンクタンク」と呼ばれる組織が重要な役割を果たしてきた。かつては軍事に関する問題は政府,軍部の専権事項であり,情報は秘匿(ひとく)されることが一般的であった。しかし,第一次世界大戦前後から軍事に関する情報も一定程度,公開され,軍人だけでなく研究者やジャーナリストをはじめとする広く一般によって議論される課題となった。1910年設立のカーネギー国際平和財団(米)や第一次世界大戦後に設立された外交問題評議会(米),王立国際問題研究所(英)などが先駆的な組織である。第二次世界大戦後には,戦争回避を主眼とする戦略立案のために軍部外の専門家の知見が求められ,軍部の依託を受けたランド研究所(米)や国際戦略問題研究所(IISS,英),ストックホルム国際平和研究所(SIPRI,スウェーデン)など多数のシンクタンクが設立された。軍事問題を含む安全保障については,政策形成において高い専門性が求められる。そうした専門知識を最も直接に扱うのは,一般的には軍部であるが,政治指導者や市民が軍部を統制する観点からも,専門知識を客観的に評価し,政策を提言するシンクタンクのような組織が安全保障政策の形成過程で重要な役割を果たすようになったのである。

　今日では安全保障にとどまらず,政策全般においてシンクタンクは不可欠の組織となり,世界各国に多数のシンクタンクが存在する。民間からの寄付に依存し政府から独立した組織,政府から支援を受けつつ活動の独立性も維持する組織,政府による支援を前提に,あるいは政府の機関としての組織など,その形態はさまざまでそれぞれ利害得失がある。日本では特に外交安全保障を専門とするシンクタンクが,質量共に不足していることが指摘されている(鈴木・上野 1993)。

論にいたらざるをえなかった(抑止の意思伝達の困難さについては第3章参照)。

　1960年代から70年代にかけて,アメリカでは相互確証破壊(MAD)が核戦略ドクトリンの柱となった。MADとは,相手が奇襲してきても残った大量の核で報復し,大規模な破壊を行える能力を示し続けることで,相互抑止を実現しようとしたものだが,合理的な戦略というよりは,予測不可能な大規模な核戦争の恐怖が抑止機能を果たすことを期待した現状の追認という性格が強かった。核戦略の歴史を書いたL.フリードマンが結論づけたように,「われわれが到着した地点とは,安定性が戦略の極致というよりも戦略の否定に依拠してい

るということ，つまり，事態が制御不能になり，われわれが非合理的に行動する可能性があり，おそらく偶然によって人間の制御と理解を越えた展開と結果にいたる過程を開始させてしまうかもしれない，といった脅しによって成り立っているということなのである」(Freedman 1989, 433)。

ゲリラ戦と通常兵力

核抑止戦略が十分なものとならないこととは裏腹に，核兵器の登場によってそれ以外の兵器や戦略についての研究が意味を失うことはなかった。国家間の紛争が存在する以上，それを平和的手段で解決できなければ軍事力の行使は考えざるをえないからである。しかし，特に冷戦期には一定規模以上の戦争は東西間の核戦争につながりかねず，武力行使に国際的抑制がかかる可能性が高かった。それゆえ行使される軍事力としては，大きな破壊力のある兵器で武装せず，正規の軍隊の形態もとらない兵士たちによるゲリラ戦ないし不正規戦，低強度紛争 (low-intensity conflict: LIC) などと呼ばれる形態の重要性が増大した。ゲリラという言葉は，古くはナポレオン戦争時代のスペインでの市民的抵抗に由来するが，20世紀になってその方法論を体系化したのは中国の毛沢東と言われる。毛沢東は1930年代に，優勢な国民党や日本軍との闘争にあたって直接的な交戦を回避しつつ，敵を疲れさせ，混乱させながら国際的な支援を獲得し，最終的に相手の抵抗意志を喪失させるという持久戦論を提示した（毛沢東 1938・42／邦訳 2001)。この毛沢東の戦略はその後，アジア，中南米，アフリカなどで戦われたゲリラ戦略に影響を与えた。

また，通常兵力の役割についても次第に見直しが進んだ。米ソの二極的核対立の構造が支配的であった時期には，東西両陣営に属する諸国の通常兵力の役割はきわめて限定的なものとみなされ，小規模の紛争をきっかけに米ソが核戦争にいたる危険を防止する補完的な兵力という位置づけがなされていた。たとえば戦後日本の防衛について，軍事戦略上の定義を初めて行ったのは，1976年に閣議決定された「防衛計画の大綱」と考えられるが，この文書では，自衛隊の備えるべき戦略目標は「限定的かつ小規模な直接侵略の独力排除」であると定義され，自衛隊の整備目標はこれに必要な能力である「基盤的防衛力」を整備することとされた（田中 1997；中西 2004)。この考え方は，冷戦下においては一定以上の紛争には米ソが介入して抑制力が働くと考えられ，ソ連と北方で国境を接する日本の自衛隊は，小規模で電撃的な攻撃を抑止する能力を

備えることで，東西間の軍事バランスを安定させることを重視した判断であった。しかしこの大綱をめぐっては，日本の経済を支える海上交通路の防衛問題や「限定的かつ小規模」の具体的想定，アメリカなどが日本を見捨てることがないか，といった批判も存在した。

1970年代以降の急速な技術の発達によって兵器を正確に目標に命中させる誘導能力が大幅に向上すると，大規模な破壊を伴う核兵器よりも，通常兵器で軍事的な目的を実現できるのではないかという考え方が強まってきた。こうした精密誘導兵器（PGM）は第四次中東戦争（1973年）やフォークランド戦争（1982年）でもその威力が示されたが，特に冷戦が終結した後，目覚ましい効果を示すことになった。核戦争の危険性が後退していく一方で，1990年にサダム・フセインの支配するイラクがクウェートを武力併合した際に国際的な対応が求められることになった。政治的には冷戦の終結が国際社会の結束を可能にしたが，軍事的には高度なハイテク兵器が武力行使を容易にした。アメリカを中心とした多国籍軍が通常兵力による攻撃をしかけ，2カ月間の戦闘でイラクを撤退させた湾岸戦争（1991年）の経験は，高度な技術に支えられた通常兵器の持つ効果を強く印象づけた。軍事技術で世界をリードしたアメリカはその後も情報技術に支えられたハイテク能力を高度化させ，コソヴォ空爆（1999年）や9.11テロ事件後のアフガニスタン戦争（2001年），イラク戦争（2003年）でもその威力を見せ付けた。

しかし，圧倒的な攻撃で政権を倒したアフガニスタン，イラクでは秩序が崩壊し，戦後復興が困難を極めた。相手国の政権を打倒した場合，その後の平和構築の負担は大きいことが明らかとなったのである。これは，今日の最も先進的な軍事力によっても，クラウゼヴィッツの「絶対戦争」は実現できず，さまざまな政治的制約の下での「制限された戦争」にならざるをえないことを示している。

もちろん，冷戦後における戦略論が単純に核兵器出現前の時代に戻りつつあるわけではない。一方では，先進国の兵力のハイテク化に対して途上国では技術的・経済的能力の向上にともない，大量破壊兵器，特に核兵器の取得傾向が強まっている。また，民族間の紛争が内戦化したり，非国家主体であるテロリストや犯罪組織が国家に衝撃を与える攻撃を行ったりする事例も見られるようになった。他方で，軍事組織は現代社会において生じるさまざまなリスク，た

とえば大規模天災や紛争終結後の平和構築に対応できる存在として，戦闘行為以外の軍事作戦（MOOTW）を担う場合が増えてきた。国際政治と国内政治の境界線が曖昧となり，軍事力を必要とする政治目的が複雑化する中で，戦略論も多様化している。

軍事力の統制

人類の歴史は暴力と共にあったが，暴力を回避しようという欲求もまた人類史に普遍的であった。ことに国家が形成され，暴力の担い手が軍へと組織化されると，軍事力の使用をコントロールすることが政治の課題となってきた。それは主に軍事力の使用に対する倫理的・法的制限と軍事組織に対する統制という二つの分野で論じられてきた。

(1) **軍事力と倫理**

一般的には，戦争について大別して三つの道徳的立場があると言えよう。①戦争を否定する平和主義，②戦争は道徳的に容認できるないし戦争に対して道徳は意味をもたないという戦争肯定論，③一定の条件下で戦争を肯定する条件付肯定論の三つである（山内編 2006, 序論）。①は戦争が暴力行為であり，暴力が非道徳的である以上，いかなる戦争も否定されねばならないという立場である。いかなる暴力行使も否認するクウェーカー教徒に代表されるような宗教的立場や，マハトマ・ガンディーの非暴力主義が含意するような人道主義的立場からこうした主張がなされる。②は，戦争は不可避であるから道徳的に否定しても意味がないという消極的容認論や，戦争が歴史の進歩を担うとか，国民の公共的奉仕精神を高めるとかいった理由から戦争を積極的に肯定する立場である。③は，一定の条件を満たした場合には戦争を道徳的に肯定し，そうではないものを否定するという立場である。

平和主義（pacifism）は暴力を否定する意味では最も純粋に道徳的だが，不法な暴力をどう扱うかという問題に突き当たる。これは，たとえば平和主義が強かった古代キリスト教が普及する過程で直面した問題であり，4, 5世紀の教父アウグスティヌスは「戦争や征服は，原則を知る人間の目から見れば悲しむべき必要だが，悪をなす者が正しい人間を支配することはより不幸な事態である」と述べ，悪に対抗することの正当性を主張して平和主義から条件付きの武力行使肯定論へと移行した。

戦争肯定論は現実の戦争を前にした時にしばしば抱かれる立場であって，ク

ラウゼヴィッツが『戦争論』で「国際法上の道義という名目の下に自己制約を伴わないわけではないが，それはほとんど取るに足らないものであって，暴力の行使を阻止する重大な障害となりはしない」と述べているのがその典型例であろう（クラウゼヴィッツ 1832-34／邦訳 1968）。

　しかしクラウゼヴィッツ自身も認めるように，現実の戦争にあっては，交戦者間にある種のゲームの感覚が共有され，黙示ないし明示のルールが形成されることは珍しくないし，無意味な暴力を抑制することは軍隊の統制を保つためにも望ましい。戦争を数多く経験してきた西洋世界では戦争を条件付きで容認する立場が伝統的に強く，その条件をめぐって検討がなされてきた。こうした議論を正戦論（just war theory）という（正戦論の歴史に関する文献紹介は，Reichberg, Syse, & Begby eds. 2006）。

　正戦論の議論を整理し，キリスト教の宗教的倫理と世俗的な法的倫理とを架橋したのが中世スコラ神学の泰斗トマス・アクィナスである。彼は，①正当な権威，②正当な原因，③正当な意図によってのみ戦争は肯定される，と整理し，①として君主を，②として「不正を罰する行為」を，③として「欲望や残酷さによらず，悪を抑え，善を支えるように，熱心に平和を求めるように遂行される」と規定した（山内編 2006, 22-24）。この考え方は，戦争が正当な理由（jus ad bellum）を持つことと，戦争が正しく戦われること（jus in bello）を，正戦の二つの要件と考える枠組みへと整理された。

　近代に入ると，正戦論は国際法に組み込まれていくことになった。ただし自然法思想が強い時代には，道徳と法は明確に区分されていなかった。たとえば 17 世紀のグロティウスは，戦争の正当な担い手を主権者に限定した上で，jus ad bellum として防衛，物の回復，刑罰をあげている。ただし，非ヨーロッパ世界のアメリカ大陸の先住民は人肉食など自然に反する野蛮な行為を行うがゆえに，彼らに対する暴力行使は正当化されるとした。

　18 世紀から 19 世紀にかけて次第に国際法が哲学的な自然法から国家間の合意に基づく実定法を重視するようになると，jus ad bellum の議論は後退することになった。主権者を拘束する実定法がない以上，主権者が決めた戦争の合法，不法を論じても意味がないと考えられるようになったのである。こうした考え方は日本では「無差別戦争観」と呼ばれることもあったが，こうした表現は 20 世紀に入ってからカール・シュミットによって使われるようになったも

のである（柳原 2001；権左 2006）。国際法上 *jus ad bellum* を論じなくなっても道義的には戦争の正当性は無視されたわけではなかった。ただし，実定的な国際法はもっぱら，交戦国に対して平等に戦争において残酷な行為を制限する *jus in bello* に焦点を合わせて，戦争法として発達した。1899年と1907年のハーグ平和会議ではそれまでの国際法の議論が集大成され，捕虜の取り扱いや宣戦，中立時の規則，非人道的な兵器の制限といった戦争法が整備された。

　第一次世界大戦後，正戦論をめぐる議論は大きく変化した。戦争の巨大な破壊を受けて，戦争全般を法的に禁止しようという気運が強まったのであり，その手段の一つとして実定法によって *jus ad bellum* を規定することが求められた。その一つの帰結が1928年の不戦条約（「戦争抛棄ニ関スル条約」）であり，「其ノ相互関係ニ於テ国家ノ政策ノ手段トシテノ戦争ヲ抛棄スル」ことが謳われ（第1条），日本を含めた当時の大半の主権国家が署名した。

　しかし，この条約が現代版の自然法とも言える一種の道徳的宣言なのか，憲法的効果を伴う実定法なのかは締結時には不明瞭であった。実定法であるとすれば，この条約に違反した国家に対する対抗ないし制裁の問題を考えないわけにはいかず，それは国家間の戦争とは異なるとしても，別種の武力行使を正当化することを意味する。しかし，そうしたしくみは整備されていなかった。また，不戦条約においても自衛のための戦争は否定されていないというのが締約国の共通了解であった。しかし，自衛力が不足する国家をどう守るかという問題は残り，第二次世界大戦にいたる過程で侵略とみなされた日本の満州事変（1931年）後の行動や，イタリアのエチオピア侵略（1935年）を止める手段は存在しなかった。

　こうした問題点を反省して，国連憲章では「すべての加盟国は，その国際関係において，武力による威嚇又は武力の行使を……慎まなければならない」（第2条第4項）と一般的に武力行使およびその威嚇を禁止した上で，集団安全保障体制を制度化し，自衛権についても規定した（第1節参照）。これは *jus ad bellum* として集団安全保障措置や自衛戦争を容認したと解釈することができる。

　また，戦争を規律する実定法が整備されると，*jus in bello* を犯した者や *jus ad bellum* に違反したことを理由として個人を国際裁判によって処罰することが求められるようになった。特に20世紀には，違法とみなされる戦争を決断

した指導者の法的処罰の実現が図られることになった。第一次世界大戦後のヴェルサイユ条約でドイツ皇帝に対する裁判が規定されたが，皇帝の亡命先のオランダが身柄の引き渡しを拒んだため，実現しなかった。しかし第二次世界大戦後にはドイツのニュルンベルク，日本の東京で連合国による裁判が行われ，戦時指導者が処罰されるとともに，それ以外にも戦争犯罪を扱う地域法廷が設けられた。さらに冷戦後には，旧ユーゴスラヴィアやルワンダでの紛争後に特別法廷が設置され，また，国内法で裁かれない戦争犯罪人を裁く国際刑事裁判所（ICC）も2003年に設置された。

　しかし，こうした国際法の整備が国際政治に及ぼす影響は一国内での立法とは異なり，複雑である。たとえば，国連憲章では武力行使だけでなくその威嚇（threat）も禁止されているが，核抑止は武力の威嚇であることは否定できない。とはいえ，すでに見たように，核兵器が存在する以上，その行使を回避するには抑止が必要というのが戦略論の考え方であり，国連憲章の規定はこのことに関する限り無視されている。

　また，徹底して jus ad bellum を強化した場合，戦争は違法な侵略と，正当な制裁ないし自衛に二分され，両者を法的に同じに扱うことは困難である。この立場を突き詰めれば，19世紀アメリカの南北戦争時に北軍のウィリアム・シャーマン将軍がアトランタを焼き払った際に述べたといわれる，「戦争はどのみち地獄なので，正義の側があらゆる手段を用いて早く勝利するべきだ」という「戦争は地獄（war is hell）」論と呼ばれる考え方にいたる（ウォルツァー1977／邦訳2008, 100-103）。正義の側と不正の側に同じ道徳的基準をあてはめるべきではない，という考え方である。

　しかし集団安全保障が機能せず，侵略と自衛とが区分し難い戦争も現実に存在する以上，jus in bello の問題を考えざるをえず，その場合には当事者を対等に扱うことが求められる。実際，戦争法という名称こそ使われなくなったが，武力行使法や国際人道法という名称で，武力紛争の下で当事者を平等に規制する法は多数存在している。

　現代の正戦をめぐる矛盾は，他にも見られる。戦争犯罪人の処罰が戦勝国によって実質的に行われ，戦勝国側が裁かれることがないことには「勝者の裁き」という批判が起こりうる。特に異なる言語や法文化を持つ社会の間で裁判が行われることは，裁判に混乱や誤解をもたらしがちである。国際刑事裁判所

の設立にあたっては国際的平等性が重視されたが，結果としてアメリカ，中国など多数の大国が不加入の状態となっている。また，国際紛争に対して第三国が人道的救済を理由として介入できるかという，「人道的介入」の問題も存在する（第7章第1節参照）。

(2)政軍関係

軍事組織はその所属する政治共同体にとって，外敵との闘争を司る集団である一方で，その能力が国内に向けられれば巨大な政治権力を振るう存在になりうる。それゆえ近代ヨーロッパの主権国家では，軍隊を整備する過程で，その国内政治上の権力を抑える努力も行われた。政治の中で軍部をどのように位置づけ，また軍部の統制を図るかという問題が政軍関係として扱われてきた（防衛大学校安全保障学研究会編 1998／2009, 第Ⅹ章；石津・永末・塚本編 2010, 第7章；三宅 2001）。

近代国家における基本的な軍部統制の手段は，対外戦争を担当する軍部と国内治安を担当する警察とを分離し，対抗関係に置くことである。これは，軍部の国内政治への介入を防ぐ最も直接的な手段であった。

さらに，イギリスのように早くから自由化が進んだ国では，王権と議会権力の闘争の過程で，軍部の政治的影響力を抑制することが重視された。国王が軍事行動の最終的な決定者である一方，国王が軍部を国内政治上利用しないよう，議会が法や予算を通じて軍部を統制するシビリアン・コントロール（文民統制）の概念が生まれてきた。軍部を国内政治への脅威とみなし，その統制を重視する考え方は独立革命後のアメリカにも引き継がれ，平時における常備軍は最小限とされ，合衆国憲法では大統領と議会のいずれもが単独で軍部を支配できないように配慮された。

他方，ヨーロッパ大陸諸国においては，ナショナリズムの浸透とともに，国民が等しく参加できる軍隊は旧体制からの脱却を担う進歩的存在として位置づけられた。革命後のフランスでは革命軍から頭角を現したナポレオンが皇帝となったし，プロイセンではクラウゼヴィッツなども参画して国民軍の形成が近代化の重要な課題とされた。これらの国では，近代的な技術の担い手たる軍部の国内政治上の役割を積極的に認める傾向が強かった。国民軍が国民国家の支柱となる考え方を「ミリタリズム（軍国主義）」と呼ぶ（ファークツ 1959／邦訳 2003）。

第二次世界大戦の結果，アメリカを中心に政治と軍部の関係について研究が進み，ヨーロッパ大陸型の「ミリタリズム」に対して，米英型の，軍部が選挙された指導者の指揮に服するシビリアン・コントロールの優位が説かれるようになった（ファークツ 1959）。帝政ドイツや明治期の日本の軍部の政治介入が好戦的な対外政策へとつながった，とみなされたからである。

　しかしその一方で，冷戦によって，アメリカは史上初めて巨大な常備軍を持つことになり，シビリアン・コントロールをいかに確保するかが課題となった。特に，朝鮮戦争で国連軍を指揮したダグラス・マッカーサー元帥がトルーマン政権中枢部の意向に反した発言を繰り返し，1951年に解任された事件はショックを与えた。これをきっかけに，アメリカの軍国主義化を避けるという文脈でシビリアン・コントロールについての研究が活発化することになった。

　政治学者のS.ハンチントンは『軍人と国家』において軍国主義国の経験を参照し，軍部の政治介入は軍事問題の担い手としての専門性以外の役割を与えられた時に起こると解釈して，軍部の専門性を徹底させることで政治介入を防止しようという「客観的統制論」を主張した（ハンチントン 1957／邦訳 2008）。これに対してS.ファイナーたちは，途上国の近代化の過程で時にクーデタによって政権を獲得する軍部の行動を観察し，文民が上位に立つ文民優位原則を尊重する文化がどの程度定着しているかが重要であるという「主観的統制論」を唱えた（三宅 2001）。今日では，軍部に対する政治的統制のために制度的統制と内面的教育の双方が重視されている，と言えるだろう。

　その一方で，軍部の政治介入の抑制を重視したシビリアン・コントロール論に対して，ベトナム戦争やイラク戦争の例では文民の指導者が軍上層部の消極的な判断を超えて武力行使に積極的である場合もある。こうした状況に対して，1984年，カスパー・ワインバーガー国防長官は，六つの基準を提示して軍事力の利用を方向づけようとした。

　①アメリカおよび同盟国の死活的利益が脅威に晒されていること，
　②軍事力を用いると決めた場合には全力で投入し，勝利をめざすこと，
　③軍事力の投入の際には，政治・軍事目標を明確に定義すること，
　④目標と兵力のずれについて，つねに修正を行うこと，
　⑤軍事力の投入の前に，国民および議会からの支持を確認しておくこと，
　⑥軍事力の投入は最後の手段であるべきこと。

この原則は米国内でも論争を招き，定着したわけではないが，こうした見解が登場したことは，アメリカでも軍事力を政治目標実現の手段として位置づけるクラウゼヴィッツ的な見解が力を増している徴候と言えよう（コーエン 2002／邦訳 2003；三浦 2012）。

　戦後日本では，政軍関係についての理論的分析は近年になって注目され始めた分野である（武蔵 2009）。第二次世界大戦で軍部の政治的発言権が強すぎたという判断から，戦後は自衛隊が創設，整備される過程でシビリアン・コントロールが強調され，アメリカも後押しした。しかし，日本国憲法には自衛隊の存在や運用に関する明文の規定はなく，自衛隊の存在そのものが激しい政治的・法的対立の焦点となったこともあって，その統制のしくみは明瞭に定義されなかった。法的には自衛隊法において内閣総理大臣が最高指揮監督権を有するとされ（第7条），その下で防衛大臣，幕僚長が指揮監督を行うこととなっており，自衛隊の任務や権限が詳細に規定されている（第76条以下）。また，自衛隊予算については，初期を除いて日本の国民総生産（GNP）の1％程度で推移しており，数年単位の整備計画に基づいて執行されている。

　しかし，法律および予算による外形的な統制に対して，防衛政策に関する国会および政治家の関与は一般的に薄く，予算および人事を管理する組織として防衛省の非自衛官（内局）の存在が重視され，この組織がシビリアン・コントロールの担い手として重要な役割を担ってきた。それゆえ日本の自衛隊統制は「文民統制ではなく文官統制」であるとも呼ばれてきた（廣瀬 1989）。こうしたしくみの中で日本政府は，専守防衛や非核三原則，集団的自衛権の不行使といった方針を提示してきたが，これらが個別の内閣の政策判断なのか，より持続性をもたせるべき基本原則なのか，法的解釈に基づくものなのか明確でない場合が多く，時代を経て状況が変わるにつれて混乱を招くことも少なくない。

3　安全保障の諸問題

現代の軍事的傾向

　第2節で見たように，現代においても核兵器は最大の破壊力を持つ兵器であるが，技術的発展や相互依存の深化，軍事的破壊に対する価値観の変化などによって，精密誘導

FIGURE 5-2 防衛予算上位10カ国（2011年）

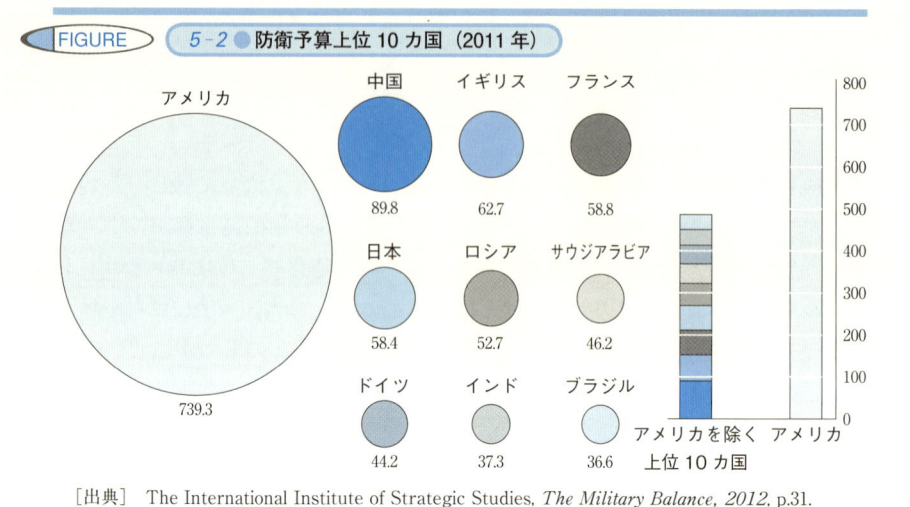

アメリカ 739.3
中国 89.8
イギリス 62.7
フランス 58.8
日本 58.4
ロシア 52.7
サウジアラビア 46.2
ドイツ 44.2
インド 37.3
ブラジル 36.6

アメリカを除く上位10カ国／アメリカ

［出典］ The International Institute of Strategic Studies, *The Military Balance, 2012*, p.31.

FIGURE 5-3 日本周辺の兵力推移の概要

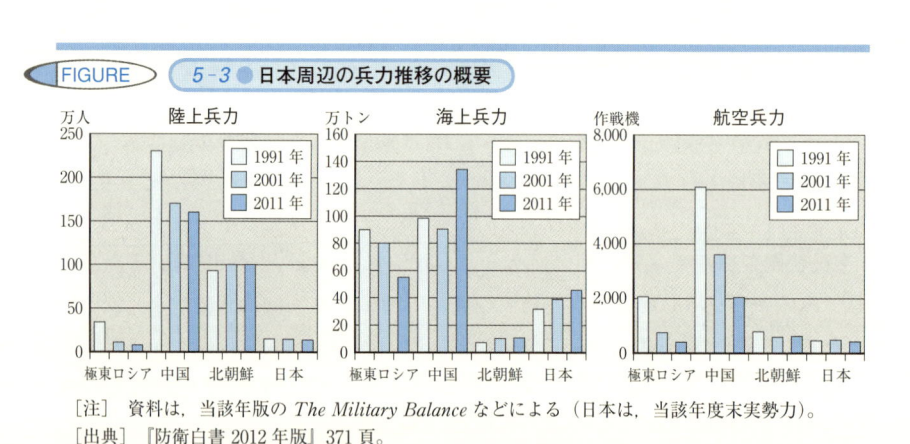

陸上兵力（万人）／海上兵力（万トン）／航空兵力（作戦機）
1991年／2001年／2011年
極東ロシア／中国／北朝鮮／日本

［注］ 資料は，当該年版の *The Military Balance* などによる（日本は，当該年度末実勢力）。
［出典］ 『防衛白書2012年版』371頁。

兵器を含めた通常兵器の重要性が増加している。こうした傾向を主導しているのはアメリカであり，冷戦期以来の軍事能力の基礎の上に，他国を圧倒する軍事予算によって世界最先端の軍事能力を持っている。アメリカは今日でも，世界のいかなる場所にも大規模な軍事力を派遣する展開能力を持っている唯一の国家であり，陸・海・空に加え，宇宙・サイバー空間に拡がる軍事能力を保持

266 第5章 安全保障

FIGURE 5-4 ● アジア太平洋地域における主な兵力の状況（概数）

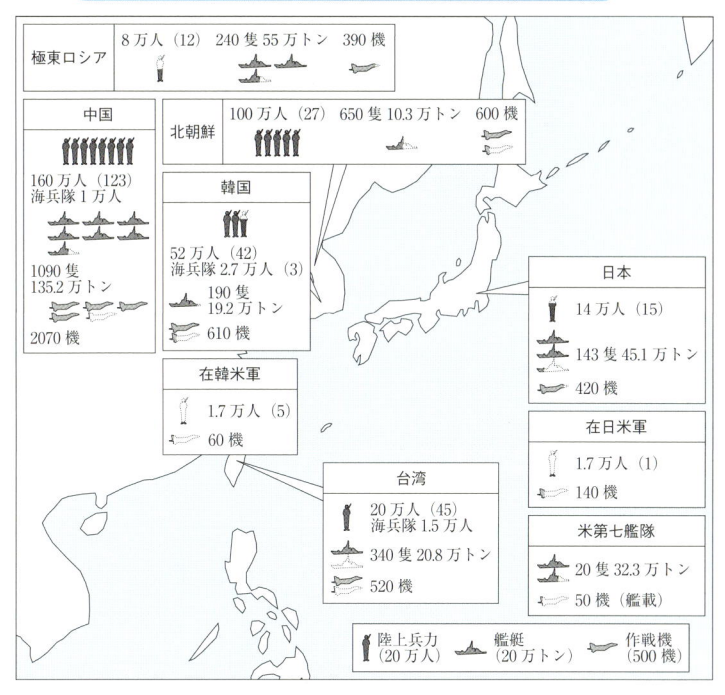

極東ロシア	8万人 (12)　240隻 55万トン　390機
中国	160万人 (123)　海兵隊1万人　1090隻 135.2万トン　2070機
北朝鮮	100万人 (27)　650隻 10.3万トン　600機
韓国	52万人 (42)　海兵隊2.7万人 (3)　190隻 19.2万トン　610機
在韓米軍	1.7万人 (5)　60機
台湾	20万人 (45)　海兵隊1.5万人　340隻 20.8万トン　520機
日本	14万人 (15)　143隻 45.1万トン　420機
在日米軍	1.7万人 (1)　140機
米第七艦隊	20隻 32.3万トン　50機（艦載）

凡例：陸上兵力 (20万人)　艦艇 (20万トン)　作戦機 (500機)

[注] 1　資料は，米国防省公表資料，IISS, *The Military Balance, 2012* などによる。
2　日本については，2011年度末における各自衛隊の実勢力を示し，作戦機数は空自の作戦機（輸送機を除く）および海自の作戦機（固定翼のみ）の合計である。
3　在日・在韓駐留米軍の陸上兵力は，陸軍および海兵隊の総数を示す。
4　作戦機については，海軍および海兵隊機を含む。
5　( ) 内は，師団，旅団などの基幹部隊の数の合計。北朝鮮については師団のみ。台湾は憲兵を含む。
6　米第七艦隊については，日本およびグアムに前方展開している兵力を示す。

[出典] 『防衛白書 2012 年版』4 頁。

しようとしている（『防衛白書2012年版』6-8頁）。

しかし，2001年のアフガニスタン戦争，2003年のイラク戦争と両国における占領政策の負担に加え，2007, 08年の金融危機，恒常的な財政・経常収支の赤字といった要因によってアメリカの軍事能力は停滞ないし縮小する傾向も出てきている。これに対して経済成長著しい新興国が軍事能力を伸ばしつつある。

3　安全保障の諸問題

FIGURE 5-5 日本近海などにおける最近の中国の活動

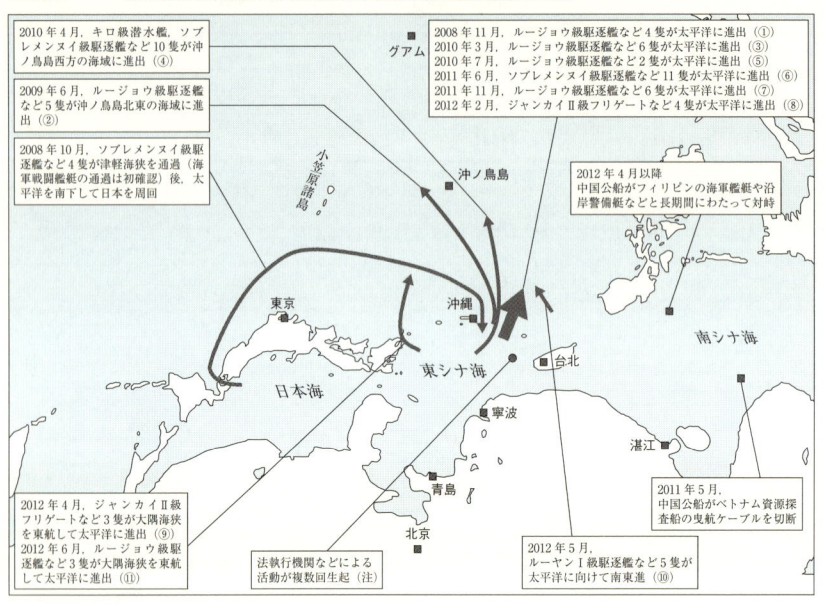

地図内の注記:

- 2010年4月、キロ級潜水艦、ソブレメンヌイ級駆逐艦など10隻が沖ノ島西方の海域に進出（④）
- 2009年6月、ルージョウ級駆逐艦など5隻が沖ノ島北東の海域に進出（②）
- 2008年10月、ソブレメンヌイ級駆逐艦など4隻が津軽海峡を通過（海軍戦闘艦艇の通過は初確認）後、太平洋を南下して日本を周回
- 2008年11月、ルージョウ級駆逐艦など4隻が太平洋に進出（①）
- 2010年3月、ルージョウ級駆逐艦など6隻が太平洋に進出（③）
- 2010年7月、ルージョウ級駆逐艦など2隻が太平洋に進出（⑤）
- 2011年6月、ソブレメンヌイ級駆逐艦など11隻が太平洋に進出（⑥）
- 2011年11月、ルージョウ級駆逐艦など6隻が太平洋に進出（⑦）
- 2012年2月、ジャンカイⅡ級フリゲートなど4隻が太平洋に進出（⑧）
- 2012年4月以降 中国公船がフィリピンの海軍艦艇や沿岸警備艇などと長期間にわたって対峙
- 2011年5月、中国公船がベトナム資源探査船の曳航ケーブルを切断
- 2012年4月、ジャンカイⅡ級フリゲートなど3隻が大隅海峡を東航して太平洋に進出（⑨） 2012年6月、ルージョウ級駆逐艦など3隻が大隅海峡を東航して太平洋に進出（⑪）
- 法執行機関などによる活動が複数回生起（注）
- 2012年5月、ルーヤンⅠ級駆逐艦など5隻が太平洋に向けて南東進（⑩）

地名: グアム、小笠原諸島、沖ノ島島、東京、日本海、沖縄、東シナ海、台北、南シナ海、寧波、湛江、青島、北京

中国海軍艦艇部隊による太平洋への進出行動については、2008年以降、毎年確認されるようになっている。図表中の番号は、これらの進出行動を時系列順に示したものであり、主な特徴点を述べれば次の通りとなる。

① 最新鋭のルージョウ級駆逐艦を初めて確認した。
② 沖ノ島島の北東約260kmの海域において、艦載ヘリコプターの飛行を確認した。
③ 艦艇部隊は太平洋に進出した後、バシー海峡を抜けて南シナ海に進出し、南沙諸島周辺海域を巡航、西沙諸島海域で軍事訓練を行ったと伝えられている。
④ 艦艇部隊の一部は、太平洋に進出する前に東シナ海中部海域において訓練を行っており、その際、艦載ヘリコプターが、警戒監視中の護衛艦「すずなみ」に近接飛行を行った。最接近した際の距離は水平約90m、高度約30mであり、艦艇の安全航行上危険な行為であることから、日本から中国政府に対して、外交ルートを通じて事実関係の確認と申し入れを行った。その後、太平洋上においても、これらの艦艇と警戒監視中の護衛艦「あさゆき」に対して、艦載ヘリコプターが接近・周回する飛行を行った。最接近した際の距離は水平約90m、高度約50mであり、艦艇の安全航行上危険な行為であることに加え、同様の事案が続けて生じたことから、外交ルートを通じて中国政府に抗議を行った。
⑤ 太平洋への進出行動としては1年で3回目であり、過去最多となった。
⑥ 艦艇部隊に情報収集艦が随伴したことを初めて確認した。艦艇部隊は、沖ノ島島の南西約450kmの海域において射撃訓練を行ったほか、無人航空機（UAV）や艦載ヘリコプターの飛行などの訓練を行った。フリゲートから無人航空機が離発着したこと、また、夜間における洋上訓練やヘリコプターの発着艦訓練が行われていたことを初めて確認した。
⑦ 艦艇部隊のうち5隻の艦艇は、沖ノ島島の南西約800kmの海域において艦載ヘリコプターの飛行などの訓練および洋上補給を行った。
⑧ 艦艇部隊は、沖ノ島島の南西900kmの海域において艦載ヘリコプターの飛行などの訓練および洋上補給を行った。
⑨ 中国海軍艦艇が大隅海峡を通航するのは、2003年11月にミン級潜水艦が西航したことを確認して以来となる。これらの艦艇は、沖ノ島島東約700kmの海域においてUAVの飛行訓練を行った。
⑩ ルーヤンⅠ級駆逐艦およびユージャオ級揚陸艦を初めて確認した。これらの艦艇部隊は、沖縄本島南西約610kmの海域において艦載ヘリコプターの飛行および陣形運動を行った。
⑪ 艦艇部隊は、沖ノ島島の北約900kmの海域において艦載ヘリコプターの飛行訓練を、沖ノ島島の南西約600kmの海域において洋上補給を行った。

[注] 2008年12月、「海監」船2隻が尖閣諸島周辺の日本領海に侵入し、漂泊・徘徊。
2010年9月、尖閣諸島周辺の日本領海内において、海上保安庁の巡視船に対し中国漁船が衝突。その後、「漁政」船が接続水域内を航行する事案が複数回にわたり発生。
2011年8月、「漁政」船2隻が尖閣諸島周辺の日本領海に侵入。
2012年3月、「海監」船1隻が尖閣諸島周辺の日本領海に侵入。

[出典] 『防衛白書2012年版』31頁をもとに、一部表現を改めた。

その代表的国家は中国である。

中国は1980年代以降，軍事力の近代化を積極的に推し進めた。特に湾岸戦争以後，「情報化条件下の局地戦」を主要な戦略環境と定義して軍事力の近代化を進めた。また，海洋能力を重視し，主権を主張する台湾やその他の海洋権益への支配を強めると同時に，他国軍に対して自国領土への接近を妨げる能力（接近阻止・領域拒否能力）を高めつつあると考えられている。航空母艦をはじめとする各種の海軍艦艇，最新世代の戦闘機，高性能のミサイルなどを増強し，接近しようとする他国軍に犠牲を覚悟させる能力を強化しつつある（『防衛白書2012年版』26-28頁）。

日本が位置している北東アジアおよび西北太平洋は米中両国が対峙する正面となっており，米中以外の諸国も軍事能力を向上させつつある。特に北朝鮮は核およびミサイル能力の向上を進めていて，2006年および2009年，2013年には核実験を行ったと考えられており，事実上の中長距離のミサイル実験も繰り返している。

冷戦終結以降の日本は，「防衛計画の大綱」を数次にわたって改定し，安全保障環境の変化に対応しようとしてきた。1995年決定の大綱では，冷戦終結以降もアジア太平洋地域の安定要因として日米安保体制が重要であることを強調しつつ，防衛装備の簡素化，予算の圧縮をめざすとした。また，1992年には国連平和協力法を成立させ，一定の条件の下でPKOに自衛隊を派遣することが可能となり，この年，カンボジア和平にともなって設立された国連カンボジア暫定機構（UNTAC）に自衛隊が派遣された。UNTACの任務は比較的順調に終了し，それ以降，PKOや天災時の海外緊急援助任務への自衛隊の派遣も定着するようになった。また，1999年には周辺事態法が制定されて朝鮮半島など日本周辺の有事で米軍が活動する際にその支援を行う法制を整備した（中西 2004）。

2004年の大綱では，北朝鮮のミサイル能力の向上をふまえたミサイル防衛能力や情報収集衛星の打ち上げ，テロに対する対処能力の向上，離島や海域の安全確保などの能力を備えた「多機能，弾力的かつ柔軟な能力」を持つことが求められた。同年の国民保護法によって武力攻撃や大規模天災時における政府および自治体，民間部門の態勢が整備され始めた（佐道 2006；樋渡 2012）。

さらに2010年の大綱では，自衛隊の能力の基本的性格づけが「基盤的防衛

力」から「動的防衛力」に変更された。これは，機動性をさらに高め，また陸海空自衛隊間の統合運用力も強化して，必要な兵力を日本の領土・領海に機動的に移動できる能力の向上を図り，特に沖縄県を中心とする南西諸島への防衛力の展開を重視するものであった。他方，複数の脅威が同時ないし続いて起こる「複合事態」への対処も求められた。2011 年 3 月 11 日の東日本大震災では 10 万人態勢の自衛隊の統合任務部隊が組織され，またアメリカの救援作戦「トモダチ作戦」派遣部隊とも連携し，大規模な救難活動を実施した。この災害は，広域的かつ巨大な地震，津波に加え，東京電力福島第一原子力発電所の過酷事故が発生する複合的な災害であり，自衛隊や日米同盟の能力が試される事態であった。各国ともに陸・海・空の三次元に加え，宇宙・サイバー空間での活動を前提として，多様な事態に即応する軍事力の整備を急いでいる。核兵器は依然として重要な兵器であるが，非核の現代的な軍事能力の重要性が高まりつつある。

グローバルな安全保障

(1) 大量破壊兵器の拡散問題

大量破壊兵器（weapons of mass destruction）の定義としては，1947 年にアメリカが通常兵器と区別するために国連で提案した「原子爆発兵器，放射性物質兵器，致死性生物化学兵器，および，将来開発される兵器であって，その破壊効果において，原子爆弾又は上記のその他の兵器に比肩しうるあらゆるもの」という表現が目安となっているが，今日では，核兵器，生物兵器，化学兵器，放射性物質利用兵器とその運搬手段としてのミサイルを指すことが一般的である。これらは殺傷性がきわめて高く，民間人に被害が及ぶ範囲が大きいといった理由で，通常兵器と区分されて各国間でその使用や所有，移転などについて国際的取極が作られてきた（黒澤編 1996／2012）。

ただし，核兵器と他の兵器はかなり性質が異なることには注意しなければならない。核兵器は開発，所有には技術的ハードルが高い一方，破壊力は他のいかなる兵器よりも圧倒的に大きい。これに対して生物，化学，放射性物質利用兵器の製造は今日，それほど困難ではないことに加え，防護策をもたない相手，特に市民に対する殺傷力が強く，かつ大きな恐怖をもたらすものの，被害そのものは通常兵器よりも大きいとは限らない。このため，核兵器と他の兵器とは区分して考えるべき点も持っている。

核兵器の拡散問題が現実的な課題として扱われ始めたのは 1960 年代である。

FIGURE 5-6 ● 核保有国

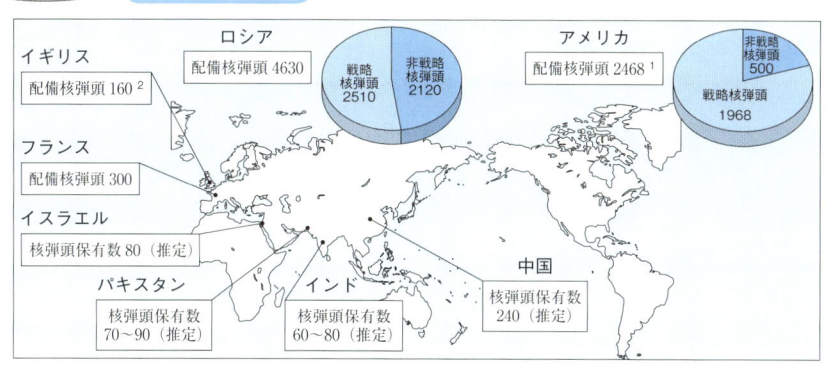

- イギリス 配備核弾頭 160 [2]
- フランス 配備核弾頭 300
- イスラエル 核弾頭保有数 80（推定）
- ロシア 配備核弾頭 4630／戦略核弾頭 2510／非戦略核弾頭 2120
- アメリカ 配備核弾頭 2468 [1]／戦略核弾頭 1968／非戦略核弾頭 500
- パキスタン 核弾頭保有数 70〜90（推定）
- インド 核弾頭保有数 60〜80（推定）
- 中国 核弾頭保有数 240（推定）

［注］ 1 「2009年9月30日時点で5113発保有（未配備核弾頭を含む）」（2010年5月3日, 米国防省発表）。
　　 2 「今後イギリスが保有するすべての核弾頭が225発を超えることはない」（2010年5月25日, ヘーグ英外相発言）。
［出典］ 外務省ホームページ。http://www.mofa.go.jp/mofaj/gaiko/bluebook/2011/html/chapter3/chapter3_01_03.html

　1964年の中国による核実験によって，安保理常任理事国5カ国は（中国が国連に加盟した時）すべて核兵器保有国となった。特に技術的水準が低いと見られていた中国の核保有は，今後の核拡散の進展を予感させるものであった。それに対して米ソは，1962年のキューバ危機で切迫した核戦争の恐怖を味わった経験と，多数の国が核兵器を保有する状況が冷戦体制の安定を揺るがすという懸念から，核不拡散に共通利益を見出すようになった。1963年，米英ソ3国は大気圏，宇宙，水中での核実験を禁じる部分的核実験停止条約（PTBT）を締結した。これら諸国はすでに地下核実験能力を獲得しており，放射性物質が拡散することに対して批判が強まっていた大気圏などでの実験を禁止したのだが，そこには新たな核保有国の登場を遅らせようという意図もあった。さらに米ソは，工業力の高い西ドイツや日本が核兵器を保有することが国際政治に与える影響を恐れて，核不拡散条約（NPT）案を共同で国連に提出した。この条約は1968年に署名され，70年に発効した。
　NPTでは，核保有国を1967年までに核保有を宣言していた米ソ英仏中に限定し，それ以外の加盟国は核兵器を保有，製造，取得しない義務を負う。明ら

3 安全保障の諸問題

かに不公平な内容ではあるが，二つの代償措置によってこの条約は国際的に支持された。第一は米ソの同盟国は，自国の核保有を思い止まる代わりに米ソによる拡大抑止（同盟国への攻撃も抑止の対象とすること），いわゆる「核の傘」を得ることができた。第二に，NPT では，核兵器を持たない分，加盟国は原子力の平和利用の支援を受けることができた。原子力の平和利用を認めつつ核兵器の製造を防止するため，国際原子力機関（IAEA）による査察制度を設けた。しかし，イスラエル，インド，パキスタンは条約に参加せず，核保有国になった（イスラエルは公式には認めていない）。

さらに，査察対象国の同意の範囲でしか実行できない通常査察では，原子力の平和利用の名目で隠された核兵器開発を防止することは困難であった。東西冷戦構造から比較的孤立したイラク，リビア，イラン，シリア，南アフリカ，北朝鮮，アルゼンチン，ブラジルといった国が，過去に核開発を試みたか，今日も追求し，北朝鮮は核実験にまでこぎつけた。

冷戦終結後，米ロ両国は数次の協定で核兵器削減を行い，1992 年にはフランス，中国が NPT に加入して，イスラエル，インド，パキスタンと条約を脱退した北朝鮮以外のほとんどすべての国が NPT に加入している。IAEA による査察を強化するために追加議定書が作成され，1996 年には核実験を全面的に禁止する包括的核実験禁止条約（CTBT）も合意された。放射性物質の管理措置や特定地域での核保有や核持ち込みを禁ずる非核地帯協定なども増加している（黒澤編 1996／2012, 第 2 章）。こうした合意の背景には，冷戦終結の影響もあって核物質や核技術が流出しやすくなり，「核の闇市場」が形成されているという分析や，テロリストが核兵器をテロに使用する可能性も否定できず，核物質や核技術の拡散の危険性を多くの国が共有するようになった背景が指摘できる。2004 年には加盟国に大量破壊兵器の非国家主体への供与などを禁じる安保理決議 1540 が採択された。さらに 2009 年，アメリカのオバマ大統領は長期的な目標として「核なき世界」をめざすと表明した。

しかし，核不拡散体制が十分に強化されたかと言えば，そうとも言えない。厳格な査察を認める IAEA 追加議定書の締結国は 120 カ国程度にとどまるし，CTBT は発効していない。インド，パキスタンが 1998 年に核実験を実行したのに続き，2006 年，09 年，13 年に北朝鮮も核実験を行った。これに対して安保理は制裁決議を繰り返し採択したが，北朝鮮は核放棄の意向を示していない。

FIGURE 5-7 ●軍縮関連条約・レジーム

		大量破壊兵器			大量破壊兵器の運搬手段（ミサイル）	通常兵器（小型武器、対人地雷など）
		核兵器	化学兵器	生物兵器		
軍縮・不拡散のための条約など		核不拡散条約（NPT）（★）1970年3月発効	化学兵器禁止条約（CWC）（★）1997年4月発効	生物兵器禁止条約（BWC）1975年3月発効	弾道ミサイルの拡散に立ち向かうためのハーグ行動規範（HCOC）2002年11月立ち上げ ※HCOCは政治的規範であって法的拘束を伴う国際約束ではない。	対人地雷禁止条約 1999年3月発効
		IAEA保障措置（★）（NPT第3条に基づく義務）				クラスター弾に関する条約 2010年8月発効
		IAEA追加議定書（★）				
		包括的核実験禁止条約（CTBT）（★）（未発効）1996年9月採択				
不拡散のための輸出管理レジーム		原子力供給国グループ（NSG）原子力専用品・技術（パート1、1978年9月制定）および原子力関連汎用品・技術（パート2、1992年4月制定）	オーストラリア・グループ（AG）生物・化学兵器関連汎用品・技術 1985年6月設立		ミサイル技術管理レジーム（MTCR）ミサイル本体および関連汎用品・技術 1987年4月設立	ワッセナー・アレンジメント（WA）通常兵器および関連汎用品・技術 1996年7月設立
新しい不拡散イニシアティブ		国連安保理決議1540 2004年4月採択				
		拡散防止構想（PSI）2003年5月発表				

［注］　図表中の（★）は検証メカニズムを伴うもの。
［出典］　黒澤編 1996／2012, 268。

　また、イランの核計画に対して欧米やIAEAは強い疑いを抱いているが、イランは平和的原子力利用の権利を主張している。インドはNPTに未加入のまま、各国と原子力協定を結び、事実上、核保有国としての地位を固めつつある。

　技術的拡散が進んだ今日、核兵器保有のハードルは相対的に低下し、その保有によって他国からの攻撃、特に政権打倒にいたるような攻撃を抑止する手段としての価値は高まっているかもしれない。国際政治の研究者の中にはK. ウォルツのように、核兵器の保有は国家の対外行動を慎重にするから、核保有国の増大は戦争回避に役立つ、という主張もある（Sagan & Waltz 1995／2003）。こうした主張は異端的存在に止まっているが、冷戦期のように「核の傘」の信頼性が明らかでない時には、核保有に自国の生存を頼ろうとする国家指導者が現れやすくなっているとも考えられ、それを止める手段は限られている。

　他方で生物兵器、化学兵器については包括的な軍縮体制が構築されてきた。1975年に生物兵器禁止条約（BWC）、1997年に化学兵器禁止条約（CWC）が発効

した。前者には検証措置が設けられなかったが，後者では検証などを担保する化学兵器禁止機関（OPCW）が設立された。核兵器に比べて生物・化学兵器について包括的な軍縮体制の構築が進められた理由としては，生物・化学兵器の軍事的価値がそれほど高くないという評価にもかかわらず，日本のカルト教団オウム真理教が生物・化学兵器を使用するなど，非国家主体による使用の危険性が意識されたことも影響したと考えられる。ただし，生物・化学兵器の開発と民生活動との区分は困難で，禁止措置の実効性には疑念もある。ミサイルについては，1987年に創設されたミサイル技術管理レジーム（MTCR）がミサイルおよび関連技術の移転を抑制する枠組みとしてあるが，参加国間の自発的合意に止まり，実効性は弱い。そこで2003年にはアメリカが拡散防止構想（PSI）を提唱し，大量破壊兵器とミサイルの移転を実力で阻止するしくみを作ったが，これも部分的にしか機能していない（黒澤編1996／2012, 第5-7章）。

　大量破壊兵器の拡散を制限するさまざまな国際的枠組みは各国の自発的協力に基づく協調的安全保障を基礎として進められ，拡散への歯止めとなってきたことはまちがいない。大量破壊兵器の軍事的意義が相対的に低下し，また非国家主体による脅威が重視されるようになったことも，こうした傾向を後押しした。しかし，大量破壊兵器が戦略的有用性を持つ限り，少数であってもこうした兵器の保有を企図する国家や集団は存在しうるし，それに対して強制的な対抗措置をとれる範囲は限られている。技術の平和的利用の権利や非国家主体の能力向上との兼ね合いで，拡散防止の網もまた完全ではない。

(2) テロリズム

　冷戦終結後の安全保障への脅威として重視されるようになった分野に，テロリズムがある。

　テロリズムの語源はフランス革命期の恐怖政治に由来し，人々を恐怖させることで政治目的の実現を図ることを指す。より詳しくは，①暴力の行使ないしはそれによる威嚇，②組織集団による行為，③政治目的の実現を図る，④暴力行為の直接の犠牲者を超えた観客（audience）に向けられていること，⑤実行者か対象の少なくともいずれか一方が政府でないこと，⑥弱者の手段であること，といった特徴があげられる（Lutz & Lutz 2004／2008）。

　19世紀以降，さまざまな文脈でテロ行為は行われてきたが，これに対する対策は国内治安の問題とされてきた。しかし，1960年代からテロが国際化す

る傾向が現れ始めた。1960年代末から70年代にかけて,パレスチナ解放機構(PLO)や日本赤軍が航空機ハイジャックを行った。また,パレスチナ武装組織が1972年のミュンヘン・オリンピックでイスラエル選手を人質にとる事件を起こした。さらに1980年代に入ると自爆テロや宗教テロが増大し,使用される手段もより破壊的となった。1983年,イスラーム教シーア派組織ヒズボラがレバノンのアメリカ大使館に自爆攻撃を仕掛けて多数の犠牲者を出した後,イスラーム世界では次第に宗教過激派による自爆テロが増大した。先に述べたように,1990年代には日本でオウム真理教が生物・化学兵器を使ったテロを行い,日本だけでなく世界的にも大きな衝撃を与えた(Hoffman 1998/2006)。

2001年9月11日のイスラーム系過激派組織アル・カーイダによるアメリカに対する航空機テロは,こうしたテロの国際化,宗教化,激烈化の流れの中で起こった。アル・カーイダ(アラビア語で「基地」)は1980年代にソ連によるアフガニスタン侵攻と戦うイスラーム系民兵の間で最初に作られたといわれるが,ソ連のアフガニスタン撤退後,帰国したイスラーム系民兵は母国で冷遇されて,次第に過激化した。特にアメリカが湾岸戦争以降,アラビア半島地域に軍事的プレゼンス(存在感)を強めたことが彼らの怒りを煽り,1993年には世界貿易センタービル爆破事件,1998年にはケニア,タンザニアのアメリカ大使館自爆攻撃事件,2000年にはイエメンに停泊中の米艦コールへの攻撃事件を起こしていた。9.11テロ事件はこうした対米テロ行為が過激化したものであったが,4機の航空機をハイジャックし,実行犯が自ら操縦して建造物に自爆攻撃を仕掛ける(うち1機は途中で乗客により墜落)という大規模なテロ作戦であり,世界貿易センタービルの倒壊,米国防省ビルへの攻撃,墜落した航空機によって犯人を除き2973人が死亡したと推計されている(ライト2007/邦訳2009)。

テロも戦争と同様,暴力行為ではあるが,一般の人々の心を恐怖によって操作しようとする点で戦争とは異なる性格を持っている。19世紀のアナキストであるヨハン・モストが著した『爆弾の哲学』は,テロが作用する構造を示している。①異常な暴力は人民の想像をつかむ,②そのとき人民を政治問題に目覚めさせることができる,③暴力には固有の権限があり,それは「浄化力」である,④体系的暴力は国家を脅かすことができ,国家に非正統的な対応をよぎなくさせる,⑤暴力は社会秩序を不安定化し,社会的崩壊に追い込む,⑥最後に人民は政府を否定し,「テロリスト」に頼るようになる(タウンゼンド

2002／邦訳 2003, 18)。たしかに，政府の基本的な役割が人々を理不尽な暴力から守ることだとするなら，テロリズムが広まることで，その実行者だけでなくそうした行為を阻止できない政府に向けて非難が高まる可能性が高い。他方，テロ実行者に対して強い力を行使し，それに一般市民が巻き込まれたりすれば，それも政府に対する怒りを増大させることになる。

　国際化，過激化するテロリズムは市民社会を脅かす暴力であり，防止されるべきである。直接的な対応としては，防止のための国際協力が最も重要である。危険性のある集団ないし個人の行動に関して国際的な情報交換を行い，テロ活動に使われる資金の流れを阻止したり，テロ行為の手段となりうる大量破壊兵器の入手を阻止したりする活動が重要となる。こうした手段は国内治安政策と対外的な安全保障政策の中間領域に存する内容であり，各国政府や国際機関，民間組織などの連携が重要となる。テロリズムにとって社会全般の暴力化は望ましい現象であるから，あからさまな強硬手段で激しく対応することは短期的な成果をあげても逆効果になりうる（タウンゼンド 2002,第7章）。

　より構造的な対応策としては，テロリズムと一般公衆との関係を絶ち，テロリストを孤立させることである。テロリズムの暴力性ゆえにその行為が一般公衆の支持を集めることは通常ありえない。テロ行為の鎮圧を着実に行う一方で，テロリストが掲げる政治目的について非暴力的な手段での実現方法を示すことが公衆のテロリストへの同情を弱める手段として有効である。

(3) 平和構築論

　国際システムを構成する国家で内戦が発生した時，各国がそれにどのようにかかわるかは主権国家体制にとって伝統的な課題の一つである。ことに冷戦が終結した後，内戦や地域紛争への関与は国際政治の重要課題とみなされるようになった。第二次世界大戦後の軍事紛争の統計を見ても，内戦（国際化された内戦を含む）が国家間の戦争に比べて圧倒的に多く，かつその数が増大していることがわかる（図5-8参照）。

　その理由はもちろん複雑だが，第二次世界大戦以降，アジア・アフリカ地域において主権国家が短期間に急増したことが根本的な理由としてあげられよう（表5-2参照）。このこと自体，ヨーロッパの植民地宗主国が当初こそ独立闘争に抵抗したものの1960年代以降次第に植民地支配を放棄し，現地エリートに権力を委譲したことや，米ソ超大国が反植民地の姿勢を掲げながら現地社会に

FIGURE 5-8 ● 軍事紛争の種類（1946-2011 年）

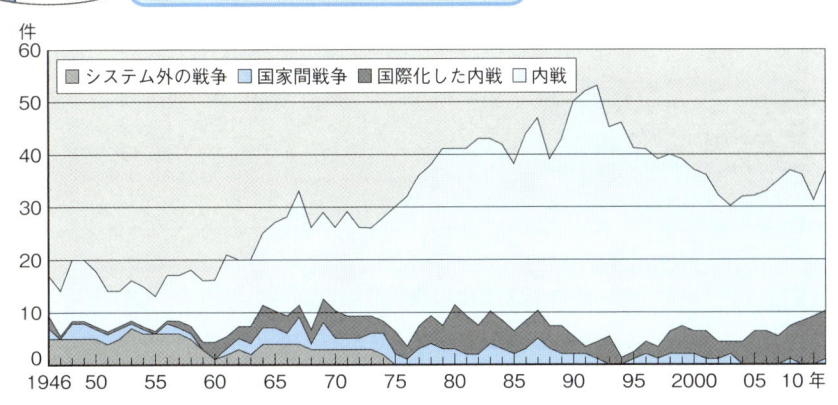

凡例：システム外の戦争／国家間戦争／国際化した内戦／内戦

［出典］　ウプサラ大学紛争データプログラム。http://www.pcr.uu.se/digitalAssets/122/122554_conflict_type_2011jpg.jpg

影響力拡大競争を行ったことが背景にあった。これらの地域では主権国家体制が長期の政治的社会的基盤をもって定着したわけではなく，形式的に主権を獲得しても実質的には主権国家としての機能が弱い，擬似国家（quasi-state）が少なくなかった（Jackson 1993）。

　こうした国家にとっての基本的な課題は，国民統合の弱さである。植民地時代に宗主国は異なる民族を対立させながら支配していたことも多く，伝統的な民族意識を超える国民意識が形成されにくかった。そのような中で独立後の権力をめぐる闘争が暴力化する契機が存在したのである。それに加えて，海外からの武器の流入や天然資源の存在が対立を激化させる要因となりえた（本章第4節参照）。

　内戦に対してどのような姿勢をとるかが主権国家体制の基本的な課題であることは，たとえば19世紀ウィーン体制下においても見て取れる。各地で起こる革命紛争に対し，クレメンス・メッテルニヒは旧体制の維持のために共同介入を望んだが，イギリスの反対もあって個別介入方式が採用された。また，米英の反対によってヨーロッパ諸国の植民地であった中南米諸国には介入しない方針がとられ，ラテンアメリカ諸国の独立が実現した。

　今日でも内戦が経済的混乱や難民の流出など国際社会に影響を及ぼし，また

| TABLE 5-2 ● 主権国家数の推移 |

	アジア	アフリカ	中南米	欧州・北米	大洋州	計
1907 ハーグ平和会議出席国	5	なし	19	20	なし	44
1919-1945 国際連盟加盟国	8	4	20	29	2	63
1945 国際連合原加盟国	9	4	20	16	2	51
2004 国際連合加盟国	43	54	33	47	14	191

［出典］ 大沼保昭『国際法——はじめて学ぶ人のために』東信堂，2005 年，17 頁。

　メディアの発達によって先進国では内戦状況下の暴力を見過ごせないという世論が生まれる場合もある。こうした場合，国際社会が内戦に関与し，暴力を予防ないし抑制する責任を負うべきだという議論がなされることが多い。これは内戦を一種の病理現象ととらえ，国際社会がその治療にあたるべきだというリベラリズムの観点からする内戦関与論と言えよう。カナダ政府によって設置された「干渉と国家主権に関する国際委員会（ICISS）」が提起した「保護する責任」（第7章第1節参照），すなわち主権を持つ政府が住民保護の役割を果たさない時，国際社会は干渉の権利を持つという考え方は，こうした内戦関与論の表れと言える。

　こうした考え方に沿って，冷戦終結後，内戦への国際社会の関与について議論が積み重ねられ，図5-9に見るように紛争の前段階から紛争後の平和再建までさまざまな国際社会の関与のあり方（ツール・ボックス）が整理されている。こうした過程全体を平和構築（peace-building）と呼んでいる。その具体的実行として最も重視されているのがPKOである（図5-10）。冷戦期には停戦監視など比較的消極的な役割しか果たさなかったPKOだが，冷戦後には予防外交から和平仲介，戦後復興と政治再建まで広範な役割を担う第二世代の平和維持活動に発展したとされ，そこには第一世代の平和維持活動に直接関与しなかった大国が参加し，また国際機関や非国家主体としてのNGOも広範に関与している（Bellamy & Williams 2004／2010）。

　国連などによる平和構築は大きな成果を上げることもあるが，地域紛争への国際的な関与の方向性を決めるのは主権国家の意思決定であるという現実も忘れてはならない。紛争に関与するか否か，どの程度関与するかは国際情勢によって左右される。そのことは1990年代前半の経験からも明らかであった。ア

FIGURE 5-9 紛争への国際社会の関与のあり方

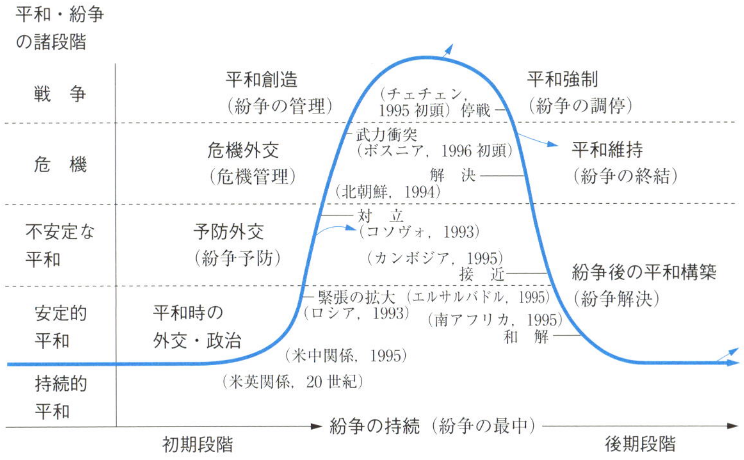

平和・紛争の諸段階		
戦 争	平和創造（紛争の管理）	平和強制（紛争の調停）
危 機	危機外交（危機管理）	平和維持（紛争の終結）
不安定な平和	予防外交（紛争予防）	紛争後の平和構築（紛争解決）
安定的平和	平和時の外交・政治	
持続的平和		

- （チェチェン，1995 初頭）停戦
- 武力衝突（ボスニア，1996 初頭）
- 解決（北朝鮮，1994）
- 対立（コソヴォ，1993）
- （カンボジア，1995）接近
- 緊張の拡大（エルサルバドル，1995）
- （ロシア，1993）
- （南アフリカ，1995）和解
- （米中関係，1995）
- （米英関係，20世紀）

初期段階 ←　紛争の持続（紛争の最中）　→ 後期段階

［出典］　稲田編 2004, 51。

　アメリカが国連を通じた紛争関与に積極的になった 1993 年には米軍を中心とした多国籍部隊が第二次国連ソマリア平和維持活動（UNOSOM Ⅱ）支援のために派遣され，やがて強制力を用いて内戦の終結を図ろうとしたが現地勢力と衝突して世論が変わり，翌年には任務を達成することなく主力部隊が撤収した。

　他方，旧ユーゴスラヴィアで生じていた内戦に対してはヨーロッパ諸国が中心となって関与し，繰り返し和平合意が作られたがすぐに破棄される状態が続き，1995 年にアメリカが軍事介入を背景に和平仲介を行うことで休戦が成立した。この間，1994 年にはルワンダでツチ族とフツ族の対立が急速に悪化し，フツ族によるツチ族などの虐殺事件が起こったが，当時，アメリカはソマリアでの経験から関与に消極的であり，ヨーロッパ各国もユーゴ紛争に忙しく，虐殺は放置されて数十万人が殺害されたと言われる。

　国際社会による介入は各国の利害やその時の状況に左右されて不安定であり，かつ，どのような関与が望ましいかも判断は難しい。2011 年のリビアでの内戦では，国連安保理決議に従って欧米諸国が軍事的関与を行った事例がある一方で，同じ時期のシリアでは激しい内戦状況が続いているにもかかわらず国連

FIGURE 5-10 ● 展開中のPKO（2012年8月31日現在）

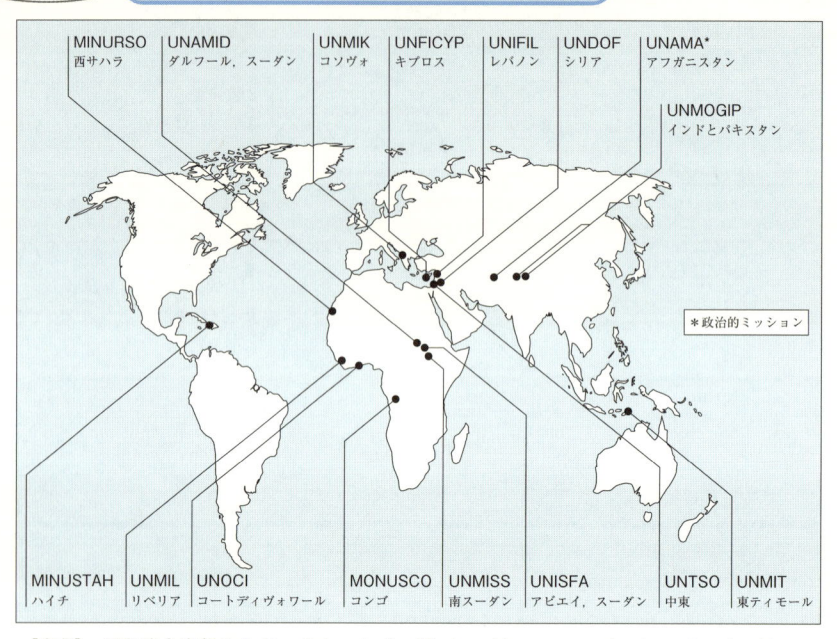

MINURSO 西サハラ	UNAMID ダルフール，スーダン	UNMIK コソヴォ	UNFICYP キプロス	UNIFIL レバノン	UNDOF シリア	UNAMA* アフガニスタン

UNMOGIP インドとパキスタン

＊政治的ミッション

MINUSTAH ハイチ	UNMIL リベリア	UNOCI コートディヴォワール	MONUSCO コンゴ	UNMISS 南スーダン	UNISFA アビエイ，スーダン	UNTSO 中東	UNMIT 東ティモール

［出典］　国際連合広報センターのホームページ。http://www.un.org/en/peacekeeping/documents/bnote010101.pdf

で関与に関する合意が得られないという状況が起こるのである。

　内戦や地域紛争についてまず必要なのは，現地情勢を深く分析し，介入のタイミングや態様の戦略を詳細に練り上げる能力であろう。また，国際的に幅広い合意を形成し，積極的に関与しないまでも紛争を緩和するような措置，たとえば武器の禁輸や資源の密売の停止などの措置を行うことであろう。その上で，関与する場合には現地に直接的な利害はもたないが，一定の力を持って治安維持や復興支援を行える組織による関与体制を構築することであろう（稲田編 2004; 藤原・大芝・山田編 2011）。

経済と安全保障

すでに述べたように，安全保障の対象は軍事的問題に限られるわけではない。そもそも軍事力とそれを支える経済的・技術的基盤は密接に関連しているというのが今日の国

際政治の認識である。たとえば，第二次世界大戦期の日本にとっての最大の課題はエネルギーその他の工業資源の確保であって，開戦までの日本の行動には，米英やソ連の影響から自由な資源を中国大陸や東南アジア地域において確保する動機があった。戦争の過程でも，海上交通能力を失うに比例して日本の生産力は急速に低下していったのである。さらに，現代社会では国民の経済的福利は国家の政治的安定とも強く結び付いており，大半の政府にとってその正統性の確保，存立を左右しうる重要な政策目標となっている。それゆえ経済安全保障ということが言われても不思議はないのである。

ただし経済安全保障という時，その内容にはさまざまなものが考えられ，また領土の保全といったように，明確な基準ないし目標を設定することは難しい。たとえば経済安全保障とは，低い失業率とか資源の対外依存度とかいった経済問題に関する政策目標の実現をめざすことを意味するのか，経済制裁や経済支援といった経済的手段によって何らかの政策目標を実現することを意味するのかによって，その内容はかなり異なってくる。また，経済目標は相対的であることが多い。たとえば失業率について，日本では5%の失業率はかなり高く，この水準なら経済安全保障が脅かされていると扱われることがありうるが，ヨーロッパでは一般に失業率は10%程度であり，5%ならむしろ望ましい水準である。どういった経済状況を安全とみなすかは，国や時代によって可変的であることが多い（高坂1978b／2000）。

以上のような前提の上で，今日，経済安全保障の範疇に含まれることが多い資源の対外依存に関する安全保障と経済制裁の問題についてふれておこう。

先に述べたように，産業化が進行した社会では，産業に必要な資源を領域内で確保することはますます困難となっている。しかし，重要な資源を海外からの輸入に依存することは，供給国との政治関係の悪化，供給国内の事情による供給の途絶や価格の変動，輸送途上での物理的な阻止など，さまざまなリスクを孕んでいる。それゆえ，重要な資源の確保は安全保障上の課題とみなされることが少なくない。

遡れば，20世紀の前半期にさかんとなった地政学の一つの関心は，重要な資源や市場を物理的に確保することであり，国境を越えた広い領域にわたって直接的ないし間接的に勢力圏を確保することが主張された。こうした議論は世界経済が悪化した世界大恐慌（1929年）以後の1930年代には各国の政策に影

響を与え，一定の経済圏を関税や通貨などで結び付けるブロック経済や，自給自足の経済圏を作ろうとするアウタルキー構想が喧伝された。

　しかし第二次世界大戦の経験から，一定の地域的な経済圏で産業社会のすべての需要を満たすことはまず不可能であり，特に技術や経済社会の変化を考えると，重要資源の種類や必要性の規模も短期で変わりうるということがわかった。たとえば大戦前には繊維は植物や生糸から生産される必要があったが，大戦中に化学的に生成される人工繊維が発達した。日本が重視したエネルギー資源も，当初は石炭が重要であり，良質な石炭が供給される中国東北部が重視されたが，やがてそこでは得られない石油が重視されるようになり，その供給地であるインドネシア（当時はオランダ領インド）など東南アジア方面に日本が進出する動機となった。

　第二次世界大戦後，特に西側ではアメリカを中心とした自由貿易体制が構築され，植民地が独立していったこともあって，資源の国際供給は政治問題と切り離された。特に中東地域で石油が大量に発見され，先進国の石油会社が供給することで西側の経済成長を支えた。しかし，1970年代に入るころから産油国では石油資源の国有化の動きが強まり，石油を政治的手段として用いたり，政治的に価格を吊り上げたりする傾向が生じた。特に1973年の第一次石油危機では，イスラエルと対立状態にあったアラブ諸国の中で産油国が親イスラエル政策の変更を要求して石油禁輸の方針を打ち出した。さらに，主要な産油国で構成する石油輸出国機構（OPEC）の場で石油価格の大幅な上昇を求める方針が合意され，石油消費国はパニックに陥った。

　この経験から，1970年代には経済安全保障が議論されるようになった。R.コヘインとJ.ナイの『パワーと相互依存』（1977年）のテーマの一つは相互依存が権力政治にもたらす影響であって，対外的な経済依存が自国の安全保障にどのような影響があるかを解明することであった。この著作でコヘインとナイが強調したのは，経済の対外的な敏感性（sensitivity）と脆弱性（vulnerability）を区別することである。敏感性とは，ある国の経済がどの程度，国外との経済関係を持っているかに表される。たとえば石油を80％輸入している国は，20％しか輸入していない国に比べて，国外からの石油供給により大きく影響を受け，敏感であることは確かである。しかし，対外経済関係に敏感であるということは，そのまま脆弱であるということを意味しない。対外環境が悪化し

た場合に政策的に対応する余地が大きければ，国内経済の受ける影響は抑制できるからである。先の例では，足りなくなった石油について他から供給を受けることができたり，他のエネルギーに転換したり，エネルギー需要を抑制したりすれば，影響を抑えることができる。敏感性を減らすことは経済的な非効率を生むことになるので，望ましいわけではない。こうした要素を加味したのが脆弱性の概念であり，コヘインとナイは，敏感性ではなく脆弱性を減らすことを経済安全保障上の課題として指摘したのである。

　事実，1970年代から80年代にかけての西側諸国の石油政策は，おおむね脆弱性を減らす方針で行われた。消費国は，国内で省エネルギーや原子力などの代替エネルギーへの転換を進めるとともに，石油供給先の多様化も図った。また，石油をできるだけ市場商品として扱い，特定国の政治的思惑が需給関係に影響しないようにした。これらの措置によって先進国は石油危機の衝撃から経済的安定を取り戻したのである（高坂1978b／2000）。

　脆弱性と安全保障の関係は今日も見ることができる。たとえば2010年，日本と中国が尖閣諸島付近の漁船衝突問題で対立した時，中国は圧力手段として日本への希土類（レアアース）輸出を停止したと見られた。現代の産業にはレアアースが重要であり，日本はその輸入を中国に頼っていたために大きな衝撃を受けた。これはその時点で日本には代替的手段がなく，脆弱性が強かったためである。しかしその後，レアアースの輸入先の多様化や代替品の開発が進み，脆弱性を低下させる対応が進んだと言える。

　もう一つの政策分野として**経済制裁**を取り上げよう。経済制裁も20世紀以降に多用される政策手段となっている。経済制裁の効果について多年にわたり研究を積み重ねているG.ハフバウアーたちによれば，軍事的制裁のようなコストの高い政策手段と，外交的抗議のような効果の薄い手段との中間にあって，使用しやすい手段であることが，経済制裁が多用される大きな要因になっているという。特に経済制裁は，その目標国に対する効果だけでなく，国内政治上，何かを行っているということを示すために有益な手段とみなされる性質が強い（Hufbauer et al. 2000／2007, 5-9）。

　ハフバウアーたちの最近の研究は，20世紀以降の経済制裁の事例174を集め，その効果を判定している。経済制裁には効果が少ないという一般的な見方に対して，この研究によれば，経済制裁の効果はその政策目標によってかなり違う

TABLE 5-3 ● 経済制裁の事例

政策目標	成功	失敗	計（成功率%）
穏健な政策変更	22	21	43 (51)
体制変革／民主化	25	55	80 (31)
軍事的冒険の阻止	4	15	19 (21)
軍事的抑制	9	20	29 (31)
その他の主要政策変更	10	23	33 (30)
計	70	134	204 (34)

［出典］　Hufbauer, et al., 2000／2007, 159.

という。表5-3で示されるように，穏健な政策変更に関しては約半数の事例の経済制裁が効果を上げていると言える（この表では，一つの経済制裁について複数の政策目標で数える場合があるため，合計は事例数〈174〉より多くなっている）。しかし冒険的な軍事行動を阻止するといった目標については，効果が上がる場合はかなり少なくなる。

ハフバウアーらは，事例分析をふまえて経済制裁の使用について七つの提言を行っている。

①経済制裁が実現できる目標について国内に過大な期待を抱かせないこと。

②政治経済関係の深い友好国の方が，関係の薄い国に対するよりも，経済制裁は効果がある傾向がある。

③専制的な体制に対して経済制裁の効果は小さい傾向がある。一般に経済制裁は，強く，安定し，敵対的で，専制的な国家に対しては効果が弱まる。

④経済制裁を段階的に強めていくよりは，最初から厳しい経済制裁を科した方が戦争を回避できる可能性が高い。ただしこれは，要求に応じた場合に何らかの誘因を約束することは排除しない。

⑤より多くの国が制裁に参加することが制裁の成功につながるわけではない。特に他国に何らかの制裁をちらつかせて制裁協力を強制することで得られる効果は少なく，単独で行うか，純粋な協力によって行うべきである。

⑥目標にあった政策手段を選ぶべきである。穏健な政策変更については，

経済制裁のみで目標が実現される場合があるが，体制変革のような場合には，経済制裁はより強力な軍事的措置の「政治的序曲」として科されることが多く，大きな効果は望めない。
⑦制裁によって大きな被害を受ける国内部門に対しては，その被害を補償すべきである。国内に痛みを伴う制裁が，相手に対する「費用のかかるシグナル」となって効果があると言う論者もいるが，実際には国内からの制裁反対の要求で制裁の効果が減殺される影響の方が大きい。

　ハフバウアーたちの研究は，政策手段としての経済制裁の効果について単純な無効論を批判して示唆に富んだものであると言える。しかし，経済制裁の効果については依然として懐疑的な研究も存在する（たとえば Morgan & Schwebach 1997）。また，経済制裁を含めた紛争が終わり，制裁が終了して平和構築や経済復興が求められる段階になった時，経済制裁の悪影響についても考えられるべきである。一般的には，経済制裁が長期かつ広範になればなるほど，現地社会の弱者の貧困化や格差の増大が進み，戦後経済復興は困難になる（Weiss et al. eds. 1997）。たとえば 1990 年代前半のハイチに対する経済制裁では，医療品などは免除されていたが，燃料の不足で物資の配布が遅れて弱者の生活環境を悪化させた（Gibbons & Garfield 1999）。

4 国際の平和と国内の平和

冷戦終結の含意　領域国家の政治的現状をめぐり，その維持を図る勢力と変更を図る勢力とが，国境によって遮られることなく衝突する。そのような衝突として，歴史の中に三つの波を見ることができる（「三つの波」という表現については，Bull 1976, 105。ほかに Owen 2010, 24-25 参照）。具体的には，宗教戦争期におけるカソリシズムとプロテスタンティズムとの競合，フランス革命後の君主制と共和制との競合，そして冷戦期の市場・民主主義と共産主義との競合の三つである（第 4 章第 1 節参照）。そのいずれにおいても現状の維持か打破かを争点として，反革命主義と革命主義という一対のイデオロギーが対峙した。これら三つの時期の時間的な広がりを考えれば，領域主権国家体制が定着した 18 世紀以降についてさえ，

《国力によって国益を追求する国家間の角逐》というまさにリアリストの国際政治像が妥当する時期は，現実には，かなり限られたものだったとさえ言えるだろう（Wight 1978, 81-94）．

冷戦期は，国境を越えて繰り広げられた連帯の追求が，国内において分断を生んだ時代であった．その結果として成立した分断国家とは，東西ドイツ（1949 年にドイツ民主共和国とドイツ連邦共和国とが東と西に対峙する形で成立，1990 年に後者による前者の吸収併合を経て再統合），二つの中国（1949 年に中華人民共和国が成立，中華民国政府は台湾に移動），南北朝鮮（1948 年に北緯 38 度線を挟んで，南と北に大韓民国と朝鮮民主主義人民共和国が対峙する形で成立），南北ベトナム（1954 年のジュネーヴ協定後，北緯 17 度線を挟んで南と北にベトナム共和国とベトナム民主共和国が対峙し，1976 年に後者による前者の吸収併合を経てベトナム社会主義共和国として再統合）などを指す．南北朝鮮を例にあげるならば，そこにおいては，朝鮮半島の唯一の正統政府という立場を主張し合う韓国と北朝鮮が対峙する国内対立と，米ソが分断国家の一方を（アメリカが韓国を，ソ連が北朝鮮を）唯一の正統政府として承認する国際対立とが複合していた．分断の現状をめぐって，二つの現状変更勢力が競合する（しかも国内的競合と国際的競合とがオーバーラップする）構図が成立していたのである．これらの分断国家の対立には，まさに国際的連帯の追求が国内的分断に帰着するという連帯の逆説が見て取れる（Bull 1976, 109）．

冷戦を特徴づけたのは，東西両陣営間の政治・経済の体制選択をめぐるイデオロギー的対立と，権力政治的対立との複合であった．というのも，まず第一に，冷戦期においては，国内体制の移植あるいは防衛という目的と安全保障の確保という目的とは，米ソ両国にとっておおむね表裏一体であったからである．それゆえに，体制の壁を越えて，すなわち市場・民主主義体制をとる国家と，共産主義体制をとる国家との間に，国家安全保障上の利益の合致を理由に同盟が形成されることはなかった（Siverson & Starr 1994）（もちろん，中ソや中越の武力衝突〈1969 年の中ソ国境紛争，1979 年の中越戦争〉をあげるまでもなく，体制の共有は必ずしも平和を保障したわけではなかった）．加えて第二に，朝鮮戦争やベトナム戦争に典型的に見られたように，脱植民地化が進展する中で，体制選択をめぐる国内対立は，両陣営間の影響力拡大の国際競争に直結したからである（脱植民地化と冷戦対立との連結という視座については，ウェスタッド 2005／邦訳 2010，

> **COLUMN** 5-7 逆説と不合理の国際政治学

　国際政治は逆説，悲劇，不合理，ディレンマに満ちている。本書においても，行動の自由が限られていた方がかえって交渉において好ましい結果が得られるというシェリングの「行動の自由の逆説」（第3章第2節），大国ですら思うがままに関係国を操れないという「権力政治の逆説」（第3章第5節），集団安全保障体制の活性化が個別国家による武力行使を招くという「平和の逆説」（第4章第1節），共通の利益の所在に関する国際的合意もその実現を保証しない集合行為の不合理（第4章第2節）などを見てきた。この章においても，国際的連帯の追求が国内的分断に帰着するという「連帯の逆説」や，地球規模の対立としての冷戦の終結が，内戦型の武力紛争を引き起こすという「冷戦終結の逆説」を指摘する。

　なお，国際政治における逆説，悲劇，不合理，ディレンマなどについては，本書の索引を参照のこと。

80）。

　念のために付け加えると，一般に，ある国家の対外行動は国内の政治体制によって一意に決まるわけではないし，国家間関係も国内体制の組み合わせによって決まる（たとえば，異質な体制の間では緊張が発生し，同質な体制の間では緊張が解消するなど）ものではない。前者については，たとえば第二次世界大戦末期のヤルタ協定（1945年2月）において米英は，ソ連の対日参戦への同意を引き出すために，参戦と引き換えに，日露戦争で喪失した帝政時代のロシアの極東権益の回復をソ連に対して約束した。言ってみれば，ロシアの帝政から共産主義体制への体制移行にともない，東アジアにおけるその国益が再定義されたわけではないのである。後者については，冷戦以前に遡れば，反共のナチス・ドイツと共産主義を体現するソ連との間で独ソ不可侵条約（1939年）が締結されたし（1941年の独ソ戦勃発までの間に，ソ連はポーランド，バルト三国，フィンランドに侵攻），1942年1月には連合国共同宣言（Declaration by United Nations）という形で，異質な体制をとる連合国諸国（米英ソ中を含む）の間に対枢軸同盟が形成された。

　冷戦の構図においては，国内対立と国際対立との連動ゆえに，2大超大国は

それぞれその同盟国との関係においてディレンマに直面した。

　一方においてアメリカは，多数の国家と友好的な関係を結びながらも，複数の友好国を抱えたために，かえって，拡大するコミットメント（言明された意図）の信頼性をいかに維持するかという問題に悩まされた。（アメリカの意図に反してアメリカを戦争に）「巻き込むコミットメント（entangling commitments）」を嫌い，国際連盟にさえ加盟しなかった戦間期のアメリカとは対照的である。この文脈において生じたのが，コミットメントの肥大化（over-commitment）にほかならない。いかに超大国のアメリカといえども，対外行動のために利用できる資源には限界がある。それにもかかわらず，冷戦期のアメリカは，その資源配分の優先順位を明確化できなかった。なぜだろうか。

　その理由は，特定の友好国に対するコミットメントを実行に移さなければ，その他の友好国に対するコミットメントの信頼性が損なわれる（友好国がアメリカに見捨てられるのではないかと恐れる）ことになりかねない，というアメリカ側の懸念にあった。ベトナム戦争に典型的に見られたように，いずれか一国における政治的現状の変更（南ベトナムにおける親米的な非共産主義政権の崩壊）は，ドミノ倒しのように友好諸国における連鎖的な政治的現状の変更につながるという認識（批判派から見れば脅迫観念）を持っていたため，アメリカはその対外政策の目的に，「アメリカのコミットメントの保全（the integrity of the American commitment）」を掲げたのである。このドミノ理論（falling-domino principle）に基づいて，小規模の軍事顧問団派遣から戦闘部隊の大量投入へと，アメリカは介入を拡大した（Jentleson 1987, 676）。その結果，友好国への波及効果を懸念しなかったなら，コミットしたとは考えられない友好国の政治的現状の防衛に，深くコミットするにいたった。

　このようなコミットメントの肥大化は，戦間期の教訓を類推適用する冷戦期の思考様式に遠因があった（メイ 1973／邦訳 2004, 73-74）。すなわち，戦間期の1935年から1939年にかけて，ヴェルサイユ条約が固定した第一次世界大戦後の敗戦国ドイツと戦勝諸国との関係の現状を，ドイツが戦争に訴えることなく（その意味では平和的手段を通じて）次々と変更していくのを抑止することに失敗したために第二次世界大戦が勃発した，という認識である（戦間期の《平和的変更》については第7章第1節参照）。1930年代の枢軸国に対する宥和こそが枢軸国の侵略を助長したという歴史の教訓（メイ 1973）に基づいて，共産主義勢力

の拡大には断固として抵抗しなければならないとしたのが冷戦期のアメリカの思考様式であった。

　他方においてソ連は，冷戦期の分断国家である同盟国・中国（中ソ友好同盟相互援助条約の同盟国）による《未完の解放事業》の完成（すなわち台湾解放）を軍事的に支援する立場に立つことになれば，いずれソ連にとっては本意ではないアメリカとの戦争に巻き込まれることになりかねないと恐れるようになった。1958 年の第二次台湾海峡危機（台湾の実効支配下にあった金門島に対する中国の砲撃と，それに対抗したアメリカによる台湾海峡への第七艦隊の派遣）などを通じて，ソ連には対米対決に巻き込まれる恐怖（下斗米 2004, 110-111）が生まれた。実際，翌年の 1959 年には，ソ連は中国への核関連技術支援を停止し，中国は独自核開発路線を選択するにいたった（Shen and Xia 2012, 31）。分断現状の維持ではなく，現状の変更（すなわち，分断の解消）を目標とする分断国家を同盟国に持ったソ連については，その同盟国に「核の傘」を広げ，その安全を保証することによって，同盟国による独自の核開発を自制させるという単純な図式が成り立つものではなかった（第 3 章第 5 節参照）。

　このように冷戦は，政治的現状をめぐる米ソ関係国の国内対立と米ソ間の国際対立が重なり合うものであった。この複合の構図は，以下の三つの意味において，冷戦終結後の紛争をあらかじめ用意することになった。

　まず第一に，第二次世界大戦後の脱植民地化の局面においては，ウティ・ポシデティス原則（第 4 章第 3 節参照）が適用されたために，1947 年の国連総会決議 181（II）のパレスチナ分割などの例外を除けば，領域の国際的再編は限られたものであった。すなわち，冷戦期の国際社会が自決を認めたのは，植民地独立付与宣言に典型的に見られたように，未だに自らを統治するにいたっていなかった植民地の住民にすぎず，その限りにおいて領土保全原則を傷つけることなくおおむね領域統治の現状を維持しながら植民地の解体が進められたのである。

　第二に，上に記した脱植民地化に冷戦対立が重なることによって，朝鮮戦争やベトナム戦争などの武力紛争が発生したものの，米ソの直接対決は回避された。この時期には，米ソが途上国に対する影響力を競い合ったために，米ソの援助が，擬似国家（第 4 章第 3 節参照）の政治的現状を支える状況が生まれた。

　しかしながら第三に，国連安保理の常任理事国として，国際の平和と安全に

対する脅威の認定権限を握った米ソは，冷戦対立を背景に脅威認識を異にしていた。したがって共通の脅威認識を前提とした集団安全保障体制は機能不全に陥ったのである（第4章第1節参照）。

　冷戦の終結は，次項において内戦原因論として考察するように，この構図に重大な変化をもたらした。まず第一に，冷戦終結は，統治領域の再編（とりわけ社会主義連邦の解体）を通じて，個人や集団の法的地位をめぐる対立のみならず，領域の法的地位をめぐる対立を引き起した（第4章第3節参照）。第二に，冷戦終結の結果，米ソ（ロ）にとって，その友好国の政治的現状（究極的には，中央政府の統治能力）を支える国際的誘因が減少した。これにともない，中央政府が実効的な領域統治能力を持たない破綻（はたん）国家の発生と，政権争奪型の内戦の勃発が連動した。そして第三に，冷戦終結は，安保理の常任理事国の間に，国際の平和と安全に対する脅威認識の収斂（しゅうれん）をもたらし，集団安全保障体制を活性化した。しかし，皮肉にも，安保理による明示的かつ事前の武力行使容認決議なしに，大国が「安保理決議の単独執行」に踏み切った。平和の逆説とも呼ぶべき事態が生じたのであった（第4章第1節および第7章第1節参照）。

権利をめぐる内戦と利権をめぐる内戦

内戦原因論において，内戦は，しばしば領域の地位を争点とする内戦と，政府（政治体制あるいは政権の構成）を争点とする内戦の二類型に分類される（たとえば，スウェーデンのウプサラ大学の組織的暴力と和平に関するデータ・ベース所収の UCDP/PRIO Armed Conflict Dataset, available at http://www.pcr.uu.se/research/ucdp/datasets/）。ここではもっぱら冷戦終結後の紛争を念頭におき，後者の類型については，冷戦期に見られた体制選択の問題は考慮せず，政権掌握にともなう利権争奪の問題としてとらえることにしたい。そこで以下において，統治領域の再編の帰結として領土や個人の法的地位をめぐる対立が発生するという構図と，国家破綻の帰結として，政権掌握にともなう利権をめぐる争いが発生する構図を説明する。二つの構図を分かつのは，内戦の動機の所在である。基本的に，紛争当事者が武器をとる動機について，それを前者は公憤に見るのに対して後者は私益に見ると整理できるだろう（Berdal & Malone eds. 2000; これに対して，二分論に対する批判としては，Kalyvas 2001, 102）。

　まず第一に，冷戦終結期には，社会主義連邦（ソ連邦やユーゴ連邦）の解体という形で領域の現状に重大な変化が生じた（Bunce 1999）。領域国家が，個人や

> **COLUMN** 5-8 政体の人的・領域的範囲という古典的問題

政体において権利を保障される正統な構成員の範囲について、関係者の間に争いを生まないように国境を引けるものだろうか。この問題は、多民族混住の地にはたして安定した自由な政体を築けるだろうか、という19世紀の問いに、その古典的な表現を見ることができる。

J. S. ミルは、「自由な諸制度にとって必要な条件は、統治の境界が、……民族間のそれと一致することである（the boundaries of government should coincide …… with those of nationalities）（ミル 1861／邦訳 1997, 380）と述べた。これを、境界ではなく、領域に焦点を合わせて言い換えれば、第4章第3節でふれたゲルナーのナショナリズムの定義、すなわち、「一つの政治的な単位と一つの民族的な単位とが一致しなければならない（the political and the national unit should be congruent）と主張する一つの政治的原理」となろう（ゲルナー 1983／邦訳 2000, 1）。

この問題については、自決概念の登場後は、I. ジェニングス（Jennings 1956, 55-56）が、（自決の主体となる）人民の人的範囲画定の困難を意識して「統治の単位の問題」は難問であると述べた。そして脱植民地化の時代にはD. ラストウ（Rustow 1970, 350-351）は、民主化の背景条件として民族的同質性（national unity）をあげ、さらに冷戦後には、J. リンスとA. ステパンが、《政治共同体にとっての国家の領域的範囲》あるいは《国家が市民権を保障する人的範囲》についての同意の不在を「国家性問題（stateness problem）」として論じるにいたった（リンス＝ステパン 1996／邦訳 2005, 第2章）。問題の定式化は微妙に異なるが、その核にある問題の認識は論者の間で共有されていることを確認しておきたい。

集団の権利を保障するという前提の下では、統治領域の再編は、個人や集団の法的地位を争点とする対立、あるいは領域の法的地位を争点とする対立（特定領域の分離独立の可否や帰属変更の可否などをめぐる対立）を生む（政体の領域的範囲と住民の居住空間との不一致については、Brubaker 1996, 33, 167; Weitz 2008）。ことに、新生国家の少数派を局所的な多数派とする領域を新生国家が抱える場合には、対立は武力紛争にまでエスカレートすることがあった。

たとえば、表5-4に整理したように、ソ連邦の解体は、コーカサス地方を例にとるならば、南オセチアのオセット人多数派（オセット人は隣国ロシアの北オ

TABLE 5-4 ● ソ連邦解体とコーカサスにおける領域の法的地位をめぐる紛争

紛争発生地域	当該地域を領土とする国家	左記領域国家の多数派	当該地域の多数派	左記多数派の同胞帰属地域	法的地位の変更要求	武力紛争の発生時期
チェチェン	ロシア	ロシア人	チェチェン人		分離独立	①1994-96 年 ②1999-2002 年
南オセチア	グルジア	グルジア人	オセット人	ロシアの北オセチア	帰属変更	①1991-92 年 ②2008 年
アブハジア	グルジア	グルジア人	アブハズ人		分離独立	①1992-94 年 ②2008 年
ナゴルノ・カラバフ	アゼルバイジャン	アゼリ人	アルメニア人	アルメニア	帰属変更／分離独立	1989-94 年

セチアの多数派）にとって，新生国家グルジアの中で少数派となることを意味した。同様に，アブハジアのアブハズ人（エスニック・グループへの閣僚の配分においては多数派）はグルジアの中で少数派となり，ナゴルノ・カラバフのアルメニア人多数派（アルメニア人は隣国アルメニアの多数派）は新生国家アゼルバイジャンの中で少数派となったのである（King 2001, 530-531）。

　そのような状況の中で，特定領域における局所的な多数派は，彼らの政治的権利が将来において十分に保障されるのかどうかについて不安を拭えず，帰属の変更（たとえば，南オセチアの場合ならば，グルジアからロシアへの帰属の変更）や分離独立を要求する。そして，領域国家政府がこの分離主義的要求に応じなければ，対立は，当該領域の法的地位（帰属変更や分離独立）を争点とする武力紛争へとエスカレートすることになった。

　このようなコーカサスの紛争は，いわゆる未承認（非承認）国家（unrecognized states）を生み出した（King 2001; Caspersen 2012）。すなわち，国家承認を行う国家の数は限られ，その意味では国際社会における正統な構成員資格は認められていないものの，領域国家の中央政府による実効支配の及ばない領域がそれにあたる。南オセチア，アブハジア，ナゴルノ・カラバフなどが，未承認（非承認）国家の実例とされた。なお，南オセチアとアブハジアについては，ロシアが 2008 年にその独立を承認している。

　そして第二に，冷戦の終結後，領域統治の国際分業体制の一翼を担うことの

| FIGURE | 5-11 ● ソ連邦の解体とコーカサス地方における武力紛争 |

アブハジア紛争
1992–94
当該地域の多数派であるアブハズ人がグルジアからの分離独立を要求

チェチェン紛争
①1994–96 / ②1999–2002
当該地域の多数派であるチェチェン人がロシアからの分離独立を要求

南オセチア紛争
①1991–92 / ②2008
当該地域の多数派であるオセット人がロシアへの帰属変更を要求

ナゴルノ・カラバフ紛争
1989–94
当該地域の多数派であるアルメニア人がアルメニアへの帰属変更あるいはアゼルバイジャンからの分離独立を要求

（地図中の地名：ロシア、黒海、カスピ海、アブハジア自治共和国、チェチェン共和国、グルジア、南オセチア、トルコ、アルメニア、ナゴルノ・カラバフ、アゼルバイジャン、イラン）

できない破綻国家あるいは失敗国家 (collapsed states or failed states) の存在が，政権掌握にともなう利権をめぐる内戦の原因とも結果ともなった（破綻国家については，Helman & Ratner 1992; 遠藤 2009, 162-164）。破綻国家とは，その領域において武力を正統に行使する権限を独占しないなど，当該領域を統治する能力を持たない国家がそれに該当する（第4章第2節参照）。2005年以降，腐敗・犯罪，国内避難民の存在，集団間格差，制度上の迫害・差別，経済状況や環境の悪化などを含む12の指標に着目して，国家破綻の程度を数値化した破綻国家指数 (failed state index) が，ワシントンD.C.を拠点とするNPO平和基金 (The Fund for Peace) によって毎年公表されている（*Foreign Policy*誌のJuly/August号に掲載）（表5-5）。このリストからも，国家破綻と内戦との連動は明らかであろう。

破綻国家における内戦の典型例として，1999年にいわゆるロメ和平合意が締結された西アフリカのシエラレオネ内戦の例をあげよう (Reno 2001, 219-225)。シエラレオネにおける紛争の構図は，F. サンコー率いる反政府勢力RUF（革命統一戦線）が，隣国リベリアの政権を掌握していたC. テイラー率いるNPFL

4 国際の平和と国内の平和　293

TABLE 5-5 ● 破綻国家指数

破綻国家指数	2012 年	2005 年
1 位	ソマリア	コートディヴォワール
2 位	コンゴ民主共和国	コンゴ民主共和国
3 位	スーダン	スーダン
4 位	チャド	イラク
5 位	ジンバブエ	ソマリア
6 位	アフガニスタン	シエラレオネ
7 位	ハイチ	チャド
8 位	イエメン	イエメン
9 位	イラク	リベリア
10 位	中央アフリカ	ハイチ

［注］ 指数について順位が高いほど，国家破綻の程度は深刻である。

（リベリア国民愛国戦線）の支援を背景に，政権と対峙したというものである。冷戦期における体制選択をめぐる内戦は，武装勢力が民衆の支持を基盤として，解放区において特定の統治理念を実践することをめざすものであったのに対して，破綻国家における内戦は，それとはおよそ色合いを異にした。すなわち，国内において支持基盤を持たない武装勢力が，天然資源（特にダイヤモンド）を財源として，国外（シエラレオネの場合はリベリア）から流入する武器に依拠して政権の奪取をめざしたのである。

　RUF については，1998 年時点においてすでに国連安保理は，その残虐行為を国際人道法の重大な違反として非難していた（国連文書 S／PRST／1998／13, 20 May 1998）。にもかかわらず，国際社会は和平交渉を積極的に仲介し，その残虐行為に責任のある個人を含む関係諸主体に先に言及したロメ和平合意（国連文書 S／1999／777）を締結させたのである。この合意は，刑事責任の恩赦のみならず，新政権における地位（副大統領職），ならびに利権（ダイヤモンドの採掘を所掌する委員会の長官の地位）と引き換えに，武装勢力を率いるサンコーから和平への合意を引き出すものであった。

　これらの破綻国家からは，難民が周辺国に流出する。国連難民高等弁務官事

務所 (UNHCR) の年次報告書 (UNHCR Global Trends, available at http://www.unhcr.org) にも明らかなように，たとえば 2011 年の場合，難民流出の規模は，大きい順にアフガニスタン，イラク，ソマリア，スーダン，コンゴ民主共和国となり，いずれもその破綻国家指数は高い。このように，ある一国における国家破綻は，周辺諸国の破綻に連鎖しかねない国際問題と認識されている。

包摂型の和平と国際社会の関与

内戦の終結形態には，政体の領域的現状の変更（分離独立国家，分断国家あるいは未承認国家の成立），領域的現状の維持を前提とした交渉による解決，そして特定勢力による一方的な軍事的勝利（競合勢力の軍事的排除）の三つがある（この分類の原型は，Licklider 1995 による 3 類型である）（本章第 3 節の平和構築論を参照）。冷戦の終結を機に，国家の体制選択をめぐる二つのイデオロギーの全面対立に終止符が打たれると，これらの三つの終結形態のうち，紛争の交渉による解決の比重が増した（篠田 2003, 64）。しかも第二次世界大戦後，国際社会は強制的人口移動を否定するなど，共通の政体における共存を拒否する集団の完全な棲み分け（Kaufmann 1998, 155）を実現することには消極的になっていった。

この意味で，領域的現状の維持が前提とされるようになった結果，冷戦期には想像しえなかった政府勢力 (incumbents) と反政府勢力 (insurgents) との共存も視野に入れた<u>権力分掌</u> (power-sharing) 型の和平がめざされることになった。権力分掌型の和平とは，関係諸勢力間の交渉を通じて，紛争後の政体における権限の配分についてあらかじめ取り決め，政治的意思決定から排除されるのではないかという諸勢力の不安を払拭する（すなわち，第 3 章第 5 節で説明した安心供与を行う）ことによって内戦を終結することを指す（Lewis 1965, 66; レイプハルト 1977／邦訳 1979, 第 2 章; 佐伯 2009, 39）。言ってみれば，武力紛争のいずれの主要関係勢力も価値配分の枠組みから排除せずに，逆に包摂することを約束し，それによって停戦に同意させ，政体への忠誠を確保する包摂型の和平 (inclusive peace) が試みられたのである（交渉における約束の信頼性の問題については，Fearon 1998; Powell 2002, Walter 2009）。

ブルンジ担当の国連事務総長特別代表（在任期間は 1993-95 年）であったアハメドゥ・ウルド・アブダラの言葉が，権力分掌の本質を的確に物語っている。すなわち，「ある勢力の代表が政府の中にいることは，その勢力に，彼らの死

活的な利益が〔政府の決定によって〕損なわれることはないという安心を与えることになる (acts as some reassurance)」(傍点は引用者) のである (Rothchild 2008, 139)。

　この権力分掌型の和平を積極的に推進したのが，ほかならぬ国際社会であった。たとえば，米国を筆頭に国際社会の関与の下に成立したデイトン和平合意 (1995 年) がその典型であろう (Caspersen 2004)。同合意は，ボスニア・ヘルツェゴヴィナにおけるボシュニアック系，クロアチア系，セルビア系住民それぞれに，彼らの死活的利益を脅かす立法・行政府の決定を阻止する拒否権を保障した。言い換えれば，主要エスニック集団の少なくとも消極的な同意がなければ公的決定をなしえない体制を築いたのである。デイトン合意は，このような相互拒否権を軸に国内的には対称的な相互抑制関係を準備したが，その一方で，和平合意の履行を監視する上級代表 (その権限は 1997 年以降，一段と拡大) を設置し，国際的には非対称的な履行体制を準備したことにも留意しておきたい (前者については，ボスニア・ヘルツェゴヴィナ和平一般枠組み合意の第四付属文書，特にその 4 条 3 項 e および 5 条 2 項 d の手続き規程参照，後者については同合意の第十付属文書参照)。

　加えて，コンゴ民主共和国の内戦に関連して，南アフリカ共和国と国連の関与の下で 2002 年に締結されたプレトリア合意 (Global and Inclusive Agreement on Transition in the Democratic Republic of Congo) を例にあげよう。この合意には，開かれた国民対話 (「コンゴ人の間の対話」) に参加した政府，反政府武装勢力，非武装野党勢力，そして市民社会の代表たちが署名した。そして移行政権における権限は，包摂と公正な〔権力〕分掌の原則 (principle of inclusiveness and equitable sharing) に基づき，対話に参加した諸勢力の間で配分されたのである (武内 2008)。

　このような和平交渉論の前提となったのは，そもそも武力紛争は，権限配分をめぐる関係者間の対立の所産であると理解する武力紛争観であろう。それゆえに，紛争後の政体において武装勢力が武器を置いて共存するには，各主要勢力に一定の権限を保障することによって，制度化された安心供与を行うことこそが必要であるとされたのである (Hartzell & Hoddie 2007, 16, 37)。

　しかし，武器を置けば一定の権限が保障されるのであれば，武器を手にとれば権限を確保できることになるだろう。したがって，このような和平構想は，

和平を促進するどころか，逆に紛争を誘発しかねない。すなわち，国内和平を実現するための国際的努力が，紛争解決の原因ではなく紛争発生の原因となりうるのである（Tull & Mehler 2005, 394）。権力分掌の逆説とも言えるだろう。

また，国際社会による内戦への関与は和平交渉の位相にとどまるものではない。たとえば，コソヴォ紛争を契機とした NATO によるユーゴスラヴィアに対する空爆（1999 年）の後，1999 年 6 月 10 日，安保理決議 1244（国連文書 S/RES/1244）は，コソヴォの最終的な法的地位が確定するまでの間，国連コソヴォ暫定統治ミッション（UNMIK）を設置してそれが行政機能を担うとするとともに，UNHCR が人道問題を，OSCE が機構構築を，そして EU が復興支援を担うという形で文民部門の分業体制を整えた。

しかし，この局面において二つの問題が生じた。一つは，国連による領域管理の問題である。国連は，2002 年の段階で，コソヴォの最終的な国際的地位の確定の前に，一定の国内統治水準（具体的には，法の支配，民主主義，市場経済など）の達成が必要であることを明確にしていた（山田 2010, 135）。自決主体の意図あるいは被治者の同意とは無関係に，国内統治の国際基準が設定されたのである。

もう一つは，武力行使後の平和構築の過程で生じる費用の国際的負担分担の問題である。平和構築の費用を国連，EU などが分担することは，武力行使国の事後費用（たとえば戦後の占領に要する費用）を削減する結果，武力行使を自制する誘因を取り除く。すなわち，国際的な武力行使後の平和構築への貢献は，逆に武力行使を誘発する効果を持ちうるのである。ここには平和構築の逆説が見て取れるだろう（Lake 2010, 44）。

非国家主体と越境武力紛争

イスラエルの建国（1947 年）は，帰還できる離散ユダヤ人と帰還できないパレスチナ難民を生み出した。現状維持勢力と現状変更勢力とが対峙する典型的な状況である。このような状況の下でいかに平和を達成できるだろうか。

パレスチナ和平の基本図式は，国連安保理決議 242（1967 年）に見られたように，イスラエルによる占領地からの撤退の見返りに，周辺アラブ諸国によるイスラエルの承認を確保するという取引であった。いわゆる領土と和平の交換である。この取引の構図をさらに応用して，イスラエルによる占領地（ヨルダン川西岸とガザ）からの撤退の見返りに，PLO によるイスラエルの承認を確保

しようとしたのが，1993年のイスラエル・PLO間のオスロ合意にほかならない。

しかしながら，占領者による撤退の実行と被占領者による武装抵抗の自制の取引は，確実に所期の効果を実現できるものではない。というのも，《撤退の遅延はテロを生み，テロは撤退の遅延を正当化する》という悪循環から容易に抜け出せないからである（臼杵2009，特に第6章参照）。

アメリカのG. W. ブッシュ政権による対テロ戦争は，国際社会における適切な行動基準をめぐる論争を引き起した（石田2011a）。2011年5月2日，米海軍特殊部隊はパキスタンにおいて急襲作戦を決行し，ビンラーディンを殺害した。急襲作戦における作戦の標的のコードネームがジェロニモ（アメリカ政府に最後まで降伏しなかった先住民の武装抵抗勢力のリーダー）だったことは，少なからぬ波紋をよんだ。殺害されることのなかった現実のジェロニモとは対照的に，ビンラーディンは「標的特定殺害（targeted killing）」の対象となったのである。死をも恐れぬテロリストに対しては防衛も抑止も不可能であるから，それに対する有効な手段は先制的・予防的な武力行使，つまり標的特定殺害のほかにない，という論理である。

アル・カーイダによるマドリッド（2004年），ロンドン（2005年）におけるテロ事件に際しても，スペイン政府やイギリス政府は武力を行使しなかったが，アメリカ政府はテロ事件後に武力行使に踏み切った。アル・カーイダのテロに対するアメリカによる武力行使の事例には，ケニアおよびタンザニアのアメリカ大使館テロ後のスーダンおよびアフガニスタン攻撃（1998年），9.11テロ事件後のアフガニスタン戦争（2001年），そしてビンラーディン殺害（2011年）の3事例がある。アメリカ政府は，武力行使の法的根拠を自衛権に求めた。たとえば9.11テロ事件後のアフガニスタン戦争の際にアメリカは，アル・カーイダによる「武力攻撃」とそれ以降の脅威は，その領土をテロ活動の拠点として使用することを認めるタリバン政権の決定なしには生じえなかったとした。この意味で，「テロ組織を匿う」国家に当該組織による国際テロ行為を帰責させ，武力行使を法的に正当化したのである。これは，イスラエルがレバノン侵攻（1982年）を正当化した論理でもあった（Feinstein 1985, 369）。

歴史を遡れば，アメリカ政府は1818年には，スペイン領フロリダを拠点とした先住民によるアメリカ領内への攻撃を，防止措置を講じないスペイン当局

に帰責させ，フロリダへの派兵を正当化するなどしてきた（Erickson 1989, 85）。ここに，グローバルな対テロ戦争が，およそ2世紀を経た今日においても依然として先住民に対する対ゲリラ戦争（counter-insurgency）に準えて語られる理由があるのかもしれない。

その一方で，1998年の東アフリカにおける大使館テロ後には，アメリカの司法当局はビンラーディンを起訴している。その後，アフガニスタンのタリバン政権に対して，起訴された被疑者の引き渡しに応じるように求める安保理決議1214（国連文書 S/RES/1214）が採択されると，その決議の履行をタリバン政権に対して繰り返し求めた。

アル・カーイダについては，当初，被疑者として法的手段に訴えたアメリカは，9.11テロ事件後には，武力紛争の相手として軍事的手段に訴えることを選択したのである。

BOOK GUIDE ● 文献案内

防衛大学校安全保障学研究会編／武田康裕・神谷万丈責任編集，1998『安全保障学入門〔新訂第4版〕』亜紀書房，2009。
- ●安全保障に関する問題を幅広くカバーした教科書。改訂によって新しい問題や文献についても適宜アップデートされている。文献案内も含めて入門書として有用。

石津朋之・永末聡・塚本勝也編，2010『戦略原論――軍事と平和のグランド・ストラテジー』日本経済新聞出版社。
- ●日本の研究者による初めての包括的な戦略論に関する教科書。海外の最新の研究もふまえて高度な内容を扱っている。

土山實男，2004『安全保障の国際政治学――焦りと傲り』有斐閣。
- ●安全保障に関する国際政治理論の観点からの研究。安全保障のディレンマ，同盟や危機管理，核戦略，プロスペクト理論などのテーマに関する論文を収録。

マイケル・ウォルツァー，1977／萩原能久監訳『正しい戦争と不正な戦争』風行社，2008。（邦訳の底本は2006年刊行の第4版）
- ●冷戦中から正戦論について考察を続けてきた政治思想家の正戦論に関する主著。著者の最近の論考を集めた『戦争を論ずる――正戦のモラル・リアリティ』（駒村圭吾ほか訳，風行社，2008）も併せて読むとよい。

黒澤満編，1996『軍縮問題入門〔第4版〕』東信堂，2012。
- ●軍縮および軍備管理に関する国際取極は今日では複雑多岐にわたっている。それらについて包括的な概観を簡潔に紹介したハンドブック。

武内進一編，2008『戦争と平和の間――紛争勃発後のアフリカと国際社会』アジア経済研究所。
- ●はたして国際社会は，その構成員である主権国家内部の平和を，交渉を通じて実現できるのだろうか。国際社会が直面する難問とは何か。この問題を冷戦後のアフリカの文脈において考える学際的な視座を提供してくれる論文集。

山田哲也，2010『国連が創る秩序——領域管理と国際組織法』東京大学出版会。
- 国連が管理する領域においては，どのような国内統治基準の達成を求められることになるのだろうか。特定国の国内問題に，諸国家は国連を通じてどのように関与するのだろうか。国連を，国内秩序と国際秩序の媒介項としてとらえる筆者の国連観が鮮やかな印象を残す論考。

Chapter 5 ● 確認しておこう　　POINT

❶ 安全保障という考え方が定着するようになった背景はどのようなものだろうか，また現在の日本では何をどのようにして守ることが重要だろうか。

❷ 核兵器の登場が軍事戦略に及ぼした影響にはどのようなものがあるか，また核不拡散体制にはどのような課題があるだろうか。

❸ 21世紀になって重要となった新しい安全保障の課題には，どのようなものがあるだろうか。また，それらに対応するために，国家，国際機関，市民社会はどのような役割を担うべきだろうか。

❹ 内戦発生の国際的起源は何だろうか。国際社会の平和構築への取り組みは，紛争後の国内秩序の安定にどのような効果をもたらしているのだろうか。

第 6 章 国際政治経済

超高層ビルの建設が進むインド（2012年3月1日，ムンバイ。©AFP＝時事）

CHAPTER 6

国際経済と国際政治が密接に関係していることには広範な合意があるが，両者の関係は複雑で多様である。本章ではまず第1節で国際政治経済史を，経済思想要素を加味しながら概観し，主要な国際政治経済観を提示する。その上で第二次世界大戦後の国際貿易・通貨制度を論じ，それが自由主義的原則に立脚しつつも，国際・国内の政治的条件との妥協の産物であったことを明らかにするのが第2節である。続いて第3節では，このような制度の下でも，国際経済問題がしばしば政治問題化する理由を分析する。最後に，現在世界に存在する巨大な経済的格差とグローバリゼーションの関係について検討するとともに，中国に代表される新興国の経済的躍進の意味に言及して章を結ぶ。

- KEYWORD
- FIGURE
- TABLE
- COLUMN
- BOOK GUIDE
- POINT

SUMMARY

KEYWORD

政治　経済　ポリティカル・エコノミー　市場経済　税　贈与　大航海時代　国際貿易　主権国家　絶対王政　重商主義　国家理性論　リアリズム　デイヴィッド・ヒューム　アダム・スミス　自由主義　産業革命　マルサスの罠　パクス・ブリタニカ　勢力均衡　夜警国家　資本主義　カール・マルクス　マルクス主義　帝国主義戦争　社会主義　第一次世界大戦　均衡財政　世界大恐慌　デフレーション　失業　超国家主義　ファシズム　第二次世界大戦　GATT　ブレトンウッズ体制　ケインズ主義　ニューディール　自由放任主義（レッセ・フェール）　埋め込まれた自由主義　冷戦　トルーマン・ドクトリン　マーシャル・プラン　技術革新　大躍進計画　文化大革命　パクス・アメリカーナ　ベトナム戦争　ニクソン・ショック　石油危機　OPEC（石油輸出国機構）　資源ナショナリズム　新国際経済秩序宣言（NIEO）　南北問題　新帝国主義論　従属理論　『成長の限界』　マネタリズム　ネオリベラリズム　インフレーション　ミハイル・ゴルバチョフ　ペレストロイカ　グローバリゼーション　NIEs（新興工業経済地域）　ASEAN（東南アジア諸国連合）　「歴史の終わり」　改革開放政策　温暖化　リーマン・ショック　国際経済秩序　IMF（国際通貨基金）　最恵国待遇　多国間関税交渉　ケネディ・ラウンド　東京ラウンド　ウルグアイ・ラウンド　EU（欧州連合）　WTO（世界貿易機関）　覇権安定論　レジーム論　覇権国　自由貿易協定（FTA）　北米自由貿易協定（NAFTA）　スパゲティーボール効果　カスケード現象　金本位制　J.M.ケインズ　BIS（国際決済銀行）　G10（先進10カ国蔵相会議）　ドル・ショック　変動相場制　ネットワーク外部性　デイヴィッド・リカード　比較優位論　スムート・ホーレー関税　スーパー301条　セーフガード（緊急輸入制限措置）　日米構造協議（SII）　市場の失敗　モラルハザード　ワシントン・コンセンサス　アジア通貨危機　ユーロ　開発援助　ODA（政府開発援助）　BRICs　G7サミット　G20

1 歴史と思想

主権国家の成長と重商主義

　私たちは，政治とは合意による価値分配であり，国際政治では他国の行動を強制したり誘導したり説得したりすることであると論じた。それに対して経済（Economy）とは，財の生産，消費，分配にかかわる営みであると一般に理解されている。そう考えると，経済の歴史は人類の誕生にまで遡ることができよう。人類史の大半で，経済は家族や村落共同体の自給自足の営みによって支えられてきた。経済を意味するエコノミーが，家計のよき管理を意味したギリシャ語のオイコノミア（oikonomia）を語源としているのも，そのことを示している。家計や地域共同体や宗教的共同体の賢明な管理術こそが経済であり，それが政治組織である国家に適用されるとポリティカル・エコノミー（political economy）と呼ばれるようになった。

　現代では日夜繰り広げられている無数の財の生産，その分配そして消費をめぐる決定の大部分は，民間の経済主体の利潤を求める行動によって支えられる市場を通して行われている。市場で基礎になっているのは，売買，言い換えれば貨幣を仲立ちにした交換であり，そのような関係を制御しているのが，価格というシグナルである。価格によって人々はある財と他の財との交換条件を知ることができ，価格が上昇したり下落したりすることによって，人々はその財がどの程度稀少なのかを判断できる。そのため政府によって強制されなくとも，生産者も消費者も価格を頼りに自己の利益に誘導されて，生産や消費行動を決定することで，結果的に生産と消費は均衡する仕掛けになっている。

　今日では，交換に基礎を置く市場経済以外の経済を想像することは簡単ではないかもしれない。だが，経済生活で国家が関与する部分も重要である。政府が徴収する税を政府のサービスを買うための価格であるという類推には明らかな無理があり，それを交換と呼ぶことはできない。というのは，徴税は個別の納税者の同意がなくとも，国家が強制的に徴収することができ，あくまで納税を拒む相手には国家は強制的に財産を没収できる。また，税によって国家が集めた資源をどのように使うかをめぐる決定，つまり一国の予算策定は，一国の

政治の中心的な営みの一つと言えよう。民主的な制度の下では，限られた予算を福祉や国防や公共事業に分配することは，暴力に訴えることはないにせよ選挙で選ばれた政治家が，強制，説得，誘導を繰り返す激しい政治的闘争の営みであるとともに，行政府の中で行われる予算要求とそれに対する財政当局の評価に依存する行政的なプロセスでもある。それは有限の資源をさまざまな部門に割り当てる，あたかも軍隊における物資の調達に似た集権的もしくは権威に基づく組織的プロセスであり，市場における交換のプロセスとは区別できる。

また贈与も重要な役割を果たしている。一つの家庭では普通収入はプールされ，支出を決めるプロセスもむしろ家庭内の権力関係を反映した政治に近いかもしれない。いずれにせよ家庭の中で親が未成年の子どもに提供する財やサービス，逆に高齢の親に子どもが提供する財やサービスは，なんらかの見返りを期待した交換ではなく，一方的な所有の移転であると見るべきであろう。その他にも贈与は，非営利団体への寄付，社会的慣習となっている贈答などの形で，実は社会生活で重要な役割を果たしている。

今日では，市場経済が地球全体の経済生活を左右する巨大な役割を果たすようになっているが，人類史的なスケールで見れば，市場が社会における他の領域から自律し，継続的な成長をとげるようになるのはかなり最近の現象である。そしてグローバルに市場経済が展開する出発点は，おそらく16世紀ヨーロッパに始まるいわゆる大航海時代に遡ることができるだろう。ユーラシア大陸の北西に突き出た半島に位置する，それまでの人類史から見れば，どちらかといえば後進地域にすぎず政治的には分裂状態のヨーロッパが，造船技術や航海技術を発展させ，15世紀末に新大陸を「発見」するとともに，アフリカ南端を経由して豊かなアジアへの交易路を確立した（キャメロン＝ニール 1989／邦訳 2013, 第1巻第5章）。もちろん広域的な商業活動は，そのはるか以前からあった。長らく世界における最も豊かな地域であったインドとその周辺の海域で，非常に古くから継続的に行われてきた。また陸路でも，いわゆるシルクロードを通して，東西の文物の壮大な交流が古くから行われていたこともよく知られている。さらに中国の明王朝は，ヨーロッパ人に先駆けてはるかに大規模な遠洋艦隊をアフリカにまで派遣する技術力を持っていた。

それにもかかわらず，ヨーロッパがアジアと新大陸との間で継続的な遠隔地貿易に乗り出したことは，その後の400年間を切り開くものであった。それに

よってヨーロッパ人は，東地中海を支配するムスリム勢力に煩わされることなく，継続的にアジアの豊かな産物を入手する機会を得るとともに，新大陸で大量の貴金属を手に入れてヨーロッパに持ち帰った。そしてアフリカからは何百万人もの人々が，奴隷労働力として新大陸に強制的に導入された。つまり，継続的な広域的・経済的交流がここに成立し，世界経済が有機的なグローバル市場経済へと発展する端緒となったのである。

またこれは，それ以降の西洋優位の世界を切り開く準備をした。もちろん，非ヨーロッパ勢力が直ちに西洋に対して従属的な関係に入ったわけではない。日本も16世紀にポルトガル人と初めて接触し交易は急速に活発化したが，17世紀になると江戸幕府はキリスト教を弾圧するとともに，ポルトガル人やスペイン人を放逐して，幕府による国際貿易の独占体制を作り上げた。後に大英帝国の死活的な植民地となるインドでも，18世紀前半まではヨーロッパとの貿易はムガール朝の与えた特権にすぎなかった。また18世紀の末になっても清国を訪れたイギリスの使節は，時の乾隆帝によって交易を拒絶され，追い返されてしまっている。

しかし，南北アメリカやオセアニアに進出したヨーロッパ勢力は，インカ帝国や北米の先住民諸部族の文明を殲滅し，現地を政治的に支配するところとなった。また西洋勢力は，世界が相互に関係し合いながら運動する単一の政治経済システムで中心的な立場に立ち，19世紀までには世界政治でも支配的な立場に立つようになった。さらには，政治権力の膨張にともなって，西洋の諸制度や諸思想が世界に広まる時代が開かれた。西洋の技術はもちろん，たとえば主権，法の支配，民主主義，ナショナリズムといった西洋に起源のある観念も，20世紀後半までには，世界中で受け入れられるようになったのである。

その16世紀は，ヨーロッパにおける主権国家の形成期であった。スペイン，ポルトガルといった諸国では，封建諸侯の比較的緩やかな連合状態であったそれまでの中世国家から，官僚制と常備軍に支えられるより中央集権的な絶対王政へと移行しつつあり，それらの絶対王政国家は，遠隔地貿易に携わっていた冒険的商人のスポンサーとなるだけの財力と戦略的主体性を備えていた。こうした貿易から得られる利益は，国家財政にとって重要な意味を持ち，ひいては他国との政治的競争で優位を得られるかどうかという問題，すなわち勢力バランスに直結していたのである。そのため，ヨーロッパ諸国は貿易上の利益を獲

得し，それを独占しようとして，相争いながら遠く離れた世界との交易に努力するようになったのである。

　このように見ると，当時の経済観で国家戦略や国家経営の観点が著しく強調されたのも理解できよう。この時期の西洋諸国家の経済観は，後の自由主義者によって重商主義と名づけられた。重商主義は，絶対王政の政治理論として展開されつつあった国家理性論による国際経済の解釈と見ることもできよう。それは多分に絶対王政諸国家の実践を概念化したものであるため，今日の基準から見ると体系立った経済論とは言えないものの，激しい対立を続けていた諸国家の国家経営にとって国際交易が何を意味するのかという，死活的な実践的関心に基づいていた。

　では，重商主義的な国際経済観とは何か。図式的にこれを整理すると，以下のように要約できよう。第一に，国際貿易の最終的な目標は，国家のパワーを増大することにあるとする，政治優位の世界観である。先に述べたように，国際貿易で得た利益によって，国家は傭兵を雇い入れ，船団を組織し，それによっていっそうの富を獲得することができた。そのため国際貿易は，国家のパワーおよび他国との勢力バランスに直結する重要性があると考えられた（ホント 2005／邦訳 2009, 268-269）。

　第二は，国家と国家の経済的関係は，基本的に一国の利益が他国の損失となると考える，競争的な世界観である。それが共存共栄ではなく競争的になるのは，世界の富の量は一定であるという前提による。そうした静的な世界の中で少しでも多くの資源と市場を獲得し，そこから他国を締め出すことが一国の国際経済政策の目標であるとされたからなのである。商業上の競争に敗れることは自国の政治的な敗北に直結する，という重商主義の世界観は，言うまでもなく第1章第1節でふれた，国際政治学でいうリアリズムの伝統に通ずるものがある。

　第三に，国富として重要なものは国際貿易によって得られる貴金属であり，そうであれば輸出を奨励する一方で輸入を抑制して貿易黒字を稼ぐことが必要であるとされた。国家は蓄積した貴金属によって傭兵を雇い入れ，海軍を増強できる。だからこそ輸出は，平和的手段による侵略だととらえられた。そこで問題にされているのは，一国経済全体の生産力や国家を構成する人民の富ではなく，国家が貴金属に代表される国家の権力資源をいかにして得るか，という

ことなのである。

自由主義とパクス・ブリタニカの展開

先に述べたように重商主義的な国際経済観は、デイヴィッド・ヒュームやアダム・スミスらをはじめとする、18世紀イギリスの自由主義的な論者から厳しい批判を受けることになった。

彼らによると、経済活動の最終的な目的は国家の強大化ではなく、個人の厚生や消費の向上にあり、それゆえ貴金属を国庫に蓄積することをもって国富と考えた重商主義を錯誤として厳しく批判した。そして、一国の富の源泉は人間の労働であり、個人が自己の責任と判断で自由に自己の利益を追求する自由な市場が、人々の意欲と能力を引き出して生産力を拡大することができるため、経済を組織する上で最も効率的であると説いたのである。

このように、経済生活は進歩し世界の生産力は大きくできるととらえれば、国際経済を一定の富を奪い合うゼロ・サムゲームと見るのは誤りであり、みなが勝利することのできるプラス・サムゲームの世界であるということになる。ヒュームは、「一国の国内産業は近隣の最高の繁栄によって害を受けることはありえないということ、また商業のこの部門はいかなる大国においても最も重要であるから、この限りすべての嫉妬の理由はなくなるということは、明らかである」(ヒューム 1741／邦訳 2011, 311-312) として、他国の繁栄はむしろ自国にとっても有利であると説いた。またスミスは、「個人の間の取引がそうであるように、国の間の通商も交流と友情を深める道になる」(スミス 1776／邦訳 2007, 下 72) と述べて、国際交易の発展が諸国民の関係を全般的により社会的で協調的なものにすると考えた。

つまり彼らは、自由な個人の契約から社会が自生的に秩序を形成する能力を高く評価し、国家権力の過剰な介入を制限することを提唱した。自由で合理的な人々が取り結ぶ関係である市場では、取引は売り手と買い手の相互の利益に資するから成立するのであり、それは国際貿易にも当てはまる。そうであるとすると、こうした商業関係は相互利益の尊重を促し、国家と国家の関係もより社会的で穏健なものになるのではないかと期待できる。言い換えれば、自由な国際貿易はそれに参加するすべての国家の利益に資する調和的な営みであり、他国が貿易によって豊かになれば、自国にとっても経済的な利益になる。それゆえ、市場を独占して他国の窮乏化を謀るといったことは、自国の利益にも反

する愚かな政策である，と説いたのである。

　もっとも18世紀ヨーロッパでは，現実に頻繁に大規模な戦争が起こっており，こうした古典的な自由主義の思想家たちは，イギリスが軍事的に優越していた19世紀の自由貿易論者よりもはるかに，リアルな国際政治論を展開していた。たとえばヒュームは，当時のイギリスの最大の仮想敵国であり，実際何回も戦ったフランスを警戒して，「ヨーロッパは現在，一世紀以上ものあいだ，人類の市民的，あるいは政治的結合によっておそらくかつて形成された，最大の勢力に対して防衛を続けている」とし，その戦いで「ブリテンは今なおヨーロッパの全般的自由の守護者，人類の保護者としての自らの地位を保持している」（ヒューム 1741／邦訳 2011, 103-104）と語っている。このようにヒュームは，フランスが脅威でありイギリスがフランスとの争いの先頭に立つことを支持するとともに，勢力均衡のメカニズムがフランスの覇権を抑制する効果を発揮することに期待を寄せている。

　またスミスが，「主権者の第一の義務は，その社会を，ほかの独立社会の暴力と侵略からまもるということだが，これは軍事力によってのみ果たすことができる」（スミス 1776／邦訳 2007）とし，合理的な軍事力整備のあり方について詳しく考察を加えていることは，今日の経済学では軽視されがちである。スミスによれば，経済発展段階が高まるにつれ，戦争はたとえ勝利したとしても割に合わないものになる。そうであれば，経済が発展するにつれて世界は平和になりそうなものであるが，逆に一国が豊かになれば，貧しい周辺の国にとっては侵略によって得られる利益が大きくなることを意味するから，戦争の誘因が高まることも指摘している。今日流に言い換えれば，武力行使のコストは豊かな国の方が大きい傾向があるということである。その上で，豊かな国は技術進歩を利用するとともに，その技術を活用できる能力を備えるプロの常備兵力を保有することが合理的である，と結論づけている。

　このような世界観は，19世紀になってイギリスが産業革命を先導するとともに，帝国として君臨したことによって，世界的な影響力を持つことになった。産業革命は農業革命に匹敵する人類史上の大事件であった。今日では産業化以前の世界が感傷的に語られることも多いが，それは牧歌的な楽園とはほど遠い世界であり，その歴史は飢餓と過剰人口の歴史であった。そこでは定期的に飢饉が訪れて暴力的な人口調整が行われるとともに，何かをきっかけに生産力が

FIGURE　6-1　1人当たりの所得の超長期的趨勢

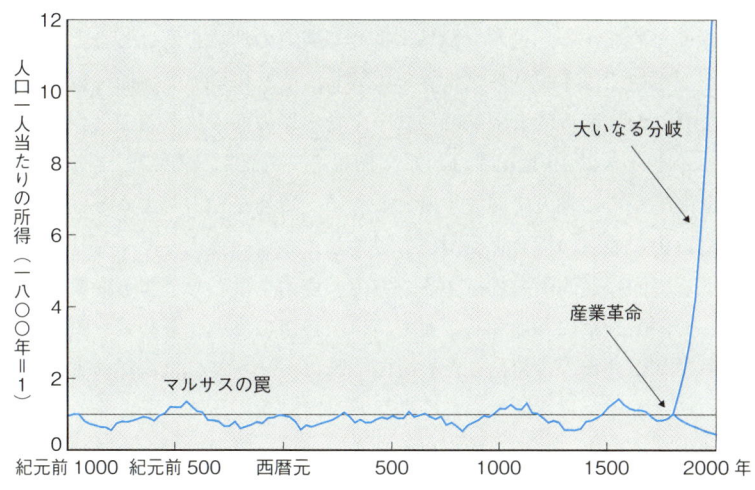

グラフ内の注記：
- 縦軸：人口1人当たりの所得（一八〇〇年＝1）
- 横軸：紀元前1000　紀元前500　西暦元　500　1000　1500　2000年
- 大いなる分岐
- 産業革命
- マルサスの罠

[出典] グレゴリー・クラーク，2007／久保恵美子訳『10万年の世界経済史』上，日経BP社，2009，14-15頁。

大きくなっても，その効果は直ちに人口増加によって相殺され，圧倒的大多数の人々がつねに飢餓線上の生活をよぎなくされるという，いわゆるマルサスの罠（わな）が作用していた。だが，産業革命とともに，人類の生産力の爆発的かつ持続的な増大が引き起こされ，それによって産業化の恩恵を受けた西洋世界と，それに取り残された非西洋世界との間で，大きな経済格差が生じた。加えて，イギリスを先頭とする西洋世界では1人当たりの所得も持続的に増大するという，かつてない事態が生じた。それによって，歴史は「進歩」するという楽観的世界観が大きな説得力を持つようになったのである。

　自由主義的な思想の影響が強かったイギリスがこのような産業革命を先導し，しかもナポレオン戦争以後の国際政治でも優位な地位に立ったため，19世紀には国際的な人，物，金の移動がそれまでになく緊密になる，きわめて開放的なイギリス主導の国際政治経済秩序，いわゆるパクス・ブリタニカが出現した。パクス・ブリタニカの構造を単純化して述べれば，以下のようになる。ナポレオン戦争後，イギリスはヨーロッパ大陸への領土的野心を持たず，自国の安全

1　歴史と思想

を得るために，ヨーロッパ大陸で支配的な勢力が出現しないように同盟関係を操作する勢力均衡政策を継続した。これによって大陸で支配的な大国が出現しないように努めながら，過剰な関与によって国力の消耗を避けることができた。他方で，海軍力ではイギリスは世界を圧倒し，それによって海賊や奴隷貿易を取り締まりつつ，開放的な国際経済秩序を安全保障面で支えることができた。

　他方，イギリスは19世紀半ば以降，関税を一方的に大幅に引き下げて，自国市場を海外からの輸入に開放するとともに，貿易を独占しようとはせず海洋を通じた自由な通商の機会を他国にも提供した。言い換えるとイギリスは，海軍力によって国際通商網を維持する一方で，農業をはじめとする産業を国際競争に晒して国際分業に参加することで，自国経済の高度化をめざす道を選んだ。もしイギリスが食糧の自給にこだわっていれば，イギリスは海洋国家として発展するのではなく，日本同様の島国に終わっていたであろう。こうしたイギリスの一連の政策によって第一次世界大戦までには，世界の経済秩序はきわめて開放的なものになった。

　産業革命によって解放された爆発的な生産力は，それまでの世界では想像もできなかった巨大な富の生産を可能にし，楽観的な進歩思想に力を与えた。このような見方の代表的な論者であるオーギュスト・コントによれば，産業社会の出現によって，世界は神学的・形而上学的段階から脱し，合理的に事物の必然が観察され理解される実証的な段階に入った。そこでは，軍人や僧侶に代わって科学的な経営者たちが支配的になるであろう。そうした産業社会では戦争は時代錯誤であり，人類史の最前線にある西洋からは姿を消すにちがいない。というのは，戦争は過去には富を増大させるのに合理的な手段であったが，労働を科学的に組織する時代にあっては，もはや果たすべき機能がないからである（コント 1844／邦訳 1980）。

　また，イギリスでは自由主義思想や産業社会の発展によって，経済の領域が政治の領域から自立した空間として成長し，それを支える市民社会や市場を重視する考え方が強まった。それにともなって，経済学も政治学や倫理学から独立した純粋な市場分析に特化が進んだ。政治社会の面でも，地主貴族が中心的な勢力であった政治の領域を限定し，市民社会に対する国家の介入を極小化しようとする自由主義的諸改革運動にもつながった。政府は所有や治安といった問題の処理に徹し，通貨は金本位制に基づき，財政を均衡させ，経済運営は市

場に委ねる。そのような最小限の機能のみを果たす夜警国家が、外交や軍事ではなく貿易で結び付けば、みなが豊かになるとともに平和が訪れるはずだ。19世紀半ばに一大政治運動に発展したイギリスの自由貿易運動を主導したコブデンらはこのように説いて、産業文明が貧困と戦争という人類の二大宿痾を解決する日も遠くはないという楽観を語っていた。

自由主義への挑戦

だが、産業社会の進展にともなって人類が手にした巨大な生産力の恩恵は、すべての人々に均等に分配されたわけではなかった。それまでの社会が平等だったわけではないが、産業資本主義の発展によって、それを先導した欧米諸国と、それに乗り遅れた国との国際的な経済格差だけではなく、産業化した国の内部でも貧富の格差が大きくなったのである。生産手段を所有する少数の資本家が富裕化する一方で、日々の労働力を売る以外に生計の手段のない労働者は伝統的な共同体から切り離されると同時に、都市で過酷な労働を強いられるようになった。非衛生的な環境で過酷な労働を強いられる労働者たちにとって、都市はいわば蟻地獄であり、彼らが産業革命の恩恵を享受しているようには見えなかった。

このようなイギリスの資本主義の現実を目の当たりにしたカール・マルクスは、市場経済とは、自由な個人によって市民社会の自治が成立しているように見えるが、現実には階級的な不平等や支配と従属の関係を覆い隠し再生産するしくみにすぎないと指摘した。そして市場経済によって運営される資本主義の構造を分析し、それに内在している自己破壊のメカニズムを示そうとした。このようなマルクス主義の構造論的な着想は、一方で産業社会が始動させた歴史の動態を分析するとともに、他方で労働運動や社会主義、共産主義運動という形をとって、自由主義的な経済制度に挑戦する運動を組織するための理論的根拠を提供したのである。

また産業社会の到来によって、従来の農業生産を基礎とする社会とは異なって、産業化に成功した国々の国力が飛躍的に増大することとなった。そのため産業化を先導した西洋諸国は、19世紀後半には世界の勢力バランスで圧倒的な優位に立つことになった。そして強大化した西洋諸国は19世紀末になると武力によって世界中の植民地化に邁進し、非西洋世界は世界資本主義の中で完全に従属的な立場に貶められたのである。このような現実に対してもマルクス主義者は有効な説明を与えた。レーニンは植民地帝国主義の展開は、生産され

る商品の市場を必要とする資本主義に不可避の現象であり，それは植民地の争奪戦である帝国主義戦争を確実に引き起こすと論じた。そして，第一次世界大戦はこのようなレーニンのテーゼによって解釈され，それはソ連という最初の社会主義国家建設のための政治運動の論理ともなったのである。

　産業社会の到来を楽観的に考えた進歩的な自由主義の世界観にとって，第一次世界大戦は大きな打撃となった。第一次世界大戦は，国家がその人的・物的資源を総動員して戦った総力戦であり，それによる直接的な人的・物的破壊の規模も空前のものになった。産業社会が解放した生産力は繁栄だけではなく，破壊にも動員されうることが明らかになったのである。

　第一次世界大戦後の国際経済も，自由主義的世界観を正当化するような成長と安定をもたらさなかった。その最大の理由は，戦後処理の失敗であった。敗戦国のドイツに科した巨額の賠償と，戦時中にイギリス・フランスなどが主としてアメリカに負った多額の借款，いわゆる戦債の問題である。戦争の責任はすべて敗戦国にあるとされたため，それによる空前の破壊の責任も賠償によってドイツが償うべきだとされたのである。だが，そのドイツ自身の経済も荒廃していたから，賠償金の支払いは事実上実行不可能であった。それだけではなく，賠償はドイツ経済の復興を遅らせたため，結局戦勝国を含むヨーロッパ経済全体に悪影響を与えることになった。他方，アメリカがイギリスやフランスなどの経済的な苦境にある諸国から，あくまで戦債を取り立てようとしたことも事態を難しくした。債務を返済するために，フランスなどはますますドイツからの賠償を厳しく取り立てようとし，悪循環に陥ったからである。戦争による直接の破壊だけではなく，第一次世界大戦後の世界経済は，事実上返済ができない多額の不良債務の上に成立するという不安定性を最初から秘めていたのである。

　また，第一次世界大戦を機に，大きな社会的変動が世界規模で生じていた。総力戦に動員されて戦場で命を懸けた人々が政治的権利を要求したのは，驚くにあたらないであろう。男性がいなくなった銃後でさまざまな職場に進出した女性たちも，社会的・政治的な認知を当然のことと考えるようになった。さらに，ヨーロッパの本国政府の戦争努力に協力した植民地の人々も，政治的な独立を求めた運動を強めていた。小さな政府と健全な貨幣制度を維持しつつ，あとは市場の自己制御機能によって経済秩序を維持しようとする19世紀の自由

主義的世界は，政治的に不可能になった（ポラニー 1944／邦訳 2009）。社会主義が一大政治運動に成長していたこの時代に，経済的再建が順調に進まないことによって苦しむ労働者階級の人々に，均衡財政や金本位制による経済的規律を求めようとしても無理な話であった。

1929 年にニューヨークの株式市場が暴落したことをきっかけに始まった世界大恐慌は，金融恐慌に発展し，ただでさえ脆弱な第一次世界大戦後の国際経済秩序を破壊した。1930 年代の世界経済はデフレーションと失業に苦しみ，世界の諸国は自国市場を輸入から保護しようとして，次々に関税を引き上げたり，自国通貨を切り下げたり，さらには外国為替の規制を強化したりして，自由で開放的な国際経済秩序から，諸国家が経済的に大きな役割を担う世界へと変貌をとげたのである。その結果，市場経済への失望が強まり，世界の多くの知識人が反自由主義的な方法に解答を求めようとした。そして自由主義は，二つの集産主義の挑戦によって挟撃されるようになった。

一つは社会主義・共産主義などの左からの挑戦であり，それは自由な市場に代わって，生産手段の国営化・公営化と生産の計画化など，国家による経済の管理を強調する方策をめざしていた。そして国際政治の現実の世界では，ソ連がこのような社会主義的モデルを代表していた。もう一つは超国家主義であった。これは私的所有を前提としながらも，経済の国家統制と国家動員を強調する右からの自由主義への挑戦であり，ナチ統治下のドイツやファシズム体制下のイタリア，そして徹底していたわけではないが軍国主義下の日本が，そのような反自由主義的な政治経済モデルを体現していた。

| パクス・アメリカーナとその展開 |

第二次世界大戦の結果，ナチズムやファシズムといった右からの反自由主義的勢力は，軍事的に敗北して消滅した。だが，第二次世界大戦に勝利したのは自由主義国家だけではなく，ソ連という社会主義国も戦争に勝利して大きくその影響力を増した。中国でも内戦の末に勝利したのは共産党であり，世界最大の人口を持つ国家が共産主義陣営の一角を形成することになった。

他方アメリカは，第一次世界大戦後の国際経済秩序の再構築の失敗を教訓として，早い段階から戦後経済体制の策定に取り掛かり，第二次世界大戦後の国際経済秩序の制度化に乗り出した。その結果国際貿易では GATT（関税及び貿易に関する一般協定）体制，国際金融ではブレトンウッズ体制が築かれることに

なった。このようなアメリカ主導の国際経済秩序は，開放的な国際経済秩序を再建しようとしたという意味で，自由主義的なものであることは疑いない。だが自由主義陣営の中でも，1930 年代以降，恐慌とそれにともなう階級対立に対応するさまざまな試みが模索され，そうした経済思想の影響を受けていた。自由主義国家においても，国家が医療，失業保険，年金などのさまざまなサービスを提供する福祉政策を充実させ，財政支出によってマクロ経済政策を運営するケインズ主義政策を実施し，さまざまな公共事業や政府投資によって経済を刺激しようとするニューディール政策がアメリカで実施されていた。そのような知的潮流を背景に，戦後にアメリカが構築した国際経済体制では，国家がさまざまな政策によって階級間の妥協を図り，国内政治経済を安定化させる努力と，開放的な国際経済秩序を両立させるような制度的な工夫が施されていた。これは 19 世紀の自由放任主義（レッセ・フェール）に対して，埋め込まれた自由主義（embedded liberalism）と呼ばれる。

　さらに重要なのは，ドイツ・日本との戦争を同盟国として戦った米ソの間で冷戦が始まったことである。そのため第二次世界大戦後のアメリカを中心とする国際経済体制は，アメリカの同盟諸国から成る国際秩序となり，そこではアメリカの敵国であったはずの日本や西ドイツを含めて，西側同盟国を経済的に強化することが，冷戦を戦うという安全保障上の基本的路線と直結した重要課題となった。アメリカの経済的利益や自由主義的な原則を推し進めることよりも，同盟諸国の復興と政治的安定化に重点が置かれるようになったのである。すなわち，国内の階級的妥協に加えて，国際的にも戦略的妥協を迫られた自由主義の出した答えが，埋め込まれた自由主義であった。

　1947 年 3 月にはアメリカ政府はいわゆるトルーマン・ドクトリンを発表してソ連との全面的な対決姿勢を明らかにし，同じ年の 6 月には西ヨーロッパ諸国の経済的復興のためのいわゆるマーシャル・プランが公表された。これにしたがって，翌 1948 年から 4 年間にわたって，総額 140 億ドルという巨額（これは当時のアメリカの GDP の 5% 程度に相当する）の援助を提供して，西ヨーロッパの同盟国の支援に乗り出した。さらにアメリカは，西ヨーロッパや日本などの同盟諸国が自国市場を保護したり，アメリカ製品を差別したりするのを許容しつつ，自国市場をそれらの諸国に開放し続けた。そして世界中に展開したアメリカ軍が，西側諸国の通商路を防衛する役割を果たし続けた。

その結果，事実上相互に戦争の起こりえないアメリカの同盟国の間では，金さえ出せば天然資源はいくらでも買え，いい製品さえ作ればそれを売れる市場も開放されることになった。それによって日本や西ヨーロッパは，1960年代までに史上空前の経済的繁栄を享受するようになり，アメリカの最も重要な同盟国として西側陣営に深く組み込まれたのである。

　社会主義陣営の経済発展モデルが，資本主義経済が不況に苦しんだ戦間期はもちろん，戦後になっても相当の期間，大きな権威と魅力を持っていたことは，ソ連が崩壊して久しい今日では想像するのも難しい。実際，戦間期や戦後初期には，ソ連の経済成長率は低い経済水準から出発したこともあって，相当なものであったし，アジア・アフリカの新興独立国の多くでは，国民の平等と宗主国からの経済的自立に重きを置く国家主導の社会主義的開発モデルが，自由主義的な発展モデルよりも優勢であった。だが，そのソ連経済自体は，限界が徐々に明白になった。スターリン時代には強引な工業化を進め，高い成長をとげたソ連経済であったが，農業部門の不振が際立ち，伝統的な巨大な穀物輸出国のはずのソ連で，食糧不足が目立つようになった。しかも硬直的な経済システムのために，情報処理や通信などの技術革新ではどうしても資本主義諸国に対抗できず，ましてや消費生活の立ち遅れは，1960年代末までにはだれの目にも明らかになった。

　また，中国経済の破滅的な失敗はいっそう悲劇的であった。大躍進計画（1958-60年）や文化大革命（1966-76年）などの独自の急進的な改革運動によって，経済だけではなく政治・社会面でも大混乱が間欠的に引き起こされたため，経済発展が遅れただけではなく多数の餓死者まで出るといった惨状を呈した。そのため1970年代に入るまでには，産業社会の効率的な組織のあり方をめぐる米ソ両陣営の競争には，事実上決着がついていたのである。

　もっとも，西側の自由主義経済の成功は，1970年代になると新たな軋轢をもたらした。日本と西ヨーロッパの経済の伸長によって，アメリカの相対的な優位が後退し，パクス・アメリカーナが動揺したからである。ドルへの圧倒的な信認（通貨に対する信頼）によって成立していたブレトンウッズ体制は，アメリカの産業競争力が相対的に低下するとともに，ベトナム戦争の戦費の負担なども加わったことによって，維持できなくなった。そのため1971年夏にニクソン大統領は，中国との関係の改善を同盟諸国と協議することなく実行しただ

けではなく，西側同盟諸国に対してはドルの一方的な切り下げを，それまでのルールを無視する形で強引に実行した。いわゆるニクソン・ショックである。また，1973年に勃発した第四次中東戦争をきっかけにアラブの産油国が発動した石油の禁輸措置が，一挙に石油危機に発展した。それまでの西側経済の繁栄は，安価な石油の安定した供給に基礎を置いていた。そして世界の石油市場は，欧米の主要石油会社が事実上支配していた。だが，アメリカ自身が過剰な石油消費によって余剰石油生産能力を失い，石油市場を安定させる役割を果たせなくなった。そのため，1970年代には石油産出国のカルテルであるOPEC（石油輸出国機構）の動向に，先進国は一喜一憂する状況が続いたのである。

　石油危機とそれに続くOPEC諸国の存在感の拡大は，さまざまな影響を及ぼした。一つは開発途上国の資源ナショナリズムを触発し，それらの諸国が国際社会での自己主張を強めるきっかけになったことである。1974年の国連総会では新国際経済秩序宣言（NIEO）が採択され，開発途上国の要求が声高に宣言された。アジア・アフリカの開発途上国は1960年代に多数独立をとげたが，高らかな希望とは裏腹に経済的な自立を果たすことができず，貧困と低開発に苦しんでいた。社会主義の魅力が失われてからも，資本主義体制の支配と搾取の構造は，南北問題という形で生じていると主張する声も高まった。そして新帝国主義論，従属理論といった一連の議論は，開発途上国が世界市場において構造的な搾取を受けており，世界的な自由市場経済は低開発国の貧困を再生産することによってのみ成立することができる，と論じていた。つまり資本主義の搾取構造は，今や進んだ資本主義国内部の階級対立ではなく，豊かな北に対して貧しい南の国という形で表れていると主張されたのである。国連総会などで多数派になっていた開発途上国は，西側の資本に事実上支配されてきた自国の天然資源への支配を強め，自国の近代化を推し進めようとして，アメリカを中心とする諸国との軋轢を増すことになった。

　加えて急速な工業化のために，日本をはじめ多くの地域で環境問題が深刻化していた。さらに，上に述べた石油危機をきっかけに，地球の物理的な限界によって，これまで通りの経済成長は不可能になったのではないかという議論が真剣になされ始めた。石油価格の高騰はいわば資源上の制約の限界のシグナルであり，地球の生態系は人口増加も工業文明もとても支えきれないというのである。国際的な有力シンクタンクであるローマ・クラブの1972年の報告書

『成長の限界』は，この時代の知的潮流のさきがけとなるものであった。

市場自由主義とグローバリゼーション

だが，1980年代になると，このような知的潮流は一挙に逆転する。アメリカではレーガンが大統領に選出される（1980年）と，規制緩和，民営化，減税を推進して国家の役割を縮小するとともに，裁量的な金利政策に代わってマネーサプライ（通貨供給量）の増加率を重視するマネタリズムなどを内容とする，市場重視の政策をとった。またイギリスではサッチャーが1979年に首相に就任し，1990年まで長期にわたって政権を担当して，労働組合と正面から対決し市場原理の徹底を図った。こうした一連の政策の根拠となった考え方は，国際関係理論で使われる用語と意味は異なるが，一般にはネオリベラリズムと呼ばれた。ネオリベラリズムが優勢になった背景には，第一に1970年代に進行したインフレーションを抑えるために，財政・金融政策を引き締める必要があったし，1960年代末から70年代にかけて急激に進んだ，進歩的な社会思想に対する保守的な立場からの反発もあった。さらに国際政治の面では，ソ連の軍事的な膨張に対して危機感を持った西側の政治指導者たちの思想的自己主張という意味もあったであろう。

ともあれ，1980年代のネオリベラリズムは，当初は時代錯誤の超保守主義と考えられたし，経済的な実績も当初は芳しいものではなかった。イギリスではサッチャー政権がそれまでの福祉プログラムを次々に廃止して公営セクターを民営化したものの，失業率は高い水準のままにとどまったし，レーガン政権は一方では減税を実施したものの他方で軍事支出を大幅に増額してソ連との対決姿勢を強めたため，巨額の財政赤字と，従来の常識からすれば桁外れの国際収支赤字を意味する，いわゆる双子の赤字が出現し，それはいずれ大幅な調整を迫られると考えられた。

にもかかわらず1980年代になると，冷戦で脱落しつつあるのはソ連側であることが明らかになってきた。1985年にソ連の書記長に就任したミハイル・ゴルバチョフは，慢性的な経済的不振が続き，西側で爆発的に進歩していた情報技術や電子技術の分野で水をあけられつつあったソ連経済の改革，いわゆるペレストロイカに乗り出した。ソ連体制を強化することが目的であったはずのペレストロイカであるが，事態はゴルバチョフ自身の意図を越えて展開し，1991年にはソ連邦が崩壊するところまでことは進んでしまった。その結果，第二次

1 歴史と思想

世界大戦後の国際政治の構造までもが根本的に変化してしまったのである。

また1980年代の後半から90年代の初頭，短期間ではあったが日本が独自の経済モデルによって世界を席巻するのではないかとする論調がアメリカを中心に聞かれた。しかし，結局1990年代半ば以降，日本経済が長期の停滞に陥ったため，ネオリベラリズムはいっそう勝ち誇ることになった。

一方，冷戦後のほぼ20年間はいわゆるグローバリゼーションの波に乗って，世界経済は歴史的に見ても稀な好況を経験した。とりわけアメリカ経済は1990年代半ば以降，完全に復調した。他方，開発途上国では，1970年代からNIEs（新興工業経済地域）と呼ばれる東アジアの一部の諸国が著しい経済成長をとげてきた。韓国，台湾，香港，シンガポールから成るこれらの諸国は，いずれも天然資源の乏しい脆弱な小国だが，世界市場から自国市場を保護することによってではなく，権威主義的な政権下で積極的に輸出を振興して世界市場に参入することで自国経済を高度化する，いわゆる開発独裁体制をとった。その結果，韓国や台湾は，経済成長だけではなく1980年代から90年代にかけて相次いで民主化も達成した。これらのNIEs諸国に触発されるかたちで，ASEAN（東南アジア諸国連合）諸国にも経済発展は浸透し，それらの諸国は日本の不振を尻目に力強い経済成長を持続させてきた。さらに，一般的に貧困と低開発の代名詞のように語られるアフリカですら，21世紀に入ると全般的にはかなりの経済成長を実現する国が多くなってきた。その理由は，中国をはじめとする世界的な好況のために，天然資源に対する需要が大きくなり，資源輸出によって大いに利益を得たことにある。

その結果，社会主義的な開発モデルは急速に魅力を失い，民営化・市場化の方向が開発途上国でも一般的な趨勢となった。自由主義に挑戦してきた共産主義をはじめとする20世紀の政治経済モデルはすべて敗北し，市場経済と自由民主主義に対抗するイデオロギーはもはや存在せず，人類の大きな理念的な対立には最終的な決着がついたとする「歴史の終わり」（フクヤマ 1989; 1992／邦訳 2005）論までアメリカでは語られるようになった。

自由市場経済が経済モデルとして圧倒的な権威を誇った背景には，冷戦期にアメリカと西ヨーロッパおよび日本というその同盟諸国だけが採用していた市場経済モデルが，インドや中国といった世界最大の人口を擁する大国に広がったことがある。さらに，ロシアや東ヨーロッパなどの旧社会主義国が市場経済

に移行するとともに，開発途上国も次々に構造調整プログラムを受け入れて参入したため，市場が一挙に巨大な世界市場へと成長したことがあげられよう。とりわけ中国は，1978年の改革開放政策の採用以来，爆発的な成長を続けており，インドも1991年以降，経済の自由化を開始した。その結果，それまでは封じ込められていた巨大なエネルギーが世界市場で解放され，それによって一挙に経済が活性化されたことが指摘できる。

このような変動は，世界の勢力分布を大きく変化させる，一大歴史的変動であった。だが，その結果誕生しつつあるのは，「歴史の終わり」論が予想した世界とはずいぶん異なる世界のようである。世界経済の主要なプレイヤーになった中国は，自由で民主的な政治体制に移行する気配はなく，むしろアメリカを中心とする世界に対する一大対抗勢力としての立場を強化してきた。また共産主義体制から市場経済に移行し民主化をとげたはずのロシアでも，むしろ政治は権威主義的なものに逆戻りしている。さらに，経済の急速なグローバリゼーションによって，地球環境が維持できないのではないかという声も高まっている。

エネルギーや資源価格の高騰によって示されるように，急速な産業化が天然資源の枯渇を招いたり，その争奪競争という重商主義的な競争を再現させたりすることが懸念されている。また，CO_2（二酸化炭素）の排出によって地球が温暖化していることは，環境上の問題にとどまらない，安全保障や文明論上の問題を招来しているのかもしれない。とりわけ，グローバリゼーションによって最も成功してきたアメリカが，2003年のイラク戦争とその長期化，さらには2008年のリーマン・ショックによって大きな挫折を経験したことから，手放しのグローバリゼーションの礼賛論は一挙に陰を潜め，共産主義の没落とグローバリゼーションで，歴史がアメリカ的な自由民主主義のビジョンの勝利で大団円を迎えるという主張も説得力を失った。

2 国際経済の制度

国際経済秩序における制度

第4章で，国際秩序とは，だれが正統な主体であり何が正当な行動なのかについて関係者の間

で合意が成立している状態である，と述べた．第二次世界大戦後の西側の国際経済秩序をこれに沿って解釈すれば，ひとまず次のように言えるであろう．第一に，このような国際経済秩序を構成していたのは，アメリカの同盟諸国を主要なメンバーとするGATTやIMF（国際通貨基金）といった国際制度に加盟した諸国であった．ソ連や中国などの共産圏諸国はこの制度のメンバーではなく，東西の経済関係も非常に限定的であった．また独立を果たした開発途上国もこの秩序のメンバーであったが，これらの国々の制度運営への影響力は限られていた．そして構成国の間では，国際経済も基本的に市場経済によって運営することが，秩序の基本的な原則とされた．それゆえ諸国に求められたのは，市場へのさまざまな介入措置を少なくすることであった．

だが，国際経済秩序についてのこのような理解には，経済の領域では市場の果たす役割が圧倒的に大きいという重要な但書が必要である．経済活動の大半は民間主体の市場における自由な取引であり，国家の影響力は間接的なものにすぎない．それゆえ，経済の実績を国家間の合意だけで左右することはとてもできない．たとえば，GDP成長率や他国製品の自国市場での占有率について関係国が合意したとしても，それを実現する能力を国家が持つことは稀である．そもそもそういった経済的結果ではなく，市場経済という経済のプロセスに合意したのが，戦後の国際経済秩序の原則なのである．また市場秩序に必要とされる諸ルールも，国家によって強制される公式の法規範だけではなく，その多くが民間の商習慣が発展した結果であったり，民間団体によって合意されたりして成立しているものが多い．

とはいえ自由主義的な国際経済秩序でも，諸国家の合意による制度化は欠かせない．なにより，国家が最低限の秩序を維持し，所有や契約を保護しなければ，交換による市場経済は成立できない．破綻国家では，労働や交換による成果が警察や司法によって保護されないから，経済活動も暴力と一体とならざるをえない．国家権力が弱体な社会では，保護を提供するのと引き換えに配下の人々から収奪を行う有力者が割拠することになろう．日本から明日，国家が突然なくなれば，おそらく暴力団が支配する経済が生まれることになるだろう．他方，強力な国家が恣意的に経済に介入したり搾取したりすると，市場経済は繁栄できない．市場経済を支えるのに有効な権力装置は欠かせないが，その権力が法の支配によって制限されることがなければ，民間の経済主体が商売に専

念することはできない（ファーガソン 2011／邦訳 2012, 第3章）。世界政府のない国際経済でも，市場が機能するには，海洋航行をめぐるルールや他国民の所有権や営業権に関する何らかのルールは欠かすことができないのである。

　第二に，第二次世界大戦後は，市場経済であっても諸国家がさまざまな手法で国内経済を管理することが予定されていたため，国家が経済活動で果たす役割が大きいということがある。私たちは，伝統的な国際秩序が，主権を相互に承認し，それぞれの領土で棲み分けることによって成立する棲み分けによる秩序であると述べてきたが，逆に市場は，国境を透過して他国領土内の経済にさまざまな影響を与える。そうであれば国家の諸経済政策は，たとえ国内経済の管理を目的としたものでも，国際市場を通じて不可避的に他国の経済生活に影響を及ぼしてしまう。そのため，国際的な自由主義と国家による積極的な国民経済の運営を組み合わせた「埋め込まれた自由主義」の下では，管轄権を領土によって区切るだけでは秩序は生まれず，諸国の経済政策の内容について，実質的な合意を形成する要請を回避できないのである。

GATT体制

　第二次世界大戦後にアメリカ主導で構築されたGATT体制は，1947年に23カ国が調印することによって成立した。19世紀のパクス・ブリタニカの時代には，イギリスは一方的に自由貿易を開始し，国際通貨制度はイギリスが採用した金本位制に他国が追従したことでできあがった事実上の（de facto）制度であり，国家間の合意によって形成されたわけではなかった。第二次世界大戦以前にも2国間の通商協定が結ばれたことがあるにせよ，国際経済秩序を多数国の公式の明文化された条約なり協定なりで法的に（de jure）制度化することはなかった。それに対して第二次世界大戦後の国際経済体制は，GATTやIMFといった多国間の取り決めを根拠としており，いわば立憲的な制度化がアメリカによって推進されたのである。

　こうした制度化が行われた背景には，第二次世界大戦後の西側の国際経済秩序を主導したアメリカには，法制主義で普遍主義的な外交上の伝統があったことが関係していると言われてきた（ガードナー 1969／邦訳 1973; ケナン 1951／邦訳 2000）。それに加えて重要なのが，アメリカの対外通商政策が，1930年代から一方的ではなく相互に関税を引き下げる互恵主義的な手法をとってきたことであろう。自由貿易は，原理的には一方的に実施しても自国の利益になるはず

である。実際，19世紀イギリスの自由貿易論は一方的なものであった。だが，もし自国市場の開放が譲歩を意味し，他国市場への参入機会が利益であるとすると，貿易を拡大して双方が利益を得るためには，相互に関税を引き下げることが必要になる。そうであれば，国際貿易をめぐって関係国が織りなす利益の構造は第3章第3節で述べた囚人のディレンマ状態になるため，自由貿易という最適解を得るには，諸国を拘束する何らかの制度が必要と考えられた。加えて，平時に戻ると第一次世界大戦後と同様に，アメリカ議会では孤立主義と保護主義の影響が強まることが予想されたため，戦後の秩序再建への政治的熱意の強い間に，公式の制度によってアメリカ自身が保護主義に逆戻りしないようにするねらいが，アメリカの指導者の間にあった。事実，戦後の通商秩序を管理するためにアメリカ自身が推進し国際的合意ができていたITO（国際貿易機関）は，アメリカ議会が批准を拒んだために設立が断念され，暫定的に取り定めたはずのGATTがその後の貿易制度の基礎となったのである。

　GATTは，自由，無差別，互恵を原則とする制度である。GATT協定は，第1条でGATTの加盟国は相互に最恵国（Most Favored Nation: MFN）待遇を供与し，加盟国を差別してはならないことを謳い，植民地帝国主義による市場の囲い込みや，一部の国を優遇する特恵制度や貿易ブロックを形成することを原則として禁じることになった。また，第3条ではいわゆる内国民待遇を規定し，加盟国が輸入品を国内で差別的に取り扱うことを禁ずることで，国内市場における無差別原則を定めている。最恵国待遇を供与することは，その国につねに最も低い関税率を適用することを意味し，たとえ第三国との交渉の結果として引き下げた関税であっても，自動的にそれを適用しなければならないことを意味する。多国間で最恵国待遇を供与し合えば，どこかで関税が引き下げられると，それが自動的に確実に関係国間全体に広がることになり，それによって自由で差別のない国際貿易体制ができあがることが期待される。

　GATTは，諸国の関税を相互に引き下げて自由な貿易を促進することが基本的な目標であり，加盟国が例外的に保護の措置をとる際には，数量制限ではなく関税によることが第11条で定められている。さらに，国内産業を保護するためのいわゆるセーフガードについても，恣意的に発動されないようにさまざまな条件を課すことで，加盟国が自国経済を管理する責任と自由貿易との間の折り合いをつけようとしている。さらにGATTは，加盟国が関税引き下げ

交渉を行う際の枠組みを提供している。その際の原則は，交渉相手国の関税引き下げを獲得するのに，自国も関税を引き下げるという互恵的な原則に基づいている。貿易交渉で他国の譲歩を引き出すためには，自国市場を開放するのが通常最も有効な交渉材料であり，多数の国が相互に関税を引き下げる交渉を繰り返し開催する枠組みを提供することで，市場開放を進めることが意図されていた。

　GATT の下で数々の多国間関税交渉（ラウンドと呼ばれる）が開催された。その中でもとりわけ大きな成果をあげたとされるのが，1963 年から 67 年にかけて行われたケネディ・ラウンド交渉である。アメリカ政府は，議会が行政府に対して 50% までの関税引き下げの権限を与えることなどを内容とする通商拡大法によって，巨大なアメリカ市場への参入機会を交渉材料に，関税引き下げ交渉で大胆なリーダーシップを発揮した。その結果，関税率が平均で 35% 引き下げられた。また，関税が大幅に低下したこともあって，1973 年から 79 年まで続けられた東京ラウンドでは，関税の引き下げと並んで非関税障壁問題が話し合われた。その結果，補助金・相殺関税，ダンピング防止税，政府調達，輸入許可手続きなど，八つの協定が締結された。

　さらに，1986 年から 94 年にかけて開かれたウルグアイ・ラウンドでは，それまで GATT の枠外とされてきたさまざまな問題についての合意が成立した。先進諸国による農業の保護政策はかねてから開発途上国を含む農産品輸出国の大きな不満の種であった。この問題では，共通農業政策によって域内農業を高度に保護している EU（欧州連合）と，自由化をめざすアメリカとの間で厳しい対立が続いたが，結局両者の間で妥協が成立し，日本も米市場をきわめて限定的ながらも開放に踏み切った。また，多国籍企業が世界中に生産や販売網を展開するのに応じて，直接投資は急速に増加しただけではなく，かつてのように先進国が開発途上国に，石油などの天然資源の採掘を目的として行うものから質的にも大きく変化した。だが，それに対する多国間のルールは存在していなかった。ウルグアイ・ラウンドにおける交渉の結果，貿易に関連する投資措置に関する協定（TRIM 協定）が締結された。さらに，サービスの貿易に関する一般協定（GATS），知的所有権の貿易関連の側面に関する協定（TRIPS 協定）などが結ばれ，新たな分野についての制度化で重要な進展があった。

　そうして，締約国の暫定的な協定としてスタートした GATT に代わって，

法的にも，また機構上も本格的な国際機関として WTO（世界貿易機関）が発足した。それによって貿易における紛争処理のシステムには，拘束力のある紛争処理メカニズムが導入され，それまでの当事国の合意を前提としたGATTのパネルによる裁定から，飛躍的に強化された。貿易上の紛争でWTOの手続きは頻繁に利用されている。1948年から94年までのGATTの下での紛争案件数が314件（年平均6.7件）であったのに対し，WTOの下では1995年から2009年までの14年間で400件以上が処理されている。

　このような制度にはいったいどのような意義があるのか。覇権安定論やレジーム論についてはすでに第4章第2節で論じたが，この点を具体的な事実に即して繰り返せば以下のようになろう。GATT体制が成立するにあたって，アメリカという圧倒的な覇権国の意志と能力が決定的に重要であったことに疑問の余地はない。GATTの設立交渉で，イギリスは帝国内の特恵関税制度を維持できるようなルール形成を望んでいたが，イギリスにとっては帝国解体への道と見えたGATT協定に合意できたのは，アメリカの市場が圧倒的に巨大であるとともに，経済援助などの取引材料を豊富に持っていたこと，つまりはその卓越したパワーによるものであった。このように自由で開放的な国際経済秩序が望ましいという点で一般的な合意があっても，さまざまな国の個別の利害と折り合いをつけて合意にいたるには，第二次世界大戦直後といった特異な歴史的環境と，その時例外的に優越していたアメリカという覇権国の意志が必要だったのである。

　しかし制度の維持には別の条件が必要であろう。いかに卓越した覇権国でも，他国にさまざまなルールを長期にわたって強制し続けるのは容易ではない。しかも，アメリカ自身の力も第二次世界大戦直後の例外的な時代と比べれば，相対的に大きく低下した。にもかかわらずGATTという制度が維持され，むしろ発展したのはなぜか。それは，いったん成立した制度は，それを変更したり破壊したりするよりも維持することがメンバーの利益となるかぎり，自己執行性を帯びるからである。GATTという制度は，低関税を相互に提供する加盟国のクラブのようなものであり，クラブのメンバー間では差別的な取り扱いはしてはならないし，さまざまな保護的措置には厳しい制約が課される。だが，メンバーになれば低率のGATT関税を享受できるし，自国市場の開放と引き換えに，自国の輸出にとって有利な関税引き下げを獲得する機会が得られるし

くみになっているのである。ルールを破って，クラブから除名されたり，クラブそのものがつぶれたりしてしまえば，メンバーは低関税から得られる利益を失うことになる。このような理由で，いったん成立したクラブのルールは，それを強制する権力に頼らなくても守ろうとするチャンスが大きい。

　また，GATTのような制度的枠組みがあると，諸国が交渉を行うために要するための障害を小さくできるので合意が形成されやすくなる，とレジーム論は教える（第4章第2節参照）。制度を通じて双方の意図を伝達する際の困難（情報コスト）や交渉の場所や手順を決めることに要する手間（行政コスト），すなわち取引コストが省けるのである。GATTでは多国間関税引き下げ交渉について詳細な交渉上のルールがあらかじめ定められており，同様の交渉結果を得るのにGATT外のメカニズムで行うことを想像すれば，諸国がそのルールを受け入れる誘因を理解できよう。

地域主義の展開　しかし，制度はいったん確立すれば変化しないというわけではない。WTOに代表されるグローバルな貿易秩序が存在する一方で，一部の国や地域でいっそうの自由化を図るいわゆる自由貿易協定（FTA: Free Trade Agreement. 地域貿易協定〈RTA: Regional Trade Agreement〉という用語も使われる）が急速に増加しているのが，1990年代以降の顕著な傾向である。2010年1月現在で，世界には180件のFTAが存在し，それを通じて行われている貿易額も，すでに世界全体の貿易額の半分以上に達している。

　FTAは，定義上その加盟国と非加盟国とを差別するものである。WTOには無差別という重要な原則があるにもかかわらず，それと並行してFTAが締結されるのはなぜなのだろうか。経済的には，FTAによって一部の国でもいっそうの自由化が起これば，それは世界貿易を拡大する貿易創造効果が考えられるが，他方でFTAによって貿易の流れに変化（貿易移転効果）が生じ，FTAの非メンバー国との貿易が減少することになるかもしれない。貿易創造効果が貿易移転効果を上回れば，むしろ世界の自由化に貢献する一つのステップと見ることもできる。現在のWTOにおけるルールでは，GATT第24条に基づいて，「実質上すべての」貿易の自由化を「妥当な期間内」に行うことを条件に，FTAが例外的に認められている。また開発途上国に対しては，1979年の授権条項（enabling clause）によって，GATT関税よりもいっそう有利な

| FIGURE | 6-2 ● 世界のFTA件数の推移（年代別グラフ） |

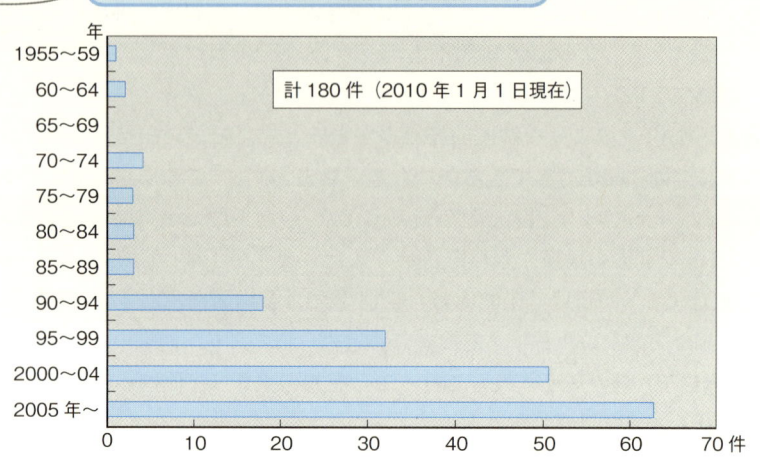

```
年
1955～59  |
  60～64  |
  65～69  
  70～74  ||
  75～79  |
  80～84  |
  85～89  |
  90～94  ||||||
  95～99  |||||||||||
2000～04  ||||||||||||||||||
2005年～  |||||||||||||||||||||
         0   10   20   30   40   50   60   70 件
```

計180件（2010年1月1日現在）

［出典］ WTO/FTA Column, Vol. 055, 2010/1/20, http://www.jetro.go.jp/theme/wto-fta/column/pdf/055.pdf

関税率を特定の国に対して設定することが認められている。

　FTAが急速に増えている背景には，GATTが当初23カ国でスタートしたのに対して，WTOが150カ国を超えるに及ぶ大所帯の国際機構となり，しかもその構成国も中国やロシアを含む非常に多様な国々になったことに加えて，貿易自由化交渉の内容も関税交渉にとどまらない複雑なものとなって，合意形成がますます困難になっていることがある。たとえば，自由化を推進するアメリカが北米自由貿易協定（NAFTA）を締結した背景には，多国間主義による交渉の進展が遅いことへのいらだちがあったことはまちがいない。もし一部の国だけでいっそう深い自由化を実現すれば，世界レベルの貿易市場は歪められるかもしれないが，逆にWTOでの交渉にも刺激となるかもしれない。

　経済的な利益もさることながら，EUやASEANなどにとっては，地域の安全保障環境を向上させるための「信頼醸成」という意味があった。EUの歴史は，第二次世界大戦後に欧州石炭鉄鋼共同体（ECSC）として出発している。そしてその後ヨーロッパの経済統合は，関税同盟，市場統合，通貨統合と大きく展開してきた。それは20世紀前半の2回の大戦争を繰り返さないために，

石炭と鉄という基本的な資源をプールする共同体を作り，経済的な協力関係を梃子(てこ)にして，国家間の政治的関係の安定化を図ろうという意図に根ざしていた。経済的な関係が緊密化すると，さまざまな実務的な協力が必要とされる。新機能主義の考え方によれば，そのような実務的で非政治的な協力関係も，それが累積すると政治的な分野にまで波及する効果があり，徐々に主権の制約を乗り越える協力が可能になると期待された（Haas 1958）。またASEANの場合も，域内の安定化を図り植民地から独立したばかりの国々から成る地域への，域外大国の介入を排除する政治的なねらいがあった。

同様に，経済的な優遇措置を通じて，隣国の安定化を図るという意図も見られる。NAFTAでメキシコとの自由貿易協定を結んだアメリカの意図には，メキシコ経済を成長させることによって，密輸，違法移民や組織犯罪集団の流入を抑制し，さらには環境上の問題について合意を結ぶことで，自国に対するマイナスの影響を減らしたいという意図が含まれていた。

近年のFTAには，グローバリゼーションが進行し，グローバルな規模で経済的競争が展開していることに対する一種の緩衝材としての役割も期待されている。冷戦後の世界市場の規模は，北アメリカ，ヨーロッパに日本を加えた，約6億人の市場であった。だが，これに中国やインドという巨大国家やロシアやブラジルなども加わって，一挙に巨大な規模の市場でビジネスを展開する必要に迫られるようになったのである。このような競争環境の激化に対して，比較的協力が容易な地域の国々がまとまって，グローバル市場からの競争圧力を緩和する一方で，地域的な市場でそれぞれの産業競争力を強化しようという意図が作用している。この点は，東アジアからの競争に晒されるようになったヨーロッパに顕著であり，その意味でグローバル化と地域主義とは，いわば相互に刺激し合って展開してきた，と言えよう。

このような地域主義には反自由主義的な性格もあることは，かねてから指摘されてきた。第一は，さまざまな地域協定が乱立するようになると，貿易制度は複雑になり，それにともなって貿易実務も煩瑣(はんさ)になって，貿易が妨げられることが考えられる。その有り様を図示するとさまざまなFTAの関係を表す線が複雑にからまっていることから，これはスパゲティーボール効果と呼ばれる。現実には，商品の「国籍」はもはや簡単には特定できない。というのも，現在では企業内貿易がさかんになっており，完成品にいたるまでの過程で，さまざ

まなパーツがさまざまな地域から集められているからである。今日の「日本製品」も，その中身に中国製でないものを見つけるのは難しい。付加価値の額などによって商品の国籍を特定し，それに応じた関税その他の取り扱いをするために原産地規則が設けられるが，これを証明する手続きは小さな業者にとっては非常に大きな事務負担となり，解釈に相違が生ずることも稀ではないので，複雑な法律判断とそれに伴う費用を要する場合が往々にしてある。

にもかかわらず，FTA の増加はすでに逆転できないところまで来てしまった。というのは，FTA を締結することが増えるにつれ，FTA を結ばないことによって自国製品が差別される不利益はますます大きくなるため，FTA の未締結国は争って FTA を結ぼうとし，それがいっそうの FTA 締結競争へと帰結するという カスケード現象（第4章第2節参照）が起こるからである。とりわけ世界最大の国内市場を持つアメリカが，カナダ，メキシコと NAFTA を締結したことによって，このような連鎖効果の率先国の役割を果たしたと言えよう。

日本は，多国間主義を重視して FTA（日本では経済連携協定〈EPA〉と普通呼ばれる）を最後まで結ばなかった主要な貿易国である。だが，その日本も 2002 年にシンガポールとの EPA を皮切りに，2012 年までに 13 の EPA を締結している。日本の動きに触発されて，中国や韓国もそれぞれの FTA をさまざまな諸国と締結しており，それぞれの国が締結競争を行っているのが，冷戦後の国際貿易システムの現実である。しかも，どの国と FTA を締結するのかという選択は，諸国がどのグループに属し，どの国を共に生きていくパートナーとして選ぶかという意味を不可避的に含む，仲間作りという高度に政治的な営みである。そうであれば，FTA が次々に結ばれている現状は，多国間主義的制度によって，グローバルに均質な市場を形成しようとした戦後の GATT・WTO 体制を変容させ，貿易の政治化を激化させる可能性を秘めている。

ブレトンウッズ体制

国際的な市場経済を秩序づける上で貿易と並ぶ大きな柱は，通貨もしくは金融をめぐる国際的な制度である。通貨には，商品を交換する際の決済手段，購買力を一時的に保存する価値保存手段，それに価格を測定するための価値尺度としての機能があるとされる（ハロッド 1969／邦訳 1974）。これらは市場経済を組織するために欠くことのできない機能であり，物々交換では今日の市場経済は運営不可能であ

る。実は一国の通貨制度が一つの通貨の下に整備されるのも，それほど昔に遡ることができるわけではなく，せいぜい19世紀に始まるにすぎない。一国内でも，外国で鋳造された通貨も含めて，さまざまな通貨が並行して流通することも稀ではなかった（コーヘン 1998／邦訳 2000）。今日，世界で広く使われている通貨は，ドルにせよ円にせよおおむね国家が発行している国民通貨である。それらの国民通貨は，それぞれの領域の中では法定貨幣とされ，法的に独占的な地位が与えられている。

このように現代世界では通貨は国家と強く結び付いているが，では国境を越えて展開される取引に用いられる通貨は，どのように組織されるのか。伝統的には，国際貿易に従事する民間の取引業者が最も信頼があり便利な通貨を取引に利用することによって，それは決められてきた。19世紀には，イギリスのポンドが圧倒的な国際通貨の地位を占めていた。ポンドが広く信用された背景には，当時ポンドは一定量の金と交換できる金本位制がとられており，そのため究極の国際通貨は金と見ることもできるが，実際には金地金（金の現物）を送ることによる国際決済は稀で，ポンド建ての為替手形が金よりはるかに便利であったため，諸国の貿易業者によって信用され広く利用された。繰り返すが，ポンドを中心とする国際決済制度は，国際条約や国際取り決めに根拠があったわけではない。それはポンドやその背後にあるイギリス政府への信頼や，ポンドを利用していたイギリスの金融機関やロンドンの金融市場の支配力によって，世界中の貿易業者がイギリスの制度を受け入れた結果として形成された，事実上の国際制度であった。

第二次世界大戦後の西側経済の国際通貨制度については，戦時中から英米間で交渉が続けられ，1944年に44カ国の間で締結されたブレトンウッズ協定に基づいている。その目的は，原則として貿易などの決済にともなう通貨を自由に交換できるようにすること，つまり通貨の交換制を確保することで国際貿易を促進することにあった。また，さまざまな国民通貨の関係を安定させるために，メンバー国には自国が発行する通貨についてドルに対し固定した為替レートを維持する固定平価制度がとられるとともに，アメリカ政府がドルを金との間で一定の比率（1トロイオンス＝35ドル）で諸国の金融当局に交換する金兌換制を維持することによって，ドルの価値を担保することを内容としていた。

他方，通貨制度を金と結び付けて為替レートを固定すれば，アメリカとの貿

COLUMN 6-1 国際収支の集計概念

　国際収支とは，普通1年間の一国の他国との取引を記録したものである。これは，一定の期間の増減を記録したフローと呼ばれる種類の統計量で，ある時点での累積量や保有量を示すストックと区別される。国際収支の黒字や赤字はしばしば語られるが，厳密には国際収支表は複式簿記の原理によって記録されているので，その全体を足し合わせるとゼロになるように作られている。黒字や赤字と言われるときは，その一部分について語られているのである。
　国際収支は，大まかに言って三つの部分から成る。第一は，国際貿易など財やサービスの移動にともなう収支を記録した経常収支（current balance）と呼ばれる部分で，第二は，債券や証券の売買などの金融取引にともなう収支を記録した資本収支である。そして第三は，上に記した2種類の取引の結果生ずる，外貨準備などの対外資産の増減を記録する項目である。
　現在では中国のように，多額の外貨を国家が保有し，それによって中央銀行が外国為替市場に介入することで，自国通貨を事実上ドルに固定している国もあるが，日本を含め大半の主要国はドルに対する為替レートを自由に変動させており，外貨準備の増減は無視できる水準である。そのような場合には，経常収支と資本収支の代数和はゼロになる。たとえば，かつての日本のように外国

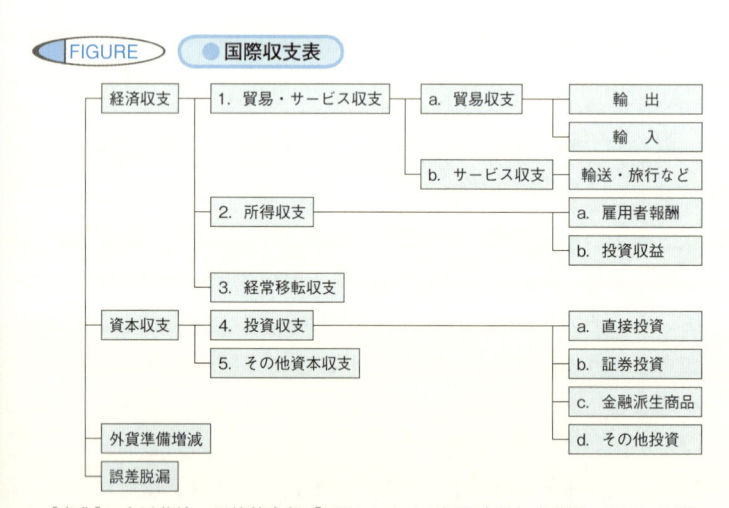

FIGURE　国際収支表

- 経済収支
  - 1. 貿易・サービス収支
    - a. 貿易収支 — 輸出／輸入
    - b. サービス収支 — 輸送・旅行など
  - 2. 所得収支
    - a. 雇用者報酬
    - b. 投資収益
  - 3. 経常移転収支
- 資本収支
  - 4. 投資収支
    - a. 直接投資
    - b. 証券投資
    - c. 金融派生商品
    - d. その他投資
  - 5. その他資本収支
- 外貨準備増減
- 誤差脱漏

［出典］小川英治・川崎健太郎『MBAのための国際金融』有斐閣，2007，8頁。

に多額の輸出をする国の経常収支は黒字になるが，そのような国は稼いだ外貨を銀行預金なり証券購入なりを通じて外国に対して貸さざるをえないから，資本収支は赤字になる。なお，無償援助などの贈与は経常収支に含まれるとともに，過去の対外投資から得られる利子などの収益も経常収支に含まれる。

家計や個人の場合，黒字というと好ましいことのように聞こえるが，国際収支の黒字とは，そもそもどの部分の黒字なのかが問題になる。また，一国の輸出は他国の輸入と等しいし，一国の貸しは他国の借りにほかならないから，世界中の国の経常収支や資本収支を足し合わせれば，その代数和もゼロになる。それゆえ，世界中の国の経常収支なり資本収支なりが同時に黒字になったり赤字なったりすることは，定義上不可能である。もし，経常収支の黒字が一般的に経済的な利益であるとすると，どこかの国が赤字を出さざるをえないから，そこに表れるのはまさに重商主義者の描いたゼロ・サムゲームであるということになる。

TABLE　●2010年の日本の国際収支　　億円

経常収支（a＋b＋c）			171,706
	(a) 貿易サービス収支		65,646
		貿易収支	79,789
		サービス収支	−14,143
	(b) 所得収支		116,977
	(c) 経常移転収支		−10,917
資本収支（d＋e）			−119,977
	(d) 投資収支		−115,636
	(e) その他資本収支		−4,341
外貨準備増減			−37,925
誤差脱漏			−13,805

［出典］　http://www.mof.go.jp/international_policy/reference/balance_of_payments/bpnet.htm より筆者作成。

易で輸入超過になることが予想される諸国では，経済政策が過度にデフレ的になる可能性があることを，イギリス側の交渉責任者であった J. M. ケインズは懸念した。そのためケインズは，バンコールと名づけられた国際通貨を発行するとともに，赤字国が自動的に信用を得ることができる清算同盟案を提案したが，これはアメリカ側が受け入れるところとはならなかった。それでも経常収支が赤字に陥った国が，それを調整するために直ちに引き締め政策を実施しなくともよいように IMF が設けられ，赤字国には国際的な融資が受けられるよう工夫された。第二次世界大戦直後には，アメリカは圧倒的な経済力を誇り，世界の金準備がアメリカに集中していた。そのため諸国の金融当局は，ドルを進んで受け取って外貨準備とした。また，ドルが世界中の人々によって商品の代価として受け取られるということは，アメリカにとっても好都合であった。アメリカは輸出によって外貨を得ることがなくても，外国からの貿易も，世界中に展開する米軍の費用も，対外援助も，支払うことができたからである。ドルへの信認はアメリカの力の結果であるとともに，アメリカの国際政治おける影響力を裏づけていたのである。

　ブレトンウッズ体制は，実は 1950 年代末まで現実には機能していなかった。というのは，アメリカ以外の諸国の国際収支があまりにも弱体で，為替管理を廃して通貨の交換を自由化すると，生産力があまりに弱体で直ちに輸入超過に陥るため，為替レートを維持ができなかったからである。それゆえ，アメリカは結局はブレトンウッズ体制で予定されていた自由な交換性を棚上げにし，日欧の同盟国に対しては IMF ではなくマーシャル・プランによる援助などを通じて，貿易決済に必要なドルを提供した。その結果，西ヨーロッパの主要国は 1950 年代末に，また日本もやや遅れて 1964 年には為替管理の制限を撤廃し，自由な交換性と安定した為替レートというブレトンウッズ体制の予定した国際金融秩序が実現したかに見えた。

　実際，国際経済は急速に緊密化し，為替取引も急速に増加した。だが，そうなると，ブレトンウッズ体制の下で固定されていた為替レートの維持が難しくなった。というのは，何らかの理由で諸国が為替レートを維持できないのではないかという疑念が市場で広がると，切り下げられそうな通貨を市場で大量に売って切り上げられそうな通貨に乗り換え，実際に平価が変動した後で買い戻して利益を得ようとする通貨投機が起こり，その規模がますます大きくなった

からである。通貨は市場経済のインフラストラクチャーであり，通貨問題では貿易問題とは異なって多様な集団が直接的な政治的影響力を行使することは少ない。それゆえ通貨外交は，少数の専門家が国内政治の制約からかなり隔離されて展開するテクノクラートの世界なのである。その意味で国際通貨外交の世界は，古典的な外交の世界に近い様相を呈したこともある。1960 年代には西側の主要国の間で BIS（国際決済銀行）や G10（先進 10 カ国蔵相会議）といった枠組みが活用され，国際通貨問題の管理をめぐる制度が発展した（クームズ 1976／邦訳 1977）。そこで為替レートを防衛するための情報交換や，国際収支の弱体な国への緊急融資が供与されるなど，高度の協力関係が発達した。

だが，このような西側主要国の通貨協力にもかかわらず，ブレトンウッズ体制が定めた固定平価制度は長持ちしなかった。投機は大規模に起これば，実際に価格を変動させる自己実現的な効果があり，民間での為替取引の規模が大きくなるにつれて，諸国の金融当局は守勢に立たされることになった。その結果，1960 年代前半からイタリアのリラやイギリスのポンドが切り下げられ，逆にドイツ・マルクが切り上げられるという為替レートの調整がしばしば行われ，相当な政治的混乱を招いた（田所 2001）。

そして 1960 年代末になると，ブレトンウッズ体制の根幹にあるはずのドル自身の価値に対する疑念が強くなり，それがブレトンウッズ体制を崩壊へと導いた。その直接の理由は，アメリカがベトナム戦争や社会保障関連の支出を，国債の発行に依存したためであった。アメリカの国際収支は，1960 年代末から悪化した。1971 年 8 月にアメリカは，ついに一方的にドルと金との交換制を停止した。いわゆるドル・ショックである。ドルはそれによって金との兌換制という制度的制約から解放されて，自由に切り下げることができるようになったのである。

変動相場と国際資本移動の活発化

1970 年代以降主要国の通貨は，固定した為替レートで結び付くのではなく，市場における取引によって毎日変化する変動相場制に入り，今日にいたっている。一方で為替レートについて諸国間で合意がなければ，それぞれの国がそれぞれの利益に沿って為替レートを操作しようとし，国際通貨秩序は大混乱に陥って再び為替管理が導入され，保護主義が広がるのではないかという懸念が語られた。

だが他方で，通貨秩序を国家間の協力よりも匿名(とくめい)的な民間市場の働きに委ねることが望ましいという見解もあった。変動相場制の下では諸国の政府はもはや固定した為替レートを維持する責任がないから，国際収支の不均衡は為替レートの変動で自動的に調整される。国際収支が赤字になれば，自国通貨の為替レートは下落するから，輸出は促進されて輸入が抑制され，他方，黒字国通貨の為替レートは切り上がり，輸出は抑制されて輸入が促進される。また為替レートを一定水準に維持する必要がないのなら，諸国政府が緊急融資を交渉する通貨外交の必要もない。ドルを外貨準備として保有する必要もなく，アメリカにさまざまな特権を与えていたドルの国際通貨としての地位も大幅に縮小するだろうと考えられた。そうなれば，アメリカは国際通貨の発行国としての特権を喪失すると同時に，世界市場の基本的インフラを管理する責任からも解放されることになろう。そうして，ドルが君臨する覇権的なシステムから，ドイツ・マルクや日本円も国際的に使われるようになる，世界の経済力の現実に沿った対称的な国際通貨体制に移行し，より安定したシステムが生まれるとも考えられた。

　いずれにせよ，それを決めるのは国家間の外交交渉ではなく，世界中の無数の民間の取引業者が日夜下す判断の総合である国際金融市場であるとされた。このようにしてブレトンウッズ体制が崩壊した後の変動相場制の国際通貨制度では，国家に代わって民間市場の果たす役割が大幅に拡大したのである。

　実際，1970年代は大きな経済的ショックの時代だったにもかかわらず，自由主義的な国際経済秩序が維持されたことは事実である。2度に及ぶ石油危機の結果，アラブ産油国が空前の経常収支黒字を計上し，日本をはじめとする西側主要国は，インフレ，景気の悪化，国際収支の悪化という，第二次世界大戦後初めての大きな経済的苦境に陥った。それでも，不況と国際収支の激変にもかかわらず，主要国通貨の交換性は維持されたし，諸国が為替レートを競争的に切り下げようとして混乱に陥ることもなかった。

　それは，変動相場制によって国際収支が調整されたためではなく，主として国際的な資本移動の作用によるものであった。ブレトンウッズ体制は，貿易決済などの経常取引の規制をなくすことを目的としていたが，為替レートを維持するために国際的な資本移動は規制されることが前提とされていた。だが，1970年代から国際金融市場は急速に拡大し，金融市場の規制緩和も進んで

FIGURE 6-3 ● アメリカの対外債務と経常収支（対GDP比）

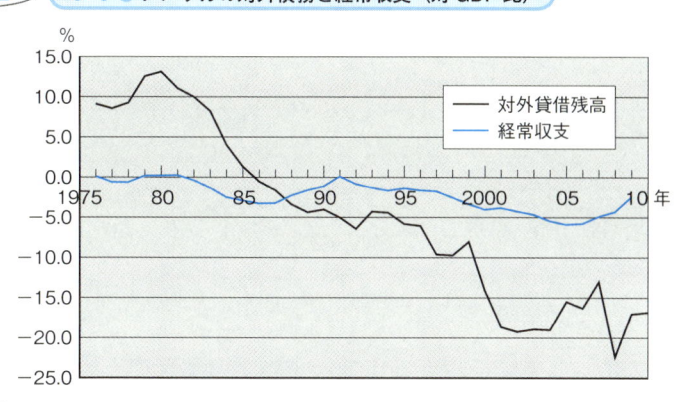

［出典］ World Development Indicators, http://www.bea.gov/international/

た。そのため，巨額の経常収支の不均衡があっても，直ちにそれを調整したり，公的融資を得たりする必要はなく，海外から民間資本を借り入れることで資金繰りをつけることができるようになったのである。

　実際，経常収支の不均衡は，為替レートの変動によって調整されることはなく，むしろ拡大した。また，変動相場制によって低下するはずであった国際通貨としてのドルの地位も，その衰退が何度となく語られたのにもかかわらず，基本的に揺らぐことがなかった。ドルは国際市場で民間の業者たちによって，決済にも，価値の保存のためにも用いられ続けた。アメリカのドルは依然として国際金融市場で君臨しており，国際通貨制度の覇権的な性格は変わっていない。石油をはじめとする主要な商品も，国際機関への予算もドル建てのままであった。アメリカは1986年には純債務国に転落しており，しかも国際収支はその後も大幅な赤字を続けて，世界最大の債務国である。その国の金融当局が発行する通貨であるドルやアメリカの国債が，世界中の政府や金融機関によって保有され続けているのは直感的には不自然だが，変動相場制に移行して以来40年が経過しても，ドル体制は国家間の合意ではなく市場を通じて維持されてきた。

　以上のように，国際金融の領域では，たしかにブレトンウッズ体制は崩壊したが，覇権論が予想したようにそれによって自由主義的な秩序が後退したわけ

FIGURE 6-4 ●公的準備の構成の推移（長期）

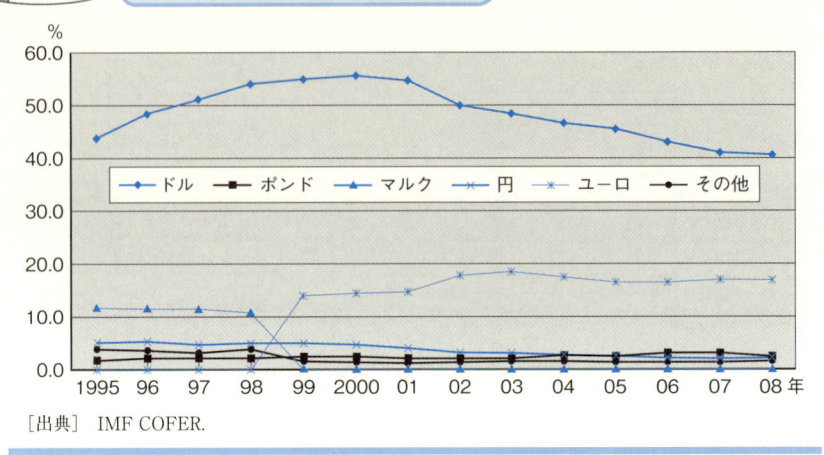

[出典] IMF COFER.

ではない。むしろ1970年代以降起こったことは，為替レートも国際収支の調整も，公的な制度よりも民間市場で決定される部分が大幅に拡大されたことであった。むしろ国際金融秩序では，市場の役割の拡大が決定的であり，それが金融市場で圧倒的優位にあるアメリカに特殊なパワーを与えていると見てよいだろう。アメリカの金融市場には，世界中から貸し手と借り手が集まる。だからこそウォールストリートの金融市場を自国内に持つアメリカは，自国の国民通貨ドルで輸入を賄い，海外からの借り入れを行い，さらには海外への援助も自国通貨で提供することができる。しかも，自国金融制度と自国通貨を事実上の世界標準にすることで，アメリカは他国にはないパワーを得ている。

それではアメリカが国際金融市場で占める優位性は，どこから発しているのだろうか。もちろんアメリカの経済規模が大きいということがあろう。だが，その地位の相対的低下にもかかわらず，依然としてドルが国際通貨でニューヨークが世界金融の中心であるのは，アメリカの金融制度が優れており，そこでは決済サービスや法的インフラが整備されているし，アメリカが地政学的に最も安全な場所であるために，資産を安全かつ効率的に保有するのに適しているといったことが考えられる。つまりアメリカには，GDPや対外貸借バランスでは計れない，ソフトな優位があるのかもしれない。それと同様に説得力のあ

る説明は，通貨や金融制度には強い**ネットワーク外部性**が作用し，それは一つのものに収斂（しゅうれん）する傾向が強いということである。通貨は，複数あるよりも一つの方が圧倒的に便利である。また金融市場も，一つの方が便利で効率がよいかもしれない。とりわけ金融取引が，電子技術の進歩によりきわめて低いコストで実行できることから，金融システムにも国際通貨にも，貿易の場合よりも規模の経済が作用しやすいと言えよう。グローバルな金融システムが，地域主義というよりも依然としてアメリカ中心に組織され続けている大きな理由は，以上のようなことから説明できるだろう。

3 国際政治経済の過程

市場の不完全性　　自由主義的な国際経済観に合意があり，それを基礎とする国際経済レジームが整備されても，国際経済から政治はなくならない。その一つの理由は，国家を自由主義的原則から逸脱させる力学が作用しているからである。そもそも，市場によって国際経済を組織することには内在的な限界がある。

　経済学理論は多くの重要問題に必ずしも強い合意があるわけではないにせよ，市場経済を高く評価するのが学問の伝統であり，自由な国際貿易には圧倒的に肯定的である。アダム・スミスは分業が生産に貢献すると説いた。そうであれば，国境を横断した市場でも分業が望ましいと考えるのは当然である。すでに貿易から得ている利益を実感するのは難しいかもしれないが，もし日本が突然貿易のできない状態に陥って自給自足をよぎなくされれば，1億人を超える国民が現在の生活水準を享受し続けることは全く想像できない。日本の国土における農業生産力だけでは1億人を超える人口を養うことすら全く不可能であり，実際貿易をほとんど行っていなかった幕末には，日本の人口は3000万人余りにすぎず，それでも明治以来つねに「過剰人口」が問題となっていた。

　デイヴィッド・リカードは**比較優位論**を定式化することで，直感に反して貿易から得られる利益は産業の競争力に勝る国だけではなく，それが劣る国にも及ぶと論じた。リカードの議論は誤解されることが多いが，一国が自国の相対的に得意とする生産に特化し，相対的に不得意な生産は他国に任せれば，自国

> **COLUMN** *6-2* 比較優位論

リカードのモデルは，2国から成り，生産される財は2種類そして生産に必要な生産要素は1種類だけという単純なモデルであるが，その意味するところは直感に反するため，誤解されがちである。今，日本と中国から成る世界で，半導体とフリースだけが生産され，それに必要な生産要素は労働力だけの世界を考えよう。その上で以下のような数値例を仮定しよう（以下の数値例や説明は，澤田 2003, 第2章によっている）。

TABLE ● リカード・モデルの数値例

	国内の総労働量	半導体生産の単位当たり必要労働量	フリース生産の単位当たり必要労働量	半導体生産の機会費用[1]	フリース生産の機会費用[2]
日本	2000人	2人	4人	0.5	2
中国	5000人	10人	5人	2	0.5

[注] 1) 半導体1単位生産のフリース1枚生産に対する相対的必要労働量。
2) フリース1枚生産の半導体1単位生産に対する相対的必要労働量。
[出典] 澤田康幸『国際経済学』新世社, 2003, 21頁。

この場合，日本は半導体を作っても，フリースを作っても中国より少ない労働力で生産できる（つまり競争力が強い）ので，これは半導体生産でもフリース生産でも絶対優位にあるとみなすことができる。だが，半導体での日本の中国に対する優位は，同じ量の半導体を作るのに中国では10人必要な労働力が，日本では2人なので5倍であるのに対して，フリース生産における優位は1.25倍（5÷4）にすぎない。この場合，日本は半導体生産で比較優位にあると概念化する。逆に中国から見ると，半導体でもフリースでも中国の競争力は劣るが，半導体での競争力が5分の1しかないのに対して，フリースでは5分の4あると見ることができ，この場合フリースに比較優位があると呼ぶのである。

もし貿易がないとすると，両国とも半導体とフリースを作るが，その最大生産可能量＝最大消費可能量を示した生産フロンティアは図1と2のようになる。日本ではフリース1単位の価格は，生産に必要な労働力の量の比率（あるいは生産の機会費用）を反映して半導体の2倍となり，他方中国ではそれは0.5となり，それぞれがグラフの傾きとなって表現される。

もし，だれかが日本で比較優位にある半導体を中国に持っていって比較劣位

にあるフリースと交換すると，日本では1単位の半導体で2分の1単位のフリースしか買えなかったが，中国では4倍の2単位と交換できる。もし，貿易が自由に行われ，日本が半導体，中国がフリースとそれぞれ比較優位のある分野の生産に特化し，比較劣位にある財を輸入すると，何が起こるだろうか。その場合日本と中国で価格差はなくなり，日本からの需要が増えるので，フリースの価格は高くなる。グラフの傾きは貿易がない場合の両国のグラフの傾き（両財の相対価格）である，0.5と2の間のどこかに定まるだろう。ここでは，これを1と仮定しよう。そうなると，日本は半導体の生産に特化してフリース生産をあきらめて輸入すると，それまでの国内で作る場合の2倍のフリースを消費と交換でき，消費フロンティアは外側に拡大する。

他方，中国から見ても，国内で両財を作っていた場合にはフリース1単位で0.5単位の半導体しか得られなかったのに対し，自由にだれもが貿易をすると，価格が変化し仮定通り1になるとすると，貿易のない状態に比べて倍の1単位の半導体と交換できることになる。

つまり自由な貿易は，国際分業を可能にするので，絶対優位の産業しかない競争力の強い国だけではなく，絶対優位の生産物のない競争力の劣る国にとっても有利になる，という結果が導けるのである。

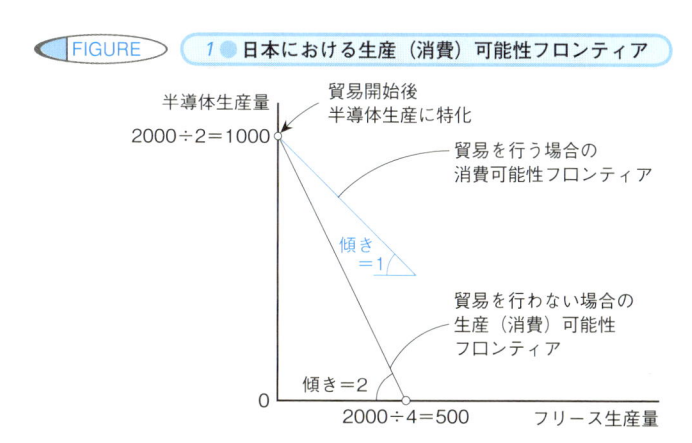

FIGURE 1● 日本における生産（消費）可能性フロンティア

半導体生産量
2000÷2=1000
貿易開始後 半導体生産に特化
貿易を行う場合の消費可能性フロンティア
傾き＝1
貿易を行わない場合の生産（消費）可能性フロンティア
傾き＝2
0　　2000÷4=500　　フリース生産量

[出典]　澤田康幸『国際経済学』新世社，2003，23頁。

| FIGURE | 2 ● 中国における生産（消費）可能性フロンティア |

半導体生産量

貿易を行う場合の
消費可能性フロンティア

貿易を行わない場合の
生産（消費）可能性
フロンティア

5000÷10＝500

貿易開始後
フリース生産
に特化

傾き＝1

傾き＝0.5

5000÷5＝1000　　フリース生産量

［出典］ 澤田康幸『国際経済学』新世社，2003，23頁。

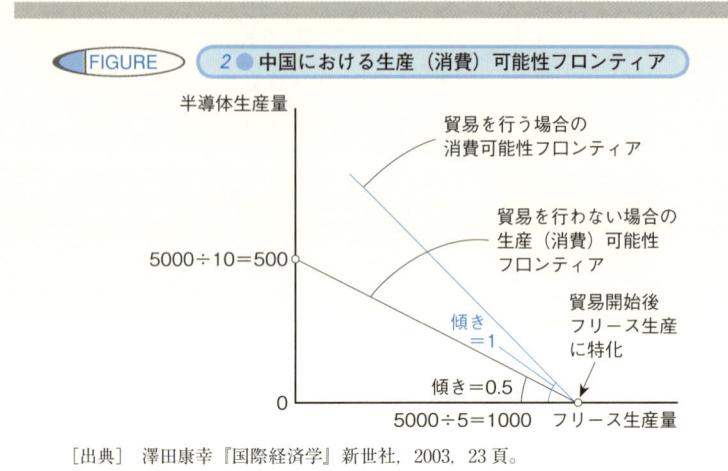

も他国も共に経済的厚生が向上することを示したものである。

　そうであるなら，たとえ他国が保護主義を実行して自国製品に関税を課したとしても，自国は自由貿易を実行するのが合理的である。言い換えれば，自由貿易は一方的に実施しても自国の利益になるはずだが，現実には自国の市場を他国の生産者に開放することは政治的には「譲歩」であるとみなされ，他国市場への参入機会を獲得することは交渉の「成果」であるとみなされることが多い。そして貿易自由化は一方的に行われるのではなく，外交交渉によって相互的もしくは互恵的に合意されることが，GATTやWTOでも原則となっている。そういった貿易交渉の場は，自国市場への参入と相手国市場への参入が取引される輸出市場の獲得をめぐる競争，すなわち重商主義的な世界に圧倒的に近いのである。

　では，リカードの理論が教えることに反して，貿易が国家に輸入を抑制し輸出を奨励しようとする政治的力学が作用するのはなぜか。身近な例では，2012年の関税率表によると日本への米の輸入には1kg当たり402円の関税が課されていて，それは700％を超える関税率に相当する。他方では，自由貿易を掲げて自動車や工作機械を世界の市場で売っているにもかかわらず，日本は，国

内の農産物生産者を保護するために高率の関税をかけて，事実上米の輸入を阻止している。しかも農産物市場保護政策のために，日本は多くの国とのFTA交渉が進まず，その結果，日本の輸出産業は国際市場で競争上の不利益をこうむっている。農産品に限らず自国産品が割高なら，そういった製品の生産よりもっと競争力のある産業に人的・物的な資源を振り向けた方が，日本自身の利益になるはずではないか。保護されている産業は，国民経済のお荷物にすぎないではないか。なぜ日本は農産物市場を自由化しないのか。また，たとえ日本が不合理であっても，日本の貿易相手国がそれを理由に日本からの輸入に障壁を設けるのも不合理かもしれない。では，なぜ現実の国際交渉で，保護と規制を求める政治的圧力が強いのか。その理由の一つは，市場そのものに単純なモデルでは織り込まれていないさまざまな限界があるからである。

　比較優位に沿って分業を再編成することは，労働や資本が一つの産業から他の産業へと柔軟に移動することが前提となっている。だが，企業にせよ個人にせよ，そのような調整を行うこと自体にコストを要する。日本が高度経済成長の過程で，石炭から石油へのエネルギーの転換をしたのは合理的であった。だが，危険でしばしば劣悪な労働環境であっても，炭鉱労働者が離職に激しく抵抗したのは，職業や住む場所が生活そのものであったからなのかもしれない。よしんば現在の仕事を離れて，安全でより高い収入を得られる仕事に就けても，やはりそこに抵抗があるのは，人間としては自然であろう。より大きなスケールで考えると，ある産業には工場なり機械なり雇用した労働力なりが，すでに組織されている。そういった資源を一つの産業から他の産業に転換するのには，それなりのコストを要することは，リカードのモデルでは考慮されていない。

　時間の要素も，比較優位論は織り込んでいない。比較優位論が表しているのは静的な世界であり，ある時点で工業化している国はいつまでも工業国だが，農業国は農業に比較優位があるのだから，いつまでも産業の高度化を期待すべきではないことを暗に意味している。だが，技術進歩が持続的に起こる世界では，比較優位は自由貿易論の想定していたように気候や地理的条件のような自然のみによって決まるものではなく，時間とともに変化し，しかも政策を含む人為によっても変化するものとなる。日本の自動車産業は道路も未整備でガソリン価格も高い1960年代までは，およそ国際競争力があるとも思えなかったであろう。けれども，小型化や燃費の向上などの継続的な技術革新によって，

1980年代までには日本で最も競争力のある産業の一つになった。そう考えると，自国産業の高度化のために保護が有効である場合もあると言えそうである。技術進歩を利用して有力な自国産業を国際市場で育成しようとする産業政策は，日本や東アジア諸国が大規模に展開し，それらの諸国の経済的飛躍を生んだ。

また国家が対外政策を策定するには，経済的厚生以外にもさまざまな価値を考慮しなくてはならない。たとえば，安全保障上の理由から，ある種の製品は自国で生産すべきであるとする議論はよく聞かれる。輸入に依存しすぎると，輸入が途絶したときに大きな打撃を受けるかもしれないというのがその論拠である。とりわけ軍事関連技術や食料・エネルギーなどの対外依存が過剰になるのは安全保障上の理由から望ましくない，とする議論は広く受け入れられる。

さらに国際政治上の考慮から，絶対的な利益よりも相対的な利益の方が重視される場合もある。冷戦期のソ連との間の貿易については，アメリカですら自由貿易を推進したわけではなく，ココム（対共産圏輸出統制委員会）やチンコム（対中国輸出統制委員会）といった機構を通じて，ソ連や中国などの共産圏諸国との貿易の制限を同盟国と共に課していた。米ソの経済関係を支配していたのは，両者が共に経済的な利益を得るかどうかではなく，どちらが相対的により大きな利益を得て，政治的な優位に立つかという考慮であった。安全保障，社会的安定に加えて，環境，文化などの価値も政治は追求するだろう。しかも，市場で売買することが不適切とされる領域も明らかにあるが（サンデル 2012），その基準は世界で一様ではないだろう。

保護主義の国内政治力学

もちろん市場に限界があるからといって，政府による産業の育成がつねに成功するわけではないし，それが自由な競争から生まれるイノベーション（革新）よりも効率がよいというわけでもない。また，市場経済につきものの調整コストに代表される社会的コストを政府が負担することが，公正という観点からもつねに正当化できるわけでもない。また，安全保障上の観点から見ると，国内産業を保護することが不合理な場合がむしろ多く，保護による安全保障上のコストは忘れられがちである。むやみに輸入を制限すれば，国際分業によって得られる利益が失われるだけではなく，外交上の不利益にもなるかもしれない。国際分業に積極的に参加することで，めざましい経済発展をとげた韓国と，日本の植民地時代には南部より工業化が進んでいたにもかかわらず，経済的鎖国によって対外依

存度は小さいが,エネルギーの輸入にも事欠き電力供給も途絶えがちな北朝鮮とでは,生活水準はもちろん安全保障面から見てもどちらが有利なのかは一目瞭然である。政府はしばしば誤った介入をするし,政治の経済への大規模な介入は,不能率だけではなく腐敗という大きなリスクも伴う。

だが,よしんば自由な貿易が一国全体の経済的利益にとって望ましいとしても,一国の対外行動はその国全体の利益によって導かれるとはかぎらないのが現実である。一国の対外政策は国内の複雑な利害関係を反映しており,現実の「国家」は単一の主体ではなく,国内では多様な利害を持つさまざまな集団がそれぞれの利益を追求している。とりわけ貿易問題では,安全保障問題などよりも一国の利害は多様であるし,そのような多様な利害がそれぞれの政治制度を通じて表出されてはじめて,国家はそれを目標として行動するようになる。言い換えれば,「国益」が国家の行動に結び付くには,それが効果的に組織され,政治制度で表出されなくてはならない。

その際には,少数者であっても固く組織されている集団が有利で,その利害が対外経済政策に強く反映される傾向がある。国際競争力の劣る生産者にとっては,自分たちの国内市場が外国からの競争に晒されず保護されれば好都合である。もちろん,輸入品の消費者にとっては安価な輸入品が入手できればそれは利益になるから,全体としては市場開放を求める声の方が大きくなってもおかしくない。だが,利益が政策に反映されるには,利益が存在しているだけでは不十分で,それが政治の場に有効に表出されなくてはならない。

すでに第4章第2節で,多数者が利益を共有すればその利益の実現のためにかえって協力が困難になるという,集合行為論について検討した。その観点から見ると自由な貿易体制は一種の公共財であり,安価な輸入品から利益を受ける消費者の数は多いし,その分政治的影響力も潜在的には強いはずだが,人々の消費者としての利益は薄く広く分布しているため,消費者の利益は組織しにくく政治的な影響力は実際には行使されない。他方,保護によって個別の利益を受ける生産者は少数でも利益を共有する集団として生産者団体や業界団体を組織しやすく,それぞれの利益を政治の場に投射することが比較的容易である。先に述べた米のケースで言えば,2011年の日本における米に費される平均的な家計支出は月額3万円程度にすぎないから,たとえそれを半分にできたとしても消費者が直接的な行動を起こす誘因は小さく,利益を共有する他者の努力

にただ乗りしようとする誘因が強い。だが，生産者や関連団体にとってはことは死活問題であるから，政治運動を懸命に展開するのは不思議ではない。

さらに，もし国内の政治制度が輸入品と競合する生産者の声を反映しやすい場合には，いっそう市場の保護を求める声が強くなろう。たとえば選挙制度が，都市部よりも地方部に有利ならば，農業関係団体の利益はいっそう強く政治的に表出されるはずである。また，一般に議会の方が行政府よりも個別的な利害を表出しやすいこともよく知られている。たとえば，1930年にアメリカ議会は，スムート・ホーレー関税として知られる極端な保護主義関税を可決し，ただでさえ危機にあった世界経済はいっそう悪化の度を増した。これは，議員が自分の支持母体を保護するために提案した保護関税を，相互に提案を支持し合うログローリング（logrolling）と呼ばれる議会での票の取引の結果であった。これを教訓として，1934年に導入された互恵通商協定法（Reciprocal Trade Agreement Act）では関税交渉の権限を行政府に与え，個別的な関税率を議会が決定することによって起こる集合行為の不合理を克服し，戦後のGATT体制下の関税引き下げにつながったと言われる（Haggard 1988）。

レジームの限界

国家間の公的な国際経済制度は，構成国家の適切な行動範囲を定式化することで，経済をめぐる国際紛争を防ぐことを期待されている。だが，この限界としてよく指摘されるのが，はたして制度によって強者を拘束できるのかという点である。国際政治における規範や約束に比較的懐疑的なリアリストも，現状維持の装置として制度や国際法を無視するわけではない。GATTにせよIMFにせよ，その設立がアメリカという覇権国の利益や理想を反映し，制度を通じてそれを維持しようとしたことはまちがいない。だが，では覇権国の利益や理念が変化した際には，制度はどれほど覇権国の行動を規律できるのだろうか。アメリカが，自らが主導して築いた国際的制度を逸脱した事例をあげることは，困難ではない。1971年にニクソン大統領は，ブレトンウッズ協定の基本的なルールであった，ドルと金の兌換制を一方的に停止した。これによってドルと他の通貨との間の為替レートは一挙に不安定化し，結局1年余りで西側主要国の通貨は変動相場制に入った。これは明らかにアメリカによる一方的なルールからの逸脱である。

また，アメリカ議会は1988年に包括通商法を制定し，その第301条（いわゆるスーパー301条）で，通商代表部に優先交渉国（すなわち「不公正貿易国」）

を認定し，それとの優先的な交渉を義務づけるとともに，3年以内に問題が解決しない場合には報復を実施することを定めた．アメリカが一方的に他国の通商上の行動を評価して一方的に制裁を科すことは，いかなる法解釈論を持ち出そうとも，GATTやWTO条約の基本的理念である多国間主義に反する．戦後の国際経済制度では，たしかにアメリカの単独行動主義を完全に排除することはできなかった．

　だが，これとは逆の事例もあげられる．たとえばWTOが格段に強化されたことは，すでに本章第2節で述べた．紛争処理メカニズムは，GATT時代から比べると格段に強化された．GATTの時代には，紛争処理のメカニズムであるパネルの設置やパネル報告の採択が，GATT理事会における全会一致によって行われていたため，訴えられた国がパネルの設置を遅延させたり，敗訴国がパネル報告の採択を拒んだりして，手続きの実効性を弱めることができた．しかし，WTOの紛争処理では，パネルの設置が自動的になるとともに迅速化され，報告の採択には逆コンセンサス方式，すなわち全会一致で反対されないかぎり採択されるようになっている．その上で，パネル報告に不服がある場合のために，上級審的な役割を持つ上級委員会が設けられた．しかもWTO協定違反の措置による利益の侵害を回復するためには，WTO協定に基づく紛争解決手続きを利用しなければならないと規定し，同手続きを経ない一方的な制裁措置の発動を禁止している．日本が当事国となってアメリカを訴えたケースもあり，アメリカがしばしばそこで敗れていることはあまり知られていない．実は多くの場合，政治的注目を浴びることもなく，案件は淡々と処理されているのである（日本が当事国となっているWTOパネルの実例については，以下を参照．http://www.mofa.go.jp/mofaj/gaiko/wto/funso/funsou.html）．

　覇権国であるアメリカは，たしかにスーパー301条を貿易交渉で相手国を威嚇するための手段として使ったが，このような制度に合意して結局スーパー301条も廃止してしまったのはなぜか．それは他国からの反発を招いて，交渉がむしろ政治化することがアメリカ自身にとっても得策ではないという判断と無縁ではない．事態が政治問題化すれば国内の保護主義勢力を刺激し，先に述べたような国内政治の力学が作用することが懸念される．それだけではなく，対外的にも複雑で多岐にわたるグローバル市場で起こる問題を，つねに政治化するのはいかなる大国にとっても不可能であり，何らかの安定した制度を通じ

た効率的な解決が求められるという事情がある。見方を変えれば，覇権国が自らのパワーをレジームを通じて行使しようとするかぎりは，覇権国自身もそれに拘束されざるをえないのである。

さて，国際秩序は構成員資格についての合意でもあることは，第4章第2節で述べた通りである。第二次世界大戦後の国際経済秩序は，もともとはソ連圏諸国や後に独立する開発途上国，さらに日独伊の敗戦国が含まれない限定されたメンバーによって組織された。アメリカが制度を通じた国際経済関係の管理に力を注いだのには，それが西側同盟の諸国の結束と強化という目標があったためであることも，すでに述べた通りである。少なくとも冷戦下では，比較的同質的で安全保障上の利害を共有する国々がこの制度の中核であったことが，制度が比較的順調に機能した一つの理由であったと見てよかろう。だが，どの国にこの制度への加盟を認めるかということをめぐって，問題がしばしば表面化した。

実は戦後の貿易秩序で，日本は差別的措置に苦しみ続けた。「旧敵国」である日本は，ほとんどの国際機関の原加盟国ではない。国際連合への日本の加盟は，日本がサンフランシスコ講和条約（1951年調印，52年発効）で主権を回復してから5年近くたった1956年を待たねばならなかったが，それは主としてソ連を中心とする共産圏諸国の反対によるものであった。

日本にとって非常に関心の高かったGATTへの加盟も，アメリカの後押しにもかかわらず，ヨーロッパ諸国とりわけイギリスからの強い反対によって，1955年にようやく実現した。またGATTやWTOへの加盟国はその後急速に増加し，中国（2001年）やロシア（2012年）も正式加盟が実現しているが，加盟の条件をめぐるさまざまな交渉は，時に政治問題化した。

日本のGATT加盟についての反対論の主たる理由は，日本が主として繊維などの分野で高い輸出競争力を持ちながら，極端な低賃金国であることから生ずるいわゆるソーシャル・ダンピング論があった。このことは，国内に繊維産業を持つイギリスが強く主張し，日本人は「不公正」であるとか「旧敵国」であるとかといった言説がそれに加わって，日本の加盟は難航した。

加えて，第二次世界大戦後の国際経済体制は「埋め込まれた自由主義」であり，自由貿易と国家による経済管理という二つの要素の妥協によって成立している。だが，この二つは原理的には矛盾するため，国家による正当な市場への

> **COLUMN** *6-3* GATT 第 19 条と第 35 条

GATT 第 19 条 特定の産品の輸入に対する緊急措置
　(a)　締約国は，事情の予見されなかつた発展の結果及び自国がこの協定に基いて負う義務（関税譲許を含む。）の効果により，産品が，自国の領域内における同種の産品又は直接的競争産品の国内生産者に重大な損害を与え又は与えるおそれがあるような増加した数量で，及びそのような条件で，自国の領域内に輸入されているときは，その産品について，前記の損害を防止し又は救済するために必要な限度及び期間において，その義務の全部若しくは一部を停止し，又はその譲許を撤回し，若しくは修正することができる。

GATT 第 35 条 特定締約国間における協定の不適用
　1　この協定又はこの協定の第二条の規定は，次の場合には，いずれかの締約国と他のいずれかの締約国との間には適用されないものとする。
　(a)　両締約国が相互間の関税交渉を開始しておらず，かつ，
　(b)　両締約国の一方が締約国となる時にそのいずれかの締約国がその適用に同意しない場合

介入の境界を決める規範の解釈は，時に関係国間の政治交渉に依存せざるをえない。GATT も，その第 19 条のいわゆるセーフガード（緊急輸入制限措置）条項によって国内産業を保護する余地を残していた。だが，第 19 条は無差別的に適用されなくてはならず，日本を狙い撃ちにできないことに加えて，輸出国の対抗措置を認めていることもあり，それを発動する国には不都合であった。結局，日本の GATT 加盟は実現したものの，ヨーロッパ諸国を中心に当時の加盟 38 カ国中 14 カ国が GATT 第 35 条を日本に発動し，GATT 上の関係を日本には適用しないこととした。その結果第 35 条の撤廃問題が，日本とそれらの諸国との間の外交交渉に委ねられた。1960 年代前半には，西側経済が順調に成長し，またアメリカがケネディ・ラウンド交渉を通じて貿易自由化に向けた強い主導性を発揮していた。そのアメリカが冷戦戦略上も対日差別の撤廃を求めたことがあり，ヨーロッパ諸国も第 35 条の適用を次々に撤廃した。

だが，GATT 第 35 条は撤廃されたものの，日本は当時主力輸出品であった綿製品の輸出自主規制をよぎなくされた。1961 年には，アメリカ，カナダお

TABLE 6-1 日本の GATT 加盟の際の第 35 条援用

	国名	採用日	採用撤回日
ヨーロッパ	オーストリア	1955年 9月 9日	
	ベルギー	1955年 8月 8日	1964年 10月 21日
	フランス	1955年 7月 20日	1964年 1月 10日
	ルクセンブルク	1955年 8月 8日	1964年 10月 21日
	オランダ	1955年 8月 10日	1964年 10月 21日
	イギリス	1955年 8月 8日	1963年 4月 9日
その他の地域	オーストラリア	1955年 8月 24日	1964年 5月 27日
	ブラジル	1955年 8月 8日	1964年 10月 21日
	キューバ	1955年 9月 1日	1961年 12月 11日
	ハイチ	1955年 8月 8日	
	インド	1955年 8月 3日	1958年 10月 16日
	ニュージーランド	1955年 8月 23日	1962年 3月 19日
	南ローデシア	1955年 8月 5日	1963年 8月 2日
	南ア	1955年 8月 12日	

［出典］小島清・小宮隆太郎編，1972『日本の非関税障壁』日本経済新聞社，208-209 頁。

よびヨーロッパ諸国と日本などアジア諸国の間で短期繊維取り決め（STA）が交わされ，それは 1962 年からは綿製品の長期取り決め（LTA）に，1974 年からは多国間繊維取り決め（MFA）へと引き継がれた。それによって GATT の原則に反する品目ごとの年間輸入数量枠（クォータ）が設定された。自主規制はその後もさまざまな品目で適用され，日本からの米欧へのカラーテレビ，鉄鋼，自動車の輸出において，次々に自主規制という形の政治的解決が図られた。

このような貿易上の差別措置は，日本だけが対象となってきたわけではない。たとえば中国も WTO 加盟に際して，アメリカのセーフガード条項の導入を受け入れたし，それでも中国から欧米への繊維輸出が急増したのに対して，2005 年にはアメリカと EU の求めに応じて，厳しい交渉の末，輸出の自主規制に合意した。日本が中国に輸出自主規制を求めた事例は少ないが，2001 年にはねぎ・生しいたけ・畳表の 3 品目について，WTO 協定で認められたセーフガードを暫定発動し，これに対して中国は，日本製の自動車・携帯電話などに特別関税を課す対抗措置に出た。結局，日本はセーフガードを正式発動せず，中国も輸出を自主規制することなどを約束して政治的な決着が図られた。

戦後の自由貿易秩序は普遍的なものではなく，メンバーと非メンバーとの間の関係は，制度ではなく政治的交渉で処理されねばならなかった。しかも，メンバー間の関係を規律する制度でも，「市場秩序」の維持や「センシティブ品目」の指定といった方法で，さまざまな制度的抜け道や例外規定が設けられ，「自主」規制や2国間協定といった政治的決着の余地が残されていたのである。

市場のダイナミズムとレジーム

　市場には国家間の関係とは独立したダイナミズムがある。それはレジームの空白を作り出し，レジームが予定していない課題を作り出す。政治はしばしばそれに対応を迫られ，それが国家間の交渉と軋轢に発展する可能性を惹起する。

　伝統的に国際貿易の分野での国家間の政治的案件は，貿易の数量的な規制と関税率の設定，言い換えると国家の管轄権の境界で行使される国境措置に関するものであった。だが，GATT のラウンド交渉が成功するにつれて関税率は低下し，問題の焦点は徐々に非関税障壁に移るようになってきた。たとえば基準や認証，それに政府調達と，従来は海外との競争に晒されていなかった分野が国際的関心事となった。また，経済が高度化するにつれて，経済でのサービスの比重が大きくなるため，アメリカをはじめとする先進国の関心は，金融，保険，法務，運輸，知的財産権保護などのサービス部門に重点が移っていった。それらの分野は独自の制度が深く根づいており，銀行業や保険業の免許や規制のあり方，特許制度までをも問題にするのは，伝統的な感覚からは内政への干渉にほかならなかった。

　日本が関係した例では，1989 年から 93 年にかけてアメリカとの間で行われた日米構造協議（SII）で，アメリカ側は 200 項目を超える多岐にわたる事項を日本側に要求した。それには，日本の財政政策，大規模小売店舗法の改正に代表される規制緩和，輸入手続きの迅速化や独占禁止法の運用強化，さらに閉鎖的商慣行といったことが含まれていた。これらの領域についても，協議すれば国際的に制度化が進むかもしれないが，国内制度の詳細や民間の商慣行までを外交案件にすれば，事態が政治的に紛糾するのは当然であった。だが，通商交渉でこうした非関税部門の比率が大きくなっていることは，国際取引が拡大し，市場がますます統合されるにつれ避けられない趨勢であろう。

　今日の国際経済問題で制度の空白が目立つのは，国際資本市場の監督問題で

あろう。1970年代以来，国際金融市場の自由化が急速に進んだため，今日の国際通貨問題の重要案件は，もはや為替管理や為替レートといった内外金融の境界にあるフィルターに関するものよりも，巨大な国際金融市場の管理にある。ブレトンウッズ体制では，民間の国際資本移動は規制されることが前提となっており，国際資本市場の監督は課題とされていなかった。そのため資本移動が自由化され国際金融市場が成長すると，そこはいわば仮想的な非国家領域になった。

ところで，市場の自己制御能力には限界があり，市場の失敗と呼ばれる現象がしばしば起こることが知られている。とりわけ金融市場は不安定性を秘めている。市場経済が効率的であるためには，価格がさまざまな情報が織り込まれるように自由に形成される必要があり，適切な価格形成は外部からの規制や独占を排することによって得られる，というのが常識的な見方である。だが金融市場では，将来の価格の上昇について極端な楽観が生まれると，それ自体が実際に価格の上昇を招き，実態のある需給関係からは明らかに不合理に価格が上昇するバブルがしばしば発生する。そしてそれがはじけると，今度はいくら価格を下げても買い手がつかないという金融恐慌がしばしば起こってきた（キンドルバーガー1978／邦訳1980；ラインハート＝ロゴフ2009／邦訳2011）。

こうしたことが起こるのは，金融市場での価格は本質的に不確定な将来への現在における予測を織り込んでいるからである。資本の貸し借りでは，貸し倒れのリスクが利子に反映されるが，将来の出来事を確実に見通すのは不可能である以上，返済が滞ったり債務不履行に陥ったりする場合もあることは避けられない。

それでも国内の比較的小規模な借り手から，銀行が債務の返済を受けられない場合には，資産の差し押さえや破産といった制度的枠組みが用意されている。他方，外国への貸し付けの回収が滞ると，その処理は世界裁判所がない以上，国内での貸し倒れにはない難しさがあるかもしれない。とりわけ借り手が他の主権国家である場合には，国家は民間企業のように「廃業」できないこともあって，債務の処理が外交問題に発展した前例は歴史上枚挙に暇がない（ファイス1930／邦訳1992）。

債務不履行が大問題に発展するのは，金融システム全体を不安定化させかねないからである。通常債務が返済できなければ，それは借り手の問題である。

だが，不履行になる債務の規模が大きくなると，貸し倒れによって損失をこうむる銀行などの貸し手の問題ともなる。もし貸し手の銀行が倒れれば，銀行の経営陣や従業員だけではなく，銀行に預金している預金者や，その銀行と取引のある他の銀行にも損害が及ぶであろう。さらに，破綻する銀行の規模が大きければ，それは当該金融機関にとどまらず，その国の金融システム全体が不安定化し，下手をすれば一国の経済全体が金融不安や金融恐慌によって機能不全に陥ることが心配される。

　このような場合，中央銀行は最後の貸し手として民間銀行に融資を行って急場をしのぎ経営の再建のための時間を稼いだり，それでも不十分な場合には国家が公的資金すなわち税金によって救済したりするといった対応が，国内では可能である。もっとも，公的資金の投入は当然に納税者の怒りを買うだろうし，失敗した時に当局の救済をあてにできればリスクに無責任になる，いわゆるモラルハザードを助長するという問題はある。にもかかわらず，問題の金融機関が「大きすぎてつぶせない」かどうか，という政治的判断が一国の政府にはできるであろう。だが，国際的な債務の場合，最後の貸し手はだれで，公的救済が必要ならばそれはだれの判断によって，どの国の費用負担で行うのだろうか。この点で，国際金融システムは明らかに制度的準備が不十分であり，事態を安定化させるための方式は，多分にその場限りの政治的交渉によっているのである。

　1982年8月，メキシコ政府は債務返済の一時停止を宣言した。それによって他の一部のラテンアメリカ諸国の返済能力にも一気に不安が強まった。これらの諸国への貸し出しが多かったアメリカの民間銀行は，大きな危機に直面した。アメリカ当局は，一方で民間銀行団に債務繰り延べなどの方法で一定の負担に応ずるよう求め，IMFは危機に陥った国に融資を提供して支援に乗り出した。ひとたびIMFとの融資が合意されると，それによって民間市場の信認も回復するため，民間資本の呼び水としての効果も期待できる。だが，このIMFの融資には，構造調整プログラムが融資条件として付されている（本章第4節参照）。

　IMFによる「支援」に対しては，借り手である貧しい開発途上国の一般庶民に大きな犠牲を強いる一方で，天文学的な巨額の金額を扱って巨額の利益を手にしている，主としてアメリカやイギリスに本拠のある金融機関を公的資金

で救済することになる，という批判も根強い。また，IMFは制度的にも理念的にもアメリカの影響力が強く，構造調整プログラムは金融危機に陥った国々にアメリカ流の経済モデル，すなわちいわゆるワシントン・コンセンサスを強要するために使われてきた面もある。

1997年には，タイから急激な資本逃避が始まり，その影響が韓国やインドネシアに波及した。アジア通貨危機である。これらの諸国は順調な成長をとげ，財政もおおむね健全でありインフレが生じていたわけでもなかったが，ドルと固定レートでリンクしていたタイの通貨バーツの為替レートが維持できないのではないかという不安が生じたことから，一挙に多額の資本がタイから流出したのである。

タイへの金融支援は日本政府が主導権をとってアジア諸国の間でパッケージがまとめられ，「アジア」の地域主義の出発として期待された。もっとも，その際提案されたAMF（アジア通貨基金）の構想は，それをIMFの主導性に対する挑戦と受け取ったアメリカから猛反発を受けるとともに，日本の政治的役割の拡大を嫌った中国からも反対されて頓挫した。アジア通貨危機は，東アジア地域全体に拡大し，韓国とインドネシアは，IMFからの厳しい構造調整プログラムを受け入れるとともに，日本を含むアジア諸国からの支援を仰ぐことになり，インドネシアでは長年権力の座にあったスハルト率いる政権が崩壊するという政治変動を生んだのである。

2010年，アイルランド，ギリシャなどで起こった金融危機に際しては，EUが主導権をとって安定化が図られた。ギリシャはヨーロッパ共通通貨ユーロを採用しており，ギリシャの金融危機は，ユーロそのものの危機に結び付きかねないため，EU諸国は共同で収拾にあたろうとしている。だが問題なのは，だれがどのように負担と責任を分担するのかということである。ユーロの崩壊はどのユーロ加盟国も望むところではないし，深刻な危機がEU全体に波及するような事態はだれもが回避したいので，一連の救済融資がギリシャに提供された。しかし，EUではドイツ経済の実力が突出しているため，ドイツが中心的な役割を担わざるをえないが，ドイツの納税者からギリシャ支援のための負担への合意を得ることとともに，ギリシャなど支援を受ける国の国民から厳しい構造改革への合意を取り付けることは，困難な政治課題である。

国際金融市場は，金融自由化の波に乗って1970年代以降，飛躍的に拡大し

た。そのためその不安定性も巨大で国際的性格を帯びるようになった。これはブレトンウッズ体制が想定していた課題ではなく，市場の自己制御機能に多分に委ねられるとともに，危機が起こった際には，IMFとアメリカを中心とする有力国の協力で事態への対処が繰り返されてきた。だが，実際に危機が生じたときに，ますます大きくなる責任や負担を国際的にどのように分配するかという問題は，交渉による負担（すなわち負の価値）の分配という政治にほかならない。

4 グローバリゼーションとパワーシフト

グローバリゼーションは本当か

冷戦が終結してから，グローバリゼーションという用語がよく使われるようになっている。それはさまざまな意味に用いられているが，国境を越えるさまざまな交流が飛躍的に増大したことと，それによって生じるさまざまな現象を指し示している。しかも，こうした交流の内容は国家間の公式の外交関係ではなく，民間主体のものである。その中でもグローバル市場で日夜成立している無数の貿易・金融取引は，グローバリゼーションを牽引する主要な推進力である。

20世紀前半における政治経済の基本問題は，産業社会をどのように組織するかということであった。すなわち資本主義か社会主義かの選択であるが，ソ連の崩壊に象徴される出来事によってこのイデオロギー対立には決着がつき，冷戦後の世界では市場経済と自由民主主義が規範として確立したとされた。民主主義についてはさておき，旧社会主義諸国や開発途上国も次々に市場経済に移行し，それまで「西側」経済と呼ばれた国際経済システムに参入したことによって，国際市場経済の規模は一挙に拡大した。冷戦期の「西側」を構成してきた諸国，すなわち欧米および日本の総人口は5億人程度であるのに対して，冷戦後はロシアや東ヨーロッパ諸国のみならず，中国やインドといったそれぞれ10億人を超える人口を擁する巨大国家が世界市場に加わったのである。

このような市場経済の爆発的な拡大の背景には，先に述べた経済思想上の展開や冷戦の終結といった政治的変動に加えて，国境を横断するコミュニケーシ

FIGURE 6-5 ● 世界の貿易（対 GDP 比）

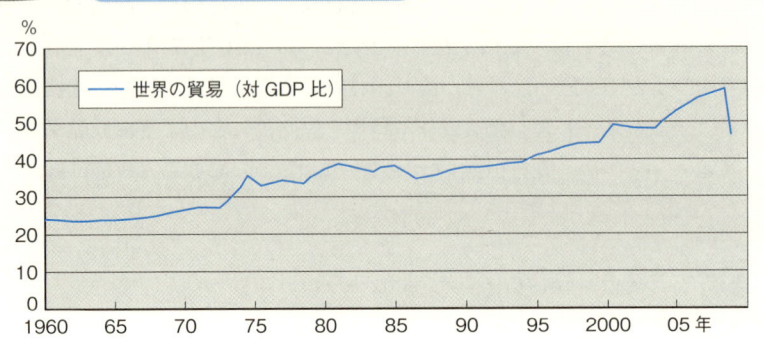

［出典］　世界銀行の WDI（世界開発指標）による。http://databank.worldbank.org/ddp/home.do?Step=1&id=4

ョン技術の急速な発展があった。それは国際貿易のための輸送のコストの低下だけではない。何よりも印象的なのは，インターネットに代表される通信技術の発展である。国境を越えるリアルタイムのコミュニケーションに要するコストも時間も，国内とほとんど何の相違もなくなった。これによって，世界中の市場がわずかな価格差に直ちに反応するようになり，世界市場の有機的な統合の度合いもかつてないほど高くなった，と言えそうである。

　今や国境をまたいで活動したり移動したりするのは，利潤を動機とする経済主体だけでなく，国際 NGO や国際学術団体，それに国際犯罪組織やテロリスト，さらに移民や難民までさまざまである。国家を媒体にしない，国境を越えた民間相互のコミュニケーションを意味するトランスナショナル（越境的）な関係は，今後ますます緊密化する趨勢であり，これが伝統的な国際政治秩序を根本的に変化させると見る論者もいる。

　だが，今日のグローバリゼーションが，さして目新しい現象ではないことを強調する見解もある。たしかに第二次世界大戦以後の貿易は着実に増大しているが，20 世紀初頭のヨーロッパの方が貿易障壁は小さかったかもしれないし，金融面では現代よりも開放的だったと言えるかもしれない。19 世紀にも蒸気船と鉄道という大発明によって輸送コストは劇的に低下した。しかも，電報による世界大のコミュニケーション網は 19 世紀末には完成しており，20 世紀初

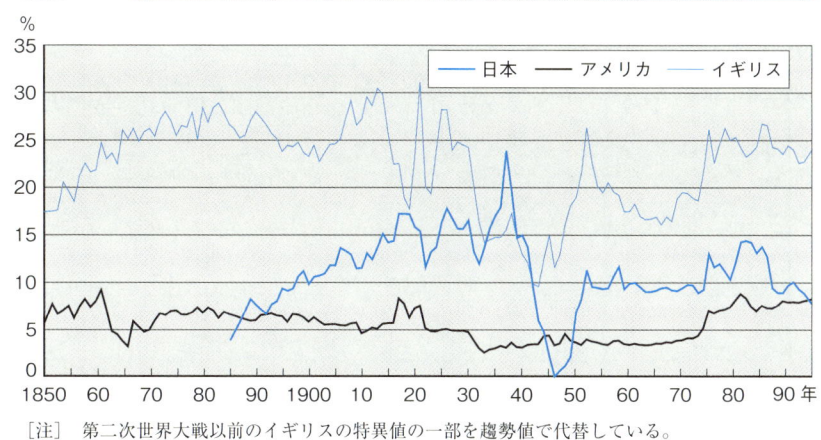

FIGURE 6-6 日本・アメリカ・イギリスの貿易依存率の趨勢（〈輸出＋輸入〉/2×GNP）

[注] 第二次世界大戦以前のイギリスの特異値の一部を趨勢値で代替している。
[出典] ミッチェル編 1998a／邦訳 2001；ミッチェル編 1998b／邦訳 2001；安藤編 1979。日本の 1978 年以降の値は世界銀行の WDI によった。

めには電話も実用化されていた。「貿易の基本的指標の一つである製品の輸入・輸出が総生産量に占める割合で見ると，米国が第一次大戦前のグローバル化と同じ水準に達したのは一九七〇年前後のことであり，第二次大戦が終わってから二五年以上かかったことになる。この比率は一九七一年から九七年まで急増しつづけ，今では約九％に達しているが，それでも一九世紀末から二〇世紀初頭の英国の水準にはおよばない。生産要素の移動の自由に関するものをはじめとする他の指標では，二〇世紀末の世界は一〇〇年前より統合が進んでいるとはいえない状態であった」（フランケル 2000／邦訳 2004, 70-71）

19 世紀の方がグローバリゼーションの進んでいた領域もある。国際移民は 19 世紀には今日のような厳しい制約を受けることはなく，大西洋を越えて空前の数の人々が「新大陸」へと移り住んだ。第一次世界大戦直前のグローバリゼーションをケインズはこのように語っている。「一九一四年八月に終りをつげた，あの時代は，人間の経済的進歩における，何と驚くべき挿話だったことだろう！ ……ロンドン市民は朝の紅茶をベッドで飲みながら，全世界の種々の産物を，自分にちょうどよいと思う数量だけ，電話で注文して，それが間も

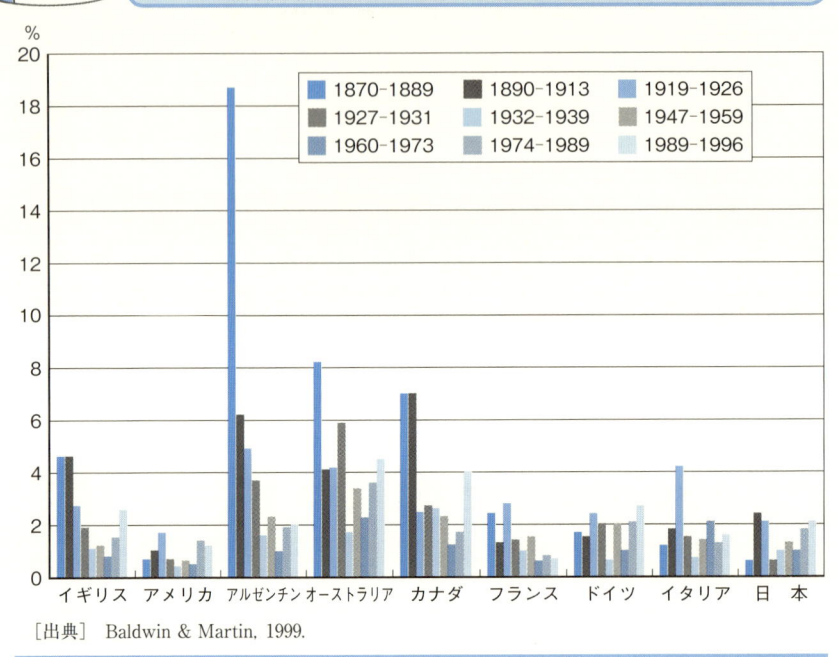

FIGURE 6-7 国際資本移動の規模の趨勢（経常収支の対GDP比の年平均値，％）

凡例：
- 1870-1889
- 1890-1913
- 1919-1926
- 1927-1931
- 1932-1939
- 1947-1959
- 1960-1973
- 1974-1989
- 1989-1996

対象国：イギリス，アメリカ，アルゼンチン，オーストラリア，カナダ，フランス，ドイツ，イタリア，日本

［出典］Baldwin & Martin, 1999.

なく自宅まで配達されるのを当然期待することができた。それと同時に，やはり同じ手段を用いて，自分の財産を世界各地の天然資源や新企業に投資する……こともできた」（ケインズ 1919／邦訳 1972, 19-20）。しかし，そのような密接な経済的絆があったにもかかわらず，当時の二つの代表的な産業国家であったドイツとイギリスの間で戦争は起こった。20世紀初頭のグローバリゼーションは，世界を平和にすることはなく，それはむしろ戦争によって突然逆転してしまった。

また今日，国境が意味を失ったというのは誇張である。カナダとアメリカのように親しい間柄の国ですら，自国市場との取引に偏向がかかる傾向が見られるのが実情である。このような自国市場への偏向（Home Market Bias）が生じていることには，関税や規制などの国境での障壁，距離による流通障壁，通貨の相違，市場慣行の相違などの理由が考えられる。経済学の教科書が教える市

場は，人々が価格のみをシグナルに行動する空間であるが，現実には商品の詳しい情報や取引相手の信頼性などについては，単なる価格や契約だけではなく，慣習に基づく非公式の制度や長期にわたって継続的な取引を続けることから生ずる信用が重要な要素になる。国民国家は，「われわれ」という意識を共有し，将来にわたって一つの社会で共に生活する人々によって成立する信頼の体系でもある。信頼があるからこそ経済活動にともなう取引コストを小さくできるため，市場で行われる取引も活発になるのである。

　グローバリゼーションは，たしかに国家を制約する一つの条件ではあっても，国家の行動がそれのみによって決まるわけではない。20世紀の前半は，19世紀末からのグローバリゼーションの管理に政治が失敗し，世界経済秩序は混乱に陥り，グローバリゼーションそのものが逆転した時代だったと見ることもできよう。20世紀末のグローバリゼーションも，金融危機という形で機能不全が見られるし，巨大なグローバリゼーションという目に見えない力に翻弄されることへの反発は，環境，反移民，保護主義，復古的なナショナリズムといった，さまざまな形の運動に表れている。1999年11月から12月にシアトルで開かれたWTOの閣僚会議は，反グローバリゼーションを唱える雑多なNGOが抗議行動を繰り広げ，結局，会議は混乱のうちに流会にいたった。政治が，それも多数の国家から成る国際政治が，グローバリゼーションと多様な経済的・社会的制度や規範，慣行との折り合いをつけられなければ，混乱と対立のうちにグローバリゼーションそのものが逆転するかもしれない。

格差は拡大しているのか　現在地球上に住む70億人に及ぶ人々が極端に不平等な生活条件に置かれている。世界には，国際的な貧困の基準としてよく使われる，1日1.25ドル以下の収入しかない人々は，2005年には14億人いるとされ，栄養失調に陥っている人々は，8億人を超えるとされている。開発途上国における乳幼児の死亡率は先進諸国の十数倍に達し，サハラ砂漠以南のアフリカでは，新生児のうち15％程度が5歳まで生き延びることができない（UNDP, *Millennium Development Goals Report 2010*）。他方で，日本と韓国は顕著な例外だが，OECD諸国の成人人口の16-17％が肥満であり，アメリカではその比率は人口の3分の1以上に及ぶ（OECD Obesity Update 2012, http://www.oecd.org/health/49716427.pdf）。グローバル化したはずの世界で，なぜ一方で肥満が問題になり，他方で飢餓が当たり前

FIGURE 6-8 ● 世界における所得の不平等の推移

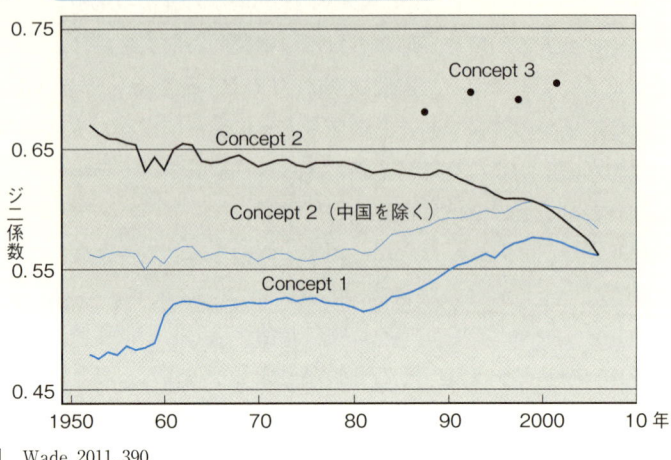

[出典] Wade 2011, 390.

の国が存在するのだろうか。いや，むしろグローバリゼーションこそが格差の原因なのだろうか。

　実は，世界の不平等が拡大しているのか否かを確実に把握するのは容易ではない。不平等とは，国と国との間の不平等なのだろうか。だとすると，それを測定するには，それぞれの国ごとの人口1人当たりのGDPの平均値をジニ係数と言われる数字（0から1間での値をとり，数字が1に近いほど不平等）で指標化することである（図6-8のConcept 1）。だが，これだと，人口10億人を超える中国と，人口が1000万人にも満たないルワンダに同じ重みを与えてしまうという問題がある。それなら，人口でウェイトを付けてジニ係数を計算することが考えられる（図6-8のConcept 2）。しかし，これでは一国内部の不平等は全く反映することができない。

　真に問題にされるべきは，国と国の間の不平等ではなく，個人と個人の間の不平等と考えることもできる。中国の経済成長はめざましいが，中国内部の経済格差の激しさもよく知られており，そのような事実を反映するには世界中の個人のGDPの分布から不平等を計算するのが正しいのかもしれない（図6-8のConcept 3）。問題は，利用できる統計が限られていて，信頼に足る数字を算出

するのが困難なことである。

　すでに述べたように，冷戦の終結によって市場経済のライバルは消滅し，一群の東アジア諸国のめざましい経済成長によって，グローバルな市場経済こそが低開発を再生産しているとする議論は説得力を失ってしまった。開発モデルとしても反市場的な国家主導の社会主義モデルは破綻して，ネオリベラリズムが強まった1980年代以降，とりわけ冷戦後には，ワシントン・コンセンサスと呼ばれる市場経済を重視するものが主流となった。そのためIMFや世界銀行などの国際機関は，融資の条件に国家の経済への介入を抑制し，市場を重視する構造調整プログラムの実行を求めるようになった。

　それは，①通貨の切り下げによる輸出の促進と輸入の抑制，②政府支出の削減，③価格統制の撤廃による市場メカニズムの重視，④貿易や為替管理の撤廃，⑤国営企業の民営化，などを内容とするものである。市場を重視し，不能率や腐敗の温床となっている国家の役割を縮小すれば，通貨切り下げによって国際競争力を増した輸出も伸びて，経済成長が始まるだろうというのが，その背後にある考え方である。だが，それを実行する国にとっては厳しい内容である。通貨の切り下げは，自国の産品をより多く輸出しなければ必要な海外からの輸入ができなくなる（交易条件の悪化）ことを意味するし，政府支出には福祉や保険といった貧しい人々や少数者を保護する機能があるかもしれない。価格の自由化は，それまで価格統制によって保護されてきた人々にはつらい話である。

　ワシントン・コンセンサスに立った開発戦略の成功例もあげられるし，中国やインドに代表されるグローバリゼーションの波に乗った巨大な国家の登場によって，世界の不平等は緩和されつつあるという評価もできるかもしれない。だが，グローバリゼーションの波に乗ることができず，極端な貧困から抜け出せないでいる地域があるのも事実である。たとえば，長らくアフリカはアジアと共に貧困の代名詞であった。そしてアジア諸国の一部，とりわけ東アジア諸国が急速な経済成長をとげてきた（本章第1節参照）のに対して，アフリカとりわけサハラ砂漠以南のアフリカでは，むしろ事態はいっそう悪化してしまったのである。

開発協力　国際政治の主権原則から考えれば，経済の低開発はそれぞれの主権国家の責任と裁量で対処さ

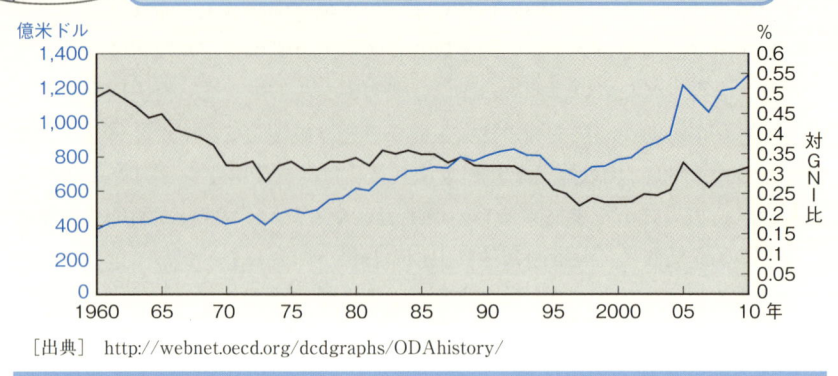

FIGURE 6-9 ● DAC 諸国の ODA 規模（2009 年ドル換算，および対 GNI 比）

［出典］http://webnet.oecd.org/dcdgraphs/ODAhistory/

れるべき問題である。だが，極端な貧困から抜け出せないでいる国々の開発問題は，豊かな国にとっても，人道的問題にとどまるものではなく，重要な政治問題にもなりうる。冷戦中は，米ソ両陣営共に新興独立国を味方にするために，積極的に自国の経済モデルを売り込むとともに，開発援助も戦略的な理由から推進された。今日の開発問題は，国家建設や紛争後の安定化政策の一環としても実施される，広い意味での安全保障政策の一部を構成している場合も少なくない。国際社会の構成国が域内の秩序を十分に維持できないと，それは内戦を通じて国際秩序全体を動揺させることは，すでに第 4 章で見た。加えて脆弱な開発途上国が破綻すれば，さまざまな悪影響が外部に波及する。たとえば破綻国家はテロリストや海賊の拠点となり，麻薬取引や人身売買などの国際犯罪ネットワークにも利用され，豊かな国々への難民の流出源や，感染症の発生源ともなるかもしれない。本来それらの国々が治安や保健衛生などの基本的な役割をその領域で果たすことができればそれらの問題の多くは解決できるため，こうした国々における国家建設と開発は，人道問題を超える意義を持つ。ヨーロッパ諸国がアフリカにおける開発援助に熱心な理由の一つに，自らの利益が関係しているとしても何ら不思議なことではない。

　もちろん世界が国内社会と同様の一つの共同体になったというのは言い過ぎだが，人道や人権といった豊かな国々で支配的な価値観が果たす役割も無視できるものではない。人道的災禍だけではなく極端な貧困の生々しい状況がマス

FIGURE *6-10* ● DAC諸国におけるODA実績の国民1人当たり負担額（2007年）

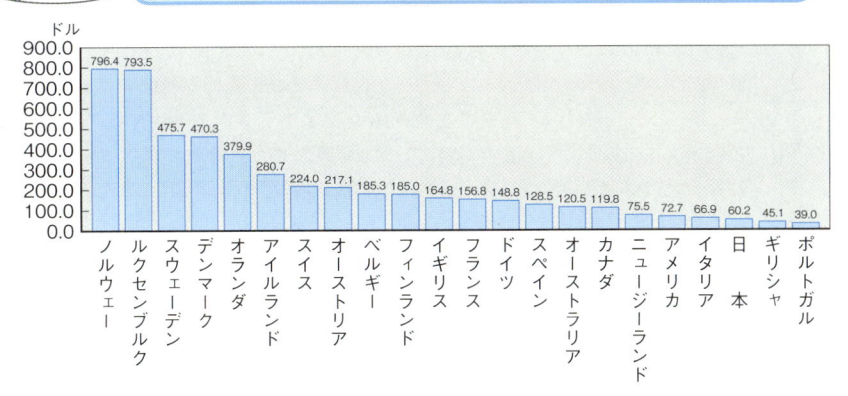

国	ドル
ノルウェー	796.4
ルクセンブルク	793.5
スウェーデン	475.7
デンマーク	470.3
オランダ	379.9
アイルランド	280.7
スイス	224.0
オーストリア	217.1
ベルギー	185.3
フィンランド	185.0
イギリス	164.8
フランス	156.8
ドイツ	148.8
スペイン	128.5
オーストラリア	120.5
カナダ	119.8
ニュージーランド	75.5
アメリカ	72.7
イタリア	66.9
日本	60.2
ギリシャ	45.1
ポルトガル	39.0

［注］ 東ヨーロッパおよびODA卒業国向け援助を除く。
［出典］ http://www.mofa.go.jp/mofaj/gaiko/oda/nyumon/hayawakari/pdfs/16.pdf

メディアを通じて報道されると，先進諸国の国内世論は活性化される。国際NGOやインターネットを通じた動員もこれに加わると，豊かな国々の政府がこれを無視するのは難しい。

　国際社会が開発努力に関与する方法として真っ先に思い浮かぶのが，ODA（政府開発援助）である。ODAは贈与の形をとる場合もあれば，借款の形をとる場合もある。借款の場合は，融資条件が市場金利より低い金利で長期にわたって貸し付けられる。先進諸国のODAの調整を行っているOECD（経済協力開発機構）の国際開発委員会（DAC）は，グラント・エレメント（贈与要素）が25％以上の借款をODAと定義している。援助には資金支援だけではなく，技術支援もあり，途上国からの研修生の受け入れや，コンサルタントの派遣なども無償の技術援助に含まれる。ODAは2国間で直接供与されることもあれば，世界銀行や国連などの国際機関のプログラムを通じて途上国に供与されることもある。

　豊かな諸国のODAは，GNI（国民総所得）のわずか0.3％程度であり，その額は小さすぎるのかもしれない。しかし，貧しい受け手から見るとその額は無視できる規模ではない。世界の最貧国にとっては，供与されるODAはGNIの10％近くに達し，国家予算の半分以上が海外からの援助によって支えられ

> **COLUMN** **6-4 開発援助をめぐる論争**
>
> 　著名なエコノミストで援助活動に熱心なジェフリー・サックスと、それに批判的なアフリカ人のエコノミスト、ダンビサ・モヨと援助専門家のウィリアム・イースタリーは、ニュースブログのハフィントンポスト（http://www.huffingtonpost.com/?country=US）で議論を戦わせた。それぞれの主張には読者からも意見が寄せられているので、自分なりに考えてみてはどうだろうか。
>
> **サックス**　「今日、援助批判の大物は、アフリカ生まれのエコノミスト、ダンビサ・モヨである。彼女はハーヴァード大学とオクスフォード大学で学ぶのに奨学金を得たらしいが、たった10ドルのマラリア対策の蚊帳をアフリカの子どもに援助するのを反対してもおかしくないと考えている。彼女の仲間の援助反対論者のウィリアム・イースタリーは、大学院での研究のために多額の政府からの支援を米国国立科学財団から得たはずだ。私は彼らの得た支援にけちをつける気は毛頭ない。全く逆にこういった支援を信奉しているくらいだ。モヨの考え方は、たとえ彼女が奨学金を受けていなかったとしても、残酷だと思う。私が反対なのは、彼らが自分たちの昇った後に梯子を引き上げて、後に続けないようにしていることだ」（http://www.huffingtonpost.com/jeffrey-sachs/aid-ironies_b_207181.html）
>
> **モヨ**　「世界中の国も、外国からの援助に頼って、貧困を意味ある程度に削減し相当程度の持続的成長を達成したことはない。もし、歴史になにがしかの教訓があるとするのなら、それは援助が腐敗を助長し、依存を生み、インフレを刺激し、負債を増やし、アフリカ人の参政権を奪うことを示している。援助頼りの開発戦略は、むしろ有害なのである。

ている例すらある。このような国家は、レンティア国家（rentier state）と呼ばれることがある。その主要な機能は不労所得の分配であり、存続そのものが税ではなく外国からの援助に依存していると言えよう。

　このような援助が、飢餓や病気から人々を救い、インフラの整備や農業生産性を高めるとすると、これに異を唱える人は少ないだろう。だが、災害や飢餓などの非常事態に対する人道援助はともかく、外国からの援助では持続的な経済発展には結び付かないという反論も有力である。それは被援助国における無駄や腐敗の温床となり、場合によっては非民主的な政府の抑圧を手助けする結

> 私は，たとえ「残酷」呼ばわりされても，アフリカの子どもを支援するのに蚊帳を買う10ドルを否定しても，何らまちがったことはないと思う。
> 　もし，アフリカ人自身が蚊帳を生産し，それによってアフリカ人の雇用を作り，アフリカに経済的機会を提供するという持続性のある解決に努力するのではなく，蚊帳をアフリカに放出して，アフリカ人の雇用を奪うだけなら，それこそ非難に値するだろう。24歳以下のアフリカ人の6割に必要なのは，同情ではなく職なのだ」(http://www.huffingtonpost.com/dambisa-moyo/aid-ironies-a-response-to_b_207772.html)
>
> **イースタリー**　「私は著書の『傲慢な援助』で否定したのは，アフリカの子どもの蚊帳ではなく，2兆3000億ドルを費やした上に貧しい家庭にわずか4ドルの蚊帳すら届けることができなかった西洋の援助を，まるで批判してはいけないように語る態度なのである」(http://www.huffingtonpost.com/william-easterly/sachs-ironies-why-critics_b_207331.html)
>
> **サックス**　「何億人もアフリカ人がマラリアで死亡するリスクに晒され，そのうち2億人が実際に病気にかかっている。そして毎年100万人の命が救えるのに，モヨは蚊帳がアフリカ製でなければ，緊急の支援に反対だと言う。どうやら彼女は，こういったとてつもない苦しみに心が動かないし，マラリア対策の援助で生まれた蚊帳の需要によって，数年前にはゼロだった耐久防虫ネットの生産が，今や年間数百万に上り，何千もの雇用を地元経済に創出していることを知らないようだ」(http://www.huffingtonpost.com/jeffrey-sachs/moyos-confused-attack-on_b_208222.html)

果になるかもしれない。またそれによって，援助国が単に政治的影響力と一部産業の利益を得るだけになるかもしれない。このような腐敗を防げたとしても，援助がばらまきに終わり，現地の雇用や技術発展に結び付かないケースも多い。さらに悪いのは，多額の援助は援助への依存を生み，持続的な開発に欠かせない現地の人々の意欲を歪めてしまうことである。起業や労働よりも援助を獲得する方が圧倒的に確実な資金の獲得方法ならば，人々のエネルギーや才能は誤った方向に浪費され，援助への依存からむしろ低開発を助長する危険すら指摘される（モヨ 2009／邦訳 2010）。

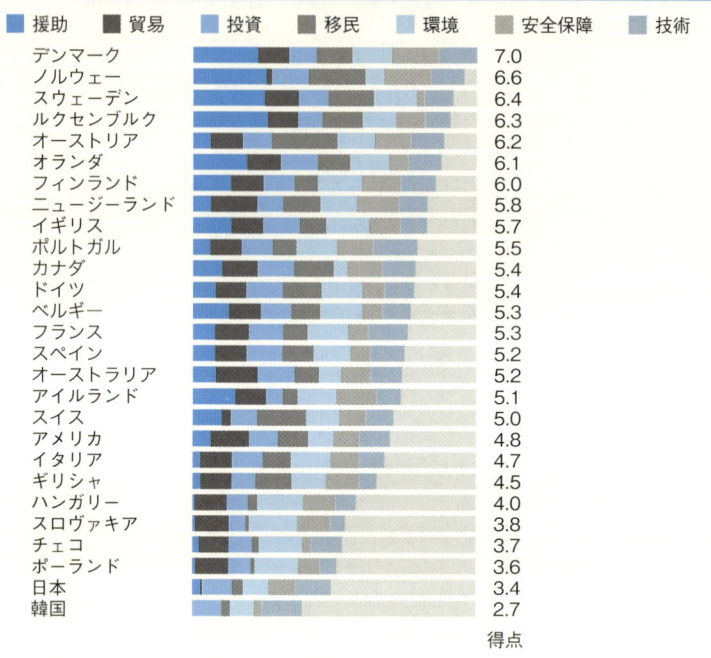

FIGURE 6-11 ●グローバル開発センターによる開発貢献度指標（Commitment to Development Index 2012）

凡例：援助　貿易　投資　移民　環境　安全保障　技術

国	得点
デンマーク	7.0
ノルウェー	6.6
スウェーデン	6.4
ルクセンブルク	6.3
オーストリア	6.2
オランダ	6.1
フィンランド	6.0
ニュージーランド	5.8
イギリス	5.7
ポルトガル	5.5
カナダ	5.4
ドイツ	5.4
ベルギー	5.3
フランス	5.3
スペイン	5.2
オーストラリア	5.2
アイルランド	5.1
スイス	5.0
アメリカ	4.8
イタリア	4.7
ギリシャ	4.5
ハンガリー	4.0
スロヴァキア	3.8
チェコ	3.7
ポーランド	3.6
日本	3.4
韓国	2.7

［出典］http://www.cgdev.org/section/initiatives/_active/cdi/

　もちろん援助の成功例もあげることはできる。また医療や衛生といった分野は先進国でも市場任せにはされていないし，初等教育やインフラの整備が不十分で，市場そのものが未発達であったりする場合には，外部からの資源の注入は有益であろう。だが，日本や東アジアの経験からは，援助は開発に有益であっても，援助よりも貿易の方が持続的な効果があるということは言えそうである。

　日本の ODA は，当初は事実上賠償として供与され，戦後のアジア諸国との関係修復のための手段とされ，ある時期にはアジア諸国との経済関係を強化して天然資源を獲得するとともに，輸出市場として育成しようとするねらいがあったことも事実である。さらに，ODA を通じて政治的協力関係を増進しようとする，より全般的な意図もあった。

軍事力をもって権力政治にかかわることを避けようとしてきた日本にとって，ODA は数少ない外交上の実効的手段であり，かつては日本の ODA 総額は世界最大の規模を誇っていて，この分野における有力なプレイヤーであった。だが，1997 年をピークに急速にその規模が縮小している。また，1 人当たりの ODA 額は，DAC 加盟国の中でかなり小さい部類に属することは意外と知られていない。

開発協力は ODA に限られるものではないことを，ここで強調しておこう。たとえばアメリカの民間シンクタンクのグローバル開発センター（Center for Global Development）は，援助に加えて，貿易，投資，移民，環境，安全保障，技術と，六つの項目で開発への貢献を評価する指標を毎年公表している。もちろんここで示されているのは，開発協力の一つの（それでも多分に欧米的な）評価にすぎず，普遍的な評価基準に合意があるわけではないことにも注意が必要である。にもかかわらず開発協力には，援助の供与にとどまらない多様な性格があることは事実である。

パワーシフト

貧困と格差の拡大を強調する見方とは対照的に，21 世紀初頭の世界では，BRICs（ブラジル，ロシア，インド，中国）諸国などがグローバリゼーションの波に乗って示している経済的伸長に注目が集まっている。これは産業化が世界中に波及した結果であり，今世紀中ごろには中国が世界最大の経済大国となるという予測が流布している。そうであるならば，これは産業革命以来の歴史的なパワーシフトを意味し，欧米主導の国際秩序を根底から変化させるかもしれない。

急速な成長をとげてきた中国は，アメリカとは戦略的対抗関係にあり，政治的には民主主義とはほど遠く，経済発展の段階は，人口が多いため依然として先進国とは言えない。だが，国際貿易面では中国は 2001 年に WTO 加盟を果たし，自国市場の巨大な規模とそのいっそうの成長の可能性が，中国の卓越した国際的影響力の源泉になっている。もちろん，中国経済が今後も順調に成長するかについては疑念も強い。法の支配が確立していない非民主的な権力構造の中で，貧富の格差は拡大し腐敗が横行すると，はたして経済成長を支える社会・政治秩序は維持できるのだろうか。また過剰な投資や賃金の急上昇を，開発途上国が安価な労働力や外国からの資本や技術の導入によって得られる成長が限界に突き当たり，持続的な技術革新による成長に転換できないときに陥り

FIGURE 6-12 地域別の GDP のシェア（2030年）

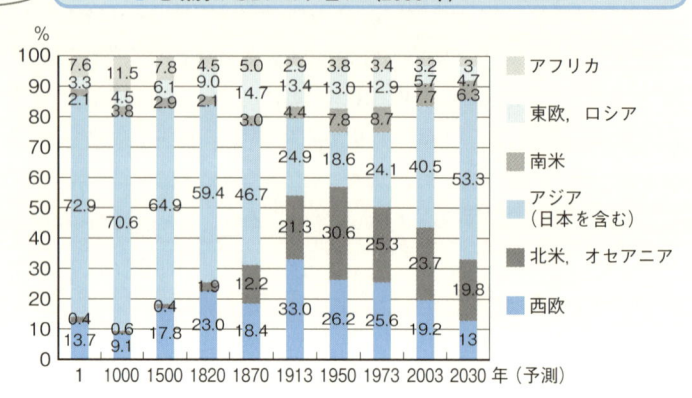

年	西欧	北米, オセアニア	アジア（日本を含む）	南米	東欧, ロシア	アフリカ
1	13.7	0.4	72.9	2.1	3.3	7.6
1000	9.1	0.6	70.6	3.8	4.5	11.5
1500	17.8	0.4	64.9	2.9	6.1	7.8
1820	23.0	1.9	59.4	2.1	9.0	4.5
1870	18.4	12.2	46.7	3.0	14.7	5.0
1913	33.0	21.3	24.9	4.4	13.4	2.9
1950	26.2	30.6	18.6	7.8	13.0	3.8
1973	25.6	25.3	24.1	8.7	12.9	3.4
2003	19.2	23.7	40.5	7.7	5.7	3.2
2030（予測）	13	19.8	53.3	6.3	4.7	3

［出典］ Maddison 2007, table 2.1 および table 7.6 より作成。

　がちな中進国の罠に，中国経済も陥りつつある兆候であると指摘する声もある（シャルマ 2012／邦訳 2013）。そして知的財産権の侵害や労働問題が深刻で，市場経済というにはあまりにも大きな国営企業の存在，さらに経済統計や企業財務を含むさまざまな情報の不透明性が，先進国との軋轢を生んでいる。たしかに急拡大する後発国には起こりがちなことで，日本がかつて経験した貿易摩擦との類似性も指摘できる。またパワーの消長自体は，歴史が始まって以来たえず繰り返されてきた現象でもある。

　だが，中国の台頭は単なるプレイヤーの交代にとどまらない，国際社会の規範やルールを変化させる可能性を秘めている。冷戦終結直後は中国やロシアもグローバル市場に組み込むことで，徐々にではあっても自由民主主義に収斂するか，そうでなくともアメリカを中心とする世界秩序の中で現状維持勢力として穏健化するといった自由主義的な楽観が語られた。しかし，中国で現れたのは国家資本主義とでも言うべき新たな反自由主義的体制である。国内における民主主義や市民的自由は確立していないし，人口1人当たりの所得水準はせいぜい中進国レベルだが，10億人を超える巨大な人口が，中国の国際社会での存在を大きくしている。その中国が大きくなるにつれ，軍事力で既存の国際政治のルールを一方的に変えないか，その躍進が反自由主義的な政治経済モデル

TABLE 6-2 ● 米財務省証券の保有国の内訳（2010年9月末現在）

	保有額（10億ドル）	国外保有に占める比率（％）
中国	906.8	21
日本	877.4	20
イギリス	477.6	11
石油輸出国	213.9	5
ブラジル	177.6	4
カリブ地域金融センター	133.7	3
ロシア	133.7	3
国外保有総残高	4310.2	100
総発行残高	13561.9	

［出典］ http://www.treasury.gov/resource-center/data-chart-center/tic/Documents/mfh.txt

の影響力を開発途上国で強めはしないかといった懸念を，アメリカを中心とする先進諸国は持ち始めている。

　他方で経済面では，中国はもはや世界経済になくてはならない部分を構成している。中国市場には，欧米や日本の多くの企業が生産拠点を置いており，豊かな諸国の経済は中国の労働力に依存している。そして中国市場の拡大とともに，世界経済はますます中国の購買力にも依存するようになるのは当然であろう。アメリカと中国とは戦略的対抗関係にあるが，同時に経済相互依存関係にもある。

　国際金融の分野での両者の奇妙な共棲はとりわけ顕著である。ニューヨークの資本市場とアメリカの金融機関の地位は突出しており，世界中の富がそこに集まり，そこで仲介されて世界中に貸し付けられる。そのウォールストリートの金融業者はアメリカ当局の監督下にあり，アメリカ政府は市場を通じて国際金融システムに特殊な影響力を持っている。また，国際金融市場で用いられる取引通貨として，ドルの地位は依然として圧倒的に高い。

　自国通貨が国際通貨であるおかげで，アメリカは数々の特権を手にしてきた。第一に，経常収支が大幅な赤字でもドルが国際市場で流通するかぎり，アメリ

カは債務不履行に陥る心配がない。言い換えれば，アメリカは海外からの資本輸入によって自国で生産する以上に消費することができ，軍事費も対外援助もそれによって賄ってきたのである。第二に，ドルが国際通貨であることは，アメリカの金融市場が世界の金融センターであることの結果であると同時に，その原因でもある。ドルが国際通貨であるおかげで，アメリカの金融業は国際競争上有利な地位を占めることができる。なんといっても，自国の制度がそのまま世界標準なのである。

　そのドルが国際通貨として通用している背景には，東アジア諸国，主として中国の政策がある。日本は変動相場制を採用しているが，中国をはじめとする一部の東アジア諸国は，自国の輸出を助けるために，自国通貨とドルをやや自国通貨安の水準で事実上固定し，それによって生じた多額の経常収支の黒字を，政府が外貨準備として蓄積してきた。これは事実上ドルを中心とした固定平価制であることから，ブレトンウッズ・フェーズ2と呼ぶ学者もいる（Skidelsky 2009）。つまり，ドルの地位を支えているのは，中国を筆頭とする東アジア諸国からの資本流入であり，それが回り回ってアメリカの覇権を支えているのである。

　ブレトンウッズ・フェーズ2は奇妙なしくみである。中国はアメリカへ輸出し代金としてドルを受け取り，多額のドルを外貨準備として蓄積してきたが，そのドルは世界最大の借金国の発行した通貨であり，将来ドルの価値が低下する（ドル安になる）と，アメリカは労せずして債務を削減できるのである。また，アメリカが戦略的対抗関係にある中国からの借金で覇権的地位を支えているという状態も，一見不自然である。このようなしくみそのものが，実はアメリカのパワーを構成していると論じ，これを構造的権力と呼ぶ学者もいる（ストレンジ 1988／邦訳 1994）。だとすると，GDP の比較でことを語るのは誤解を招くことになるだろう。

　こういったアメリカの構造的権力を支えているのは，世界経済の血液とでもいうべき資本の流れを制御する力であり，それは世界中から資本を引き付けてグローバルに信用を分配する金融センターをアメリカが持ち，それが世界から信頼されていることによる。しかし，主要国の協力体制が果たした，しばしば動揺したシステムを安定させた役割も忘れてはなるまい。1970 年代以降，国際金融体制を管理してきた枠組みは，G7 サミット（冷戦が終わった1990年代に

なるとロシアが出席し,98年からはG8と呼ばれるようになっている)に代表される西側先進主要国間の国際協力体制であった。だが,G7諸国の経済的な地位は低下しつつあり,2008年にアメリカの大手の投資銀行リーマン・ブラザーズが破綻して陥った金融不安以降は,新興国を加えたG20が開催されるようになっている。しかし,冷戦下のアメリカの同盟国で構成されていたG7とは異なり,中国やロシアにアメリカ中心の国際秩序を支える政治的動機は存在しないばかりか,政治的にはむしろ対抗的な勢力とすら言える。

　もちろん新興国の経済成長の今後はわからない。だが,現在,世界が直面している政治経済上の大問題は,アメリカの圧倒的な力の優位を背景に形成され,冷戦下ではアメリカとその主要な同盟諸国によって運営されてきた自由主義的な国際経済秩序が,もし中国,インド,ロシアといった国内体制や戦略的利害を異にする国々が力をいっそう強めた場合にも持続可能なのかどうか,そしてもし変動が起こるとするとそれはどのような変動であって,その後にどんな世界が来るのかという問題であろう。

BOOK GUIDE　●文献案内

ロバート・ギルピン,1987／佐藤誠三郎・竹内透監修／大蔵省世界システム研究会訳『世界システムの政治経済学——国際関係の新段階』東洋経済新報社,1990。
　●今日国際政治経済学(IPE)として知られている学問分野を確立した著者による古典的著作。

チャールズ・P. キンドルバーガー,1996／中島健二訳『経済大国興亡史——1500-1990』上・下,岩波書店,2002。
　●極度に理論的になっている経済学だが,アメリカ経済学界の大家だった著者は,大きな歴史的構図の中で経済発展を活き活きと論じている。ともかくおもしろい。

飯田敬輔,2007『国際政治経済』東京大学出版会。
　●北米の国際政治経済学の系譜に属する諸理論を,厳密だがわかりやすく論じた信頼できる教科書。

猪木武徳,2009『戦後世界経済史——自由と平等の視点から』中公新書。
　●経済問題の重要テーマを平易かつ分析的に論じたすぐれた書物。啓蒙的だが,単なる入門的解説書ではない。

ジェフリー・サックス,2005／鈴木主税・野中邦子訳『貧困の終焉——2025年までに世界を変える』早川書房,2006。

ダンビサ・モヨ,2009／小浜裕久監訳『援助じゃアフリカは発展しない』東洋経済新報社,2010。
　●コラム中でも紹介したが,対極的な経済開発へのアプローチをそれぞれ雄弁に論じている。

アダム・スミス，1776／山岡洋一訳『国富論——国の豊かさの本質と原因についての研究』上・下，日本経済新聞出版社，2007。（邦訳の底本は1791年刊行の第6版）
- 古典中の古典の読みやすい優れた翻訳。興味のあるところだけでも読めば，必ず新しい洞察を得ることができるだろう。短い解説書としては，堂目卓生『アダム・スミス——『道徳感情論』と『国富論』の世界』（中公新書，2008）を薦める。

田所昌幸，2008『国際政治経済学』名古屋大学出版会。
- 歴史や思想を重視しながら豊富な資料で国際政治経済を多面的に論じた教科書。

Chapter 6 ● 確認しておこう　　　　　　　　　　　　　　　POINT

❶　市場経済の功罪を，具体例をあげながら論じてみよう。
❷　自由な国際交易は国家間の関係を平和にする効果があるのかどうかについて，いくつかの仮説を提起してみよう。
❸　世界で大きな貧富の格差がある理由と貧困を克服する戦略について，代表的な考え方を述べてみよう。

第7章 越境的世界

ケータイで連絡をとるマサイ族の男性（ケニア。©dpa/PANA）

CHAPTER 7

近代社会は主権国家体制を生み出したが，同時に国境を越える規範意識を強め，また越境的な交流を増大させた。本章では，現代社会の越境性によってもたらされる国際政治上の問題について扱う。第1節では，普遍的正義の希求と主権国家体制の下での平和の間に生じる相克について扱う。第2節では，近代的な技術的進歩の結果もたらされた地球規模での境界の喪失，いわゆるグローバリゼーションの問題として，地球環境問題，メディアのグローバル化，人の移動の問題を扱う。第3節では，政治的な国境とは異なる境界のあり方として，文明および文化の問題を論ずる。

KEYWORD
FIGURE
TABLE
COLUMN
BOOK GUIDE
POINT

SUMMARY

> **KEYWORD**
>
> 戦争違法化の逆説　平和に対する罪　亡命　人道に対する罪　天然資源に対する永久的主権　保護する責任　移行期正義　国際刑事裁判所　不干渉　不処罰　交渉による解決　交渉による移行　人道的干渉　国際法上の犯罪　移行期正義のディレンマ　越境的（transnational）　IPCC（気候変動に関する政府間パネル）　気候変動枠組み条約　京都議定書　認識の共同体　サイバースペース　国際世論　規範起業家　カスケード現象　市場の失敗　移民　難民　離散民の組織化　「文明の衝突」　エスニック・アイデンティティ　多文化主義　ハーグ条約　ジェンダー　フェミニズム　文化触変　全球化　「歴史の終わり」　世界システム論　『文明論之概略』　文明標準　オズヴァルト・シュペングラー　アーノルド・J.トインビー

　国際政治は政治的に設定された境界によって区切られた複数の政治体の相互作用を基本的な考察の対象としている。とりわけ近代主権国家体制にあっては，国境という地理的境界と，主権という政治的境界が国家の内と外を排他的に区別しているところに特徴がある。しかし，こうした境界設定を特徴とする政治体を生み出した近代ヨーロッパ社会が，同時に国境を克服し，普遍的な秩序を希求するという逆説的な性質を持っていたことを見落としてはならない。とりわけ18世紀後半には，国境による仕切られた秩序を越えようとする近代社会の特徴が端的に示されることになった。18世紀に登場した啓蒙思想は，個人を人権主体として扱う普遍的な人間観を提示した。同時に，産業革命によって自然を克服する技術的手段を大幅に発達させたことで，人々が国境を越えて交流し，結び付く範囲を大きく拡大した。

　こうした近代社会の矛盾を孕んだ性質は，近代以降の国際政治において，秩序を主権国家体制へと再編しようとする運動と並行して，主権国家を克服し，越境的世界に置き換えようという志向性をも生み出すことになった。啓蒙思想の越境的な性質を典型的に示すのは，世界市民主義的な普遍主義，すなわち国境を越えて正義を実現しようという規範的な意識である。また，近代社会の技術的性格は，今日われわれが経験しているグローバリゼーション，すなわち地理的・政治的境界の意味が低下し，地球規模で人類社会が一体性を強めていく状態へとつながっている。

近代文明が世界に行き渡ることによって，主権国家体制が地球全体に普及し，国境による仕切りが一般化すると同時に，普遍的，越境的な規範と現実も強まっている。本章では，こうした近代の二律背反性に国際政治がどう向き合うかについて検討する。第1節では普遍的正義と国際秩序の相克について取り扱い，第2節では現代の技術進歩によってもたらされた越境的交流ないしグローバリゼーションがいかなる政治的影響を及ぼしつつあるかについて検討する。第3節では，文明と文化の問題を扱う。文明や文化といったカテゴリーは，18世紀に登場し，国境による秩序化と，普遍主義的なビジョンの間で揺れ動きながら，境界性と普遍性の両立を模索してきたととらえられる。ここでは，ハンチントンの「文明の衝突」論，エスニック・アイデンティティと文化摩擦の問題，今日における文明論の意義といった問題を取り上げる。そして本章の最後では，国際政治の未来についていくつかの展望を紹介する。

1　平和と正義の相克

普遍的正義の追求

　1992年，ブトロス・ブトロス゠ガーリ国連事務総長（在任期間は1992-96年）が，安保理への事務総長報告『平和への課題』（国連文書 S/24111）において，「絶対的で排他的な主権の時代はもはや過去のものとなった」と述べたことはよく知られている。たしかに，国連安保理が平和に対する脅威などを認定する範囲を拡大して積極的に動き出したのは冷戦終結後のことであったが（第4章第1節参照），国境を越える普遍的な価値（正義や道義）の追求が冷戦の終結によって始まったわけではない。

　そもそも国家間においては，単に価値の配分が繰り返されてきただけでなく，価値配分の結果をめぐって，それを普遍的な正義にかなうものであるとする現状維持勢力と，しょせんそれは特定国の利益に合致するものにすぎず，とうてい普遍的な正義にかなうものではないとする現状変更（打破）勢力との間で，正当化と批判との応酬も繰り返されてきた。この認識が国際政治学にもたらしたのは，国境を越える正義の不在ではなく，複数の正義の競合こそが，平和を脅かすという洞察であろう。とりわけ，国家間関係において，現状の価値配分

を維持あるいは変更して普遍的正義の実現を試みる（後者は，「正義にかなう変更〈just change〉」として主張される）思想や行動に対し，正面から反発したのがリアリズムであった。リアリストが反発した普遍的正義の追求とは，戦争の違法化（武力による現状の変更の禁止），集団安全保障体制の整備，平和に対する罪および人道に対する罪に責任のある個人の国際裁判，植民地の住民である人民の自決権（すなわち，植民地独立）の主張，天然資源に対する永久的主権の主張，さらに領域国家の残虐行為から住民を保護する国際社会の責任の模索，ならびに残虐行為に責任のある個人の国際裁判の導入などがそれにあたる。リアリストは，力の裏づけを持たない現状変更論は非現実的であるとしながら，むしろ国際政治における不変の論理や定型現象の反復こそを強調してきたのである。

　本節では，まず，戦間期，冷戦期，脱植民地化期における論争を概観した上で，この論争の冷戦後における展開へと考察の範囲を広げる。

　まず，戦間期における戦争違法化の試みまで遡ろう。国家間関係の現状を武力によって変更することを無条件に認める限り，国際関係は弱肉強食の世界から抜け出せない。そうであるなら，いっさいの現状変更は平和的手段によるべきであると割り切り，あらゆる関係国の同意を最大限尊重して，現状の「平和的変更（peaceful change）」はその同意をもってするとすれば，それで万事解決だろうか。その場合には，現状の平和的変更は容易に達成しえない目標となってしまうために，現状の変更手段としての戦争を違法化することは，結局，戦争を一掃するどころか，逆説的に，違法な戦争を頻発させる原因となりかねない（Lauterpacht 1937, 139）。歴史が教えるように，ある講和条約が交戦国間の価値配分に一定の決着をつけた後になって，戦勝国の同意に基づいて国家間関係の現状を敗戦国にとっての正義に合致するように変更するのは容易なことではない。そもそも，国家間関係の現状を関係国の同意に基づいて変更することなど可能なのだろうか。このような流れの中で，関係国の同意に基づく国家間関係の現状の維持や変更の条件を主たる考察対象とする国際政治学が生まれた。この意味において，国際政治学が生まれたのは第一次世界大戦後の**戦争違法化の逆説**が論じられる中においてであった，とも言えるだろう。

　たとえば E. H. カーは，国際社会は第一次世界大戦後，現状の平和的変更の手段を十分に備えることをせずに，ただ戦争を違法化したにすぎないと断じた（第4章第1節参照）。カーのリアリズムは，平和的手段による現状の変更をおざ

> **COLUMN** *7-1 紛争の平和的解決と戦争の違法化*

○国際連盟規約（1919年）

　連盟加盟国の間に，《国交断絶に至るおそれのある紛争》が発生した場合には，

　加盟国は，紛争の平和的解決を図る（具体的には当該事件を国際裁判，あるいは，連盟理事会の審査に付す）ことを確約する（第15条1項）とともに，

　紛争の平和的解決が図られている期間（正確には，判決あるいは報告書が公表されてから一定のモラトリアム期間が経過するまで）は（第12条1項），そして，紛争の平和的解決に従う（判決に服する，あるいは勧告に応ずる）加盟国に対しては（第13条4項，第15条6項，10項），「戦争に訴える」ことを自制することを確約する。

○不戦条約（1928年）

　締約国は，紛争の平和的解決を確約するとともに（第2条），国際紛争を解決する手段として戦争に訴えることを自制することを確約する（第1条）。

なりにしたまま，軍事的手段による現状の変更を禁止することを説く道義の裏に，現状維持勢力の優位の永続化という現実を見るものであった（カー 1939／邦訳 2011, 165）。現状の平和的変更が，それに対する当事国の同意を前提とする以上，現状の評価について関係国の間に対立がある限り，現状維持勢力の譲歩なしには現状の変更は実質的に不可能である。それゆえに，戦争による現状の変更（価値配分の現状に満足する国家の同意なしにそれを変更すること）を禁止する法制度を構築することは，国家間の現状を固定することにほかならない。力によって実現をみた価値配分が，正義の名の下に防衛される。この現実を直視しつつ，カーは，現状維持国による妥協がなければ，不正義の現状を変更しようとする現状打破国との対立は戦争へとエスカレートしかねないと憂慮した。硬直した保守主義が国内に革命を誘発するように，妥協なき現状維持政策は国家間に戦争を誘発するだけだと論じたのである（カー 1939, 322-323, 419）。

　ただし，ヴェルサイユ体制の評価をめぐって，現状維持勢力（イギリス，フランス）と現状変更勢力（ドイツ）とが厳しく対立した戦間期の文脈において，

当時の現状打破国ドイツを相手にそもそも現状維持勢力の譲歩（交渉による現状の変更）によって，現状打破の戦争を未然に防げたのだろうか。この問題については，当初から議論があったことは言うまでもない。1935年の再軍備（ヴェルサイユ条約の軍備制限条項の破棄），1936年のラインラント進駐（ヴェルサイユ条約およびロカルノ条約のラインラント非武装化条項の破棄）に加えて，1938年のオーストリア併合，そしてドイツ人居住地域ズデーテンラントのチェコスロヴァキアからのドイツへの割譲に見られたように，ドイツは第一次世界大戦後の敗戦国と戦勝国との間の政治的現状を立て続けに変更したのである。このような文脈において，現状維持国は，いったいどこまで妥協して現状の変更を受け容れるべきなのか。これこそリアリストの平和的変更論にとっての難問であるが，それは未解決のまま残されることになったのである。

　上に見たように，国家間関係の現状を武力によって変更することを禁止したのが戦争違法化および集団安全保障体制の整備の試みであった。これに対して，侵略戦争を国際犯罪であるとすると同時に，「平和に対する罪」に責任のある指導者個人を国際戦犯法廷において裁くとしたのが，国際の平和と安全を保障するための国際裁判の試みであった。その先駆は，第一次世界大戦の敗戦国ドイツのヴィルヘルム2世を訴追し，その審理のために戦勝国の裁判官から成る国際法廷を設置するとしたヴェルサイユ条約第227条である（ただし現実にはヴィルヘルム2世の亡命を受け入れ，引き渡しを拒んだオランダの主権の壁によって，国際裁判による個人責任の追及は実現しなかった）。その後，第二次世界大戦の敗戦国ドイツおよび日本の戦争指導者の個人責任が，ニュルンベルク裁判所および極東国際軍事裁判所において追及された。「平和に対する罪」の観念は，国際法における「国家の一体性」という伝統的観念に修正を加え，指導者に，国家の違法行為の責任を追及するものである。ここには，戦争違法観と指導者責任観の結合を見ることができる（大沼 1983, 173, 185）。

　しかし，その後の冷戦対立の中で，どのような行為を「侵略行為」と認定し，どのような行為を「自衛」と認定するかという点については，国際社会は合意にいたらなかった。そのため，国際刑事裁判所の設置は冷戦終結後に持ち越された（第5章第2節参照）。

　ニュルンベルク裁判の遺産は，平和に対する罪の概念にとどまらない。国境を越える普遍的正義の追求という意味において重大な意味を持つことになった

> **COLUMN** 7-2 戦争を一掃するために
>
> ○国際連盟
> アメリカのウッドロー・ウィルソン大統領（1919年2月28日）
> 「〔ドイツに〕世界を敵に回すことになるだろうとの予測があれば、そもそも〔第一次世界大戦は〕勃発しなかっただろう。……われわれには国際連盟が必要だ。それがなければ、われわれが経験したあの破局が繰り返されるだろう」(The Papers of Woodrow Wilson, vol. 55)
>
> ○ニュルンベルク国際軍事裁判所
> アメリカのロバート・ジャクソン主席検事の検察側冒頭陳述（1945年）
> 「われわれが、国内における専制に終止符を打ち、権力の座にある者がその国民の権利に対して行う暴力と侵害を一掃するのは、われわれが彼らに、法に対して責任を負わせることができた時である。……この裁判こそ、平和をこれまで以上に確実なものにするための重大な努力の一部である」

のは，「人道に対する罪」（ニュルンベルク国際軍事裁判所条例6条(c)および極東国際軍事裁判所条例5条(ハ)）の概念である。この罪に該当するのは，《文民たる住民》に対する非人道的行為および迫害行為（第二次世界大戦の文脈においてはホロコーストなど）であり，これについては犯行地の国内法に違反するものであるかどうかは問わないとされた。それゆえ，「人道に対する罪」の概念は，文民である住民に対する国家による非人道的行為および迫害行為を国際犯罪であるとすることによって，国家主権の壁を越え，領域国家によるこれらの残虐行為から個人を保護することを意味するものであった。この概念が，後に述べるように，冷戦後に，保護する責任論や国際刑事裁判機関論において再び脚光を浴びることになるのである（二村 2008, 170）。

　第一次世界大戦の戦勝国と敗戦国とが対峙した戦間期において，カーのリアリズムは，現状維持勢力に妥協を説いた。これとは対照的に，第二次世界大戦の戦勝国同士が対峙した冷戦期（特に初期）に，H. モーゲンソーのリアリズムは現状変更勢力に妥協の美徳を説いた（モーゲンソー 1948／邦訳 1998, 271）。冷戦に，二つの普遍主義（民主主義と共産主義）の競合を見たモーゲンソーは，国家の枠にとらわれない普遍的正義（たとえば自由や平等）によって国家行動を正

当化することの危険を説いた。左右両派の「理想主義者の国際主義」(Herz 1950) や，二つの超大国の「十字軍的精神」(モーゲンソー 1948, 556) がそれにあたる。特定国家の利益を擁護するためではなく，普遍的な理念を擁護するために国家が行動するなら，関係国の間に意図の誤認は避けられないから，交渉による解決を通じた平和的共存は著しく困難なものとなるだろう，と考えたのである (モーゲンソー 1948, 73)。現状維持を意図する行動も，現状変更を意図する行動と誤認されるがゆえに，相手国の不安を掻き立てることなくして，当該国の不安は拭えない。いわゆる安全保障のディレンマが生じるのである (Herz 1950, 157; Jervis 1978, 169)。

　知識社会学的な観点に立ったカーのリアリズム (第4章第1節) にとって，その批判の標的が19世紀のリベラリズムであったことは明らかだが，安全保障のディレンマを生み出す誤認の契機を重視したモーゲンソーのリアリズムにとっての論敵は，国際主義や十字軍的精神であって，それは必ずしもリベラル派の理想主義 (その典型が第1章第2節および第2章第3節において言及したウッドロー・ウィルソンのリベラリズム，すなわちウィルソン主義) に限定されるものではなかった。しかし，国際政治学が冷戦期のアメリカを舞台に形成されたために (Hoffmann 1977; 石田 2010a)，国際政治学においてリアリズムの対極にリベラリズムを置く対抗図式が成立した。ここにはアメリカの思想潮流の特徴が顕著に表れている。

途上国による正義の主張

　さらに脱植民地化期には，人民の自決権の評価においても平和と正義の相克は主たる論点となった (脱植民地化の文脈において，国際社会が自決権を承認する人民の範囲については，第4章第3節参照)。たとえばH. ブルは，一般的に，現状の評価をめぐって現状維持志向の国家と現状変更志向の国家がある以上は，正義の追求は秩序の破壊につながるので，正義と秩序との間に二律背反の関係があると見ていた。この観点に立って，植民地における民族解放闘争については，国際社会における資格基準の《正義にかなう変更》は，たしかに現在の国際秩序の現状に対する挑戦であるとする一方で，主権国家体制の維持について利益を共有する新生国家を創出することになるので，将来の国際秩序を支える基礎になりうるとも指摘していたのである (ブル 1977／邦訳 2000, 109, 121)。

　また，脱植民地化に関連する問題として，非国家主体たる多国籍企業の活動

を規制する国家の権利をめぐっても関係主体間の対立が見られた。脱植民地化を背景に，1962年には国連総会決議「天然資源に対する永久的主権」（国連文書 A/RES/1803〈XVII〉）という形で，途上国によって，いわば国際社会における行動基準の現状変更の意思表示がなされるにいたるが，その前史として，ここでは途上国の資源ナショナリズムを軸とする途上国と先進国との間の南北対立を見ておきたい。

　2009年6月4日，アメリカのバラク・オバマ大統領はカイロにおいて演説し，アメリカが「冷戦期に，民主的に選出されたイランの政府を転覆する上で，ある役割を果たした」ことを公式に認めた。これを遡ること半世紀以上前の1951年，イラン議会はアングロ・イラニアン石油会社を国有化するとともに，モハマド・モサデクを首相に選出した（アングロ・イラニアン石油会社〈その後，ブリティッシュ・ペトロリアムに改称，さらにBPに改称〉は，いわゆるセブン・シスターズと称された7大石油メジャーの一つであった）。これに対して，イギリスの諜報機関の働き掛けを受けたアメリカのCIAは，石油問題の「公正な」解決を図ることのできる政権をイランに樹立するために，モサデク政権転覆の秘密工作を行ったとされる（この点については，"The New York Times Special Report: The CIA in Iran," at http://www.nytimes.com/library/world/mideast/041600iran-cia-index.html に詳しい）。政権転覆の後には，投資側の石油メジャーのコンソーシアムは，投資受入国のイランとの間に締結したいわゆるコンセッション契約を通じて，石油の採掘，開発，生産および生産物の処分に関する権利を確保した。言ってみれば，特定の価値配分に対する同意を既存の相手から引き出す外交交渉ではなく，特定の価値配分に同意しない勢力に代えて，それに同意する勢力を交渉相手の座に据える秘密工作が選択されたのである。

　1950-60年代には，イランにおけるイギリス系のアングロ・イラニアン石油会社の油田および製油所の国有化のほかにも，途上国における外国資産の国有化が相次いだ。グァテマラにおけるアメリカ系のユナイテッド・フルーツ社の国有化，エジプトにおけるイギリス・フランス系のスエズ運河会社の国有化，そしてキューバにおけるアメリカ系ビジネスの国有化などがそれに該当する。これらの国有化の動きに対して，イラン（1953年），グァテマラ（1954年），キューバ（1961年）ではCIAの関与の下に政府転覆工作が実行され（ただし，ピッグズ湾事件として知られるキューバのカストロ政権転覆工作は失敗に終わった），エ

ジプト（1956年）では，イギリス，フランス，そしてイスラエルによる軍事行動（第二次中東戦争）が実行されるなど，一方的な現状の変更は暴力を伴う対抗行動を生み出した。

　以上の考察から明らかなように，平和と正義の相克は，国際政治学の成立から今日にいたるまで，その中核的論点を構成してきた。国家間の政治的現状について関係国の間で評価が一致しない以上，正義の戦争と不正義の平和との相克から逃れられるものではない。国際政治学は，国家間関係における現状の変更と妥協の是非と成否こそを，その分析の焦点としてきたのである。

空間的棲み分けと時間的棲み分けの秩序

第4章第3節で見たように，1960年の国連総会決議「植民地独立付与宣言」は，国際社会が植民地の独立を承認するにあたり，その国内統治のあり方について，一定の国際基準の充足を条件とすることを正面から否定した。これによって脱植民地化が急速に進展し，国家による排他的な領域統治を相互に承認する体制が旧植民地地域にも及んでいった（第4章第3節参照）。ヨーロッパの植民地主義の否定が，ヨーロッパの主権国家体制の地球規模化をもたらした皮肉をここに見て取ることもできるだろう（長尾 1994, 66）。

　このように，脱植民地化の過程において否定されたはずの《国内統治の国際基準》の論理が，近年，国内における一線を越えた残虐行為の禁止という文脈において，「保護する責任（Responsibility to Protect: R2P）」論および「移行期正義（transitional justice）」（とりわけ，常設の「国際刑事裁判所〈International Criminal Court: ICC〉」を含む国際刑事裁判機関による訴追）論という形でよみがえった。ここで移行期正義とは，体制移行以前，あるいは（国内武力）紛争終結以前の残虐行為について，体制移行期に，あるいは紛争終結期に正義の実現を目的として講じられる加害者の刑事責任の追及を含む諸措置（加害者の訴追，公職追放，被害者への賠償，真実究明，和解，軍・警察などの機構改革など）を意味するものである。

　保護する責任論と国際刑事裁判機関（による移行期正義）論に共通するのは，いずれも残虐行為が発生するような国内の政治的現状を国外から変更することを目的とした国際的取り組みである，という点である。図式化すれば，いずれの議論も，以下に述べる体制を整えることによって上に記した目標を達成しようとするものであった。すなわち，領域国内においてもし残虐行為が発生する

なら，領域国家にとっての選択肢は，残虐行為の犠牲者を保護し，その行為に責任のある個人を処罰するか，さもなければ当該国家の責任を補完する形で保護・処罰に乗り出してくる国際社会に直面するか，の二つに一つとなる体制である。この体制が，以下に説明する通り，一定の制約の下で紆余曲折を経ながら制度化されつつある。

　国際社会の関与には，関係国の同意を確保する必要がある以上，それに補完的な性格が与えられるのは理の当然である。その補完的な役割について，保護する責任論の場合と，国際刑事裁判機関論の場合とに分けて個別に確認しておこう。

　まず，保護する責任論の場合には，個別国家が住民を所定の残虐行為（ジェノサイド，戦争犯罪，民族浄化，人道に対する罪）から保護する一次的責任を負うが，当該国家が所定の残虐行為から住民を保護する意思と能力を備えなければ，国際社会が住民を保護する二次的責任（平和的手段が不十分であれば，安保理は強制的措置を講ずるとされる）を負うとしている（2005年国連首脳会合成果文書。なお，国連総会はこの成果文書を総会決議60/1〈国連文書 A/RES/60/1, 2005年10月24日〉として採択し，さらに安保理は，同成果文書のうち保護する責任に言及した第138, 139段落を安保理決議1674〈国連文書 S/RES/1674, 2006年4月28日〉において再確認）。

　次に，ICCの場合，その設立条約であるローマ規程（1998年）は，前文において，所定の残虐行為（ジェノサイド，戦争犯罪，人道に対する罪，侵略犯罪）は，国際社会全体の関心事である重大な犯罪であり，それは国際の平和に対する脅威であるという認識を示したのち，すべての国家はこれらの犯罪に責任のある個人に対して刑事裁判権を行使する責務を負うとした上で，ICCが国家の刑事裁判権を補完するとしたのである。それゆえに，ICCが事案を受理するのは，上に記した犯罪の被疑者を関係国の国内裁判所が捜査・訴追する意思・能力を持たない場合に限られる。

　このように位置づけられた保護する責任論と国際刑事裁判機関論は，関係諸主体の妥協に支えられた棲み分けの秩序の安定を脅かすものである，と言えるだろう。一口に棲み分けの秩序と言っても，それは，《空間的棲み分け》の秩序と《時間的棲み分け》の秩序に二分できる。前者は，ある時点において排他的に領域を管轄する政体間の「不干渉（nonintervention）」型の妥協に依拠し，後者は，ある地点（領域）において旧体制の下で実行された残虐行為に責任の

ある個人に対する新体制移行後の「不処罰（impunity）」型の妥協に依拠する。保護する責任論は，領域国家の政府が所定の残虐行為から住民を保護する意思と能力を持たない場合には，安保理は領域国の同意によることなく強制措置をとりうるとして《内政不干渉の壁》に挑むものであった。国際刑事裁判機関論も，ICC設立条約たるローマ規程の前文が，国際犯罪を行った者が処罰を免がれる状況と訣別するとしたように，《不処罰の壁》を拒むものであった。

その上，残虐行為の犠牲者たる弱者の保護と，残虐行為に責任のある強者の処罰が合流することになれば，強者が当事者となる交渉において，強者から交渉に応じる誘因を奪い去り，「〔紛争の〕交渉による解決（negotiated settlement）」や「〔体制の〕交渉による移行（negotiated transition）」を阻みかねない。それゆえに，国内における残虐行為の犠牲者の国際社会による保護と，残虐行為に責任のある個人に対する国際刑事裁判権の行使との結合は，必ずしも所期の目的の達成に直結する保証はない（石田2011b）。当事者（特に残虐行為から住民を保護する意思・能力を持たない領域国家の政府や，残虐行為に責任のある個人）の同意がなくても，政治的現状の正義にかなう変更は可能だとする発想を，リアリストが戦間期の理想主義の再来と批判するのはこの点においてである（Goldsmith & Krasner 2003）。

2011年のリビアに対する武力行使の事例（関連する安保理決議については後述）があらためて浮き彫りにしたのも，はたして，残虐行為に責任のある政権を打倒することなしに，残虐行為から住民を保護する責任を果たすことが国際社会にとって可能なのか，という問題であろう（Bellamy & Williams 2011）。たとえば，2011年4月14日，オバマ米大統領，デイヴィッド・キャメロン英首相，ニコラ・サルコジ仏大統領は連名で『ニューヨーク・タイムズ』紙に寄稿し，「自国民の虐殺も厭わないものが，今後も政権の座において一定の役割を果たし続けることは，およそ考えられない」（*New York Times*, April 14, 2011）と述べて，保護する責任を果たすことと，強制的な体制転換を行うこととが表裏一体であることを示唆した。それがゆえに，2011年春以降，内戦が激化したシリアについては2012年11月現在，国連安保理は内戦下の弱者の保護に乗り出すことは，武力による体制転換を容認するにも等しいことを懸念して，効果的な手を打てないでいる。

> **弱者の保護をめぐる政治過程——保護する責任**

エスニック・ナショナリズムを，ゲルナーのように，一つの政体の構成員と一つの民族とを，国民として一致させようとする考え方および運動を指すととらえるならば，一つの国家は一つの国民を持つべきだとして同化・浄化をめざす《多数者のナショナリズム》と，一つの国民は一つの国家を持つべきだとして自治・自決をめざす《少数者のナショナリズム》とは両立するものではない（第4章第3節および第5章のコラム5-8参照）。事態を放置して，少数者が自らの集団としての権利を保障する政体の構築（分離独立）を図ることになれば，政体の領域的現状をめぐって，たちまち領土保全原則と自決原則とが衝突することになる。

コソヴォ紛争を契機として，1999年にNATO加盟諸国は武力行使を明示的に容認する安保理決議なしにユーゴ空爆に踏み切った。この際にイギリス政府は，コソヴォ問題の交渉による解決の努力がユーゴ連邦政府によって拒否された以上，国内における切迫した人道的破局を未然に防止することを目的とした必要最小限度の武力行使は合法であると主張した。NATOの「人道的干渉」については，「コソヴォに関する独立国際委員会」は「違法だが正統なものだった」(The Independent International Commission on Kosovo 2000, 4) と評価し，国連安保理はそれを違法な武力行使とするロシアの安保理決議案を退けたが，途上国は人道的支援について，関係国（特に被干渉国）の主権，領土保全，政治的独立と矛盾するものであってはならないとして反発した（人道的干渉の歴史については，Bass 2008）。

その後の「干渉と国家主権に関する国際委員会」報告 (The International Commission on Intervention and State Sovereignty 2001, chapter 4 and 7) は，個別国家が独自の判断に基づいて武力を行使してでも果たすべき国際社会の「対応する責任」が正当化される「例外的事態」の範囲（すなわち，その判断基準，具体的にはジェノサイドにいたらないまでも大量殺害・民族浄化が発生していること，武力行使はあらゆる非軍事的手段を消尽した後の最後の手段であること，保護目的に照らして軍事的手段の均衡性が満たされていること，合理的成算があることなどの諸基準）を探るものであった。その意味では，保護する責任論は，潜在的に内政不干渉や武力不行使の規範的現状の変更すら，含意しかねないものであった。

しかし，すでに述べたように，2005年の国連首脳会合の成果文書は，保護

する責任概念を以下のように再定義することになった。すなわち，個々の国家こそがジェノサイド，戦争犯罪，民族浄化，そして人道に対する罪から住民を保護する責任を負うが，もしその国家がこの責任を果たすことに明らかに失敗した場合には，国際社会にとっての行動の選択肢には安保理を通じた強制行動も含まれるとしたのである。言ってみれば，この定式化は，保護する責任が追及される対象を，上に記した四つの残虐行為に限定する効果を持ったのみならず，武力行使についてはあくまでも国連安保理の容認が前提であることを確認したのである。それゆえにこれは，個別国家による武力行使が例外的に認められる事態（自衛権の行使と集団安全保障体制下の強制措置の実行）を限定する，国連憲章体制の枠から逸脱しかねない保護する責任論を，この枠の内側に押し戻すものであった。その後の 2009 年の事務総長報告書『保護する責任の実施』（国連文書 A/63/677, 12 January 2009, 特に，その 10 (a) 段落参照）も，保護する責任論は，国連憲章体制に抵触するものではないことを確認している。このように，保護する責任をめぐる加盟国の不安を払拭することによって，それに対する加盟国の同意確保が図られたと言えるだろう（清水 2011, 116）。保護する責任概念は，この意味において，武力不行使・内政不干渉原則と人権保障原則との両立をめざすものであった。

強者の処罰をめぐる政治過程──移行期正義

体制の移行は，旧体制下の残虐行為に責任のある個人（ハンチントンの言葉を借りれば「拷問を命じたもの」）を「恩赦・忘却するか，あるいは訴追・粛清するか」という選択を新体制に迫る。体制移行後の新体制の，過去との向き合い方を左右する要因とは何だろうか。そして，訴追という形で過去を断罪することは将来の体制に安定をもたらすのだろうか。

リアリストからすれば，そもそも訴追が行われるかどうかは（旧体制の）現状維持勢力と現状変更勢力との力関係次第である（ハンチントン 1991／邦訳 1995, 215）。この点についてハンチントンは，処罰の対象になるのは，力の優位を失って政権の座から引きずり降ろされた旧体制のリーダーであって，力の優位に立ちながらも自ら権力を手放した旧体制のリーダーではないと直截に言い切っている（ハンチントン 1991, 230）。さらにリアリストは，この議論を裏返して，「恩赦（amnesty）」の約束は体制の交渉による移行を促進するが，「説明責任（accountability）」追及の威嚇は逆にそれを困難にするとした（Goldsmith

> **COLUMN 7-3 解放戦争の言説** （引用文中の傍点は引用者）

○冷戦後のアメリカの場合
◇アフガニスタンに対する武力行使
　米国国務長官コリン・パウエル（2002年9月11日，国連文書 S/PV. 4607）
　　「合衆国が率いる連合軍は，アフガニスタンの人民を，アル・カーイダのテロリストとタリバンという二つの圧政から解放した」
◇イラクに対する武力行使
　米国国連大使ジョン・ネグロポンテ（2003年3月27日，国連文書 S/PV. 4726）
　　「われわれの考え方は，いくつかの原則を指針とするものである。第一に，イラク人民および世界に対して，合衆国と〔有志〕連合が切望するのは占領ではなく解放である，と示すことになるだろう」
◇リビアに対する武力行使
　米国大統領バラク・オバマ大統領（2011年3月28日）
　　「われわれは，われわれが幾多の嵐を乗り切る上で指針としてきた核心的原則をわれわれと共有する人々に対しては，支援の手を差し伸べなければならない。その原則とは，自国民に対する暴力への反対であり，人民の表現の自由および政府選択の自由を含む一連の普遍的な権利への支援であり，そして究極的には民意に応える政府に対する支援である。……人民が自由を願うならば，たとえばそれがどこであろうとも，彼らはその自由の味方を合衆国に見出すことだろう」
　［注］　アフガニスタンやイラクに対する武力行使の苦い経験をふまえて，オバマ政権は，リビアについては，武力行使を通じて「体制転換」を実現する意図を持たないことを強調したが，明らかに解放戦争の言説をそこに読み取ることができる。

○革命期のフランスの場合（国民会議，1792年11月19日）（Herz 1950, 161）
　　「自由の回復を求める人民がいれば，それがどこであろうとも，フランスは援助の手を差し伸べるだろう」

○革命期のソ連の場合（ボルシェヴィキ党決議，1917年8月）（Herz 1950, 170）
　　「他国に先駆けてプロレタリア独裁を実現した国の労働者には，他国の闘争の渦中にある労働者に対して，必要ならば武力を伴う支援を行う義務があるだろう」

& Krasner 2003, 51; Snyder & Vinjamuri 2003/04, 14)。

　残虐行為の中でも，とりわけジェノサイド，戦争犯罪，人道に対する罪，侵略犯罪は，当該国家の関与抜きにはおよそ考えにくい行為である。これらの残虐行為を管轄する裁判所として，すでに述べたように，多国間条約であるローマ規程によって ICC が設立された。そもそも，1950 年に国際法委員会が採択し，国連総会に提出したニュルンベルク諸原則（*Yearbook of the International Commission*, 1950, vol. II, para. 97）は，平和に対する罪，戦争犯罪，人道に対する罪を国際法上の犯罪とする（第 6 原則）とともに，国内法が刑罰を科していないことを理由として，国際法上の犯罪について刑事免責を認めない（第 2 原則）としていたのである。

　ここでは国際刑事裁判の政治的効果に着目したい。ICC がその管轄権の行使に着手する手続き（いわゆるトリガー・メカニズム）は，ICC の設立条約であるローマ規程第 13 条によれば，①締約国が事態を検察官に付託する場合，②安保理が事態を検察官に付託する場合，そして③検察官が犯罪の捜査に着手する場合の三つが考えられる。たとえば非締約国であるスーダン，リビアの事態については安保理決議（前者については安保理決議 1593〈国連文書 S/RES/1593〉，後者については安保理決議 1970〈国連文書 S/RES/1970〉参照）による付託がなされたが，ウガンダ，コンゴ民主共和国，中央アフリカ共和国については，犯行地の国家が自国の事態を付託するという形で自己付託がなされた。

　どのトリガー・メカニズムを通じて ICC が管轄権の行使に着手するかによって，政治過程の展開は異なる（下谷内 2012）。①の自己付託の事例においては，国内の政敵をその残虐行為を理由に排除する手段として国際裁判が利用されうる。これに対して，②の安保理決議による付託の場合には，交渉による解決の道を狭める効果を持ちうる。たとえばリビアの事例においては，安保理は，決議 1970 を採択して，リビア当局による反政府勢力への暴力の即時停止を求めたのみならず，リビアの事態を ICC に付託した。さらに，決議 1973（国連文書 S/RES/1973）を採択して，リビアにおける文民の保護を目的として加盟国による武力行使を容認した（ただし，ロシア，中国を含む 5 カ国は棄権）。この結果実現した NATO 加盟国およびアラブ 3 カ国などによる武力行使（NATO の作戦名は，*Operation Unified Protector*）は，事態の収拾に応じないムアンマル・カダフィ政権の崩壊，そしてカダフィ個人の死の確認にいたるまで継続するこ

とになった。つまり，武力行使と刑事責任の追及との組み合わせは，妥協による平和という選択肢を消去するも同然であるために，残虐行為に責任ある指導者個人から，残虐行為を停止する誘因を奪うおそれがある（Akhavan 2009）。

国内武力紛争の終結の場面においても，正義の追求が妥協による平和を困難にする移行期正義のディレンマを観察できる。2000年の国連平和維持活動検討パネル報告で知られるラフダール・ブラヒミは，同報告（いわゆるブラヒミ報告）において「国連の平和維持要員は，武装要員であれ警察官であれ，……文民に対する暴力を目撃したときには，彼らの有する手段の範囲内において，その暴力を制止する権限を有していると考えるべきである」（国連文書 A/55/305, para. 62）とする一方で，アフガニスタン戦争（2001年）後の和平合意に関連して，訴追が反タリバン勢力の団結，すなわち現状変更勢力の結束を脅かすことを懸念して訴追に反対したことが報道されている。この文脈においても，訴追には，紛争の交渉による解決を促す政治的妥協を困難にする側面があると指摘されている（Vinjamuri 2003, 140, 141, 145, 148）。

2 越境問題の実相

地球環境問題の国際政治　前節で論じたような，普遍的な正義を主権国家から成る世界に適用するという規範的な問題に加えて，今日の世界では，現実に国境を通過するさまざまな現象から生ずる問題群，つまり越境的（transnational）な諸問題に直面することは避けられない。領域的な管轄権を画定しても否応なく領域外からの影響に晒されるため，こうした問題の処理には伝統的な棲み分けの原理では対応できない。それはより高度な協力を諸国家に求めるが，そのことは同時に新たな国家間の政治問題の可能性を秘めている。国境を横断する財や資本の動き，すなわち国際経済活動を諸国家がどのように制御しようとし，どのような対立と協力が展開されてきたについては，すでに前章で述べた。だが，新たな越境的問題が次々に登場しているのが，21世紀の実相である。

地球環境問題はこのような越境問題の代表的なものであろう。環境問題のすべてが国際政治上の課題ではなく，純粋に国内で処理できる問題も多いことを

FIGURE 7-1 ● 世界のエネルギー起源 CO_2 排出量（2009 年）

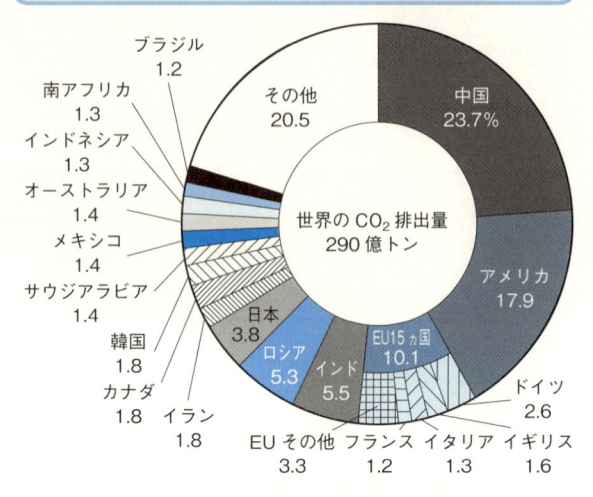

世界の CO_2 排出量 290 億トン

- 中国 23.7%
- アメリカ 17.9
- EU15 ヵ国 10.1
  - ドイツ 2.6
  - EU その他 3.3
  - フランス 1.2
  - イタリア 1.3
  - イギリス 1.6
- インド 5.5
- ロシア 5.3
- 日本 3.8
- 韓国 1.8
- カナダ 1.8
- イラン 1.8
- サウジアラビア 1.4
- メキシコ 1.4
- オーストラリア 1.4
- インドネシア 1.3
- 南アフリカ 1.3
- ブラジル 1.2
- その他 20.5

［注］　EU15 ヵ国は，COP3（京都会議）開催時点での加盟国数である。
［出典］　http://www.env.go.jp/earth/cop/co2_emission_2009.pdf

　まず確認しよう。日本でも高度成長期には，水質汚濁，大気汚染などの公害問題が大きな政治問題となったが，その後の対策によってそれらの問題は改善することができた。また，人間による環境破壊は，現代に特有の問題というわけでもない。そもそもすべての文明は自然に働き掛けて，人間の意図を実現するものであり，森林を伐採して農地を切り開く農耕も，その意味では工業と異なるところはない。森林伐採による生態系の破壊は古代文明でも見られたし，鉱山から流出した有毒物質による中毒などの被害は古い時代まで遡ることができる。

　だが今日の地球環境問題の背景には，地球上の人口が過去 200 年間の工業化にともなって急速に増大するとともに，その増大した人口がエネルギーを大量に消費するようになったため，人間の活動がさまざまな技術の発展を通じて全地球規模で自然環境に大きな影響を及ぼすようになったことがある。そして他国に波及する広域的な問題はもとより，文字通りのグローバルな対応が求められる問題が 21 世紀までに増えてきた。酸性雨，捕鯨問題を含む野生動物保護，海洋汚染，有害物質の拡散やオゾン層の破壊といった問題は，国際政治上の議

題となり，諸国間の合意による解決がこれまでも模索されてきた。同時に環境問題への感受性が，主として豊かな諸国で高まってきたのも，この問題が政治的課題となったことの背景にあるだろう。

　地球温暖化問題は，このようなグローバルな環境問題の代表的なものである。気候の大規模な変動をめぐる言説もかつてからあったことは忘れられがちだが，それは主として寒冷化とそれにともなう農業への被害が問題視されたものであった（モシャー゠フラー 2010, 17）。CO_2 などの温室効果ガスが地球温暖化の原因となっているという科学的コンセンサスが形成される大きな転換点となったのは，1985 年に UNEP（国連環境計画）がオーストリアのフィラーハで主催した会議であった。そして翌年には WMO（世界気象機関）や NASA（アメリカ航空宇宙局）が，温暖化が相当急速に進行しているとする報告書を発表した。1988 年の夏は日本では冷夏だったものの，北米では異常に暑かったことから，大統領選挙でも論じられ，一躍問題として注目を浴びるようになり，同年 UNEP と WMO によって IPCC（気候変動に関する政府間パネル）が組織された。1990 年に IPCC は地球温暖化が深刻な脅威であるとの見解を認め，それによって国際政治の場でも上に記したような科学的知見が承認された（ポーター゠ブラウン 1991／邦訳 1998, 113-115）。

　もっとも，これが政治的な議題となるには政治的な条件があったことにも注意を払うべきである。温室効果ガスの排出を規制する国際レジームに関する交渉は，ちょうど冷戦が終結し，安全保障環境が変化してヨーロッパのアメリカへの安全保障上の依存が劇的に低下するとともに，新しい世界が生まれつつあるという知的ムードの下で，ヨーロッパとりわけドイツが先導する形で進められた。これに対して国際規制に消極的だったのがアメリカであった。1992 年のブラジルのリオで開催された地球サミット（環境と開発に関する国際連合会議）に際しても，米独間で交渉が繰り返された。結局ジョージ・ブッシュ大統領が会議に参加することと引き換えに，拘束力のある削減目標を設定しないという政治的妥協が成立し，その結果採択されたのが気候変動枠組み条約であった。

　この条約は，温室効果ガスの濃度を安定化させるという基本的な目標に合意するとともに，締約国が「共通だが，差異のある責任」を負うことを定め，それによって開発途上国の負担を緩和することを認めている。具体的な規制措置については，毎年開催される締約国会議（COP）での交渉に委ねられ，1997 年

FIGURE 7-2 ● 世界のCO_2排出状況（2009年）

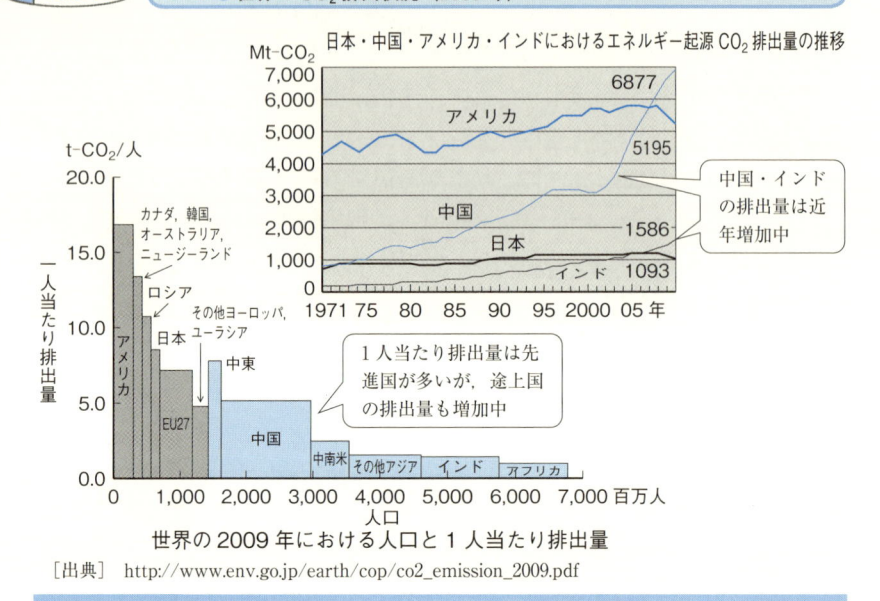

日本・中国・アメリカ・インドにおけるエネルギー起源CO_2排出量の推移

Mt-CO_2
- アメリカ 6877
- 中国 5195
- 日本 1586
- インド 1093

中国・インドの排出量は近年増加中

1人当たり排出量は先進国が多いが、途上国の排出量も増加中

t-CO_2/人

一人当たり排出量

カナダ、韓国、オーストラリア、ニュージーランド
ロシア
アメリカ
日本
その他ヨーロッパ、ユーラシア
中東
EU27
中国
中南米
その他アジア
インド
アフリカ

世界の2009年における人口と1人当たり排出量

［出典］http://www.env.go.jp/earth/cop/co2_emission_2009.pdf

　京都で開催されたCOP3で採択された議定書で合意に達した。京都議定書は、1990年を基準に先進国のCO_2などの排出量を2008年から2012年までの間に5%削減することを目標としており、そのために国別に排出削減枠を認めるのがその内容である。また、EUには削減目標を共同で達成することが認められており、排出権枠を売買する排出権取引も認められた。

　この議定書によると、21世紀初めまでには急速な経済発展の結果世界最大のCO_2排出国になった中国やその他の開発途上国には、いかなる削減義務も課されない。またアメリカが京都議定書を批准せずに離脱したため、21世紀初頭における京都議定書は、全世界のCO_2排出量の4分の1程度を占める国を規制するにすぎない。そのため、温暖化対策としての実効性には大きな限界がある。

　京都議定書の効力が2012年末に失効するのをひかえて、2011年南アフリカのダーバンで開かれたCOP17では、京都議定書の後の排出規制枠組みをめぐって交渉が行われたが、その結果として、アメリカ、中国、インドなども何ら

FIGURE 7-3 歴史的 CO_2 排出量（1850-2005年）

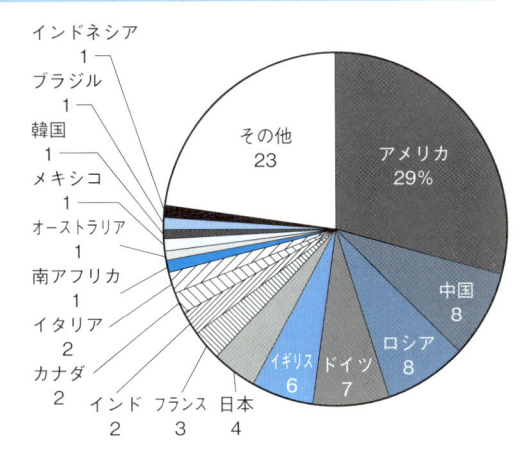

アメリカ 29%
中国 8
ロシア 8
ドイツ 7
イギリス 6
日本 4
フランス 3
インド 2
カナダ 2
イタリア 2
南アフリカ 1
オーストラリア 1
メキシコ 1
韓国 1
ブラジル 1
インドネシア 1
その他 23

［出典］http://www.env.go.jp/earth/ondanka/pdf/column3.pdf

かの法律的な義務を負う新しい枠組みに 2015 年末までに合意し，2020 年初めの実施をめざすことに合意された。しかし，世界の CO_2 排出を制御するのに有効な国際レジームに合意できるかどうかは，本書執筆時点では不確実である。

地球環境は，冷戦後の国際政治で一躍巨大な政治課題となり，国際協力の必要が叫ばれている。たしかに地球環境という価値の保護には世界中の人々の利害が一致するので，協力的な関係が成立しそうである。だが温暖化問題でも，さまざまな利害の相違がある。第一に，温暖化によって受ける被害は国ごとに相当異なる。地球温暖化は，海水面の上昇によって国土が水没する危険のある島嶼国や人口密集地域が海岸に面している諸国にとっては，死活的な問題である。他方で寒冷地域の国家にとっては，温暖化はむしろ歓迎すべきことである場合もある。温暖化を防ぐことが国際的合意になっているとはいえ，諸国が温暖化によって受ける影響が異なることから，この問題への対応の優先順位も当然異なるのである。

第二に，温暖化対策のための負担の分担をめぐる問題がある。エネルギー消費が少ない貧しい開発途上国よりも豊かな国がより大きな負担をする能力があるというのは説得力があるにせよ，一部の先進諸国が削減義務を受け容れるの

FIGURE 7-4 ● 2007年 CO_2/GDP（為替レートベース）

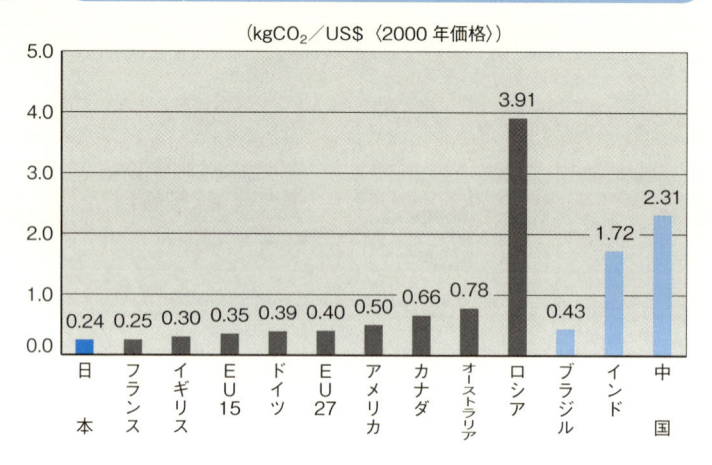

($kgCO_2$／US$ 〈2000年価格〉）

日本	0.24
フランス	0.25
イギリス	0.30
EU15	0.35
ドイツ	0.39
EU27	0.40
アメリカ	0.50
カナダ	0.66
オーストラリア	0.78
ロシア	3.91
ブラジル	0.43
インド	1.72
中国	2.31

［出典］http://www.env.go.jp/earth/ondanka/pdf/column3.pdf

FIGURE 7-5 ● 各国のGDP購買力平価当たりCO_2排出量（2006年）

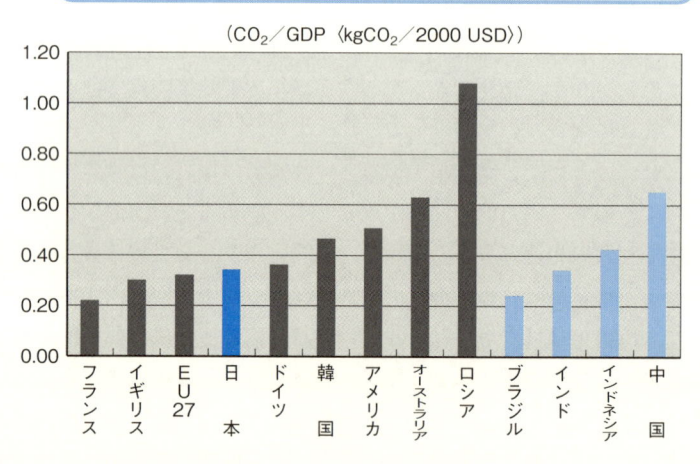

（CO_2／GDP 〈$kgCO_2$／2000 USD〉）

［出典］http://www.env.go.jp/earth/ondanka/pdf/column3.pdf

に対して，途上国側には温暖化対策のための拘束力のある義務がないばかりか援助までも受け取ることができるということに，反発が出るのは政治的には驚くにあたらない。どのような負担の分担をするのかという問題は，価値の配分にほかならず，どのような価値の配分が公平なのかについて合意するのは，まさに政治の営みにほかならない。

より具体的に見てみよう。負担や貢献を計測するのには，何が基準となるのだろうか。責任という観点からは，温室効果ガスを排出した国が削減すべきだろうが，その場合の基準は国別のCO_2排出量なのだろうか。1人当たりのCO_2排出量なのだろうか。これまでCO_2を排出して温暖化を助長してきたという過去の排出の累積量を，基準にすべきなのだろうか。だとすれば，いつの時点からの累積量を基準とすべきなのだろうか。

それとも，基準はCO_2削減に要するコストの負担能力なのだろうか。そうであれば，たとえばGDPの一定の比率分を諸国がCO_2削減コストとして負担するのがよいのかもしれない。それとも，削減効果という観点から考えるべきだろうか。そうであれば，GDPあたりのCO_2排出量（≒エネルギー消費量）を基準と考えるべきだろうか。その場合，エネルギー効率の悪い国がCO_2を多く削減すべきだということになる。だが，その際GDPは，市場価格で計るのかそれとも物価水準の相違を勘案した購買力平価で計るのがよいのだろうか。

以上のような問いへの解答がどのようなものであるにせよ，京都議定書がヨーロッパ諸国の利益に最も合致する方向で採択されたことはまちがいない。削減目標の基準年が1990年とされたため，ヨーロッパ諸国はエネルギー源を石炭から天然ガスなどに切り替えるだけで相当程度目標を達成できるし，しかもEU全体で目標を達成すればよいとされたので，冷戦後にEUに加盟する東ヨーロッパ諸国でいずれにせよ起こるはずのエネルギー効率の向上によって，目標達成が容易だったからである。冷戦の終結とEUの拡大によって，ヨーロッパ諸国は世界政治における主導性を回復する機会を得たが，環境問題はそのヨーロッパにとって好適な政治課題であった。地球温暖化問題がヨーロッパ主導で課題設定がされたのは，このように見ると偶然でもなければ政治と無縁でもない。

ところで地球温暖化問題で特徴的なのは，課題設定にあたって科学的知見が大きな役割を占めることである。地球温暖化が政治的課題として設定され，温

TABLE 7-1 ● 温暖化の原因は？

	人為的活動	自然現象	両方
日本	82	10	5
アメリカ	34	47	14
イギリス	37	39	18
中国	31	13	18

［出典］ ギャラップ社世論調査（2010 年）http://www.gallup.com/poll/147242/Worldwide-Blame-Climate-Change-Falls-Humans.aspx#2

FIGURE 7-6 ●「地球温暖化は，一般的に誇張されているか，正しいか，それとも過小評価されているか」という問いに，「一般的に誇張されている」と答えたアメリカ人の割合（%）

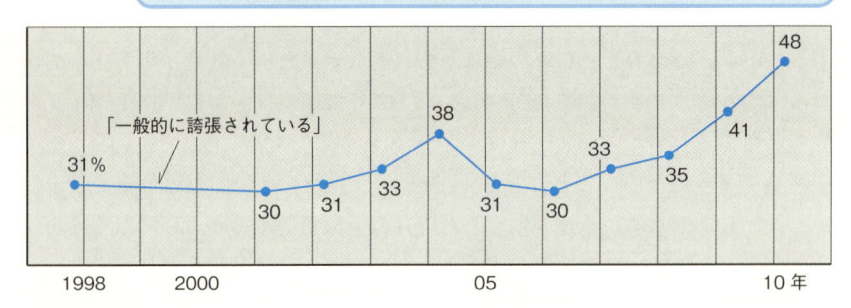

「一般的に誇張されている」

31% — 30 — 31 — 33 — 38 — 31 — 30 — 33 — 35 — 41 — 48

1998　2000　　　　　　05　　　　　　10 年

［出典］ ギャラップ社世論調査（2010 年）http://www.gallup.com/poll/126560/americans-global-warming-concerns-continue-drop.aspx

室効果ガスの排出の規制が目標とされるには，地球が実際に温暖化していること，そして温暖化をもたらしているのが CO_2 に代表される温室効果ガスだという科学的知見の定着が必要である。そしてそれには，まず国境を越える専門家集団が認識を共有すること，言い換えれば認識の共同体が形成されるとともに，彼らの知見が政治的に受け容れられなくてはならない。だが，いずれの命題が真実かを判断するには，複雑な専門的な科学的分析が必要になる。温度計による測定データがない時代の温度は，さまざまな方法によって推定されなくてはならない。また地球全体の平均気温を測定するには，多数のデータから

平均値を算出しなくてはならない。さらに，温度計の設置場所が不適切だと，周辺の環境によって大きな影響を受けてしまう。こういった困難を乗り越えて科学的知見を確定するのは，実は現代の科学にとっても容易ではない。

実際，温暖化と CO_2 の因果関係についても懐疑論が根強い。懐疑論者がよく主張するのは，都市化の進行の方が温暖化の問題と深く関係しているのではないかという仮説である。都市はエネルギーを大量に消費するし，コンクリートで固められた都市は森林よりも高温になることが知られている。だとすれば，大気中の CO_2 濃度よりも，都市化など土地利用のあり方の方が温暖化の原因ではないか，というのである。

これらの問題には純粋に科学的な検証のみが決着をつけることができる。だが，科学的知見も一般に信じられている以上に不確実性があるのが実情である。不確実な将来の問題に取り組むのに，現在の多額の資金や政治的資源が関係する場合，その問題への対応にさまざまな思惑やイデオロギーが介在することは避けられない。環境問題が政治的に強調される背景の一つには，市場経済を基盤とした経済成長や近代の産業文明そのものに対する疑念がある。他方で懐疑論の背景には，エネルギー消費に対する環境は豊かになるほど需要が大きくなる一種の上級財であり，市場経済や経済成長が環境にも有益だとする考え方があるとともに（クラウス 2007／邦訳 2010），経済界や一部エネルギー関連産業の利害が関係していることはよく指摘される。

科学的知見はこれらの利害やイデオロギーとは無縁に，事実を客観的に確定するものであるはずだが，科学も究極的には生身の人間によって行われる以上，研究費の分配をめぐる思惑や，派閥的・イデオロギー的な対立から全く無縁だと言い切ることも現実的ではない。地球温暖化問題では，少数の国際的影響力のある学者が，元データを十分に公開しなかったとか学術誌への投稿論文の査読を仲間内で独占していたとかいった批判が一時耳目を集めた（モシャー＝フラー 2010）。後に調査委員会はそういった批判に根拠がないと結論づけたが，それでも欧米では地球温暖化問題に懐疑的な世論は，一般に日本で考えられるよりも強い。とりわけアメリカでは環境保護論一般に対する懐疑論は，一般世論レベルではきわめて根強く，それはむしろ勢いを増している。

こういった懐疑論の正否を確定するには高度な専門的知識が必要で，専門家の知見に政治プロセスは大きく左右される。そういった知識や情報の利用可能

性や発表能力は，政治的に中立な科学的知見の価値そのもののみによって決まると考えるのは，無邪気であろう．科学情報や知見から政治的議題を設定し，そのための必要な科学的知見を動員し，それを効果的に訴えるとともに反対派の見解の影響力を弱め，支配的な価値観や知的ムードに合致するように問題提起をして支持を獲得しようとすることは，やはり政治の営みであろう．

越境する言論

前項で見た地球環境問題では，国家間の駆け引きだけではなく，欧米の NGO や環境保護団体，それに国際機関や国境を横断した専門家集団が，温暖化論を定着させるのに大きな役割を果たした．その際，これらの諸グループが国際的な運動を組織するのに欠かせない手段になったのが，インターネットに代表されるテレコミュニケーション手段が作り上げた仮想空間，すなわちサイバースペースであった．

新しいコミュニケーション技術が政治的な力関係を変化させることは，これまでの歴史でもしばしば見られた．カソリック教会の権威が挑戦を受けた宗教改革（16 世紀）には，印刷技術の発達による聖書の普及が関係していたと言われている．共産主義政権が倒れた東欧革命（1989 年）では，ファクスで情報が入手できたことがこの政治変動の連鎖を助けたと言われる．

コミュニケーション技術を利用してきたのは反政府運動家や社会運動家だけではない．国家が新技術の利用を独占することによって，その能力を強化することもあった．ナチ党が大衆動員を組織できた背景には，1920 年代からラジオが普及したことがあった．共産主義政権やその他の権威主義的政権も国営放送局などのメディアを支配して大衆動員を図るとともに，電話の盗聴などを通じて反政府運動を取り締まってきた．監視カメラや個人情報の集積処理技術によって，プライバシーが脅かされ国家が民間のあらゆる領域を支配する管理社会の恐怖も，しばしば語られてきた（オーウェル 1949／邦訳 1972）．

国際的にも，コミュニケーション技術は重要な権力資源であった．電信網や海底ケーブルを利用できることは，国家の戦略的能力にとって重要な要素であることは言を待たない．インターネットも，核攻撃を受けても簡単に破壊されない軍事目的の通信ネットワークとして，当初アメリカで開発されたものである．そのアメリカは，サイバースペースを通じて，国際的な影響力を行使し，領土的な覇権ではなくネットワークにおける覇権を確立しようとしているとも言われる（土屋 2011）．今日の先進的な軍事技術は，情報処理とそのコミュニ

ケーション技術に大きく依存していることは言うまでもないが，その面でのアメリカの優位は明らかである。また，マイクロソフトやグーグルといったアメリカの民間企業が，事実上その規格やテクノロジーの根幹部分を左右しているのも事実である。このような優位性を活かしてサイバースペースでの諜報活動が，アメリカ政府によって大規模に行われていたことも暴露されている（Temporary Committee on the ECHELON Interception System 2001）。

　こうなると，インターネットの検閲やサイバー攻撃および防御が安全保障上の重要な領域となるのは当然である。中国では，インターネットの検閲が大々的に行われていることは周知の通りである。また，多数の中国発のハッキングやサイバー攻撃にも中国政府が背後で関与していると広く信じられている。このようにサイバースペースは，陸，海，空，宇宙とともに，現代では国家間の激しい競争が展開する新たな領域となっているのである。

　だが，今日のインターネットの一つの大きな特徴は，その利用が開放的で価格が非常に安価なことにある。そのため，国家間の競争関係だけではなく，国家と民間主体との関係も変化させつつあることに注意が必要である。一般的に言って，サイバースペースの拡大は国家の能力を相対的に弱め，それまで相対的に弱体だったさまざまな民間の集団の力を強化するものとなっている（ナイ 2011）。2001年9月にいわゆる9.11テロ事件を引き起こしたイスラーム原理主義組織アル・カーイダも，このようなアメリカで開発された技術がなければ，アメリカへのテロ攻撃を組織することはできなかったであろう。また2011年に中東諸国で起こった一連の政治革命では，携帯電話をはじめとする技術が大きな役割を果たしたとされている。中国政府がサイバー監視のために多数の人的資源を割いているのも，おそらく国内の反体制派を対象にしたものであろう。

　もちろんサイバースペースでは力が分散する傾向があるといっても，それは国家が無力化することや，地球上のすべての人々が平等になることを意味するものではない。国家はさまざまな手段によってサイバースペースで影響力を行使できる立場にある。サイバースペースは，物理層，コード層，そしてコンテンツ層の三つの層に分けて考えることができる（レッシグ 2001／邦訳 2002）。いくらサイバースペースが仮想空間といっても，どこかにサーバーや回線が設置されねばならない。このような物理層が自国の領土にあれば，国家はそれを規制したり破壊したりする特別な能力を持つ。またサイバースペース上で展開さ

れるコンテンツにも，国家はさまざまな規制を実施する。言論の自由を普遍的な人権として推進する欧米諸国でも，児童ポルノは厳しく規制している。また，多数の人員を動員して，サイバースペース内のコンテンツを監視したり，国家が直接，間接にコンテンツを提供したりして，サイバースペースにおける言説に影響を行使する。

　物理層とコンテンツ層をつなぐ部分がコード層であり，それはコンピューターのプログラムを想像すればよいだろう。国家は多数の技術者を動員して，さまざまなソフトウェアを開発運用し，ある種の情報を検閲したり遮断したりすることが可能である。また他国にサイバー攻撃を仕掛けることもできる。一般にインターネットも，その情報は各国の通信事業者がその基幹的なネットワークを支配しており，国家はその通信事業者に影響力を行使すれば，ソフトウェアを埋め込んで特定の情報にフィルターをかけることや，発信者を特定することも可能であろう。グーグルは2010年に中国政府からの検閲要求を拒絶して，中国から撤退することを決めたが，このことは中国政府が事業者の管理するソフトウェアを通じて，検閲や盗聴などを大規模に行ってきたことを裏づける事実である（土屋 2011, 26）。中国は，サイバースペースにおける反体制派の言論を封じてきただけではなく，共産党政権の政治目的のための大衆動員の手段としても効果的に利用してきた。1999年にアメリカがベオグラードの中国大使館を誤爆した時には，人民日報はチャットフォーラムを開設して反米ナショナリズムを煽ったし，日本に対しても小泉純一郎首相の靖国参拝や尖閣諸島をめぐる問題で，同様のネットを用いた大衆動員が効果的に繰り広げられた（Goldsmith & Wu 2006, chapter 6）。アラブ諸国でも，さまざまな手段でサイバースペースの統制が試みられてきた（山本達也 2008）。

　しかしサイバースペースは，だれでもそこに低い価格で参加できるため，国家と民間主体の力の差は比較的小さい。かつては外交当局者や限られた数のマスメディアに独占されてきた国境を越えるコミュニケーションは，今や多数の人々に容易に行えるようになったのである。これによって，自由で民主的な言論空間が国境を越えて形成され，真の意味での世界世論が出現するといった楽観的な見方もある。

　サイバースペースの発達によって情報の伝達が著しく容易になったことに疑う余地はなく，それによって多くの民間の主体が国境を越えるこの仮想空間に

参加できるようになった。対外関係の重要な部分が政府間の関係に限られている場合は，対外情報の分野でも外交使節を通じて世界の情報を入手できる各国政府は，民間に比べて独自の優位性を持っていた。また国際報道の分野では，少数の国際報道機関が遠隔地の情報の収集や編集で大きな力をふるってきた。だが民間の研究者や運動家にとって，インターネットはこのような制約を克服する上で大きな福音である。欧米の一部のマスメディアによって形成されてきた「国際世論」に対し，何ら声を上げる手段を持たなかった世界の大多数の人々にとって，インターネットは新たな機会を意味するだろう。

同様に，一部の有力国家に独占されてきた国際政治の課題設定においても，サイバースペースの果たす役割が無視できないものになっている。先に述べた温室効果ガスの排出問題でも，CO_2 などの排出が地球温暖化に結び付いているとする科学的知見が，国際政治上の現実的な課題として定着するには，国際NGOが積極的にサイバースペースで組織した越境的な運動が，諸国の政府への圧力となった。それだけに地球温暖化の懐疑論もネットワーク上で展開され，サイバースペースは温暖化をめぐる危機論と懐疑論の一つの重要な「戦場」の様相を呈している。

さらに，国際社会で共有される規範の形成でも，サイバースペースの果たす役割は拡大している。規範設定とその普及は，歴史とともに展開してきた人間の営みである。普遍宗教は人類共通の規範を説き，近代的な技術が導入するはるか以前から，布教師たちは政治的境界を越えて規範が共有される広域的ゾーンを作り上げてきた。西洋文明が世俗的な合理主義の色彩を強めると，キリスト教に代わって「文明」の普及が使命とされるようになった。そして20世紀末に共産主義が国際的な規範の覇権競争から脱落すると，民主主義や市場経済が正統な世界的規範として有力になった。このような文明論的検討は第3節に譲るとして，ここでは新たな規範も繰り返し創造されてきたことに注目しよう。奴隷解放運動は18世紀ヨーロッパで社会運動となり，かつては奴隷貿易から大きな利益を得ていたイギリスが，19世紀になると奴隷制反対運動を推進するようになった。女性解放運動や参政権運動は，19世紀以降ヨーロッパで強力になり，欧米世界では20世紀前半にはほぼ確立した規範となった。対人地雷の禁止，さまざまな環境保護や反捕鯨運動なども，新たな規範の展開を表す現象かもしれない。

新たな規範の展開は，規範起業家（norm entrepreneur）と呼ばれる卓越した宗教家や，運動の指導者によって起動する（Finnemore & Sikkink 1998）。だが，それが普及し確立するには社会的な過程を経なくてはならない。規範そのものの持つ力だけではなく，優れた組織やマネージメント能力が伴わなければ，新たな規範形成の運動は安定した支持を獲得できず，忘れ去られるか一過性の「流行」に終わってしまう。1920年代のアメリカの禁酒法は清教徒的な禁欲主義運動の帰結であったが，結局は定着しなかった。だが，規範の普及が一定の閾値を超えると，加速度的にそれは力を拡大していく。それは，他者の行動を模倣する人間の性向や，他者からの認知を求めるために同調していく人間の社交的な性格によって理解できるかもしれないが，他者との同化によって軋轢を避けようとする功利的なカスケード現象としても説明できよう（第4章第2節参照）。

　いずれにせよ，いったん世間の「常識」となった規範に逆らうのは不都合が多いし，精神的にもストレスを伴うことは事実である。このような過程を経て規範が普及し長期間にわたって再生産されると，今度はそれが内面化し当然視されるようになる。人種差別や奴隷制度などは，長らく当然視されてきたが，今日では単に違法なだけではなく，多くの人々にとってあらためて理由を問うまでもなく不当とされるところまで定着している価値観である。この段階に達すれば，公式の制度や罰則に依存しなくとも，規範は世代を超えて再生産され，人々の行動を規定していく。サイバースペースは現代における規範起業家の「布教活動」の最前線になっている。国境を越えて同志を組織し，なるべく大きな声を上げ，反対派を糾弾するために，サイバースペースでの活動は，平和運動であれ，民族運動であれ，さまざまな規範起業家にとって欠かせないものになっているのである。

　またサイバースペースの拡大によって，民間企業やNGOそれに学術団体などが，国境を越えて組織を運営し活動することが著しく容易になったことも重要である。かつては在外公館を持つ国家や，加盟国と継続的組織的関係のある国際機関やテレックスや世界各地に従業員を擁する多国籍企業などにしか実行できなかったさまざまな現場での活動，たとえば自然災害などでの救援活動や開発，人道的な救援などを，比較的小規模なNGOでも実行できるようになった。国際NGOなどの非国家主体が，さまざまな政治運動を展開するのに，サ

イバースペースはなくてはならないものになっている。地球のどこかで起こっている問題や惨状を刻々と訴え、その救援に支援を呼び掛け、「悪者」を嘲り糾弾するといった活動を継続的に展開する民間の運動は、主権的管轄権を尊重しつつ、冷静で合理的に国益を追求することが求められるプロの間で成立する外交の世界とは、大いに異なるものである。

　国家の主権的管轄権が大幅に相対化されているサイバースペースが拡大することは、国際政治にどのような帰結を生むのだろうか。すでに述べたように、これは国家の主権的制約を超越したグローバル社会形成への道筋を意味する、ととらえる立場がある。非民主的で抑圧的な体制も、サイバースペースを利用しないことによって起こる不利益を甘受するのは難しい。ひとたびサイバースペースの中に入れば、国家も、国際的な市民社会のネットワークが力を持つサイバースペースにおける圧力に晒されることになる。他方、サイバースペースでは、一部の欧米の有力国際メディアに頼ることなく、これまで声を上げられなかった世界中の市民が言論に参加する機会を得るため、国境を越えた市民の連帯が生まれ、国家の行動にも影響を与えるようになるだろう。すなわち、サイバー世論が世界世論となり、国家中心的な国際社会をリベラルな世界社会に変容させることが期待できるとされるのである。

　だが、このようなリベラルな楽観論に対して、サイバースペースの拡大を推進するのは、新たな帝国主義にすぎないという見方もある（Ebo ed. 2001）。サイバースペースは決して平等を保証しない。第一に、デジタルデバイドと呼ばれる、インターネットなどのテクノロジーを容易に利用できる立場にある人々とそうでない人々との格差を、いっそう拡大する効果があろう。このような物理的な格差が克服できたとしても、サイバースペースのコンテンツで有力な言説は、依然として欧米中心のものであったり、人口の多い声の大きい国であったりする。サイバースペースは、弱者にとっては、ことの是非は別として常時敵対的言説に晒される、危険な場所なのである。

　たしかに、いかなるテクノロジーも現実の全体像そのものを伝えることはできない。無数の情報から解釈や編集といった作業を通じて意味を紡ぎ出す作業から、独立した「現実」はありえない。サイバースペースで編集した事実や自分の解釈を投射する力は、一様に分布しているわけではなく、たとえば西洋とりわけ英語を自由に操るグローバルな知的エリートの方が、日本語でしかメッ

セージを発することができない人々よりも圧倒的に有利であるし，ましてや貧しい国で物理的にも知的にも限られた資源しかない人々にいたっては，「世界世論」の形成に参加するのに，大きなハンディキャップを背負っていることを忘れてはならない。

　ところで，自由なサイバースペースに期待をする見解には，制限のない自由な市場経済を評価する見解との類似性がある。すなわち，制約のない自由な言論空間は何らかの望ましい均衡ないし秩序を生むという前提である。先に述べたサイバー帝国主義論は，自由主義に潜む権力関係を暴露しようとする。しかし，他方で，国家による干渉のない自由な言論を尊重する立場をとっても，市場がしばしば暴走するように，サイバースペースでの言論も無定型な混乱を増幅するだけではないか，という懸念がある。

　市場という制度が成立するには，所有権や契約の保証といった高次の制度が欠かせないし，金融恐慌に代表される市場の失敗に対処するには，それを防ぐためのさまざまな制度や，損害を制約する安全網が欠かせない。さまざまな制約がないことこそがサイバースペースの魅力であるが，だからこそ無責任で不正確な情報，これ見よがしの抑制のない言説，見えない他者への配慮を欠いた粗暴な言論が渦巻いている。多様で対立を孕む世界観や宗教的信念が直接的に表出される，このような言論空間が国際政治で影響力を増すことは，国際政治がますます文化的・宗教的な情緒的対立に晒されることを意味するのかもしれない。

　外交という制度は，異なった原則，宗教，文化を持つ国同士が，危険な情念を表面化させずに冷静に「国益」を相互に増進する制度として発展してきた。外交官の身柄の保護，独特な遠回しの言語表現，たぶんに貴族的なさまざまな慣行は，17-18世紀のヨーロッパの宮廷文化に起源があるので全く脱文化的とは言えないが，それでも多様な世界観や宗教観を持つ国々が，冷静かつ正確にメッセージを交換し，相互に有益な取引を行うことを可能にする工夫であった。そもそも伝統的な国際政治秩序が，議論では解決しようのない宗教的対立の収拾の結果として生まれたことは，すでに本書で何度も指摘している通りである。ネット世論による政治は，外交という制度で封じ込めた「危険な情念」を再び野に放ち，感情の政治，熱狂の政治へと国際政治を回帰させる可能性を秘めている。

サイバースペースの拡大がもたらすのは，国境を越えた市民の連帯なのか，サイバー帝国主義なのか，それとも『「感情」の地政学』（モイジ 2010）なのかはよくわからない。だが，インターネットのない世界に戻ることが不可能なことだけは確実である。その重要性や意義の評価にかかわらず，サイバースペースが国際政治にとって新たな次元を付け加えたことはまちがいない。国家もその他の政治集団も，サイバースペースでの競争に敗れれば著しく不利な立場に置かれるのである。

国境を越える人

伝統的な国際政治では，国家の主権的管轄権は原則的に領域的に定義されており，それによって人的管轄権も決まると一般に考えられてきた。つまり人々は，居住する領土を支配する国家に帰属し，おおむね人々はその領土から移動しないことが前提とされてきたのである。だが国連の統計によれば，2010 年における世界の国際移民（ここでは，生まれた国以外の国に居住している人々のことを指している）の総数は 2 億 1400 万人に達し，これは同年の世界人口の 3% をやや上回る規模に相当する。日本にも相当数の非日本人が居住していることを日本人は概して意識しないが，上の定義に従えば日本にも 200 万人の移民が居住していると，同じ国連の統計は指摘している。これは日本の人口の 2% 程度に達する規模である。そもそも移民の国として成り立っているアメリカ，カナダ，オーストラリアなどでは，移民の人口に占める比率は非常に高く，アメリカでは人口の十数% にも及ぶ。伝統的な民族国家であるヨーロッパ諸国でも，その規模はおおむね総人口の数% 程度だが，移民が総人口に占める比率は近年高くなっている。これらの移民が本国に送金する金額は，急速に増加しており，2010 年には 4400 億ドルに達している。これは同年の全世界の ODA 総額約 1300 億ドルをはるかに上回る金額であり，送金の大口の受け入れ国には，インド，中国，メキシコ，フィリピン，フランスなどがある（World Bank 2011）。

人々が自分の生まれた国の外に居住する理由は実に多様だが，最も一般的な理由は，よりよい職業上の機会を求めて移動する経済的動機（経済移民）であろう。貧しい国の人々が，よりよい生活を求めて海外にチャンスを求めることも，現代に始まった現象ではない。とりわけ 19 世紀半ば以降，蒸気船の導入によって国際航路に要する費用が低下すると，多数の移民がヨーロッパから主として新大陸に向かい，1851 年から 1970 年の間にその数は 5500 万人から

5800万人にのぼったと言われる（McKeown 2004, 156）。だが，それらの国々が産業化するようになると，逆に移民が流入するようになる。たとえば，産業化が著しいスピードで進んだドイツでは，すでに19世紀末には新大陸への移民の送出よりもポーランドなどの東ヨーロッパからの移民の流入が上回るようになったし，歴史的に見ると世界で最も成功した移民の送出国であったイギリスも，今日では移民の受け入れ国となっている。日本が1960年代までは移民送出国であったことは忘れられがちであるが，今日日本で移民が政策課題として問題にされるのは，移民の受け入れに関係する事柄であることは，このように考えると世界の多くの国々の趨勢と合致している。

現在の世界で巨大な所得の格差があることを考えると，むしろ人々が自分の住み慣れた場所から離れようとしないことの方が不思議かもしれない。実際多くの研究は，労働市場が非常に不完全であることを指摘しており，ましてや国際的な労働市場となると存在そのものが疑わしい。それ以上に，人間は「労働力」ではなく，政治的・文化的な存在でもある。どこに居住するかという決定は，生活そのものを意味するので，どれほど賃金格差があっても，それだけで直ちに住み慣れた場所から容易に離れることはできない。

また，諸国の政府は出入国管理政策を通じて，外国人の入国を制限している。もし国家が出入国を管理しなくなれば，今日の主権国家は事実上，地方自治体のような存在へと変質することになろう。だが，どれほど熱心な自由貿易の提唱者であっても，国境での出入国管理をいっさい廃止すべきだとする論者は例外的であり，自由貿易の熱心な推進者である移民の国アメリカは，世界で最も厳しい入国管理を行っている。

だが，このような障害を乗り越え国境を越えて移動する人々の中には，文字通り生命の危険から逃れるために住み慣れた母国から逃避する難民も少なくない。難民とは，1951年の難民条約によれば「人種，宗教，国籍若しくは特定の社会的集団の構成員であること又は政治的意見を理由に迫害を受けるおそれがあるという十分に理由のある恐怖を有するために，国籍国の外にいる者」とされているが，今日では国際的な保護の対象とされる難民は，武力紛争や人権侵害などを逃れるために母国を逃れた人々も含めて理解されることが普通である。アフリカを中心とした一部の地域では，治安などの基本的なサービスを提供できない国家も稀ではなく，ひどい場合には国家破綻にさえいたる。それに

よって極端な経済的・社会的混乱が恒常化すると，そうした極端な貧困と危険から逃れて他国に移動しようとする移民は，しばしば難民と区別するのが難しい。

他方，移民は母国の貧困や混乱が原因と見られがちだが，今日では知的専門職に就く人々が，他国に移り住むことも多くなっている。多国籍企業の重役は世界中を飛び回って仕事するコスモポリタン（地球市民）であることも稀ではなく，それらの人々が，母国以外の世界のメトロポリタン地域に生活の拠点を持つことは不思議なことではない。ロンドンやニューヨークそして東京にも，多数の豊かな国際ビジネスエリートが日夜働いていて，独自のライフスタイルを持っている。また，一部の高齢者が生活費の安い海外で隠退生活を送ることも珍しいことではなくなっているし，自分に適したライフスタイルを求めて積極的に海外に生活の拠点を移す人々もいる。さらに，国際結婚の結果，配偶者の母国に移り住む人々も，今後ますます増加することが考えられる。

加えて，政治的な理由で国外に逃れる政治亡命者もいる。この制度はむしろ過去の方がよく利用され，体制崩壊に際して権力者が徹底抗戦するよりも，亡命という道が開かれていたため，体制移行を容易にする効果があった。現在でもチベットから政治亡命したダライ・ラマは広く知られているが，前節でふれた正義の空間的・時間的棲み分けが難しくなっている今日では，元権力者の「旧悪」を徹底的に追及する傾向があるため，制度として弱体化している。

このように「移民」という言葉でひとくくりにされている人々は，実に多様な人々であることを確認しておこう。

国境を越えて人々が移動することには，それぞれの国家にとってどのような意味があるのだろうか。経済移民に限って見てみると，送出国も受け入れ国も共に利益を得るはずだとする，調和的な移民観が有力である。これは，一方では送出国は余剰労働力を輸出できるし，受け入れ国にとっては安価な労働力を導入できるから，労働力も他の商品と同様に市場で自由に売買するのが最も効率的だ，という市場自由主義的な世界観に基づいている。実際，多数の豊かな国々が相当数の移民を未熟練労働力として導入してきたのは，もちろんそれが受け入れ国の労働力不足を補うことで，受け入れ国に経済的な利益となることが期待されたからである。他方で，未熟練労働力の送出国にとっては，雇用機会のない余剰労働力が外国で雇用されれば人口圧力が緩和されるだけではなく，

海外の移民からの送金を受け取ることができ，これは開発途上国にとって海外直接投資と同様の効果があるはずである。しかも，移民はさまざまな技能を豊かな国で吸収し，それを本国に移転する役割も果たすだろう。したがって，開発に有益だという理由で移民を高く評価する考え方もある (UNDP 2009)。市場自由主義と開発論の連合はやや異例だが，両者とも移民が受け入れ国・送出国共に利益になることを強調している。

　もっとも，貧しい国からの未熟練労働力としての移民は，しょせんは豊かな国が貧しい国の労働力を搾取しているのにすぎない，という見方もしばしば提起される。というのは，移民は低賃金労働力として雇用者には便利であるかもしれないが，景気の動向次第では簡単に切り捨てられ，結局豊かな受け入れ国の先住者が就きたがらない職業に追いやられる限界的な労働力として著しく不利な立場によぎなく立たされるからである。その結果，移民は社会の周辺に追いやられ，豊かな国の中で貧困と差別に苦しみ続けるというのである。少数民族が社会の周辺に追いやられ，それによって一種のカーストが再生産されている光景は，世界の多くの地域で見られている。こうした見方は，市場経済がしょせんは搾取のシステムであるというマルクス主義的な考え方に適合している。だが，非市場経済では移民が搾取や差別から解放される，と考える根拠も見当たらない。

　他方，受け入れ国から見るとどのような問題があるのだろうか。貧しい移民労働力が多数導入されれば，市場経済における弱者である人々に対して医療や教育，社会保障給付などといった公的サービスを提供する費用は，先住の多数派住民が負担することになるだろう。そうした点も考慮すると，賃金の低い移民を導入することが受け入れ国の国民経済全体にとって利益になるかどうかは，複雑な問題となる（キンドルバーガー = リンダート 1978／邦訳 1983, 420-426）。

　しかも，移民の導入によって利益を受ける層と，逆に損失を被る層との対立も表面化するかもしれない。たとえば労働力の大規模な導入によって，雇用者は利益を得るかもしれないが，移民労働者と競合する受け入れ国の労働者にとっては事情は全く異なる。多数の移民の受け入れは，一般に市場での競争の激化を意味するため，市場での弱者に不利益が集中しがちである。リベラルな思想は，個人は人種や宗教にかかわりなくみな人間として平等だという原則に基づいているため，原則として出自が異なることを理由に人々を排除することに

は批判的であり，移民について好意的な姿勢をとる傾向があるが，ここでリベラルな立場は一つのディレンマに直面する。というのは，海外からの労働力を差別してはいけないという原則と，先住民内の平等，あるいは弱者の保護という要請とが緊張関係にあるからである。一部の豊かな移民受け入れ国で，反移民を唱える右翼政党に大衆的支持が高まっている背景には，このような階級的利害対立がある。

　だが，問題は国際および国内の経済的得失の分配だけではない。それは国家を構成するメンバーがどのような人々であるべきかという，国家のあり方をめぐる基本的な問題と関連しているからである。国民国家というモデルには，一方で合理的で普遍的な制度としての面があり，国籍という制度によってそのメンバーを特定している。だとすれば新たなメンバーを国家との契約を通じて受け入れることができるはずである。だが他方で，それは文化的・感情的な人々の絆に基づく存在でもあるという二面性を内包している（山崎 2002; ホント 2005／邦訳 2009; ブルーベイカー 1992／邦訳 2005）。国家の文化的・感情的な面に注目すると，共有された文化や歴史の記憶や神話を危うくするほど大規模な移民の流入には，警戒的にならざるをえない。また，エスニックな同質性が国民統合の基礎だとする立場を強調する言説が，しばしば人種主義的であることも事実である。だが，そこまで極端でなくとも，人々が長年の積み重ねで形成してきた文化的・感情的な絆によって，国民というまとまりが慣習として成立しているのも事実である。このような人々の文化的・感情的な絆が「われわれ」という意識の基礎にあり，それによって社会生活が安定するとともに，多数者による統治，すなわち民主主義を少数者が受け容れることも可能になる。

　もし，こういった感情的な絆を持たない人が一挙に一国に多数流入し，彼らが多数派を構成することになれば，これまでの多数派にとってそれが脅威になることに不思議はない。そこまで極端な場合は稀ではあっても，新たな国家のメンバーに兵役という形での危険負担を求めたり，選挙権という形での政治参画の権利を提供したりする際に，国家との感情的絆が問われるであろう。また，国家によって提供される福祉制度も，メンバー間の相互扶助であるのだから，メンバーと非メンバーとの区別はどうしても避けては通れない。そのため鉄道や蒸気船など国境を越える物理的な手段が発達するのと並行して，自国民とそうでない人々を明確に区別し，国境を越える人の移動を管理・規制するために

| FIGURE | 7-7 ● 国際移民の受け入れ地域別総数 |

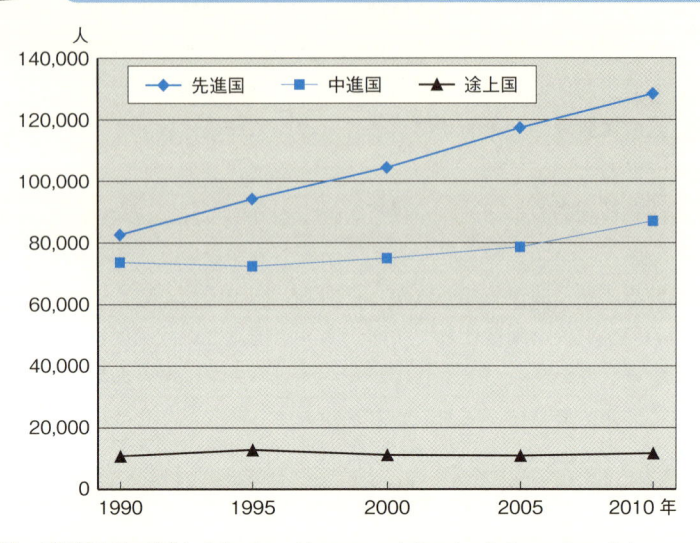

人
140,000
120,000
100,000
80,000
60,000
40,000
20,000
0

◆ 先進国　■ 中進国　▲ 途上国

1990　1995　2000　2005　2010 年

［出典］　国連統計部の資料による。http://esa.un.org/migration/index.asp?panel=1

　出入国管理やパスポート発行などの手段を整備し「甲殻化」してきたのが，国民国家の歩んできた道だったのである（トービー 2000／邦訳 2008；田所 2010a）。
　国境を変更しようとすると，国家を構成する民族的分布を変化させ，それによって内戦と国際紛争の共振が生ずる場合があること，また時には領域内の民族構成を均質化するために，ギリシャとトルコの間で実際に行われたように，住民交換協定が結ばれた場合もあることを，すでに第 4 章第 3 節で見た。人の大規模な国際的移動には，このように国境を変更するのと同様の効果があると考えることができる。もし，国境による棲み分けをしないのであれば，慣習を異にする人々が一つの社会を共有することが求められる。多文化主義やエスニックなナショナリズムとは区別される，より自由主義的かつ進歩的なシビック・ナショナリズムが語られるのは，このためである（塩川 2008）。だが，次節で見るように，これは 21 世紀初頭までのところ，大きな困難にぶつかっているのが実情である。
　国境を越える人の移動は，送出国と受け入れ国の政治的関係にどのような意

TABLE 7-2 1990年と2005年における移民受け入れ上位20カ国もしくは地域

順位	1990年 国もしくは地域	移民総数	移民総数比	2005年 国もしくは地域	移民総数	移民総数比
1	アメリカ	23.3百万人	15.0%	アメリカ	38.4百万人	20.2%
2	ロシア	11.5	7.4	ロシア	12.1	6.4
3	インド	7.4	4.8	ドイツ	10.1	5.3
4	ウクライナ	7.1	4.6	ウクライナ	6.8	3.6
5	パキスタン	6.6	4.2	フランス	6.5	3.4
6	ドイツ	5.9	3.8	サウジアラビア	6.4	3.3
7	フランス	5.9	3.8	カナダ	6.1	3.2
8	サウジアラビア	4.7	3.1	インド	5.7	3.0
9	カナダ	4.3	2.8	イギリス	5.4	2.8
10	オーストラリア	4.0	2.6	スペイン	4.8	2.5
11	イラン	3.8	2.5	オーストラリア	4.1	2.2
12	イギリス	3.8	2.4	パキスタン	3.3	1.7
13	カザフスタン	3.6	2.3	UAE	3.2	1.7
14	香港	2.2	1.4	香港	3.0	1.6
15	コートジボワール	2.0	1.3	イスラエル	2.7	1.4
16	ウズベキスタン	1.7	1.1	イタリア	2.5	1.3
17	アルゼンチン	1.6	1.1	カザフスタン	2.5	1.3
18	イスラエル	1.6	1.1	コートジボワール	2.4	1.2
19	クウェート	1.6	1.0	ヨルダン	2.2	1.2
20	スイス	1.4	0.9	日本	2.0	1.1

［出典］ United Nations Department of Economic & Social Affairs, International Migration Report 2006: A Global Assessment, ESP/PW. 209. p. xvi, http://www.un.org/esa/population/publications/2006_MigrationRep/part_one.pdf

味があるのだろうか。国境を越える人々の内実は経済移民にとどまらず，難民や政治亡命者など実に多様なので，国際政治上の意義も現実には非常に多様にならざるをえない（田所 2010b）。ここでは，送出国政府が海外に移動する自国民に持つ関心を，以下のように三つに分けて考えてみよう。第一に，本国政府は，自国の領域的管轄権の外にいる自国民を保護しようとするであろう。もし，自国民が不当な取り扱いを受けているのに受け入れ国の政府が十分な保護を提供しないと考えた場合には，両国間でこの問題が政治問題化するかもしれず，事実，自国民保護のための兵力派遣に事態が発展したことがある。フィリピンは多数の在外自国民労働者からの送金に経済的に大きく依存しているが，それ

らの自国民の処遇は，その外交政策の重要な課題である。

　第二に，在外の自国民を何らかの目的のために送出国政府が制限しようとしたり，逆に利用しようとしたりする場合には，その目標が受け入れ国政府の目標と調和しない場合には，両国間の軋轢の原因になるかもしれない（ウェイナー 1995／邦訳 1999, 225-227）。たとえば，在外の自国民反体制派を抑圧しようとしたり，逆に在外の自国民を本国政府の政治目的のために組織したりすることは，時に受け入れ国政府との関係を悪化させる。チベットの亡命指導者であるダライ・ラマの入国には，中国政府はつねに最大限の圧力を受け入れ国政府にかけてきた。

　他方で，多数の難民を意識的に送出するか放置するかして他国に圧力をかけようとする政策は，極端な事例ではあるが，貧しい国にとっては数少ない政策手段の一つである。キューバは経済制裁で圧力をかけ続けるアメリカに，これまで何回かこの戦術によって圧力をかけてきた（Greenhill 2010）。今日では，在外の自国民を組織して，それを何らかの政治的な資源にしようとする離散民の組織化（diaspora engagement）が活発化している（Gamlen 2011）。自国内に外国政府との強い絆を持つ人々が多数居住する際には，受け入れ国はこれを脅威と認識することもありえよう。太平洋戦争中の日系移民は，アメリカやカナダではそれぞれの国民であるにもかかわらず，忠誠を疑われて収容所で監視下に置かれた。世界中に居住する華人は，多くの地域で華人ネットワークを利用して経済的に有力なグループを形成し，時に現地のナショナリズムの反感を買い，しばしば略奪や暴動の被害者となってきた。1965年にはインドネシアで，その真偽は明らかではないが，当時は文化大革命下の過激な共産主義革命を主張していた中国共産党との関係を疑われた現地の華人が，多数虐殺されるという惨事も起こった（相沢 2006）。

　最後に，自国からの移民の保護にも利用にも無関心だが，自国の人口圧力を緩和するために自国民の移民を受け入れてほしいという一種の廃民政策は，多くの貧しい移民の送出国政府によく見られるものである。日本も1960年代までは移民の送出国であったことは，少子高齢化が繰り返し語られる今日の日本では忘れられがちである。近代以降，日本の人口問題は圧倒的に人口過剰問題をどのように処理するかであった（田所 2011）。海外移民が合法化された明治初期から，日本人はさまざまな場所に移民を開始したが，世界最大の移民受け

入れ国のアメリカは，アジアの民族は「同化不可能」という理由で，日本人の移民を排斥する人種差別的政策をとった。これは日米間の大きな外交問題となり，1924年の排日移民法はとりわけ日本人には侮辱的ととらえられ，非常に困難な外交問題に発展したことは，現在からは想像しにくい（簑原 2002）。ここで問題になったのは，排斥され差別的取り扱いを受けていた日系移民の保護や，日本が失う経済的利益ではなく，自分の人種を理由に差別を受けているという屈辱感であった。

　言うまでもなく，移民を送出したいという国と受け入れたいという国の間で，調和的な関係が生まれることもあるし，他国で自分の運命を切り開いた移民の成功例も数多い。歴史的に見ても，古来帝国となった国は多様な文化的背景を持つ人々を受け入れ，それらの人々の才能やエネルギーを自らの力とすることに成功してきた。また，多数の移民が先住民を少数派に追いやってしまった南北アメリカやオーストラリアのようなケースならばいざ知らず，人口の数％程度の移民の社会統合上の困難さを誇張するべきではない，という主張にも説得力はある。だが，国境内では比較的同質的な国民が主権国家によって統合されるとともに，対外的には主権の相互承認によって棲み分けるのが，現在支配的な国際政治の基本的な秩序像である。自国内に外国政府と強い組織的な絆を持っている住民が多数居住するとなると，このような秩序を維持する努力が複雑化することは否定し難い。

SECTION 3　文明論と国際政治

「へだて」と「つながり」

ハンチントンの問題提起　前節まで見てきたように，近代社会は，国境によって厳格に仕切られた主権国家と，普遍的な規範意識や越境的交流をもたらした。近代社会は，規範的にも現実的にも，主権国家と地球規模の普遍性という矛盾を内包しているのである。これに対して本節では，異なる境界のあり方として文明と文化の問題を扱う。国境という境界は「ある」か「ない」かの二者択一を要求する存在であるのに対して，文明や文化のカテゴリーにおいては，境界は曖昧であり，いわば「あってなき」存在である。この性質は，国際政治における紛争要因ともなりうるし，また和解

要因ともなりうる。

本節ではまず，冷戦終結後に文明や文化の問題を提起して注目と多くの批判を集めたハンチントンの「文明の衝突」論の評価から始めて，文化的摩擦と現代における文明論の位置づけについて考察する。

1993年，アメリカの政治学者S.ハンチントンが『フォーリン・アフェアーズ』誌に寄稿した「文明の衝突（"The Clash of Civilizations ?"）」と題された論文が大きな論争を巻き起こした（ハンティントン 1993）。そもそも原タイトルに「?」が付けられていることからもわかるように，ハンチントンの意図は論争を仕掛けることであり，大きな注目を集めた時点で筆者の意図は達せられたと言えよう。その趣旨は，資本主義と社会主義という政治経済体制ないしイデオロギーの対立は冷戦の終結とともに過去のものとなったが，今後の国際政治は文化的な対立が基本的枠組みとなる，というものであった。

しかし，ハンチントンの議論が論争を招いた大きな理由は，彼が言語，歴史，宗教，生活習慣などを同じくする文化的アイデンティティの最大の単位として「文明（civilization）」を定義し，異なる文明に属する「アラブ人，中国人，西洋人を結び付けるような文化的絆は存在しない」と言い切ったところにあった。現代世界には七つないし八つの文明（西欧文明，儒教文明，日本文明，イスラーム文明，ヒンドゥー文明，スラヴ文明，ラテンアメリカ文明と，あるとすればアフリカ文明）があるとした上で，これら文明間の対立，とりわけ普遍的な拡張志向を持つ西洋文明に対する非西洋文明圏のエリート層の反発と非西洋文明への愛着の強まりを指摘し，西洋文明と非西洋諸文明の間の文明間対立の可能性を強調したのである。

世界規模の文明的・宗教的対立の可能性を示唆したと受け取られたこの論文への反応は，圧倒的に否定的・批判的な内容であった。批判を受けたハンチントンは後に書物を出版し，文明間の対立を断定的に描いた点などは修正したものの，中核的な主張であるところの，現代世界においては文明的対立が基本的な枠組みをなしており，特に西洋文明は自らの普遍性を過信すれば他の文明との衝突を強めることになるという主張は維持したのである（ハンチントン 1996／邦訳 1998）。

数多くの批判が示すように，ハンチントンの主張は具体的な論証の点では明らかな問題を数多く含んでいる。たとえば，西欧文明にはヨーロッパとアメリ

| FIGURE | 7-8 ● さまざまな文明から成る世界（1990年以降）|

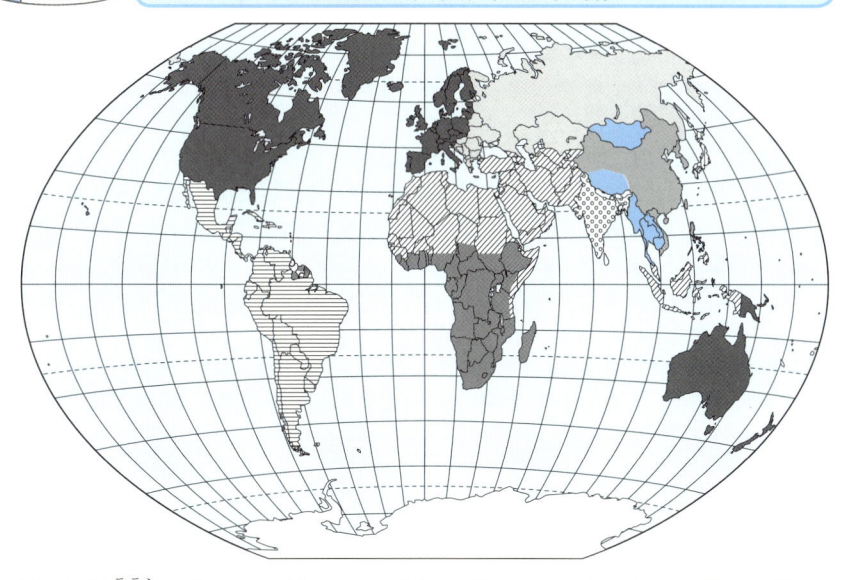

■ 西欧　≡ ラテンアメリカ　■ アフリカ　▨ イスラーム　■ 中国　▩ ヒンドゥー　■ 東方正教会　■ 仏教　▥ 日本

［注］　ハンチントンは仏教を文明を構成する宗教とは認めていない。
［出典］　ハンチントン 1996／邦訳 1998, 28-29。

カを含ませているが，両者の間には社会福祉，環境保護などをめぐってかなり大きな相違が見られるし，2003年のイラク戦争の際に見られたように対外政策についても亀裂が生まれることも少なくない。ハンチントンは主要な文明圏には主導的な中核国が存在すると主張するが，ラテンアメリカでは人口，経済規模で最大のブラジルはポルトガル語圏であり，アルゼンチン，メキシコなどスペイン語圏諸国からは距離がある。イスラーム圏でも，サウジアラビア，エジプト，イランなど大国は存在するが，相互に牽制しているし，イスラーム教内部の宗派的競合（スンニ派とシーア派など）も激しい。文明圏を巨大な国民国家のような政治的主体と考えることは的外れである。

　ハンチントンは，文明の衝突は，文明圏の中核国家同士の対立と，一つの国家の内部に異なる文明に属する集団が存在し，国内に"断層線"が存在する分

3　文明論と国際政治

> **COLUMN** 7-4 ハンチントンと日本文明論

　ハンチントンは，世界を複数の文明に色分けする中で日本を「日本文明」と独立した文明として扱っている。ハンチントンがとりたてて親日家であったとか，日本に詳しかったとかいうことではなく，彼が依拠した文明論研究が日本を独立した文明として扱っていたからである。その代表格がイギリスの歴史家トインビーで，1950年代にトインビーは日本を訪れて，敗戦の後遺症が癒えていない日本人を大いに励ました。トインビーが文明論に取り組んだ1930年代から50年代にかけては，非西洋世界で唯一工業化に成功した国が日本であり，西洋以外を衰退しつつある文明ととらえていたトインビーにしても例外を設けざるをえなかったのであろう。逆にハンチントンは，冷戦末期には日本を異質な文明ととらえる対日警戒論に傾いていた。「文明の衝突」の時期には彼の関心は中国，イスラームとの関係に移っており，日本が次第に中国に接近する可能性を指摘して，西洋に日本を引き付けておく重要性を説くようになっており，その立場は短期間に大きく変わったと言えるし，文明的相違の強調が対立を非妥協的なものとイメージさせた面も指摘できる（佐藤 1997, 36）。そもそも，日本以外にも多数の国が工業化に成功している現代に，日本を世界の中で単独の文明として扱うべきか否かにも問題があろう。むしろ日本は大きな文明圏に属していないかもしれないが，複数の文明圏から影響を受けており，独自性はその組み合わせ方にあると言えよう。そして同様のことは世界の多くの国に当てはまるので，ハンチントン流の文明概念で固有の文明といった呼び方をする必要は，必ずしもないだろう。

裂国家の場合とがあると指摘している。前者については，先に述べたように中核国が明確でない場合もあるし，中核国となりうるのは通常，大国なので利害関係は多面的であり，容易に全面的な対立にはいたらないと考えられるし，仮に決定的な対立にいたる場合でも，それは文明や宗教というよりも，大国としての対立である可能性が高い。

　むしろ「文明の衝突」といったイメージに合うのは後者の分裂国家における内戦の方であった。代表例は旧ユーゴスラヴィアであって，カトリック教徒，東方正教徒，イスラーム教徒が混住していたが，冷戦終結と並行して内戦が勃発し，最終的には七つの独立国家に分裂した。こうした事例を想起すれば，ハ

ンチントンの議論にある程度の説得力があるようにも見える。こうした評価は，2001年の9.11テロ事件の後，イギリスの新聞がハンチントンの論文を再掲し，「驚くほど先見的であった」(Brown & Ainley 1997／2009, 214) と評したことにも示されていよう。

たしかにハンチントンの「文明の衝突」論は，国際政治学がそれまで十分に取り上げてこなかった文化的要因の重要性，とりわけ文化が政治的対立に結び付く契機について指摘し，関心を広めた。ただし，文化的アイデンティティの異なる集団間の摩擦や対立という目に見えやすい問題と，宗教によって定義される文明といった概念とを安易に結び付ける点に誤りが含まれていると言えよう。旧ユーゴスラヴィアで宗教を異にする民族集団間で内戦が起きたからといって，カトリックの強いイタリアやフランスと東方正教会のロシア，イスラーム系のトルコやアラブ諸国の間での対立を意味するわけではない。文化的アイデンティティの問題と文明的視点の問題は，区分して扱われるべき問題なのである。この二つの点についてさらに掘り下げてみよう。

文化的アイデンティティと国際政治

社会が文化を共有することでその一体性を担保するアイデンティティを持ち，文化が時間を経て継承されながら変化をしていくことは認められるであろう。この場合，文化は，ある集団に過去から継承されてきた価値観やそれを反映した習慣，事物として理解できるだろう。典型的には言語を考えればよい。言語を共有することはその社会のアイデンティティとして最も基本的なものだし，その大枠は短期間では変わらない。しかし，微細な部分では絶え間なく変化し，再創造されている。もちろん言語表現に限らず，生活習慣や芸術，宗教も文化を構成しており，同様に絶え間なく再解釈され，変化している。そして道徳規範についても，たとえば「他人を殺してはならない」といったごく基本的な規範は文化を超えて共通しているが，その具体的な適用（どういった場合に例外が認められるか，その規範を犯した者をどのように処罰するか）といった問題になれば，文化の文脈の中で具体的な形をとるようになる。

こうした意味での文化を基盤とする集団は，エトニ (ethnie) ないしエスニック集団，そのアイデンティティはエスニック・アイデンティティと呼ばれる。エスニシティの代表的研究者の一人アンソニー・D. スミスは，エスニシティの中核は，「歴史的資料にのこされ，個々人の経験を形づくっている」「神話・

記憶・価値・象徴」の四重奏にあり，特定の歴史的な人口構成の特徴ある形態・様式・類型のうちに表現されている」と定義している（スミス1986／邦訳1999, 19）。スミスによれば，エスニック・アイデンティティの意識は前近代から存在してきたが，近代になって，国家を前提とする国民意識やナショナリズムと複雑な関係を持つようになる。一方では，19世紀中葉のフランスにおいて国民意識を定義して，「国民の本質とは，すべての個人が多くの事柄を共有し，また全員が多くのことを忘れていることです。フランス市民は誰一人，自分がブルグント人，アラン人，タイファル人，ヴィシゴート人のいずれかの後裔だか知りません」と述べたエルネスト・ルナンのような立場があった（ルナン＝フィヒテ＝ロマン＝バリバール1882／邦訳1997）。言い換えれば，ルナンの考えるナショナリズムとは，伝統的かつ地方的なエスニック・アイデンティティを「国民（ネーション）」という別次元のアイデンティティへと移行させる作用を意味していた。

　他方で，19世紀のドイツやイタリアでは，複数の地域的政治体への分裂状況を克服するために，言語などの文化的アイデンティティを中核とした政治的統一運動が推進された。この場合，特定の集団のエスニック・アイデンティティはナショナリズムへと連続的につながるものであった。ナショナリズムによって伝統的なエスニック・アイデンティティが否定される過程と，特定のエスニック・アイデンティティが中核となってナショナリズムが普及する過程とが同時進行する現象は，20世紀に入って世界各地で帝国的支配が解体していく過程においていっそう広がりをもった。この現象は植民地が主権を獲得するメカニズムとして，第4章第1節で紹介した「ウティ・ポシデティス」原則，すなわち既存の領域支配を前提とした独立のパターンと，民族自決原則，すなわちエスニック・アイデンティティを共有する集団が領域的な支配を実現しようというパターンが見られたことにも対応している。こうした過程を経て，第一次世界大戦から1970年代にかけて世界のほとんどの植民地は独立し，主権国家としての体裁をとることになった。

　ところが，1960年代から世界的にエスニック・アイデンティティをあらためて重視する，新たな政治運動が活発化した。こうした運動は，政治的独立を要求する自決運動になるとは限らず，むしろ社会的差別を糾弾し，平等を追求する政治運動になる場合も多い。安定した国民国家とみなされてきた欧米諸国

でも，アメリカでは黒人をはじめとする少数民族による公民権運動，カナダのケベック独立運動，イギリスのスコットランド自治運動，スペインのバスク自治運動などが，この時期から活発化した。また，エジプトのナセル大統領によって体現されたアラブ・ナショナリズム運動が1967年の第三次中東戦争において挫折したとみなされた後，急進的イスラーム思想が影響を広げ始めるのもこの時期である。イスラームのような広範な社会的戒律を持つ宗教では，エスニック・アイデンティティと宗教とは分かち難く結び付いており，宗教的形態をとったエスニック運動が見られることになる（平野 2000, 20-22）。

このようなエスニック意識の台頭ないし再生の背景には，さまざまな要因があげられる。一つには，近代ナショナリズムの重要な役割であった国民の大規模な動員という動機が少なくなったことがあるだろう。第二次世界大戦後，確立した主権国家によって国民を広範に大量動員するような総力戦が戦われる可能性は遠のいた。これは，ナショナリズムを強く国民に押し付ける政治的動機を弱めるものであった。これと並行して，それまでの大量生産大量消費型の経済システムが，高度な専門的技術に支えられた多品種少量生産と，高度消費社会へと移行したことも影響しているであろう。こうした変化は，エスニック文化の価値の再発見のきっかけとなったのである。また，グローバリゼーションが進行したことで，人の移動，特にアジア・アフリカ地域から欧米へというような従来の文明世界を越えたような人口移動が一般化し，異文化との接触によって自らのエスニック・アイデンティティをより強く意識する機会が増えるということもあったであろう。たとえばベンジャミン・バーバーは，世界的な資本主義的統一への反応として，人々が画一化されないアイデンティティをより強く求めるようになり，非資本主義的な価値としてのエスニシティへの帰属意識を強めることになったと説明した（バーバー 1995／邦訳 1997）。

こうしたエスニック・アイデンティティに基づく要求を政治的にどのように受け止めるかは，現代政治の課題となっている。たとえば，エスニック・グループが少数派としての権利を主張し，優越した「国民」文化を批判し始めたことによって，カナダやオーストラリアなどでは単一の国民観から**多文化主義**（multiculturalism）を積極的に掲げるようになった。アメリカでもかつての「人種の坩堝」（各人はもともとのエスニック・アイデンティティを捨て去り，アメリカ人としてのアイデンティティを備える）という見方が批判され，各エスニック・グ

ループが自己の文化的アイデンティティを失わずに共存する「サラダ・ボウル」モデルが主張されるようになった。カナダでも自国を「人種のモザイク」とみなす考えが登場した。

　しかし，異なるエスニック集団の共存という理念は必ずしも安定して定着しているとは言い難い。結局，文化の多様性をどこまで許容するか，また，通常，政治的に優越した人口の文化を強く反映した主導的な文化への同化をどの程度求めるか，普遍的な人権保障をどこまで適用するか，といった問題が生じることが多い（関根 1994）。オーストラリアのアボリジニ（先住民）の一部のように，多文化主義は後から来た移民とアボリジニとを同格に扱うものだとして反対し，独立を求める場合もある。アメリカ合衆国ではヒスパニック系不法移民が政治問題となっており，ヨーロッパでもイスラーム圏からの移民と既存社会の住民との間で摩擦が生じ，2010年にドイツのアンゲラ・メルケル首相が「ドイツの多文化主義は完全に失敗した」と発言して大きな反響を呼んだ。メルケルの主張は移民排除論ではなく，移民に対してドイツ国民文化のより積極的な受容を求めるものであったが，それにしても複数のエスニック集団がアイデンティティを守りつつ，政治的に共存することの困難さを示唆するものである。同様の問題は，イスラーム教徒の女性が身につけるスカーフに対して，フランスの国制とされてきた政教分離の原則から，フランス国内の公的場所でのスカーフの着用を禁じた事例にも見られる（梶田 1996）。第5章第4節でふれたように，異なるエスニック集団間の内戦，地域紛争は現代の暴力的紛争の主要な形態の一つである。

文化摩擦とジェンダー

　結局のところ，文化を集団的アイデンティティの問題としてとらえ，それを政治的に擁護し，また異文化との関係を政治的・法的に解決しようとするところに根本的な問題があるとも考えられる。アイデンティティというとらえ方を突き詰めていくと，文化を固定し，静態的な文化観へと結び付く側面を持っている（西川 1992／2001, 409 以下）。しばしば指摘されるように，近代文明は形式的な理性や自然の技術利用を発達させはしたけれども，人間の精神は帰属意識を失い，アイデンティティを求めてさまよう文化的ニヒリズムをもたらした。こうした主張は19世紀ドイツの思想家ニーチェのニヒリズム（虚無主義）論において典型的に見られ，20世紀の後半に多くのすぐれた思想家によって確認されている（たと

FIGURE 7-9 ●「国際的な子の奪取の民事上の側面に関する条約（ハーグ条約）」締約国（2012年12月現在）

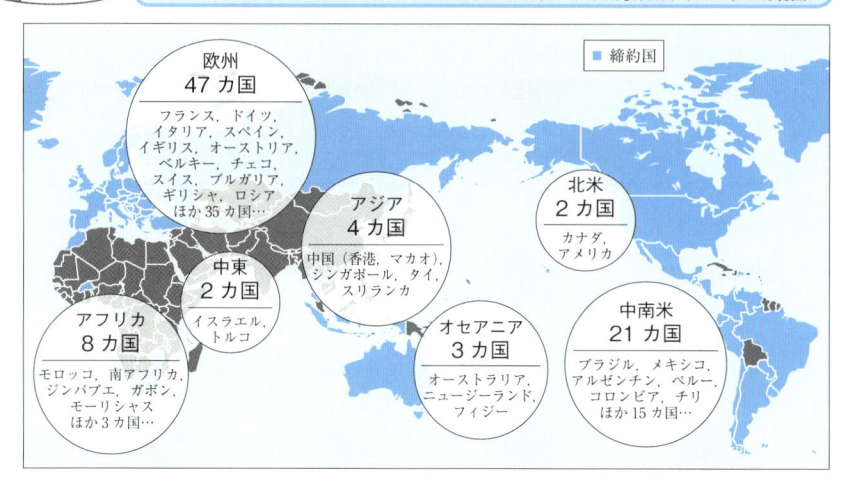

■ 締約国

欧州 47カ国
フランス，ドイツ，イタリア，スペイン，イギリス，オーストリア，ベルギー，チェコ，スイス，ブルガリア，ギリシャ，ロシアほか35カ国…

アジア 4カ国
中国（香港，マカオ），シンガポール，タイ，スリランカ

北米 2カ国
カナダ，アメリカ

中東 2カ国
イスラエル，トルコ

アフリカ 8カ国
モロッコ，南アフリカ，ジンバブエ，ガボン，モーリシャスほか3カ国…

オセアニア 3カ国
オーストラリア，ニュージーランド，フィジー

中南米 21カ国
ブラジル，メキシコ，アルゼンチン，ペルー，コロンビア，チリほか15カ国…

［出典］外務省ホームページ。http://www.mofa.go.jp/mofaj/press/pr/wakaru/topics/vol82/index.html

えば，ハンナ・アレント『人間の条件』1958年；ダニエル・ベル『資本主義の文化的矛盾』1976年）。しかし，近代社会が生み出すニヒリズムを補うために固定的な帰属対象を文化に求めることは，文化の可塑性を見失わせるものであるかもしれない。

　グローバリゼーションの時代にあっては，文化的アイデンティティはさまざまな経路を通じて意識されるだけでなく，その相違を政治的・法的に乗り越えようという試みが摩擦を生み出す契機となりうる。ここではその一例として，「国際的な子の奪取の民事上の側面に関する条約（ハーグ条約）」の批准をめぐる問題をあげてみよう。

　この条約は1980年，オランダのハーグにある国際私法会議において署名されたもので，国際離婚にともなって子どもが定住国から一方的に連れ去られることを防ぐことを目的とした法律である。2012年の時点で加入国は87カ国であり，加入国，非加入国がそれぞれ世界の約半数である。欧米諸国はほとんど加入しているが，アジア，中東，アフリカ諸国はほとんど加入していない。

　日本も2012年の時点でこの条約に未加入だが，欧米諸国で日本人（妻側が多

> **COLUMN　7-5　文化の変化に関するモンテスキューの洞察**
>
> 　文化の変化と法律の関係については，文化やアイデンティティという言葉が今日のような意味では存在しなかった18世紀中期の思想家モンテスキューの言葉が，示唆に富んでいる。
> 　「われわれは，法律というものは立法者による特殊かつ明確な制度であり，習俗や生活様式は国民一般による制度である，と述べた。ここから，習俗や生活様式を変えようとするときには，法律によってはならないという結論が出てくる。そのような仕方はあまりに暴政的に思われるであろう。それらのものは，他の習俗や他の生活様式によって変える方がよい。
> 　こうして，ある君公が自国民のうちに大きな変化をもたらそうと欲するときには，法律によって確立されたものは法律によって改革し，生活様式によって確立されたものは生活様式によって変えるようにしなければならない。生活様式によって変えるべきものを法律によって変えるのは，非常に悪い政策である。……
> 　一般的にいって，人民は自分たちの慣習に非常に愛着をもっている。それを暴力的に彼らから取り上げることは，彼らを不幸にすることである。それゆえ，それらの慣習を変えるべきではなく，彼ら自身の手で変えるように彼らを誘導すべきである」（モンテスキュー 1748／邦訳 1989, 第19編第14章）
> 　ここで生活様式や慣習を文化と読み替えれば，モンテスキューの見解は今日のわれわれにも得心がいくものであろう。

い）が離婚によって子どもを連れて日本に帰国した場合に，婚姻生活を行っていた国でハーグ条約に違反する子どもの連れ去り行為として問題視されるようになった。その結果，特に米欧から日本政府に，ハーグ条約への加入が強く要求される外交問題に発展した。しかし，離婚後の子どもへの共同親権を認めることが多い欧米の法律と単独親権になっている日本の民法制度の相違や，その背景にある家族制度の相違，さらに離婚後の定住国での生活面での困難に加え，言語も異なる異文化社会で法律上の係争を行うことの障害の大きさなどから，日本国内には加入に反対する意見も強く発せられている（岡野 2010; 織田 2010）。
　このようにとらえると，結婚という社会の伝統に根ざした文化的制度の相違

が，グローバリゼーションの一形態と言うべき国際結婚の増加によって異文化間で衝突している，という側面は確かに存在する。しかし，文化的差異に基づく衝突が解決不能な対立を生み出し，交流を不可能にすると考えるのは早計であろう。国境を越えた婚姻関係が増えている以上，異なる文化的価値観を架橋する努力は現実に必要性があるのであり，現にハーグ条約についても，現状の制度にともなう問題点を解決しようと国際的な協議が行われているのである。

その際に一つの手掛かりとなるのが，問題を一つの観点から見ず，さまざまな角度から解釈し直すことであろう。この事例の場合，子の奪取をめぐる問題を異文化間の摩擦としてだけでなく，男女ないし家族の文化的関係の問題としてもとらえることができる。そのようにとらえ直すことで，文化的差異は絶対的なものではなく相対的であり，また変化の可能性を持つことが見えてくる。

既存の政治社会の構造やその分析が男性の支配的利益や分析視角を反映してきたとみなすジェンダー論ないしフェミニズムは，国際政治秩序や国際政治学に組み込まれている固定観念を指摘し，批判する上で役に立つ。もちろん，フェミニズムといっても一様ではなく，男女の同権を訴え，たとえば軍隊における女性の任用の男性の任用との公平性を求める，自由主義的フェミニズムと呼ばれる立場もある。しかし今日の主流のフェミニストは，男女の法的・形式的平等ではなく，性差に基づく構造的な権力関係に目を向ける傾向が強い。たとえば，アン・ティックナーは，リアリズムが依拠している，アナーキー状況での暴力的対立，軍事力を中核とした国家，公人の代表としての戦士という図式をフェミニズムの視点から相対化し，異なる秩序イメージを提供できると主張する（ティックナー 1992／邦訳 2005）。このような観点からは，自らの育った社会とは文化的に大きく異なる社会において結婚して子をもうけ，自活的な生活手段をもたない女性の弱い立場をどのように保障するのか，といったとらえ方ができるだろう。

さらに，時間軸を広げて問題をとらえることも必要である。グローバリゼーションは交流の速度をきわめて加速したが，社会の価値観を反映した文化はその速度に合わせて変わることは難しい。しかし，文化は決して固定的ではなく，やや長期的に見ればむしろ不断に変化している。そしてその変化の大きな原因として，異文化との接触にともなう文化触変といった現象があるのである（平野 2000）。事実，日本の結婚制度についても，女性宅への通い婚が通例であっ

た古代から，家制度を前提とした近代の制度，そして男女間の合意を条件とするようになった現代へと大きく変化してきた。より短い期間においても，結婚や離婚についての社会の考え方はかなり変わってきている。法や政治権力によって文化が強制的に変えられようとする時には強い抵抗が生じるが，より自然な変化に応じて文化が変わる時には，むしろ文化は社会的摩擦を緩和する役割を果たす。

フェミニズムやポストモダニズムといった思想的アプローチが国際政治学において適用される範囲も広がっているが，その一つの効果は，物事を固定的にとらえずに，さまざまな角度からとらえ直すことによって，文化的対立を決定的なものとしないという点にあるだろう。

文明論の復活

ハンチントンの論文が呼び起こしたもう一つの問題提起は，国際政治をとらえる視点として国家単位でなく，文明という観点によることを提唱した点である。現在の世界が主権国家による国際秩序を基調としているとはいえ，その数は200程度と多く，しかもその性質も多様である。他方で，グローバリゼーション（地球化ないし中国語では全球化）という言葉で表現される越境的関係の緊密化および距離の喪失といった現象も，主権国家という枠組みではとらえきれない。主権国家体制という視点以外から地球規模の世界政治をとらえるモデルとしては，冷戦終結前後にフランシス・フクヤマが唱えた「歴史の終わり」，すなわち人類の合理的発達が地球規模で普遍化し，自由主義的な価値観によって統一されたという見方や，イマニュエル・ウォーラーステインの世界システム論のように世界秩序をマルクス主義的な階級的分化の観点からとらえる視点がある（フクヤマ 1989; 1992／邦訳 2005; ウォーラーステイン 1974／邦訳 2006; 1980／邦訳 1993）。しかし，「歴史の終わり」といったビジョンは冷戦後の紛争や対立から考えれば説得力を持たない。ウォーラーステインの世界システム論もマルクス主義を応用した経済関係に焦点を絞っており，たとえば途上国の経済成長や，さらには新興国の台頭といった現象を十分にとらえきれない。

これに対して文明という観点は，政治，経済，文化などを含めた包括的な観点から国民国家を越える，越境的な視点を提供するアプローチとして，国際政治学でも議論されるようになっている（Katzenstein ed. 2010; Hall & Jackson 2007）。たとえば英国学派（第1章第4節参照）の代表的な議論であるH. ブルら

の「国際社会論」も，複数の主権国家を構成単位として「国際社会」をとらえているが，国家間である種の社会規範が共有された背景には，近代ヨーロッパにおいて国境を越えて共有された価値体系，すなわち「文明」が下敷きになっていたということができよう（ブル 1977／邦訳 2000; 高坂 1978a／2012）。さらに，近代ヨーロッパと非ヨーロッパ世界との関係を考察する上では，近代ヨーロッパの集合的意識およびそれを反映した法的・政治的規範としての「文明」と非文明の関係，といった視点を導入することが必要となってくる（Gong 1984; Suzuki 2009）。

ただし，注意すべきなのは，文明概念には曖昧さがつきものなので，厳密な社会科学的術語とは区別して使うべきであるという点である。ハンチントンは，自らの主張が社会科学的実証をめざしたものではないと言いながら，実際には文明についてかなり固定的な定義を与えた。文明圏といったものがおおよそ存在するにしても，境界線や断層といった区切りを明確に設定することは誤った結論を導くことになるであろう。他方で，そうした曖昧な概念は非科学的なので排除すべきだという批判も繰り返されてきたが，それは国際政治のような広く，かつ多様な対象を分析するためには狭量すぎる立場であろう。文明概念は，人類集団に対する大づかみな（マクロな）レベルの把握には適しているけれども，個別具体的な（ミクロな）レベルの問題を考える上では，慎重な注意とともに用いられるべき概念である。

文明の二つの側面　「文明」という言葉には二つの側面が含まれている。一つは，近代啓蒙思想と共に登場した，人間が内面的および外在的に進歩した社会，というような規範的性質を帯びた単数形の "the civilization" という表現で用いられる側面である。もう一つは，文明を広がりのある社会が共有する社会制度，価値観の総体として見る見方であり，複数形の "civilizations" という表現で理解される側面である。そもそも「文明（civilization）」という言葉が 18 世紀後半のフランスで使われ始め，短期間でヨーロッパ諸国に広まった時点では，第一の側面が強く，社会が発達し，道徳的・物質的に優れた状態へと進歩しているかどうかを評価する尺度として使われた。しかし，19 世紀になるとヨーロッパ知識人は，世界の他の地域と比較した上でヨーロッパが進んでいるという意識を表現する際に文明という言葉を用いるようになった。エジプト遠征に出発する際にナポレオンが語ったと

いう,「兵士諸君,諸君は文明化にとって測り知れない結果をもたらす征服にとりかかるのだ」という言葉が,その先駆的な用法であったと見られる(エリアス 1939／邦訳 2010, 上 135)。

　ここに文明という言葉の二面性を見て取ることができる。一方では「文明」とは,18 世紀から 19 世紀にかけて西洋世界が発見した,それまでのキリスト教社会というアイデンティティに置き換わる,世俗的啓蒙思想に沿った道徳ないし価値意識の表現であった。他方で,文明は進歩主義的な考えを反映しており,啓蒙思想や市場経済,技術革新,産業革命といったもろもろの要素から成り立つ社会状態として意識されていた。いわば空間軸としての西洋性と,時間軸としての近代性という側面とが混在するところに,生成期の文明概念の特質があった。

　19 世紀に入って,文明概念の二つの側面はそれぞれ拡張をとげることになった。啓蒙主義的・規範的な文明観は,主に自由主義的・進歩主義的な文脈で政治的・経済的権利を拡大しつつあった中産階級が自らの社会の現状と進むべき道を示す言葉として理解された。19 世紀中ごろにイギリスのヘンリー・バックルやフランスのフランソワ・ギゾーによって書かれた文明史は,文明を進歩の指標とし,野蛮から未開を経て文明へと進むという歴史的進歩史観に基づいてヨーロッパの先進性を肯定する立場であった。

　他方,1870 年代ごろには,ヨーロッパと非ヨーロッパ世界との接触密度が上昇したことによって,ヨーロッパ文明とそれ以外の地域の文明ないし文化を相対的に見ようという視点も加わることになる。たとえば英仏では,植民地社会との接触を通じて,それらの社会をより理解したいという「オリエンタリズム」の視点が文化理解の相対化を促した。文化人類学者 E. タイラーによって,文化 (culture) はいかなる社会にも存在する土着の価値観,習俗であるのに対し,文明は発達した文化のみに用いられるという区別が導入された。また,フランスではルナンがパレスチナでの調査を経て,キリスト教を客観化する「イエス伝」の執筆にいたった。それに対してドイツでは,英仏の「文明」と対比される観点から「文化」が強調される傾向があった。「文化」はドイツ語圏のような民族・集団に固有の内面的・道徳的な価値であって,伝統的・歴史的背景を持つアイデンティティとしての性格が強調された。対して文明は外在的・物質的普遍性を指すとされ,文化を文明よりも価値の高いものとみなす傾向が

優位となった(エリアス 1939)。このように英仏とドイツで意味は異なっていたが,西洋文明と社会に固有の文化という区分を導入して文明を相対化してとらえる道を開いたと言える。

　こうした問題意識は,当時,西洋文明に「他者」として向き合った地域であるロシアや日本において,より痛切に意識された。ロシアでは,1870年ごろに,政府に仕え,漁業問題の専門家として活躍したニコライ・ダニレフスキーが『ロシアとヨーロッパ』という著作を公刊した。この著作は,文化を生物のような有機体ととらえ,地域ごとに固有の歴史があると主張する。つまり,ヨーロッパ文化を普遍的とみなし,そこから派生した古代―中世―近代といった時代区分を世界史に当てはめる方法を否定して,歴史的には中国,インド,イランなど10の有機体的文化が存在したこと,スラヴ文化はヨーロッパの対抗勢力となる使命を持つことなどを主張した(フォークト 1961／邦訳 1965, 68-72)。ダニレフスキーは,西洋文明に対して非西洋文明を対置する相対主義的な文明観を定式化したと言える。

　日本では,1875年に福沢諭吉が『文明論之概略』を公刊し,文明や文明開化の略語としての文化という言葉を定着させた。日本を含めた非西洋世界にとっては,当時「文明」は単に社会分析の術語としてだけでなく,国際法上の位置づけの基礎となる「文明標準 (standard of civilization)」としての意味を持っていた (Gong 1984; Suzuki 2009)。福沢はギゾーやバックルといった進歩的文明観を参照し,西洋の文明標準を支える要素を取り出し,それを日本が吸収するという「西洋の文明を目的とする事」を説く。ただし,それは福沢が西洋崇拝論者であったからではなく,現時点で西洋文明が最先端であるからであり,西洋文明において「外国交際の法の如きは,権謀術数至らざる所なし」と批判し,将来世界人民の智徳が発達し,究極的な平和が実現すれば,今の西洋諸国のあり様を見て,「野蛮の歎を為すこともあるべし」という批判的な視点も持っていた。しかし,西洋文明諸国はさしあたり世界で最も智徳が発達した社会であり,その智徳を吸収し,文明を発達させてこそ自国の独立も可能になるのだから,積極的に西洋文明を導入すべし,という主張であった(福沢 1875／1995)。福沢に代表される明治の文明観は,英仏に典型的に見られた西洋文明を近代的進歩の最先端としてとらえ,それを積極的に模倣しようとする姿勢を示したと言えよう。

ダニレフスキーの相対主義的な文明観は，20世紀に入ってドイツのオズヴァルト・シュペングラーやイギリスのアーノルド・J.トインビーによって構築される，歴史的な比較文明史研究へとつながっていく（シュペングラー 1918／邦訳 2007）。とりわけトインビーは大著『歴史の研究』によって，文明を基本単位とする人類史を叙述し，幾多の独創的な概念を提供した。その大著は古代から現在にいたる 21 の文明の発生，成長，衰退，解体を描き，その過程について，文明が環境変化に対応する力を重視する「挑戦と応戦」という概念や，強大な異文明への接触に際しての開国派（ヘロッド）と攘夷派（ゼーロット）の対立，普遍的な世界国家や世界教会の形成といった概念を提示した（トインビー 1960／邦訳 1966-72）。こうしたトインビーの文明観は，西洋の一元的な文明観を否定するものとして，第二次世界大戦後の日本で紹介された時には大いに歓迎された。

他方で福沢が表現したような，普遍的モデルとしての「文明」概念は，20世紀に入ると次第に用いられなくなった。しかし，進歩的・普遍的価値観は，基本的人権論や近代化論に引き継がれていき，進歩において先行する先進国のモデルを吸収することが実現可能であり，また望ましいという価値基準を示し続けた。日本がこの過程において典型的な「優等生」であったことは，まちがいない。日本は急速に西洋からの知識や制度を吸収し，20世紀初頭には非西洋唯一の「文明国」として扱われる主権国家となったし，第二次世界大戦に敗北した後には，平和主義を掲げる先進国としての道を歩んだ。

しかし，こうした模倣路線への反発も存在した。福沢の文明受容論に対しては，それを欧化主義とみなして反対する陸羯南の国民主義などの主張が生まれた。こうした思想は，西洋文明に対抗する東洋ないしアジア文明という観点に立つアジア主義や，大正期から強まった，ドイツ流の文化重視論によって引き継がれていくことになる（米原 2007）。第二次世界大戦後においても，普遍的な価値の受容と伝統的かつ固有の文化の保持という枠組みが，日本の社会規範をめぐる主要なテーマの一つであった（青木 1990／1999）。

現代文明──普遍性と相対性の間

現代においては，文明の二面性は，これまで以上に意識される必要がある。一方では，現代文明は技術的・物質的にさらなる進歩をとげており，世界の一体化が進んでいる。その典型的な表れは前節で見た情報化の局面

であり,これまでの近代化が主に産業社会化した都市部が主導するものであったのに対して,今日の情報化は,伝統文化の保存空間とされてきた農村を含めた社会のすみずみまでを覆っている。他方で,中国やインドのような国家は,西洋文明と並び立った古代以来の文明圏の継承者としてのアイデンティティ意識を保っている。あるいは,ブラジルのような歴史的には新しい国家についても,先住民,ヨーロッパ移住民,奴隷貿易によるアフリカ人の子孫が混住して複数の文明が融合した社会を形成している,と見ることもできる。こうした諸国が国際政治において主要な国家となりつつある今日,人類による近代的な文明の共有という視角と,複数の歴史的・文化的に定義される文明圏の並立という視角を共に持つことは重要性を増すであろう。

現代文明のあり方を示す例として宗教と言語について見てみよう。表7-3が示すように,1910年から2010年の百年間で,キリスト教信者の数は,約6億人から約22億人へと増加しているが,世界人口の中での割合は34.8%から31.7%へと低下している。そしてキリスト教徒が圧倒的であったアメリカ,ヨーロッパでは人口比で顕著な低下を見せたのに対して,サハラ砂漠以南のアフリカやアジア太平洋ではキリスト教人口の顕著な上昇が見られる。西洋文明の一つの象徴であったキリスト教は,依然として欧米で多数を占めているものの独占的な宗教ではなくなり,他方,非西洋世界でかなりの普及を示しているのである。

言語については,興味深い予測がある(英『エコノミスト』編集部 2012, 120)。現在の英語ほど世界中に広まった言語はない。どの大陸にも,英語を母語とする人々がいて,どの大陸にも,英語を公用語にする国がある。これらの国々の総人口は20億人にも及ぶ(必ずしも英語を話せるとは限らず,全体の半分はインドが占める)。科学出版の分野では,英語は独占的地位を占めている。2001年,科学論文の90%は英語で書かれ,占有率で2%を超える言語は他になかった。しかし人口の多い中国語,スペイン語,ポルトガル語といった存在を考えると,英語がこれらの言語を制圧して世界の共通言語になるとは考えられない。また,コンピューター翻訳は記述文章に対しては進歩しつつあるが,口述言語に対しては簡単な会話以上に有用となる見通しが立たないから,2050年までに世界が翻訳機を用いて言語的統一を果たすことはなさそうである。

世界共通言語として英語にとって代わりそうな言語は存在しない。人口が多

TABLE 7-3 ● 世界のキリスト教人口の変化（1910年と2010年）

地域別キリスト教人口（1910年）

地域	1910年のキリスト教人口概数	キリスト教人口の割合	世界のキリスト教人口に占める割合
アメリカ	165,890,000	95.9%	27.1%
ヨーロッパ	405,780,000	94.5	66.3
サブサハラ・アフリカ	8,560,000	9.1	1.4
アジア太平洋	27,510,000	2.7	4.5
中東〜北アフリカ	4,070,000	9.5	0.7
世界計	611,810,000	34.8	100.0

地域別キリスト教人口（2010年）

地域	2010年のキリスト教人口概数	キリスト教人口の割合	世界のキリスト教人口に占める割合
アメリカ	804,070,000	86.0%	36.8%
ヨーロッパ	565,560,000	76.2	25.9
サブサハラ・アフリカ	516,470,000	62.7	23.6
アジア太平洋	285,120,000	7.0	13.1
中東〜北アフリカ	12,840,000	3.8	0.6
世界計	2,184,060,000	31.7	100.0

［注］　1910年と2010年で世界人口に占めるキリスト教人口は3％ほど減少した。同時に欧米からアジア太平洋，アフリカに拡散した。
［出典］　http://www.pewforum.org/Christian/Global-Christianity-exec.aspx

いのは中国語であるが，表意文字の難しさによって普及は限られる。中国語の後にスペイン語，ポルトガル語が続く。また，世界には7000の言語があると言われるが，その半数は，今後40年間で死滅する可能性がある。その多くはアマゾン流域やインドネシアの言語であって，英語によって制圧されるのではなく，ポルトガル語，スペイン語，インドネシア語によってであろう，というのが英『エコノミスト』誌の予測である。

　つまり，宗教においても，言語においても世界文明の普遍化は進むが，普遍化は完全ではなく，有力ないくつかの文明（宗教や言語）が競い合う状況が続

くであろう。そして少数派の固有の「文化」は一方では世界的標準化の圧力に晒され、他方では強力な文明圏による吸収の圧力にも晒される。

　しかし、この予測はいささか進化論的なアナロジーが強すぎるであろう。優越した文明による少数文化の陶汰(とうた)は必然ではなく、文明や文化は交流の中で変化し、生き残っていくものではないだろうか。こうしたとらえ方として、ウィリアム・H.マクニールと村上泰亮の考察を紹介しよう。マクニールは、シュペングラーやトインビーの系譜を引き継いで、歴史的な文明論に基づく世界史を記述してきた歴史家である（マクニール 1967／邦訳 2008）。ただしマクニールは、地域ごとに発展する文明の固有性を一応認めつつも、文明間の相互交流がもたらす変化と文明の多様性・可変性を先人よりもさらに強調している。マクニールは、こうした異文明が共存し、相互に交流して変容する状況を、宗教的な語感に留保を付けつつも、キリスト教の宗派間会議になぞらえてエキュメヌ（ecumene）と呼んでいる。現代文明は、情報化に示される人類社会の斉一化の傾向と、文化的多様性の相互理解の要請の側面を、二つ共に持っているのである（McNeil 1973）。

　村上泰亮は日本の近代化を欧米モデルと対比しつつ長く研究した社会科学者であり、人間社会に対するとらえ方として、「超越論的反省」と「解釈学的反省」とがあるという結論にいたった。前者は、普遍的な宗教や、キリスト教文明から創生した自然科学的認識を指し、後者は、自己を世界の中で位置づけることを目的とした認識であって、「歴史論的反省」とも呼びうる。前者が無限の垂直的上向過程をたどり、世界すべてを説明することをめざすのに対し、後者は無限に自己と世界との再解釈を繰り返す。前者は進歩主義に親和的で、後者は保守主義に親和的であると言えるが、両者の間で対話（ダイアレクティーク）が行われることが、自由を共有しつつ、多様性を許す現代文明のあり方を可能にすると村上は説く（村上 1992）。

　マクニールと村上は異なる視角からであるが、異なる文明を持つ社会が長期的な歴史の中でどのように交流し、また知的に発展してきたかを深く考察している。現代文明は、一面では普遍性へと、他面では相対性へと向かう強い牽引力を持っているが、いずれか一方に偏することはできないし、すべきでない。普遍性と相対性が相互参照する中で、文化的共同体は相互にへだてとつながりを構築していくことが現実的なあり方であろう。

国際政治の未来

ここまで、国際政治を理解するためのさまざまな観点、事実、アプローチを紹介してきた。文明と文化の観点を論じた延長線上で、国際政治の将来について何が言えるか考えてみたい。もちろんあらゆる社会事象について、人間の予測力は限られており、とりわけ国際政治の歴史は「かつてない事態」の繰り返しである以上、正確な予測は不可能である。とはいえ大枠として、たとえば21世紀の半ばまでに国際政治がどのような姿をとるかといった問いについては、考えてみることができるだろう。

大きな選択は、主権国家体制という枠組みが引き続き国際政治の基調をなすかどうかであろう。主権国家体制以外の秩序として、少なくとも過去の歴史をふまえて考えることができるのは、世界政府（世界連邦も含む）と、さまざまな主体が複雑に織りなすネットワークによって秩序が保たれるネットワーク型秩序であろう。

世界政府については、今後半世紀の間に実現の可能性はまず考えられない。20世紀においては、同意に基づく世界連邦への理想を抱いて、国際連盟や国連といった普遍的な国際機関が設立された。それ自体、それまでの主権国家体制からすれば大きな変化であった。そして、こうした普遍的国際機関が国際政治においてさまざまな役割（国際世論を目に見えるものとしたり、対立関係にある諸国が協議を行う場を提供したり、重要な国際政治上の課題を提起したりするなど）を果たしてきたことはまちがいない。しかし、過去1世紀近くの普遍的国際機関の歴史が示したことは、主権国家の本質的な役割が国際機関に自発的に委ねられることは起こりえないということであった。その意味で国際連盟や国連の役割は主権国家体制をより円滑かつ協調的に運営するという補完的役割にとどまってきたし、今後もそれ以上の役割を担うようになる見通しは見当たらない。まして、G20のような会議体によって現在の国連に代わって別の経路で明確な統治体制を持つ世界政府ができる可能性はさらに低い。

世界政府のもう一つの可能性は、特定の国家による他の諸国の事実上の征服である。しかしこの可能性も限りなく小さい。軍事的に最強のアメリカですら、その人口は世界人口の1割にも満たず、短期的に他国を軍事的に圧倒することはできてもその支配を継続できるとは考えられない。世界最大の人口を持つ中国やインドにしても、その人口は世界の数分の1にしかすぎないし、世界を支

配する手段（軍事，経済，文化いずれにおいても）を今世紀半ばに備えるとは考えられない。他の諸国については論ずるまでもないだろう。

　ネットワーク型の秩序についてはどうであろうか。これは1977年の著書でブルが「新中世主義」として提示した考えに似ているし，冷戦終結後には何人かの論者によって主権国家体制に代替する秩序となる可能性が指摘された（ブル 1977／邦訳 2000; 田中 1996／2003; Cooper 2003）。たしかに今日，国家の国内社会に対する統制力は衰え，企業やNGOのような非国家主体，また，EUのような地域的国際機関ないしIMFや世界保健機関（WHO）のような機能的国際機関も活発に活動している。また，国際テロリズムや越境犯罪，民間軍事会社のように私的暴力の脅威も注目されることがある。しかし近年の趨勢を見る限り，主権国家の強固さを確認すべき出来事が相次いでいる。世界の人口の過半を占める諸国は遠くない過去に植民地支配ないし抑圧を受けた経験を記憶しており，主権国家という枠組みが外国からの支配に対する中核的な防波堤であるという考え方が圧倒的に主流である。先進国についても，EUですら，重要な軍事的・経済的意思決定では依然として主権国家の役割が大きい。アメリカでは意思決定を国際機関や条約に委譲することへの政治的反対は根強い。また，各国の政治においてナショナリズムが及ぼす影響は情報社会の発達とともに強まる傾向もある。

　したがって，これからの半世紀ほどを展望すれば，主権国家という枠組みが国際秩序の基本を構成するという見通しが一番確からしいと言えるだろう。もしその予想が崩れるとすれば，（大量の核兵器が用いられる）巨大な戦争か大規模な災厄（かつてないほどの天災や現代医療では対応できない強毒性の伝染病の流行など）によって，人類社会の文明の様相が変わるほどの衝撃が起こった時であろう。しかし，こうした激変後の秩序を展望することは不可能であるし，こうした事態を回避する手段としても主権国家が適切な行動をとる以上の選択はありそうにない。たとえば核戦争を回避するために核兵器を廃棄することは望ましいが，それを実行するためにも強固な管理権力を備えた国家が機能していなければならない。

　したがって今後約半世紀ほどでは，主権国家体制が継続する可能性が，他の異なる秩序原理によって置き換えられる可能性よりも高いと言えるであろう。しかし，それは国際秩序に重要な変化が起きないということを意味するわけで

はない。すでに見たように，主権国家体制の別称として取り上げられるウェストファリア体制という言葉は，17世紀以来主権国家体制に大きな変化がなかったという印象を与える限りではまちがいである。17, 18世紀にあってはヨーロッパでもさまざまな中世からの残存的主体や制度，文化が国際政治上の役割を果たしていた。19世紀には主権国家体制はより整序されたものになったが，同時に産業革命は相互依存をもたらし，また普遍的な人類統一の理想を語るイデオロギーも生まれたのであった。そしてこの間の非ヨーロッパ世界では，さまざまな非国家主体や西洋とは異なる文明が世界システムを織りなしていたのである。主権国家体制という家を構成する柱の素材は変化せずとも，家の規模，間取り，内外装の意匠といった要素は大きく変わりうるのである。

主権国家体制という大枠の中で，その構造は今後どのようなものになるだろうか。予想の幅は大きいが，20世紀のアメリカのような覇権的な国家が主権国家体制をリードする可能性は比較的低いであろう。産業化の中核はアジアからアフリカにかけての旧大陸や南半球に移っており，アメリカがかつてのような圧倒的な優越を取り戻す方法は考え付きにくい。

よりありそうな未来は，アメリカに加えて中国，インド，ブラジルのような人口大国が一定の順調な成長と政治的安定を保ち，また，EUのような地域連合（その他にアフリカ連合や中東，アジア太平洋の地域枠組みも考える）が一定程度のまとまりを保てば，それら諸国ないし地域機関が国際秩序の大枠を決めるという構図である。ただし，こうした構図が枠組みとなるにしても，すでにふれたさまざまな国際機関や非国家主体が補完的な秩序やネットワークを構成し，世界秩序を支える役割を果たせるか否かが重要となるであろう。かつてのヨーロッパ主権国家体制や，20世紀の米ソが主導した国際秩序と比べても，今後の国際社会は異質性が高くなる可能性がある。ただしその異質性は絶対的・固定的ではなく，共通認識や相互理解の経路を通じて，解消できないまでも緩和はできるはずのものである。あらゆる学問はまずもって知的な認識作用を中核としているし，また，そのようであるからこそ価値があるのだが，究極的には人類の状態の改善に役立つという願望が動機となっている。国際政治学はこの複雑な人類社会が投げ掛けるさまざまな問いに答える努力を通じて，人類の未来に貢献できるものであろう。

> BOOK GUIDE　　●文献案内

最上敏樹，2001『人道的介入――正義の武力行使はあるか』岩波新書。
　●非強制行動は国連が担い，強制行動は加盟国が担うという分業体制は，国連創設の理念に合致するものなのか。中立性と非暴力性という国連の基本理念の限界とは何か。人道的破局に直面して，それを看過できずに正義の武力行使も辞さないとする国家は，そもそもなぜ人道的破局の発生を未然に阻止できないのか。平和とは何かを考える上で，この書が突き付ける諸問題は避けて通れない。

マイロン・ウェイナー，1995／内藤嘉昭訳『移民と難民の国際政治学』明石書店，1999。
　●国境を越える人の移動にはどのような政治的意味があるのかを多面的に検討したこの分野における古典的著作。

土屋大洋，2011『ネットワーク・ヘゲモニー――「帝国」の情報戦略』NTT出版。
　●国際政治とインターネットとの関連を論じた貴重な書物。

平野健一郎，2000『国際文化論』東京大学出版会。
　●国際政治と文化の関係に焦点を当てた数少ない教科書。

西川長夫，1992『国境の越え方――国民国家論序説〔増補版〕』平凡社ライブラリー，2001。
　●文明および文化概念の由来を丹念に検討し，グローバリゼーションの中で文化が国民国家に固定された存在から，流動的で越境的な存在へと変化する可能性を論じる。

Chapter 7 ● 確認しておこう　　POINT

❶　普遍的な理念を擁護するために国家が行動するならば，対立を交渉によって解決することが困難になるとリアリストが考えたのはなぜか。歴史的な文脈の中で，平和と正義との間の緊張関係について考えてみよう。

❷　権威主義体制からの体制移行や武力紛争の終結を通じて，主権国家内部の人権の抑圧や非人道的な行為に終止符を打つために求められるのは，訴追の威嚇なのか，それとも恩赦の約束なのか。多面的に考えてみよう。

❸　世界大で民主主義を実現するということは，何を意味するのだろうか。いくつかのイメージを提示し，相互に何が違うのかを考えてみよう。

❹　グローバリゼーションによって異文化社会間の交流が深まることは，国際政治にどのような影響をもたらすか。さまざまな可能性を検討してみよう。

❺　21世紀の国際政治は20世紀の国際政治と比べてどのような特徴を持つことになるだろうか。複数のシナリオを考えてみよう。

引用文献 INTERNATIONAL POLITICS

※ 改訂版があるものについては，初版の刊行年を著作者名の後に，改訂版の刊行年を出版社等名の後に記した。
　文庫などとして再刊されたものについては，底本の刊行年を著作者名の後に，再刊年を出版社等名の後に記した。
　邦訳については，原著の刊行年を著作者名の後に，邦訳の刊行年を出版社等名の後に記した。
　邦訳が原著改訂版を底本としている場合には，原著初版の刊行年を著作者名の後に，邦訳の刊行年を出版社等名の後に記し，その後（　）内に底本を記した。

1　日本語文献

アイケンベリー，G. ジョン，2006／細谷雄一監訳『リベラルな秩序か帝国か——アメリカと世界政治の行方』上・下，勁草書房，2012。
相沢伸広，2006「第五列から資本家へ——華人・華僑問題とインドネシア–中国関係　一九六六—一九九〇」日本国際政治学会編『国際政治』第 146 号。
青木保，1990『「日本文化論」の変容——戦後日本の文化とアイデンティティー』中公文庫，1999。
青野利彦，2012『「危機の年」の冷戦と同盟——ベルリン，キューバ，デタント 1961-63 年』有斐閣。
明石欽司，2009『ウェストファリア条約——その実像と神話』慶應義塾大学出版会。
赤根谷達雄・落合浩太郎編，2004『日本の安全保障』有斐閣コンパクト。
赤根谷達雄・落合浩太郎編，2001『「新しい安全保障」論の視座——人間・環境・経済・情報〔増補改訂版〕』亜紀書房，2007。
アクセルロッド，ロバート，1984／松田裕之訳『つきあい方の科学——バクテリアから国際関係まで』ミネルヴァ書房，1998。
荒野泰典，1988『近世日本と東アジア』東京大学出版会。
アリソン，グレアム・T., 1971／宮里政玄訳『決定の本質——キューバ・ミサイル危機の分析』中央公論社，1977。
有賀貞，2010『国際関係史——16 世紀から 1945 年まで』東京大学出版会。
有賀貞・宇野重昭・木戸蓊・山本吉宣・渡辺昭夫編，1989『講座国際政治 1——国際政治の理論』東京大学出版会。
アレント，ハンナ，1958／志水速雄訳『人間の条件』ちくま学芸文庫，1994。
安藤良雄編，1979『近代日本経済史要覧〔第 2 版〕』東京大学出版会。
飯田敬輔，2007『国際政治経済』東京大学出版会。
飯田洋介，2010『ビスマルクと大英帝国——伝統的外交手法の可能性と限界』勁草書房。
家島彦一，2003『イブン・バットゥータの世界大旅行——14 世紀イスラームの時空を生きる』平凡社新書。
五十嵐武士，2010『グローバル化とアメリカの覇権』岩波書店。
石黒馨，2010『インセンティブな国際政治学——戦争は合理的に選択される』日本評論社。
石田淳，2007a「国内秩序と国際秩序の《二重の再編》——政治的共存の秩序設計」国際法学会編『国際法外交雑誌』第 105 巻第 4 号。
石田淳，2007b「戦争の変貌と国際秩序の変動」阪口正二郎責任編集『岩波講座憲法 5——グローバル化と憲法』岩波書店。

石田淳, 2009「人権と人道の時代における強制外交——権力政治の逆説」日本国際政治学会編／大芝亮・古城佳子・石田淳責任編集『日本の国際政治学2——国境なき国際政治』有斐閣.
石田淳, 2010a「国際関係論はいかなる意味においてアメリカの社会科学か——S・ホフマンの問い（一九七七年）再考」日本国際政治学会編『国際政治』第160号.
石田淳, 2010b「外交における強制の論理と安心供与の論理——威嚇型と約束型のコミットメント」法政大学比較経済研究所／鈴木豊編『ガバナンスの比較セクター分析——ゲーム理論・契約理論を用いた学際的アプローチ』法政大学出版局.
石田淳, 2011a「対テロ武力行使——ジェロニモとして殺害されたビン・ラディン」『東京大学新聞』2011年5月31日付.
石田淳, 2011b「弱者の保護と強者の処罰——《保護する責任》と《移行期の正義》が語られる時代」日本政治学会編『年報政治学2011-I——政治における忠誠と倫理の理念化』木鐸社.
石津朋之・永末聡・塚本勝也編, 2010『戦略原論——軍事と平和のグランド・ストラテジー』日本経済新聞出版社.
稲田十一編, 2004『紛争と復興支援——平和構築に向けた国際社会の対応』有斐閣.
猪木武徳, 2009『戦後世界経済史——自由と平等の視点から』中公新書.
猪口邦子, 1989『戦争と平和』（現代政治学叢書17）東京大学出版会.
猪口孝, 2007『国際関係論の系譜』（シリーズ国際関係論5）東京大学出版会.
入江昭, 2000『二十世紀の戦争と平和〔増補版〕』東京大学出版会UP選書.
入江昭, 1998／篠原初枝訳『権力政治を超えて——文化国際主義と世界秩序』岩波書店.
岩井茂樹, 2009「帝国と互市——16-18世紀東アジアの通交」籠谷直人・脇村孝平編『帝国とアジア・ネットワーク——長期の19世紀』世界思想社.
ウェイナー, マイロン, 1995／内藤嘉昭訳『移民と難民の国際政治学』明石書店, 1999.
ウェスタッド, O. A., 2005／佐々木雄太監訳／小川浩之・益田実・三須拓也・三宅康之・山本健訳『グローバル冷戦史——第三世界への介入と現代世界の形成』名古屋大学出版会, 2010.（邦訳の底本は2007年刊）
植田隆子, 1989『地域的安全保障の史的研究——国際連盟時代における地域的安全保障制度の発達』山川出版社.
ウェーバー, マックス, 1947／濱嶋朗訳『権力と支配』講談社学術文庫, 2012.
ヴェーバー, マックス, 1919／脇圭平訳『職業としての政治』岩波文庫, 1980.
ウォーラーステイン, I, 1974／川北稔訳『近代世界システム——農業資本主義と「ヨーロッパ世界経済」の成立』1・2, 岩波モダンクラシックス, 2006.
ウォーラーステイン, I, 1980／川北稔訳『近代世界システム1600～1750——重商主義と「ヨーロッパ世界経済」の凝集』名古屋大学出版会, 1993.
ウォルツ, ケネス, 1979／河野勝・岡垣知子訳『国際政治の理論』勁草書房, 2010.
ウォルツァー, マイケル, 1977／萩原能久監訳『正しい戦争と不正な戦争』風行社, 2008.（邦訳の底本は2006年刊行の第4版）
ウォルドロン, アーサー, 1994／永末聡訳「十四世紀から十七世紀にかけての中国の戦略」ウィリアムソン・マーレー＝マクレガー・ノックス＝アルヴィン・バーンスタイン編／石津朋之・永末聡訳／歴史と戦争研究会訳『戦略の形成——支配者，国家，戦争』中央公論新社, 2007.
臼杵陽, 2009『イスラエル』岩波新書.
英『エコノミスト』編集部, 2012／東江一紀・峯村利哉訳『2050年の世界——英エコノミスト誌は予測する』文藝春秋.
エリアス, ノルベルト, 1939／赤井慧爾・中村元保・吉田正勝（上），波田節夫・渡辺敬一・羽田洋・藤平浩之（下）訳『文明化の過程〔改装版〕』法政大学出版局, 2010（上「ヨーロッパ上流階層の風俗の変遷」，下「社会の変遷——文明化の理論のための見取図」）.（邦訳の底本

は 1969 年刊行の第 2 版）

エリス，ジョン，1975／越智道雄訳『機関銃の社会史』平凡社ライブラリー，2008。（邦訳は初版を底本とし，1986 年刊行の新版から序文と文献補遺を付加）

エルマン，コリン＝ミリアム・フェンディアス・エルマン編，2001／渡辺昭夫監訳『国際関係研究へのアプローチ——歴史学と政治学の対話』東京大学出版会，2003。

遠藤乾編，2008『ヨーロッパ統合史』名古屋大学出版会。

遠藤誠治，2003「『危機の二〇年』から国際秩序の再建へ——E・H・カーの国際政治理論の再検討」『思想』第 945 号。

遠藤貢，2009「アフリカと国際政治——国家変容とそのフロンティア」日本国際政治学会編／国分良成・酒井啓子・遠藤貢責任編集『日本の国際政治学 3——地域から見た国際政治』有斐閣。

オーウェル，ジョージ，1949／新庄哲夫訳『1984 年』ハヤカワ文庫，1972。

大串和雄，1999「罰するべきか許すべきか——過去の人権侵害に向き合うラテンアメリカ諸国のジレンマ」『社会科学ジャーナル』（国際基督教大学）第 40 号。

大沼保昭，1983「『文明の裁き』『勝者の裁き』を超えて」『中央公論』1983 年 8 月号。

大沼保昭，1991「国際法学の国内モデル思考——その起源，根拠そして問題性」広部和也・田中忠編『国際法と国内法——国際公益の展開：山本草二先生還暦記念』勁草書房。

大畑篤四郎，1986「日本国際政治学会三〇年の歩み」日本国際政治学会編『平和と安全——日本の選択』『国際政治』30 周年記念号。

岡田章，2008『ゲーム理論・入門——人間社会の理解のために』有斐閣アルマ。

岡野正敏，2010「国境を越える子の奪取をめぐる問題の現状と課題」国際法学会編『国際法外交雑誌』第 109 巻 1 号。

岡義武，1955『国際政治史』岩波現代文庫，2009。

小川英治・川崎健太郎，2007『MBA のための国際金融』有斐閣。

押村高，2008『国際正義の論理』講談社現代新書。

織田有基子，2010「ハーグ子奪取条約の現在——第 5 回特別委員会における議論の紹介を中心に」国際法学会編『国際法外交雑誌』109 巻 2 号。

オルソン，マンサー，1965／依田博・森脇俊雅訳『集合行為論——公共財と集団理論〔新装版〕』ミネルヴァ書房，1996。（邦訳の底本は 1965 年刊行の初版，1971 年版の補遺）

カー，E. H., 1939／原彬久訳『危機の二十年——理想と現実』岩波文庫，2011。（邦訳の底本は第 2 版 1981 年刷）

梶田孝道，1996『国際社会学のパースペクティブ——越境する文化・回帰する文化』東京大学出版会。

ガット，アザー，2006／石津朋之・永末聡・山本文史監訳／歴史と戦争研究会訳『文明と戦争』上・下，中央公論新社，2012。

ガディス，ジョン・ルイス，2005／河合秀和・鈴木健人訳『冷戦——その歴史と問題点』彩流社，2007。

加藤朗，2002『テロ——現代暴力論』中公新書。

加藤俊作，2000『国際連合成立史——国連はどのようにしてつくられたか』有信堂高文社。

ガードナー・リチャード・N., 1969／村野孝・加瀬正一訳『国際通貨体制成立史——英米の抗争と協力』上・下，東洋経済新報社，1973。

金子将史・北野充編，2007『パブリック・ディプロマシー——「世論の時代」の外交戦略』PHP 研究所。

カリエール，フランソワ・ド，1716／坂野正高訳『外交談判法』岩波文庫，1978。

カルドー，メアリー，1999／山本武彦・渡部正樹訳『新戦争論——グローバル時代の組織的暴力』岩波書店，2003。

ガルトゥング，ヨハン，1969・71・84・90／高柳先男・塩屋保・酒井由美子訳『構造的暴力と平和』

（中央大学現代政治学双書）中央大学出版部，1991.
川島真・服部龍二編，2007『東アジア国際政治史』名古屋大学出版会.
川田侃，1996『国際関係研究』東京書籍.
カント，1784／福田喜一郎訳「世界市民的見地における普遍史の理念」『カント全集第14巻 歴史哲学論集』岩波書店，2000.
カント，イマヌエル，1795／宇都宮芳明訳『永遠平和のために』岩波文庫，1985.（邦訳の底本は1796年刊行の増補版）
岸本美緒編，2006『岩波講座「帝国」日本の学知3——東洋学の磁場』岩波書店.
北山俊哉・久米郁男・真渕勝，2009『はじめて出会う政治学——構造改革の向こうに〔第3版〕』有斐閣アルマ.
吉川元，1994『ヨーロッパ安全保障協力会議（CSCE）——人権の国際化から民主化支援への発展過程の考察』三嶺書房.
吉川元，2007『国際安全保障論——戦争と平和，そして人間の安全保障の軌跡』神戸大学研究双書刊行会.
キッシンジャー，ヘンリー・A., 1994／岡崎久彦監訳『外交』上・下，日本経済新聞社，1996.
君塚直隆，2010『近代ヨーロッパ国際政治史』有斐閣コンパクト.
ギャディス，ジョン・L., 1987／五味俊樹・坪内淳・阪田恭代・太田宏・宮坂直史訳『ロング・ピース——冷戦史の証言「核・緊張・平和」』芦書房，2002.
キャメロン，ロンド＝ラリー・ニール，1989／速水融監訳／酒田利夫・玉置紀夫・中野忠・藤原幹夫・安元稔訳『概説世界経済史』Ⅰ・Ⅱ，東洋経済新報社，2013.（邦訳の底本は2003年刊行の第4版）
ギルピン，ロバート，1987／佐藤誠三郎・竹内透監修／大蔵省世界システム研究会訳『世界システムの政治経済学——国際関係の新段階』東洋経済新報社，1990.
キンドルバーガー，チャールズ・P., 1973／石崎昭彦・木村一朗訳『大不況下の世界1929-1939〔改訂増補版〕』岩波書店，2009.（邦訳の底本は1986年刊行の改訂増補版）
キンドルバーガー，チャールズ・P., 1978／吉野俊彦・八木甫訳『金融恐慌は再来するか——くり返す崩壊の歴史』日本経済新聞社，1980.
キンドルバーガー，チャールズ・P., 1996／中島健二訳『経済大国興亡史——1500-1990』上・下，岩波書店，2002.
キンドルバーガー，C. P. ＝ P. H. リンダート，1978／相原光・志田明・秋山憲治訳『国際経済学〔第6版〕』評論社，1983.
クームズ，チャールズ・A., 1976／荒木信義訳『国際通貨外交の内幕』日本経済新聞社，1977.
クラウス，ヴァーツラフ，2007／住友進訳『「環境主義」は本当に正しいか？——チェコ大統領が温暖化論争に警告する』日経BP社，2010.
クラウゼヴィッツ，カール・フォン，1832-34／篠田英雄訳『戦争論』上・中・下，岩波文庫，1968.
クラーク，イアン＝アイヴァー・B. ノイマン編，1996／押村高・飯島昇藏訳者代表『国際関係思想史——論争の座標軸』新評論，2003.
クラーク，グレゴリー，2007／久保恵美子訳『10万年の世界経済史』上・下，日経BP社，2009.
黒沢文貴＝イアン・ニッシュ編，2011『歴史と和解』東京大学出版会.
黒澤満編，1996『軍縮問題入門〔第4版〕』東信堂，2012.
ケインズ，ジョン・メイナード，1919／救仁郷繁訳『講和の経済的帰結』ぺりかん社，1972.
ケナン，ジョージ・F., 1951／近藤晋一・飯田藤次・有賀貞訳『アメリカ外交50年』岩波現代文庫，2000.（邦訳の底本は1985年刊行の増補版）
ケナン，ジョージ・F., 1967／清水俊雄（上）・奥畑稔（下）訳『ジョージ・F. ケナン回顧録——対ソ外交に生きて』上・下，読売新聞社，1973.

ケネディ，ポール，1987／鈴木主税訳『大国の興亡——1500年から2000年までの経済の変遷と軍事闘争〔決定版〕』上・下，草思社，1993。

ケネディ，ポール，2006／古賀林幸訳『人類の議会——国際連合をめぐる大国の攻防』上・下，日本経済新聞出版社，2007。

ゲルナー，アーネスト，1983／加藤節監訳『民族とナショナリズム』岩波書店，2000。

ゴア，アル，2006／枝廣淳子訳『不都合な真実——切迫する地球温暖化，そして私たちにできること』ランダムハウス講談社，2007。

高坂正堯，1966『国際政治——恐怖と希望』中公新書。

高坂正堯，1977「経済的相互依存時代の経済力——一九七三年秋の石油供給制限の事例」高坂正堯著作集刊行会編『高坂正堯著作集7 国際政治——恐怖と希望』都市出版，2000。

高坂正堯，1978a『古典外交の成熟と崩壊』中公クラシックス，2012。

高坂正堯，1978b「経済安全保障の意義と課題」高坂正堯著作集刊行会編『高坂正堯著作集7 国際政治——恐怖と希望』都市出版，2000。

高坂正堯，1989『現代の国際政治』講談社学術文庫。

高坂正堯，1993「勢力均衡」田中明彦・中西寛編『新・国際政治経済の基礎知識〔新版〕』有斐閣ブックス，2010。

コーエン，エリオット・A.，2002／中谷和男訳『戦争と政治とリーダーシップ——チャーチル，クレマンソー，リンカーン，ベングリオン 世界を動かした4人の偉大な政治指導者に学ぶ，危機的状況における決断と人心掌握術』アスペクト，2003。

古城佳子，2009「グローバル化における地球公共財の衝突——公と私の調整」日本国際政治学会編／大芝亮・古城佳子・石田淳責任編集『日本の国際政治学2——国境なき国際政治』有斐閣。

コース，ロナルド・H.，1960／宮沢健一・後藤晃・藤垣芳文訳『企業・市場・法』東洋経済新報社，1992。

小杉泰，2011『イスラーム文明と国家の形成』京都大学学術出版会。

コックス，ロバート・W.，1981／遠藤誠治訳「社会勢力，国家，世界秩序——国際関係論を超えて」坂本義和編『世界秩序の構造変動2 国家』岩波書店，1995。

コヘイン，ロバート，1984／石黒馨・小林誠訳『覇権後の国際政治経済学』晃洋書房，1998。

コヘイン，ロバート・O.＝ジョセフ・S. ナイ，1977／滝田賢治監訳『パワーと相互依存』ミネルヴァ書房，2012。（邦訳の底本は2001年刊行の第3版。邦訳刊行の前年に原著第4版が刊行されている）

コーヘン，ベンジャミン，1998／宮崎真紀訳『通貨の地理学——通貨のグローバリゼーションが生む国際関係』シュプリンガー・フェアラーク東京，2000。

権左武志，2006「20世紀における正戦論の展開を考える——カール・シュミットからハーバーマスまで」山内進編『「正しい戦争」という思想』勁草書房。

コント，1844／霧生和夫訳「実証精神論」『世界の名著46 コント，スペンサー』中公バックス，1980。

斉藤孝，1989「西欧国際体系の形成」有賀貞・宇野重昭・木戸蓊・山本吉宣・渡辺昭夫編『講座国際政治1——国際政治の理論』東京大学出版会。

サイード，エドワード・W.，1985／板垣雄三・杉田英明監修／今沢紀子訳『オリエンタリズム』上・下，平凡社ライブラリー，1993。

サーヴィス，ロバート，2011／三浦元博訳『情報戦のロシア革命』白水社，2012。

佐伯太郎，2009「交渉による内戦終結と領域的権力分掌の陥穽——モザンビーク内戦とアンゴラ内戦の比較を通じて」日本国際政治学会『国際政治』第156号。

酒井啓子編，2012『中東政治学』有斐閣。

酒井哲哉，2007『近代日本の国際秩序論』岩波書店。

坂部恵，1997『ヨーロッパ精神史入門——カロリング・ルネサンスの残光』岩波人文書セレクション，2012.
坂元一哉，2000『日米同盟の絆—安保条約と相互性の模索』有斐閣.
坂本義和，1955・58「国際政治における反革命思想——エドマンド・バーク」第1-3章『坂本義和集① 国際政治と保守思想』岩波書店，2004.
坂本義和，1966「権力政治を超える道」『世界』1966年9月号.
ザカリア，ファリード，2008／楡井浩一訳『アメリカ後の世界』徳間書店.
佐々木卓也，2011『冷戦——アメリカの民主主義的生活様式を守る戦い』有斐閣 Insight.
佐々木雄太，2011『国際政治史——世界戦争の時代から21世紀へ』名古屋大学出版会.
サックス，ジェフリー，2005／鈴木主税・野中邦子訳『貧困の終焉——2025年までに世界を変える』早川書房，2006.
佐道明広，2006『戦後政治と自衛隊』（歴史文化ライブラリー）吉川弘文館.
佐藤誠三郎，1997「文明の衝突か相互学習か——冷戦後の世界秩序を展望して」『季刊アステイオン』第45号.
佐藤嘉倫，2008『ゲーム理論——人間と社会の複雑な関係を解く』新曜社.
澤田康幸，2003『国際経済学』新世社.
サンデル，マイケル，2012／鬼澤忍訳『それをお金で買いますか——市場主義の限界』早川書房.
シェリング，トーマス・C., 1960／河野勝監訳『紛争の戦略——ゲーム理論のエッセンス』勁草書房，2008.（邦訳の底本は1980年刊行）
塩川伸明，2004-2007『多民族国家ソ連の興亡』全3巻，岩波書店.
塩川伸明，2007a「補論ソ連解体後の『在外ロシア人』問題」塩川伸明『国家の構築と解体——多民族国家ソ連の興亡II』岩波書店.
塩川伸明，2007b「国家の統合・分裂とシティズンシップ——ソ連解体前後における国籍法論争を中心に」塩川伸明・中谷和弘編『法の再構築II——国際化と法』東京大学出版会.
塩川伸明，2008『民族とネイション——ナショナリズムという難問』岩波新書.
篠田英朗，2003『平和構築と法の支配——国際平和活動の理論的・機能的分析』創文社.
篠田英朗，2007『国際社会の秩序』（シリーズ国際関係論1）東京大学出版会.
篠原初枝，2003『戦争の法から平和の法へ——戦間期のアメリカ国際法学者』東京大学出版会.
清水奈名子，2011『冷戦後の国連安全保障体制と文民の保護——多主体間主義による規範的秩序の模索』日本経済評論社.
下斗米伸夫，2004『アジア冷戦史』中公新書.
下谷内奈緒，2012「国際刑事裁判のディレンマの政治構造」『平和研究』第38号.
シャルマ，ルチル，2012／鈴木立哉訳『ブレイクアウト・ネーションズ——大停滞を打ち破る新興諸国』早川書房，2013.
シュペングラー，オスヴァルト，1918／村松正俊訳『西洋の没落——世界史の形態学の素描〔普及版〕』五月書房，2007（第一巻「形態と現実と」第二巻「世界史的展望」）.
ジョミニ，アントワーヌ・アンリ，1838／佐藤徳太郎訳『戦争概論』中公新書，2001.
ジョル，ジェームズ，1984／池田清訳『第一次世界大戦の起原〔改訂新版；新装版〕』みすず書房，2007.（邦訳の底本は1992年刊行の第2版）
スガナミ，H., 1989／臼杵英一訳『国際社会論——国内類推と世界秩序構想』信山社出版，1994.
鈴木薫，1989「イスラム国際体系」有賀貞・宇野重昭・木戸蓊・山本吉宣・渡辺昭夫編『講座国際政治1——国際政治の理論』東京大学出版会.
鈴木崇弘・上野真城子，1993『世界のシンク・タンク——「知」と「治」を結ぶ装置＝Think tanks of the world: linking knowledge with public policy』サイマル出版会.
鈴木基史・岡田章編，2013『国際紛争と協調のゲーム』有斐閣.

ストレンジ,スーザン,1988／西川潤・佐藤元彦訳『国際政治経済学入門——国家と市場』東洋経済新報社,1994。
スミス,アダム,1776／山岡洋一訳『国富論——国の豊かさの本質と原因についての研究』上・下,日本経済新聞出版社,2007。(邦訳の底本は1791年刊行の第6版)
スミス,アンソニー・D., 1986／巣山靖司・高城和義・河野弥生・岡野内正・南野泰義・岡田新訳『ネイションとエスニシティ——歴史社会学的考察』名古屋大学出版会,1999。
関根政美,1994『エスニシティの政治社会学——民族紛争の制度化のために』名古屋大学出版会。
孫武,前5世紀ごろ／町田三郎訳『孫子』中公クラシックス,2011。
タウンゼンド,チャールズ,2002／宮坂直史訳・解説『テロリズム』岩波書店,2003。
田岡良一,1964『国際法上の自衛権〔補訂版〕』勁草書房,1981。
高澤紀恵,1997『主権国家体制の成立』(世界史リブレット29)山川出版社。
高田保馬,1940(日本評論社)『勢力論』ミネルヴァ書房,2003。
高橋進,1992「帝国主義の政治理論」大江志乃夫ほか編『岩波講座 近代日本と植民地1——植民地帝国日本』岩波書店。
武内進一,2008「コンゴ民主共和国の和平プロセス——国際社会の主導性と課題」武内進一編『戦争と平和の間——紛争勃発後のアフリカと国際社会』アジア経済研究所。
武内進一編,2008『戦争と平和の間——紛争勃発後のアフリカと国際社会』アジア経済研究所。
田所昌幸,2001『「アメリカ」を超えたドル——金融グローバリゼーションと通貨外交』中公叢書。
田所昌幸,2008『国際政治経済学』名古屋大学出版会。
田所昌幸,2010a「国際人口移動と国家によるメンバーシップのガバナンス」遠藤乾編『グローバル・ガバナンスの歴史と思想』有斐閣。
田所昌幸,2010b「人口移動の国際政治学試論」『法学研究』第83巻第3号。
田所昌幸,2011「人口論の変遷」『法学研究』第84巻第1号。
田中明彦,1989『世界システム』(現代政治学叢書19)東京大学出版会。
田中明彦,1996『新しい中世——相互依存深まる世界システム』日経ビジネス人文庫,2003。
田中明彦,1997『安全保障——戦後50年の模索』(20世紀の日本2)読売新聞社。
田中孝彦,2009「グローバル・ヒストリー——その分析視座と冷戦史研究へのインプリケーション」日本国際政治学会編／李鍾元・田中孝彦・細谷雄一責任編集『日本の国際政治学4——歴史の中の国際政治』有斐閣。
田中雅一編,1998『暴力の文化人類学』京都大学学術出版会。
田畑茂二郎,1956『国際法〔第2版〕』岩波全書セレクション,2008。
チャンダ,ナヤン,2007／友田錫・滝上広水訳『グローバリゼーション——人類5万年のドラマ』上・下,NTT出版,2009。
土屋大洋,2011『ネットワーク・ヘゲモニー——「帝国」の情報戦略』NTT出版。
土山實男,2004『安全保障の国際政治学——焦りと傲り』有斐閣。
ティックナー,J.アン,1992／進藤久美子・進藤榮一訳『国際関係論とジェンダー——安全保障のフェミニズムの見方』岩波書店,2005。
トインビー,アーノルド・J., 1960／下島連ほか訳『歴史の研究』「歴史の研究」刊行会,1966-72。
トゥキュディデス,前5世紀／藤縄謙三訳『歴史』第1巻,京都大学学術出版会,2000。
トゥキュディデス,前5世紀／城江良和訳『歴史』第2巻,京都大学学術出版会,2003。
土佐弘之,2007「グローバルな立憲秩序と逸脱レジーム——ICCプロセスの事例を中心に」日本国際政治学会編『国際政治』第147号。
トーピー,ジョン,2000／藤川隆男監訳『パスポートの発明——監視・シティズンシップ・国家』法政大学出版局,2008。
ナイ,ジョゼフ・S.ジュニア,1990／久保伸太郎訳『不滅の大国アメリカ』読売新聞社。

ナイ，ジョセフ・S. ジュニア，2011／山岡洋一・藤島京子訳『スマート・パワー——21世紀を支配する新しい力』日本経済新聞出版社．
ナイ，ジョセフ・S. ジュニア＝デイヴィッド・A. ウェルチ，1993／田中明彦・村田晃嗣訳『国際紛争——理論と歴史〔原書第9版〕』有斐閣，2013．（邦訳の底本は2012年刊行の第9版）
中井和夫，2000「旧ソ連地域におけるエスニック紛争の構造」『国際問題』第483号．
中江兆民，1887／桑原武夫・島田虔次訳・校注『三酔人経綸問答』岩波文庫，1965．
長尾龍一，1994『リヴァイアサン——近代国家の思想と歴史』講談社学術文庫．
中西寛，2003『国際政治とは何か——地球社会における人間と秩序』中公新書．
中西寛，2004「戦後日本の安全保障政策の展開」赤根谷達雄・落合浩太郎編『日本の安全保障』有斐閣コンパクト．
中西寛，2007「安全保障概念の歴史的再検討」赤根谷達雄・落合浩太郎編『「新しい安全保障」論の視座——人間・環境・経済・情報〔増補改訂版〕』亜紀書房．
中本義彦編訳，2011『スタンレー・ホフマン国際政治論集』勁草書房．
ニコルソン，ハロルド，1939／斎藤眞・深谷満雄訳『外交』(UP選書) 東京大学出版会，1968（邦訳の底本は1963年刊行の第3版）．
西川長夫，1992『国境の越え方——国民国家論序説〔増補版〕』平凡社ライブラリー，2001．
西村邦行，2012『国際政治学の誕生——E. H. カーと近代の隘路』昭和堂．
西村熊雄，1959『サンフランシスコ平和条約・日米安保条約』中公文庫，1999．（引用個所の初出は『安全保障条約論』時事新書，1959）
日本国際政治学会編，1979『戦後日本の国際政治学』(『国際政治』第61・62号)．（論文はhttps://www.jstage.jst.go.jp/browse/kokusaiseiji/1979/61-62/_contents でも参照可能）
日本国際政治学会編，2009『日本の国際政治学』1-4，有斐閣．
ニュスボーム，アーサー，1947／広井大三訳『国際法の歴史』こぶし社，1997．
ネグリ，アントニオ＝マイケル・ハート，2000／水嶋一憲・酒井隆史・浜邦彦・吉田俊実訳『〈帝国〉——グローバル化の世界秩序とマルチチュードの可能性』以文社，2003．
パーカー，ジェフリー，1988／大久保桂子訳『長篠合戦の世界史——ヨーロッパ軍事革命の衝撃 1500～1800年』同文館出版，1995．
パーキンソン，F., 1977／初瀬龍平・松尾雅嗣訳『国際関係の思想』岩波書店，1991．
ハーシュマン A. O., 1970／矢野修一訳『離脱・発言・忠誠——企業・組織・国家における衰退への反応』ミネルヴァ書房，2005．
波多野澄雄，2010『歴史としての日米安保条約——機密外交記録が明かす「密約」の虚実』岩波書店．
バターフィールド，H., 1966「勢力均衡」H. バターフィールド＝M. ワイト編／佐藤誠・安藤次男・龍澤邦彦・大中真・佐藤千鶴子・齋藤洋ほか訳『国際関係理論の探究——英国学派のパラダイム』日本経済評論社，2010．
バーバー，ベンジャミン，1995／鈴木主税訳『ジハード対マックワールド——市民社会の夢は終わったのか』三田出版会，1997．
浜下武志，1989「東アジア国際体系」有賀貞・宇野重昭・木戸蓊・山本吉宣・渡辺昭夫編『講座国際政治1——国際政治の理論』東京大学出版会．
浜下武志，1997『朝貢システムと近代アジア』岩波書店．
ハミルトン，A. = J. ジェイ = J. マディソン，1788／斎藤眞・中野勝郎訳『ザ・フェデラリスト』岩波文庫，1999．
原彬久，1992「モーゲンソー——権力の逆説としての平和」日本政治学会編『年報政治学1992——政治思想史における平和の問題』岩波書店．
パレット，ピーター編，1986／防衛大学校「戦争・戦略の変遷」研究会訳『現代戦略思想の系譜——マキャヴェリから核時代まで』ダイヤモンド社，1989．

ハロッド，R. F., 1969／塩野谷九十九訳『貨幣──歴史・理論・政策』東洋経済新報社，1974。
ハワード，マイケル，1976／奥村房夫・奥村大作訳『ヨーロッパ史における戦争〔改訂版〕』中公文庫，2010。(邦訳の底本は 2009 年刊行の新版)
ハンチントン，サミュエル・P., 1957／市川良一訳『軍人と国家〔新装版〕』上・下，原書房，2008。
ハンチントン，サミュエル・P., 1991／坪郷實・中道寿一・藪野祐三訳『第三の波──20 世紀後半の民主化』三嶺書房，1995。
ハンチントン，サミュエル・P., 1996／鈴木主税訳『文明の衝突』集英社，1998。
ハンティントン，サミュエル・P., 1993／竹下興喜監訳「文明の衝突──再現した「西欧」対「非西欧」の対立構図」『中央公論』1993 年 8 月号。
ヒューム，デイヴィッド，1741／田中敏弘訳「貿易上の嫉妬について」『道徳・政治・文学論集〔完訳版〕』名古屋大学出版会，2011。(邦訳の底本は 1987 年刊行のミラー版)
平野健一郎，2000『国際文化論』東京大学出版会。
廣瀬克哉，1989『官僚と軍人──文民統制の限界』岩波書店。
樋渡由美，2012『専守防衛克服の戦略──日本の安全保障をどう捉えるか』ミネルヴァ書房。
ファイス，ハーバート，1930／柴田匡平訳『帝国主義外交と国際金融──1870-1914』筑摩書房，1992。
ファーガソン，ニーアル，2011／仙名紀訳『文明──西洋が覇権をとれた 6 つの真因』勁草書房，2012。
ファークツ，アルフレート，1959／望田幸男訳『ミリタリズムの歴史──文民と軍人〔新装版〕』福村出版，2003。
フォークト，J., 1961／小西嘉四郎訳『世界史の課題──ランケからトインビーまで』勁草書房，1965。
福沢諭吉，1875／松沢弘陽校注『文明論之概略』岩波文庫，1995。
フクヤマ，フランシス，1989／仙名紀訳「歴史は終わったのか」『月刊 ASAHI』1989 年 12 月号。
フクヤマ，フランシス，1992／渡部昇一訳・特別解説『歴史の終わり〔新装新版〕』上・下，三笠書房，2005。
藤原帰一，2002『デモクラシーの帝国──アメリカ・戦争・現代世界』岩波新書。
藤原帰一・大芝亮・山田哲也編，2011『平和構築・入門』有斐閣コンパクト。
二村まどか，2008「国際戦犯法廷の目的と機能──ニュルンベルクの遺産と『移行期の正義』の教訓」大賀哲・杉田米行編『国際社会の意義と限界──理論・思想・歴史』国際書院。
フランケル，ジェフリー，2000「経済のグローバル化」ジョセフ・S. ナイ，Jr.＝ジョン・D. ドナヒュー編／嶋本恵美訳『グローバル化で世界はどう変わるか──ガバナンスへの挑戦と展望』英治出版，2004。
ブル，ヘドリー，1977／臼杵英一訳『国際社会論──アナーキカル・ソサイエティ』岩波書店，2000。(邦訳の底本は 1995 年刊行の第 2 版)
フルブライト，J. W., 1991／勝又美智雄訳『権力の驕りに抗して──私の履歴書』日経ビジネス人文庫，2002。
ブルーベイカー，ロジャース，1992／佐藤成基・佐々木てる監訳『フランスとドイツの国籍とネーション──国籍形成の比較歴史社会学』明石書店，2005。
古谷修一，2008「国際刑事裁判権の意義と問題──国際法秩序における革新性と連続性」村瀬信也・洪恵子編『国際刑事裁判所──最も重大な国際犯罪を裁く』東信堂。
ブローデル，フェルナン，1987／松本雅弘訳『文明の文法──世界史講義』1・2, みすず書房，1995・96。(邦訳は 1993 年刊行の流布版に収録された「補遺(1966 年)」を加えている)
ベイリス，ジョン＝ジェームズ・ウィルツ＝コリン・グレイ編，2002／石津朋之監訳『戦略論──現代世界の軍事と戦争』勁草書房，2012。(邦訳の底本は 2010 年刊行の第 3 版)

ベル，ダニエル，1976／林雄二郎訳『資本主義の文化的矛盾』上・中・下，講談社学術文庫，1976・77．

防衛大学校安全保障学研究会編／武田康裕・神谷万丈責任編集，1998『安全保障学入門〔新訂第4版〕』亜紀書房，2009．

細谷雄一，2007『外交——多文明時代の対話と交渉』有斐閣 Insight．

細谷雄一，2012『国際秩序——18世紀ヨーロッパから21世紀アジアへ』中公新書．

ポーター，ガレス゠ジャネット・ウェルシュ・ブラウン，1991／細田衛士監訳／村上朝子・児矢野マリ・城山英明・西久保裕彦訳『入門地球環境政治』有斐閣，1998．(邦訳の底本は1996年刊行の第2版)

ホッブズ，トマス，1651／水田洋訳『リヴァイアサン〔改訳〕』1，岩波文庫，1992．

ホブズボーム，エリック，1994／河合秀和訳『20世紀の歴史——極端な時代』上・下，三省堂，1996．

ホフマン，スタンリー，1981／最上敏樹訳『国境を超える義務——節度ある国際政治を求めて』三省堂，1985．

ホフマン，スタンレイ，1974／天野恒雄訳『没落か再生か』白水社，1977．

ホフマン，ブルース，1998／上野元美訳『テロリズム——正義という名の邪悪な殺戮』原書房，1999．(邦訳刊行後，2006年に原著の増補改訂版が刊行されている)

ポラニー，カール，1944／野口建彦・栖原学訳『「新訳」大転換——市場社会の形成と崩壊』東洋経済新報社，2009．(邦訳の底本は2001年刊行の第3版)

ホント，イシュトファン，2005／田中秀夫監訳／大倉正雄・渡辺恵一訳者代表『貿易の嫉妬——国際競争と国民国家の歴史的展望』昭和堂，2009．

マイネッケ，フリードリッヒ，1924／菊盛英夫・生松敬三訳『近代史における国家理性の理念〔第2版〕』みすず書房，1976．

マクニール，ウィリアム・H.，1967／増田義郎・佐々木昭夫訳『世界史』上・下，中公文庫，2008．(邦訳の底本は1999年刊行の第4版)

マクミラン，マーガレット，2002／稲村美貴子訳『ピースメイカーズ——1919年パリ講和会議の群像』上・下，芙蓉書房出版，2007．

松原望・飯田敬輔編，2012『国際政治の数理・計量分析入門』東京大学出版会．

松森奈津子，2009『野蛮から秩序へ——インディアス問題とサラマンカ学派』名古屋大学出版会．

ミアシャイマー，ジョン・J.，2001／奥山真司訳『大国政治の悲劇——米中は必ず衝突する!』五月書房，2007．

三浦瑠麗，2012『シビリアンの戦争——デモクラシーが攻撃的になるとき』岩波書店．

ミッチェル，ブライアン・R.編，1998a／斎藤眞監訳／中野勝郎訳『南北アメリカ歴史統計——1750〜1993』東洋書林，2001．

ミッチェル，ブライアン・R.編，1998b／中村宏・中村牧子訳『ヨーロッパ歴史統計——1750〜1993』東洋書林，2001．

簑原俊洋，2002『排日移民法と日米関係——「埴原書簡」の真相とその「重大なる結果」』岩波書店．

三宅正樹，2001『政軍関係研究』芦書房．

宮下豊，2012『ハンス・J・モーゲンソーの国際政治思想』大学教育出版．

ミル，J. S.，1861／水田洋訳『代議制統治論』岩波文庫，1997．

武蔵勝宏，2009『冷戦後日本のシビリアン・コントロールの研究』成文堂．

村上泰亮，1987「世紀末文明の現象学」『季刊 アステイオン』no. 3，TBSブリタニカ．

村上泰亮，1992『反古典の政治経済学』上・下，中央公論社．

メイ，アーネスト，1973／進藤榮一訳『歴史の教訓——アメリカ外交はどう作られたか』岩波現代文庫，2004．

メイア，A. J., 1964／斉藤孝・木畑洋一訳『ウィルソン対レーニン——新外交の政治的起源 1917-1918 年』1・2，岩波現代選書，1983。
メイヨール，ジェームズ，2000／田所昌幸訳『世界政治——進歩と限界』勁草書房，2009。
メドウズ，ドネラ・H. ＝デニス・L. メドウズ＝ジャーガン・ランダズ＝ウィリアム・W. ベアランズ三世，1972／大来佐武郎監訳『成長の限界——ローマ・クラブ「人類の危機」レポート』ダイヤモンド社，1972。
モイジ，ドミニク，2010／櫻井祐子訳『「感情」の地政学——恐怖・屈辱・希望はいかにして世界を創り変えるか』早川書房。
毛沢東，1938・42／藤田敬一・吉田富夫訳『遊撃戦論』中公文庫，2001。
最上敏樹，2001『人道的介入——正義の武力行使はあるか』岩波新書。
最上敏樹，2007『国際立憲主義の時代』岩波書店。
モーゲンソー，ハンス・J., 1948／現代平和研究会訳『国際政治——権力と平和〔新装版〕』福村出版，1998。(邦訳の底本は 1978 年刊行の改訂第 5 版)
モーゲンソー，ハンス・J., 1951／鈴木成高・湯川宏訳『世界政治と國家理性』創文社，1954。
モシャー，スティーブン＝トマス・フラー，2010／渡辺正訳『地球温暖化スキャンダル——2009 年秋クライメートゲート事件の激震』日本評論社。
百瀬宏・植田隆子編，1992『欧州安全保障協力会議（CSCE）——1975-92』日本国際問題研究所。
モヨ，ダンビサ，2009／小浜裕久監訳『援助じゃアフリカは発展しない』東洋経済新報社，2010。
森川幸一，1994「国際連合の強制措置と法の支配（一）——安全保障理事会の裁量権の限界をめぐって」国際法学会編『国際法外交雑誌』第 93 巻第 2 号。
森肇志，2009『自衛権の基層——国連憲章に至る歴史的展開』東京大学出版会。
森本公誠，2011『イブン＝ハルドゥーン』講談社学術文庫。
モンテスキュー，1748／野田良之・稲本洋之助・上原行雄・田中治男・三辺博之・横田地弘訳『法の精神』中，岩波文庫，1989。
柳原正治，2001「戦争の違法化と日本」国際法学会編『日本と国際法の 100 年 第 10 巻——安全保障』三省堂。
山内進編，2006『「正しい戦争」という思想』勁草書房。
山影進，2012『国際関係論講義』東京大学出版会。
山崎正和，2002『二十一世紀の遠景』潮出版社。
山田高敬・大矢根聡編，2006『グローバル社会の国際関係論〔新版〕』有斐閣コンパクト，2011。
山田哲也，2010『国連が創る秩序——領域管理と国際組織法』東京大学出版会。
山本達也，2008『アラブ諸国の情報統制——インターネット・コントロールの政治学』慶應義塾大学出版会。
山本吉宣・田中明彦編，1992『戦争と国際システム』東京大学出版会。
山本吉宣，2006『「帝国」の国際政治学——冷戦後の国際システムとアメリカ』東信堂。
山本吉宣，2008『国際レジームとガバナンス』有斐閣。
湯川秀樹・梅棹忠夫，1967『人間にとって科学とはなにか』中公クラシックス，2012。
米原謙，2007『日本政治思想』ミネルヴァ書房。
ライト，ローレンス，2007／平賀秀明訳『倒壊する巨塔——アルカイダと「9.11」への道』上・下，白水社，2009。
ラインハート，カーメン・M. ＝ケネス・S. ロゴフ，2009／村井章子訳『国家は破綻する——金融危機の 800 年』日経 BP 社，2011。
ラセット，ブルース，1993／鴨武彦訳『パクス・デモクラティア——冷戦後世界への原理』東京大学出版会，1996。
リンス，J. ＝A. ステパン，1996／荒井祐介・五十嵐誠一・上田太郎訳『民主化の理論——民主主義へ

の移行と定着の課題』一藝社, 2005.
ルソー, ジャン=ジャック, 1756-58／宮治弘之訳「戦争状態は社会状態から生まれるということ」『ルソー全集』第4巻, 白水社, 1978.
ルナン, E.= J. G. フィヒテ= J. ロマン= E. バリバール, 1882／鵜飼哲・大西雅一郎・細見和之・上野成利訳『国民とは何か』インスクリプト, 1997.
レイプハルト, アーレンド, 1977／内山秀夫訳『多元社会のデモクラシー』三一書房, 1979.
レッシグ, ローレンス, 2001／山形浩生訳『コモンズ――ネット上の所有権強化は技術革新を殺す』翔泳社, 2002.
ローレン, ポール・ゴードン=ゴードン・A. クレイグ=アレキサンダー・L. ジョージ, 1983／木村修三・滝田賢治・五味俊樹・髙杉忠明・村田晃嗣訳『軍事力と現代外交――現代における外交的課題〔原書第4版〕』有斐閣, 2009. (邦訳の底本は2007年刊行の第4版)
ロング, デーヴィッド=ピーター・ウィルソン編, 1995／宮本盛太郎・関静雄監訳『危機の20年と思想家たち――戦間期理想主義の再評価』ミネルヴァ書房, 2002.
ワイト, マーティン, 1991／佐藤誠・安藤次男・龍澤邦彦・大中真・佐藤千鶴子訳『国際理論――三つの伝統』日本経済評論社, 2007.
和田長久・原水爆禁止日本国民会議編, 2011『原子力・核問題ハンドブック』七つ森書館.
渡辺昭夫・土山實男編, 2001『グローバル・ガヴァナンス――政府なき秩序の模索』東京大学出版会.
渡辺靖, 2011『文化と外交――パブリック・ディプロマシーの時代』中公新書.

2 外国語文献

Abernethy, David B., 2000, *The Dynamics of Global Dominance: European Overseas Empires, 1415-1980*, Yale University Press.
Acharya, Amitav and Barry Buzan, eds., 2010, *Non-Western International Relations Theory: Perspectives on and beyond Asia*, Routledge.
Akhavan, Payam, 2009, "Are International Criminal Tribunals a Disincentive to Peace?: Reconciling Judicial Romanticism with Political Realism," *Human Rights Quarterly* vol. 31, no. 3.
Allison, Graham T., 1969, "Conceptual Models and the Cuban Missile Crisis," *American Political Science Review* vol. 63, no. 3.
Anderson, M. S., 1993, *The Rise of Modern Diplomacy, 1450-1919*, Longman.
Arjomand, Saïd Amir and Edward A Tiryakian, eds., 2004, *Rethinking Civilizational Analysis*, SAGE Publications.
Aron, Raymond, 1966, *Peace and War: A Theory of International Relations*, Doubleday.
Baldwin, David A., 1971, "The Power of Positive Sanctions," *World Politics* vol. 24, no. 1.
Baldwin, Richard E. and Philippe Martin, 1999, "Two Waves of Globalization: Superficial Similarities, Fundamental Differences," *NBER Working Paper*, no. 6904, January.
Barkin, J. Samuel, and Bruce Cronin, 1994, "The State and the Nation: Changing Norms and the Rules of Sovereignty in International Relations," *International Organization* vol. 48, no. 1.
Barry, Brian, 1970, *Sociologists, Economists, and Democracy*, Collier-Macmillan.
Bass, Gary J., 2008, *Freedom's Battle: The Origins of Humanitarian Intervention*, A. A. Knopf.
Bellamy, Alex J. and Paul D. Williams with Stuart Griffin, 2004, *Understanding Peacekeeping*, 2nd ed., Polity, 2010.
Bellamy, Alex J. and Paul D. Williams, 2011, "The New Politics of Protection: Cote d'Ivoire, Libya and the Responsibility to Protect," *International Affairs* vol. 87, no. 1.
Berdal, Mats, and David M. Malone, eds., 2000, *Greed and Grievance: Economic Agendas in Civil*

Wars, Lynne Rienner Publishers.

Boulding, Kenneth E., 1959, "National Images and International Systems," *Journal of Conflict Resolution* vol. 3, no. 2.

Bozeman, Adda B., 1960, *Politics and Culture in International History: From the Ancient Near East to the Opening of the Modern Age*, 2nd ed., Transaction Publishers, 1994.

Brown, Chris and Kirsten Ainley, 1997, *Understanding International Relations*, 4th ed., Palgrave, 2009.

Brown, Michael E., Owen R. Cote, Jr., and Sean M. Lynn Jones, eds., 2000, *Rational Choice and Security Studies: Stephen Walt and His Critics*, MIT Press.

Brubaker, Rogers, 1995, "National Minorities, Nationalizing States, and External National Homelands in the New Europe," *Daedalus* vol. 124, no. 2.

Brubaker, Rogers, 1996, *Nationalism Reframed: Nationhood and the National Question in the New Europe*, Cambridge University Press.

Bull, Hedley, 1969, "The Twenty Years' Crisis Thirty Years On," *International Journal* vol. 24, no. 4.

Bull, Hedley, 1976, "Martin Wight and the Theory of International Relations: The Second Martin Wight Memorial Lecture," *British Journal of International Studies* vol. 2, no. 2.

Bull, Hedley and Adam Watson, eds., 1984, *The Expansion of International Society*, Oxford University Press.

Bunce, Valerie, 1999, "Peaceful versus Violent State Dismemberment: A Comparison of the Soviet Union, Yugoslavia, and Czechoslovakia," *Politics & Society* vol. 27.

Burchill, Scott et al., 1996, *Theories of International Relations*, 4th ed., Palgrave Macmillan, 2009.

Butterfield, Herbert, 1949, *Christianity and History*, C. Scribner.

Buzan, Barry, 2004, *From International to World Society? English School Theory and the Social Structure of Globalization*, Cambridge University Press.

Buzan, Barry and Richard Little, 2000, *International Systems in World History: Remaking the Study of International Relations*, Oxford University Press.

Byers, Michael, 2002, "The Shifting Foundations of International Law: A Decade of Forceful Measures against Iraq," *European Journal of International Law* vol. 13, no. 1.

Caplan, Richard, 2005, *Europe and the Recognition of New States in Yugoslavia*, Cambridge University Press.

Carr, E. H., 1939, *The Twenty Years' Crisis 1919-1939: An Introduction to the Study of International Relations*, Palgrave, 2001.

Caspersen, Nina, 2004, "Good Fences Make Good Neighbors? A Comparison of Conflict Regulation Strategies in Post-War Bosnia," *Journal of Peace Research* vol. 41, no. 5.

Caspersen, Nina, 2012, *Unrecognized States: The Struggle for Sovereignty in the Modern International System*, Polity Press.

Chang, Laurence and Peter Kornbluh, eds., 1992, *The Cuban Missile Crisis, 1962: A National Security Archive Documents Reader*, New Press.

Chayes, Abram, 1974, *The Cuban Missile Crisis: International Crises and the Role of Law*, Oxford University Press.

Christensen, Thomas J., 2011, *Worse than a Monolith: Alliance Politics and Problems of Coercive Diplomacy in Asia*, Princeton University Press.

Clapham, Christopher, 1998, "Degrees of Statehood," *Review of International Studies* vol. 24.

Clark, Ian, 2005, *Legitimacy in International Security*, Oxford University Press.

Claude, Inis L., Jr., 1955, National Minorities:An International Problem, Harvard university Press.

Clark, Ian and Iver B. Neumann, eds., 1996, *Classical Theories of International Relations*, Macmillan.
Claude, Inis L., Jr., 1955, *National Minorities: An International Problem*, Harvard University Press.
Claude, Inis L., Jr., 1956, *Swords into Plowshares: The Problems and Progress of International Organization*, 2nd ed., Revised and Enlarged, Random House. 1959.
Cohen, Youssef, Brian R. Brown, and A. F. K. Organski, 1981, "The Paradoxical Nature of State Making: The Violent Creation of Order," *American Political Science Review* vol. 75, no. 4.
Collins, Alan, ed., 2007, *Contemporary Security Studies*, 2nd ed., Oxford University Press, 2010.
Cooper, Robert, 2003, *The Breaking of Nations: Order and Chaos in the Twenty-first Century*, Atlantic Books.
Cox, Michael, ed., 2000, *E. H. Carr: A Critical Appraisal*, Palgrave.
Crawford, James, 1998, "State Practice and International Law in Relations to Secession," *British Yearbook of International Law* vol. 69, no. 1.
Crawford, Neta C., 2009, "Homo Politicus and Argument (Nearly) All the Way Down: Persuasion in Politics," *Perspectives on Politics* vol. 7, no. 1.
Crawford, Robert M. A. and Darryl S. L. Jarvis, eds., 2001, *International Relations—Still an American Social Science?: Toward Diversity in International Thought*, State University of New York Press.
Dahl, Robert A., 1957, "The Concept of Power," *Behavioral Science* vol. 2, no. 3.
Deutsch, Karl Wolfgang, 1968, *The Analysis of International Relations*, Prentice-Hall.
Deutsch, Karl Wolfgang et al., 1957, *Political Community and the North Atlantic Area: International Organization in the Light of Historical Experience*, Princeton University Press.
Divine, Robert A., 2000, *Perpetual War for Perpetual Peace*, Texas A & M University Press.
Donnelly, Jack, 1998, "Human Rights: A New Standard of Civilization," *International Affairs* vol. 74, no. 1.
Doyle, Michael W., 1986, "Liberalism and World Politics," *American Political Science Review* vol. 80, no. 4.
Ebo, Bosah Louis, ed., 2001, *Cyberimperialism?: Global Relations in the New Electronic Frontier*, Praeger.
Erickson, Richard J., 1989, *Legitimate Use of Military Force against State-Sponsored International Terrorism*, Air University Press.
Fearon, James D., 1994, "Domestic Political Audiences and the Escalation of International Disputes," *American Political Science Review* vol. 88, no. 3.
Fearon, James D., 1995, "Rationalist Explanations for War," *International Organization* vol. 49, no. 3.
Fearon, James D., 1998, "Commitment Problems and the Spread of Ethnic Conflict," in David A. Lake and Donald S. Rothchild, eds., *The International Spread of Ethnic Conflict: Fear, Diffusion, and Escalation*, Princeton University Press.
Feinstein, Barry A., 1985, "The Legality of the Use of Armed Force by Israel in Lebanon, June 1982," *Israel Law Review* vol. 20.
Finnemore, Martha, 1996, *National Interests in International Society*, Cornell University Press.
Finnemore, Martha and Kathryn Sikkink, 1998, "International Norm Dynamics and Political Change," *International Organization* vol. 52, no. 4.
Freedman, Lawrence, 1989, *The Evolution of Nuclear Strategy*, 2nd ed., St. Martin's Press.
Gamlen, Alan 2011, "Diasporas," in Alexander Betts, ed., *Global Migration Governance*, Oxford University Press.
George, Alexander L., 1991, *Forceful Persuasion: Coercive Diplomacy as an Alternative to War*,

United States Institute of Peace Press.
Gibbons, Elizabeth and Richard Garfield, 1999, "The Impact of Economic Sanctions on Health and Human Rights in Haiti, 1991-1994," *American Journal of Public Health* vol. 89, no. 10.
Gilpin, Robert, 1981, *War and Change in World Politics*, Cambridge University Press.
Goldsmith, Jack and Stephen D. Krasner, 2003, "The Limits of Idealism," *Daedalus* vol. 132, no. 4.
Goldsmith, Jack and Tim Wu, *Who Controls the Internet?: Illusions of a Borderless World*, Oxford University Press, 2006.
Gong, Gerrit W., 1984, *The Standard of 'Civilization' in International Society*, Clarendon Press.
Granovetter, Mark, 1978, "Threshold Models of Collective Behavior," *American Journal of Sociology* vol. 83, no. 6.
Gray, John, 2000, *Two Faces of Liberalism*, Polity Press.
Greenhill, Kelly M., 2010, *Weapons of Mass Migration: Forced Displacement, Coercion, and Foreign Policy*, Cornell University Press.
Haas, Ernst B., 1953, "The Balance of Power: Prescription, Concept, or Propaganda?" *World Politics* vol. 5, issue 04.
Haas, Ernst B., 1958, *The Uniting of Europe: Political, Social, and Economic Forces, 1950-1957*, Stanford University Press.
Haggard, Stephan, 1988, "The Institutional Foundations of Hegemony: Explaining the Reciprocal Trade Agreements Act of 1934," *International Organization* vol. 42, no. 1.
Haggard, Stephan and Beth A. Simmons, 1987, "Theories of International Regimes," *International Organization* vol. 41, no. 3.
Hall, Martin and Patrick Thaddeus Jackson, eds., 2007, *Civilizational Identity: The Production and Reproduction of "Civilizations" in International Relations*, Palgrave Macmillan.
Hamilton, Keith and Richard Langhorne, 1995, *The Practice of Diplomacy: Its Evolution, Theory and Administration*, 2nd ed., Routledge, 2011.
Hartzell Caroline A., and Matthew Hoddie, 2007, *Crafting Peace: Power-Sharing Institutions and the Negotiated Settlement of Civil Wars*, Pennsylvania State University Press.
Haslam, Jonathan, 2002, *No Virtue like Necessity: Realist Thought in International Relations since Machiavelli*, Yale University Press.
Helman, Gerald B. and Steven R. Ratner, 1992, "Saving Failed States," *Foreign Policy* no. 89.
Henkin, Louis, 1968, *How Nations Behave: Law and Foreign Policy*, 2nd ed., Columbia University Press, 1979.
Herz, John H., 1950, "Idealist Internationalism and the Security Dilemma," *World Politics* vol. 2, no. 2.
Herz, John H., 1957, "Rise and Demise of the Territorial State," *World Politics* vol. 9, no. 4.
Herz, John H., 1959, *International Politics in the Atomic Age*, Columbia University Press.
Herz, John H., 1978, "On Reestablishing Democracy after the Downfall of Authoritarian or Dictatorial Regime," *Comparative Politics* vol. 10, no. 4.
Hinsley, F. H., 1963, *Power and the Pursuit of Peace: Theory and Practice in the History of Relations Between States*, Cambridge University Press.
Hoffman, Bruce, 1998, *Inside Terrorism*, Rev Exp ed., Columbia University Press, 2006.(初版を底本とした上野元美訳『テロリズム――正義という名の邪悪な殺戮』原書房，1999あり)
Hoffmann, Stanley, 1963, "Rousseau on War and Peace," *American Political Science Review* vol. 57, no. 2.
Hoffmann, Stanley, 1977, "An American Social Science: International Relations," *Daedalus* vol. 106,

no. 3.
Hoffmann, Stanley and David P. Fidler, eds., 1991, *Rousseau on International Relations*, Oxfoud University Press.
Hogan, Michael J., 1998, *A Cross of Iron: Harry S. Truman and the National Security State 1945-1954*, Cambridge University Press.
Holsti, Kalevi J., 1991, *Peace and War: Armed Conflicts and International Order, 1648-1989*, Cambridge University Press.
Horowitz, Donald L., 1992, "Irredentas and Secessions: Adjacent Phenomena, Neglected Connections," *International Journal of Comparative Sociology* vol. 33, no. 1-2.
Hosokawa, Morihiro, 1998, "Are U. S. Troops in Japan Still Needed ? : Reforming the Alliance *Foreign Affairs* vol. 77, no. 4.
Hufbauer, Gary Clyde, Jeffrey J. Schott, Kimberly Ann Elliott, and Barbara Oegg, 2000, *Economic Sanctions Reconsidered*, 3rd ed., Peterson Institute for International Economics, 2007.
Huntington, Samuel P., 1993, "The Clash of Civilizations?" *Foreign Affairs* 72, Summer.
Ikenberry, G. John, 1998, "Constitutional Politics in International Relations," *European Journal of International Relations* vol. 4, no. 2.
The Independent International Commission on Kosovo, 2000, *The Kosovo Report: Conflict, International Response, Lessons Learned*, Oxford University Press.
International Commission on Intervention and State Sovereignty, 2001, *The Responsibility to Protect: Report of the International Commission on Intervention and State Sovereignty*, International Development Research Center.
Jackson Preece, Jennifer, 1998, "Ethnic Cleansing as an Instrument of Nation-State Creation: Changing State Practices and Evolving Legal Norms," *Human Rights Quarterly* vol. 20, no. 4.
Jackson, Robert H., 1987, "Quasi-States, Dual Regimes, and Neoclassical Theory: International Jurisprudence and the Third World," *International Organization* vol. 41, no. 4.
Jackson, Robert H., 1993, *Quasi-states: Sovereignty, International Relations and the Third World*, Cambridge University Press.
Jennings, Sir Ivor, 1956, *The Approach to Self-Government*, Cambridge University Press.
Jentleson, Bruce W., 1987, "American Commitments in the Third World: Theory vs. Practice," *International Organization* vol. 41, no. 4.
Jervis, Robert, 1976, *Perception and Misperception in International Politics*, Princeton University Press.
Jervis, Robert, 1978, "Cooperation under the Security Dilemma," *World Politics* vol. 30, no. 2.
Jervis, Robert, 2001, "Was the Cold War a Security Dilemma?" *Journal of Cold War Studies* vol. 3, no. 1.
Kaeber, Ernst, 1906, *Die Idee des europäischen Gleichgewichts in der Publizistischen Literatur, vom 16. bis zur Mitte des 18. Jahrhunderts*, Verlag DR, H. A., Gerstenberg, 1971.
Kalyvas, Stathis N., 2001, ""New" and "Old" Civil Wars: A Valid Distinction?" *World Politics* vol. 54, no. 1.
Kapstein, Ethan B. and Michael Mastanduno, eds., 1999, *Unipolar Politics: Realism and State Strategies after the Cold War*, Columbia University Press.
Katzenstein, Peter J., 1996, *The Culture of National Security: Norms and Identity in World Politics*, Columbia University Press.
Katzenstein, Peter J., ed., 2010, *Civilizations in World Politics: Plural and Pluralist Perspectives*,

Routledge.

Kaufmann, Chaim D., 1998, "When All Else Fails: Ethnic Population Transfers and Partitions in the Twentieth Century," *International Security* vol. 23, no. 2.

Keck, Margaret E. and Kathryn Sikkink, 1998, *Activists beyond Borders: Advocacy Networks in International Politics*, Cornell University Press.

Keeley, Lawrence H., 1997, *War before Civilization: The Myth of the Peaceful Savage*, Oxford University Press.

Keene, Edward, 2002, *Beyond the Anarchical Society: Grotius, Colonialism and Order in World Politics*, Cambridge University Press.

Keohane, Robert O., 1971, "The Big Influence of Small Allies," *Foreign Policy* no. 2.

Keohane, Robert O., 1982, "The Demand for International Regimes," *international Organization* vol. 36, no. 2.

Keohane, Robert O., 1984, *After Hegemony: Cooperation and Discord in the World Political Economy*, Princeton University Press.

Keohane, Robert O., 1989, "Neoliberal Institutionalism: A Perspective on World Politics," in Robert O. Keohane, ed., *International Institutions and State Power: Essays in International Relations Theory*, Westview Press.

Keohane, Robert O. and Joseph S. Nye, 1977, *Power and Interdependence*, 4th ed., Longman, 2011.

King, Charles, 2001, "The Benefits of Ethnic War: Understanding Eurasia's Unrecognized States," *World Politics* vol. 53, no. 4.

Knutsen, Torbjørn L., 1992, *A History of International Relations Theory*, 2nd ed., Manchester University Press, 1997.

Koskenniemi, Martti, 2004, "International Law and Hegemony: A Reconfiguration," *Cambridge Review of International Affairs* vol. 17, no. 2.

Krasner, Stephen D., 1972, "Are Bureaucracies Important? (Or Allison Wonderland)" *Foreign Policy* no. 7.

Krasner, Stephen D., 1976, "State Power and the Structure of International Trade," *World Politics* vol. 28, no. 3.

Krasner, Stephen D., 1982, "Structural Causes and Regime Consequences: Regimes as Intervening Variables," *international Organization* vol. 36, no. 2.

Krasner, Stephen D., 1991, "Global Communications and National Power: Life on the Pareto Frontier," *World Politics* vol. 43, no. 3.

Krasner, Stephen D., 1999, *Sovereignty: Organized Hypocrisy*, Princeton University Press.

Krisch, Nico, 1999, "Unilateral Enforcement of the Collective Will: Kosovo, Iraq, and the Security Council," *Max Planck Yearbook of United Nations Law* vol. 3.

Krisch, Nico, 2003, "More Equal than the Rest? Hierarchy, Equality and the US Predominance in International Law," in Michael Byers and Georg Nolte, eds., *United States Hegemony and the Foundations of International Law*, Cambridge University Press.

Kuran, Timur, 1998, "Ethnic Norms and Their Transformation through Reputational Cascades," *Journal of Legal Studies* vol. 27, no. 2.

Kydd, Andrew, 2000, "Trust, Reassurance and Cooperation," *International Organization* vol. 54, no. 2.

Lake, David A., 2010, "Two Cheers for Bargaining Theory: Assessing Rationalist Explanations of the Iraq War," *International Security* vol. 35, no. 3.

Lauterpact, Hersch, 1937, "The Legal Aspect," in C. A. W. Manning, ed., *Peaceful Change: An Inter-*

national Problem, Macmillan.
Lebow, Richard Ned, 1998, "Beyond Parsimony: Rethinking Theories of Coercive Bargaining," *European Journal of International Relations* vol. 4, no. 1.
Lebow, Richard Ned, 2001, "Thucydides the Constructivist," *American Political Science Review* vol. 95, no. 3.
Lebow, Richard Ned, 2003, *The Tragic Vision of Politics: Ethics, Interests and Orders*, Cambridge University Press.
Lebow, Richard Ned, 2008, *A Cultural Theory of International Relations*, Cambridge University Press.
Leffler, Melvyn P., 1992, *A Preponderance of Power: National Security, the Truman Administration, and the Cold War*, Stanford University Press.
Levite, Ariel E., 2003, "Never Say Never Again: Nuclear Reversal Revisited," *International Security* vol. 27, no. 3.
Levy, Jack S. and William R. Thompson, 2010, *Causes of War*, Wiley-Blackwell.
Lewis, W. Arthur, 1965, *Politics in West Africa*, George Allen & Unwin.
Licklider, Roy, 1995, "The Consequences of Negotiated Settlements in Civil Wars, 1945-1993," *American Political Science Review* vol. 89, no. 3.
Link, Arthur S., et al., eds., 1986, *The Papers of Woodrow Wilson* vol. 55, February 8-March 16, 1919, Princeton University Press.
Lippmann, Walter, 1943, *U. S. Foreign Policy: Shield of Republic*, Little Brown.
Lohmann, Susanne, 2000, "Collective Action Cascades: An Informational Rationale for the Power in Numbers," *Journal of Economic Surveys* vol. 14, issue 5.
Louis, Wm. Roger, 1984, "The Era of the Mandates System and the Non-European World," in Stanley Hoffmann and David P. Fidler, eds., *Rousseau on International Relations*, Clarendon Press.
Luard, Evan, 1967, "Conciliation and Deterrence: A Comparison of Political Strategies in the Interwar and Postwar Periods," *World Politics* vol. 19, no. 2.
Lutz, James M. and Brenda J. Lutz, 2004, *Global Terrorism*, 2nd ed., Routledge, 2008.
Lyon, Peter, 1973, "New States and International Order," in Alan James, ed., *The Bases of International Order: Essays in Honor of C. A. W. Manning*, Oxford University Press.
Maddison, Angus, 2007, *Contours of the World Economy, 1-2030 AD: Essays in Macro-Economic History*, Oxford University Press.
Martin, Lisa L., 2000, *Democratic Commitments: Legislatures and International Cooperation*, Princeton University Press.
McKeown, Adam, 2004, "Global Migrations, 1846-1940," *Journal of World History* vol. 15, Issue 2.
McNeill, William H., 1973, *The Ecumene: Story of humanity*, Harper & Row.
Milner, Helen, 1991, "The Assumption of Anarchy in International Relations Theory: A Critique," *Review of International Studies* vol. 17, no. 1.
Morgan, T. Clifton and Valerie L. Schwebach, 1997, "Fools Suffer Gladly: The Use of Economic Sanctions in International Crises," *International Studies Quarterly* vol. 41, no. 4.
Moses, Jonathon W. and Torbjørn L. Knutsen, 2007, *Ways of Knowing: Competing Methodologies in Social and Political Research*, 2nd ed., Palgrave Macmillan, 2012.
Mueller, Dennis C., 2003, *Public Choice III*, Cambridge University Press.
North, Douglass C. and Barry R. Weingast, 1989, "Constitutions and Commitment: The Evolution of Institutions Governing Public Choice in Seventeenth-Century England," *Journal of Eco-*

nomic History vol. 49, no. 4.
Olson, Mancur, Jr., 1995, Discussion on "Multilateral and Bilateral Trade Policies in the World Trading System: An Historical Perspective," by Douglas A. Irwin, in Jaime De Melo and Arvind Panagariya, eds., *New Dimensions in Regional Integration*, Cambridge University Press.
Olson, Mancur, Jr. and Richard Zeckhauser, 1966, "An Economic Theory of Alliances," *Review of Economics and Statistics* vol. 48.
Olson, William C. and A. J. R. Groom, 1991, *International Relations Then and Now: Origins and Trends in Interpretation*, HarperCollins.
Onuf, Nicholas Greenwood, 1989, *World of Our Making: Rules and Rule in Social Theory and International Relations*, University of South Carolina Press.
Ostrom, Elinor, 1990, *Governing the Commons: The Evolution of Institutions for Collective Action*, Cambridge University Press.
Oye, Kenneth A., ed., 1986, *Cooperation under Anarchy*, Princeton University Press.
Owen, John M., IV, 2010, *The Clash of Ideas in World Politics.: Transnational Networks, States, and Regime Change, 1510–2010*, Princeton University Press.
Pape, Robert A., 2003, "The Strategic Logic of Suicide Terrorism," *American Political Science Review* vol. 97, no. 3.
Pinker, Steven, 2011, *The Better Angels of our Nature: Why Violence has Declined*, Viking.
Pion-Berlin, David, 1994, "To Prosecute or to Pardon? Human Rights Decisions in the Latin American Southern Cone," *Human Rights Quarterly* vol. 16, no. 1.
Powell, Catherine, 2012, "Libya: A Multilateral Constitutional Moment," *American Journal of International Law* vol. 106, no. 2.
Powell, Robert, 2002, "Bargaining Theory and International Conflict," *Annual Review of Political Science* vol. 5.
Przeworski, Adam, 1988, "Democracy as a Contingent Outcome of Conflicts," in Jon Elster and Rune Slagstad, eds., *Constitutionalism and Democracy*, Cambridge University Press.
Putnam, Robert D., 1988, "Diplomacy and Domestic Politics: The Logic of Two-Level Games," *International Organization*, vol. 42, no. 3.
Ratner, Steven R., 1996, "Drawing a Better Line: *Uti Possidetis* and the Borders of New States," *American Journal of International Law* vol. 90, no. 4.
Reichberg, Gregory M., Henrik Syse, and Endre Begby, eds., 2006, *The Ethics of War: Classic and Contemporary Readings*, Blackwell.
Reno, William, 2001, "The Failure of Peacekeeping in Sierra Leone," *Current History* vol. 100, no. 646.
Roberts, Sir Ivor, ed., 2009, *Satow's Diplomatic Practice*, 6th ed., Oxford University Press, 2009.
Robinson, Ronald, and John Gallagher, 1962, "The Partition of Africa," *New Cambridge Modern History* vol. 11.
Rothchild, Donald, 2008, "Africa's Power Sharing Institutions as a Response to Insecurity: Assurance without Deterrence," in Stephen M. Saideman and Marie-Joëlle Zahar, eds., *Intra-State Conflict, Governments and Security: Dilemmas of Deterrence and Assurance*, Routledge.
Ruggie, John Gerard, 1982, "International Regimes, Transactions, and Change: Embedded Liberalism in the Postwar Economic Order," *International Organization* vol. 36, no. 2.
Russett, Bruce M. and John D. Sullivan, 1971, "Collective Goods and International Organization," *In-*

ternational Organization vol. 25, no. 4.

Rustow, Dankwart A., 1970, "Transitions to Democracy: Toward a Dynamic Model," *Comparative Politics* vol. 2, no. 3.

Sagan, Scott D. and Kenneth N. Waltz, 1995, *The Spread of Nuclear Weapons: A Debate Renewed: With New Sections on India and Pakistan, Terrorism, and Missile Defense*, 2nd ed., Norton, 2003.

Schelling, Thomas C., 1966, *Arms and Influence*, Yale University Press.

Schelling, Thomas C., 1978, *Micromotives and Macrobehavior*, W. W. Norton.

Searle, John R., 1995, *The Construction of Social Reality*, Free Press.

Senese, Paul D. and John A. Vasquez, 2008, *The Steps to War: An Empirical Study*, Princeton University Press.

Shen, Zhihua and Yafeng Xia, 2012, "Between Aid and Restriction: Changing Soviet Policies toward China's Nuclear Weapons Program, 1954-1960," The Nuclear Proliferation International History Project Working Paper-Series. Available at http://www.wilsoncenter.org/npihp

Shepsle, Kenneth A. and Barry R. Weingast, 1987, "The Institutional Foundations of Committee Power," *American Political Science Review* vol. 81, no. 1.

Sikkink, Kathryn, 2011, *The Justice Cascade: How Human Rights Prosecutions Are Changing World Politics*, W. W. Norton.

Simpson, Gerry, 2001, "Two Liberalisms," *European Journal of International Law* vol. 12, no. 3.

Singer, J. David, 1963, "Inter-Nation Influence: A Formal Model," *American Political Science Review* vol. 57, no. 2.

Siverson, Randolph M. and Harvey Starr, 1994, "Regime Change and the Restructuring of Alliances," *American Journal of Political Science* vol. 38, no. 1.

Skidelsky, Robert, 2009, "The World Finance Crisis & the American Mission," *New York Review of Books*, July 16.

Slantchev, Branislav L., 2011, *Military Threats: The Costs of Coercion and the Price of Peace*, Cambridge University Press.

Slaughter, Anne-Marie and William Burke-White, 2002, "An International Constitutional Moment," *Harvard International Law Journal* vol. 43, no. 1.

Smith, Tony, 1994, *America's Mission: The United States and the Worldwide Struggle for Democracy in the Twentieth Century*, Princeton University Press.

Snidal, Duncan, 1985, "Coordination Versus Prisoners' Dilemma: Implications for International Cooperation and Regimes," *American Political Science Review* vol. 79, no. 4.

Snidal, Duncan, 1997, "International Political Economy Approaches to International Institutions," in Jagdeep S. Bhandari and Alan O. Sykes, eds., *Economic Dimensions in International Law: Comparative and Empirical Perspectives*, Cambridge University Press.

Snyder, Glenn H., 1971, ""Prisoner's Dilemma" and "Chicken" Models in International Politics," *International Studies Quarterly* vol. 15, no. 1.

Snyder, Jack and Leslie Vinjamuri, 2003/04, "Trials and Errors: Principle and Pragmatism in Strategies of International Justice," *International Security* vol. 28, no. 3.

Sørensen, Georg, 2011, *A Liberal World Order in Crisis: Choosing between Imposition and Restraint*, Cornell University Press.

Spykman, Nicholas John, 1942, *America's Strategy in World Politics: The United States and the Balance of Power*, Harcourt, Brace.

Stein, Arthur A., 1982, "Coordination and Collaboration: Regimes in an Anarchic World," *Interna-

tional Organization vol. 36, no. 2.
Stein, Janice Gross, 1992, "Deterrence and Compellence in the Gulf, 1990-91: A Failed or Impossible Task?," *International Security* vol. 17, no. 2.
Stiglitz, Joseph E., 2008, "Economic Foundations of Intellectual Property Rights," *Duke Law Journal* vol. 57, no. 6.
Stiglitz, Joseph E. and Linda J. Bilmes, 2008, *The Three Trillion Dollar War: The True Cost of the Iraq Conflict*, W. W. Norton.
Strange, Susan, 1988, *States and Markets*, Pinter.
Suzuki Shogo, 2009, *Civilization and Empire: China and Japan's Encounter with European International Society*, Routledge.
Tannenwald, Nina, 2005, "Stigmatizing the Bomb: Origins of the Nuclear Taboo," *International Security* vol. 29, no. 4.
Temporary Committee on the ECHELON Interception System, *On the existence of a global system for the interception of private and commercial communications*, European Parliament Report July 2001 (2001/2098) (INI). (http://cryptome. org/echelon-ep.htm)
Tilly, Charles, 1985, "War Making and State Making as Organized Crime," in Peter B. Evans, Dietrich Rueschemeyer, and Theda Skocpol, eds., *Bringing the State Back In*, Cambridge University Press.
Tilly, Charles, 1990, *Coercion, Capital and European States A. D. 990-1990*, Basil Blackwell.
Tucker, Robert W., 1960, *The Just War: A Study in Contemporary American Doctrine*, Johns Hopkins Press.
Tull, Denis M. and Andreas Mehler, 2005, "The Hidden Costs of Power-Sharing: Reproducing Insurgent Violence in Africa," *African Affairs* vol. 104.
Ünay, Sadik, and Muzaffer Senel, eds., 2009, *Global Orders and Civilizations: Perspectives from History, Philosophy and International Relations*, Nova Science.
UNDP, 2009, *Human Development Report*. (http://hdr.undp.org/en/reports/global/hdr2009/)
United Nations, 2010, *Millennium Development Goals Report 2010*.
Vattel, Emer de, trasation of 1758 ed., *The law of nations*, Carnegie Institution of Washington, 1916.
Vinjamuri, Leslie, 2003, "Order and Justice in Iraq," *Survival* vol. 45, no. 4.
Wade, Robert Hunter, 2011, "Globalization, Growth, Poverty, Inequality, Resentment, and Imperialism," in John Ravenhill, ed., *Global Political Economy*, 3rd ed., Oxford University Press.
Walter, Barbara F., 2009, "Bargaining Failures and Civil War," *Annual Review of Political Science* vol. 12.
Waltz, Kenneth N., 1959, *Man, the State and War: A Theoretical Analysis*, Columbia University Press.
Waltz, Kenneth N., 1964, "The Stability of a Bipolar World," *Daedalus* vol. 93, no. 3.
Watson, Adam, 1992, *The Evolution of International Society: A Comparative Historical Analysis*, Routledge.
Weiner, Myron, 1971, "The Macedonian Syndrome: An Historical Model of International Relations and Political Development," *World Politics* vol. 23, no. 4.
Weingast, Barry R., 1998, "Constructing Trust: The Political and Economic Roots of Ethnic and Regional Conflict," in Karol Sołtan, Eric M. Uslaner, and Virginia Haufler, eds., *Institutions and Social Order*, University of Michigan Press.
Weiss, Thomas G., David Cortright, George A. Lopez, and Larry Minear, eds., 1997, *Political Gain and Civilian Pain: Humanitarian Impacts of Economic Sanctions*, Rowman & Littlefield.

Weitz, Eric D., 2008, "From the Vienna to the Paris System: International Politics and the Entangled Histories of Human Rights, Forced Deportations, and Civilizing Missions," *American Historical Review* vol. 113, no. 5.
Welch, David A., 2003, "Why International Relations Theorist Should Stop Reading Thucydides," *Review of International Studies* vol. 29, no. 3.
Wendt, Alexander, 1992, "Anarchy is What States Make of it: The Social Construction of Power Politics," *International Organization* vol. 46, no. 2.
Wendt, Alexander, 1999, *Social Theory of International Politics*, Cambridge University Press.
Weston, Burns H., 1991, "Security Council Resolution 678 and Persian Gulf Decision Making: Precarious Legitimacy," *American Journal of International Law* vol. 85, no. 3.
Wight, Martin, 1972, "International Legitimacy," *International Relations* vol. 4, no. 1.
Wight, Martin, 1978, *Power Politics*, edited by Hedley Bull and Carsten Holbraad, Royal Institute of International Affairs.
Williams, Michael C., 1996, "Hobbes and International Relations: A Reconsideration," *International Organization*, vol. 50, no. 2.
Williamson, Oliver E., 1985, *The Economic Institutions of Capitalism: Firms, Markets, Relational Contracting*, Free Press.
Wolfers, Arnold, 1952, ""National Security" as an Ambiguous Symbol," *Political Science Quarterly* vol. 67, no. 4.
Wolfers, Arnold, 1962, *Discord and Collaboration: Essays on International Politics*, Johns Hopkins Press.
Woods, Kevin M., with Michael R. Pease, Mark E. Stout, Williamson Murray, and James G. Lacey, 2006, *The Iraqi Perspectives Report: Saddam's Senior Leadership on Operation Iraqi Freedom from the Official U. S. Joint Forces Command Report*, Naval Institute Press.
World Bank, 2001, *Migration and Remittances Factbook 2011*. (http://siteresources.worldbank.org/INTLAC/Resources/Factbook2011-Ebook.pdf)
Wright, Moorhead, ed., 1975, *Theory and Practice of the Balance of Power, 1486-1914: Selected European Writings*, Rowman and Littlefield.
Wright, Quincy, 1942, *A Study of War*, 2nd ed., University of Chicago Press, 1965.
Zimmern, Alfred, 1939, *The League of Nations and the Rule of Law, 1918-1935*, Macmillan, 1969.

事項索引 INTERNATIONAL POLITICS

● あ 行

アイデンティティ(定義)　46, 190, 415
アウグスブルクの和議　171
アウタルキー構想　282
アキ・コミュノテール　113
アジア・アフリカ会議　→バンドン会議
アジア主義　426
アジア政経学会　105
アジア通貨危機　352
芦田修正　191
アッシリア　55
アテナイ(アテネ)　12
アナーキー　→無政府状態
　──状況　135
アパルトヘイト　109
アフガニスタン侵攻(ソ連による)(1979年)
　　106, 107
アフガニスタン戦争(2001年)　112, 258, 267
アフリカ　318
　──の内戦　110
　──の分割　80
アフリカ統一機構(OAU)　219
アフリカ民族会議(ANC)　109
アボリジニ　418
アマルナ文書　55
アマン(安全保障)　58
アメリカ航空宇宙局(NASA)　389
アメリカ大使館自爆攻撃事件(1998年)　152,
　275
アメリカ独立革命戦争(1775-83年)　71
アメリカ連邦憲法
　──第2条　132
　──修正14条　214
アラブの春　2
アル・カーイダ　112, 252, 397
安心供与　124, 157, 158
　──なき強要　156
　──の失敗　144
　強者の──　187, 223
　弱者の──　224
安全保障(security)　182, 240
　──(定義)　145, 241

　──のディレンマ　18, 142, 244
　新しい──　251
安全保障共同体　249
安全保障理事会(安保理)　119, 143, 177, 243
　安保理決議
　──83　143
　──221　181
　──242　297
　──418　181
　──660　119
　──678　119, 143, 155
　──687　155
　──748　182
　──808　182
　──955　182
　──1199　152
　──1214　299
　──1244　297
　──1267　152
　──1441　153
　──1540　272
　──1593　386
　──1970　386
威嚇　123
　──と約束のトレードオフ　159
イギリス　25
イギリス東インド会社　77
移行期正義　380
　──のディレンマ　387
イスラーム　43
イスラーム教　57
　シーア派　413
　スンニ派　413
イスラーム原理主義　397
イスラームの家　57
イデオロギー　27
　──的対立　220
意図　123
　──の言明　133, 137
委任統治制度　83
移民　403
イラク戦争(2003年)　113, 258, 267, 413
イラン革命(1979年)　106

457

殷　55
インターネット　2, 112, 354, 396
インドネシア　410
インド・パキスタン戦争　181
インフレーション　317
ウィキリークス　115
ウィルソン主義　24
ヴィルトゥ　63
ウィーン会議(1814-15年)　72
ウィーン体制　73, 250
ウェストファリア条約(1648年)　64, 65, 172, 234
ウェストファリア神話　193
ウェストファリア体制　63, 64
ヴェルサイユ条約(1919年)　82, 261
　——第227条　376
ヴェルサイユ体制　185
ウォールストリート　336
ウッドロー・ウィルソン講座　84
ウティ・ポシデティス(uti possidetis)　216
　——原則　415
埋め込まれた自由主義　314
　——の妥協　206
『永遠平和のために』　74
永遠平和のための不断の戦争　132
英国学派(English School)　40, 105, 185, 422
英連邦(コモンウェルス)　85
エキュメネ　429
エージェント・ストラクチャー問題　36
エスニック・アイデンティティ　415
エチオピア侵略(イタリアによる)(1935年)　85, 120, 261
越境的(transnational)　387
　——犯罪　251
　——問題　387
エピダムノス　34
遠隔地貿易　304
王位継承　171
欧州安全保障協力機構(OSCE)　226
欧州安保協力会議(CSCE)　101
欧州共同体(EC)　100, 249
欧州経済共同体(EEC)　100
欧州原子力共同体(EURATOM)　100
欧州憲法　113
欧州人権条約　226
欧州石炭鉄鋼共同体(ECSC)　100
欧州評議会　227

欧州連合(EU)　109, 111, 249, 323
王政復古　131
応報戦略　139
オウム真理教　274
王立国際問題研究所　256
オーストリア　25
オーストリア併合(ドイツによる)(1938年)　87, 376
オスマン朝トルコ帝国(オスマン・トルコ)　61, 71
オスロ合意(1993年)　109, 298
オタワ・プロセス　210
オリエンタリズム　424
温室効果ガス(GHG)　113, 389
温暖化　113, 319

● か　行

夏　55
改革開放政策　107, 319
会議体制　73
懐疑論　395
階級　42
階級闘争　42
海禁　61
海軍　306
外交　24, 25, 124, 402
　——的な承認　220
　——の局面　143
　——の破綻　142
外交革命　71
外交制度　65
外交問題評議会　256
外国資産の国有化　379
解釈学　48
解釈学的反省　429
解釈の方法　5, 7
解釈の余地　126
海上封鎖　127
海賊　310
開発援助　360
外部効果　138, 194
解放戦争の言説　385
カウンター・カルチャー　→対抗文化
科学的知見　393, 395
化学兵器禁止条約　273
格差　404
拡散防止構想　273, 274

拡大抑止　150
核なき世界　272
核の傘　162, 272
核の闇市場　272
核兵器　94, 235
核(兵器)不拡散条約(NPT)　99, 109, 184, 271, 273
革命主義(revolutionism)　42
革命の恐怖　131
家産　171
カシミール　97
過剰人口　337
華人　409, 410
カスケード　209
　――現象　328, 400
カースト　55
カストロ体制の存続　125
カソリック　22, 40
カタンガ　219
価値配分　118
寡頭制　32
　――国家　32
カーネギー国際平和財団　256
貨幣　303
カリフ(ハリーファ)　57
為替管理　332
為替レート　329
環境保護団体　396
環境問題　316, 387
慣習法　66
間主観　46, 206
干渉と国家主権に関する国際委員会(ICISS)　278, 383
感情の政治　402
干渉のリアリズム　38
干渉のリベラリズム　38, 213, 227
関税及び貿易に関する一般協定(GATT)　93, 202, 313
間接アプローチ戦略　254
カンボジア和平(1991年)　269
カンポ・フォルミオ条約(1797年)　187
議会　126
基幹民族　221
危機管理　103
『危機の二十年』　85, 86
気候変動に関する政府間パネル(IPCC)　114, 389

気候変動枠組み条約　113, 389
騎士階級　233
擬似国家　219, 277
奇襲　245
技術革新　315, 341
偽善　15
帰属変更　215
北大西洋条約機構(NATO)　100, 247
北ベトナム　→ベトナム民主共和国
機能主義　76
規範　15, 190, 399
　――解釈の不一致　228
　――の解釈　190
　――の衝突　228
規範起業家　400
基盤的防衛力　257
規範論　131
騎兵　233
逆コンセンサス方式　345
逆説　22, 287
　権力政治の――　153, 228
　権力分掌の――　297
　行動の自由の――　133
　戦争違法化の――　374
　平和構築の――　297
　平和の――　182, 228, 290
　民主主義の――　132
　連帯の――　286
客観的統制論　264
キャピチュレーション(居住特権)　71
9.11テロ事件(2001年)　2, 112, 252, 275
旧ユーゴスラヴィア　415
旧ユーゴスラヴィア国際刑事裁判所(ICTY)　182
キューバ不侵攻の確約　161
キューバ・ミサイル危機(1962年)　99, 125
脅威認識　180
脅威認定　180
業界団体　343
教皇　171
共産主義　313
『共産党宣言』　76
共振　408
強制　119, 124
強制外交　145, 154
　――の限界　152
強制人口移動・交換　225

協調的安全保障　250
共通だが，差違のある責任　389
共通の安全保障　249
共通農業政策　323
共通の政府　134
共通の利益　134
京都学派　105
京都議定書　390, 393
恐怖　16, 18, 31
共有知識　136
強要　124, 125, 153, 154
　──の失敗　144
　強者の──　187
　弱者の──　222
極東における国際の平和及び安全の維持　164
居住特権　→キャピチュレーション
巨大帝国　38
拒否権　92, 120, 180
ギリシャ　12
緊急輸入制限措置　→セーフガード
均衡　22, 135
均衡財政　313
禁酒法　400
金兌換制　329
金本位制　321, 329
金融恐慌　313, 350
クウェーカー教徒　259
クウェート侵攻（イラクによる）(1990年)　120
空想主義　15
グーグル　398
グラスノスチ（情報公開）　107
繰り返しゲーム　140
クリティカル・セオリー　→批判理論
グローバリゼーション　318, 353
　反──　357
グローバル・ガヴァナンス　113
軍事革命　234
軍事的・経済的な援助　220
軍縮・軍備管理　249
軍事力　13
軍備管理　134
軍備競争　134
軍備縮小　134
経済　303
経済安全保障　251, 281
経済援助　120, 324

経済制裁　283
啓蒙　24
契約　402
ケインズ主義　314
結果　127
ケベック　417
ゲーム状況　135
ゲーム・ツリー　145
ゲーム理論　103
ゲリラ戦　107, 235, 257
ケルキュラ　34
ゲルマン人　57
検閲　397, 398
原罪　25
現状　125
現状維持　191
現状維持勢力　141, 183
現状の防衛装置　184
現状変更　191
現状変更勢力　141, 183
権力　121
権力交代論　237
権力政治（パワー・ポリティクス）　15, 21
　──的対立　220
権力分掌　190, 295
権力分立　177
恋人たちの諍い　205
公海　195
　──自由の原則　195
交換性　334
恒久平和　22
公共財　198, 200
攻撃的リアリズム　245
交渉による移行　382
交渉による解決　382
交渉モデル論　238
構成主義　→コンストラクティヴィズム
構造調整プログラム　351
構造的権力　368
構造的リアリズム　108
皇帝　171
行動論革命　103
高度消費社会　417
降伏　13
功利主義　26
合理的行為者　126
合理的選択　136

──論　207, 238
講和　225
国益　20
国際安全保障　242
国際移民　355
国際慣習法　208
国際機関　44
国際規範　131
国際経済秩序　320
国際刑事裁判所(ICC)　262, 380
国際結婚　405
国際決済銀行(BIS)　333
国際原子力機関(IAEA)　272
国際交易　307
国際私法会議　419
国際社会　41, 106, 173
国際社会論　423
国際信託統治制度　92
国際人道法違反　182
国際戦略問題研究所(IISS)　256
国際秩序　169
国際通貨基金(IMF)　93, 320
国際的正統性　227
国際電信連合　204
国際の平和及び安全　143, 177
国際復興開発銀行(IBRD, 世界銀行)　93
国際分業　310
国際平和の国内条件　132
国際法　66
国際貿易　305
国際法上の犯罪　386
国際法人格　171
国際メディア　401
国際世論　399
国際レジーム　202
国際連合(国連)　18, 28, 92, 242
　　──加盟国　101
　　──の主要機関　90
　経済社会理事会　93
　原加盟国　93
　国際労働機関(ILO)　93
　常任理事国　120, 243
国際連盟　21, 28, 120, 179, 242
　　──規約　375
　　──への加盟　225
国籍取得要件　221
国籍法　221

国内観衆費用　133
国内規範　131
国内政治同盟論　238
国内体制　130
国内統治基準　219
国内類推　174
　　──論　175
国民　215
国民軍　234
国民国家(nation-state)　39, 74, 234
国民通貨　329
国民統合　407
国民保護法　269
国力(パワー)　20
国連　→国際連合
国連海洋法条約　196
国連環境開発会議(リオ・サミット)　113
国連環境計画(UNEP)　389
国連カンボジア暫定機構(UNTAC)　269
国連緊急軍(UNEF)　250
国連軍　243
国連憲章　18
　　──第1条　177
　　──第2条4項　178
　　──第4条　130, 178
　　──第23条1項　184
　　──第27条　120
　　──第39条　178
　　──第51条　178
国連総会
　国連総会決議
　　──181(Ⅱ)　289
　　──1514(植民地独立付与宣言)　218
　　──2625(友好関係原則宣言)　218
国連ソマリア平和維持活動
　第二次──(UNOSOM Ⅱ)　112, 279
国連文書 S/RES/1973　386
(国連)平和維持活動(PKO)　112, 250
　第一世代の──　278
　第二世代の──　278
互恵主義的　321
互恵通商協定法　344
ココム(対共産圏輸出統制委員会)　342
互市　56
55年体制　163
コストを要する意思表示　151
コースの定理　203

コスモポリタン(地球市民)　405
コソヴォ空爆　258
コソヴォに関する独立国際委員会　383
コソヴォ紛争　383
国家(state)　39
　──承継の領域的枠組み　217
　──の構成要件　171
　──破綻　195, 404
国家安全保障　242, 244
国家実行　208
国家資本主義　114
国家利害説　67
国家理性　67
　──論　306
国家領域　195
誤認　141
個別的又は集団的自衛　178
コペンハーゲン基準　214
コミットメント
　──の肥大化　288
　──の保全　288
　──問題　238
コミンテルン　84
コリントス　34
混合状態　19, 38
コンゴ内戦　→分離主義
コンストラクティヴィズム(構成主義)　23, 46, 114
コンテインメント　→封じ込め

● さ 行

最恵国待遇　322
　──原則　202
最後の貸し手　197, 351
最適応答戦略　136
財の性質　198
サイバー攻撃　396
サイバースペース／サイバー空間　266, 396, 397
サイバー犯罪　2
債務不履行　350
搾取　406
　弱者による強者の──　201
　弱者による──論　203
差別的措置　346
「サラダ・ボウル」モデル　418
産業革命　75, 308

三十年戦争(1618-48年)　64, 172
サン・バルテルミーの虐殺(1572年)　64
産物　127
サンフランシスコ会議(1945年)　92
自衛　177
自衛権　178
自衛隊法　265
ジェノサイド　192
ジェロニモ　298
ジェンダー　421
仕掛線　150
『史記』　57
持久戦　245
　──論　257
シグナル　151
自決　191, 192, 216-218
　──規範　215
　──主体　215
資源ナショナリズム　316
思考実験　134
自国市場への偏向　356
四国同盟(1815年)　176
自主規制　348
市場　19, 303
市場経済　303, 399
市場の失敗　197, 350, 402
市場類推　197
　──論　203
事前協議　164
　──制度　247
自然権　16
自然災害　400
自然状態(state of nature)　16, 19, 63
自然法　66
自治　216
七年戦争(1756-63年)　71, 73
自治領(dominion)　77
失業　313
実証主義　44
失地回復主義　218
実力行使　177
『実利論』　55
私的財　198
私的情報　238
指導者論　31
ジニ係数　358
シニシズム　14

ジハード　　58
シー・パワー　　253
シビリアン・コントロール（文民統制）　　263,
　　265
資本主義　　311
社会化　　28
社会契約　　17
社会主義　　312, 313
社会状態　　19
弱者の不安　　223
社交性　　19
ジャスミン革命　　1, 2
周　　55
宗教　　25, 27, 399, 402
宗教戦争　　22, 40
従軍慰安婦問題　　239
集権化　　178
自由権規約　　226
集合行為　　196, 210
　　──論　　343
集産主義　　313
十字軍　　61
自由主義　　307
重商主義　　306
囚人のディレンマ　　136, 137, 199, 322
　　繰り返し──　　140, 199
従属理論　　103, 316
集団安全保障　　242
　　──体制　　120, 178
集団的自衛　　163
　　──権　　92, 245
周辺　　42
周辺事態法　　269
自由貿易協定（FTA）　　325
自由貿易主義　　24
自由貿易体制　　282
自由放任主義（レッセ・フェール）　　314
住民交換協定　　408
儒家思想　　55
主観的統制論　　264
主権（sovereignty）　　18, 62
　　──の相互承認　　190
主権国家　　39, 66, 305
　　──体制　　54, 66, 68, 72, 171
主権平等　　191
出入国管理政策　　404
ジュネーヴ協定　　286

春秋戦国時代　　55, 252
浄化　　216
商慣行　　349
上級財　　395
消極的な安全の保証　　162
消極的平和観　　181
少子高齢化　　410
小集団レベル　　240
少数者の権利保障　　226
少数者保護　　226
少数派の忠誠　　224
少数派のナショナリズム　　216
常備軍　　39, 172, 234
消費者　　343
情報収集衛星　　269
勝利集合　　134
植民地独立付与宣言　　218, 219
女性解放運動　　399
所有権　　402
地雷廃絶国際キャンペーン　　210
辛亥革命（1911 年）　　83
新外交　　81
新機能主義　　103, 327
シンクタンク　　256
人権　　44
　　──保障　　191, 192
神権国家　　38
人口過剰問題　　410
新興工業経済地域（NIEs）　　318
新国際経済秩序宣言（NIEO）　　316
人種差別政策　　181
人種の坩堝　　417
神聖ローマ皇帝　　61
神聖ローマ帝国　　64
新世界秩序　　109
新中世システム　　114
新中世主義　　431
新帝国主義論　　316
人的管轄　　403
人道的介入　　112, 263
人道的干渉　　192, 383
人道の破局　　192, 383
人道に対する罪　　192, 377
進歩　　24, 309
人民　　171
信頼醸成　　326
　　──措置　　249

事項索引　　463

信頼性　137
侵略行為　178, 179
深慮 (prudence)　22
新冷戦　106
スクリーニング　161
スコットランド　417
ズデーテン割譲 (1938年)　87
ズデーテンラント　217
ストックホルム国際平和研究所 (SIPRI)　256
スパゲティーボール効果　327
スーパー301条　344, 345
スパルタ　→ラケダイモン
スプートニク　99
棲み分け　321
　　──による平和　221
　　──の秩序　381
スムート・ホーレー関税 (1930年)　344
スルタン　58
スルフ (平和)　58
税　303
正義にかなう変更　185, 374
政策協調　204
生産者団体　343
政治　303
　　──秩序　172
　　──的独立　178
　　──的誘因　155
　　──政府内──　126
脆弱性　282
正戦論　260
政体　172
『成長の限界』　317
制度　24, 27
正統 (legitimate)　172
　　──な構成員資格　172
正統主義　173
正統政府　286
正当防衛　177
制度論　131
政府　171
政府開発援助 (ODA)　102, 361, 403
生物兵器禁止条約　273
精密誘導兵器　258
勢力均衡 (バランス・オブ・パワー, balance of power)　22, 68, 176, 310
　　──論　236, 244
勢力交代　189

世界気象機関 (WMO)　389
世界システム　54
　　──論　42, 103, 422
世界社会論　42
世界政策　78
世界政府　134
世界大恐慌 (1929年)　84, 197, 313
世界貿易機関 (WTO)　113, 324
世界世論　398, 401, 402
赤十字国際委員会　76
石炭　341
責任転嫁　245
石油　316, 341
石油危機　2, 316
　　第一次── (1973年)　102
石油輸出国機構 (OPEC)　102, 282, 316
積極的な安全の保証　162
積極的平和　106
絶対王政　305
説得　119, 120
説得力　133, 137
説明の方法　5, 7
セーフガード (緊急輸入制限措置)　347
セルビア　25
　　──人問題　223
ゼーロット　426
全球化　422
選挙　126
選挙権　407
選好　223
選好順序　135
戦債　312
戦術　252
専守防衛　265
先進10カ国蔵相会議 (G10)　333
先占　195
戦争
　　──イメージ　122
　　──状態　20
　　──の違法化　183, 185
　　──の恐怖　131
　　──の局面　143
　　──は地獄 (war is hell) 論　262
戦争原因論　29, 122, 236
戦争相関因子 (Correlates of War)　103
戦争相関因子研究 (Correlates of War) プロジェクト　236

戦争の家　　57
戦争犯罪　　192
全体論(holism)　　29
選択　　127
戦闘行為以外の軍事作戦(MOOTW)　　259
戦略　　135, 252
戦略兵器削減条約
　　第一次——(START-I条約, 1991年)　　248, 250
戦略型のゲーム　　135
戦略的信託統治　　92
戦略的相互依存　　135
戦略的ライバル　　238
戦略兵器制限協定
　　第一次——(SALT-I協定, 1972年)　　100, 248, 249
戦略防衛構想(SDI)　　107
戦略理論　　103
送金　　403, 406
相互依存　　26
　　——論　　26
総合安全保障　　251
相互確証破壊(MAD)　　256
贈与　　304
総力戦　　253, 312
組織過程　　126
ソーシャル・ダンピング　　346
率先国　　211
ソフトパワー　　16
ソ連　　313
「孫子」　　55, 252

● た　行

第一次世界大戦(1914-18年)　　79, 81, 83, 234, 312
対外政策分析(FPA)　　103
対外転嫁論　　238
対決タイプ　　146
対ゲリラ戦争(counter-insurgency)　　299
大航海時代　　304
対抗文化(カウンター・カルチャー)　　103
第三者による執行　　196
大衆動員　　396
大粛清　　31
対人地雷禁止条約　　210
体制移行　　189
　　——論　　189

体制転換　　157
体制転覆　　125
体制の安全　　228
大西洋憲章(1941年)　　89
大戦略　　254
対ソ干渉戦争　　80
代替関係　　163
第二次世界大戦(1939-45年)　　2, 313
　　——(太平洋戦線)　　89
　　——(ヨーロッパ戦線)　　88
大躍進計画　　315
大量破壊兵器　　155, 209, 270
　　——の拡散　　182
台湾海峡危機
　　第二次——(1958年)　　289
台湾関係法　　142
ダウラ　　58
タカ派　　21
多極　　237
多国間関税交渉(ラウンド)　　323
　　ウルグアイ・ラウンド　　323
　　ケネディ・ラウンド　　323
　　東京ラウンド　　323
多国間制度　　183
多数派
　　——の寛容　　224
　　——のナショナリズム　　216
ただ乗り(free ride)　　138, 196, 246
脱植民地化　　101
多品種少量生産　　417
多文化主義　　408, 417
ダムダム弾　　79
タリバン　　112, 152
ダルマ　　56
段階的開戦論　　238
短期的利益　　140
単極構造　　113
断層線　　413
単独行動　　183
ダンバートン・オークス会議(1944年)　　89
地域研究　　103
力(パワー)　　14, 15
地球温暖化　　389
　　——問題　　389
地球環境問題　　44, 113, 387
地球規模の共有地　　195
地球サミット　　389

事項索引　　465

地球市民　→コスモポリタン
知識　202
知識社会学　186
治者　172, 188
地政学（geopolitics）　78
知的財産権　202
チベット　405
着弾距離説　196
中越戦争　286
中華帝国　38
中距離核戦力（INF）全廃条約（1987年）　248, 250
中国　304
中国内戦　94
中心　42
中ソ国境紛争　286
中ソ相互防衛援助条約　247
中東戦争　96
　第一次——（1948年）　95, 96, 181
　第二次——（1956年）　96
　第三次——（1967年）　96
　第四次——（1973年）　96, 258
中立　13
中立国　13
超越論的反省　429
長期サイクル論　237
長期的不利益　140
朝貢　56, 57
朝貢体制　57
超国家主義　313
徴税機構　172
朝鮮戦争（1950-53年）　97, 98, 122, 142, 143, 220
朝鮮半島における核危機　161
　第一次——（1994年）　161
　第二次——（2005年）　161
徴兵制　132
地理上の発見　195
チンコム（対中国輸出統制委員会）　342
ツァーリボンバ　254, 255
通商路　314
低強度紛争　257
帝国　54
帝国主義　238
帝国主義戦争　312
デイトン和平合意（1995年）　296
締約国会議（COP）　389

ディレンマ　19, 407
　安全保障の——　18, 142, 244
　移行期正義の——　387
　公共財提供の——　第4章 2
　コミットメントの——　第5章 4
　囚人の——　136, 137, 199, 322
　同盟の——　35, 246
デカルト主義　44
適切な行動の範囲　172
デタント（détente）　100
デフレーション　313
テロとの戦い　112
テロリズム　182, 252
展開型のゲーム　145
伝統的安全保障　251
天然資源に対する永久的主権　379
ドイツ　25
　——の再軍備（1935年）　376
ドイツ帝国　75
同意　118, 172
同意確保　228
同化　216
道義　15
東京裁判（1946-48年）　262
統合　215
盗聴　398
動的防衛力　269
道徳　21
東南アジア諸国連合（ASEAN）　318
同盟　22
　——のディレンマ　35, 246
独墺合併（1938年）　217
毒ガスの禁止に関するハーグ宣言　209
独ソ戦（1941-43年）　88
独ソ不可侵条約（1939年）　87, 287
特定通常兵器使用禁止制限条約　209
独立　215
　——の承認　225
都市国家　38
特恵関税制度　324
特恵制度　322
ドミノ理論　288
トモダチ作戦　270
トリガー戦略　139, 140
取引費用／取引コスト　203, 325
ドル　315, 335
ドル・ショック（1971年）　333

トルデシラス条約(1494年) 195
トルーマン・ドクトリン(1947年) 94, 314
奴隷 47, 399
　——貿易 310, 427
奴隷解放運動 399

● な 行

内閣法制局 163
内国民待遇 322
　——原則 202
ナイジェリア内戦　→分離主義
内政不干渉 191, 192
内戦 290
　国際化された—— 220
　シエラレオネ—— 293
　ユーゴスラヴィア—— 109
ナショナリズム 74, 215, 416
　エスニック・—— 216
　シビック・—— 216, 224, 408
ナチ党 84
ナッシュ均衡 136
ナポレオン戦争(1800-15年) 253
南京事件(1937年) 239
南部仏印進駐(1941年) 87
南北基本合意書 109
南北戦争(1861-65年) 214
南北問題 101, 316
難民 404
難民条約 404
2極 237
2極安定 129
2極構造 129
ニクソン・ショック(1971年) 316
2国間関係 130
西ローマ帝国 57
二層ゲーム 133
日英同盟(1902年) 78
日独伊三国同盟(1940年) 87
日米安全保障条約 246
　旧安保条約(1951年) 246
　新安保条約(1960年) 164, 247
日米構造協議(SII) 349
日米修好通商条約(1858年) 214
日露戦争(1904-05年) 78
日清戦争(1894-95年) 78
日中戦争(1937-45年) 86
日本 305

日本国憲法 164
　——第9条 163
日本国際政治学会 105
日本国の施政の下にある領域 164
日本赤軍 275
日本における国際政治学研究 104
乳幼児の死亡率 357
ニューディール 314
ニュルンベルク裁判(1945-46年) 262
ニュルンベルク諸原則 386
人間の安全 228
人間の安全保障 251
認識 123
認識の共同体 394
ネオコン(新保守主義者) 43
ネオリアリズム 108, 207
ネオリベラリズム 108, 317
ネオリベラル制度論 207
　——者 197
熱狂の政治 402
ネットワーク外部性 210, 337
ノモンハン事件(1939年) 87

● は 行

ハイジャック 275
賠償 312
排日移民法(1924年) 411
廃民政策 410
ハーグ条約 419
パクス・アメリカーナ 315
パクス・ブリタニカ 309
パクス・ロマーナ 57
ハーグ平和会議(1899年, 1907年) 79, 261
ハーグ陸戦規約 79
覇権 54, 201
覇権安定論 108, 197, 200, 324
覇権国 197, 199, 201, 237, 324
覇権サイクル論 189
覇権理論 236
バスク 417
破綻国家 293, 320
発言 188
バデンテール委員会 226
ハプスブルク家 71
バブル 350
バラモン教 55
バランス・オブ・パワー(balance of power)　→

事項索引　467

　　　　勢力均衡
パリ講和会議(1919年)　　82, 217
パレスチナ　　95
パレスチナ解放機構(PLO)　　275
パレスチナ分割決議(1947年)　　226
パワー　→国力
パワー　→力
パワーシフト　　365
パワー・ポリティクス　→権力政治
万国電信連合　　76
バンコール　　332
バンドン会議(アジア・アフリカ会議，1955年)　　99
バンドン10原則(平和10原則，1955年)　　99
反捕鯨運動　　399
万民法(jus gentium)　　57, 66
万里の長城　　234
非営利団体(NPO)　　66
非核三原則　　162, 265
非核地帯協定　　272
比較優位論　　337
東日本大震災(2011年)　　270
非協力ゲーム理論　　134
悲劇　　19
非国家主体　　209
非国家領域　　195
ビザンツ帝国　　57
ヒズボラ　　275
非政府組織(NGO)　　44, 93, 114, 396, 399
被治者　　172, 188
ピッグズ湾事件(1961年)　　379
ヒッタイト　　55
非伝統的脅威　　251
批判理論(クリティカル・セオリー)　　45
非暴力主義　　259
肥満　　357
標準作業手順　　127
標準設定　　204
標的特定殺害　　298
費用分担　　138
敏感性　　282
便乗　　244
ファシズム　　313
封じ込め(コンテインメント)　　94
『ザ・フェデラリスト』　　187
フェミニズム　　421
フォークランド戦争(1982年)　　258

不確実性　　395
不可分　　179
不干渉　　381
　　──のリアリズム　　38
　　──のリベラリズム　　38, 213, 220, 227
不完全情報　　136
不合理
　集合行為の──　　228
　戦争の──　　122, 130
不処罰　　382
不正規戦　　257
不戦条約　　83, 185, 261, 375
(不退去)防衛線(defense perimeter)　　143
双子の赤字　　317
負担分担　　194
仏教　　55
ブッシュ・ドクトリン　　113
不平等　　358
不平等条約　　77, 213
部分ゲーム完全均衡　　148
部分的核実験停止条約(PTBT)(1963年)　　271
普遍的権威　　171
ブラヒミ報告　　387
フランス　　25
フランス革命戦争(1789-99年)　　71
武力行使　　177
　　──を禁止　　178
武力による威嚇　　178
武力の行使　　178
武力不行使　　191
ブルボン家　　71
プレイヤー　　135
ブレスト・リトフスク条約(1918年)　　82
プレトリア合意(2002年)　　296
ブレトンウッズ機関　　93
ブレトンウッズ体制　　313
ブレトンウッズ・フェーズ2　　368
プロスペクト理論　　240
ブロック経済　　85
プロテスタント　　22, 40
文化　　28, 402, 407
文化触変　　421
文化大革命　　31, 315, 410
分権的協力　　195
分析レベル　　122
紛争の平和的解決　　375
分断国家　　94, 142, 286

文民統制　→シビリアン・コントロール
文明(civilization)　77, 399
文明国　70
文明国水準論　213
「文明の衝突」　110, 238, 412
文明標準　79, 425
『文明論之概略』　425
分離主義　218, 219
　　カタンガ(コンゴ内戦)　219
　　ビアフラ(ナイジェリア内戦)　219
分裂　212
兵役　407
米艦コールへの攻撃事件(2000年)　275
併合主義　219
　　ソマリア　219
平時　143
米西戦争(1898年)　78
米中和解　102
米朝枠組み合意　112, 161
平和
　　——に対する脅威　177
　　——に対する罪　376
　　——の破壊　178
平和構築　251, 278
平和10原則　→バンドン10原則
平和主義　259
平和創造　251
平和的変更　185, 374
平和のための結集決議　243
『平和への課題』　112, 373
ベトナム共和国(南ベトナム)　102
ベトナム戦争　220, 315
ベトナム民主共和国(北ベトナム)　102
ペルシャ帝国　55
ヘルシンキ議定書(1975年)　249
ベルリン危機(1961年)　99
ベルリンの壁(1961年)　99
　　——開放(1989年)　107
ペレストロイカ(立て直し)　37, 317
ヘロッド　426
変動相場制　333, 334
防衛(定義)　145
「防衛計画の大綱」　257
防衛分担金　247
貿易移転効果　325
貿易創造効果　325
貿易摩擦　107

法家思想　55
包括的核実験禁止条約(CTBT)(1996年)　272
包括和平　190
防御的リアリズム　244
包摂型の和平　295
法的確信　208
法的根拠　155
法の支配　190, 305, 320
方法論的個人主義(methodological individualism)　29
亡命　376, 405
法律家的・道徳家的アプローチ　183
補完関係　163
北米自由貿易協定(NAFTA)(1992年)　326
保護主義　340
保護する責任　44, 192, 278, 380
ポスト構造主義哲学　45
ポストモダニズム　422
ホッブズ的恐怖　244
ポリティカル・エコノミー　303
ホロコースト(ユダヤ人大量虐殺)　88

● ま　行

マウリヤ朝　57
巻き込まれ　246
巻き込まれる不安　164
マクロの行動　210
マーシャル・プラン(1947年)　94, 100, 314
マスメディア　399
マネタリズム　317
マルクス主義　76, 311
マルクス・レーニン主義　238
マルサスの罠　309
マルタ会談(1989年)　108
マルタ騎士団　66
満州国　84
満州事変(1931年)　84, 261
満鉄調査部　104
ミクロの動機　210
ミサイル技術管理レジーム　274
ミサイルの配備　125
未承認(非承認)国家　292
見捨てられ　246
南アフリカ　181
南ベトナム　→ベトナム共和国
南ローデシア　181
ミュティレネ　23

事項索引　469

ミュンヘン会談（1938 年）　87, 185, 242
未来の影　140
ミリタリズム（軍国主義）　263
民主国家　32
民主国家間の平和（Democratic Peace）論（DP 論）
　／民主的平和論　27, 33, 129, 238
民主主義　27, 399
民族（nation）　39, 215
民族解放闘争　186
民族自決原則　82, 416
民族浄化　192
ムガル帝国　77
無極状態　115
無差別　325
　――原則　322
　――戦争観　260
無政府状態（アナーキー）　18
名誉　23, 27
　――心　31
名誉革命体制　188
メロス　12
黙認　172
モサデク政権転覆　379
持たざるもの（the havenots）　141
持てるもの（the haves）　141
物と人との協力　164
モラルハザード　351
モンゴル帝国　38, 60
モンロー宣言（1823 年）　77

● や　行

約束　123
夜警国家　311
ヤルタ会談（1945 年）　89
ヤルタ協定（1945 年）　287
融合　212
友好関係原則宣言　218
友好タイプ　146
誘導　119, 120
宥和政策　86
ユーゴ空爆（1999 年）　383
輸出入における数量制限の一般的禁止　202
ユトレヒト条約（1713 年）　176
輸入数量枠　348
ユネスコ憲章　30
ユーロ　113, 352
良い兵器（good weapon）　159

容易に払拭し難い不安　159
傭兵　234, 306
　――制　132
抑止　124, 125, 146, 147, 155, 254
　――の失敗　143, 144
　戦争勃発後の――　143
抑止戦略　255
四つの近代化　107
予防戦争
　弱者の――　223
ヨーロッパ中央銀行　113
ヨーロッパの協調（Concert of Europe）　73, 173

● ら　行

ラインラント進駐（1936 年）　376
ラウンド　→多国間関税交渉
ラケダイモン（スパルタ）　12
ラショナリズム　207
ランド研究所　256
リアリスト　15
リアリズム　14, 53, 236, 306
『リヴァイアサン』　17, 18, 63
利益　31
リオ・サミット　→国連環境開発会議
利害対立の構図　205
離散民の組織化　410
理性　24
理想主義　21
立憲化　178
立憲政体　224
立憲秩序　187
利得　135
　――の大小　136
リベラリズム　23, 24, 53, 213, 228
リベラル制度論　108
リベラルの安全保障論　129
リーマン・ショック（2008 年）　113, 319
リーマン・ブラザーズ　369
領域国家　39, 172
領域統治　194
領海　195
領土　171
領土と和平の交換　297
領土保全　178, 191, 192, 218, 226
ルワンダ　112
　――虐殺事件（1994 年）　279

ルワンダ国際刑事裁判所(ICTR)　182
レアルポリティーク(Realpolitik)　75
冷戦　94, 314
　　──の終結　37
冷戦期　180
冷戦後　181
冷戦世界　95
「歴史の終わり」　109, 318, 422
歴史の教訓　288
歴史問題　31
レコンキスタ　61
レジーム　108
　　──論　324
レッセ・フェール　→自由放任主義
レバノン侵攻(イスラエルによる)(1982年)　298
連合国共同宣言(1942年)　89, 287
レンティア国家(rentier state)　220, 362
労働市場　404
ロカルノ(諸)条約(1925年)　83, 249
6者会談
　　第四回──共同声明　161
ローザンヌ条約(1923年)　225
ロシア　25
　　──人問題　223
ローマ教皇　61
ローマ条約(1957年)　100
ローマ帝国　38
ローマ法　56
ロメ和平合意(1999年)　293

● わ 行

倭寇　60
ワシントン会議(1921-22年)　83
ワシントン・コンセンサス　352, 359
ワルシャワ条約機構　247
湾岸戦争(1991年)　2, 142, 143, 258
　　──の停戦条件　155

● アルファベット

ABM(弾道弾迎撃ミサイル)制限条約　100, 248
AMF(アジア通貨基金)構想　352
ANC　→アフリカ民族会議
ASEAN　→東南アジア諸国連合
BIS　→国際決済銀行
BRICs　365
CO_2　393

COP　→締約国会議
CSCE　→欧州安保協力会議
CTBT　→包括的核実験禁止条約
DP論　→民主国家間の平和論
EC　→欧州共同体
ECSC　→欧州石炭鉄鋼共同体
EEC　→欧州経済共同体
EU　→欧州連合
EURATOM　→欧州原子力共同体
FPA　→対外政策分析
FTA　→自由貿易協定
GATT　→関税及び貿易に関する一般協定
　　──第1条　202
　　──第3条　202
　　──第11条　202
　　──第19条　347
　　──第35条　347, 348
GHG　→温室効果ガス
G7サミット　369
G8　115
G10　→先進10カ国蔵相会議
G20　114, 369
IAEA　→国際原子力機関
　　──の追加議定書　272
IBRD　→国際復興開発銀行(世界銀行)
ICC　→国際刑事裁判所
ICISS　→干渉と国家主権に関する国際委員会
ICTR　→ルワンダ国際刑事裁判所
ICTY　→旧ユーゴスラヴィア国際刑事裁判所
IISS　→国際戦略問題研究所
ILO　→国際労働機関
IMF　→国際通貨基金
INF　→中距離核戦力
IPCC　→気候変動に関する政府間パネル
jus ad bellum　260
jus gentium　→万民法
jus in bello　260
MAD　→相互確証破壊
MOOTW　→戦闘行為以外の軍事作戦
NAFTA　→北米自由貿易協定
NASA　→アメリカ航空宇宙局
NATO　→北大西洋条約機構
NGO　→非政府組織
NIEO　→新国際経済秩序宣言
NIEs　→新興工業経済地域
NPO　→非営利団体
NPT　→核(兵器)不拡散条約

事項索引　471

OAU	→アフリカ統一機構	SIPRI	→ストックホルム国際平和研究所
ODA	→政府開発援助	START-I条約	→第一次戦略兵器削減条約
OPEC	→石油輸出国機構	UNEF	→国際緊急軍
OSCE	→欧州安全保障協力機構	UNEP	→国連環境計画
PKO	→(国連)平和維持活動	UNOSOM II	→第二次国連ソマリア平和維持活動
PLO	→パレスチナ解放機構		
PTBT	→部分的核実験停止条約	UNTAC	→国連カンボジア暫定機構
SALT-I協定	→第一次戦略兵器制限協定	WMO	→世界気象機関
SDI	→戦略防衛構想	WTO	→世界貿易機関
SII	→日米構造協議		

人名索引 INTERNATIONAL POLITICS

● あ行

アイケンベリー（G. John Ikenberry） 187, 189
アイゼンハワー（Dwight David Eisenhower） 165
アインシュタイン（Albert Einstein） 5, 7
アウグスティヌス（St. Augustine） 259
アクセルロッド（Robert Axelrod） 139
アチソン（Dean Gooderham Acheson） 143
アナン（Kofi Atta Annan） 153
アメンホテプ4世（Amenhotep IV） 55
アラファト（Yāsir 'Arafāt） 109
アリソン（Graham T. Allison） 103, 126, 129
アレクサンダー大王（Alexandoros the Great） 56
アレクサンデル6世（Alexander VI） 195
アロン（Raymond Claude Ferdinand Aron） 106
イースタリー（William Easterly） 362, 363
イブン＝バットゥータ（Ibn Battuta） 59
イブン＝ハルドゥーン（Ibn Khaldun） 59
ヴァッテル（Emer de Vattel） 66, 68
ヴィクトリア女王（Queen Alexandrina Victoria） 77
ヴィトリア（Francisco de Victoria） 66, 71
ウィリアムソン（Oliver Eaton Williamson） 123
ウィルソン（Thomas Woodrow Wilson） 80, 81-83, 132, 169, 377
ヴィルヘルム2世（Wilhelm II） 78, 376
ウェーバー（Max Weber） 16, 79, 172
ウォーラーステイン（Immanuel Maurice Wallerstein） 103, 422
ウォールステッター（Albert Wohlstetter） 255
ウォルツ（Kenneth Neal Waltz） 29, 108, 122, 203, 207, 236, 273
ヴォルフ（Christian Wolff） 66
ウォルファーズ（Arnold Wolfers） 241
梅棹忠夫 7
ウルド・アブダラ，アハメドゥ（Ahumedou Ould-Abdallah） 295
エリツィン（Boris Nikolayevich Yeltsin） 109

エンジェル（Norman Angell） 79
オバマ（Barack Hussein Obama, Jr.） 272, 379, 382, 385
オルソン（Mancur Olson, Jr.） 197

● か行

カー（Edward Hallett Carr） 16, 21, 85-87, 121, 185, 186, 374, 377, 378
ガー（Ted Robert Gurr） 130
カウティリヤ（Kautilya） 55
カストロ（Fidel Castro Ruz） 125
カースルレイ（Robert Stewart, Viscount Castlereagh） 73
カーター（James Earl Carter, Jr.） 112
カダフィ（Mu'ammar al-Qadhāfī） 386
カプラン（Morton A. Kaplan） 103
神川彦松 104, 105
カリエール（François de Callières） 67
カール5世（Karl V） 171
ガルトゥング（Johan Galtung） 106
ガンディー（Mahātma Gandhī） 259
カント（Immanuel Kant） 22, 26, 27, 74
岸信介 165, 246
ギゾー（François Pierre Guillaume Guizot） 424, 425
キッシンジャー（Henry Alfred Kissinger） 100
ギャディス（John Lewis Gaddis） 108
キャメロン（David William Donald Cameron） 382
ギルピン（Robert G. Gilpin, Jr.） 86, 108
キンドルバーガー（Charles P. Kindleberger） 198
陸羯南 426
クラウゼヴィッツ（Karl von Clausewitz） 43, 253, 258-260, 263
クリントン（William Jefferson Clinton） 153
クルーセ（Emeric Cruce） 70
クレマンソー（Georges Clemenceau） 169
黒澤明 126
グロティウス（Hugo Grotius） 66, 260
ケインズ（John Maynard Keynes） 92, 332, 355

473

ケナン（George Frost Kennan）　21, 94, 183
ケネディ，J. F.（John Fitzgerald Kennedy）
　126, 161
ケネディ，P.（Paul M. Kennedy）　108
ゲルナー（Ernest Gellner）　215, 291, 383
高坂正堯　105
孔子　55
コース（Ronald H. Coase）　203
コックス，M.（Michael Cox）　87
コックス，R.（Robert William Cox）　86
コブデン（Richard Cobden）　28, 76, 311
コヘイン（Robert Owen Keohane）　103, 108,
　203, 206, 207, 282, 283
ゴルバチョフ（Mikhail Sergeevich Gorbachyov）
　37, 107, 109, 231, 317
コント（Isidore Auguste Marie François Xavier
　Comte）　310

● さ　行

坂本義和　105
サダム・フセイン（Ṣaddām Ḥussein Majīd）
　108, 152, 153, 156, 258
サックス（Jeffrey David Sachs）　362, 363
サッチャー（Margaret Hilda Thatcher）　317
サトウ（Sir Earnest M. Satow）　69
サルコジ（Nicolas Sarközy）　382
サンコー（Ahmed Foday Saybana Sankoh）
　293, 294
サン＝シモン（Claude Henri de Rouvroy Saint-
　Simon）　76
サン＝ピエール（Abbé de Saint-Pierre）　70
ジェニングス（Sir Ivor Jennings）　291
シェリング（Thomas Crombie Schelling）　103,
　123, 124, 132, 133, 150, 189, 238, 255, 287
信夫淳平　104
司馬遷　57
ジマーン（Alfred Zimmern）　85
ジャクソン（Robert H. Jackson）　377
シャーマン（William Tecumseh Sherman）
　262
周恩来　99
シュペングラー（Oswald Spengler）　79, 426,
　429
シュリー（Maximilien de Béthune, duc de Sully）
　70
蔣介石　84, 86
ジョージ（Alexander L. George）　103

ジョミニ（Antoine-Henri Jomini）　253
白鳥庫吉　104
シンガー（Joel David Singer）　103, 130
スターリン（Iosif Vissarionovich Stalin）　30,
　31, 84, 94
ズーチ（Richard Zouche）　66
ステネライダス（Sthenelaidas）　23
ステパン（Alfred Stepan）　291
ストロー（John Whitaker "Jack" Straw）　153
スハルト（Suharto）　352
スミス，アダム（Adam Smith）　73, 86, 307,
　308, 337
スミス，A. D.（Anthony D. Smith）　415, 416
関寛治　105
セプルベタ（Juan Ginés de Sepúlveda）　71
ソラナ（Javier Solana de Madariaga）　152
孫子（孫武）　43
孫文　84

● た　行

タイラー（Edward Tylor）　424
高田保馬　17
田中明彦　54
田中直吉　105
ダニレフスキー（Nikolay Yakovlevich
　Danilevsky）　426
ダライ・ラマ（Dalāi Lama）　405, 410
ダール（Robert Alan Dahl）　121
タレーラン（Charles Maurice de Talleyrand-
　Périgord）　73
チェーレン（Rudolf Kjellen）　78
チェンバレン（Arthur Neville Chamberlain）
　185
チャーチル（Sir Winston Leonard Spencer
　Churchill）　89
デイヴィス（David Davies）　84
ディキンソン（G. Lowes Dickinson）　179
ティックナー（J. Ann Tickner）　421
テイラー（Charles MacArthur Ghankay Taylor）
　293
ティリー（Charles Tilly）　39
鄭和　60
デクラーク（Frederik Willem de Klerk）　109
デリダ（Jacques Derrida）　45
ドイチュ（Karl Wolfgang Deutsch）　103, 249
ドイル（Michael W. Doyle）　23
トインビー（Arnold Joseph Toynbee）　414,

426, 429
ドゥーエ（Giulio Douhet） 254
トゥキュディデス（Thukydidēs） 8, 11, 12, 13, 21-23, 30, 31, 34, 35, 37, 47, 53, 55, 119, 120
鄧小平 107
徳富蘇峰 104
ド・ゴール（Charles André Joseph Marie de Gaulle） 101
トマス・アクィナス（Thomas Aquinas） 260
トルーマン（Harry S. Truman） 94, 150
トンプソン（William R. Thompson） 236

● な 行

ナイ（Joseph Samuel Nye, Jr.） 103, 109, 282, 283
内藤湖南 104
永井陽之助 105
中江兆民 104
ナセル（Gamāl 'Abdu'l Nāsser） 417
ナポレオン（Napoléon Bonaparte） 66, 72, 253, 263, 423
ニクソン（Richard Milhous Nixon） 102, 315
西田幾多郎 105
西村熊雄 163
ニーチェ（Friedrich Nietzsche） 418
新渡戸稲造 104
ニュートン（Isaac Newton） 5
ネグロポンテ（John Negroponte） 385
ネルー（Jawāharlāl Nēhrū） 99

● は 行

パウエル（Colin Luther Powell） 385
バーク（Edmund Burke） 69
ハース（Ernst Bernard Haas） 69, 103
ハーター（Christian Archibald Herter） 246
バックル（Henry Thomas Buckle） 424, 425
パットナム（Robert D. Putnam） 133, 134
バーバー（Benjamin R. Barber） 417
ハフバウアー（Gary Clyde Hufbauer） 283-285
パフレヴィー（Muhammad Redā Shāh Pahlevī） 106
ハマーショルド（Dag Hammarskjöld） 250
ハワード（Michael Howard） 70
ハンチントン（Samuel Phillips Huntington） 10, 110, 220, 264, 373, 384, 411-415, 422, 423
ビスマルク（Otto Fürst von Bismarck） 75, 78

ヒトラー（Adolf Hitler） 30, 31, 32, 84, 87, 185, 242
ヒューム（David Hume） 68, 73, 307, 308
ビンラーディン（Usāma bin-Lādin） 152, 298, 299
ファイナー（Samuel Edward Finer） 264
フィアロン（James D. Fearon） 123, 238
福沢諭吉 104, 425, 426
フクヤマ（Francis Fukuyama） 109, 422
フーコー（Michel Foucault） 45
プシェヴォルスキ（Adam Przeworski） 189
ブッシュ，G.（George Herbert Walker Bush） 107, 389
ブッシュ，G. W.（George Walker Bush） 112, 114
ブトロス＝ガーリ（Boutros Boutros-Ghali） 112, 373
プーフェンドルフ（Samuel von Pufendorf） 66
ブラヒミ（Lakhdar Brahimi） 387
フランクス（Oliver Shewell Franks） 101
フランコ（Francisco Franco） 31
ブラント（Willy Brandt） 101
フリードマン（Lawrence Freedman） 256
ブル（Hedley Norman Bull） 105, 185, 186, 212, 378, 422, 431
フルシチョフ（Nikita Sergeevich Khrushchov） 126, 161
フルブライト（James William Fulbright） 28
ブルーベイカー（Rogers Brubaker） 218
ブレア（Anthony Blair） 153
ブロディ（Bernard Brodie） 255
ヘーゲル（Georg Wilhelm Friedrich Hegel） 75
ペリクレス（Periklēs） 30
ヘロドトス（Hērodotos） 55
ベン・アリ（Zine El Abidine Ben Ali） 1
ベンサム（Jeremy Bentham） 76
細川護熙 163
細谷千博 105
ボダン（Jean Bodin） 63
ホッブズ（Thomas Hobbes） 16, 17-19, 23, 62, 63, 160, 244
ホブソン（John Atkinson Hobson） 79
ホフマン（Stanley Hoffmann） 103
ホメイニー（Rūhollāh Khomeinī） 106
ホルスティ（Kalevi Jaakko Holsti） 234

人名索引　475

ボールディング (Kenneth Ewart Boulding)
　　103
ホワイト (Harry Dexter White)　　92

● ま 行

マキャヴェリ (Niccolò Bernardo Machiavelli)
　　62, 63, 65, 86
マクナマラ (Robert Strange McNamara)　　128
マクニール (William H. McNeill)　　429
マッカーサー (Douglas MacArthur)　　264
マッキンダー (Sir Halford John Mackinder)
　　78
マディソン (James Madison)　　187
マハン (Alfred Thayer Mahan)　　78, 253
マルクス (Karl Heinrich Marx)　　76, 311
丸山眞男　　105
マンデラ (Nelson Rolihlahla Mandela)　　109
ミル (John Stuart Mill)　　291
ミロシェヴィッチ (Slobodan Milošević)　　152
ムッソリーニ (Benito Mussolini)　　84
ムハンマド (Muḥammad)　　57
村上泰亮　　429
メッテルニヒ (Klemens Wenzel Lothar von
　　Metternich)　　73, 277
メルケル (Angela Dorothea Merkel)　　418
孟子　　55
毛沢東　　31, 43, 94, 257
モーゲンソー (Hans Joachim Morgenthau)
　　15, 20, 21, 86, 99, 102, 121, 123, 141, 183, 184,
　　186, 377, 378
モサデク (Muḥammad Mossadegh)　　379
モスト (Johann Most)　　275
モデルスキー (George Modelski)　　237
モヨ (Dambisa Moyo)　　362, 363
モンテスキュー (Charles Louis de Secondat,
　　Barou de la Bréde et de Montesquieu)
　　73, 420

● や 行

矢内原忠雄　　104

矢野龍渓　　104
山影進　　215
湯川秀樹　　7
ユスティ (J. H. G. von Justi)　　69

● ら 行

ライト (Philip Quincy Wright)　　103, 236
ラギー (John Gerald Ruggie)　　206
ラス・カサス (Bartolomé de Las Casas)　　71
ラストゥ (Dankwart A. Rustow)　　291
ラパポート (Anatol Rapoport)　　103
ラビン (Yitzhak Rabin)　　109, 112
ランケ (Leopold von Ranke)　　75
リカード (David Ricardo)　　337, 338, 340, 341
リップマン (Walter Lippmann)　　241
リデル＝ハート (Sir Basil Henry Liddell-Hart)
　　254
リンクレーター (Andrew Linklater)　　86
リンス (Juan José Linz)　　291
ルイ 14 世 (Louis XIV)　　176
ルソー (Jean-Jacques Rousseau)　　19, 20, 74
ルーデンドルフ (Erich Friedrich Wilhelm
　　Ludendorff)　　253
ルナン (Ernest Renan)　　416, 424
レヴィ (Jack S. Levy)　　236
レーガン (Ronald Wilson Reagan)　　106, 107,
　　231, 317
レーニン (Vladimir Iliich Lenin)　　34, 43, 81, 82
　　-84, 311, 312
ロイド＝ジョージ (David Lloyd George)　　169
蠟山政道　　104
ローズヴェルト (Franklin Delano Roosevelt)
　　89, 92
ロリマー (James Lorimer)　　77

● わ 行

ワイト (Martin Wight)　　42, 69
ワインガスト (Barry R. Weingast)　　134
ワインバーガー (Casper Weinberger)　　264
ワトソン (Adam Watson)　　54

国際政治学 New Liberal Arts Seleciton
International Politics: Theories and Perspectives

2013 年 4 月 25 日　初版第 1 刷発行
2015 年 12 月 25 日　初版第 2 刷発行〔補訂〕
2019 年 1 月 30 日　初版第 4 刷発行

著　者　中西　寛
　　　　石田　淳
　　　　田所昌幸

発行者　江草貞治

発行所　株式会社 有斐閣

郵便番号 101-0051 東京都千代田区神田神保町 2-17
電話（03）3264-1315〔編集〕（03）3265-6811〔営業〕http://www.yuhikaku.co.jp/
印刷・製本　大日本法令印刷㈱

© 2013, Hiroshi Nakanishi, Atsushi Ishida, Masayuki Tadokoro.
Printed in Japan

落丁・乱丁本はお取替えいたします。
★定価はカバーに表示してあります。

ISBN 978-4-641-05378-6

[JCOPY] 本書の無断複写（コピー）は、著作権法上での例外を除き、禁じられています。複写される場合は、そのつど事前に（一社）出版者著作権管理機構（電話03-5244-5088, FAX03-5244-5089, e-mail:info@jcopy.or.jp）の許諾を得てください。